History of Nanjing Sport Institute

南京体育学院校史

（1956—2021）

南京体育学院校史编纂委员会 编

创于1897
商务印书馆
The Commercial Press

领导关怀

毛泽东接见优秀运动员（右三为我校运动员毛阿宝）

邓小平接见优秀运动员（前排右一为我校运动员孙志安）

江泽民、李鹏、朱镕基等中央领导接见第二十七届奥运会中国体育代表团成员（前排左一、左二，后排左二分别为我校运动员顾俊、葛菲、王海滨，后排左三为我校教练员王国新）

胡锦涛、吴邦国等中央领导接见第二十八届奥运会中国体育代表团成员（左一、左三为我校运动员陈玘、张军）

习近平接见党的十八大代表（左一为我校肖爱华）

周恩来总理和陈毅、贺龙副总理接见运动员（后排左三、前排右一分别为我校运动员陈正绣、朱元昱）

时任国务院副总理万里（中）接见我校教练员、运动员（自左至右为周培顺、胡星刚、张洁云、孙晋芳、栾菊杰、文国刚）

时任中央政治局常委、国务院副总理李岚清（前排居中）来校视察调研

李克强总理与我校南京青奥会大学生志愿者谢诚晨握手

时任中央政治局委员、国务院副总理刘延东来校慰问青奥会办赛工作人员

时任江苏省委书记江渭清为我校运动员题词

时任江苏省人大常委会主任沈达人（右二）、省政协主席孙颔（右一）来校看望运动员

时任江苏省省长顾秀莲（左四）来校视察

时任江苏省委书记韩培信（中）听取我校工作汇报

时任江苏省委书记陈焕友（左一）来校慰问运动员

时任江苏省省长郑斯林（前中）来校慰问运动员

时任江苏省委书记回良玉（左前一）接见悉尼奥运会健儿（自右至左为我校运动员张军、阎森、黄旭、李菊、葛菲）

时任江苏省省长季允石（左二）来校慰问运动员

时任江苏省委书记李源潮（左四）与运动员、教练员合影

时任江苏省省长梁保华（右前一）来校慰问运动员

时任江苏省委书记罗志军（左一）来校慰问运动员、教练员

时任江苏省省长李学勇（左）在我校陪同国际奥委会主席巴赫（右）观看青奥会比赛

时任江苏省委书记李强（右一）、省长石泰峰（右二）接见里约奥运会健儿（左二为我校运动员史婧琳）

时任国家体育总局局长伍绍祖（左三）来校专题调研“三位一体”办学模式

时任国家体育总局党组书记李志坚（前排左二）来校调研

时任国家体育总局局长袁伟民（左前一）回母校考察调研

时任国家体育总局局长刘鹏（前排右二）来校考察调研

时任美国总统乔治·W. 布什（右二）与我校自行车运动员任成远、王静静、刘颖一起骑车交流

时任布隆迪总统恩库伦齐扎（右二）来校接受“名誉教授”聘任

时任新加坡总统陈庆炎（前排左一）来校观看青奥会比赛

国际奥委会与南体

时任国际奥委会主席萨马兰奇（左一）为校跳水运动员徐浩颁奖

国际奥委会原主席雅克·罗格（前排右一）来校观看青奥会网球比赛

国际奥委会主席托马斯·巴赫接受校“名誉教授”聘任

国际奥委会主席、副主席、执委、委员等48人来我校参观考察

奥运冠军

第二十三届奥运会女子花剑个人冠军栾菊杰

第二十五届奥运会女子200米混合泳冠军林莉

第二十六、二十七届奥运会羽毛球女子双打冠军葛菲

第二十六、二十七届奥运会羽毛球女子双打冠军顾俊

第二十七、二十八届奥运会羽毛球混合双打冠军张军

第二十七届奥运会乒乓球女子双打冠军李菊

第二十七届奥运会乒乓球男子双打冠军阎森

第二十七、二十九届奥运会体操男子团体冠军黄旭

第二十八届奥运会乒乓球男子双打冠军陈玘

第二十九、三十届奥运会女子双人10米台、单人10米台冠军，第三十一届奥运会女子双人10米台冠军陈若琳

第二十九届奥运会男子佩剑个人冠军仲满

第二十九届奥运会男子蹦床个人冠军陆春龙

第三十届奥运会羽毛球男子双打冠军蔡赟

第三十届奥运会女子重剑团体冠军骆晓娟

第三十届奥运会女子重剑团体冠军许安琪

第三十二届奥运会女子200米蝶泳、女子4×200米自由泳接力冠军张雨霏

荣誉称号

第二届夏季青年奥林匹克运动会
The 2nd Summer Youth Olympic Games
先进集体
人力资源社会保障部　体育总局　解放军总政治部
中共江苏省委　江苏省人民政府
2014年12月

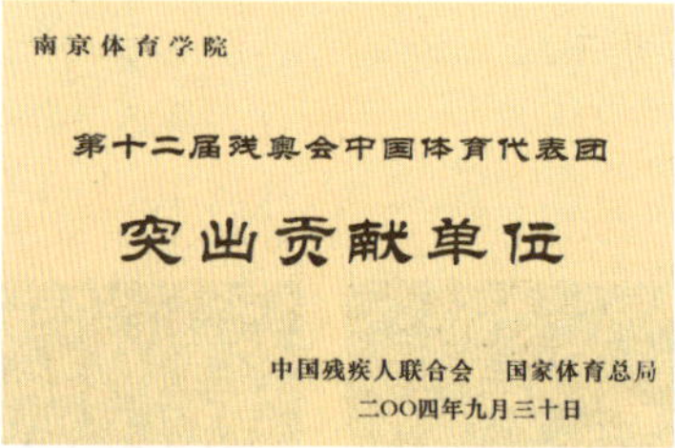
南京体育学院
第十二届残奥会中国体育代表团
突出贡献单位
中国残疾人联合会　国家体育总局
二OO四年九月三十日

2005-2006年度江苏省高等学校
文明学校
江苏省教育厅
二OO七年十月

奖状
南京体育学院：
"菜单引导式"综合性设计性实验教学模式——运动生物化学实验教学改革的探索与实践获得2009年第六届高等教育国家级教学成果奖二等奖。
特发此状，以资鼓励。

荣誉证书
授予南京体育学院"2008年北京奥运会突出贡献集体"荣誉称号。

第三十届伦敦奥运会重大贡献奖
南京体育学院
中国击剑协会
2012.10

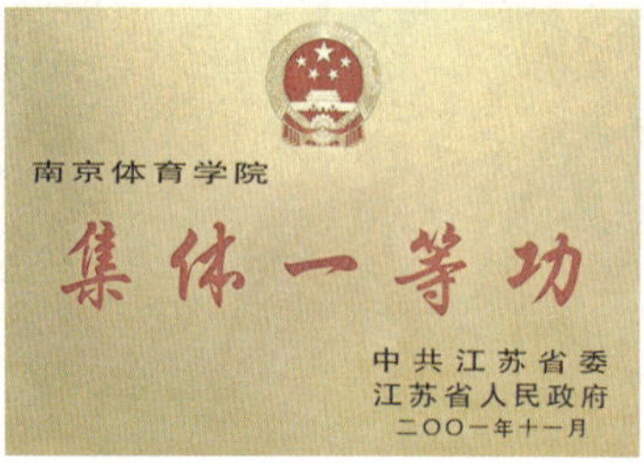
南京体育学院
集体一等功
中共江苏省委
江苏省人民政府
二OO一年十一月

南京体育学院
江苏省先进集体
中共江苏省委
江苏省人民政府
二OO九年十一月

南京体育学院
特别贡献奖
中共江苏省委
江苏省人民政府
2013年9月

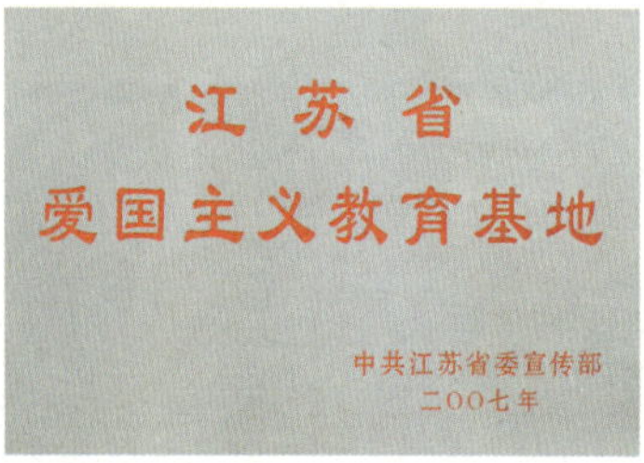
江苏省
爱国主义教育基地
中共江苏省委宣传部
二OO七年

2007-2009年度
江苏省文明单位
Civilized Unit in Jiangsu Province
江苏省精神文明建设指导委员会
JIANGSU PROVINCIAL STEERING COMMITTEE
FOR IDEOLOGICAL AND ETHICAL ADVANCEMENT

江苏省高等学校
先进基层党组织
中共江苏省委教育工作委员会
二OO六年六月

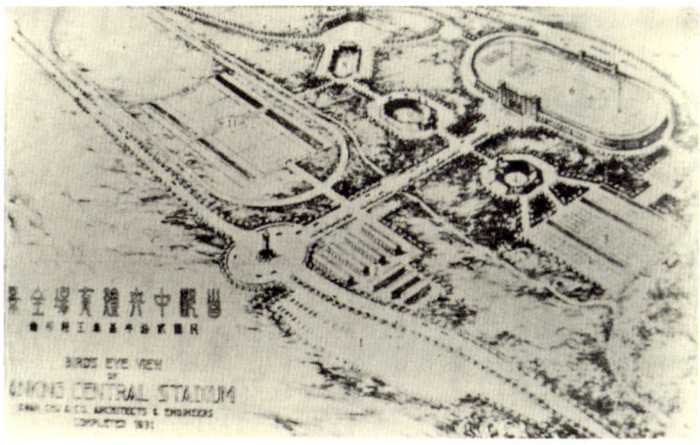

1929 年，杨廷宝设计的“首都中央体育场”全景手绘图

20 世纪 30 年代原中央体育场鸟瞰图

1933 年民国第五届全运会 100 米比赛场景　前一：刘长春（361 号），左二：徐镳（565 号）

20 世纪 30 年代原中央体育场西司令台

20 世纪 30 年代原中央体育场游泳池

20 世纪 30 年代原中央体育场篮球场内景

20 世纪 50 年代室内田径场外景

建于 20 世纪 50 年代的篮球房

建于 20 世纪 50 年代的教学楼

20 世纪 90 年代的击剑馆

20 世纪 90 年代末期的羽毛球馆

20 世纪 90 年代末期的举重馆

20 世纪 90 年代末期的综合馆

20 世纪 90 年代末期的运动员公寓

建于 2006 年的“世界冠军园”

现今南京体育学院俯瞰图

承办重大体育赛事

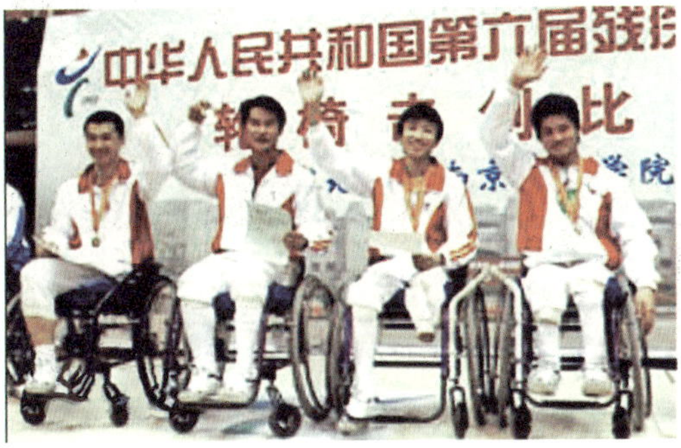

2003 年 9 月，我校承办第六届全国残疾人运动会轮椅击剑、盲人柔道、自行车三个项目赛事

2005 年 10 月，我校承办第十届全运会自行车项目赛事

2013 年 8 月，我校承办第二届亚青会网球项目赛事

2013 年 8 月，我校承办第二届亚青会羽毛球项目赛事

2014 年 8 月，我校承办第二届青奥会羽毛球项目赛事

2014 年 8 月，我校承办第二届青奥会网球项目赛事

校园风光

学校正大门

学校南门

奥运冠军大道

世界冠军之路

教学实验楼

图书馆

体育馆

行政办公楼

修缮后的中央体育场国术场鸟瞰图

中国网球学院

羽毛球馆

综合馆（乒乓球、艺术体操、技巧）

体操蹦床馆

游泳馆（游泳、跳水、花游）

击剑馆

学生公寓

学校标识

校徽

校旗

校花：桂花

校树：梧桐（二球悬铃木）

校训：严和朴实

校　区

灵谷寺校区

仙林校区

五棵松校区（筹）

滨江校区

现任党委常委领导班子

左起：许立俊、黄步龙、肖爱华、李江、史国生、朱传耿、杨国庆、兰亚明、金松、潘林珍、陆玉林

南京体育学院校史

编纂委员会

主　　任　朱传耿　杨国庆

副主任　史国生（常务）　兰亚明　李　江　金　松　肖爱华　潘林珍　黄步龙

委　　员　陆玉林　许立俊　丁永亮　陆倩慧　唐存楼　王竹林　王淑娜　郭修金　张　敏　刘　健　陈海波　盛　蕾　丁　锴　沈鹤军　储小祥　顾　道　陶　利　王加华　朱小兰　阚妮妮　葛见珠　王家祥　高　亮　高力翔　邹德新　秦学林　孙国友　邹国忠　王　凯　张亚军　赵　琦　王　猛　汤　强　王　进　于翠兰　殷怀刚　支　川　葛翠柏　李勇勤　张　健　丁习明　鲍　勤　梁　琴　沈朝阳　王伟新　吴建华

编纂工作组

主　　编　史国生

执行主编　王惠生　丁永亮

成　　员　许立俊　刘　健　叶　瑛　李明华　王翠芳　祝玮东　刘　莉

前　言

南京体育学院地处紫金山麓、中山陵东，坐落于民国中央体育场和民国国立国术体育专科学校旧址，秀丽的自然风光与厚重的文博景点在这里交相辉映，历史与现代、传承与发展在这里融为一体。

作为全国唯一一所既培养各类应用型体育专门人才又全过程培养竞技体育优秀人才的高等体育院校、江苏省唯一一所独立建制的高等体育院校、江苏竞技体育的大本营与主力军，南京体育学院承担着高等教育的共性办学使命和竞技体育为国争光、为省添彩的行业使命，培养出了16名奥运冠军和102名世界冠军，走出了国家体育总局原局长袁伟民等一大批体育行业领军人物，被誉为“世界冠军的摇篮”。

承继百年体育历史文脉的“南体人”，在祖国教育事业及体育事业大发展、大变革、大跨越的波澜壮阔的伟大进程中，拼搏奉献，开拓创新，历经艰苦创业、艰辛探索、深入改革，直至开启“二次创业”，率先在全国形成了教学、训练、科研“三位一体”的“南体模式”，取得了“育人才、夺金牌、出成果”的显著办学效益，为中国体育和教育改革探索了一条“体教融合、培养精英体育人才和各类应用型人才”的成功之路，为中国教育和体育事业发展、奥林匹克精神传承做出了突出贡献，见证了中国体育从“体育救国”到“体育强国”的卓绝发展历程，见证了中华民族从“东亚病夫”到“东方雄狮”的艰辛复兴历程。

值此南京体育学院六十五年华诞之际，我们组织编写了南体办学史上第一部正式出版的南京体育学院校史，系统梳理过去六十五载的办学历程，全面展示各时期办学成就，深入挖掘校园文化底蕴，积极弘扬“南体精神”，为南体六十五年华诞致庆，为新时代“南体人”扬帆奋进再出发集聚正能量、凝聚精气神。

六十五年流光岁月，六十五年薪火相传。站在“两个一百年”奋斗目标历史交汇点上，“教育强国”“体育强国”和“健康中国”战略的实施为南京体育学院新阶段高质量发展营造了前所未有的良好环境和发展机遇，我们将弘扬和传承学校六十五年优良办学传统，不忘初心、牢记使命，以“二次创业”的勇气和魄力，团结带领广大师生员工，担当作为、奋发进取，按照学校第八次党代会确立的“三步走”战略，扎实推进“新南体”建设，继续朝着“优势突出、特色鲜明、国内一流、国际知名的高水平体育大学”目标阔步前行，不断续写南体辉煌新篇章，为新时代中国教育和体育事业发展做出更大贡献。

党委书记

南京体育学院

校　　长

2021年8月26日

目　录

上编　沿革与发展

History of Nanjing Sport Institute

上编
沿革与发展

第一章
初创开辟时期（1956—1961）

钟山风雨起苍黄，百万雄师过大江。
虎踞龙盘今胜昔，天翻地覆慨而慷。

1949 年 10 月，伟大的新中国——中华人民共和国傲然昂首，顶天崛起，迎来了中华民族跻身世界之林、开创炎黄子孙新宏图的时代。1956 年 9 月，南京体育学院前身——南京体育学校，正是顺应国家急需培养体育事业人才的形势而诞生的！从此，她高高升扬起命运之帆，前进在阳光灿烂、朝气蓬勃的社会主义航道上……

第一节
得天独厚的自然环境与人文底蕴

一、南京东郊　紫金南麓

扬子远依，紫金近傍；
皇家花园，先哲圣堂。

南京体育学院，地处六朝古都南京，坐落于东郊钟山南麓。如登临那海拔四五百米松涛澎湃的头陀岭峰巅，向北，可以极目远眺浩浩汤汤、奔腾东去的长江；向南，可以依次俯瞰三国吴王孙陵岗、大明太祖明孝陵、民国先哲之中山陵、南朝古刹灵谷寺……而现今，与此佛家禅门净土一泓潭水相隔、位于紫金山东麓南侧的正是学校现代化的中国网球学院，以及绿茵如画的高尔夫炮台式果岭。

建校 65 年来，万千学子代代相续，享受着自然得天独厚的博大赐予，寻觅

图 1-1-1　南京体育学院俯瞰图

着四季分明的景色变幻，奔跑锻炼于校内外蜿蜒延伸的法桐大道上，吟哦背诵于亭亭乔木下、扶苏花草间、淙淙溪水边……尤其是每年春秋时节，当享誉中外的南京梅花节、灵谷桂花节欢庆举办之时，那校内外次第绽放的绚烂花枝，那微风中浓郁弥漫的甜美花香，那荡漾飘忽于树林间的欢声笑语，更是令人神清气爽，精神焕发！

二、百年文脉　体育传承

南京体育学院创建之初，其选址备受瞩目，堪称神来之笔，除了这得天独厚的自然环境，更源于那百年传承的体育文脉……她发轫于民国中央体育场——20世纪30年代初始建成，占地1000余亩，由著名留美建筑大师关颂声、杨廷宝联袂设计。民国中央体育场主体建筑田径场的东西“司令台”门楼最为著名，风格上中西合璧，装饰上典雅大方，气势上雄浑庄严。独特的马蹄形看台周边，还环绕建有一系列形式各异、规范别致的国术场、跑马场、篮球场、网球场、棒球场、游泳池等，一时号称远东最大的体育建筑群。

图 1-1-2　国术场北入口

1933年10月10日，中华民国第五届全国运动会在中央体育场隆重召开。国民政府以“欲恢复民族地位与精神，须先养成健全之体格”号召全国，各地区各领域积极响应，云集南京，注册参赛的运动员多达2397人，报章惊呼“盛况空前”！而其中，最值得大书一笔的是——来自敌占区辽宁省、日后被誉为中国奥运第一人的短跑名将刘长春，他冲破封锁，亲临赛会，引起全场群情激昂，热血沸腾。刘长春参加了男子 100 米、200 米比赛，并创造了 2 项全国纪录，勇夺 2 个项目锦标。此外，与刘长春同场竞技的运动健儿当中，百米季军获得者，正是中华人民共和国成立后与中华全国体育总会主席马约翰教授齐名、荣享“北马南徐”合称之誉并任南京体育学院第二任院长的体育名家徐镳。

第二节
新中国体育事业发展壮大的见证

在中国共产党领导下，新中国的建设，犹如东方一轮旭日冉冉升起，万众努力，百业兴旺。随着国民经济、工农业生产的全面迅速恢复，国家体育运动事业与政治、文化、教育、卫生等事业一样，也驶入了不断发展壮大的快车道。1952 年 6 月，毛泽东主席为中华全国体育总会代表大会亲笔题词“发展体育运动，增强人民体质”。随后，党和政府几度强调“使受教育者在德育、智育、体育几方面都得到发展”，并明确指出“教育必须为无产阶级政治服务，教育必须与生产劳动相结合”。1956 年 9 月南京体育学校（南京体育学院前身）的创建正处于这一政治历史背景下，充满了鲜明的时代特色。南京体育学校的创建也是新中国体育事业发展壮大的见证之一。

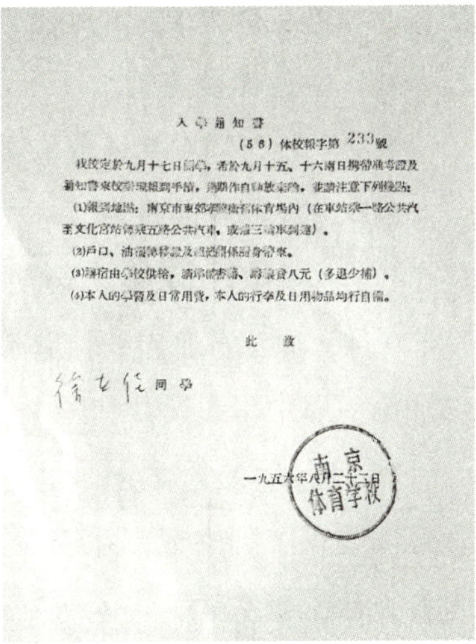
入學通知書
（56）体校報字第 233 號
我校定於九月十七日開學，希於九月十五、十六兩日携帶准考證及本通知書來校辦理報到手續，過期作自動放棄論，並請注意下列幾點：
(1)報到地點：南京市東郊[illegible]體育場內（在車站乘一路公共汽車至文化宮站換乘五路公共汽車，或[illegible]到達）。
(2)戶口、[illegible]及[illegible]。
(3)膳宿由學校供給，請[illegible]八元（多退少補）。
(4)本人的學習及日常用費，本人的行李及日用物品均行自備。
此致
[illegible]同學
一九五六年八月二十[illegible]日
南京體育學校

图 1-2-1　1956 年办学后的第一批录取通知书

一、早期校系建制沿革与重要行政部署

1956 年

1 月，中央召开讨论知识分子的主题会议，周恩来总理作了《关于知识分子

问题的报告》。会议与报告的重要精神是：崇尚科学文化，重新认识并尊重知识分子。趁此东风，江苏省体委于4月份遵照国家体委指示，着手筹办南京体育学校。

9月初，南京体育学校即于民国中央体育场旧址正式成立并开学，刘明厚担任校党支部书记。为加强行政专业的领导，中共江苏省委文化教育部已先于7月指示省教育厅，调聘江苏师范学院体育专修科主任陈陵教授来南京体育学校担任校长，成希春任副校长。

1957 年

春季，根据中央文件精神和省委部署，学校开始进行整风运动。夏季，整风运动进入“反右斗争”阶段。

1958 年

6月7日，经江苏省人民委员会批准，南京体育学校与江苏师范学院体育专修科、江苏省体育干部训练班合并成立南京体育专科学校，校址设在南京体育学校原址，由省体委主管。

7月9日，经中共江苏省委批准，南京体育专科学校改名为南京体育学院。

8月，江苏省委批复，省委宣传部代部长、著名杂文家、书画收藏家陶白兼任学校党委书记、院长，著名体育家徐镳任副院长。

9月，原江苏师范学院体育专修科和南京体育学校的319名学生下放实习并参加第一届中华人民共和国全国运动会（以下简称“全运会”）集训。

10月，学校党委会、团委会相继成立，沈战堤任党委副书记，王秀、钱义宽任团委正、副书记；并经中共江苏省委宣传部批准，学校分设体育系（4年制本科，徐镳兼主任）、运动二系（竞技专业，沈战堤兼主任）、运动三系（竞技专业，宋云龙兼主任），体专科（分2年制、5年制，张元生任副主任）、中专科（原体校并入）；王秀任党委办公室主任，姚琮任院长办公室主任，李谋任组织部部长。

12月底，全校有学生1767人（含集训运动员），教职工205人；组织形式上，因适逢毛泽东主席提出“大办民兵师”，国家倡导“全民皆兵”，大兴民兵建设，集训队伍又按民兵建制编为5个营，即第1营（田径）、第2营（球类）、第3营（综合）、第4营（国防）、第5营（体育系体专科新生）。

此外，创建于1953年的江苏省第一支优秀运动队——江苏男女篮球代表队，先后辗转苏州凤凰街与南京老菜市的训练基地，于1958年南京体育学院正式成立时，全员全建制转入，教学与训练开始合为一体，成为南京体育学院“三位一体”办学模式的源头。

1959 年

1 月，学校接待了建校后第一位来访外宾——苏联《体育报》总编辑诺沃斯科尔。

5 月，国家体委副主任荣高棠视察学校。

7 月，江苏省委副书记刘顺元来校视察并给全体师生作报告，勉励大家树立专业思想，为国家为江苏做贡献；学校男子篮球代表队代表中国赴奥地利维也纳参加第七届世界青年与学生联欢节，并获得联欢节篮球比赛亚军，这是江苏省首个出访并参加国际比赛的运动队。

9 月，由副省长管文蔚率领、学校优秀运动队与集训运动员组成的江苏省体育代表团，在北京举行的第一届全运会上获得金牌 5 枚、银牌 13 枚、铜牌 16 枚，总分排名第 8。

该年学校组织机构建设得到加强。2 月，学校党委调整参加第一届全运会集训运动员，上一年分设的运动二系、三系合并为运动系，并建立党总支委员会，张凤扬任书记，吕立香、陈世昌任副书记，下设有田径班、球类一班、球类二班、体操班、重竞技班、国防班与机关等 7 个党支部。4 月，经中共江苏省委批准，杜铿之任南京体育学院副院长。7 月，学校党委任命王云山为体育系党支部书记，顾立桂为体专科党支部副书记。8 月，中共江苏省委批准南京体育学院附属初级体育中学成立，邹仁海任校长，陈石坤任党支部书记，当年招收高小毕业生 100 名。10 月，张元生任体育系副主任，徐绍九任体专科副主任，王秀兼任体专科主任，刘国文任组织部副部长。11 月，学校“反右倾”整风领导小组成立，沈战堤任组长。12 月，学校党委决定原总务科升格为总务处，陈学仁任副处长；院工会成立，陈学仁任主席。

1960 年

1 月，经中共南京市委批准，中共南京体育学院委员会设立常务委员会，由陶白、沈战堤、姚琮、张凤扬、李谋、苏凝等 6 人组成。4 月，新增杜铿之为常委。

受对教学与训练间关系认识差异的影响，教学与训练相结合的模式尚处在探索阶段，该年度学校在组织机构建设方面出现了一些反复，例如：8 月，原体育系改建为田径、球类、体操 3 个系，王云山、李晋三任田径系正副党支部书记，李谋、丁琴君任体操系正副党支部书记，王秀任球类系党支部书记，顾立桂、陈荣龄任球类系党支部副书记；同时，运动系脱离南京体育学院，单独成立党委（党组织关系隶属省委高校党委，行政隶属省体委），由陶白、沈战堤兼任正副书记，张凤扬为专职副书记，徐翔为副主任。

10月，缅甸体育友好代表团一行65人访问学校，观赏了技巧队与武术队的表演。周恩来总理陪同柬埔寨贵宾西哈努克亲王及夫人莫尼克公主晋谒中山陵，学校10余名学生代表陪同参加了谒陵活动。

该年举办了建院2周年庆祝活动，存有《庆祝建院两周年图片展览》。

1961年

1月，经中共江苏省委批准，姚琮任南京体育学院副院长。

5月，经江苏省体委同意，首届35人院务委员会成立，陶白任主任委员，杜铿之、徐镳、姚琮任副主任委员。

7月，为响应党中央“大办农业、大办粮食”号召，学校开展一系列支援农业生产、下乡送礼（劳力、肥料、抽水机、体育器材等）活动；同时，与紫金山人民公社签订合同，将原跑马场82亩土地交紫金山人民公社孝陵卫大队耕种，土地所有权仍归南京体育学院（此后，另有相同性质的西洼子、钟灵街协议）；为贯彻中共中央反思“大跃进”运动、正视国民经济严重困难而提出的“调整、巩固、充实、提高”八字方针，遵照国家教育部制订的“高校工作六十条”精神，经省教育厅、省卫生厅、省体委联合批准，学校撤销5年制体育专修科，对500余名学生分别作转校、转系、转专业处理。翌年6月，还撤销了1959年成立的附属初级体育中学，学生全部回原籍转入普通中学。

12月，江苏省委书记彭冲来校为教职工与运动员作形势报告。

二、艰苦创业克服三年经济困难

国民经济在经历1958年“大跃进”运动后，又遭遇了三年困难时期。在这样的历史背景下创建南京体育学院，一方面表现出党和政府对发展教育、体育事业的重视与决心，一方面又预示着学校建设必定是一个筚路蓝缕、艰苦奋斗的过程。建校初期，每一位建设者在学校党委、行政领导下，积极争当先行者、拓荒者，奉献自己的美好青春。

（一）校园基础设施匮乏

1937 年 12 月，民国首都南京在日本侵略军的铁蹄下，沦陷且遭受了屠城。学校北侧篱笆之外就有遭日军杀害并掩埋的遇难同胞“万人坑”一处（现建有遇难同胞东郊丛葬地纪念碑），再向北直线距离仅仅数百米，又有被日军飞机炸塌的中华民国国民政府主席林森的别墅（现存有墙垣废墟遗址约 300 平方米）。战争造成的经济破坏、物质创伤，其恢复过程是长期而艰难的。那钢筋水泥结构的中央体育场建筑群，经历过战争后虽然大都幸存，但是不少设备设施早已破败殆尽，新中国成立后建立的学生宿舍只是将中央体育场田径场看台下的空间砌墙隔开，再用清水石灰粉刷而成。而一些教职员工只能居住在草草改建的战时废弃的旧仓库、旧马房里。

图 1-2-2　南京大屠杀遇难同胞东郊丛葬地

图 1-2-3　遭日军轰炸的林森别墅废墟遗址

余秋雨《钟山碑文》云：“所幸得逢盛世，重新打点江山，南京人民于甲申之年启动整治宏图，斥资五十亿，搬迁十三村，移民两万余，增绿七千亩……”此处所谓“十三村”，即隐现于钟山山谷涧边的一个个破败零乱的民居村落，而其中就有“西洼子”“东洼子”，两村交错于学校属地，村民日常生活、劳动生产、饲养家畜等尽皆混杂其中。据记载，为支援农业生产，学校创建之初曾 3 次签订相关协议，借给附近公社农民土地共 130 余亩。这种客观环境对学校物质设施建设、教学训练管理、师生学习生活等带来很大影响甚至阻碍。

（二）勤俭办学修建场地

图 1-2-4 建校初期校舍修建劳动场

面对重重障碍与困难，南京体育学院的第一代开拓者们并未畏葸退缩。1958—1959 年间，在毛泽东主席视察天津大学后全国高校所形成的崇尚劳动、倡导实践的热潮中，在党和国家“教育必须与生产劳动相结合”的教育方针指引下，南京体育学院的开拓者们撸袖赤足、挥汗如雨、轮班换点，夜以继日地掀起了一场轰轰烈烈的勤俭办学建校活动。据不完全统计，以学生、运动员为主体，学校全体干部、教师、教练积极参加田径场、田径房、体操房、职工宿舍、图书文库等校舍修建，工作日累计高达 2672 个。据多位当年亲历而今已届耄耋的老教练、老教师回忆，建校劳动中还曾有数人受伤，轻则手脚，重则头部，但无一人打“退堂鼓”，并以当年战争影片中的流行语自我激励：“轻伤不下火线！”

（三）又红又专实施“劳卫制”

所谓“又红又专”，是 1957 年整风“反右”运动后，毛泽东主席向广大知识分子和青年学生发出的正确处理政治与业务关系的一个号召。他于 1958 年 1 月在《工作方法六十条（草案）》中明确指出：“红与专、政治与业务的关系，是两个对立物的统一。一定要批判不问政治的倾向，一方面要反对空头政治家，另一方面要反对迷失方向的实际家。”并指出：“政治和经济的统一，政治和技术的统一，这是毫无疑义的，年年如此，永远如此。这就是又红又专。”毛泽东主席的这一思想论述，实质上指出了当时我国高等教育的正确价值取向。

南京体育学院与全国高校一样，围绕这一教育价值取向，通过领导报告、教师授课、党团活动、学生座谈，以及广播、简报、黑板报等形式，持续学习、讨论及实践了3年之久，直至1961年9月教育部出台“高校六十条”，将“又红又专”教育固定为高校工作条例之一（第46条）。这当中，就全国范围内高校而言，又出现过一些“左”倾偏差，有的学校又将“反右”时的“大鸣大放大辩论”运用于“又红又专”的学习与讨论，打击伤害了一些人。但南京体育学院党委正确引导把握了方向，使教学与训练两个方面都能在思想政治工作中处理好红与专的关系。正如条例中规定的那样，认识到红与专应该是统一的，只专不红，只红不专，都是不对的。高等学校师生的红，不但应该表现在政治思想方面，而且应该表现在他们教学和学习的实际行动中；教师和学生则应当主要表现在忠诚党的教育事业与扎实掌握体育专业科学知识的结合上；教练员和运动员则应当主要表现在为党和国家争光与追求精湛运动技能的结合上。

“劳卫制”是个舶来品，是20世纪30年代苏联的一项“准备劳动与保卫祖国体育制度”。其主要内容是：通过对一系列奥运会项目的等级测试，促进国民特别是青少年积极参加体育运动，以全面提高身体素质。我国于1954年经中央人民政府政务院批准开始在全国推行“劳卫制”，将体育锻炼标准分为三级，即劳卫制预备级、劳卫制第一级和劳卫制第二级，对通过测试者颁发相应证书、证章。后几经修改，1964年确定为《青少年体育锻炼标准》。

作为体育专科性高校，南京体育学院在学习、实施、推行国家“劳卫制”上冲锋在前。1956—1957学年江苏省体育干部训练班教学计划着重列出：“掌握以劳卫制为中心的一般体育技术和知识，使能胜任运动训练工作和劳卫制训练测试工作。”该课程名称为“普通术课”（劳卫制），并规定学员第一学期必须达到“第一级”。1958年3月，为响应国家体委提出的“十年左右在主要运动项目上赶上世界水平”的号召，学校在回应河北保定市体育学校的倡议书——《响应和倡议》中还明确提出：“学生毕业时必须100%获得劳卫制二级证书。”与此同时，各毕业班在实习阶段都积极地参加了省地市县的国家劳卫制测试工作，为新中国体育事业做出了贡献。

三、主要校级领导小传

（一）陶白

陶白（1909—1993），男，本名谢祖安，又名谢祖良，1909年生于江阴县璜土镇扈坻里一个贫苦农民家庭，1993年病逝于南京；中国著名十大现代杂文

图 1-2-5 陶白

家之一，也是一位职业革命家、教育家、书法家和收藏家。1949 年 4 月渡江后，他参与接管江苏文教机构和领导恢复发展文教事业；1952 年起，先后担任江苏省教育厅副厅长，省委文教部、教育卫生部、宣传部副部长，并兼任江苏省第一任体委主任、党组书记；1958—1962 年，任南京体育学院首届党委书记、院长。

陶白少时读书刻苦，先考入了江阴师范学校，后到上海政法大学求学。1931 年“九一八”事变后，他受到李达等人影响，参加党的外围组织，积极投身抗日救亡运动。同年冬，在上海加入中国共产党。内战期间，为了不连累家人，他隐藏本名，因仰慕陶渊明、李白两大诗人高洁气质，便为自己取名“陶白”。

陶白深受鲁迅先生的影响，年轻时就酷爱写作杂文。其女谢舒在《父亲陶白》一文中提道：“父亲写文章是‘杀鸡用牛刀’，再小再短的文章，也从不敷衍。”其主要作品有《本质与现象》《知识分子问题》《劳动教育讲话》《南北云水集》《秣陵拾草集》等，收入《当代杂文选萃·陶白之卷》《陶白文集》。陶白在书法上很有造诣，1963 年他任团长率领中国第一个访日书法代表团访问日本，团员有潘天寿、王个簃、顾廷龙等人，促成了中日文化交流史上的一段佳话。

任职江苏省体委党组书记、主任和南京体育学院院长时，陶白经常察看运动员训练，与运动员谈天说地，跟他们一道在食堂吃饭。他还十分重视运动员的思想政治教育，夏季有时就在灵谷寺九层塔前面的露天台阁举行吃西瓜晚会，和运动员们围坐一起，即兴讲述时事政治。那段时期，江苏省的体育事业突飞猛进，成就很大，深得国家体委主任贺龙元帅的欣赏。

陶白喜欢收藏，文物界专门出版了《陶白捐赠文物选集》。然而，他从未想过把藏品传给子孙后代。1963—1965 年，陶白分三次将近百件文物捐赠给南京博物院。1987 年，陶白委托著名书画家、鉴定家萧平先生和夫人邹正玉女士，将毕生收藏悉数捐赠给江阴博物馆。1990 年，陶白因捐赠文物共获得国家奖金 8 万元，又拿出 7 万元创设“江阴市陶白文学艺术奖”，以鼓励家乡文艺工作者；另外 1 万元给璜土镇垦坻里小学，以资助成绩优秀或家庭贫困的孩子。

陶白一生为了文化、艺术、教育、体育事业孜孜奋斗，鞠躬尽瘁。

（二）沈战堤

图 1-2-6　沈战堤

沈战堤（1928—1967），男，1928 年生于江苏泰兴，1967 年 4 月 19 日被造反派迫害致死，年仅 39 岁。沈战堤于 1942 年参加革命，1943 年加入中国共产党，入党后历任泰兴县封银乡党支部书记，泰兴县惩奸工作队党支部副书记、工作队副队长，泰兴某区区委宣传科科长、区长、区委书记，泰兴县团委书记，共青团泰州地委委员、青工部长兼学生部长等职。

1953 年起，沈战堤任共青团江苏省委军体部部长，自此与江苏体育事业结下了不解之缘。在此岗位上，他受命组建江苏省体育运动委员会，时年仅 25 岁；之后历任江苏省体委秘书长、副主任、党组副书记；1958—1964 年任南京体育学院党委副书记，1964—1967 年任党委书记。在体育战线，他先后率领江苏省体育代表团参加第一、第二届全运会，参加在印尼举行的新兴力量运动会，为江苏体育事业的发展倾尽了心血。

第二章
艰辛探索时期（1962—1977）

恩格斯曾指出："历史常常是跳跃式地和曲折地前进的。"毛泽东也说过："人类的历史，就是一个不断地从必然王国向自由王国发展的历史。"南京体育学院经历了艰难拓荒与三年困难时期的考验，而正当全体师生员工对未来发展充满憧憬之际，却又深陷蹉跎、折腾十载的漫漫曲折岁月。直至1976年10月"四人帮"被粉碎，邓小平等老一辈无产阶级革命家高瞻远瞩，积极筹划、拨乱反正，实施改革开放方略，学校随同国家一道，生机勃发，振兴复兴，迈入了中国特色社会主义新时期。

第一节
领导机制不断完善

1962年

2月，经中共江苏省委批准，张凤扬任南京体育学院副院长。

4月，经中共南京市委批准，学校人民武装委员会成立，有9名委员，杜铿之任主任委员。

8月，经中共江苏省委批准，徐镳任南京体育学院院长；经省体委批准，设立体育干部轮训班，当年招收37名因伤病退役的省级运动队运动员，学习两年大专课程，毕业后分配工作；同时，1960年分出的运动系又并入南京体育学院，并分为一系（球类项目，成希春任系主任，吕立香任党总支副书记）、二系（其他项目，丞民任系主任，王云山任党总支书记），两个系与教学部门实行统一领导，党组织关系直属省委高校党委。

9月，在办学指导思想与管理方面，学校遵循党的德智体全面发展的教育方针，经酝酿讨论，明确提出了"严和朴实"四字校训。严，即学习工作上严格要求；和，即群体关系上和睦团结；朴，即日常生活上艰苦朴素；实，即认知作风上实事求是。

图 2-1-1 校训

12 月，经中共江苏省委宣传部批准，李谋任校组织部部长，苏凝任校宣传部部长，张元生任体育系主任，李云清任马列主义教研室主任；经中共江苏省委高校党委批准，学校成立监察委员会，由苏凝兼任书记，委员还有李谋、刘国文、王云山、顾立桂 4 人。

1963 年

9 月，经江苏省体委批准，上一年分设的运动一系、运动二系又合并为运动系，张凤扬兼任系主任，成希春、徐翔、邹仁海任副主任，杜铿之兼任党总支书记，王云山、吕立香任副书记。

11 月，经中共江苏省委高校党委批准，校党委会举行换届选举，新一届常委会由沈战堤、杜铿之、苏凝、姚琮、张凤扬等 5 人组成；监察委员会增补李晋三、杨六奇，由 5 人增至 7 人。下旬，在印尼雅加达第一届新兴力量运动会上，学校有 12 人参赛，共获 6 枚金牌、4 枚银牌、3 枚铜牌，破 1 项全国纪录。

年末，全校师生员工总计 1140 人（教师教练 181 人，行政干部 137 人，运动员 364 人，学生 393 人，勤杂 65 人）。

1964 年

3 月，经中共江苏省委批准，沈战堤兼任学校党委书记，杜铿之、苏凝为副书记。

7 月，为迎接第二届全运会，努力培养优秀运动员后备力量，经中共江苏省委批准，学校创办“业余体育集训队”，集训期 1 年。

1965 年

7 月，经省教育厅、省体委批准，学校上年创办的“业余体育集训队”正式改建为学校，定名为“南京体育学院附属中学”，半天开展文化学习，半天开展专项训练，吕立香任党支部书记，成希春、邹仁海任副校长。

9 月，彭冲任团长的江苏省体育代表团赴京参加第二届全运会，学校运动员获得 6 枚金牌、5 枚银牌、17 枚铜牌，并打破 8 项全国纪录。

10 月，江苏省委省政府召开庆祝大会，欢迎省体育代表团胜利归来，省委第一书记江渭清亲临大会，副省长许家屯发表讲话，省体委主任王范汇报参赛情况。

第二节
遭遇动乱曲折发展

1966 年 5 月 16 日，中共中央发出通知，将肇始于上年年末、以批判新编历史剧《海瑞罢官》为代表的文艺斗争公开化、政治化，同时设立直属政治局常委的“中央文化革命小组”，揭开了“无产阶级文化大革命”的动荡序幕。这一历史阶段持续 10 年之久，直到 1976 年 10 月粉碎“四人帮”后方才结束。正如十一届六中全会通过的《关于建国以来党的若干历史问题的决议》所指出的那样，这是一场被反革命集团利用，给党、国家和各族人民造成严重灾难的内乱。动乱过程中，学校屡经磨难，曲折生存。

一、动乱时期一波三折

1966 年

4 月，校党委书记沈战堤、副书记苏凝，率部分教练员、运动员赴常熟乡村参加“四清”运动（即社会主义教育运动）。当时国内政治气氛日趋紧张，1965 年初中央印发的《农村社会主义教育运动中目前提出的一些问题》虽然指示应纠正在运动中打击面过大的问题，但首次明确提出“要整党内那些走资本主义道路的当权派”。

5 月中旬，中央政治局出台“五一六通知”，形势突变。

6 月，教师、学生全面停课，教练员、运动员全面停训，学校停止招生，应届毕业生则无限期延迟派遣。

7 月，中共江苏省委向学校派出以丛永新、季亭为正副队长的工作队，同时宣布由省委工作队取代校党委直接领导运动。但是，此举并不切合中央顶层战略思想与部署，进驻仅为时 1 月余，省委工作队即奉命匆匆撤出。

8 月，政治形势急转直下，面对来势汹汹的造反派群众运动，省委被迫宣布撤销沈战堤党内外一切职务。

10 月，省委宣布高等院校中断党委对运动的领导，校内由此陷入一段混乱状态。

11 月下旬，在柬埔寨金边举行的第一届亚洲新兴力量运动会上，学校田径运动员韩永年获男子 800 米第 1 名，顾克炎获男子三级跳远第 1 名，崇秀云获女子铅球第 1 名，尹锡南等获男子体操团体总分第 1 名，尹锡南、廖化育同获男子单杠第 1 名，韩广智获男子自行车 4000 米团体追逐赛和 4000 米个人追逐赛第 1 名。

1967 年

1 月伊始，朔风萧索，寒气逼人。随着批判走资本主义道路当权派与反动学术权威的浪潮不断升级，校内造反派亦四处串联，揪斗成风，暴戾恣睢。12 日，省体委党组书记、主任王范，因不堪凌辱，在学校看守住地含冤饮弹身亡。13 日，造反派竟又召开批斗大会，痛斥王范自绝于党和人民，并点名警告学校及省体委中层以上绝大多数干部。同时，造反派成立了“劳改队”“保皇大队”，对占干部比率高达三分之一的近百名干部实行所谓的“群众专政”。

4 月 19 日，省体委党组副书记、副主任沈战堤也因不堪凌辱在学校含冤上吊自杀（中共十一届三中全会后，王、沈均获平反昭雪）。

7 月，造反派成员、校田径选手沈志洲，在去下关与敌方“红总”造反派进行武斗时，被中学生疯狂分子用长矛刺死，成为造反、武斗的牺牲品。

1968 年

1 月初，经南京军区党委批准，南京体育学院革命委员会成立，杜铿之任主任，并与陈学仁、胡学宏、黄国华、肖夕柱、张骏、延峰等组成 7 人常委会。

5 月，中共中央、国务院、中央军委联合发布“5·12”命令，正式宣布全国体育系统实行军事管制。

6 月，省体委军事接管组对学校运动系实施军事接管。教学部门，则进驻工人解放军毛泽东思想宣传队，率领全体师生员工进行飘忽不定的“斗、批、改”。其间，长时间集中下乡下厂开展的生产活动也分为两块：一块是教练员、运动员开赴长江大桥工地参加劳动；另一块是教学部门师生则挥师江宁，参与开采官塘煤矿。

12 月，为适应训练与教学两种不同管辖体制，运动系受命脱离南京体育学院，党、政、财、文与教学部门完全分开。此后，教学部门师生处于涣散、离析、混乱的状态。

1969 年

1 月末，经中共江苏省军区党委批准，上一年脱离南京体育学院的运动系更名为“江苏省体育训练队”，并自建革委会，省体育系统军管会直属管辖关系不变。

3 月，经江苏省革命委员会批准，对南京体育学院革委会委员进行增补，刘国文、陈学华、成尔恒、田明、张一、刘袁忠、陈青云等 7 人进入革委会。

6 月，通过选举产生江苏省体育训练队党总支委员会，陈星兆任书记，委员有李忠义、王云山、吴世英、崔荣林、颜虎清、涂传忠、武永霞、杨凤苍。

7—11 月，江苏省体训队教练员、运动员与省体委干部赴海安县角斜公社红旗民兵连接受“再教育”，向贫下中农认真学习，艰苦实施为期 3 个半月的“五同批改”（同吃、同住、同劳动、同学习、同批斗）。其间，累计战备行军 500 公里，结束时又列队步行返回南京。

9 月，1969 届本科毕业生分配至江宁金狮岗煤矿当工人，直至 1972 年重新分配工作。

10 月，经中共南京体育学院核心小组批准，成立以丁明娟、陈德厚为正副组长，孙家林、尤启骏、邓成芳为组员的学校共青团领导小组。

12 月，经江苏省革委会批准，省体训队编制大幅裁减，有 152 名运动员、教练员与机关干部下放工厂，并撤销自行车、举重、武术、技巧、击剑、网球、棋类等 7 个项目。校附属中学全体学生则被分配到南京郊区各国营煤矿当工人。留队人员实行军队建制，设正副政委、正副队长，并划分为一连（篮球、排球，连长张海涛）、二连（体操，连长谈胜初）、三连（田径、足球，连长茅鹏）。年末，南京体育学院根据省革委会安排，接手句容县国营麻场所属第三耕作区，建立了南京体育学院“五七”农场，供全院绝大部分教职工劳动锻炼、改造思想。

1970 年

2 月，开展“一打三反”（打击反革命破坏活动，反对贪污盗窃、反对投机倒把、反对铺张浪费）和清查“五一六反革命阴谋集团”运动，造成大批冤假错案。

5 月，实行军事接管的省体训队响应号召，第二次下农村接受“再教育”，到江宁县横岭公社进行“两忆三查”（忆阶级苦、忆民族苦，查思想、查工作、查斗志）运动。

11 月，南京体育学院，包括院“五七”农场，无可幸免地陷入清查浊流，并成为江苏省高校重灾区之一，刘金根、朱俊铭、王诗平、陶正义等 4 人被无辜加罪、迫害致死。

1971 年

4 月，经江苏省体育系统军事接管组批准，江苏省体育训练队更名为江苏省体育工作队，并成立了领导小组，组长流静，副组长李洪洋、王云山，组员李云清、韩志泰。同月，江苏省体育系统军事接管组宣布对南京体育学院实行军事接管，王少良、谈笑泉任正副组长；原工人解放军毛泽东思想宣传队撤离学校。

1972 年

1 月，经江苏省革委会批准，学校成立青年集训队，培养优秀运动队的后备力量与基层体育骨干。

7 月，在北京举行的游泳、跳水表演赛中，学校运动员曾桂英打破女子 200 米、400 米两项自由泳全国纪录。

1973 年

3 月，经江苏省革委会批准，撤销南京体育学院“五七”农场。经中共江苏省体育系统委员会批准，成立南京体育学院青年集训队党支部，书记姚琮，副书记顾健，委员有李瑞琪、陈荣龄、陈兆华。

4 月，曾桂英在北京举行的全国春季游泳比赛中获 100 米、200 米、400 米、800 米自由泳和 400 米混合泳五项冠军。经中共江苏省委批准，原院长徐镳与省男篮著名运动员李春祥同时任省体委副主任。经中共江苏省体育系统委员会批准，学校成立中共南京体育学院核心小组，组长王少良，副组长刘国文，组员姚琮、田明、丁明娟。

11 月，经中共江苏省委组织部批准，学校成立中共江苏省体育工作队核心小组，组长秦明，副组长谈笑泉，组员李婉芳、刘国文、王云山。同时，秦明任江苏省体育工作队队长，李婉芳、王云山、陈学华与吕立香任副队长。

1974 年

3 月，经中共江苏省委批准，戴心思任省体委主任。省体育工作队与学校青年集训队出席在南京召开的江苏省体育工作会议。

9 月，两队部分运动员参加了在南京五台山体育场举行的第八届江苏省运动会。学校 16 名运动员、2 名教练员参加了在伊朗德黑兰举行的第七届亚运会，获 2 枚金牌、3 枚银牌、6 枚铜牌。

1975 年

6 月，经省体委报告、省革委会批准，撤销南京体育学院，撤销后，原医生、会计、炊事员及其他工友留省体工队工作；原体育系干部、教师由省教育厅分配工作；原附属中学干部、教师由省体委安排，筹办少年儿童业余体校；剩余人员由省人事局分配；其他干部由省委组织部、省人事局统一分配。

9月，在北京举行的第三届全运会上，学校运动员获10枚金牌、15枚银牌、8枚铜牌，3人5人次破4项全国纪录。

1976年

3月，中共江苏省委常委办公会同意成立“江苏省青少年业余体校”。

5月，经中共江苏省委组织部批准，李春祥兼任中共江苏省体工队核心小组组长、体工队队长，胡有彪任核心小组副组长、体工队副队长，李婉芳、张海涛任核心小组成员、体工队副队长。

6月，经中共江苏省体育系统委员会批准，张海涛兼任江苏省青少年业余体校党支部书记、革委会主任；李云清、毛阿宝、张维盛任革委会副主任。

1977年

3月，中共江苏省体委党组决定，戴伟任江苏省体工队团委副书记。

7月，江苏省体工队召开“学先进、赶先进”代表会议，羽毛球队等10个先进集体、孙晋芳等166名先进工作者、栾菊杰等46名优秀团员受到表扬和奖励。年末，中共江苏省第六次代表大会在南京召开，省体工队朱兰出席会议，并当选省委候补委员。

二、竞技队伍锋芒初露

回顾艰辛探索时期，新中国的各项事业虽然遭遇严重挫折，但体育运动事业，尤其是竞技比赛，因其自身固有的文化文明内涵、表现人类奋斗创造的精神属性及有益于国际间政治经济交流的特殊作用，自然也成为这一时期不可多得的亮点之一，比如1971年4月，著名的“乒乓外交”为推动中美两个大国外交关系正常化发挥了突出作用。

南京体育学院作为江苏省的竞技体育大本营，在艰辛探索时期得到了难能可贵的发展，学校各个省运动代表队可谓羽翼渐丰，表现不俗。具体而言，学校各阶段领导机构不失时机、高屋建瓴，积极认真贯彻党的体育方针，落实国家与省的体育方针，大力推进竞技训练工作，使隶属于南京体育学院的省优秀运动代表队由1969年大幅裁减7个专项后幸存的篮球、体操、游泳、跳水等4支队伍，在之后数年间，逐渐恢复、增加了乒乓球、羽毛球、排球、网球、田径、举重、武术、击剑、航模、技巧、自行车等 11 支队伍，使总运动队数达到 15 支。从此，各支运动队创造了一系列骄人成绩及显著社会效应。

图 2-2-1　体操健将丁小平（左二）

图 2-2-2　吊环全国冠军阮国良

20 世纪 50 年代末，南京体育学院江苏省男子篮球队的发展达到了高峰，成绩稳定于全国前四。1959 年夏，江苏男篮曾战平来访的苏联国家青年队，引起了轰动。是年，江苏男篮由于成绩突出，被国家体委选派作为中国青年队，参加奥地利维也纳第七届世界青年联欢节，并获得联欢节赛会亚军。同期，南京体育学院江苏省体操队也为中国体操史谱写了光辉篇章，女队在全国体操锦标赛上荣获团体冠军，12 岁少儿选手丁小平已达到运动健将标准，之后在雅加达第一届新兴力量运动会上夺得高低杠冠军；男队技术水平进入世界先进行列，代表人物阮国良自 1958 年始连续 7 次夺得全国吊环冠军。至于被视为体操姊妹的非奥运项目——技巧，南京体育学院技巧队水平亦名列全国前茅，首次参加国内重大比赛即 1958 年“沈阳 25 城市击剑、技巧比赛”，便夺得团体、男四、男双、混双 4 枚金牌。

20 世纪 60 年代初，南京体育学院江苏省武术队已经享誉全国。优秀选手王金宝于 1960 年随同周恩来总理率领的中国代表团访问缅甸，后夺得第三届全运会长拳冠军。同期，校乒乓球队也已名扬中国体坛。1963 年 11 月，学校有 12 名优秀乒乓球选手参加了雅加达第一届新兴力量运动会，共获得 6 枚金牌、4 枚银牌、3 枚铜牌。其中，曾于 1961 年斩获赫尔辛基第八届世界青年与学生和平友谊联欢节赛会女子单打、双打冠军的优秀选手狄蔷华，此次又攫得 1 金

2 银的优异成绩，实现了学院乒乓球队国际大赛金牌零的突破。1964—1965 年间，由于此前国家遭遇了三年经济困难，各省有不少运动队相继被迫解散，但学校以沈战堤为首的党委班子却胸怀远大、慧眼独具，果断接受了来自武汉体育学院的文国刚、郭毅能等 4 名优秀击剑选手，因而在第二、三届全运会击剑比赛中均荣获 3 枚金牌。1965 年 6 月，《新华日报》重点报道南京体育学院竞技运动队伍的训练比赛成绩获得系列突破和长足进步，崇秀云（女子铅球）、沈小坤（男子跨栏）、徐幼华（女子游泳）、钱福才（男子竞走）等优秀选手，均分别打破各自专项的全国纪录，引起全国竞技体育领域的普遍震动与关注。

进入 20 世纪 70 年代，学校游泳运动员曾桂英一骑绝尘，继 1972 年打破女子自由泳 200 米、400 米 2 项全国纪录后，又于 1973 年北京全国春季游泳比赛上共揽收 100 米、200 米、400 米、800 米自由泳与 400 米混合泳 5 项冠军，轰动泳坛！ 1974 年 9 月，第七届亚洲运动会在伊朗德黑兰举行，学校派出 2 名教练员、16 名运动员参加，共获 2 枚金牌、3 枚银牌、6 枚铜牌。第一届世界中学生运动会在联邦德国威斯巴登举行，学校田径运动员李霞夺得女子标枪冠军。1975 年 9 月，由蒋科任团长的江苏省体育代表团参加北京第三届全运会，学校运动员共获得金牌 10 枚、银牌 15 枚、铜牌 8 枚。1977 年 7 月，优秀运动员徐克华，在第一届东京国际青年举重邀请赛中获得 67.5 公斤级冠军。8 月，优秀运动员潘辰飞，在保加利亚索非亚举办的第九届世界大学生运动会上为中国体操队荣获男子团体季军做出了重要贡献。

三、主要校级领导小传

徐镳（1907—1994），男，江苏东台人，1980 年加入中国共产党，著名体育教育家。1955 年，徐镳被国务院任命为江苏省体委副主任，后兼任江苏高校体委主任。曾担任中国田径协会副主席，第五、六届全国政协委员。1958—1968 年，担任南京体育学院副院长、院长，在学校的创建与早期建设中，做出了重大贡献。

1923 年夏，徐镳免试进入扬州中学高中师范学习，1929 年毕业后，留校担任体育教师，同时还在其他学校兼任体育、生理卫生课教师；1934 年夏，毕业于国立中央大学体育系并留校任教；在中央大学期间，他担任南京高校田径队队长，成为全国著名的体育运动选手；1931 年在上海举办的江南八所大学田径运动会上获得 200 米短跑冠军；1933 年在南京中央体育场举办的中华民国第五届全运会上，与刘长春同场竞技，获得男子 200 米亚军、100 米季军。

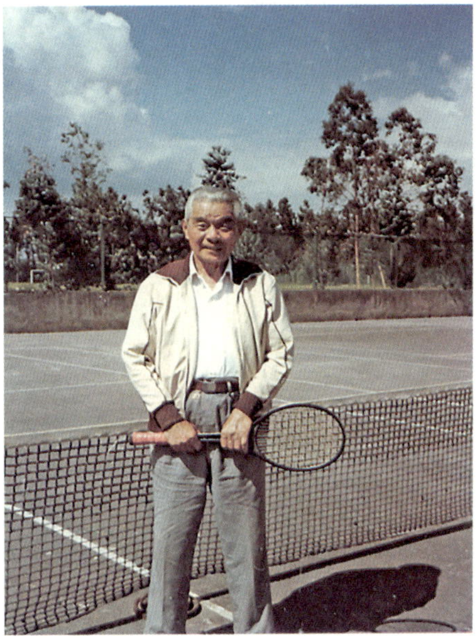

图 2-2-3 徐镳

1940 年起，徐镳任中央大学体育系讲师、副教授，一直工作到中华人民共和国成立初期；1952 年，任南京工学院（现为东南大学）体育教育研究室主任，并于 1953 年晋升为教授。他著有《最新篮球训练法》，为推进高校体育教育的正规化建设做出了重要贡献。

第三章
改革开放时期（1978—2016）

沉舟侧畔千帆过，病树前头万木春。

随着“四人帮”反革命集团被粉碎，在党的十一届三中全会的思想指导下，社会主义新中国的历史航船又重新调转了方向。改革开放总设计师邓小平以非凡的智慧、超人的胆识、雄伟的气魄，筹划了世界瞩目、史无前例的国家建设宏图。国运复苏，人心振奋，南京体育学院上下也欢欣鼓舞，与全国各族人民一起，在党的第二代领导集体的指引下，阔步前进在拨乱反正、改革开放的宽广大道上。近 40 年间，南京体育学院持续发展，光彩四溢。在思想体制建设、精神文明建设、运动训练指导、竞技比赛成绩、教学科研质量、办学规模效应等诸方面，都创造了辉煌历史，结下了累累硕果。

第一节
厉行拨乱反正　加强党的建设

一、体制机制建设与举措

1978 年

2 月，江苏省体委在南京人民大会堂隆重召开表彰大会，学校男女排球、男子羽毛球、男子体操、男子佩剑等运动队被记集体一等功，运动员孙晋芳、林正兰、赵新民、阎玉江、徐蓉、潘辰飞、李霞、孙玉香、胡星刚、杨海平、郑燕和教练员陈正绣等被记个人特等功。

4 月，国家体委通报表彰栾菊杰在西班牙马德里第二十九届世界青年击剑锦标赛上划时代荣获女子花剑亚军，并发布关于全国体育战线学习栾菊杰的决定。

6月，江苏省革命委员会研究决定恢复撤销2年的南京体育学院，并成立由吴镇、苏凝、秦明、张凤扬、王云山等人组成的筹备领导小组。

10月，栾菊杰出席共青团第十次全国代表大会并当选团中央委员，江苏省革委会批准记栾菊杰特等功一次。

12月，经江苏省革委会教育卫生办公室党组讨论，同意张海涛任省体工大队党总支书记、大队长，胡有彪任党总支副书记、副大队长，周永年、李婉芳任副大队长，刘国文、陈学仁、徐翔任顾问，李云清任省青少年业余体校党支部书记、校长，毛阿宝任党总支副书记、副校长。国家体委授予栾菊杰体育运动荣誉奖章和证书。

1979年

3月，中共江苏省委批准南京体育学院党政领导成员：吴镇兼任党委书记、院长，苏凝任党委副书记、副院长，秦明、张凤扬、王云山任党委委员、副院长。

5月，中共江苏省委决定，吴运福任党委委员、副院长。

8月，经江苏省革委会批准，江苏省青少年业余体校改建为南京体育运动学校（中专）。经省革委会教育卫生办公室党组批准，吕立香任党办主任，钱义宽任院办副主任，孙兴民任人事处副处长，陈陵任教务处处长兼体育系主任，刘法任总务处处长，丞民任场地设备处处长，王侃任图书馆副馆长。省体委召开庆功大会，祝贺校男排获得第四届全运会冠军，许家屯代表省革委会将印有"乘胜前进　勇攀高峰"的奖旗授予校男排队。

9月，共青团中央评选栾菊杰为"新长征突击手"。

10月，国家体委授予张跃鑫、孙志安、徐蓉体育运动荣誉奖章与证书。中共江苏省委、省革委会召开庆功大会，祝贺第四届全运会江苏省体育代表团凯旋，授予学院男女排球队、男子体操队、男子羽毛球队、男子举重队、男女花剑组等7个运动队"勇攀高峰运动队"光荣称号。

12月，栾菊杰在江苏省第五届人民代表大会第二次会议上当选为常委会委员。

1980年

1月，中央人民广播电台、中央电视台、《中国青年报》、《体育报》联合在北京举行"1979年度最佳运动员授奖大会"，栾菊杰获评十佳之一。

4月，经国际体操联合会批准，施达昌获国际体操裁判资格。同月，栾菊杰、张跃鑫出席江苏省人民政府召开的表彰各条战线先进集体授奖大会。

6 月，陈青梅获得第三届墨西哥国际青年田径运动会女子 1500 米冠军。

7 月，学院恢复招生，共招收 4 年制本科生 80 名。经中共江苏省委科学教育部同意，殷宝林、闻竟任共青团南京体育学院委员会正副书记。

8 月，江苏男排继第四届全运会后，在全国男子排球锦标赛上再次夺得冠军。

1981 年

2 月，经中共江苏省委科学教育部批准，撤销江苏省体工大队，学校成立训练处，张海涛任院党委委员、副院长，兼任训练处处长；胡有彪、周永年任训练处副处长；郭昭平任院办副主任；李晋三任南京体育运动学校校长，兼党支部书记；李婉芳、顾健任副校长；李云清任马列教研室主任；陈宝萱任南京体育运动学校副校长兼文化教育科科长。

4 月，蔡振华荣获在南斯拉夫诺维萨德举办的第三十六届世界乒乓球锦标赛男子团体、双打冠军，单打亚军。

5 月，经中共江苏省委科学教育部批准，刘国文任体育系顾问，陈学仁任总务处顾问，徐翔任训练处顾问。

6 月，学校成立教育工会，张媛、堵道元任副主席；省体委党组批准，郭昭平任训练处副处长。

7 月，孙志安获得在美国圣克拉拉举办的第一届世界运动会羽毛球男子双打冠军。10 月，经省体委党组批准，校党委设组织部，陶家祥任副部长。

10—11 月，国家体委副主任荣高棠、陈先，江苏省委书记江渭清相继视察学院，座谈并听取工作汇报。

11 月，中国女排在日本东京第三届女排世界杯赛上七战七捷荣获冠军。这是中国女排首次获得世界冠军，袁伟民获最佳教练员奖，孙晋芳荣获最佳运动员奖、优秀运动员奖、最佳二传手奖。江苏省体委在南京人民大会堂隆重召开“一九八一年优秀运动员、教练员、体育园丁表彰奖励大会”，省政府批准给袁伟民、孙晋芳、栾菊杰、蔡振华、孙志安、张洁云等 6 人记特等功一次。

12 月，国家体委向蔡振华、孙志安、孙晋芳、张洁云颁发了体育运动荣誉奖章与证书。

1982 年

1 月，孙晋芳光荣当选首都 20 家新闻单位联合评选出的“1981 年全国十佳优秀运动员”。

4 月，经国务院批准，国家教育部发布正式通知，增设南京体育学院（学制

4 年，规模 800 人，设置体育、运动 2 个专业）。

5 月，经学校党委批准，闻竞、吕卫东任校团委副书记。中国男子羽毛球队在英国伦敦第十二届汤姆斯杯赛上荣获冠军，孙志安为主力队员，省人民政府批准给孙志安记特等功一次。省人大常委会批准孙晋芳、蔡振华为 1981 年省劳动模范，校男子排球一队为省劳模集体。省市政府领导惠浴宇、宫维桢、王昭铨、陈邃衡等来校接见赴日本名古屋市参加双边田径友谊比赛的省市体育代表团，省长惠浴宇作了重要指示。

7 月，省体委党组批准学校党委设立宣传部，刘菊昌任副部长。

9 月初，孙晋芳被推选为代表并出席中共第十二次全国代表大会，随后又参加第九届世界女排锦标赛并荣获冠军。

11 月，江苏省委、省政府、省人大、省政协及省军区许家屯、柳林、韩培信、顾秀莲、徐方恒、彭勃、李执中、罗运来等领导来校看望、慰问运动员，并召开大型座谈会，省委书记许家屯作了重要指示。

1983 年

1 月，经江苏省人民政府批准，学校成立单独招生的运动专修科（大专），主要对象为在职运动员、教练员，学制 3—4 年，实行学分制，每周授课 3 个半天，毕业后由省人事部门分配工作。孙晋芳光荣当选首都 20 家新闻单位联合评选出的“1982 年全国十佳优秀运动员”。

2 月，栾菊杰荣获德国莱比锡第六届国际女子花剑赛个人冠军，并接受莱比锡市政府授予的“最佳运动员”称号。经中共江苏省委批准，孙晋芳任省体委副主任。

3 月，国家体委授予孙晋芳、孙志安体育运动荣誉奖章及证书，省政府批准给 2 人各记特等功一次。中共中央顾问委员会秘书长荣高棠来校视察，并召开座谈会。

4 月，陈陵、张然当选江苏省第五届政协常委，施达昌当选江苏省第六届人大常委，李顺柱当选第六届全国人大代表。中国队荣获第三十七届世界乒乓球锦标赛男子团体冠军，我校运动员蔡振华作为主力队员夺得单打亚军。

5 月，北京体育学院院长、中国奥委会主席钟师统来校视察。经中共江苏省委批准，南京体育学院党政领导实施重组，张海涛任省体委副主任并兼任院长、党委委员，邢达任院党委书记，张然任副院长，殷宝林任党委副书记。

6 月，江苏省体委党组批准，对学校管理部门及干部进行调整，朱兰任组织部副部长，虞昌钰任院办副主任，李习友、宋述初、尹承志任训练处副处长，李宗汉、陈钟元任科研处副处长，吴寿芝任图书馆副馆长，顾健、孙兴民任人事处副处长，戴玉生、李婉芳任教务处副处长，李瑞琪、施复平任省体育运动学校副校长，陈学华任体育系副主任，陈宝萱任运动专修科主任，吴秉礼、陈汉钧任总务处副处长；撤销省国防体育俱乐部，改为南京体育学院分部，朱福林、成玉林任分部副主任。

7 月，在加拿大埃德蒙顿第十二届世界大学生运动会上，栾菊杰率领的中国女子花剑队荣获团体冠军，吕伟夺得女子跳台跳水冠军。

8 月，杨永沂副省长一行来校看望“战高温、迎五运”的运动员与教练员。李方膺、计尔煊、张然、邹志华、黄益冲、尤广礼、陈正绣、储雄堡、蒋桐森、戴维慧、孙锦华、周广英、陈重文、徐鸿林、任德龙、文国刚 16 人获评国家首批“高级教练”职称。

9 月，省长顾秀莲、副省长杨永沂接见在第五届全运会提前比赛中荣获 6 枚金牌的江苏举重队。

10—12 月间，学校恢复招生后，首届本科毕业生分赴省内 8 所中学进行为期 8 周的教育实习。

11 月，经省体委党组批准，李晋三任教务长，胡天兴任总务长，葛荣修任训练处处长，谈胜初任体育系主任，钱文林兼任省体育运动学校校长。

二、主要校级领导小传

（一）吴镇

吴镇（1922—　），男，上海人，1937 年在上海参加救亡运动，1938 年加入中国共产党；抗日战争、解放战争期间长期从事部队政治工作，曾任新四军一师所属部队的连指导员、营教导员，第三野战军二十四军政治部宣传科长，新华社华东六支社社长，华中军区前线文工团副团长等职。新中国成立后，历任《新华日报》社长、总编，《群众》杂志总编，江苏省委副秘书长，江苏省人大教科文卫委员会主任，无锡市委书记处书记，中共第八次代表大会代表等职务。

吴镇热爱体育，少年时即喜欢足球、短跑，曾获校运会短跑冠军。1975 年开始担任江苏省体育运动委员会主任、党组书记。1979—1983 年，兼任南京体育学院党委书记、院长。同时，还兼任中华全国体育总会江苏省分会主席、中国击剑协会主席、中国钓鱼协会副主席、中国体育发展战略研究会常委、上海华东足球会名誉理事长。其间，他领导制定江苏体育发展规划，推进体育设施建设，创建江苏体育科学研究所，提倡“全国一盘棋，训练一贯制，组织一条龙”，恢复了一度停办的南京体育学院，提倡优秀运动队向院校化过渡，积极探索发展竞技体育、提高运动技术水平的新路径。吴镇为中国击剑运动，尤其是中国女花攀登世界剑坛高峰，培养出栾菊杰等杰出运动员做出了重要贡献。

图 3-1-1 吴镇

吴镇十分重视体育宣传与体育外事活动。他创办了《拼搏报》，撰写了大量的体育报道、体育评论，编辑出版了《奔向世界的人》《0—15》《纵横体坛人未老》《伏枥体坛人已老》等体育报告文学集。他积极开展中外体育交流，在南京举办中、日、美女排、击剑、武术、田径等国际邀请赛，聘请外国游泳、田径专家指导训练，派遣体育留学生出国深造，培训外国武术留学生，推广中国武术文化。

（二）邢达

图 3-1-2 邢达

邢达（1926—2020），男，江苏海门人，1944年参加革命工作，1946 年加入中国共产党；参加了抗日战争、解放战争，为新中国的建立做出了贡献。他历任如东苏中工学供给员、会计；苏北团校秘书、科长；江苏省团委科长、副部长；江苏省委统战部巡视员；江苏省体委群体处处长。1981 年任江苏省体委副主任，1983 年任南京体育学院党委书记，1987 年 11 月离休。2005 年、2015 年、2019 年，邢达分别荣获“抗日战争 60 周年纪念章”“抗日战争 70 周年纪念章”和“新中国成立 70 周年纪念章”。

离休后，邢达爱上了门球运动，并于 1993 年起连续担任首届、第二届江苏省门球运动协会理事会主席，第三届江苏省门球运动协会理事会总顾问。其间，邢达不辞辛劳，不顾年事已高，奔波于大江南北，弘扬了嘴勤、脚勤、脑勤的

“三勤”工作作风，宣传党的体育工作方针政策和开展门球运动的意义，传授门球技战术理论，被誉为江苏省门球运动开拓者。2007 年荣获中国门球协会颁发的“1987—2007 年度特别贡献奖”。

（三）张海涛

图 3-1-3　张海涛

张海涛（1931—　），男，祖籍湖北蕲春。曾担任江苏省体育运动委员会副主任，南京体育学院院长，江苏省残疾人联合会副主席。

1949 年新中国成立后，张海涛被南京师范学院（现南京师范大学）推荐参加第一届全市学生代表大会，并被送往上海华东团校学习。1950 年毕业后，到南京市政府机关党委下属机关团委任宣传干事，1952 年调至南京市团市委军体部任副部长。1957 年，调往青海省团省委学校部任负责人。1981 年 2 月，任南京体育学院副院长、党委委员，兼任训练处处长。1983 年，任南京体育学院院长。1986 年任江苏省体育运动委员会副主任。任职期间在学校的发展尤其是推动运动员文化教育等方面做出了重要贡献。

1992 年退休后，张海涛负责筹备第三届全国城市运动会，直至 1995 年 10 月运动会闭幕；后由江苏省民政厅聘任为省残联副主席，任职达 15 年；曾荣获“新中国体育开拓者”荣誉证书、2008 年奥运会国务院表彰团体奖。

三、竞技体育代表人物小传

（一）文国刚

文国刚（1940—2020），男，湖南人，文天祥后裔。父亲文小山为黄埔军校第 6 期毕业生，新一军副军长，曾远征缅甸，战功显赫。

文国刚 11 岁时，父母双亡，由家中保姆收养，1956 年考取武汉体育师专，1959 年初入选武汉市少年篮球队，担任主力后卫，率队获得了湖北省少年篮球锦标赛冠军，同年又参加武汉大学生篮球锦标赛并获得冠军。不久，入选武汉体育学院击剑队，仅训练 6 个月，就在第一届全运会上获得男子花剑个人亚军。

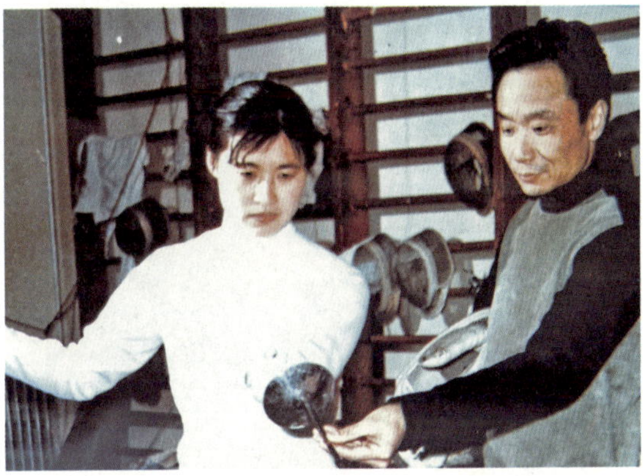

图 3-1-4　文国刚（右）

1961 年 11 月，因受三年困难时期影响，武汉体育学院击剑队解散，文国刚与郭毅能等 4 人被调入南京体育学院江苏省击剑队，为此后江苏省击剑队称霸全国奠定了基础。

1968 年 5 月，文国刚与马术运动员计月娥结婚。1969 年，江苏省击剑队被解散，文国刚夫妇到南京市仪表机械厂做装配钳工和描图员。1973 年，中央决定组队参加德黑兰第七届亚运会，文国刚以陪练身份进入国家击剑队，但是最终未能参赛。1975 年底，江苏省体委决定重建击剑队，任命文国刚为男花主教练。1977 年夏，国家男女花剑队来江苏训练，文国刚任国家队女花主教练。栾菊杰正是在他的训练下，当年就获得了全国女花个人冠军，翌年在第二十九届世界青年击剑锦标赛上获得亚军，创造了“天下第一剑”的传奇。第八届亚运会上，文国刚带领栾菊杰、朱庆元等包揽了女花个人冠亚军与团体冠军，实现了中国女花冲出亚洲、走向世界的目标。1984 年 8 月 3 日，在洛杉矶第二十三届奥运会上，文国刚带领栾菊杰又登上了自 1896 年击剑被列为奥运会项目以来，由欧洲人独占了 88 年的击剑运动最高领奖台，谱写了新中国击剑运动璀璨的里程碑式新篇章。

（二）尤广礼

尤广礼（1940—　），男，江苏扬州人，国家级羽毛球教练，历任江苏省羽毛球队、中国青年羽毛球队、泰国国家羽毛球队、新加坡国家羽毛球队主教练、总教练。国家体委授予他“新中国体育开拓者”荣誉称号及“国家体育运动荣誉奖章”。国际羽联授予他“世界优秀羽毛球教练员”称号。

青少年时代，尤广礼先后入选上海网球队、南京部队网球队、八一网球队、江苏省网球队。外号“拼命三郎”的他，是五六十年代江苏网球队的风云人物。1969 年，中国羽毛球运动迅速发展，他又接受组织安排，加入了江苏省羽毛球队，历任教练、主教练、总教练。其间，他踔厉奋发，带领江苏省羽毛球队获得骄人成绩，是中国竞技体育教练人才跨界的成功典范。

名师出高徒，尤广礼凭借着自己独特的“以我为主，以快为主”的训练风格

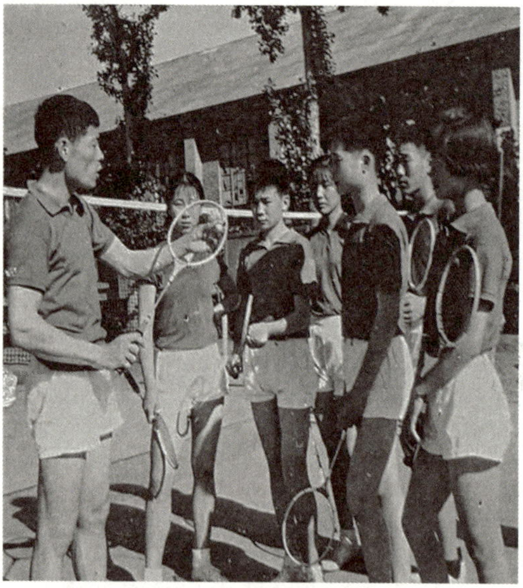
图 3-1-5 尤广礼（左一）

以及大运动量训练的理念，培养了一大批羽毛球名将：徐蓉、吴健秋是我国第一批羽毛球世界冠军；奥运女双冠军葛菲、顾俊，她们不但获得羽毛球女双“大满贯”，还在重大国际比赛中保持不败纪录达3年之久。同时，他还发表了多篇促进羽毛球运动技术发展的专业学术论文，为江苏省羽毛球队的长盛不衰奠定了扎实的专业理论基础。

1994年，在国际友人的一再邀请下，在国际交流、传播友谊的大环境中，尤广礼前往泰国某羽毛球俱乐部执教，推动了竞技体育事业对外交流。1998年，在完成江苏羽毛球队备战八运会的任务后，他又接受了泰国国家队邀请，继续他的国际教练历程。2003年始，他还应邀赴新加坡执教，用3年时间带领新加坡国家羽毛球队获得了开创历史的“世锦赛团体八强”席位。

第二节
深入改革开放 持续拓展创新建设

1984年，对于新中国，尤其对于新中国体育界是极不寻常的一年。这一年，在我国从农村到城市全面实行改革开放、中华各族人民呼唤“小平您好”之际，在美国洛杉矶举办的第二十三届夏季奥运会上，新中国体育代表团自1979年国际奥委会恢复中国在奥委会的合法席位后，首次参加了奥运盛会。南京体育学院在国家体委及江苏省委省政府、省教育厅、省体委的正确领导与关心支持下，也由此进入了竞技体育持续拓展创新建设时代。

一、学校党务行政敢于担当、成效卓著

（一）校处级机构设置及主管干部

1984 年

4 月，经江苏省团省委批复同意，张祖强任院团委副书记；经省体委党组批复同意，史光尧任体育系党总支书记。

9 月，经学校党委研究决定，陈学华任运动学校副校长，李瑞琪任体育系副主任。

1985 年

1 月，经江苏省体委主任办公会议定，江苏省体育科学研究所为省体委直属事业单位，南京体育学院党委领导该所党团组织建设，并负责行政后勤保障工作。

6 月，经中共江苏省委批准，杨静义任院党委书记，周维高任院长，李宗汉、张然任副院长、党委委员。10 月，经校党委研究决定，浦民欣任体育系副主任，徐辉任总务处副处长。

1986 年

1 月，经中共江苏省纪律检查委员会批准，学校成立纪律检查委员会，刘绍安任正处级专职副书记。

3 月，经中共江苏省委批准，胡有彪任南京体育学院副院长、党委委员。

4 月，校党委任命石甫中为体育系党总支副书记。

6 月，经江苏省体委主任办公会议定，南京体育学院分部改建为江苏省五棵松体育训练基地，为省体委直属事业单位。

7 月，经中共江苏省委批准，林祥国任省体委副主任、党组成员兼南京体育学院党委书记，张然调任中华全国体育总会江苏省分会副主席。

8 月，经江苏省体委党组同意，南京体育运动学校更名为江苏省体育运动学校。

9 月，史光尧任江苏省体育运动学校党总支书记兼校长。

1987 年

2 月，钱义宽任专职纪检员兼机关的总支书记（副处级）。经江苏省机构编制委员会审核批准，学校按体育系学生 380 人、运动学校学生 400 人、运动员 700 人的规模，核定教职工总编制为 946 人。

4 月，经学校党委研究决定，黄炳章任保卫处副处长，陈桂红任运动专修科

副主任，杨牛生任教务处副处长，吴仲德任马列室副主任。

5月，经省体委党组同意，李婉芳任体育系党总支书记，李晋三任教务处处长，胡天兴任院工会主席。经学校党委研究决定，戴玉生任科研处副处长。

8月，经学校党委研究同意，为提高工作效率与管理水平，体育系实行系主任负责制。

9月，经学校党委研究决定，学校工会、团委恢复处级建制，钱菊英任工会副主席，张祖强任团委副书记。

12月，据统计，全校师生员工总数达2200人。

1988年

2月，校党委根据施复平本人的要求，免除其省体育运动学校副校长职务。经江苏省体委党组同意，学校撤销训练处，并成立运动训练部，由胡有彪副院长兼任部主任，葛荣修任部副主任，虞昌钰任部党总支书记。

3月，经省体委党组研究决定，刘绍安任总务处处长。校党委任命陈重文、石甫中为运动训练部副主任。

5月，经省体委党组批准，郭昭平任院办主任，戴玉生任科研处处长，刘菊昌任党委宣传部部长。

6月，经中共江苏省委研究决定，林祥国任省体委主任，兼任南京体育学院院长；周维高调任省委统战部副部长。

8月，经校党委研究决定，杨浒任总务处副处长。

1989年

1月，中共江苏省委决定，鄞祥林任南京体育学院院长、党委副书记，殷宝林任南京体育学院副院长。

5月，校党委决定，王正伦任体育系副主任。

10月，经校党委研究决定，成立业余党校，李宗汉兼任校长，刘菊昌、朱兰兼任副校长。成立业余团校，殷宝林任名誉校长，严海平任校长。

1990年

1月，经校党委研究决定，调整总务处机构，增设校产科、修缮科、运动员培训接待科，原服装科更名为供应科。

4月，经校党委研究决定，胡小保任总务处副处长，浦民欣任体育系主任，李瑞琪任省体育运动学校党总支书记。

9月，经校党委决定，陈天宇任运动学校副校长。

该年底，全校在册正式职工人数为 1314 人。

1991 年

4 月，经校党委决定，蔡成华任运动训练部副主任。

5 月，省体委党组批复，郭昭平任运动训练部主任，陈重文任训练处处长，石甫中任运动训练部党总支书记，葛荣修任统战部部长。

7 月，经省委组织部同意，省体委党组批复，刘绍安任组织部部长。

8 月，省体委党组批复，杨牛生任教务处处长，汤岩任团委书记（副处级）。

11 月，“中国游泳协会跳水学校”命名挂牌仪式在学校举行，国家体委、省体委及学校多位领导出席仪式，孟广才任校长。

12 月，学校统计全院在册教职员工 1340 人。

1992 年

1 月，江苏省体委党组批复，孙兴民任人事处处长，顾健任生产办公室副主任，吴寿芝任科研处副处长，陈汉钧任图书馆副馆长。

3 月，校党委批准，时金陵任纪律检查委员会办公室主任兼任监察处副处长，严海平任体育系党总支副书记。

4 月，省体委党组批复，杨士豪任党委办公室主任。

8 月，省政府决定，酆祥林任省体委副主任。校党委批准，孟广才、卜文田、陈忠、王庆香等 4 人分别任跳水花样游泳队、海模队、篮球队、技巧队副处级领队。

12 月，中共江苏省委批准，华洪兴任南京体育学院党委副书记。校党委决定，孟广才任江苏省跳水学校校长。

1993 年

2 月，校党委任命徐辉为产业管理办公室副主任，高安陵任总务处副处长。

3 月，省体委党组批复，杨浒任总务处处长。

4 月，省教育厅批准，南京体育学院成立运动系，设立运动训练专业。

5 月，中共江苏省委批准，钱文林任南京体育学院副院长。

12 月，中共江苏省委调任殷宝林为江苏省农业科学院副院长。

1994 年

1 月，经校党委研究决定，优秀运动队由以班为建制改为以队为建制，并对各队领队、总教练、主教练、教练实行聘任制。

2 月，经校党委研究决定，王庆香任统战部副部长，张蕴琨任体育系副主任，王正伦任运动系主任，顾健任图书馆馆长。江苏省迈特足球俱乐部正式挂牌。

3月，经校党委研究决定，撤销运动训练部，成立竞技体育一系、二系、三系，石甫中、蔡成华、葛荣修分任3个系负责人。党办、院办合署办公。校生产办公室更名为校办产业管理办公室。校党校成立，华洪兴兼任校长。

7月，经省体委主任办公会同意，学校医务科扩建为南京体育学院医院。

12月，中共江苏省委决定，酆祥林院长调任省人民防空办公室副主任、党组成员（正厅级）。校党委决定，汤岩任训练处副处长，陈桂红任运动系副主任，戈学宝任保卫处副处长。

1995 年

1月，经校党委研究决定，张茂元任保卫处副处长。

5月，江苏省委决定，省体委主任孔庆鹏兼任南京体育学院党委书记，华洪兴任南京体育学院院长。省体委决定，石甫中、蔡成华、葛荣修分别担任竞技体育一系、二系、三系主任，郭昭平任党办院办主任，杨士豪任校办产业管理办公室主任。

8月，南京体育学院“乒乓球运动管理中心”成立。

9月，经校党委研究决定，徐雪萍、郦范琪、金松分别任竞技体育一系、二系、三系党总支副书记，魏日昂任科研处副处长，王成钢任人事处副处长，蒋宝珍任党办院办副主任，周士虎任校办产业管理办公室副主任，张世林任运动系副主任。

1996 年

3月，经校党委研究决定，孙加猛任纪委办公室主任、监察处副处长，张健任党办院办副主任，李江任宣传部副部长，路家乡任机关第一党总支专职书记（副处级）兼离退休办公室主任，江海林任团委书记（副处级），张蕴琨任基础课部副主任、党总支副书记，陈桂红任运动系党总支副书记。

9月，校党委批准，桑秉霞任竞技体育二系副主任、党总支副书记，郦范琪任运动学校副校长，李江兼任马列主义教研室副主任，陶新任体育系副主任。

1997 年

年初，经反复调查论证，学校出台了一系列管理体制改革方案，如《南京体院党政机关职责范围及岗位职责》《南京体院机构调整人员定编方案》等。3月，院党委批准，史国生任南京体育学院教务处副处长、院招生委员会副主任兼招生办主任。

1998 年

4 月，经省体委党组批准，王正伦任教务处处长兼体育系主任；史国生任党办院办副主任。

8 月，经省体委党组批准，汤岩任南京体育学院院长助理、党委委员，蔡成华、张雄任副院长。

9 月，校党委决定成立“游泳训练管理中心”。

10 月，省体育指导员培训中心授匾仪式在校体育馆举行。

11 月，省体委党组批准，张蕴琨任体育系党总支书记、系主任。

12 月，南京体育学院第四次党代会召开，选举产生了孔庆鹏为书记、华洪兴为副书记的新一届党委，同时选举产生了华洪兴为书记的新一届纪委。

1999 年

1 月，校党委决定，张敏任保卫处副处长，张本固任总务处副处长。

2 月，校医院正式挂牌。

3 月，省体委党组决定，钱竞光由省体科所副所长调任校基础课部主任。校党委决定，沈克任竞技体育二系副主任。

4 月，省体委党组批复，张祖强任训练处处长。省体委批准，校财务科升格为财务处。

6 月，校党委常委会决定，范素萍任人事处副处长，钱清任竞技体育三系副主任，袁野任教务处副处长，王永明任总务处副处长（兼校医院院长），桑秉霞任财务处副处长，陆玉林任基础课部党总支副书记，顾道任体育运动学校党总支副书记。

7 月，高安陵任财务处处长。南京体育学院省足球队教练、运动员及相关少体校学生隶属关系转往位于南京江宁的江苏省足球基地。

2000 年

2 月，经校党委常委会讨论决定，党委统战部、组织部合署办公，罗福亭任统战部副部长，陈广忠任机关第二党总支副书记，顾健兼任退休人员党总支书记。

4 月，南京体育学院职业技术学院（二级学院）正式成立，时金陵任院长，顾道任副院长，聘任江海林为附校部副主任（主持工作），聘任郦范琪为附校部副主任。

5 月，章遵任附校部副主任。

8 月，陈天宇任科研处副处长。

9 月，骆国明任训练处副处长。

11 月，经省学位委员会审核，学校“体育教育训练学”学科被批准为硕士学位授权点。

2001 年

2 月，校党委批准，吴晓红任体育系副主任。

6 月，根据《中华人民共和国工会法》，在省教育工会指导下，学校召开第一届第一次教职工暨工会会员代表大会，选举产生第一届工会委员会。

7 月，校党委批准，葛菲、顾俊任训练处副处长；经中共江苏省委批准，汤岩任院党委副书记、纪委书记，王正伦任副院长。

12 月，经省体育局批准，原隶属五台山体育中心的省艺术体操队与省武术队转至南京体育学院，校党委常委会讨论决定，学校由原 3 个竞技体育系调整增加为 6 个，分别是竞技体育一系（乒乓球队、羽毛球队、网球队），竞技体育二系（篮球队、排球队），竞技体育三系（田径队、举重队），竞技体育四系（体操队、技巧队、蹦床队、艺术体操队、武术队），竞技体育五系（击剑队、自行车队），竞技体育六系（游泳队、跳水队、花样游泳队）；聘任张祖强为训练处处长；聘任王成钢、刘斌、金松、陈桂红、徐雪萍、沈克分别为竞技体育一系、二系、三系、四系、五系、六系副主任（主持工作），省体育局批准五台山体育中心省艺术体操和武术两个项目移至学校。

2002 年

1 月，为给 2005 年南京十运会备战提供组织保障，校党委对竞技体育各系的领导职务进行了新一轮聘任，其中，印春福、丁习明、蔡森 3 人分别任竞技体育三系、四系、五系副主任。

3 月，王成钢、金松、徐雪萍分别任竞技体育一系、三系、五系主任。

4 月，校党委印发《关于“南京体育学院中层领导干部选拔任用工作暂行规定”的通知》。尹承志任党委组织部部长，陈桂红任竞技体育四系党总支书记，孙家猛任竞技体育一系党总支副书记。

7 月，学校成立学生工作处（党委学生工作部），严海平任副部长、副处长（主持工作），与团委合署办公，下设招生就业办公室、学生管理科 2 个科级机构。校党委决定，张蕴琨任教务处处长，王爱丰任体育系副主任（主持工作），李江任体育系党总支副书记（主持工作）、马列教研室副主任，任命张健为党委宣传部副部长，任命张世林为运动系党总支副书记（主持工作），任命吴晓红为运动系党总支副书记并聘任其为运动系副主任，任命钱竞光为运动人体科学系党总支书记并聘任为运动人体科学系主任，任命陆玉林为运动人体科学系党总支副书记并聘任为运动人体科学系副主任。

8月，校党委决定，史国生任党办院办副主任（主持工作），任命李凤山为副处级纪检员，任命蒋宝珍为纪委办公室主任。12月，成立“信息技术中心”（科级建制），内设网络管理室、电化教育室、计算机与语音实验室，挂靠科研处。学院成立“体育艺术教研组”，主要负责有关运动队运动员体育艺术训练教学工作，暂挂靠竞技体育四系。

2003年

2月，中共江苏省委批准，余竞来任南京体育学院党委委员、副书记。

3月，中共南京体育学院委员会召开第五次代表大会，选举产生了第五届委员会与第五届纪律检查委员会，时任校级领导及主要处级领导17人当选党委委员，7人当选纪委委员。经校第五届党委会第一次全体会议选举，并经省委组织部批复，书记华洪兴，副书记汤岩、余竞来，与蔡成华、张雄、王正伦6人组成常委会。经第五届校纪委会第一次全体会议选举，并经省委组织部与省纪委审批，汤岩、李凤山任正、副纪委书记。

6月，中共江苏省委批准，华洪兴兼任省体育局党组副书记、副局长。

7月，省体育局下发《省体育局党组关于党组成员工作分工的通知》，华洪兴主管南京体育学院全面工作，并联系南京市、盐城市体育局工作。

9月，校党委下发《南京体育学院关于部分正处级岗位实行公开选拔上岗的意见》，统战部与宣传部合署办公，体育系党总支书记与主任设置一个岗位，校机关第一、第二党总支更名为机关党总支与后勤党总支。

11月，校党委制定《南京体育学院党委会讨论干部任免事项投票表决办法》。史国生任党办院办主任，李凤山任院机关党总支书记，张健任宣传部部长兼统战部部长，张本固任后勤党总支书记，王爱丰任体育系党总支书记、主任，张世林任运动系党总支书记、主任，戈学宝任校工会副主席（正处级），李江任科研处处长，周士虎任校办产业管理处主任。校党委决定，原合署办公的宣传部与统战部分设，蒋宝珍任统战部部长；郦范琪任附校部党总支书记，兼任训练处副处长。

12月，校党委决定，范素萍任人事处处长，顾道任体育系党总支副书记、副主任，李凤山任南京体育学院纪委副书记、监察处处长。经省教育科技工会审核批示，校党委副书记余竞来兼任南京体育学院工会主席。

2004 年

4 月，校党委决定，刘斌任竞技体育二系党总支书记、主任，沈克任竞技体育六系党总支书记、主任，辛丽任党办院办副主任，张宜龙任人事处副处长，王加华任党委保卫部副部长、保卫处副处长，储小祥任总务处副处长，殷光任职业技术学院直属党支部副书记、副院长，王宁任竞技体育二系党总支副书记、副主任。

2005 年

1 月，副院长蔡成华兼任中国自行车协会副主席。经公开选拔并由校党委常委会讨论决定，袁野任图书馆馆长。

4 月，校党委决定，校机关党总支成立研究生党支部，魏日昂任支部书记，陆玉林任教务处副处长。

6 月，经公开选拔并由校党委常委会决定，孙飙任运动人体科学系党总支副书记、副主任。

2006 年

1 月，校党委决定聘任葛菲为训练处正处级副处长。

2 月，校党委对 23 名处级干部进行轮岗聘任，同时授权明确 17 个运动队的具体负责制。校党委批准成立“继续教育部”（正处级），周士虎、徐融任正、副主任。

4 月，经组织推荐、民意测验、个别考察，校党委聘任张军、肖爱华、崔文华等 3 人为训练处副处长。

7 月，训练处副处长肖爱华调往省体育局工作。

8 月，经组织推荐、考察，校党委聘任魏日昂、陈天宇 2 人为科研处正处级调研员。

9 月，党办院办副主任辛丽调往省体育局工作，训练处副处长崔文华调往省教育科技工会工作。

10 月，校党委任命孙家猛为机关党委总支书记兼宣传部副部长，印春福为竞技体育三系党总支书记、系主任。省体育局党组决定，为备战 2008 年北京奥运会，继 5 月成立 4 个金牌攻关小组之后，又追加成立跳水、自行车 2 个项目金牌攻关组，院长任组长，张本固、蔡森任副组长。

11 月，经校党委常委会研究决定，王霞、周来发、张云芳、周玲美分别任田径队、举重队、技巧队、花样游泳队副处级领队。

12 月，经学校党委研究决定，撤销竞技体育二系、三系及武术队建制，原竞技体育一系、四系、五系、六系，分别更名为乒羽网系、体操系、击剑自行车系、游泳系。

2007 年

4 月，经校党委研究决定，储小祥任总务处处长。

7 月，经校党委研究决定，唐建跃任总务处副处长，孟杰任校医院院长；图书馆与原隶属科研处的信息管理中心，教学单位涉及电子、网络的实验室部门进行合并，成立图文信息中心（处级建制）；调整总务处部分科室及其职能，并成立产业管理科；撤销培训服务部。

11 月，孙加猛任机关党总支书记兼宣传部副部长。

2008 年

1 月，校党委决定，聘任袁野为图文信息中心主任，聘任单怀春为乒乓球队副处级领队，聘任陆晓理为工会副处级调研员，聘任刘长海为图文信息中心副处级办公室主任，聘任王鲁宁为图文信息中心副主任。

8 月，经校党委常委会研究决定，黄旭任训练处副处长。

10 月，南京市人民政府任命葛菲为南京市体育局副局长。

11 月，学校召开领导班子换届大会，省委组织部副部长郭广银宣读省委相关文件，殷宝林任南京体育学院党委书记，汤岩、王正伦续任副院长，史国生、陈柏任副院长，余竞来任副院级调研员。

2009 年

1 月，召开中共南京体育学院第六次党代会，选举产生了第六届委员会，殷宝林、张雄、汤岩、王正伦、史国生、陈柏、李江 7 位当选常委，殷宝林当选党委书记，汤岩当选党委副书记；还选举产生了中共南京体育学院纪律检查委员会，李江当选纪委书记，沈克当选纪委副书记。经学校党委研究决定，“马列主义理论教研室”更名为“思想政治理论教研室”，李江兼任教研室主任；聘任钱竞光为科研处处长，余竞来兼任组织部部长；撤销乒乓球羽毛球网球系，设立乒乓球羽毛球系与网球系，张健、蒋宏伟分任两系系主任。聘任罗福亭为击剑队正处级领队；聘任刘健为训练处副处长。

8 月，经校党委研究决定，聘任张晃新为校产业办副主任，兼校产业发展有限公司总经理，并正式成立江苏康荣体育发展有限公司。中共江苏省委决定，蒋宏伟任南京体育学院党委常委。

9月，江苏省人民政府任命蒋宏伟为南京体育学院副院长。

11月，经省体育局党组研究决定，陈柏兼任省体育局训练中心主任。经校党委研究决定，殷光为网球系直属党支部书记（正处级），江慧芝为网球系副主任，罗福亭为击剑自行车系党总支书记，任大新为击剑自行车系副主任，丁习明为体操系主任，王国庆、黄旭同为体操系副主任。根据省体育局统一部署，省乒乓球队整体东移搬迁至省体育局仙林训练中心，原乒乓球羽毛球系撤销，设立羽毛球系，任命孙志安、唐学华、张军同为系副主任。学校对各运动队的负责制作出明确规定，实行总教练负责制的有羽毛球队、体操队、技巧队等3支（孙志安、王国庆、胡星刚任总教练），实行领队负责制的有网球队、艺术体操队、技巧队、击剑队、自行车队、游泳队、跳水队、花样游泳队等8支（江慧芝、明洁、张云芳、储石生、罗福亭、孔庆玮、顾金凤、周玲美任领队）。

12月，经校党委研究决定，设立5个正处级行政单位：资产管理处、社会科学部、民族体育与表演系、离退休工作办公室（与宣传部合署办公）、研究生部（与科研处合署办公）。医院升格为副处级单位，运动人体科学系更名为运动健康科学系，附校部更名为南京体育学院附属学校。根据省体育局文件精神，晋升蔡森为正处级，晋升周圭圣、茅国华、明洁为副处级。经校党委研究决定，金松任党委办公室、院长办公室主任，郦范琪任宣传部部长，严海平任学生工作处处长，张敏任正处级学生工作处副处长，陈广忠任总务处副处长，袁野任运动系主任，吴晓红任民族体育与表演系主任，孙飙任运动健康科学系主任，章遵任附属学校校长，陆玉林、王鲁林任图文信息中心正、副主任，孟杰任校医院院长（副处级），肖爱华任击剑自行车系主任，黄旭兼任校团委书记（正处级），沈鹤军任体育系副主任，于翠兰任民族体育与表演系副主任，马林任运动健康科学系副主任，李勇勤任职业技术学院副院长，唐永干任宣传部副部长，高力翔任科研处副处长，邹国忠、张亚军任教务处副处长，郜德法任训练处副处长，张虞任总务处副处长，唐存楼任资产管理处副处长，黄俊任离退休工作办公室主任，尤维娜任党委保卫部副部长。

2010年

3月，经省委组织部批准，校党委任命陈健为组织部部长。

5月，经校党委研究批准，民族体育与表演系成立首届党总支，吴晓红任书记，于翠兰任副书记。

2011 年

5 月，南京体育学院成立首届教授委员会，由教授代表与国家级教练员代表 19 人组成，院长张雄任首届教授委员会主任，副院长王正伦任副主任，科研处长钱竞光任秘书长。

2012 年

4 月，学校党委召开常委会，殷宝林主持，省委组织部派员传达（苏委〔2012〕140 号）文件，殷宝林不再担任南京体育学院党委书记、常委、委员职务。省委组织部副部长赵永贤在会上讲话时指出，此次工作职务调整，是根据殷宝林本人意见并结合学校实际情况做出的，同时明确新党委书记到任前由张雄负责党委工作。

6 月，中共江苏省委决定，金松、肖爱华任南京体育学院副院长。

2013 年

11 月，学校召开校领导班子换届考察干部大会，省委干部考察组组长文晓明作重要讲话，全体在任校领导、副处级以上干部及党内外其他各方面代表人士出席大会，并按照省委干部考察组的要求填写新一届学校党委、行政领导班子全额定向推荐表及参加网上测评，考察组还和部分与会人员进行了个别谈话。

12 月，中共江苏省委决定，陈国祥任南京体育学院党委委员、常委、书记。

2014 年

1 月，学校第七次党代会在图书馆报告厅举行，院长致开幕词，省委组织部常务副部长王奇、省委教育工委副书记潘漫、省体育局党组书记兼局长殷宝林出席开幕式并分别作重要讲话，大会按规定程序选举产生了新一届校“两委”委员与领导班子，新任党委书记陈国祥致闭幕词。

4 月，经学校党委常委会研究决定，郭翔任党委组织部副部长，许立俊任党委宣传部副部长。同时聘任朱小兰为人事处副处长，陶利为学工处副处长，王斌为研究生部副主任，王进为体育系副主任，支川为民族体育与表演系副主任，杨晖为运动健康科学系副主任，王蓉为休闲体育系党总支副书记，李英为继续教育部副主任，王寅为总务处基建办主任（副处级）。

6 月，经学校党委常委会研究决定，殷光任党委组织部部长，顾道任纪委副书记兼监察处处长，戈学宝任资产管理处处长。

7 月，经学校党委常委会研究决定，刘健任党委办公室、院长办公室主任，沈鹤军任体育系主任。宋雅伟任科研处副处长，陈荣梅任体育系副主任，葛见珠任运动系党总支副书记，王鲁宁任图文信息中心主任、图书馆馆长，孟杰任运动康复医院院长（正处级），孔庆玮任游泳系党总支书记、主任，孙传勇任机关党总支副书记，王利雅任资产管理处副处长，王猛任团委副书记（正科级）。

2015 年

6 月 19 日，学校召开干部大会，江苏省委常委、宣传部部长王燕文出席大会并作重要讲话，省委组织部副部长胡金波宣读《省委关于陈国祥担任南京体育学院院长的任命决定》，陈国祥书记作了表态发言。

2016 年

3 月，学校召开干部大会，党委书记、院长陈国祥宣读了《江苏省委关于黄步龙担任南京体育学院总会计师、党委常委的任命决定》与王正伦不再担任副院长、党委常委的决定。

5 月，江苏省委决定，杨国庆任南京体育学院党委委员、常委、副书记，并任院长。

6 月初，学校召开干部大会，党委书记陈国祥主持会议，省委组织部副部长胡金波到会宣布杨国庆担任南京体育学院院长的决定，省委常委、宣传部部长王燕文出席会议并作重要讲话，最后杨国庆院长作任职表态发言。

（二）校处级党群工作业绩及表彰

1984 年

5 月，学校党委开始整党，为时 1 年。

1985 年

9 月，学校党委召开大型座谈会，庆祝首届教师节。

1986 年

7 月，学校党委决定授予体育系第三党支部、篮球班党支部、院分部党支部等“先进党支部”光荣称号。

1989 年

10 月，学校党委召开扩大会议，学习江泽民在国庆 40 周年大会上的讲话，领会精神，统一认识，进一步深化推进改革开放。

12 月，院长酆祥林出席中共江苏省第八次代表大会。

1990 年

3 月，根据中组部有关文件要求，省教委“三整顿”小组来校检查工作，学校召开全体党员大会，就党员重新登记工作进行动员，院长、党委副书记鄞祥林作动员报告，部署工作计划。经学校全体选民选举，鄞祥林当选玄武区人大代表。

9 月，校工会被评为江苏省第十二届运动会群众体育先进单位，院工会主席胡天兴出席表彰大会。

1991 年

1 月，体育系全体教师集中学习《关于社会主义若干问题学习纲要》，鄞祥林院长作辅导报告。

2 月，学校党委分别召开老干部、民主党派、归国华侨座谈会、党委扩大会，学习中央纪念中国共产党诞生 70 周年的通知。

6 月，学校共青团第七次代表大会召开。

7 月，学校党委召开庆祝建党 70 周年大会。

1992 年

2 月，学校召开表彰大会，鄞祥林院长代表党委，向男女自行车队等 7 个“四好”运动队，及林莉、王晓红等 70 名“五好”运动员颁发了奖状、荣誉证书与奖品。

1993 年

7 月，学校荣膺江苏省委、省政府授予的“1991—1992 年度省级文明单位”称号。

12 月，为纪念毛泽东诞辰 100 周年，党委组织部、宣传部召开“毛泽东与体育”座谈会，团委组织“红太阳颂”文艺演出，工会举办“南京—韶山”象征性长跑活动。

1994 年

8 月，学校女子羽毛球队与院办主任郭昭平分别被评为全国优秀运动队思想政治工作先进集体与个人。

9 月，由国家体委主办的、为庆祝建国 45 周年评选的体坛 45 杰揭晓，学院孙晋芳、栾菊杰、赵剑华、林莉 4 位运动员榜上有名。

1995 年

3 月，学校开展“树文明新校风，迎接第三届城运会”文明月活动。

6月，省委高校工委召开党建工作会议，校排球队党支部及华洪兴、郭昭平分别被评为“先进党支部”“先进党务工作者”“优秀共产党员”。

10月，省委省政府授予学校“1994—1995年度江苏省文明单位”称号。

11月，省委省政府召开“三城会”表彰大会，学校获“做出重大贡献奖”。

1996年

7月，学校隆重召开建党75周年暨民主评议党员工作总结表彰大会，机关第一党总总支第一党支部、机关第二党总支医院党支部、竞技体育三系党总支第一党支部被授予“先进党支部”光荣称号，王庆香、陈广忠、殷敬芝等25人被授予“优秀共产党员”光荣称号。

1997年

5月，省委教育工委对全省申报“党的建设和思想政治工作先进”的高校进行评估。学校党委统一思想、自加压力，首批参加评估，并以此为契机，加强学校党的建设，推动各项工作快速发展。

1998年

8月，国家人事部、体育总局发布《关于表彰全国体育系统先进集体、先进工作者的决定》，学院后勤工人代表柳太林获得“全国体育系统先进工作者”称号，享受省部级劳动模范待遇。

1999年

3月，南京市玄武区召开1998年度计划生育工作表彰大会，学院被评为“计划生育工作先进集体”。

9月，为庆祝新中国成立50周年，学院举行了“祖国颂”大型文艺晚会。

2000年

1月，九三学社南体支社与民进南体支部分别被九三学社江苏省委、民进江苏省委评为“省基层组织先进集体”。奥运会冠军葛菲被江苏省妇联评为第三届“江苏省十大女杰”。

2001年

11月，华洪兴、孙志安、李菊3人出席中共江苏省第十次代表大会。

2002年

1月，学校通过了江苏省安全文明校园检查组的检查评估。

3月，葛菲当选中国共产党第十六次代表大会代表。

2003 年

校工会被中国教科文卫体工会评为“抗非”先进集体，校工会主席戈学宝被评为“抗非”优秀干部。

2004 年

1 月，学校被玄武区政府评为“2003 年度人口与计划生育工作有功单位”。

6 月，南京体育学院党委被省委教育工委评为“江苏省高校先进基层党组织”，陈桂红被评为“江苏省高校优秀党务工作者”，黄旭被评为“江苏省高校优秀共产党员”。

2005 年

8 月，学校被省教育厅批准评为 2003—2004 学年度“江苏省文明学校”。

11 月，经全省各高校推选，击剑队庞进被评为“全省高校优秀共产党员标兵”。

2006 年

1 月，南京市公安局为校保卫处记“2005 年度集体三等功”。校工会在“2005 年度在宁高校和科研院所工会财会工作检查评比”活动中获优胜奖，并成功迈入江苏省教育科技工会“模范职工之家”行列。

4 月，团省委授予唐存楼“江苏省新长征突击手”称号。

5 月，学校召开学习新党章动员大会；学校举行保持共产党员先进性教育活动群众满意度测评。

2007 年

1 月，学校相继被玄武区委、区政府评为“社会治安综合治理暨平安玄武建设先进集体”“人口与计划生育工作先进集体”。校保卫处被南京市公安局评为“2006 年度先进集体”（集体嘉奖 1 次）。

3 月，学校被南京市公安消防局评为“南京市消防安全重点单位先进集体”。

4 月，学校被江苏省总工会授予“江苏省五一劳动奖状”。

7 月，学校党委组织各党总支、直属支部组织党员学习胡锦涛总书记 6 月 25 日在中央党校重要讲话精神。

10 月，王正伦副院长当选玄武区第十六届人大代表。

12 月，学校“世界冠军园”被省委宣传部命名为第四批“江苏省爱国主义教育基地”，成为全省首个体育主题的爱国主义教育基地，随后校方邀请南京大学艺术教研室吴为山教授讨论了相关建设问题。经江苏省政协第九届委员会第二十次常委会通过，周睿、袁紫娟当选省政协第十届委员会委员。

2008 年

1 月，学校党委书记兼院长华洪兴、奥运会冠军葛菲当选江苏省人大代表并出席省第十一届人民代表大会。在省人大十一届一次会议第三次大会上，葛菲当选我省出席第十一届全国人民代表大会代表。学校团委召开第八届代表大会与八届一次会议，唐存楼当选团委书记。

3 月，在学校党委、团委的关心支持下，由运动系青年教师袁鲁荣根据南京大学教授吕效平同名剧本编导、学院学生话剧团出演的《〈人民公敌〉事件》，荣获“2007 年度大学生话剧展暨首届江苏省校园戏剧节”剧目一等奖，并取得 2008 年 3 月代表江苏省赴上海参加由中国文联、教育部、上海市人民政府联合主办的“首届中国校园戏剧节”比赛资格。翌年，该作品入编《中国戏剧年鉴》。

6 月，全校 624 名党员共缴纳“抗震救灾特殊党费”247,387 元，其中缴纳 1000 元以上的党员有 125 名。

7 月，顾善全被省委教育工委评为“优秀共产党员”，顾道被省委教育工委评为“优秀党务工作者”。

2009 年

1 月，中共南京体育学院第六次党代会明确提出了以“继承、创新、发展”为主题，积极将竞技优势转化为教学优势、科研优势，进而形成创新优势、发展优势，努力建设“省内领先、国内一流、国际知名的应用型体育学院”的奋斗目标。校工会被省教育科技工会授予在宁省（部）属高校工会工作“先进集体”称号；校保卫处被江苏省公安厅荣记 2008 年度“集体二等功”。

2 月，校党委中心组集中学习胡锦涛总书记在十七届中央纪律检查委员会第三次全体会议上的讲话与习近平副主席在第十七次全国高等学校党建工作会议上的讲话，全体校领导及中层干部参加了会议。

3 月初，学校召开深入学习实践科学发展观活动动员大会，殷宝林书记作动员报告。校党委中心组举行科学发展观学习实践专题讨论，全体校领导参加了讨论。月末，召开全体校领导学习实践活动调研成果交流会。

4 月初，学校召开科学发展观学习实践活动分析检查阶段动员大会，殷宝林书记再作动员报告。中旬，校领导班子召开学习实践活动专题民主生活会，省委组织部、省纪委、省教育厅、省高校检查指导组第六组有关成员参加会议。下旬，中共南京体育学院第六届委员会召开扩大会议，就关于运用科学发展观建设学校发展思路、工作措施等方面展开评价、讨论，并提出相应的意见。

5月，学校召开深入学习实践科学发展观活动整改落实阶段动员大会，殷宝林书记作动员报告。

6月，学校领导干部一行30人赴南京监狱参观省反腐倡廉警示教育展览。

7月，学校召开深入学习实践科学发展观活动总结大会，殷宝林书记作总结讲话时指出：活动紧紧围绕“促进科学发展，建设美好南体”主题，在各单位、各部门党总支、党支部带领下，700多名党员全体参与，通过学习实践达到了“提高思想认识，解决实际问题，创新体制机制，促进科学发展”的预期目标。经测评，学校各类群体代表对活动开展满意率达100%。

9月，在共青团中央、教育部组织开展的第九届“全国先进班集体”评选表彰活动中，运动系20641班获得2009年“全国先进班集体”荣誉称号。

2010年

1月，遵照中共江苏省委部署，校党委召开校领导述职述廉会，全校中层以上干部、民主党派负责人、省人大代表、政协委员代表参加，听取校领导班子及成员的述职述廉报告，并进行了民主测评。

4月，南京体育学院第二届第一次教职工代表大会暨工会会员代表大会召开，选举产生了新一届教职工代表大会执行委员会、工会委员会、经费审查委员会、女工委员会与提案工作委员会。击剑自行车系主任肖爱华荣获“全国先进工作者”荣誉称号。

5月，学校接受省教育纪工委对学校贯彻落实《关于加强高等学校反腐倡廉建设的意见》情况的量化考核，取得优秀成绩。

7月，省教育工委授予击剑自行车系党总支“江苏省高等学校先进基层党组织”称号，授予黄旭、曾少昡“江苏省高等学校优秀共产党员”称号，授予孟杰、张健“江苏省高等学校优秀党务工作者”称号。

8月，研究生丁建伟圆满完成“中国青年志愿者赴圭亚那服务队”支援任务后回国，荣获共青团中央授予的“中国优秀青年志愿者”金质奖章，并被省团委授予“江苏省优秀志愿者”称号，被圭亚那教育部授予“个人贡献奖”。

11月，学校开展纪念中国共产党建党90周年“红色校园文化年”活动。

12月，南京体育学院跳水队被江苏省教育科技工会授予“工人先锋号”称号，陆晓理被授予江苏省教科系统“优秀工会工作者”称号。

2011 年

1 月，共青团江苏省委专家组来校考核共青团工作，对学校共青团工作给予了充分肯定。校党委召开校领导述职述廉会，党委书记殷宝林作述职述廉报告，全校中层以上干部、离退休干部代表、正高级职称人员、民主党派负责人、省人大代表、省政协委员参会，并进行了民主测评。

5 月，学校台盟成员周睿被中共南京市委统战部评为“统一战线树立和践行社会主义核心价值体系十大先进人物”。

6 月，在全国“大唱红歌”背景下，学校在体育馆举行“唱响主旋律，颂歌献给党”庆祝建党 90 周年红歌合唱比赛，部分校领导出席了活动。学校隆重召开庆祝建党 90 周年大会，校领导、教职工、运动员、学生代表 200 余人参加了大会。

7 月 1 日，学校教职工积极响应校党委号召，收看了中央庆祝中国共产党成立 90 周年大会直播节目，听取了胡锦涛总书记的重要讲话。

12 月，由国家体育总局科教司主办、南京体育学院承办的全国体育院校德育工作研讨会 2011 年年会在学院召开，来自全国 14 所体育院校的分管校领导、宣传部部长、学工部部长、团委书记共 70 余人参加了会议，本届年会的主题是“以科学发展观为指导，深入推动体育院校大学生思想政治教育工作创新和科学化发展”。学校被省委宣传部、省司法厅、省教育厅联合评为“2006—2010 年全省教育系统法制宣传先进单位”。

2012 年

1 月，校党委召开校领导述职述廉大会，并进行了网上民主测评；党委办公室、统战部分别召开离退休老干部新春团拜会、党外人士迎新春座谈会。

2 月，校党委中心组成员集中学习，纪委书记李江主持会议并传达了胡锦涛总书记在十七届中央纪委七次全会上的讲话精神，宣传部部长郦范琪传达了省委书记罗志军在省级机关作风建设暨深入开展“三解三促”活动大会上的讲话。

3 月，学校举行玄武区人大代表南京体育学院直属选区选举大会。经九三学社南体支社推荐、学校研究考察，孟宁当选玄武区政协委员。经民进省直代表会议选举，袁紫娟当选民进省委委员。学校通过“江苏省平安校园”创建考核验收，被省综合办、公安厅、教育厅联合授予“江苏省平安校园”称号。

5 月，肖爱华在江苏省党代表会议上当选党的十八大代表，为省高校 4 名代表之一、全国体育系统唯一代表。

6月，经九三学社南体支社推荐、学校研究考察，姚勇在九三学社江苏省委换届中当选省委委员。

9月，校党委中心组组织学习胡锦涛总书记7月23日在省部级领导干部专题研讨班开班式上的重要讲话。

11月，中国共产党第十八次全国代表大会在北京隆重开幕，肖爱华代表赴京参会一周，返宁后在校科级及以上干部大会上传达了十八大精神，分享了受到党的新任总书记习近平接见的荣耀与感触。

12月，共青团南京体育学院第九次代表大会、校第十五次学生代表大会在图书馆报告厅隆重召开，189名代表参会，团省委、学校党委相关领导出席，南京大学、东南大学等22所高校及玄武区团委书记到会祝贺。按照省委统战部第十一届政协换届工作要求，校统战部根据党委研究决定，继续推选民进成员袁紫娟、台盟成员周睿及新推选九三学社成员姚勇为省政协党外委员。

2013年

1月，学校党委召开校领导述职述廉大会，并进行了网上民主测评。

2月，学校召开离退休老干部"新春团拜会"，首次评选颁发"长寿老人奖"（90岁以上，刘法、储雄堡2人获奖）与"健康老人奖"（80—89岁，陆秀英等18人获奖）。

3月，学校党委中心组集中学习党的十八大精神，认真研读了习近平总书记在中央党校开学典礼、新任中央委员与候补委员研讨班、十八届中央纪委二次全会上的系列重要讲话。学校党委宣传部、统战部、团委联合举办学习党的十八大精神演讲比赛。

7月，学校党委中心组传达党中央、江苏省委群众路线教育实践活动有关文件，部署全校严肃、认真地开展活动。

8月，学校召开党的群众路线教育实践活动动员大会，省委督导组组长文晓明到会讲话，学校领导班子全体成员、近5年退出学校领导班子的老领导、各部门单位负责人、省政协委员、各民主党派主委及正高级职称专业人员等参加了会议。

9月，为进一步开展党的群众路线教育实践活动，学校组织中层干部集体观看电影《周恩来的四个昼夜》，并召开了有各方面代表参加的党的群众路线教育实践活动征求意见座谈会。

10月，学校党委中心组召开党的群众路线教育实践活动的第二阶段部署会议，会上放映了习近平总书记在河北省委常委班子“党的群众路线教育实践活动”专题民主生活会上发表重要讲话的录像。

11月，学校召开大会通报党委常委召开“党的群众路线教育实践活动”专题民主生活会情况，党内外各方面人员参加了大会。翌年1月，学校召开了“党的群众路线教育实践活动”总结大会，省委督导组组长文晓明到会作重要讲话，党内外各方面人员参加了大会。

2014年

1月，学校举行离退休老同志“新春团拜会”与党外人士“迎新春座谈会”。

3月，学校2014年259名入党积极分子培训班举行开班典礼，组织部部长陈健主持，党委副书记汤岩作动员讲话。

4月，省总工会授予学校省游泳队“江苏省工人先锋号”荣誉称号。学校击剑队党支部、跳水队党支部被评为“江苏省高校先进基层党组织”，骆晓娟、吕远远被评为“江苏省高校优秀共产党员”，吴晓红被评为“江苏省高校优秀党务工作者”。

11月，由学工处、团委主办，体育系承办的校第二届体育影像节在图书馆报告厅举行，校领导汤岩、史国生、肖爱华与相关部门及各教学单位负责人参加了活动。

12月，由共青团江苏省委、南京市委主办，校关工委、训练处、团委承办的“奋斗与奉献的青春最美丽”南京体院优秀运动员践行社会主义核心价值观分享大会在图书馆报告厅召开，省市团委、学校相关领导与各竞技体育系领队、教练、运动员共300余人参加了大会。

2015年

1月，学校举办“送温暖、迎新年”活动，工会副主席王成钢主持，党委常委、纪委书记李江出席活动并发表讲话。学校召开党外人士迎新春座谈会，统战部部长蒋宝珍主持，党委副书记汤岩出席并讲话，民革、民进、九三学社、无党派人士、归侨等代表50余人参加会议。

3月，学校召开2014年度校领导班子、领导干部述职述廉大会，党内外相关人员参加大会，并于会后对校领导班子、领导干部进行了网络无记名测评。

4月，学校举办2015年入党积极分子培训班，校关工委常务副主任余竞来授课。

5月末，学校开设了党委中心组“三严三实”（严以修身、严以用权、严以律己，谋事要实、创业要实、做人要实）专题教育活动党课，深入学习习近平总书记系列重要讲话，坚决响应中央、省委“三严三实”专题教育活动号召，全面动员部署学院的“三严三实”专题教育工作。

6月，校领导班子成员召开“三严三实”专题教育第一次集体研讨会，研讨主题为“严以修身，加强党性修养，坚定理想信念，把牢思想和行动的‘总开关’”。

7月上旬，校领导班子成员相继召开“三严三实”专题教育第二次、第三次集体研讨会，分别重点检查了“做人实不实”“律己严不严”的问题，同时机关、后勤党支部也召开了“三严三实”专题教育研讨会。

9月，校纪委书记李江代表党委看望慰问了学院获得“中国人民抗日战争胜利70周年纪念章”的7位老革命本人或其家属，这7位老革命是梁文卿、丞民、刘法、吴运福、肖锡柱、王勇、李芸华（按参加革命时间排序，另外已退休的田径老教练储雄堡于11月获得纪念章）。

11月，校党委中心组扩大学习会议结合“三严三实”专题教育活动，集中学习《中国共产党廉洁自律准则》《中国共产党纪律处分条例》与学院具体财务工作制度，党委、纪委委员与各党总支、直属党支部书记，各部门、单位主要负责人参加了学习会议。

12月，学校党委领导班子召开“三严三实”专题教育总结会与民主生活会。

2016年

1月，学校分别举办“送温暖、迎新年”活动、离退休老同志新春团拜会、党外人士迎新春座谈会。召开2015年度校领导班子、领导干部述职述廉大会，按照规定党内外相关代表参加了大会，并于会后对校领导班子、领导干部进行了网络无记名测评。

3月，学校召开江苏省委第九巡视组专项巡视学校党委工作动员会，第九巡视组副组长兼专项巡视二组组长季红就民主测评与问卷调查工作作说明，党委书记、院长陈国祥主持动员会并作表态发言。

4月，学校被玄武区社会治安综合治理委员会评为“2015年度平安玄武建设先进集体”。

5月初，学校召开“两学一做”（学党章党规、学系列讲话，做合格党员）学习教育动员部署会议，校领导班子全体成员出席会议。中旬，学校召开中层干部“两学一做”学习教育动员部署会议，组织部部长殷光主持，党委副书记汤岩出席并讲话，各党总支、直属党支部书记参加会议。

6月，学校游泳系国家队选手史婧琳、宣传部副部长许立俊分别被省委教育工委、省教育厅联合授予“江苏省教育系统优秀共产党员”“江苏省教育系统优秀党务工作者”荣誉称号。

8月，学校召开“两学一做”推进会，党委副书记汤岩、组织部部长殷光与各党总支、直属党支部书记出席会议。

9月初，欣逢学校厅级离休干部刘法百岁寿辰、期颐之喜，纪委书记李江由离退休办负责人陪同登门拜望，送上生日祝福和慰问金，并转呈了陈国祥书记与杨国庆院长的贺卡。下旬，学校开展“两学一做”系列活动，包括：校党委中心组集中学习了习近平总书记在庆祝建党95周年大会上的重要讲话与接见第三十一届夏季奥运会中国体育代表团时的重要讲话。

10月，学校开展“两学一做”系列活动，校党委中心组成员与副处级以上干部观看了中央反腐纪录片《永远在路上》。

11月下旬，学校开始区人大代表选举工作，张健当选玄武区第十八届人民代表大会代表。

12月，学校召开学习省第十三次党代会精神报告会暨中心组学习扩大会议，省委宣讲团成员俞军等来校宣讲，校领导班子与副处级以上干部参加了学习报告会。

（三）校处级重要公务部署与活动

1984年

7月，学校恢复招生后首届79名体育系本科、20名运动专修科毕业生顺利毕业。

8月，江苏省体委等16家单位在五台山体育馆召开茶话会，欢迎我省参加洛杉矶第二十三届夏季奥运会的体育健儿归来，省委书记韩培信、省长顾秀莲、副省长杨永沂以及团省委、省妇联负责人分别发表讲话，并宣布了系列表彰决定。

1985年

5月，副院长张然赴加拿大参加比较体育研讨会，并作书面发言。

9月，江苏省体委召开茶话会，热烈欢迎江苏省参加第十三届世界大学生运动会的体育健儿载誉归来（中国代表团共获6枚金牌，我校选手栾菊杰、吕伟各得1枚）。

1986年

7月，学校印发《南京体育学院1986—1990发展规划》。

1987年

2月，江苏省编委批准学校人员编制、机构设置方案，学生、运动员总计1400人，教职工总计900人。

4月，学校为陈陵教授执教56周年召开庆祝大会，省政协副主席刘星汉、南京市顾问委员会副主席刘平、省体委主任周维高等到会祝贺。

7月，学校召开第六届全运会夏训动员大会，省、校相关领导参加。江苏省第六届全运会代表团成立大会在南京人民大会堂隆重召开。

10月，江苏省体委、南京工学院、南京体育学院在荟萃楼联合举行茶话会，庆贺徐镳从事体育工作60周年，省政协主席钱仲韩，副主席王海粟、陈邃衡，省政府副秘书长许京安出席，国家体委主任李梦华、中顾委委员荣高棠发来贺电。

1988年

11月，学校召开30周年校庆大会，副院长李宗汉主持，党委书记林祥国、日本友人藤松博讲话。

1989年

10月，学校党委召开扩大会议，联系实际，统一认识，讨论通过了《南京体育学院深化改革的意见》。

1990年

2月，学校举行徐翔参加中国工农红军55周年庆祝活动。南京市政府在学校召开现场办公会，研究学校征地、拆迁、复建问题，相关单位负责人参加。

7月，江苏省体育代表团一行20人访问日本爱知县，学校游泳队、跳水队随团出访。

8月，学校承办江苏省第十二届运动会青少年部跳水、击剑比赛，被评为“最佳赛区”。为贯彻执行国家教委《普通高等学校档案管理办法》精神，学校召开行政办公会，鄷祥林、殷宝林及各部门负责人出席。

9月，江苏省暨南京市“亚运之光”火炬接力仪式在中山陵举行，学校选派230名运动员、教练员及本专科学生参加了活动。

11—12月，490余名运动员、教练员分别参加为期10天的军训。

1991 年

3 月，鄷祥林率江苏省女子篮球代表团一行 17 人访问日本。

4 月，日本友人来校商谈有关田径运动员赴日训练事宜。

5 月，国家教委、体委联合检查评估附属运动学校。

6 月，学校召开科级以上干部会议，进行校园整顿动员，鄷祥林作报告。

8 月，学校运动训练部召开“二城会”决赛动员会，省、市、校相关领导出席。

1992 年

3 月，美国 ABC 广播公司来院采访林莉、王晓红等著名运动员。

5 月，全省各市县劳动局局长集结学院，讨论运动员退役分配问题。学校 16 名长跑运动员与 300 名学生在中山陵参加首届台北—上海—北京长跑接力活动。何振梁参加校自行车场落成剪彩仪式。

6 月，学校举行成人高等教育第 1 期专业证书结业典礼。江苏省委多部门考察校领导班子，在处级以上干部与高级职称教师、教练员会议上听取了 4 位校领导的述职报告，并进行了民主测评。

8 月，学校召开“庆奥运，迎七运”招待会，省委省政府相关机关及赞助厂商的代表出席。

10 月，学校与南京外国语学校、南航附中等 7 所中学签订实习基地协议。

11 月，学校与赞助厂家举行联谊会，省内 27 家企业代表出席。

1993 年

1 月，运动训练部召开“四好运动队、五好运动员”表彰大会，8 支运动队、63 名运动员受奖。

3 月，全国 300 余名羽毛球运动员在学校举行大比武。美国洛杉矶三联公司一行 3 人来校洽谈合作事宜。

4 月，张然、黄益冲、杨光炎等人被国家体委批准享受国务院政府特殊津贴。

6 月，校领导、中层干部及参加第七届全运会的运动员、教练员出席省委省政府夏训动员会。

7 月，校隆重召开“迎七运誓师大会”，并表彰此前举行的“迎七运百日竞赛”先进集体与个人。

11 月，省排协隆重纪念排球运动诞生 100 周年，在学校举办大型庆祝活动，校 1962 届毕业生、世界著名排球教练、国家体委副主任袁伟民被学校聘为名誉教授。以酆祥林为团长的江苏体育代表团一行96人赴香港参加体育节庆典活动。

12月，省篮协为省篮球队成立35周年在学校举行庆祝活动，各级领导、老篮球人、赞助厂家300余人出席。学校颁布《领队、教练员聘任上岗实施办法》。

1994年

2月，尤广礼、都庆廉、黄康林、彭杰、陈陵、徐鸿林、庄杏娣、周志强、计尔煊、李方膺、陈重文、戴玉生、顾德明等人，被江苏省科干局批准享受国务院政府特殊津贴。

4月，学校聘任香港体育学院钱铭佳博士为省重点生物力学实验室名誉教授。

6月，全校开展民主评议党员工作。学校首届科研工作会议召开，副院长李宗汉主持大会并作专题报告，各部门与会代表70余人讨论了《南京体育学院1994—2000年科研工作发展纲要》。

1995年

1月，学校举行冬训经验交流会，钱文林副院长作"冬训再动员"报告，体操、举重、游泳、排球、田径、击剑等运动队代表作交流发言，张怀西副省长到会讲话。

7月，省委省政府在南京人民大会堂召开"举省一致，当好东道主，办好三城会，大力推动两个文明建设"动员大会，校领导与各部门负责人、各运动队领队及总教练等参加了会议。

8月，南京市地名委员会办公室批复，同意南京体育学院因考虑到利于国际交往及校名与地址的相宜相称而更改地址名称的申请，由"西洼子51号"改为"灵谷寺路8号"。

1996年

8月，荣获第二十六届奥运会女子5000米冠军、10,000米亚军的王军霞及教练毛德镇一行，因此前在学院长期训练时得到大力支持，特专程来校举行答谢活动。院长华洪兴率江苏男子足球队一行25人，应邀赴日本福冈县访问比赛。

1997年

3月，学校全面部署"以迎校风检查为动力，推动各项工作开展，保证八运会任务圆满完成"工作。年末，学校以美丽整洁、文明有序赢得省教委专家检查组一致肯定与称赞，开创了校风建设的新局面。3—4月，学校相继出台《南京体院机构调整人员定编实施方案》《教职工退休（职）及退休返聘的暂行办法》

《运动队招收和调整工作意见》《南京体院校内津贴暂行办法》等系列重要文件，从而充分调动了全体员工的积极性，有效地规范并推进了各项工作的顺利开展。

1998 年

9 月，经国际连续出版物数据系统中国国家中心批准，《南京体育学院学报》获国际标准刊号（ISSN 1008-1909）。

11 月，学院与江苏省康复医学培训中心签订合作培养体育保健康复人才协议书。

1999 年

3 月，国家体育总局局长伍绍祖正式被聘为学院名誉教授。王正伦、王国庆被省政府评为“1998 年度有特殊贡献中青年专家”。

6 月，学校首次召开外事工作专门会议，并讨论通过《南京体育学院外事工作管理规定》，省教委、省体委分管外事工作领导出席会议并讲话。

9 月，学校首次举行硕士研究生开学典礼，本年度首次招收运动人体科学学科硕士研究生 2 名。

12 月，学校附属江苏省体育运动学校申报国家级重点中专校，省教委、省体委专家组来校检查并通过评审。

2000 年

3 月，经由国际网联批准、中国网协主办的国际女子网球卫星巡回赛第二站在学校举行，共有 16 个国家和地区的 120 余名运动员（含本校 7 名）参加。

8 月，学校与中青旅江苏有限公司签订联办江苏女子羽毛球俱乐部协议书。

9 月，学校与江苏省淮阴卷烟厂联办的江苏“一剪梅”男子排球俱乐部新闻发布会在东郊国宾馆举行，院长华洪兴、淮阴卷烟厂厂长蒋洪喜出席并签署协议书。

2001 年

2 月，学校与江苏名佳工艺家具有限公司签订联办江苏名佳蹦床队协议。在省委省政府关心指示下，经长期不懈努力，学校一次性全部收回自 20 世纪 60 年代初出借给孝陵卫、钟灵街两处农民耕种地——原民国跑马场、棒球场土地，总共 126.4 亩，签字仪式在校报告厅举行。经省教育厅批准，为培养高水平运动队后备人才，学校增设 5 年制高职（大专）班，首届招收 33 人。

4 月，本年度“捷安特杯”全国自行车场地冠军赛第一、二站在学校举行，来自全国的 23 支队伍参加了 12 个项目的比赛。

12 月，《南京体育学院学报（自然科学版）》获国家批准创刊并正式出版发行。

2002 年

4 月，华洪兴院长率国家女子花剑队赴法国访问、比赛。

2003 年

6 月，学校与江苏天地集团举行联办江苏省体操队、艺术体操队签字仪式。

9 月，学校与苏宁公司举行联办江苏苏宁游泳队签字仪式。学校承办第六届全国残运会轮椅击剑、盲人柔道、盲人自行车等三个项目的比赛，并由于筹备计划缜密、组织工作出色，三个项目均被赛会组委会评为“文明赛区”。

10 月，学校第一本《教学计划一览》由教务处编制完成，共修订了本、专科 12 个专业的教学计划，其中包括培养目标、课程设置、学分分配及获得毕业资格、授予学士学位的相关条例。

12 月，学校与江苏省省级机关医院、东南大学附属中大医院签订教育实习基地协议，并举行挂牌仪式。

2004 年

4 月，网球戴维斯杯亚太地区 B 组第二轮（中国—科威特）赛事在学校网球馆举行，中国队以 4 比 1 取胜。全国体育院校教务处协作会议 2004 年年会在学校召开，会议主题为“如何迎接教育部本科教学水平评估工作”。

7 月，学校隆重举行“奥运冠军大道”命名仪式，省政协副主席陆军，省教育厅副厅长丁晓昌，省体育局局长李一宁，副局长殷宝林、周旭、颜争鸣等领导出席命名仪式。

11 月，学校承办 2004 年全国体育院校后勤管理研究协作会年会，来自 14 所体育院校的 65 名代表与会，就后勤改革工作进行了交流与学习。

12 月，学校党委决定成立南京体育学院体育艺术表演团。

2005 年

1 月，学校附校部被国家体育总局认定为“国家奥林匹克体育后备人才基地”。

9 月，学校仙林校区自行车赛场接受国际自行车运动联盟主席维尔布鲁根率领的全运会专家组验收，并获得通过。

2006 年

1 月，学校党委召开全委扩大会议，审议学校“十一五”发展规划。

3 月，根据学校党委干部交流轮岗的工作部署，监察处、审计室会同相关职能部门，对16名处级、科级干部实行了首次离任审计。

5月，为备战2008年北京奥运会，省体育局党组决定，分别成立乒乓球、羽毛球、体操、击剑等项目金牌攻关组，由校领导华洪兴、殷宝林等任组长，相关竞技体育系主要领导张健、陈桂红、徐雪萍任常务副组长。

7月，学校分别召开党委常委会议、中层领导干部会议、离退休老同志代表及民主党派负责人会议与竞技训练部门全体干部教练员大会，由党委书记、院长华洪兴传达省体育局党组有关部分项目搬迁至仙林的会议决定及李一宁局长讲话精神。

11月，学校召开了篮球、排球、田径、举重、武术等5个运动项目东迁仙林校区的欢送会。

2007年

4月，由国家体育总局主办、省体育局与学院承办的全国优秀运动员文化教育工作座谈会在宁举行，来自全国各省、自治区、直辖市体育局的相关职能部门负责人100余人参加了会议。校网络教学课程中心基本建成。

6月，江苏省丽华快餐乒乓球俱乐部成立签字仪式在校举行。南京体育学院党委书记、院长华洪兴率副书记余竞来、副院长王正伦及相关人员一行12人，赴京向教育部高等教育教学评估中心汇报学院本科教学质量监督与评估工作开展情况，同时赴北京体育大学、首都体育学院调研学习。

9月，学校召开“庆祝第23个教师节暨优秀教育工作者表彰大会”，授予王惠生等25人“优秀教师”荣誉称号、杨川宁等19人“优秀教练员”荣誉称号、周圭圣等37人“先进工作者”称号。

10月，学校通过市场运作完成学生宿舍网络建设。

2008年

3月，华洪兴院长赴英国、瑞士观摩羽毛球全英公开赛与瑞士公开赛。

4月，国家体育总局在学院召开运动员文化教育调研会。

5月，于翠兰、陈荣梅、胡乐咏、张健及学生戚志勇被国家体育总局与第二十九届奥运会组委会遴选为技术官员。

8月8日，北京奥运会在国家体育场“鸟巢”隆重开幕，学校有15名运动员、8名教练员入选出场队伍，丁习明、余俭、张敬山担任团队官员，储石生、张双喜、李青峰担任裁判，张云芳担任专业志愿者领队。

9月，学校在奥运冠军大道隆重举行“欢迎奥运健儿凯旋暨新奥运冠军牌揭牌仪式”，江苏省政府副省长何权、省政府副秘书长朱步楼、省教育厅厅长沈健、省体育局局长殷宝林等领导出席大会表示祝贺。

10月，学校举行纪念著名体育教育家、前院长徐镳100周年诞辰座谈会，省政协副主席陈保田、省委统战部副部长李熙诚、省体育局局长殷宝林、东南大学副校长赵启满等出席并讲话。国家体育总局原局长、杰出校友袁伟民偕夫人回母校看望师长及当年省男排部分队友。

2009年

3月，学校聘用美国籍游泳教练约翰·路易斯·西蒙（John Louis Simon），聘期7个月。北京体育大学合作交流团来校开展两天活动，学校聘请杨桦校长担任名誉教授，并与省体育局、北京体育大学三方签署了《江苏省体育局、南京体育学院和北京体育大学友好合作框架协议》。江苏省先声药业有限公司赞助省乒乓球男队签字仪式在学校举行。

7月，学校体育培训中心（荟萃楼）因总务后勤整体规划要求停业。

8月，学校举行仪式欢送研究生丁建伟赴圭亚那进行志愿服务。

9月，学校召开2009年教师节表彰大会，授予谭燕秋等29人“优秀教师”荣誉称号，授予孙志安等19人“优秀教练员”荣誉称号，授予茅国华等35人“先进工作者”荣誉称号。“国家击剑队训练基地”揭牌仪式在击剑馆隆重举行，国家自行车击剑运动管理中心主任蔡家东，省体育局与学校领导殷宝林、蒋宏伟，中国首位奥运会击剑冠军、杰出校友栾菊杰莅临仪式现场。世界顶级网球、羽毛球生产品牌YONEX与学院联合召开冠名赞助新闻发布会，江苏羽毛球队正式冠名YONEX。

11月，“2009南京运动与健康研究新进展国际论坛”在学校举行，共有来自美国、意大利、日本与韩国的8位国外知名专家与会，近300名国内同行参会交流。

12月，第十一届“雨润杯”江苏—安徽网球友谊赛在网球馆举行，来自两省近百名省级与厅局级领导干部参加了开幕式与友谊比赛。省人民政府印发第78号专题会议纪要，对学校办学定位、领导机制、校区建设、经费投入、学科建设、创新研究等提出了明确要求。学校与常州市人民政府在南京国际会议中心签订合作培养优秀游泳人才协议。省教育厅与省体育局举行合作培养人才联席会议机制启动仪式，并签署《江苏省教育厅与江苏省体育局共建南京体育学院协议书》。

2010 年

1 月，学校举办教练员业务讲座，蒋宏伟副院长主讲“如何与世界接轨——从教练员的现代化说起”。全国蹦床高级教练员培训班在学校举办。学校被国家体育总局评定为“国家社会体育指导员培训基地”。

3 月，2010 年国际网球女子巡回赛（南京站）在学校举行，来自美国、日本、以色列、法国、越南、南非、爱尔兰、中国、中国香港等 9 个国家和地区的 90 余名选手参加角逐。

4 月，省政府在学校召开成立中国网球学院（暂定名）协调会，省政府秘书长肖泉，会同省体育局、省财政厅、省发改委与南京市中山陵园管理局、南京市规划局等部门领导，研究并考察了该项目的筹建工作。

5 月，学校召开赛风赛纪与反兴奋剂专项治理工作动员部署大会。学校成立南京体育学院体育发展基金会，获得由江苏省财政厅、国税局、地税局、民政厅四部门联合发文确认的“2010 年度第一批公益性捐赠税前扣除资格”。

6 月，学校召开中心组会议，对学校“十二五”规划编制工作进行动员部署，并提出具体意见与要求。学校组建体育交流团一行 9 人，赴台湾地区进行访问活动，先后到中华台北击剑协会、体操协会、网球协会、台湾体育大学、台北体育学院等 8 个单位实地考察并座谈，就运动员教练员培养、竞技赛事组织、高等教育模式等方面展开讨论，为进一步加强江苏与台湾两地教育、体育交流奠定了良好的基础。

7 月，南京体育学院与江阴市体育局、江阴市徐霞客镇人民政府联办江苏省体操队、技巧队、蹦床队、艺术体操队签字仪式在江阴举行（联办期为 2010 年 7 月 10 日至 2014 年 7 月 9 日，每年由赞助单位向上述 4 支运动队提供总计一百万元资金）。

8 月，国家网球管理中心主任孙晋芳陪同美国网球全球设计集团设计师亚历克斯（Alex）来校研究中国网球学院设计方案。蒋宏伟副院长率国家网球队赴美参加美国网球公开赛。

9 月，新学期开学，由于学校本部办学空间有限，教学场馆、学生宿舍等不能满足需求，2010 级的 267 名新生被安排在省体育局仙林训练中心学习生活。南京体育学院与常熟市签订共建江苏省跳水队协议。学校对出国逾期及长期离岗人员按制度进行清理工作，共有 27 人被纳入清理范围，结果 3 人办理了辞职手续，24 人无回复被除名。学校党务行政办公楼（荟萃楼）改造完工。

10 月，学校首次承办“2011 年度国家体育总局体育哲学社会科学研究项目评审工作会议”。

12 月，由中国体育科学学会产业分会主办的“第五届全国体育产业学术会议”在学校召开，160 余名专家学者出席会议。学校与江苏华红科教投资（集团）有限公司合作办学签字仪式在行政办公楼会议室隆重举行，全体校领导与公司董事长叶华，副总裁赵建光、仲惠圣出席签字仪式。学校与江苏神鹰碳纤维自行车有限责任公司共建江苏省自行车队签字仪式在行政办公楼会议室举行，省自行车队正式更名为“江苏神鹰碳纤维自行车队”。《南京体育学院“十二五”发展规划》在学院党委扩大会议上获得原则通过，该发展规划包括竞技体育“3012（第三十届奥运会和第十二届全运会）”、师资队伍建设、学科专业建设与科研创新、人才培养、仙林校区、中国网球学院、奥林匹克学院、灵谷寺校区基本建设、民生改善、服务保障等十大工程。

2011 年

1 月，上海体育学院党委书记戴健、院长章建成等一行 20 余人来校访问座谈两天，并签订了两校合作交流框架协议。

2 月，学校党委中心组开办为期两天的“对卓越的投资”学习班，省体育局、仙林训练中心部分领导及学院部分教练员、运动员代表参加了学习。学校艺术类专业招收山东籍考生测试工作在济南市幼儿师范学校顺利举行，共有 400 余人报名接受测试。

3 月，有来自全国 12 个省份的 230 余名考生参加了“2011 年艺考”南京体育学院考点的专业测试。南京神鹰天下自行车俱乐部成立，国家体育总局自行车击剑运动管理中心主任潘志琛、江苏省体育局副局长杨国庆与校系主管领导出席了成立仪式。

4 月，江苏凤凰出版传媒股份有限公司与南京体育学院联办江苏省击剑队签约挂牌仪式在学院举行，“凤凰出版传媒击剑队”正式命名，同时成立“凤凰健身击剑俱乐部”，副省长曹卫星、凤凰出版传媒股份有限公司党委书记兼董事长谭跃、省体育局局长兼学院党委书记殷宝林等领导出席了签约挂牌仪式。月末，江苏省普通高校招生的体育统考在学校进行，省考试院领导莅临督察并给予充分肯定，省市主流媒体来校采访并热情广泛报道。

5 月，“江苏省运动员职业指导工作室”揭牌仪式在学校举行，省体育局与学校有关主管领导及相关部门负责人出席仪式。

6月，中国击剑协会聘请法国重剑教练勒瓦瓦瑟签约仪式在学校举行，国家体育总局击剑自行车运动管理中心主任潘志琛主持仪式并发表讲话。美国田纳西大学终身教授张松龄与美国北卡罗来纳州立大学教授陈昂来校讲学。

9月，学校在仙林校区B馆2楼隆重举行2011级新生开学典礼暨仙林校区揭牌仪式，殷宝林等校领导、华红集团董事长叶华、各管理部门教学单位负责人参加了典礼。翌日，学校还在仙林校区召开了2011级新生军训动员大会。江苏省教育考试院公布了2011年江苏省研究生招生管理工作考核结果，学校被评为"优秀招生单位"。

11月初，"国家技巧集训队南京训练基地"命名揭牌仪式在学校举行，副院长蒋宏伟主持仪式，国家体育总局体操运动管理中心主任罗超毅为"基地"揭牌。中旬，第十三届"雨润杯"江苏–安徽网球友谊赛在校网球馆举行，江苏省人大常务副主任林祥国、副省长曹卫星及安徽省体育局局长冯潮等领导出席开幕式并讲话。

12月，校江苏省羽毛球代表队在苏宁诺富特酒店隆重举行建队40周年庆祝大会，省政府、省体育局、国家体育总局乒羽中心及学校相关领导到会祝贺。胡星刚入选2010年享受国务院政府特殊津贴名单。

2012年

2月，学校艺术表演专业招生考试开考，计划招收80名新生，有来自全国18个省份的450余名考生参加了舞蹈、体操各专项测试。

4月，新一届全国高等学校体育教学指导委员会全体委员会议在学校隆重举行，教育部体育卫生与艺术教育司司长王登峰主持开幕式，教育部副总督学杨贵仁、江苏省教育厅及学校部分领导出席会议。

5月，江苏省万名中小学体育教师培训工程讲师团培训大会在学校召开，培训工程专家组成员、21所高校的培训点负责人、有教学任务的专家教授及优秀中小学体育教师等讲师团成员近百人参加了培训，2天后还在校图书馆举行了培训工程启动仪式暨第1期全省13个地级市体育传统项目学校学员培训开班典礼。江苏省网球协会换届大会在学校举行，副省长曹卫星当选第六届省网球协会会长，随后还在校网球馆举办了"江苏银行杯"网球邀请赛，江苏银行党委书记王建华在开幕式上讲话。

8—10月，学校举办江苏省国家级社会体育指导员培训班，分5期共培训500名学员，居全国前列。

9 月，学校在奥运冠军大道隆重举行第三十届夏季奥运会庆功大会，江苏省政府、省教育厅、省体育局及学校诸多领导出席，授予陈若琳、蔡赟、骆晓娟、许安琪“杰出运动员”荣誉称号，授予击剑队、跳水队、羽毛球队“突出贡献运动队”荣誉称号，同时向南京、苏州、盐城、南通、常州、徐州等市体育局及无锡市体育场馆与训练管理中心颁发了“输送奥运金牌选手突出贡献奖”，向相关运动队赞助商颁发了“伦敦奥运会金牌纪念奖”，还为新奥运冠军宣传牌举行了揭牌仪式。

9 月，第十五届全国运动生物力学学术交流大会在学校隆重召开，来自美国、德国、新加坡与国内生物力学研究领域的专家学者及 15 家生物力学相关成果开发商共计 200 余人参加了大会。

10 月，苏皖联办体育职鉴业务知识培训班在学院开班，来自苏皖体育管理部门、学校、场馆的 50 余人学习研讨了体育职业技能培训鉴定工作。

11 月，学校接受了两年一次的南京市健康教育工作检查，被评为“南京市健康教育工作先进单位”，张嵘蓉被评为“南京市健康教育工作先进个人”。

2013 年

4 月，国家体育总局命名一批体育运动学校为“国家高水平体育后备人才基地（2013—2016）”，校附属学校（省业余体校）连续 3 次入选。

5 月，为贯彻落实 3 月发布的《国家体育总局关于做好第十二届全国运动会反兴奋剂工作的通知》，继 4 月体操系率先进行反兴奋剂教育活动后，5 月又有击剑自行车系、游泳系、羽毛球系、网球系等先后进行反兴奋剂教育资格准入考试，并签订了《反兴奋剂承诺书》；纪委书记李江、副院长金松一行 9 人赴江苏同曦集团汇川会所，与同曦总裁陈广川、副总裁范依众等出席“合作建设经营校运动员公寓协议”签字仪式。

6 月，由继续教育部组织的 2013 年度江苏省国家级社会体育指导员首期培训班业务技能展示活动暨结业仪式在校体育馆举行，省体育局副局长朱维宁、副院长王正伦出席，来自全省 13 个地市的 100 位一级社会体育指导员参加活动与仪式，江苏电视台城市频道进行了现场采访与深入报道。

7 月，宣传亚青会、青奥会的电影《南京・201314》在学院取景拍摄。亚青会的网球、羽毛球测试赛协调会在学院召开，网球、羽毛球场馆团队常务副主任周雯（玄武区委常委、宣传部部长），副主任汤岩、李江、蒋宏伟、金松、肖爱华等参加了会议，随后择日在校体育馆与中国网球学院成功进行了两次联调测试赛。

8月17日，第二届亚青会羽毛球、网球比赛在学校开赛，50余名中外记者来校采访报道了首日的比赛。31日，第十二届全运会在辽宁省沈阳市隆重开幕，校击剑女选手、伦敦奥运会冠军得主许安琪荣耀当选江苏省代表团旗手。

9月，2013级新生开学典礼在灵谷寺校区体育馆隆重举行，来自全国16个省市、7个民族的近千名新生参加，典礼后还举行了新生军训动员大会。由江苏省博士后协会主办、学院承办的首届“交通杯”全国博士后网球大赛华东片江苏赛区选拔赛在校网球场、网球馆比赛3天，来自华东六省一市的12支代表队、94名博士后选手参加了比赛。

11月，首届江苏省体育学研究生教育创新论坛在学院举办，副院长王正伦、史国生与美国体育科学院马滕斯（Martens）院士、新加坡南洋理工大学王志庆博士及苏州大学校长助理王家宏出席论坛开幕式，来自全省10余所高校的近300名师生参加了论坛。

2014年

1月，台湾体育运动大学发展科研处研发长吴升光教授、运动资讯与传播学系主任王庆堂博士来校访问交流，具体洽谈两校交换生合作事宜，并向学校转交了台湾体育运动大学新任校长林华韦的亲笔函。

3月，国家教育行政学院第45期高校领导干部进修班来校考察交流，作为东道主的进修班成员、副院长肖爱华主持交流会，进修班班长、西安交通大学副校长卢天健发表讲话。

5月，围绕青奥会网球、羽毛球赛场准备及运行事项，青奥会组委会、国际网球联合会、场馆团队的市区与学院领导相继视察指导。

7月，学校召开场馆团队全体工作人员与全体志愿者动员誓师大会，党委书记陈国祥作动员讲话。

8月，由国家体育总局网球管理中心、省体育局与学院三方共建的“中国网球学院”正式挂牌，校牌由中国书法家协会副主席孙晓云女士书写，江苏省副省长曹卫星出席仪式、剪彩揭牌。

9月，第二届全国博士后网球大赛华东大区赛在学院举行2天。江苏省教育系统关工委秘书长张志民一行3人，来校调研指导省高校关工委常态化建设合格单位申报工作。

10月，由江苏省网球协会主办、学校承办、南京金中建幕墙装饰有限公司协办的“金中建”杯华东地区老年网球邀请赛在中国网球学院举办，省人大、省政协、省体育局及学院相关领导与南京金中建幕墙装饰有限公司副董事长杨金平、原南京军区空军副司令员曹玉成将军出席了开幕式。

11 月，江苏省档案局、省教育厅领导一行 5 人来校考察，对学校档案工作进行了评审，并认定符合省三级标准。

12 月，丹麦葛莱体育运动教育学院委派高志鹏先生携校长费恩·伯格伦（Finn Berggren）签署的《南京体育学院与丹麦葛莱体育运动教育学院关于合作办学短期培训项目合作协议》来校会商，副院长王正伦代表学校正式签署了该合作协议，院办、科研处、财务处等有关部门负责人参加了签署仪式。中国网球协会裁判委员会工作会议在中国网球学院举行，国家网球管理中心副主任卿尚林与裁委会委员参加会议。“全民终身学习体育（乒乓球）测评中心”挂牌仪式在体育馆举行，奥运冠军陈玘、副院长王正伦与测评工作委员会主任王蒲、常务副主任杨铁黎等出席挂牌仪式并为中心揭牌。

2015 年

2 月，中国网球学院理事会成立大会暨第一次理事会在学校澳网厅举行，国家体育总局、网球运动管理中心与江苏省人民政府、省人大、省体育局的相关领导出席，学校与《网球天地》杂志相关负责人参加了会议。

5 月，九三学社江苏省委“九三杯”乒乓球邀请赛在校体育馆举行两天，省人大常委会副主任、九三学社江苏省委主委许仲梓及校党委书记陈国祥、副书记汤岩出席开幕式，来自全省 13 个地市和省直机关的 130 余位社员参加了比赛。

6 月，由江苏省体育局主办、校附属省业余体校承办的“2015 年省队拟试训和招聘运动员文化考试”顺利举行，共 334 名运动员分别参加了从小学三年级到高中二年级多个层次的文化考试。

7 月，《南京体育学院章程（征求意见稿）》出台，并分两个阶段向校内各代表征求意见。为期 1 周的全国体育传统项目学校体育师资国家集中培训（武术）班在校图书馆报告厅开班，来自 18 个省市的近百名体育教师参加了此次培训。“相约南京——2015 年两岸青少年武术夏令营”在我校民国中央体育场旧址西司令台广场隆重开营，校党委副书记汤岩出席开营仪式，南京市委统战部部长徐锦辉为此次夏令营活动授旗，市台办与中华武术总会（中国台湾）领导致开营词。

8 月，西班牙萨马兰奇基金会与桑切斯·卡萨尔（南京）网球学校的代表胡安·安东尼奥·萨马兰奇，在北京万豪酒店与学院代表蒋宏伟副院长就共建网球学校签署协议。

9月上旬，学校召开50余位中层干部大会，按省委组织部要求，布置干部人事档案专项审核相关工作，党委书记陈国祥作重要讲话。中旬，江苏凤凰出版传媒股份有限公司与学院签约，继续联办江苏省击剑队，校党委书记陈国祥与江苏凤凰出版传媒股份有限公司总经理吴小平签署协议，副省长曹卫星为“凤凰传媒击剑队”冠名揭牌。下旬，由联合国教科文组织、中华全国青年联合会、中国慈善联合会、南京市人民政府共同举办的南京青年文化周“体育——激发无限潜能”分论坛在学校隆重举行，央视著名主持人宋英杰主持，校党委书记陈国祥发表热情洋溢的欢迎辞，联合国教科文组织青年与体育部、中国奥委会新闻宣传部、南京市委宣传部、南京市体育局等部门相关官员出席分论坛，各驻宁高校中外师生代表100余人参加了论坛。

10月上旬，由世界华人网球协会及江苏省网球协会联合主办、南京体育学院承办的首届“高登杯”国际网球文化艺术节在中国网球学院举行8天，艺术节期间举办了第七届宝航杯世界华人网球邀请赛、首届国际元老网球精英赛、中澳青少年网球交流赛等赛事，同时“全国高校网球教育教学论坛”和“首届国际网球俱乐部论坛”也先后在此举办，来自北京、上海、广州等国内高校与来自美国、澳大利亚及亚洲多国相关专家就“全国高校网球发展形势及对策”与“如何在中国建立与国际接轨的网球俱乐部模式”等议题展开了讨论，参会规模达300余人，省内20余家媒体采访报道了艺术节的盛况及其赛事、论坛。下旬，“中国壁球协会青少年培训中心”揭牌仪式在仙林校区教学训练馆举行，副院长史国生与国家体育总局小球运动管理中心四部副部长黄凯为中心揭牌。

11月，2015年中国少年杯网球团体锦标赛在中国网球学院举行，历时1周，分男女2个团体项目，有来自各省市、网球俱乐部、网球学校的共28支代表队、102名运动员参加了比赛。

12月初，江苏省教育厅召开全省教育系统舆情应对工作培训视频会议，沈健厅长出席并作重要讲话，全国公安文联副主席武和平作专题培训授课，在校校领导班子成员与各部门、单位负责人在办公楼201室参加了会议。中旬，党委书记、院长陈国祥应香港体育学院邀请，率训练、医疗等部门人员赴港出席香港体育学院开幕典礼暨巴西里约奥运会备战策略国际论坛，其间香港特别行政区行政长官梁振英、香港奥委会主席霍震霆亲切会见陈国祥及奥运冠军仲满等并亲切交谈。下旬，学校与苏州艺术高级中学、唐山市第十一中学签订生源基地协议，为两校授牌“南京体育学院生源基地”。

2016 年

1 月中旬，南京体育学院、江苏昕和医药有限公司“江苏省研究生工作站”在校举行揭牌仪式，此为校企合作办学工作的重要标志。下旬，学校与国内新闻媒体联谊会在中国网球学院举行，新华社、中国新闻社、《中国体育报》、《中国教育报》、《新华日报》、《南京日报》等 20 余家媒体、30 余位媒体人参加了联谊活动。

2 月，中国网球学院南京分院揭牌仪式在南京市龙江体校的南京国际网球中心举行，学校与市体育局相关领导及 40 余名参加 2016 年省市网球协会联谊赛的业余选手出席了揭牌仪式。国际网联世界女子巡回赛（本赛季中国区第一站）——“中国网球学院杯”2016ITF 国际女子网球巡回赛南京站揭幕，其新闻发布会在中国网球学院举行。

4 月中旬，国际职业网联（ATP）2016 年挑战赛南京站开球仪式在中国网球学院红土球场举行，其新闻发布会在中国网球学院澳网厅召开。下旬，学校隆重举行中国网球学院与西班牙桑切斯・卡萨尔网球学院合作共建的桑切斯・卡萨尔（南京）网球学校揭牌仪式，副院长蒋宏伟主持仪式，党委书记、院长陈国祥致欢迎辞，西班牙桑切斯・卡萨尔网球学院院长埃米利奥・安杰尔・桑切斯・维卡里奥（Emilio Ángel Sánchez Vicario）、萨马兰奇体育发展基金会秘书长严建昌、国家体育总局网球管理中心主任李玲蔚等分别讲话，共同揭牌。

5 月初，学校进行了 2016 年单独招生的专项考试，671 名考生参加了专项考试。中旬，全省 13 市体育系统及相关行业代表参加的省自行车运动协会第四届代表大会在学院召开，“法网”“澳网”女单冠军得主李娜出席全英草地网球俱乐部在学院举行的“通向温网之路”中国项目启动仪式并发表热情讲话。中下旬，中国体育彩票资助项目“江苏省一级体育社会指导员篮球、乒乓球、羽毛球培训班”先后在学院开班；学校与玄武区人民检察院“检校合作”签字仪式在图书馆报告厅举行，校科级以上干部参加仪式，校党委书记陈国祥与区检察长陆宇平作了法纪、廉政讲话。

6 月上旬，学校在图书馆报告厅召开反兴奋剂大会，各竞技体育系主任与后勤、医院负责人签订《里约奥运会反兴奋剂责任书》，并郑重递交给校党委书记陈国祥。中旬，江苏省第七届全民健身运动会开幕式在民国中央体育场旧址东司令台外中山体育公园举行，省政府、省政协、省体育局、南京军区联勤部等部门及学院相关领导，与省体育产业集团、中国银行江苏分行、省网球运动协会、南京金中建幕墙装饰有限公司等单位领导或负责人出席了开幕式，奥运冠军仲满、陆春龙参加了开幕式文艺演出。下旬，2016 年“中国体育彩票资助项目”江苏省国家级社会体育指导员培训班（第二期）在学校开班，来自全省 7 个城市的近 100 名学员参加了培训。

7 月上旬，教育部、国家体育总局 2016 年全国体育传统项目学校体育师资国家集中培训班（武术专项）在学校开班，来自全国各地的近 80 名学员参加培训。中旬，校第三届教职工代表大会暨工会会员代表大会在图书馆报告厅召开，党委副书记汤岩主持，党委书记陈国祥致开幕辞，省教育厅副厅长丁晓昌、省教育科技工会副主席陈望进出席大会并发表讲话，97 名正式代表、5 名特邀代表与 6 名列席代表参加大会，并按程序选举产生了新一届教职工代表大会执行委员会暨工会委员会等组织。

9 月初，第四届全国博士后网球大赛华东大区赛在学校举办，来自江苏、上海、山东、江西和安徽的 9 支队伍参加了比赛。中旬，2016 年“中国体育彩票资助项目”江苏省国家级社会体育指导员培训班（第三期）在学校开班，来自南京、无锡、徐州、盐城、扬州、淮安 6 市的近 100 位学员参加了培训。

10 月上旬，2016 年“中国体育彩票资助项目”江苏省国家级社会体育指导员培训班（第四期）在学校开班，来自徐州、常州、连云港、盐城、镇江 5 市的近 100 位学员参加了培训。中旬，学校举办“迎校庆”网球邀请赛暨第六届校友网球赛，30 余位优秀校友选手参加了比赛；江苏省田径队老队员一行 70 余人回母校欢聚，庆祝南体 60 周年华诞，陈国祥书记在民国中央体育场旧址会见他们并亲切交谈。下旬，江苏省在宁高校第十五届老年人健身运动会在学校体育馆举行，省老年人体育协会主席王湛宣布运动会开幕，陈国祥书记致欢迎辞，赛会设有篮球、排球、羽毛球、地滚球、飞镖、沙包、钓鱼、套圈等 8 个项目，来自南京地区 25 所高校的 2200 余名选手参加，南京体育学院代表队最终获得篮球、排球、地滚球 3 个项目第 1 名。江苏安妮儿羽毛球俱乐部成立仪式在徐州举行，杨国庆院长出席仪式，肖爱华副院长签署合作协议，独家冠名赞助单位为江苏安妮儿医疗集团。

11 月初，无锡威豪体育器材有限公司与学校共建击剑俱乐部，签约仪式在艾鲁特（南京）国际击剑培训中心隆重举行，校领导杨国庆、肖爱华，省体育局副局长王伟中，无锡威豪体育器材有限公司董事长李哲峰，校击剑奥运冠军栾菊杰、仲满、骆晓娟、许安琪等共聚南京，见证了艾鲁特（南京）国际击剑俱乐部的成立。中旬，“2016 中国壁球巡回赛（南京）总决赛”在仙林校区壁球馆举行，该赛事由国家体育总局小球运动管理中心、中国壁球协会主办，来自中国、中国香港、新加坡、马来西亚、津巴布韦等国家和地区的 40 余名选手参赛，排名世界前 70 的新加坡选手江山睦荣获男子甲组冠军，运动系学生徐通荣获男子乙组冠军。26 日，由校友会主办、学工处承办的“南京体育学院 60 周年校庆校友资源推介会暨首届校友文化节”于校体育馆隆重开幕，近 20 家校友企业、学生创业团队欢欣参会度节。同日，“南京体育学院建校 60 周年庆祝大会暨教学训练成果展演”在庄严的国歌声中拉开帷幕，党委书记陈国祥主持大会，并致开幕词，国际奥委会主席托马斯·巴赫的特别代表——国际奥委会副主席、国家体育总局原副局长于再清，江苏省人民政府秘书长王奇，北京体育大学党委书记杨桦，杰出校友、奥运会冠军栾菊杰等嘉宾出席庆祝大会并热情发表贺词。出席庆祝大会的还有杰出校友、国家体育总局原局长袁伟民，省人大原副主任、南京体育学院原党委书记林祥国，省委组织部常务副部长胡金波，国家体育总局部分项目管理中心、省内外兄弟院校、各省辖市体育局、各省级训练基地、其他省市单位的相关领导，学校各部门、教练员、运动员、离退干部、教师、学生代表。

12 月，杨国庆院长在体育馆会见美国北卡罗来纳大学体育科学系终身教授陈昂博士，并经双方商定签署了《南京体育学院柔性人才引进合同》。

（四）国家、省部、地市各级领导调研视察

1984 年

2 月，中央顾问委员会秘书长荣高棠第 3 次视察学院。

1985 年

4 月，国务院副总理万里在中山陵 5 号接见栾菊杰、孙晋芳、文国刚等。

1986 年

1 月，江苏省省长顾秀莲来校视察，并发表讲话。

图 3-2-1 荣高棠（左一）视察学校

图 3-2-2 万里（中）接见我校教练员、运动员

2 月，江苏省副省长杨永沂由院党委书记杨静义、副院长张然陪同看望春节坚持训练的运动员、教练员。

1987 年

1 月，江苏省委副书记孙晗、副省长杨永沂来校看望春节坚持训练的运动员、教练员。

5 月，国家体委副主任徐寅生来校看望国家女子花剑集训队。

12 月，江苏省政协体育组来校视察，并召开“振兴江苏体育”座谈会。

1988 年

5 月，省体委主任周维高陪同袁伟民来校视察，并看望省排球队老教练。

8 月，中共中央政治局委员、国务委员兼国家教委主任李铁映，由国家体委副主任徐寅生陪同来校视察。

1989 年

1 月，省长顾秀莲、副省长吴锡军率省财政厅、商业厅、计经委等部门负责人来校慰问坚持冬训的运动员、教练员。

2 月，省委书记韩培信、副省长吴锡军来校视察“二青会”备战情况。

1990 年

3 月，副省长季允石来校看望游泳队运动员、教练员。

5 月，省体委主任林祥国陪同中顾委委员荣高棠来校视察，鄞祥林院长汇报工作。

6 月，省政协部分委员视察学院，并座谈田径队建设情况，省体委及学校相关领导参加。

9 月，省体委主任林祥国陪同国家体委原副主任路金栋视察学校。

11 月，国家体委训练局党委书记刘吉来校看望国家游泳队部分借训运动员。

1992 年

2 月，省委副书记孙家正、副省长吴锡军来校慰问备战伦敦奥运会与七运会的运动员、教练员。

4 月，省体委副主任孔庆鹏陪同省人大代表一行 20 人来校视察并举行座谈。

5 月，全国人大常委会副委员长彭冲由林祥国陪同考察学校，并题词“愿南京体育学院越办越好”。

6月，机械电子工业部副部长胡启立在江苏考察期间来校参加活动。

9月，张海涛陪同国家体委综合司司长朱章苓为准备“三城会”来校考察。

1993年

6月，袁伟民回母校看望视察，省体委主任林祥国陪同，校级领导班子主要成员参加接待。

7月，副省长张怀西，与省总工会、妇联、团委领导，先后来校看望慰问第七届全运会预赛出线的运动员、教练员们，并鼓励大家继续努力，在决赛中再立新功。

1994年

3月，国家体委主任伍绍祖一行5人视察学校，并即兴题写了“努力建设教学科研训练三结合基地，精心培养高水平体育人才”的条幅，省政府、省体委及学校相关领导陪同。

4月，省政协调查组一行12人来校视察调查，了解省优秀运动队的建设情况。

6月，国家体委副主任袁伟民、徐寅生在宁参加“三城会”筹备会，其间来校视察，关心体育馆建设工程。

1995年

1月，省市领导来校慰问参加第三届城市运动会的运动员，省委副书记顾浩讲话，南京市委副书记胡序建、副市长张连发随同。

7月，省市领导顾浩、张怀西、周学柏来校视察“三城会”场馆，华洪兴院长作汇报。

9月，郑斯林省长率省市领导来校视察“三城会”准备情况；国家体委主任伍绍祖视察学校，省委常委、宣传部部长王霞林陪同，华洪兴院长作汇报。

1996年

4月，国家体委副主任袁伟民回母校视察，调研探讨优秀运动队新时期更加有效开展思想政治工作问题。

1997年

9月，副省长张怀西在省政府副秘书长李中和及省体委主任孔庆鹏，副主任徐荣生、孙晋芳陪同下来校视察夏训工作，看望了苦练三伏的运动员、教练员。

1998 年

1 月，省委副书记顾浩、副省长金忠青、市委副书记汪涵生、副市长周振华，来校慰问春节期间坚持训练的广大运动员与教练员。

图 3-2-3 伍绍祖（右五）一行来校调研

1999 年

3 月，国家体育总局局长伍绍祖一行 14 人，专题调研学校训练、教学、科研“三位一体”办学模式，前后共召开各类人员座谈会 9 次，在全国体育院校、竞技运动系统产生了强烈反响。

2000 年

5 月，儿童节前夕，省人大常委会副主任柏苏宁，省政府副省长王珉、副秘书长陆军，以及团省委、省妇联、教育厅、文化厅、民政厅、司法厅、卫生厅等多部门负责人来校慰问少年儿童运动员。

9 月，中共中央政治局常委、国务院副总理李岚清专程来校视察，对“三位一体”办学特色给予了充分肯定，从此“南体模式”不胫而走，全国体育领域广泛掀起了学习热潮。

图 3-2-4 李岚清（前右一）来校视察

2001 年

8 月，省长季允石、省委副书记任彦申、副省长王珉一行来校慰问战高温、斗酷暑，备战第九届全运会的运动员、教练员，并听取校领导的情况汇报。

2002 年

2 月，副省长张桃林率省政府相关部门视察学校。

11 月，国家体育总局科教司副司长杜俐军专程来校指导工作。省政协领导一行 19 人来校专门调研校内津贴事宜。

2003 年

1 月，省人大常委会副主任方之焯一行来校视察。

3 月，副省长何权一行视察学校。

2004 年

1 月，国家体育总局局长袁伟民、江苏省体育局局长李一宁等领导出席新建校游泳馆落成典礼。

6 月，中共中央政治局常委、国务院副总理李岚清再次来校视察，全校上下深受鼓舞。

2005 年

1 月，省长梁保华、副省长何权、省政府秘书长李小敏等领导在省体育局局长李一宁，副局长华洪兴、殷宝林、周旭的陪同下，冒着严寒来校亲切慰问正在紧张备战十运会的教练员、运动员。

3 月，国家体育总局原局长袁伟民来校视察。

5 月，副省长何权月初、月末两次来校视察第十届全运会备战训练工作。

2006 年

2 月，国家体育总局科教司领导来校指导工作。

3 月，国家体育总局局长助理崔大林来校调研并讲课。

4 月，全国政协主席贾庆林，由南京市委市政府领导蒋宏坤、王琦、叶皓等陪同，来校视察指导工作。

5 月，国家羽毛球队总教练李永波及国家体育总局体操管理中心有关领导来校考察指导工作。国家体育总局原局长袁伟民来校视察指导工作。

2007 年

1 月，副省长何权一行 10 人由省体育局局长李一宁及有关人员陪同来校慰问优秀运动队。

2 月，南京市副市长许慧玲由市体育局有关领导陪同来校慰问优秀运动队。

4 月，中央政治局原委员、国务院原副总理李岚清一行来校视察、指导工作。江苏省国际文化交流中心一行来校考察省优秀运动队对外交流有关事宜。

2008 年

1 月，省政府副省长何权、副秘书长朱步楼、办公厅副主任何国平与省体育局局长李一宁等领导，冒严寒看望学院刻苦冬训的各支省优秀运动队，并向坚持在备战北京奥运会第一线的运动员、教练员、科研医疗人员与管理干部致以亲切慰问。

7 月，省长罗志军、副省长何权来校视察北京奥运会、第十一届全运会备战工作，亲切看望了运动员、教练员。省委常委、宣传部部长杨新力由新华报业集团董事长许洪祥陪同视察学校，亲切看望了夏训备战北京奥运会、第十一届全运会的运动员、教练员。

10 月，省政协原副主席、省委统战部原部长沙人麟与省体委原主任吴镇一行来校视察指导工作。

11 月，国家体育总局局长刘鹏率总局调研组一行 12 人来校视察、调研，省政府、教育厅、体育局与市教育局、体育局及学校相关领导陪同视察、调研。

2009 年

2 月，省人大常委会副主任赵龙与教育科学文化委员会主任周世康，副主任华洪兴、朱正伦等来校视察指导工作。

4 月，国家体育总局局长刘鹏在江苏省副省长何权陪同下，来校观看国家技巧集训队测验并听取备战世界运动会工作汇报。

8 月，副省长曹卫星在省体育局领导陪同下来校视察，慰问正积极备战第十一届全运会的各优秀运动队。

9 月，省长罗志军率省委常委兼宣传部部长杨新力、副省长曹卫星等一行视察学院。

2010 年

1 月，省政协副主席陈宝田一行来校视察指导。

11 月，省政府副秘书长肖泉来校视察指导工作，听取了学校关于省政府第 78 号专题会议纪要精神贯彻落实情况的汇报。

2011 年

1 月，省教育厅副厅长胡金波、省体育局副局长刘彤等领导来校慰问参加第十一届全国中学生运动会的运动员代表，并听取了学校新成立奥林匹克学院、中国网球学院的有关情况汇报。省外国专家局领导一行来校参观考察，校纪委书记李江会见来宾并介绍了相关情况。

3 月，省政协常委丁泽生、医卫体育委员会主任陈国钧等一行来校视察调研。

2012 年

2 月，南京市副市长徐锦辉、市政府办公厅副主任刘力、市体育局局长舒建平等一行来校调研，校领导及训练处、总务处、学科办等部门负责人参加了调研座谈会。

3 月，省教育厅副厅长胡金波、省体育局副局长杨国庆等领导来校看望正在积极备战第九届全国大学生运动会的校大学生跆拳道队，学校领导陪同看望。

4 月，南通市政协主席王德忠一行在省体育局党组成员吕卫东陪同下来校考察，5 位校领导会见了客人。

2013 年

3 月，副省长曹卫星一行来校视察指导，充分肯定了学校亚青会、青奥会优质高效的场馆建设工作，并要求中山陵园管理局等相关单位予以协调支持。

8 月，国家体育总局副局长杨树安一行来校视察亚青会工作，听取了校领导的介绍与汇报，对学校的办赛理念与努力实践给予了高度评价。国家体育总局乒羽管理中心副主任、国家羽毛球队总教练李永波来校观看亚青会羽毛球比赛，校领导金松、肖爱华等陪同。国家体育总局副局长、杰出校友蔡振华回校视察亚青会比赛与中国网球学院，国家体育总局网球管理中心主任孙晋芳与相关校领导陪同视察。

2014 年

4 月，省教育厅副厅长杨湘宁一行 4 人来校调研师资队伍建设情况，校党委书记陈国祥与校人事处、教务处、科研处等相关部门负责人参加调研工作会议。

图 3-2-5　刘延东（左七）来校视察

8 月 6 日，中共中央政治局委员、国务院副总理刘延东来校视察青奥会工作，国家体育总局局长刘鹏，江苏省委书记罗志军、省长李学勇以及其他相关省市领导、学校领导陪同参观。刘延东副总理主要视察了校体育馆、民国中央体育场旧址、中国网球学院等青奥会比赛、训练场所。视察途中，她还询问了学校“教体融合”“高校办运动队”的南体特色及具体情况，给予了充分肯定，并高度评价了学校丰富的近现代体育历史人文底蕴。8 月 17 日，刘延东副总理再次莅临学院，亲切接见了中国代表团的羽毛球运动员，并看望了正在工作、训练的各国技术官员、运动员与教练员，校党委书记陈国祥等参与陪同接待。

10 月，省体育局副局长杨国庆、刘彤等一行 6 人，来校调研、指导工作，陈国祥等校领导与党办院办、人事处、训练处、财务处、科研处、学科办、总务处等部门负责人参加、配合了调研工作。省委组织部副部长胡金波一行来校视察调研，全体校领导班子及副处级以上干部在办公楼201会议室参加了调研，校党委书记陈国祥就党团群工作、干部队伍建设及学校发展中面临的问题作了具体汇报。

2015年

1月初，江苏省教育厅厅长沈健、副厅长丁晓昌及相关处室负责人一行9人来校视察调研，实地访问高尔夫练习场、中国网球学院、运动康复中心之后，在办公楼201会议室听取了学校办学总体情况汇报，全体校领导与各机关部门负责人参加了会议。中旬，省教育纪工委纪检监察信访工作组一行3人来校检查指导信访工作，校纪委书记李江及纪检监察部门人员接受询问并汇报了相关情况。

2016年

4月，省教育厅副厅长苏春海与省教育考试院院长鞠勤、纪委书记吴仁林等领导来校视察，具体检查、指导了2016年普通高校招生我省体育专业专项统考南京体育学院考点（1000余名体操、足球、排球专项考生）考务工作，校党委书记陈国祥、党委副书记汤岩、纪委书记李江3人陪同。

6月，副省长张敬华、副秘书长王思源一行视察了中国网球学院并听取了有关工作报告，校党委书记陈国祥、院长杨国庆与副院长蒋宏伟、肖爱华陪同。

（五）国内外群体及知名人士访学考察

1984年

9月，中日青年友好联欢，80名日本青年来校参观交流。

1985年

5月，日本爱知县爱知教育大学友人丸井文男、竹内伸也，以及香港总督尤德夫妇，先后来校访问考察。

9月，学校为感谢竹内伸也先生热心于发展中日友谊、长期培训我校中长跑运动员陈青梅、赵有凤，特授予其名誉教授称号。

1986年

5月，省长顾秀莲陪同澳大利亚官员来校参观访问。

1987年

7月，学校举行授予日本友人、中京大学总长梅村清明先生名誉教授仪式，感谢他自费资助学院青年教师金洪兵、张允廷赴日本攻读硕士学位。

1988 年

8 月，参加第三届全国大学生运动会的各省、自治区、直辖市代表团领导来校参观。

12 月，143 名日本大学生来校参观访学。

1989 年

11 月，捷克斯洛伐克体育联合会官员一行访问学校。

12 月，波兰国家体委官员一行来校参观考察。

1990 年

2 月，民主德国体育联合会官员一行、日本茨城县修学旅行团先遣组一行相继来访，校领导酆祥林、胡有彪分别会见。

3 月，日本福冈某乒乓球队、国家少年队分别来校训练。

4 月，澳大利亚维多利亚州羽毛球队一行 8 人，捷克斯洛伐克国家女子乒乓球队一行 5 人，相继来学校训练。

5 月，泰国北榄府女排代表团一行 40 人来学校训练、比赛。

6 月，香港地区游泳运动员洪诗琪来学校训练。

7 月，孙晋芳、郝克强陪同台湾著名实业家应昌期夫妇来宁参观中日围棋擂台赛，并访问学校。

8 月，澳大利亚墨尔本大学一行 6 人，日本岩井市体育考察团一行 9 人，先后参观访问学校。

9 月，巴基斯坦国家篮球队一行 20 人来学校训练、比赛。参加江苏省第十二届运动会暨省群体代表会的 70 余名代表参观学校，酆祥林、李宗汉、胡有彪等校领导会见客人并合影。台湾体育代表团一行 15 人（奥委会委员郑万金为团长）首次访问学校。

10 月，中国澳门网球队一行 17 人来校参观、比赛。加拿大安大略省短跑、投掷两名教练和一名体育营养学家来校讲学。

11 月，全澳网篮球协会主席玛格丽特 · 派却期夫人率澳大利亚国家网篮球队来校推广、交流网篮球运动。日本茨城县修学旅行团一行 154 人来校进行体育交流。

12 月，国家体委在宁召开教育体育结合研讨会，全国 31 个参会单位、63 名代表来校参观访问。

1991 年

4 月，日本名古屋游泳访华团来校参观访问。

5、6、11 月，日本某工场 7 名女子乒乓球运动员先后来校训练。

6—8 月，泰国国家跳水队一行 8 人来校训练。

7 月，日本一修学旅行团先遣组 5 人来访。

8 月，日本爱知县游泳代表团一行 22 人来校访问比赛。

10 月，日本岩井市教育体育考察团参观访问学校。

12 月，日本土浦日修学旅行团一行 185 人来校访学。

1992 年

1 月，波兰国家羽毛球队一行 12 人来校训练、比赛。有 14 个队、95 人参加的全国青年击剑集训在学校进行。全国运动学校排球赛在学校举行。

2 月，日本白鹏女子乒乓球队来校训练、比赛。

4 月，香港女子投球代表团与文康体育代表团相继来校访学。

5 月，在宁高校中外大学生联欢活动周闭幕式在学校举行，450 人分 4 路参观各场馆，并进行比赛。

7 月，哈萨克斯坦体育考察团一行 9 人参观访问学校，日本武田药品女子乒乓队一行 13 人来校训练访学。

9—12 月，澳大利亚羽毛球女运动员阿曼达来校训练访学。

11 月，省外办陪同朝鲜友人参观学院。日本土浦日修学旅行团一行 186 人来校参观访学。

1993 年

2 月，台湾男跳水运动员来校训练访学。

4 月，日本百十四银行 3 名女运动员来校训练访学。

5 月，韩国羽毛球队一行 15 人来校训练访学。

6 月，日本 MID 公司一行 5 人来校参加康复技术培训半年。

7 月，香港荃湾区体育代表团一行 8 人来校参观。

11 月，日本爱知县体育代表团 40 余人来校参观。哈萨克斯坦奥委会主席一行 2 人访问学校。日本土浦日修学旅行团一行 176 人来学校参观访学。

1994 年

11 月，日本福冈国际交流中心一行 6 人参观访问学校。日本茨城体育修学旅行团一行 36 人来校训练比赛。

1995 年

10 月，日本爱知县与韩国、中国香港、中国台湾等地友人相继来校参观访问。

11 月，日本茨城县修学旅行团 136 人来校比赛联欢。

1996 年

美国、日本、中国香港等地重要来访团队共 6 批、65 人次。其中，美国《体育画刊》记者一行 5 人，为准备亚特兰大奥运会宣传材料，来校采访林莉等。香港体育学院总监韦德比博士一行 3 人来校访问，并就合作交流事宜与学校领导会晤商谈。

1997 年

全年重要国际来访团队与友人 22 批 270 人次。其中，5 月加拿大训练专家鲍伊博士，7 月澳大利亚巴拉瑞特大学泰诺本教授来校访问讲学，交流了体育学新理念新知识，开拓了学校师生体育文化科技视野。

1998 年

3 月，有 25 支代表队 404 名运动员参加的全国击剑冠军赛在学校举行，校江苏红杉树队在 10 个项目中取得 5 金，再次证明该队在国内剑坛的霸主地位。

5 月，澳大利亚维多利亚总督詹姆斯・戈博及夫人一行 5 人来校，院长华洪兴亲切会见，并陪同参观考察了游泳、跳水、羽毛球等竞技运动项目的训练。全年来自日本、马来西亚、中国台湾、中国香港等国家及地区的重要访问、比赛团队与友人共 5 批 113 人次。

1999 年

接待来自挪威与日本的国际来访团队与友人 4 批、18 人次。其中，3 月，日本大阪国际女子大学与学校签订了友好交流协议书；8 月，来自挪威体育大学的一支残疾人适应性体育代表队来访。

2000 年

6 月，法国巴黎体育学院秘书长、击剑运动专家奥本耐克受邀来校访问讲学。

2001 年

6 月，美国全美银星职业男篮一行 15 人来校参观比赛。国际篮联副秘书长鲍曼先生、推广部主任维特尔先生等一行 6 人访问学校。

7 月，美国科罗拉多州青少年网球团来校训练比赛。

9月，澳大利亚新南威尔士州明星男女篮球队一行40余人来校参观访问。

2002年

1月，芬兰体育代表团参观访问学校。

6月，中国香港教育学院师生团一行28人来校访学1周。

7月，美国科罗拉多州网球俱乐部一行38人来校访问交流。

9月，美籍华裔学者朱为模、张松宁、陈昂来校访问交流。

12月，经由国际奥委会与中国奥委会联合推荐的芬兰田径教练凯瑞来纳来校执教1年。

2003年

1—6月，学院先后邀请了以下俄罗斯籍竞技体育专家来校执教：击剑（重剑）专家亚历山德·拉斯西娅、田径专家K.布坎索尔·迈里辛与维克多、花样游泳专家菲拉特基娜·叶丽扎维达·尔沃芙娜、蹦床专家捷列齐耶夫·阿里克塞·鲍里沙维齐、艺术体操专家卞西诺娃娜捷日塔。

8月，越南武术代表队一行8人来校训练交流。

10月，朝鲜技巧队一行15人来校训练。

2004年

1月，韩国大田市乒乓球协会会长一行来校参观访问。

3月，泰国国家艺术体操队来校训练交流。中国香港教育学院师生团一行22人来校学习交流。

7月，美国科罗拉多州网球俱乐部一行28人来校访问交流。

2005年

2月，日本国家蹦床队一行12人来校训练交流。日本东海地区田径协会会长竹内伸也一行39人来校进行田径比赛与交流。

3月，墨西哥国家跳水队2名运动员来校训练访学。

4月，韩国马事会乒乓球俱乐部1名运动员来校训练交流。

5月，澳大利亚网球教育专家菲尔·帕克（Phil Parker）来校参观访问。

7月，香港运动精英南京考察团一行42人来校参观访问。

8月，香港女子乒乓球队一行5人来校训练交流。澳门基层社团青少年交流团一行72人来校参观访问。荷兰北布拉邦省访问团一行40人来校参观访问。

11月，日本早稻田大学铃木正成教授来校访问考察。

2006 年

1 月，澳大利亚体育管理培训中心负责人来校参观访问。

4 月，吉林体育学院副院长一行 5 人来校考察调研。

2007 年

1 月，韩中文化协会全罗北道支部友好代表团一行 23 人来校参观访问。

3 月，重庆市运动技术学院院长一行 4 人来校考察交流。

4 月，美国体育学院董事会成员罗伯塔·布洛克（Robert Block）博士访问学院，并授予华洪兴院长“美国体育学院杰出服务奖”。

6 月，主要从事体育教师培训与体育教育心理研究的美国得克萨斯州 A&M 大学教授向萍博士来校考察交流两天。

8 月，日本爱知县教育考察团一行 20 人在著名中长跑专家、学院客座教授竹内伸也带领下来校访问考察。

9 月，福建省体育局党组成员、纪检组组长林泽一行 6 人来校考察调研。台北体育学院学术交流团一行 11 人在陈坤柠校长带领下来校参观交流。日本武术文化访问团一行 27 人由学院客座教授张成忠带领来校访问参观。

2008 年

3 月，丹麦体育学院一行 15 人来校访问交流。

6 月，日本早稻田大学铃木正成教授来校访问交流。

7 月，越南体育考察团一行 10 人访问学校，并就派员来校训练达成初步意向。

8 月，越南体育考察团一行 8 人再次访问学校，并就委托学院培训运动员达成一致。国际体育工程联合学术会议代表来校参观访问。

2009 年

4 月，香港青少年国情教育参访团一行 50 人来校参观访问。

6 月，重庆市副市长谢小军一行 10 人来校访问调研。

7 月，天津市体育局有关领导来校参观考察。

10 月，沈阳体育学院副院长李杰凯一行 12 人来校访问交流 3 天。中华台北高中体育总会代表团一行 12 人来校参观访问。

11 月，2009 中国网球协会教练员峰会暨耐克名人训练堂在学校举行，国家网球队与各省市教练员、科研人员 100 余人参加了活动。

12 月，香港青少年国情教育参访团一行 50 人（2009 年第 2 批次）来校参观访问。

2010 年

1 月，吉林体育学院党委副书记田英莲率队来校考察调研两天。韩国釜山跳水队一行 13 人来校训练。

3 月，浙江省体育局副局长李期华、浙江省体育职业技术学院院长李建设来校考察调研。

4 月，由香港将军澳官立中学校长赵家展带领的香港青少年国情教育参访团一行 48 人来校参观访问。上海市体育局、体育职业学院与体育科学研究所领导一行 7 人来校考察、调研运动员文化教育工作情况。国际体操联合会技巧技术委员会主席托妮娅女士来校参观并指导技巧队的训练。宁波大学体育学院一行 10 人来校参观。

7 月，台北县中等学校运动会金牌教练一行 36 人来校参观访问。香港体育学院院长李翠莎一行来学校访问交流两天，并签署两校交流合作备忘录。

9 月，英国埃塞克斯郡政府资深教育顾问保罗・毕舍尔先生来校访问交流。

11 月，英国哈特伯瑞学院驻华代表吉尔斯・雅各布斯先生来校商谈合作事宜；河北体育学院分管后勤副院长一行 4 人来校参观考察。新加坡体育理事会司长罗伯特・皮特・坎巴尔德拉（Robert Peter Cambardella）及中国事务署主任杨世裕率新加坡羽毛球队一行 24 人来学院训练、比赛、交流 1 周。

12 月，法裔美籍专家斯蒂芬・米耶尔蒙应邀来校考察，并受聘执教江苏省花样游泳队。

2011 年

2 月，英国西英格兰大学哈特伯瑞学院院长马尔科姆・沃顿（Malcolm Wharton）来校访问交流，王正伦副院长致欢迎辞并向来宾介绍学校情况。

4 月，日本著名营养与运动学者、筑波大学名誉教授、早稻田大学特聘教授铃木正成博士，来校进行 4 天学术交流。

7 月，法国阿尔萨斯大区体育委员会副主任布兰得利斯一行 4 人，在省外办、省体育外事处领导陪同下来校参观交流。

9 月，来宁考察青奥会工作的国际奥委会奥运会部执行主任费利一行，国际现代五项运动联合会代表一行，分别来校考察比赛场地设施，均给予充分肯定。

2012 年

4 月，台湾体育运动大学苏文仁校长一行 5 人来校访问交流，并签署两校交流合作备忘录。吉林省体育局副局长张秋甫、吉林体育学院党委副书记田英莲、副院长何艳华等来校就“体育院校办高水平运动队”进行了专题调研，学校人事处、训练处、教务处等部门负责人参加了调研会。

5月，西安体育学院党委副书记朱元利率党务干部一行15人来校学习考察，副院长汤岩、纪委书记李江全程陪同。新西兰IGQ国际高尔夫学院院长一行3人来校访问交流，王正伦副院长会见客人，并介绍了学院高尔夫球专业的办学情况。

10月，中国矿业大学纪委书记张爱淑一行来校进行交流访问，主题为“体育招生中监察督查部门如何有效介入”。2013年澳大利亚网球公开赛亚太地区外卡赛在学校举办1周，来自日本、印度、乌兹别克斯坦等8个国家和地区的选手参加了角逐，中国队最终获得进入正赛的男单、女单、女双3张外卡。

2013年

1月，天津体育学院党委书记李克敏率团一行24人来校交流访问，校领导汤岩、史国生、李江、金松、肖爱华与有关部门负责人参加了交流会。国际奥委会新闻官凯瑟琳·索尔（Kathryn Sole）与彼得·施米茨（Peter Schmitz），由第二届青奥会组委会新闻宣传部官员罗袭陪同，一行3人携带吉祥物砳砳来校考察比赛场馆建设，并在民国中央体育场旧址拍摄纪念宣传照片。

4月，国际网球联合会青少年部主管卢卡·桑迪利先生来校考察中国网球学院的比赛场地及其他赛会设施，并给予了高度评价，国家网球管理中心主任孙晋芳、副院长蒋宏伟及南京青奥会组委会官员陪同考察。

5月，广州体育职业技术学院副院长鲁毅一行3人来校考察江苏省体育教师培训工作，运动系、体育系、继续教育部领导向来宾介绍有关情况与经验。

7月，台北市立体育学院来校访问交流。

8月，国际奥委会第一副主席、新加坡奥委会副主席黄思绵来校视察亚青会并参观中国网球学院，国际奥委会委员、国家体育总局网球管理中心副主任李玲蔚与学院副院长蒋宏伟陪同视察、参观。

10月，西安体育学院党委书记吴长龄、院长周里及研究生部负责人来校交流考察。

2014年

3月，国际奥委会执委、西班牙特奥会主席、国际奥委会前主席萨马兰奇之子胡安·安东尼奥·萨马兰奇来校访问考察，并商谈了与中国网球学院合作事宜。

4月，美国佛罗里达大学教授、美国体能协会前主席霍夫曼（Hoffman）博士来校开设《集体项目周期性训练》讲座，校党委书记陈国祥、副院长王正伦亲切会见客人并听取了讲座。

图 3-2-6 国际奥委会主席巴赫（右一）来校访问

图 3-2-7 国际奥委会荣誉主席罗格来校访问

8月，布隆迪共和国总统皮埃尔·恩库伦齐扎（Pierre Nkurunziza）偕夫人及政府有关部门官员来校访问，并出席受聘学院“名誉教授”典礼，还看望了在学校修业的布隆迪留学生。国际奥委会主席巴赫、荣誉主席罗格等48位国际奥委会执委、委员来校访问，观看青奥会比赛。其间，罗格先生为中国网球学院题词；巴赫先生则欣然接受被学校聘为“名誉教授”，并为学校15位奥运冠军、5位奥运冠军教练员颁发了“南京体育学院奥林匹克荣誉奖章”。南京青奥会举行期间来校访问、观看比赛、慰问本国或本地区赛会相关人员的外国及港台地区著名人士还有：新加坡总统陈庆炎一行，中国香港民政事务局局长曹得成与香港体育协会暨奥委会主席霍震霆及其子霍启刚一行，中华台北奥委会主席林鸿道一行。赛方、校方均由青奥会场馆团队副主任、副院长肖爱华陪同。

9月，中华台北奥委会委员、台湾体育运动大学校长林华韦率团来校参观访问。

10月，广州体育学院党委副书记招乐辉一行8人来校考察，并交流教学改革经验。

2015 年

4 月，常州工程职业技术学院副院长潘玉琴一行来校访问考察，副院长金松与资产管理处负责人会见客人，并就国有资产的招标管理工作进行了座谈交流。

5 月，四川省绵阳市南山中学副校长蒲文猛、邹裕光一行 5 人来校访问考察，副书记汤岩、副院长蒋宏伟会见客人，并着重讨论交流了网球人才培养等工作。

6 月，辛亥革命先驱、国民党元老、书法大家于右任先生的三子于中令，率领中国标准草书学会（中华台北）相关人员来校参观访问，陈国祥书记与汤岩副院长全程陪同。

12 月初，浙江体育职业技术学院代表团来校考察交流，主要交流了“教体融合”与青少年运动员教育等问题。中旬，吉林体育学院党委副书记张立峰率团来校调研交流，与学校领导及有关部门负责人进行了座谈。下旬，广西壮族自治区体育局党组书记、局长李泽一行来校访问考察，主要到各竞技训练场馆观摩了运动员训练情况。

2016 年

3 月，新加坡新跃大学蔡曙鹏教授来校参观访问，并表示协助学校开展对外交流合作活动，党委书记、院长陈国祥在民国中央体育场旧址会见了客人，民族体育与表演系主任吴晓红陪同会见。

4 月，江西省教育考试院一行来校参观考察，主要了解江苏省高校招生体育统考南京体育学院考点情况。苏州市体育局局长周志芳，副局长、奥运会举重冠军陈艳青一行来校考察交流。

5 月，美国明尼苏达大学体育学院院长吉力立、娱乐休闲户外项目主管米奇·霍夫曼（Mich Hoffman）和美国娱乐休闲协会主席珍妮特（Jeannette）三位教授来校访问讲学，党委书记陈国祥、副院长史国生率党办、院办、宣传部及相关教学科研单位负责人接见来宾，进行了友好交流。

6 月，徐州市铜山区委常委、组织部部长巩伟率队一行 8 人来校访问考察，副院长汤岩与组织部、运动健康科学系等相关部门人员会见了客人。

8 月，由泰国法政大学健康科学学院院长坎帕尔·鲁奇威特（Kampala Ruchiwit）博士率领的访问团一行 4 人来校参观交流，校领导陈国祥、史国生、蒋宏伟、肖爱华等会见了客人。

9 月初，中华台北奥委会副秘书长宋守智、联络组成员陈秀莲率团来校访问交流，副院长肖爱华与有关部门负责人在中央体育场西司令台会见接待了来宾。下旬，南京野生植物综合利用研究院院长、九三学社江苏省委委员张卫明率研究院九三支社来校参观访问，陈国祥书记与汤岩副院长会见了张卫明一行。

10 月，南京中医药大学党委副书记张策华率团来校参观交流，党委书记陈国祥与纪委书记李江会见客人并介绍了学院的总体情况。泰国博仁大学社会科学与传媒国际学院院长顾皓来校参观访问，副院长史国生在中央体育场西司令台会见客人并洽谈进一步交流合作问题。

11 月，山东体育学院副院长毛德伟一行来校考察交流，蒋宏伟副院长与训练处、学工处、教务处等部门负责人陪同客人参观了中国网球学院，并就相关工作进行座谈讨论。首都体育学院武术与表演学院总支书记丁建国一行来校访问交流，副院长史国生、民族体育与表演系领导及部分教师会见客人，并进行了座谈。

二、主要校级领导小传

（一）杨静义

图 3-2-8　杨静义

杨静义（1932—2016），男，江苏人，中共党员。本科毕业于中国人民大学财经专业，毕业后就职于中国建设银行。1972 年，扬州师范学院新建体育系，杨静义为首任系党总支书记兼系主任。1983 年调至江苏省体委担任副主任；1985 年 6 月至 1986 年 7 月，担任南京体育学院党委书记。任职期间，他领导、组织学校运动队参加日本神户第十三届世界大学生运动会、中国北京第五届技巧世界杯赛、全国青少年运动会等重大赛事，均取得优异成绩。

杨静义热爱体育事业，退休后非常怀念在南京体育学院的工作岁月。2006 年 11 月，南京体育学院建校 50 周年校庆时，他回忆往昔，深情写下一篇 2000 余字的叙事散文《难忘的支援》，感慨了自己与体育结下的不解之缘，同时对当年南京体育学院在扬州师范学院体育系创立初期给予的无私帮助与大力支持，表示衷心感谢，并祝福南京体育学院更上一层楼，创造更加美好的未来。

（二）周维高

图 3-2-9　周维高

周维高（1940—2007），男，江苏人，中共党员。1985 年 6 月至 1988 年 6 月，任南京体育学院院长。1988 年 6 月调任江苏省委统战部副部长。任职体院期间，根据学校实际情况，十分重视体育理论建设与科研工作，领导成立了科研处，创办了学术期刊《南京体育学院学报》。1986 年，努力促成学校附属学校“南京体育运动学校”更名为“江苏省体育运动学校”。1987 年，学校附属江苏省体育运动学校获得“全国业余训练先进集体”称号。

（三）林祥国

图 3-2-10　林祥国

林祥国（1950—　），男，江苏赣榆人，中共党员。1974 年 7 月毕业于徐州师范学院理化系物理专业。历任徐州师范学院物理系党支部书记，院团委副书记、书记；共青团徐州市委书记、党组书记；共青团江苏省委副书记、省青联主席；南京体育学院党委书记；江苏省体委副主任、党组成员、主任、党组书记兼南京体育学院院长；江苏省政府副秘书长（正厅级）；盐城市委书记、市人大常委会主任；江苏省委统战部部长；江苏省委常委、省委政法委书记，省政协副主席、党组成员；省人大常委会副主任、党组副书记；第十一、十二届全国人大代表。

1986 年至 1994 年，林祥国担任南京体育学院党委书记、省体委主任兼院长期间，大力倡导“以工作为本，凭成绩说话”，亲自深入竞技体育第一线，狠抓训练、比赛作风，同时关心、帮助教练员、运动员解决实际问题，有力推动了学校竞技体育水平的提升。另外，面对学校基础设施比较简陋、缺乏的状况，他还努力争取省政府及相关部门的支持，筹集经费，修缮原中央体育场看台下的运动员宿舍，新盖宿舍楼，并首次建成两路供电系统，改善了学校的办学条件，对学校的发展做出重要贡献。

（四）酆祥林

图 3-2-11 酆祥林

酆祥林（1944—2020），男，江苏人，中共党员。1989 年 1 月至 1994 年 12 月，任南京体育学院院长兼党委副书记。1989 年当选中共江苏省第八次代表大会代表，1990、1992 年两次当选南京市栖霞区人大代表。

酆祥林在校任职期间，对竞技运动的发展做出了重要贡献，学校运动员在奥运会、全运会等大型赛事上均取得优异成绩。尤其在第七届全运会上，学校有 247 名运动员参赛，共取得金牌 19 枚、银牌 14 枚、铜牌 13 枚，总分 453 分，4 人 17 次破 9 项亚洲纪录，取得了历史性突破。此外，学校体育外事交流工作也取得了长足进步，成效突出，与美国、日本、澳大利亚、巴基斯坦等国以及中国香港、中国台湾地区的高校和体育组织，开展了一系列交流与合作。

（五）孔庆鹏

图 3-2-12 孔庆鹏

孔庆鹏（1943—2016），男，江苏江都人，中共党员。1967 年 7 月本科毕业于南京体育学院。历任江都县体委副主任、主任，江苏省体委副主任、主任、党组书记，江苏省体育局局长、党组书记。2003 年始，任江苏省政协医卫体育委员会副主任，为江苏省政协第七、八、九届常委。

1995 年 5 月至 2003 年 3 月，孔庆鹏担任南京体育学院党委书记期间，坚持“三位一体”，全面促进了党建、教学、训练、科研、管理、后勤保障等各方面工作的开展；加强党的领导，组织恢复召开了中断 33 年的党代会；领导制定学校“九五”和“十五”规划，本科办学规模再创新高，形成了完整的高等教育体系；创新训练管理，强化科学训练，运动成绩连创辉煌，率领江苏健儿在悉尼奥运会上取得了历史性突破，第九届全运会表现优异，学校获江苏省委省政府记“集体一等功”；加大基本建设力度，兴建仙林新校区，新建体操馆、网球馆、游泳馆、运动员公寓等，举办建校40周年校庆活动，在校内外产生了广泛影响。

孔庆鹏还勤于学术研究，多有著述，先后参加或主持多项国家和省部级重大课题，出版了《同心圆构想》《“同心圆”实证——金牌谋略》《体坛纵论》等专著；曾荣获“江苏省劳动模范”称号、国家体育运动荣誉奖章。

（六）华洪兴

华洪兴（1948—　），男，江苏无锡人，中共党员，大学学历，研究员。1992年12月，由南京理工大学调任南京体育学院党委副书记；1995年5月，任南京体育学院院长、党委副书记；2003年6月至2008年11月，任南京体育学院党委书记、院长。2008年11月，任江苏省体育局副局长、党组副书记；2009年6月，任江苏省人大常委委员、江苏省人大常委会教科文卫副主任。曾当选江苏省第九届、第十届人大代表。曾兼任江苏省体育总会副主席、中国乒乓球协会副主席、中国羽毛球协会副主席、江苏省大学生文化素质教育指导委员会副主任等职。

图3-2-13　华洪兴

在南京体育学院工作期间，华洪兴坚持以马列主义、毛泽东思想、邓小平理论、“三个代表”重要思想和科学发展观为指导，坚决贯彻执行党的基本路线和各项方针政策，为学校在建设和发展中取得历史性突破奠定了坚实的政治思想基础；组织召开第五次党代会，推动学校“十五”规划蓝图变为现实，领导制定学校“十一五”规划，根据学校实际坚持教育和体育改革；开创性地提出了“三位一体，突出重点，办出特色，共同发展”的办学指导思想，受到中央领导和国家体育总局领导的充分肯定，在全国体育界产生了积极广泛影响。其间，高等教育体系得以完善，学校获批增设了多个硕士点及本科专业，新建了职业技术学院；竞技体育方面，运动员技术水平不断提高，历经四届奥运会，以及多届亚运会、全运会等，均打破历史纪录，屡获佳绩，创造辉煌！

华洪兴在学术研究方面亦收获颇丰，主持了国家体育总局“社会主义市场经济条件下竞技体育‘举国体制’的研究”“优秀运动员实施‘长学制’文化教育的研究”及江苏省多项哲学社会科学重大课题；主编出版了《体育伦理学》《为五环争辉》等著作；在《中国高等教育》《江苏高教》《体育与科学》等重要期刊上发表了20余篇论文。多次荣获省部级“优秀党务工作者”“优秀思想政治工作者”称号。

（七）殷宝林

图 3-2-14　殷宝林

殷宝林（1955—　），男，江苏泗阳人，中共党员，副研究员。1976年2月毕业于江苏师范学院体育系；1990年11月毕业于徐州师范学院政教系；1990年9月至1991年7月，参加中央党校培训部中青年干部培训班学习；1996年10月至1998年9月，参加南京大学世界史专业研究生课程进修班。历任南京体育学院办公室副主任、团委书记；徐州市体委副主任（挂职）、沛县县委副书记（挂职）；南京体育学院党委副书记、副院长；江苏省农业科学院副院长、党委委员；江苏省体育局副局长、党组副书记；江苏省体育局局长、党组书记。2008年11月至2012年4月，兼任南京体育学院党委书记。曾当选中共江苏省第十二次代表大会代表。

担任南京体育学院党委书记期间，殷宝林认真贯彻落实胡锦涛总书记的重要讲话和党的十七届五中、六中全会精神，坚持以科学发展观为指导，发挥党委的政治核心、领导核心作用，强化、深化改革，统筹做好各项工作。组织召开了学校第六次党代会，确定了“将竞技优势转化为教学优势、科研优势，进而形成创新优势、发展优势”的发展思路，提出了“建设省内领先、国内一流、国际知名的应用型体育学院”的奋斗目标。领导制定学校“十二五”规划，实施学校“十大工程”和各项子计划，确保具体落实。超额完成第十一届全运会、第七届全国城市运动会任务指标，圆满完成伦敦奥运会比赛任务。学科建设方面成效明显，学校被增列为硕士学位体育学一级学科授予权单位，休闲体育专业获批，国家级、省级品牌专业建设点验收合格，迈好了建设“省内领先、国内一流、国际知名的应用型体育大学”的第一步。曾荣获江苏省委省政府记个人一等功，被评为“北京奥运会突出贡献个人”。

（八）陈国祥

图 3-2-15　陈国祥

陈国祥（1963—　），男，江苏丹阳人，中共党员，二级教授，博士生导师。本科、研究生于 1984 年 7 月、1990 年 7 月相继毕业于南京师范大学生物系；1998 年 7 月于南京农业大学农学系获得理学博士学位。历任南京师范大学生命科学学院副院长，科技处副处长、处长，南京师范大学副校长。2013 年 12 月至 2017 年 6 月，调任南京体育学院党委书记，2015 年 6 月至 2016 年 5 月兼任学院院长。2017 年 7 月，调任南京师范大学党委副书记、校长。2020 年 1 月，当选江苏省政协第十二届常委。

陈国祥从事植物学专业研究，先后主持国家自然科学基金项目 4 项，教育部科学技术研究重点项目、教育部博士点基金项目及江苏省自然科学基金项目各 1 项。以第一作者和通讯作者发表专业论文 100 余篇，其中 SCI 论文 30 余篇。曾获国家教育部“十五”高校科技管理先进个人、江苏省优秀科技工作者、高校“青蓝工程”、新世纪“学术带头人”等多项荣誉称号。

担任南京体育学院党委书记、院长期间，陈国祥全面贯彻落实党的十八大、十八届三中全会精神和习近平总书记系列重要讲话精神，深入开展党的群众路线、“三严三实”和“两学一做”等主题教育活动，学校人才培养、科学研究、竞技训练等各项事业均取得长足进步。重要成果有：组织召开第七次党代会，推动学校“十二五”规划落地收官，制定实施学校“十三五”规划；学校学科专业建设迈上新台阶，体育学一级学科继通过省政府江苏高校优势学科一期项目评估后，又被批准为二期项目立项学科；“运动与健康工程协同创新中心”获批第二批江苏高校协同创新中心培育建设点；两个专业被评为江苏省品牌专业建设工程项目；出色完成第二届青奥会办赛任务、第三十一届夏季奥运会参赛任务，顺利推进第十三届全运会备战任务；成功举办建校 60 周年系列庆祝活动，在海内外产生了广泛影响。

三、竞技体育代表人物小传

图 3-2-16　蔡振华

蔡振华（1961—　），男，江苏无锡人，中共党员，大学学历，1973 年 3 月参加工作，南京体育学院杰出校友。历任国家乒乓球队男队主教练、总教练，国家乒乓球队总教练；国家体育总局乒乓球羽毛球运动管理中心主任、党委副书记，国家体育总局局长助理、党组成员；国家体育总局副局长、党组成员。中共第十七、十八届中央候补委员。现任中华全国总工会党组成员。

1968 年，年仅 7 岁的蔡振华入选无锡市少年体校乒乓球队，仅经过短短 4 个月的训练，即夺得无锡市乒乓球男子少年冠军。1973 年，入选南京体育学院江苏省乒乓球代表队，开启了光辉的职业生涯。1978 年，入选国家乒乓球队，并迅速成长为主力球员。他练就左手横握球拍两面攻结合弧圈球打法，作风顽强，敢于拼搏，成绩卓越。1980 年，在第五届亚洲乒乓球锦标赛上获男子双打亚军与混合双打季军。1981 年，在第三十六届世界乒乓球锦标赛上获男子双打冠军与单打亚军。1983 年，在第三十七届世界乒乓球锦标赛上获男子单打亚军和混合双打季军。1985 年，在第三十八届世界乒乓球锦标赛上获混合双打冠军与男子双打季军。

图 3-2-17　蔡振华（左一）获奖

蔡振华不仅取得了突出的竞技成就，还在担任国家队教练期间培养了众多优秀国手，带领国家队在包括奥运会在内的国际大赛上取得了无数辉煌战绩，曾荣获国家体委颁发的“国家体育运动荣誉”奖章、优秀共产党员、全国先进工作者、国家机关十大杰出青年等光荣称号。1983 年 3 月，瑞典国家邮政局发行了第三十七届世界乒乓球锦标赛两枚纪念邮票，其中 1 枚为蔡振华比赛场面。他成为第一个在国外邮票票面上出现的中国运动员，为提升我国国际形象、地位与影响做出了卓越贡献。

第四章
再创辉煌时期（2017—2021）

第一节
“二次创业”的战略筹划与时代使命

一、战略基础与目标

春华秋实一甲子，砥砺奋进谱华章。从1956年立校，到1984年勃兴，再到2021年65周年华诞，65年来，南京体育学院始终与新中国体育、教育事业发展同舟共济，风雨兼程，与中华民族伟大复兴同频共振，奋勇前行……“学子行天下，健儿傲寰宇”，南体人一路高歌，取得了丰硕的办学成果，为国家和江苏教育、体育、文化等各项事业发展贡献了“南体力量”。进入中国特色社会主义新时代，南体人立足国家战略新机遇，顺应改革发展新形势，又积极肩负起新的历史使命，努力开启“二次创业”新征程。

自2017年夏起，校党委部署各部门广泛组织开展学校发展战略的研究思考，积极开展“深入解放思想、实施二次创业”大讨论，在集思广益、群策群力的基础上，于2018年12月校第八次党代会期间，科学谋划了“从当前到本世纪中叶分三步实现新南体奋斗目标的发展蓝图”。发展蓝图明确树立了“优势突出、特色鲜明、国内一流、国际知名的高水平体育大学”奋斗目标，明确了“一二三四五六”的长期发展思路和战略举措——“一”指牢固树立“优势突出、特色鲜明、国内一流、国际知名的高水平体育大学”奋斗目标；“二”指大力实施“二次创业”；“三”指坚持“三位一体”办学模式不动摇；“四”指实施创新发展、融合发展、开放发展、高质量发展四大发展战略；“五”指实施人才培养质量提升、学科与科研水平提升、社会服务能力提升、体育文化传承与创新影响力提升、对外交流合作层次提升五项工程；“六”指实施党的建设、队伍建设、制度建设、作风建设、文化建设、校园建设六大保障。新南体发展蓝图进一步推动全校干部师生员工统一思想、凝心聚力、协同拼搏，进一步激发全校干部师生积极投身“二次创业”大潮，全面推进党建、育人、教学、训练、科研、管理、服务等各项事业，把握好机遇、努力上台阶、开创新局面，加快新时代学校高质量发展。

二、时代背景与内涵

伴随着中国特色社会主义进入新时代，体育事业和高等教育事业的改革发展也呈现出新的趋势和要求，江苏体育强省和教育强省建设也开启了新征程。正是面对这个历史性的新形势，学校审时度势地提出了“二次创业”的口号，目的就是要再接再厉、解放思想、深化改革、开拓创新，以创业的魄力和韧劲，牢牢抓住新阶段的发展机遇，乘势而上，攻坚克难，实现新的跨越式发展。

具体到学校的工作实际，所谓“二次创业”就是要求新、求进、求变、求强。一是求新，概言之，即谋求新思路，拿出新举措，取得新成绩，创造新辉煌；换言之，即须以创新推动学校各项事业发展，让创新成为学校发展的不竭动力，产生新亮点、展示新状态、实现新进步。二是求进，即不断继往开来，开拓进取，加强自身建设，深入挖掘潜力，稳步提高学校办学综合能力和水平，推动学校教学、科研取得更多话语权、更大影响力，在国家和江苏体育界、教育界的影响力不断提高。三是求变，即坚持深化改革，与时俱进，以改革来适应我国、我省新时代社会经济发展的新常态，顺应高等教育、竞技体育改革的新趋势，以变革促变化，从量变到质变。四是求强，即不断提高训练、竞技质量，形成教学品牌发展优势，铸就强大竞争力，使“办学”与“办队”一样都成为强项，扩大和提升学校的社会知名度和号召力，以强大实力与显著效应迈向“国内一流、国际知名”的新台阶。

第二节 “二次创业”的主要创新举措与成就

一、顶层设计科学谋划有序运行

（一）规章制度建设

2017 年起，为提高工作效率和管理服务水平，学校各单位、各部门结合工作实际有序推进制度“废改立”工作。11 月，为准备本科教学工作审核评估，教务处牵头对本科教学管理规章制度进行梳理、修订、汇编，为全校统一开展制度建设做出示范，奠定了基础。

2019—2020 年，为全面加强制度建设、建立健全运行机制，强化高水平体育大学建设制度保障，结合“不忘初心、牢记使命”主题教育工作要求，学校开展了“制度建设年”活动。2019 年 9 月，学校组织召开“制度建设年”活动动员部署会，正式启动“制度建设年”活动，会议围绕“制度建设年”活动方案，明确了活动各阶段任务目标。9 月至 10 月，学校各单位、各部门对现行的制度进行全面梳理，形成制度“废改立”清单。2019 年 11 月至 2020 年 5 月，学校各单位、各部门通过召开座谈会、论证会或者书面、网上征求意见等形式，在深入调查研究、广泛听取意见、科学论证的基础上有序组织开展“废改立”工作。2020 年 6 月，学校召开“制度建设年”推进会，会议总结了活动前期成果，对下一阶段工作进行了全面部署。6—9 月，学校各单位、各部门积极做好制度建设工作，最终形成了包含总则、党建管理、行政综合管理、纪检监察、人事管理、教学管理、训练管理、学科与科研管理、财务与审计管理、后勤与资产管理、网络管理、安全管理等 12 个篇章共 322 项制度、近 100 万字的学校办学史上第一部比较系统完整的全校性制度汇编。

通过“制度建设年”活动，学校进一步理顺了二级学院和职能部门之间的关系，健全了以学术委员会为核心的学术管理体系、以教职工代表大会和学代会为标志的民主管理监督机制，并建成了一套以学校章程为统领，以民主管理、建设现代大学制度为准则，以党建管理、教学训练科研运行、服务保障及其决策、执行、监督、奖惩等各方面改革为基础的制度体系，切实推进了学校治理体系和治理能力的现代化。

（二）作风纪律建设

2017 年，学校深入开展“三严三实”专题教育，扎实推进“两学一做”学习教育常态化制度化，有序组织“双抓双促”大走访大落实活动，并将专题教育与深化“四风”整治、巩固和拓展群众路线教育实践活动成果有机结合，动员广大党员领导干部深入查找“不严不实”问题，有序推进思想作风建设。

2018 年起，校党委有序部署、持续推进学校作风建设，开启了为期 3 年的“作风建设年”活动。2018 年 3 月，学校召开 2018 年度全面从严治党工作大会暨“作风建设启动年”部署会，深入传达中央、省委相关会议精神，全面部署新时期学校作风建设工作；2019 年 4 月，学校召开 2019 年全面从严治党工作大会暨“作风建设巩固年”部署会，会上明确了加强理论学习、增强动力再出发、严明工作纪律、提升工作效率等作风建设新内容；2020 年 4 月，学校召开 2020 年全面从严治党工作大会暨“作风建设提升年”部署会，会议明确了加大贯彻落实力度、增强本领能力、强化担当作为、突出效能建设等作风建设新要求；2020 年 12 月，学校召开“作风建设年”活动总结暨“3+1”督查工作常态化推进部署会，会上充分肯定了学校“作风建设年”活动取得的成效，并就继续巩固和推进作风建设常态化提出明确要求。

三年间，学校“作风建设年”活动先是聚焦领导干部工作作风问题，重点转变党的作风，然后将转变党风引向优化学风、训风和教风，通过由点及面到点面结合，由治标为主到标本兼治的不断升级，基本达到了转变工作态度、加强工作纪律、提高工作效率、提升工作质量的预期目的，实现了学校作风建设新气象、新作为，为推动学校“十三五”规划落实、大力建设“新南体”提供了风清气正、干事创业的氛围。学校在推进“作风建设年”活动过程中，在原有督导工作的基础上先后形成了竞技体育、高等教育和机关后勤管理三个“3+1”督查工作新机制。为巩固“作风建设年”系列活动成果、强化作风建设工作成效，学校在总结前期工作经验的基础上，制定出台了《南京体育学院关于进一步加强督查工作的实施意见》，以制度形式将“3+1”督查工作新机制加以规范，为作风建设常态化提供坚实保障。

（三）人才队伍建设

2017 年，校党委根据学校发展，主要是竞技体育周期备战、博士授权单位建设、学科专业建设、科研实力提升等工作的实际需要，认真分析学校人才工作的问题所在与努力方向，制定了《南京体育学院关于加强人才队伍建设工作的实施意见》，在全校进一步确立了人才工作的重要地位，明确了“引培”并重的人才工作思路，为人才工作开展奠定了思想基础与制度保障。

2018 年 9 月，学校召开庆祝第 34 个教师节暨人才工作大会，正式启动“160”人才工程，即“力争三年内引进、培养 100 名博士、60 名正高级职称人才”。三年间，学校积极拓宽引才思路，重视“以才引才”效应，创新引才举措，加大宣传力度，根据学校人才队伍的年龄、学历、职称等方面结构的实际，确定了引进高层次人才的工作重点，制定了全新的人才引进方案，面向海内外招聘英才，共引进高层次人才和优秀博士 100 人，教师队伍博士占比从 2017 年的 8.7% 提高到 28.9%，教师正高职称比例达到 13.7%。在做好人才引进工作的同时，学校积极组织教职工申报各类优秀人才项目，持续推进高层次人才培育工作，共获批省高校青蓝工程学术带头人培养对象 3 名、优秀骨干教师 4 名，省“333 高层次人才培养工程”第三层次培养对象 5 名，评选出校级教学名师 2 人、优秀教师 14 人、优秀教育工作者 19 人、优秀教练员 4 人。除此之外，学校还积极推进教师工作量改革、教职工绩效工资改革等重要工作，坚持感情留人、事业留人、待遇留人和环境留人，积极打造学校识才、敬才、用才、爱才的良好环境，为推进学校“二次创业”各项重要工作提供良好人才保障。

（四）校园文化建设

2017 年，学校以迎接教育部本科教学工作审核评估为抓手，积极美化校园环境、创建文明校园，有序推动校园文化建设。2018 年起，校党委坚持文化兴校，开启了为期 3 年的“校园文化建设年”活动。2018 年 7 月，学校出台《南京体育学院校园文化建设实施方案（2018—2020 年）》，正式启动“校园文化建设年”活动，围绕校园精神文化、制度文化、环境文化提出明确目标，为推动校园文化繁荣发展指明发展方向。2019 年 5 月，学校启动“校园文化建设提升年”活动，通过开展庆祝中华人民共和国成立 70 周年系列活动，开展校歌、校赋征集评选等活动持续推进校园文化建设，初步形成南体特色的校园文化形态、制度体系和环境景观。2020 年 5 月，学校启动“校园文化建设巩固年”活动，通过编撰校史、推进校史陈列馆建设、谱写校歌、打造世界冠军之路、围绕抗击新冠肺炎疫情开展爱国卫生运动等工作，持续巩固校园文化建设成果，努力满足师生员工对校园文化的需求。2020 年 11 月，校党委中心组召开习近平总书记关于文化建设重要论述专题学习会，会议总结、肯定了“校园文化建设年”活动成效，对做好新时期校园文化建设工作提出进一步要求。

三年间，学校将文化建设与南体特色、师生日常工作生活充分结合。积极打造了“文明用语活动周”、“书香南体”、海峡两岸中华武术（国术）交流大会、“最美南体”摄影大赛、社团文化节等一批特色文化活动品牌。积极推动校园“硬文化”建设，修缮国术场，建成“世界冠军之路”，完成楼宇门牌标识制作安装，利用橱窗、走廊、墙壁等张贴、悬挂世界冠军等杰出人物的画像及事迹简介，突出展示学校事业发展新面貌、建设改革新成就，使校园内的一草一木、一砖一石散发文化气息，发挥育人功能。积极加强校园“软文化”建设，创作了校赋，创编了校歌，评定了校树、校花，大力推动校史编撰工作，高度凝练内涵丰富、特色鲜明的校园精神文化，进一步彰显并弘扬独树一帜的南体精神。

（五）质量工程建设

根据新时代背景下学校办学治校面临的新使命、新任务、新挑战，学校分别启动教学、训练、服务保障质量提升的三年行动计划，进一步推动学校各项事业全面上台阶。

1. 本科教学质量提升

2017 年 11 月至 12 月，教育部本科教学工作审核评估专家组对学校进行了考察。专家组对学校人才培养质量进行了全面客观的审核评价，为学校本科教学质量提升指明了路径。12 月，学校召开评建整改工作布置会，会议总结了迎评工作成绩与经验，部署了建立 12 个长效工作机制等工作，对巩固评建工作成果、开展评估整改、提升本科教学质量提出了明确要求。

2019 年 1 月，学校又开展本科教学审核整改第三方评估。专家组以问题为导向，对学校师资队伍、教学资源等方面提出了优化意见，也对学校下一步整改工作提出了宝贵建议。12 月，学校召开全校本科教育工作大会，会议全面总结了学校近两年来本科教育取得的成绩，重点部署了推动学校本科教育高质量发展的举措。2020 年 4 月，学校出台《南京体育学院关于本科教育高质量发展的实施意见》，完成了学校教学质量三年提升计划的顶层设计。

2. 训练竞赛质量提升

2018 年 3 月，学校召开第十三届全运会周期总结会暨新周期备战工作动员大会，会议全面总结了第十三届全运会周期的经验教训，对抓实抓细抓精第十四届全运会周期备战工作提出明确要求，为训练竞赛质量不断提升奠定基础。

2019 年 6 月，学校召开“训练质量提升年”动员部署大会，会议从认清形势、瞄准目标、全面从严管理三个方面，对推动学校训练备战工作在新周期稳步向前迈进提出了明确要求，开启了学校新周期训练质量提升新篇章。12 月，学校召开优秀运动队冬训工作暨全运会中期考核动员大会，会议针对保障冬训及中期考核工作质量，提出了建立“校领导督查小组—校训练与管理工作督查小组—竞技体育二级学院督查小组”三级训练督查机制。这一由校纪委具体主持参与的“3+1”训练督查工作新机制，为新时期学校训练质量提升提供了有力保障。

2020 年 1 月，学校举行“中行杯”优秀运动队冬训体能大比武，对学校各支运动队体能训练情况和冬训成果进行了一次大检验。1 月，学校召开第十四届全运会中期考核总结大会，从全面从严治训、强化“三基”、狠抓“两重”、严格落实“3+1”督查机制四方面，为第十四届全运会的攻坚决战作了重要部署，提出了明确要求。6 月，学校召开“训练质量突破大讨论”总结交流暨夏训动员大会，针对持续封闭训练备战，如何开展好“训练质量突破年”活动和夏训工作提出了明确要求。7 月，学校开展优秀运动队“学习研究创新月”系列活动——“全运备战紫金大讲堂”，进一步推动了训练备战质量的提升。

3. 服务保障质量提升

2018 年 11 月，学校召开服务保障“6T”（后勤服务保障管理形式，即天天安全保障，天天规范管理，天天服务育人，天天检查巡视，天天反馈提高，天天评估问责）管理工作动员大会，会议围绕深入推行“6T”管理、全面提升服务质量提出了明确要求，开启了学校服务保障规范化、标准化、精细化新篇章。

2019 年 3 月，学校召开“服务保障质量提升年”工作研讨会，会议针对强化落实“服务保障质量提升年”活动提出了明确要求。5 月，学校召开了“服务保障质量提升年”工作推进会，对进一步推进“服务保障质量提升年”工作提出了明确要求。9 月，学校召开了“提升服务质量、深化 6T 管理”工作推进会，从做好基础性工作、增强服务本领、落细落小落实“6T”管理工作、形成齐抓共管态势等方面对进一步深化“6T”管理、提升服务质量提出了要求。

2020 年 5 月，学校召开深化“6T”管理暨“服务保障质量突破年”工作会议，从亮点、特色、抓手、效果四个方面对“6T”管理工作思路、“服务保障质量突破年”突破点和具体措施提出了进一步的具体要求。

二、机构干部调整及党群工作

（一）校处级机构设置及主管干部

2017 年

3 月，中共江苏省委决定，李江任南京体育学院党委委员、常委、副校长。经校党委常委会研究决定，李丹任南京体育学院工会副主席（副处级），葛见珠任图文信息中心（图书馆）副主任、副馆长（主持工作）。

4 月，经校党委常委会研究决定，仲满任训练处副处长，李明华任图书馆副馆长，魏宁任图文信息中心副主任，叶瑛任民族体育与表演系党总支副书记、系副主任，张明任运动系副主任。

6 月，中共江苏省委决定，朱传耿任南京体育学院党委委员、常委、书记；潘林珍任南京体育学院党委委员、常委、纪委书记。经校党委常委会研究决定，丁锴任财务处副处长；设立南京体育学院足球学院（正处级建制）。

10 月，经校党委常委会研究决定，袁野任南京体育学院足球学院院长，张亚军任南京体育学院足球学院副院长。

11 月，经校党委常委会研究决定，成立马克思主义学院，撤销社会科学部，葛翠柏任马克思主义学院副院长。

12 月，审计处独立设置（正处级建制），不再与纪委办公室、监察处合署办公。设立南京体育学院竞技训练学院，下设 10 支优秀运动队，撤销羽毛球系、体操系、击剑自行车系、游泳系。经校党委常委会研究决定，王淑娜任审计处副处长，任大新任训练处副处长，鲍勤任南京体育学院网球学院直属党支部书记、副院长，顾金凤任网球学院直属党支部副书记；章遵任附属学校党总支书记并聘任为江苏省少年业余体校校长，吴建华任附属学校党总支副书记并聘任为江苏省少年业余体校副校长，邰德法任江苏省少年业余体校副校长；陆玉林任竞技训练学院院长，丁习明任竞技训练学院党总支书记，沈朝阳任竞技训练学院副院长，孔庆玮任竞技训练学院副院长，梁琴任竞技训练学院羽毛球队领队（副处级），王伟新任竞技训练学院击剑队领队（副处级）。

2018 年

1 月，经校党委常委会研究决定，机关党总支改独立设置，罗福亭任机关党总支书记，丁锴任财务处副处长（主持工作）。

3 月，经校党委常委会研究决定，王家祥任运动康复医院直属党支部书记、运动康复医院副院长（主持工作）。

9月，中共江苏省委决定，史国生任南京体育学院党委副书记，兰亚明任南京体育学院党委委员、常委、副书记。

10月，经校党委常委会研究决定，陆倩慧任纪委副书记、监察处处长，顾道任后勤党总支书记。

11月，经校党委常委会研究决定，陆玉林任党委组织部部长，殷光任南京体育学院网球学院直属党支部书记。

2019年

4月，学校对二级单位机构设置进行调整，成立体育教育与人文学院、运动训练学院（足球学院）、运动健康学院、武术与艺术学院、体育产业与休闲学院、马克思主义学院6个高等教育二级学院；成立乒羽学院、体操学院、击剑学院、游泳学院、网球学院5个竞技体育二级学院；成立体育发展与规划研究院、竞技体育研究院。对二级党组织进行重大调整，设置19个二级党组织。经校党委常委会研究决定，对中层领导干部进行全员重新聘任，刘健任党办主任、校办主任，丁永亮任党办副主任、校办副主任，陆倩慧任纪委副书记、监察处处长兼纪委办公室主任，孙凌云任纪委执纪审查室主任（副处级），陆玉林任党委组织部部长、机关第一党总支书记，郭翔任党委组织部副部长，许立俊任党委宣传部、统战部部长，刘洪磊任党委宣传部、统战部副部长，唐存楼任党委学生工作部部长、学生工作处处长兼招生办公室主任，杨晖任党委学生工作部副部长、学生工作处副处长，王竹林任党委保卫部部长、保卫处处长、人民武装部部长，刘祥兵任党委保卫部副部长、保卫处副处长、人民武装部副部长，王淑娜任审计处处长，张敏任人事处处长、机关第二党总支书记，朱小兰任人事处副处长，丁习明任训练处处长，任大新任训练处副处长，陈海波任教务处处长，王龙飞任教务处副处长，李英任教务处副处长，盛蕾任科研处处长，孙国友任科研处副处长兼科学实验中心主任（正处级），丁锴任计划财务处处长，王利雅任计划财务处副处长、招标办公室主任，高力翔任学科建设办公室、研究生部主任，谢正阳任学科建设办公室、研究生部副主任，储小祥任资产管理处处长，顾道任后勤党总支书记，陶利任后勤处处长，郁东任后勤处副处长，王寅任后勤处副处长，王彤任后勤处副处长，王加华任工会主席，尤维娜任离退休党总支书记、离退休工作处处长，葛见珠任信息化中心主任、图书馆馆长、直属单位党总支书记，李明华任图书馆副馆长，魏宁任信息化中心副主任，王家祥任运动康复医院直属党支部书记、运动康复医院院长兼运动健康学院副院长，刘桂彩任运动康复医院副院长，李勇勤任继续教育学院院长、培训中心主任，高亮任期刊社社长，邹德新任体育发展与规划研究院常务副院长（正处级），秦学林任竞技体育研究院常务副院长（副处级），邹国忠任体育教育与人文学院党总支书记，沈鹤军任体育教育与人文学院院长，卢奎任体育教育与人文学院党总支副书记，王凯任体育教育与人文学院副院长，张亚军任运动训练学院（足球学院）党总支书记，赵琦任运动训练学院（足球学院）院长，杜家俊任运动训练学院（足球学院）党总支副书记，张明任运动训练学院（足球学院）副院长，王猛任运动健康学院党总支书记，汤强任运动健康学院院长兼运动康复医院副院长，宋雅伟任运动健康学院党总支副书记，赵彦任运动健康学院副院长，王进任体育产业与休闲学院党总支书记，于翠兰任体育产业与休闲学院院长，王蓉任体育产业与休闲学院党总支副书记，唐芒果任体育产业与休闲学院副院长，殷怀刚任武术与艺术学院党总支书记，支川任武术与艺术学院院长，陈荣梅任武术与艺术学院党总支副书记，叶瑛任武术与艺术学院副院长，葛翠柏任马克思主义学院直属党支部副书记、马克思主义学院副院长（主持工作），张健任乒羽学院党总支书记、院长，周丹任乒羽学院党总支副书记，杨干任乒羽学院副院长，殷光任网球学院直属党支部书记，鲍勤任网球学院常务副院长（正处级），姜惟任网球学院副院长，梁琴任体操学院党总支书记、院长，顾金凤任体操学院党总支副书记，陆春龙任体操学院副院长，冀方新任体操学院副院长，沈朝阳任击剑学院直属党支部书记、院长，徐炳生任击剑学院直属党支部副书记，孔庆玮任击剑学院副院长，王伟新任游泳学院党总支书记、院长，陈志任游泳学院党总支副书记，吴晓明任游泳学院副院长，张纪芳任游泳学院副院长，吴建华任附属学校（省体校）党总支书记、校长，谢长虹任附属学校（省体校）党总支副书记、副校长。

7月，经校党委常委会研究决定，鲍勤任网球学院院长、直属党支部副书记、省体育局网球运动管理中心主任，姜惟任网球学院副院长、网球队领队、省体育局网球运动管理中心副主任，梁琴任体操学院党总支书记、院长、省体育局体操运动管理中心主任，王国庆任省体育局体操运动管理中心主任（执行主任），陆春龙任体操学院副院长、蹦床队领队、省体育局体操运动管理中心副主任，冀方新任体操学院副院长、艺术体操队领队兼蹦床队领队、省体育局体操运动管理中心副主任，张健任乒羽学院党总支书记、院长、省体育局乒羽运动管理中心主任，杨干任乒羽学院副院长、乒乓球队领队、省体育局乒羽运动管理中心副主任，沈朝阳任击剑学院直属党支部书记、院长、省体育局击剑运动管理中心主任，孔庆玮任击剑学院副院长、击剑队领队、省体育局击剑运动管理中心副主任，王伟新任游泳学院党总支书记、院长、省体育局游泳运动管理中心主任，吴晓明任游泳学院副院长、花样游泳队领队、省体育局游泳运动管理中心副主任，张纪芳任游泳学院副院长、游泳队领队、省体育局游泳运动管理中心副主任。

9 月，校纪委与监察专员办公室联合办公，撤销校监察处。

10 月，成立发展规划处，正处级建制。校党委常委会研究决定，王蓉任附属学校（省体校）副校长，郭修金任发展规划处处长，宋雅伟任竞技体育研究院副院长（正处级）。

11 月，经校党委常委会研究决定，杜艳任校纪委办公室副主任（副处级），邱香任校纪委监督检查处处长（副处级），刘双喜任计划财务处副处长，骆晓娟任团委书记（副处级）。

12 月，经校党委常委会研究决定，石红霞任运动健康学院党总支副书记，杨丽丽任体育产业与休闲学院党总支副书记。

2020 年

1 月，经校党委常委会研究决定，刘健任训练处处长，免去其党办主任、校办主任职务；丁习明任网球学院直属党支部书记，免去其训练处处长职务；免去殷光网球学院直属党支部书记职务；丁永亮任党办主任、校办主任；葛翠柏任马克思主义学院直属党支部书记。

2 月，学校开展了“不忘初心、牢记使命”主题教育优秀党支部评选活动，机关第一党总支第一党支部等 5 个党支部荣获一等奖，机关第一党总支第三党支部等 10 个党支部荣获二等奖，机关第一党总支第二党支部等 15 个党支部荣获三等奖。

4 月，经校党委常委会研究决定，免去尤维娜离退休党总支书记、离退休工作处处长职务。

5 月，成立中共南京体育学院委员会党的建设工作领导小组，组长为朱传耿，副组长为杨国庆、史国生、兰亚明、李江、金松、肖爱华、潘林珍、黄步龙，成员有陆玉林、许立俊、丁永亮、陆倩慧及各党总支、直属党支部书记。校党委常委会研究决定，正式聘任孙凌云任纪委（监察专员办公室）审查调查处处长（副处级）；刘洪磊任党委宣传部、统战部副部长；刘祥兵任党委保卫部副部长、保卫处副处长、人民武装部副部长；王淑娜任审计处处长；王龙飞任教务处副处长；孙国友任科研处副处长兼科学实验中心主任（正处级）；丁锴任计划财务处处长；谢正阳任学科建设办公室、研究生部副主任；王彤任后勤处副处长；葛见珠任信息化中心主任、图书馆馆长、直属单位党总支书记；王家祥任运动康复医院直属党支部书记、院长兼运动健康学院副院长；高亮任期刊社社长；邹德新任体育发展与规划研究院常务副院长（正处级）；秦学林任竞技体育研究院常务副院长（副处级）；邹国忠任体育教育与人文学院党总支书记；王凯任体育教育与人文学院副院长；张亚军任运动训练学院党总支书记；赵琦任运动训练学院（足球学院）院长、党总支副书记；杜家俊任运动训练学院（足球学院）党总支副书记；王猛任运动健康学院党总支书记；赵彦任运动健康学院副院长；王进任体育产业与休闲学院党总支书记；殷怀刚任武术与艺术学院党总支书记；支川任武术与艺术学院院长、党总支部副书记；周丹任乒羽学院党总支副书记、乒羽学院羽毛球队领队；杨干任乒羽学院副院长、乒乓球队领队、省体育局乒羽运动管理中心副主任；姜惟任网球学院副院长、网球队领队、省体育局网球运动管理中心副主任；梁琴任体操学院党总支书记、院长、省体育局体操运动管理中心主任；陆春龙任体操学院副院长、蹦床队领队、省体育局体操运动管理中心副主任；冀方新任体操学院副院长、艺术体操队领队兼蹦床队领队、省体育局体操运动管理中心副主任；沈朝阳任击剑学院直属党支部书记、院长、省体育局击剑运动管理中心主任；徐炳生任击剑学院直属党支部副书记；王伟新任游泳学院党总支书记、院长、省体育局游泳运动管理中心主任；陈志任游泳学院党总支副书记；吴晓明任游泳学院副院长、花样游泳队领队、省体育局游泳运动管理中心副主任；张纪芳任游泳学院副院长、游泳队领队、省体育局游泳运动管理中心副主任；吴建华任附属学校（省体校）党总支书记、校长；谢长虹任附属学校（省体校）党总支副书记、副校长。经校党委常委会研究决定，设立《体育学研究》编辑部、《南京体育学院学报》编辑部，正处级建制，撤销期刊社。经校党委常委会研究决定，朱小兰任离退休党总支书记、离退休工作处处长，试用期一年，免去其人事处副处长职务。经校党委常委会研究决定，陆玉林兼任校综合考核办公室主任；郭翔任校综合考核办公室副主任，免去其党委组织部副部长职务；沈鹤军任学科建设办公室、研究生部主任，免去其体育教育与人文学院院长、院党总支副书记职务；王凯任体育教育与人文学院副院长（主持工作）；高亮任《体育学研究》编辑部主任，免去其期刊社社长职务；高力翔任《南京体育学院学报》编辑部主任（副处级），免去其学科建设办公室、研究生部主任职务；叶瑛任党办副主任、校办副主任，免去其武术与艺术学院副院长职务；杜家俊任武术与艺术学院副院长，免去其运动训练学院党总支副书记职务；骆晓娟任乒羽学院副院长兼羽毛球队领队，免去其团委书记（副处级）职务；免去周丹乒羽学院羽毛球队领队职务；免去任大新训练处副处长职务。

6月，研究决定对校招标工作领导小组成员进行调整，组长为黄步龙，成员有丁锴、丁永亮、陆倩慧、王淑娜、陈海波、刘健、盛蕾、储小祥、陶利、葛见珠、王家祥；校招标工作领导小组下设招标办公室，挂靠在计划财务处，负责日常事务，办公室主任为王利雅。研究决定成立中共南京体育学院委员会党务公开工作领导小组，组长为朱传耿，副组长为杨国庆、史国生、兰亚明、李江、金松、肖爱华、潘林珍、黄步龙，成员有陆玉林、许立俊、丁永亮、陆倩慧及各党总支、直属党支部书记。

7月，经校党委常委会研究决定，张珏任党办副主任、校办副主任，试用期1年，免去其党政办外事科科长职务；刘丹任党委组织部副部长，试用期1年，免去其党委组织部干部科（党校办公室）科长职务；宋虎任人事处副处长兼教师与教练员发展中心主任，试用期1年，免去其人事处人力资源科（兼教师教练员发展中心）科长职务；叶蓁任训练处副处长，试用期1年，免去其训练处训练竞赛科科长职务；宋凯任训练处副处长，试用期1年，免去其党政办联络发展科科长职务；阚妮妮任团委书记（副处级），试用期1年，免去其团委副书记（正科级）职务；李金宝任体育教育与人文学院副院长，试用期1年；叶强任体育教育与人文学院副院长，试用期1年；喻菊任运动训练学院党总支副书记，试用期1年，免去其乒羽学院办公室主任职务。经研究决定，成立南京体育学院校务公开工作领导小组，组长为朱传耿、杨国庆，副组长为史国生、兰亚明、李江、金松、肖爱华、潘林珍、黄步龙，成员有陆玉林、许立俊、丁永亮、陆倩慧、张敏、陈海波、刘健、唐存楼、丁锴、盛蕾、沈鹤军、储小祥、陶利、王竹林、王淑娜、王加华、李勇勤、阚妮妮。经研究决定，校红十字会组织机构负责人进行调整，会长为兰亚明，副会长为王家祥、赵彦、阚妮妮，秘书长为魏晓民，副秘书长为张嵘蓉，理事会成员有谢正阳、卢奎、喻菊、石红霞、陈荣梅、杨丽丽。校党委决定对南京体育学院校园文化建设领导小组成员进行调整，组长为朱传耿、杨国庆，副组长为史国生、兰亚明、李江、金松、肖爱华、潘林珍、黄步龙，成员为机关、后勤、直属单位部门主要负责人。校党委决定对南京体育学院意识形态工作领导小组成员进行调整，组长为朱传耿，常务副组长为杨国庆，副组长为史国生、兰亚明、李江、金松、肖爱华、潘林珍、黄步龙，成员为机关、后勤、直属单位部门主要负责人。校党委决定对南京体育学院思想政治工作领导小组成员进行调整，组长为朱传耿、杨国庆，副组长为史国生、兰亚明、李江、金松、肖爱华、潘林珍、黄步龙，成员为机关、后勤、直属单位部门主要负责人。校党委决定对南京体育学院统一战线工作领导小组进行调整，组长为朱传耿、杨国庆，副组长为史国生、兰亚明、李江、金松、肖爱华、潘林珍、黄步龙，成员为机关、后勤、直属单位部门主要负责人。校党委决定对南京体育学院民族宗教工作领导小组进行调整，组长为李江，副组长为陆玉林、许立俊、丁永亮，成员为机关、后勤、直属单位部门主要负责人。

10 月，经校党委常委会研究决定，王国庆任江苏省体育局体操运动管理中心执行主任（正处级）。成立南京体育学院党委教师工作部，与人事处合署办公，张敏任党委教师工作部部长，宋虎任党委教师工作部副部长。刘桂彩任运动康复医院直属党支部副书记。学科建设办公室不再与研究生部合署办公，调整为与发展规划处合署办公，郭修金任发展规划处处长、学科建设办公室主任，谢正阳任发展规划处副处长、学科建设办公室副主任。成立中共南京体育学院党风廉政建设和反腐败工作协调小组，组长为潘林珍，副组长为陆倩慧，成员为党政办、党委组织部、党委宣传（统战）部、纪委办、审计处、人事处、计划财务处主要负责人。经研究，决定对我校网络安全与信息化领导小组成员进行适当调整，组长为朱传耿、杨国庆，副组长为史国生、李江，成员为各部门（直属单位）主要负责人。经研究，决定调整南京体育学院本科教学指导委员会成员，主任为杨国庆，副主任为史国生、兰亚明（常务）、李江，委员有于翠兰、支川、王凯、陈海波、沈鹤军、汤强、赵琦、唐存楼、郭修金、盛蕾、葛翠柏、阚妮妮。研究决定调整南京体育学院教材建设委员会成员，主任为兰亚明，副主任为陈海波，委员有于翠兰、支川、王凯、汤强、沈鹤军、赵琦、邹德新、郭修金、盛蕾、葛翠柏。研究决定对南京体育学院语言文字工作委员会成员作相应调整，主任为兰亚明，副主任为陈海波，委员有丁永亮、于翠兰、支川、王凯、许立俊、沈鹤军、汤强、赵琦、陶利、唐存楼、葛见珠、葛翠柏。

12 月，经校党委常委会研究决定，机关第一党总支增补孙凌云、阚妮妮为机关第一党总支部委员。第一党支部由党政办党员组成，党支部委员会由叶瑛、苏阳、喻欣楠组成，叶瑛任党支部书记。设立机关第二党总支第七党支部，原第一党支部调整为第一党支部和第七党支部。第一党支部由训练处、发展规划处、学科建设办公室党员组成，党支部委员会由叶蓁、陈琰、赵加英组成，叶蓁任党支部书记。第七党支部由人事处党员组成，党支部委员会由宋虎、王敏、程青组成，宋虎任党支部书记。第五党支部由研究生部党员组成，党支部委员会由沈鹤军、谢华、缪磊组成，沈鹤军任党支部书记。离退休党总支撤销离休党支部，原有党员转入第四党支部。第一党支部由教学单位退休党员组成，党支部委员会由钱竞光、吴晓红、徐融组成，钱竞光任党支部书记。第四党支部由机关部门退休党员、离休党员组成，党支部委员会由尤维娜、孙传勇、蔡森组成，尤维娜任党支部书记。体育教育与人文学院党总支增补叶强为体育教育与人文学院党总支部委员。体育产业与休闲学院党总支学生党支部由学生党员组成，党支部委员会由杨丽丽、沈灵知、唐佳组成，杨丽丽任党支部书记。运动健康学院党总支学生党支部由学生党员组成，党支部委员会由石红霞、孙华灵、魏晓民组成，石红霞任党支部书记。武术与艺术学院党总支增补杜家俊、沈海燕为武术与艺术学院党总支部委员。学生党支部由学生党员组成，党支部委员会由陈荣梅、周晓旭、常青组成，陈荣梅任党支部书记。乒羽学院党总支增补骆晓娟为乒羽学院党总支部委员。羽毛球队党支部由羽毛球队党员组成，党支部委员会由骆晓娟、孙君杰、冯建筑组成，骆晓娟任党支部书记。运动康复医院直属党支部增补杜雯君、张嵘蓉为运动康复医院直属党支部委员。经校党委常委会研究决定，宋雅伟任竞技体育研究院副院长（正处级）；刘双喜任计划财务处副处长；骆晓娟任乒羽学院副院长兼羽毛球队领队；杜艳任校纪委办公室副主任（副处级）；邱香任校纪委监督检查处处长（副处级）。

2021 年

1 月，通过任职试用期考察，经校党委常委会研究决定，石红霞任运动健康学院党总支副书记；杨丽丽任体育产业与休闲学院党总支副书记。

（二）校处级党群工作业绩及表彰

2017 年

1 月，学校召开 2016 年度民主生活会，省属高校民主生活会督导组领导及全体校领导参加了会议；学校召开 2016 年度校领导班子、领导干部述职述廉大会，按照规定党内外相关代表参加了大会，并于会后对校领导班子、领导干部进行了网络无记名测评；学校举行离退休老同志新春团拜会与党外人士迎新春座谈会。

5 月，学校举办 2017 年第 1 期入党积极分子培训班。

7 月，体育系党总支和体操系党总支在省委教育工委全省高校“微党课”视频评审中获得三等奖。

9 月，学校召开党风廉政建设工作会议，全体校领导及校纪委委员等参加了会议。

10 月，学校召开全校思想政治工作会议，全体校领导及科级以上干部等参加了会议。学校召开团员干部大会，部分校领导及校级团学组织主席团等参加了会议。

12 月，学校召开共青团南京体育学院第十次代表大会、南京体育学院第十六次学生代表大会，共青团江苏省委高校工作部部长陈文娟、部分校领导及兄弟高校团委代表等出席大会。

2018 年

1 月，民进南体支部被民进中央授予“坚持和发展中国特色社会主义学习实践活动先进集体”荣誉称号，顾秀萍、刘利分别被民进省直工委评为“2017 年度先进个人”“坚持和发展中国特色社会主义学习实践活动先进个人”。学校召开党外人士迎新春座谈会、离退休老同志新春团拜会。学校召开 2017 年度校领导班子及成员述职述廉大会，党内外代表按照规定参加了大会，并于会后对校领导班子、领导干部进行了网络无记名测评。学校召开党委全委（扩大）会议，校党委书记朱传耿主持会议并作校党委常委会工作报告，全体校领导及全体党委委员等参加了会议。

3 月，学校召开第三届教职工代表大会暨工会会员代表大会第二次会议，全体校领导、教职工代表和工会会员正式代表约 100 人出席会议。

5 月，学校召开思想政治工作会议，全体校领导及有关部门负责人等参加了会议。

6 月，学校召开第八届党委首轮巡察动员部署会。

7 月，学校启动“校园文化年”活动。

10 月，学校组织全体中层以上干部近 80 人前往江苏省浦口监狱参加党风廉政建设警示教育活动。

11 月，学校召开第八届党委第二轮巡察动员部署会。学校党委全委（扩大）召开会议，研究部署第八次党代会筹备工作。

12 月，学校成功召开第八次党代会，会议选举产生了学校新一届党委领导班子和纪委领导班子，通过了“两委”工作报告，科学谋划了学校从当前到本世纪中叶分三步走实现“新南体”奋斗目标的发展蓝图。学校“马克思主义青年说暨习近平新思想研习社”被授予2018年度“江苏省青年学习社”荣誉称号。

2019年

1月，民进南体支部被民进省直工委评为先进支部。校党委书记朱传耿，省政协教卫体委员会副主任、体操队教练袁紫鹃，击剑队教练姚勇3人作为政协委员参加了省政协第十二届委员会第二次会议。训练处副处长任大新作为省人大代表出席省第十三届人民代表大会第二次会议。学校召开党外人士迎新春座谈会和离退休职工座谈会。学校召开2018年度校领导班子及领导干部述职述廉大会，按照规定党内外代表参加了大会，并于会后对校领导班子、领导干部进行了网络无记名测评。学校党委召开全委（扩大）会，校党委书记朱传耿主持会议并作党委常委会工作报告，全体校领导及全体党委委员等参加了会议。

5月，学校开展“文明用语活动周”活动。学校召开集中整治形式主义、官僚主义专项督查会。

6月，运动训练学院（足球学院）党总支荣获2017—2018年度高校“党建工作创新奖”三等奖。机关党总支和网球学院直属党支部荣获2018年度高校“最佳党日活动”优胜奖。

7月，学校举行“不忘初心、牢记使命”南京体育学院庆祝建党98周年座谈会。学校“‘声’体励行——推普脱贫攻坚”项目入围教育部与团中央暑期社会实践专项计划。学校在湖南省韶山市红色文化培训学校举办中层以上干部培训班，全体校领导及全校中层以上干部参加了学习。

9月，学校开展基层党组织设置调整优化和换届选举工作。学校启动“制度建设年”活动。学校举行“喜迎第35个教师节”南京体育学院教职工广播体操展演活动。校党委书记朱传耿等领导走访慰问离休老干部，发放“中华人民共和国成立70周年纪念章”。

9—12月，学校深入开展“不忘初心、牢记使命”主题教育。

2020年

1月，学校召开“不忘初心、牢记使命”主题教育总结大会，省委第八巡回指导组副组长崔益虎出席并讲话。民进南体支部举行2020年“迎新春同乐会”，九三学社南体支社举行2020年迎新春茶话会。校工会组织开展了“迎新春、送温暖”南京体育学院2020年春节慰问活动。

4 月，据苏工发〔2020〕5 号文，我校沈鹤军同志获“江苏省五一劳动奖章”。学校召开第四届教职工代表大会第一次会议、第四届工会会员代表大会第一次会议。学校召开 2020 年全面从严治党工作大会暨“作风建设提升年”部署会。

5 月，学校召开中共南京体育学院第八届委员会第三次全体会议。校民主党派、无党派人士及归侨侨眷组织慰问学校奋战在抗疫一线的工作人员。学校召开警示教育大会暨第八届党委第二轮巡察动员部署会。

6 月，学校领导班子全体成员、党委委员、纪委委员、有关部门主要负责人参加了江苏省委教育工委、省教育厅召开全省教育系统传达学习 2020 年全国“两会”精神视频报告会议。学校召开 2020 年宣传思想工作会议。学校召开庆祝中国共产党成立 99 周年暨“七一”表彰大会。第六届“新华红”江苏党建联盟思享会在中国光大银行南京分行举行，该联盟成立于 2019 年 4 月 11 日，由《新华日报》社、江苏省委党校、《群众》杂志社（党报、党校、党刊）联合打造，现已拥有近 200 家联盟单位，我校作为第六批唯一入选的高校接受授牌。

7 月 17 日，南京体育学院与无锡市惠山区康复医院合作成立南京体育学院附属康复医院签约揭牌仪式在无锡市惠山区举行。

8 月，南京体育学院战略规划与领导能力提升培训班在昆山市委党校开班，全体校领导及中层干部参加为期 1 周的培训。

9 月，学校举办了 2020 年教师节教师代表座谈会，喜迎第 36 个教师节。

10 月，我校退休教职工张曜明荣获“中国人民志愿军抗美援朝出国作战 70 周年”纪念章。

11 月，南京体育学院 2020 年优秀年轻干部能力提升轮训班（第 1 期）在淮安市委党校开班，全体科级干部参加培训。省政协委员、省政协教卫体委员会副主任、民进南京体育学院支部主委袁紫娟参加了全国政协第 132 期干部培训班。省教育科技工会在直属高校和科研院所工会开展了以会员评价为主要内容的“三互三评”活动，我校喜获“2018 年至 2020 年度四星级职工之家”。

12 月，国家体操队党支部男队党小组与学校体操学院党总支联合开展主题党日活动。

2021 年

1 月，校领导班子成员纷纷深入基层党支部，积极参加所在党支部的年度组织生活会，严格落实党章规定的党员领导干部双重组织生活制度，党委书记朱传耿参加所在机关第二党总支第一党支部组织生活会，党委副书记、校长杨国庆参加所在直属单位党总支第二党支部组织生活会。校党委副书记、副校长史国生走进思政课堂，以“祖国利益高于一切”为题，给游泳学院全体运动员上了一堂别开生面的爱国主义教育思政课。学校开展了2020年度优质党支部评选活动，机关第一党总支第一党支部、直属单位党总支第一党支部、运动训练学院党总支教师第一党支部、运动健康学院党总支第二党支部、运动健康学院党总支学生党支部、武术与艺术学院党总支表演系党支部、体育产业与休闲学院党总支体育经济与管理系党支部、游泳学院党总支游泳队党支部、击剑学院直属党支部、网球学院直属党支部等10个党支部被评为“南京体育学院2020年度优质党支部”。学校召开2020年度民主生活会，省属高校民主生活会督导组领导及全体校领导参加了会议。民进南体支部荣获“先进基层组织”等荣誉称号，支部主委袁紫娟再次被评为先进基层组织负责人，会员余方亮和范凯斌被评为优秀会员。学校人大代表、政协委员参加江苏省“两会”，为江苏省“十四五”发展建言献策，校党委书记朱传耿，省政协教卫体委员会副主任、体操队教练袁紫娟，击剑队教练姚勇、张双喜4人作为第十二届省政协委员参加了政协会议；训练处原副处长任大新作为第十三届省人大代表出席省人大会议。

3月9日，南京体育学院召开党史学习教育会议。校党委书记朱传耿作动员讲话。

3月11日，省委第四巡视组巡视南京体育学院党委工作动员会召开，组长唐小英作了动员讲话，对做好巡视工作提出要求。校党委书记朱传耿主持会议并作表态发言。

7月2日，省委第四巡视组向学校党委反馈巡视情况。省委第四巡视组组长唐小英传达了省委书记娄勤俭在省委书记专题会议上关于巡视工作的讲话精神，并代表省委巡视组分别向朱传耿等学校党委领导班子反馈了巡视情况，对抓好巡视整改工作提出要求。党委书记朱传耿主持反馈会议并作表态发言。省委第四巡视组副组长李子全及有关同志、南京体育学院党委领导班子成员出席会议，校各机关部门、二级单位主要负责人等列席会议。

8月18日，学校召开党委常委巡视整改专题民主生活会。省委巡视办有关领导出席会议并现场指导工作。校党委书记朱传耿就巡视整改专题民主生活会的准备情况作了汇报。朱传耿带头作个人对照检查，校党委常委会其他成员依次进行了批评与自我批评。省委巡视办副主任郚成平对专题民主生活会进行了点评。

8月26日，学校召开巡视整改工作动员部署会。会议对照省委巡视组反馈意见，围绕学校巡视整改工作方案，对学校巡视整改工作进行了全面部署，进一步统一思想、明确任务、强化举措、落实责任，确保高质量按时完成巡视整改任务。校党委书记朱传耿出席会议并讲话，校党委副书记、校长杨国庆主持会议。校党委委员、校纪委委员、全体中层干部、各级人大代表、各级政协委员和民主党派负责人、教职工代表参加了会议。

三、校处级重要公务部署与活动

（一）重要党政校务筹划运作及其事项

2017 年

1 月，2017 年艺术类表演和舞蹈表演专业校考开考，来自江苏、安徽等地的 1302 名考生参加了考试。

2 月，学校召开本科教学工作审核评估动员大会，校有关部门、各教学单位主要负责人向学校递交迎评工作责任书。

3 月，第二届南京体育学院校友羽毛球比赛在常州举行，来自江苏 13 市近 100 位校友参加了比赛。中国网球学院理事会第二次会议在网球学院召开，国家体育总局、省政府、省体育局领导及部分校领导出席会议。开国上将、中国网球运动协会前主席吕正操铜像落成仪式在网球学院隆重举行。学校圆满完成校内 12 个本科专业审核评估工作。

4 月，学校隆重举行客座教授聘任暨大学生实习基地签约仪式，《新华日报》社党委书记、社长周跃敏等受聘为学校客座教授，人民网股份有限公司副总裁唐维红等 10 人分别代表所属单位与学校签署《共建新闻实习基地协议书》。2017 年中国广播电影电视社会组织联合会体育广播传播工作委员会换届会议在学校举行，近 50 名代表参加了本次会议。2017 年普通高等学校运动训练专业击剑项目全国统一考试在学校开考，来自全国的 174 名考生参加了本次考试。校长杨国庆率团赴香港参加第二届亚洲精英体育学院联合会年会。

5 月，2017 年学校单独招生专项考试开考，590 名考生参加了考试。国家体育总局冬季运动管理中心、江苏省体育局、南京体育学院《2022 战略合作框架协议》签约仪式在校图书馆报告厅隆重举行。

6 月，学校举行优秀运动队夏训动员大会，全体校领导及优秀运动队领队等参加了会议。江苏省第十八届幼儿基本体操表演大会在校体育馆举行，来自我省各市36支队伍500多名幼儿参加了表演。江苏省公安消防总队第一届警体嘉年华在体育馆隆重举行，省体育局领导及部分校领导出席了活动开幕式。学校举行2017届毕业典礼暨学位授予仪式，全体校领导及各单位、各部门负责人等出席了仪式。学校举行奥林匹克教育研究实践基地签约授牌仪式，全体校领导及奥运冠军陆春龙等共100余人参加了仪式。据体育总局通知，中国网球学院被命名为“国家网球南京体育学院训练基地”。

9月，2017级全日制研究生开学典礼在仙林校区举行，全体校领导及全体研究生新生参加了典礼。2017级本科生开学典礼在体育馆隆重举行，全体校领导及全体新生参加了典礼。

10月，校党委书记朱传耿率团赴武汉体育学院和上海体育学院考察调研。学校召开迎接审核评估再动员大会，全体校领导及各单位、各部门主要负责等参加了会议。学校举行首届新闻专业毕业10周年返校座谈会，部分校领导及体育系领导、新老任课教师等参加了座谈会。学校附属幼儿园建园60周年教学成果汇报会在校体育馆举行，部分省教育厅领导及校领导出席了汇报会。

11月，学校隆重举行马克思主义学院揭牌仪式，全体校领导及全校副处级以上干部参加了仪式。

12月，学校与徐州市人民政府签订战略合作协议，徐州市人民政府领导及部分校领导等出席了签字仪式。学校职工羽毛球队获“澳通荟杯”2017江苏省职工羽毛球联赛总决赛冠军。承办第十三届全国体育新闻传播学术研讨会，来自全国22所院校的近150名师生代表参与了本次学术交流。第八届全国体育院校教学督导工作研讨会在学校成功召开，来自14所体育院校的40多位教学督导组成员、教务处同仁等参加了会议。

2018年

1月，学校召开首次发展战略研讨会，全体校领导及各单位、各部门主要负责人参加了会议。学校召开2017年度教学工作会议暨本科教学审核评估工作总结会议，全体校领导、各教学单位负责人和教师代表等参加了会议。学校2018年艺术类专业考试开考，来自江苏、安徽等地的2187名考生参加了考试。

3月，学校举行第十三届全运会周期总结会暨新周期备战工作动员大会，全体校领导及各优秀运动队全体教练员等参加了会议。学校召开媒体座谈会，来自新华社等20多家媒体的30余位记者朋友齐聚一堂。校党委书记朱传耿率团赴郑州大学体育学院、西安体育学院和成都体育学院考察调研。江苏省体育行业暨优秀退役运动员、南京体育学院2018届毕业生校园招聘会在体育馆举行。

4月，2018年江苏省普通高校招生体育类专业统一考试在学校开考，来自全省611名考生参加了考试。2018年运动训练、武术与民族传统体育专业招生全国统考开考，80名考生参加考试。

5月，学校召开南京体育学院纪念“五四运动”99周年暨“五四”表彰大会，部分校领导及青年团员代表参加了大会。江苏省网球运动协会第七届一次会员代表大会在网球学院举行，省政协原副主席胡序建及部分校领导出席了本次会议。校长杨国庆率团赴京参加2018香港赛马会助力运动处方师培训班启动仪式。学校“南京兰博文体育文化有限公司”参赛团队获得2018年“创青春”江苏省大学生创业大赛决赛金奖。学校召开2018年南京体育学院思想政治工作会议，全体校领导及全体思想政治课教师等参加了会议。2018年国家体育总局精英教练员高峰论坛在学校举行。

5—12月，学校组织开展“深入解放思想、实施二次创业”大讨论活动。

6月，2018香港赛马会助力运动处方师培训班（南京地区）在学校开班。校党委书记朱传耿率团赴广东省二沙体育训练中心、广州体育学院考察调研。学校举行2018届毕业典礼暨学位授予仪式，全体校领导及各单位、各部门负责人等出席了仪式。

7月，学校组织中层以上干部在延安大学泽东干部学院集体培训学习。

8月，校党委书记朱传耿率团先后赴丹麦葛莱体育运动教育学院及俄罗斯国立体育运动与旅游大学进行考察、访问与交流，并签署了校际合作战略框架协议。

9月，学校举行2018级研究生新生开学典礼，全体校领导及全体研究生新生等参加了典礼。学校举行庆祝第34个教师节暨人才工作大会，全体校领导及教职工代表参加了会议。学校举行2018级新生开学典礼，全体校领导及全体新生等参加了典礼。学校隆重举行与国家体育总局体育科学研究所合作框架协议签字仪式，国家体育总局领导及部分校领导等参加了仪式。校党委书记朱传耿率团赴哈尔滨体育学院、吉林体育学院和沈阳体育学院考察调研。

10月，第十三届全国体育信息科技学术大会在学校举行。

11月，江苏省击剑运动协会第六届会员代表大会在学校召开，省政府、省体育局、省体育总会领导及部分校领导出席会议。江苏省击剑队60周年庆祝大会在学校隆重举行，各市体育局、省击剑队和击剑运动俱乐部代表参加了庆祝活动。江苏省运动健身业协会第三届会员代表大会在学校举行，来自全省13市的60多名会员代表参加了会议。校工会主席王加华率团赴新加坡参加第三届亚洲精英体育学院联合会年会。江苏省大学生体育健康产业创新创业联盟成立大会在学校隆重举行，省教育厅领导及部分校领导等近百人参加了大会。

12月，学校隆重举行中央体育场国术场修缮竣工典礼。“2018海峡两岸中华武术（国术）交流大会”在学校隆重举行，来自中华台北武术总会、全国部分省市武术协会的负责人等参加了大会。学校召开优秀运动队冬训动员大会，全体校领导及优秀运动队全体教练员等参加了会议。学校举行研究生教育20周年庆祝活动暨江苏省第六届体育学研究生教育创新论坛。学校举行体育系系庆60周年活动，省体育局领导、部分校领导及体育系原领导、校友、全体师生参加了活动。2018年全国体育院校书记、校长会议在学院举行，国家体育总局、省体育局相关领导和15所体育院校的主要领导参加了会议。“纪念改革开放40周年江苏省体育摄影优秀作品展”在学校举行，省体育局领导、全体校领导及来自社会各界的体育摄影爱好者和新闻媒体界的朋友参加了开幕式。学校隆重举行“纪念改革开放40周年暨培养百名世界冠军”庆典活动，省人民政府副省长陈星莺，中华全国体育总会顾问、国家体育总局原副局长崔大林，江苏省人民政府副秘书长王思源，全体校领导及学院培养的72位世界冠军等出席了活动。

2019年

1月，学校2019年艺术类专业考试开考，来自江苏、安徽等地的4154名考生参加了考试。学校召开2018年度本科教学工作会议，全体校领导及各教学单位全体教职工等参加了会议。

3月，江苏省体育产业2019届毕业生春季招聘会暨南京体育学院2019届毕业生校园招聘会在学院体育馆隆重举行。

4月，2019年运动训练、武术与民族传统体育专业招生考试南京体育学院考点开考，600余名考生参加了本次考试。2019年江苏省普通高校招生体育类专业统一考试南京体育学院考点开考，来自全省的1236名考生参加了考试。学校隆重举行“五四”表彰大会，部分校领导及青年团员代表400余人参加了大会。学校召开干部大会，各单位、各部门主要负责人向学校递交了三年工作目标任务书和2019年工作任务书。

5月，第三届中国足球文化与校园足球发展论坛在仙林校区举行。由学院承办的2019年全国运动增强体质与健康学术会议在南京青旅宾馆召开，来自国家体育总局，各省区市体育局等100多家单位的350余名专家学者参加了本次会议。学校与连云港市人民政府战略合作协议签字仪式在连云港市举行。

6月，经校党委会研究决定，校树为梧桐，校花为桂花。学校举行2019届硕士学位授予仪式，全体校领导及全体硕士研究生等参加了仪式。学校举行2019届毕业典礼暨学位授予仪式，全体校领导及各单位、各部门负责人等出席参加了仪式。学校与江苏省戒毒管理局签署战略协作框架协议。

7月，中央电视台联合江苏省广播电视台摄制大型群众歌唱系列节目《红旗飘飘》在学校国术场拍摄。学校召开学科建设工作推进会，全体校领导及全体中层干部和教师参加会议。2019第四届宁台青少年武术夏令营在学校举行，来自两地的青少年武术爱好者近百人参加了活动。

8月，优秀校友、江苏省人民医院康复医学中心副主任李勇强亮相央视《新闻联播》。学校召开2019年发展战略研讨会，全体校领导及处级以上干部参加了会议。学校隆重举行庆祝新中国成立70周年“世界冠军之路”揭幕仪式，省政府副秘书长王思源和著名书法家、中国书法院院长管峻为“世界冠军之路”题词，全体校领导及师生代表等出席了仪式。

9月，学校举行2019级硕士研究生开学典礼，全体校领导及全体2019级硕士生等参加了典礼。学校召开第二届全国青年运动会总结大会，全体校领导及管理干部、教练员、运动员代表等参加了会议。学校举行“与祖国共成长、与南体齐奋进”师生大合唱活动。学校举行2019级新生开学典礼，全体校领导及全体新生等参加了典礼。中国体育非物质文化遗产研究中心成立仪式在仙林校区举行，国家文化和旅游部非遗司司长陈通、江苏省文化和旅游厅非遗处领导、国内体育非遗研究领域专家学者及部分校领导等参加了仪式。

10月，学校举办基层党组织书记培训班。学校隆重举行“祖国在我心中”庆祝新中国成立70周年升国旗仪式。首届中国竞技网球文化发展研讨会在学校举行，国家体育总局网球运动管理中心原主任孙晋芳及部分校领导等出席了本次会议。

11月，“2019海峡两岸中华武术（国术）交流大会”在学校开幕，来自中华台北武术总会、中华武术总会等11家单位的150余名代表参加了大会。

12月，学校召开2019年全校本科教育工作大会。学校承办的2019年全国运动训练竞赛联盟暨体育院校竞赛协作年会在南京召开，全国体育院校和相关体育赛事公司等24家单位代表参加了会议。《人民日报》第16版刊发了题为《南京体育学院：传承中华体育文化　建设高水平体育大学》的文章，介绍了南体办学 60 多年来为我国体育事业发展做出的重要贡献和学校第八次党代会以来“新南体”建设取得的发展成就。

2020 年

1 月，学校举行了反兴奋剂责任书签字仪式，各竞技体育二级学院等负责人签订了《南京体育学院第三十二届奥运会和第十四届全运会反兴奋剂工作责任书》。学校 2020 年艺术类专业考试开考，来自全国各地的 4100 多名考生参加了考试。学校召开防控新型冠状病毒感染肺炎的疫情工作会议，全体校领导、校疫情防控工作领导小组全体成员出席会议。学校召开南京体育学院安全工作会议。校期刊社召开 2020 年校内专家学者座谈会。

2 月，学校疫情防控工作领导小组多次召开会议，研究学校疫情防控工作。学校召开专题会议，研究制订 2020 年春季学期延迟开学期间教育教学工作方案；学校全面启动疫情防控期间在线教学，切实保证完成好延迟开学不停课、远程教学保质量的工作目标。学校公益出版《居家健身防疫——世界冠军带你强身健体》，积极发挥专业体育院校的社会责任，在新冠肺炎疫情防控中贡献了“南体人”的力量。

3 月，南京苏宁易购集团大客户部总经理王长宇一行代表“苏宁大客户”向我校捐赠了价值 5 万元的疫情防控物资。学校多次召开疫情防控专题会议，研究部署师生返校准备工作和学校防范境外疫情输入等相关工作。

4 月，清明节，全国各地各族人民深切悼念抗击新冠肺炎疫情斗争牺牲烈士和逝世同胞，上午 10 点，南京防空警报响起，南京体育学院下半旗志哀。学校召开了本科教学改革研讨会，积极探讨和推进新一轮教学成果奖的培育工作，部分校领导和有关部门负责人及部分教师代表参加了会议。学校召开 2020 年全面从严治党工作大会暨“作风建设提升年”部署会，各单位、各部门主要负责人递交了全面从严治党责任书。玄武区督查验收组在组长、玄武区副区长张杰率领下来我校督查验收开学前疫情防控工作。学校召开校园安全生产专项整治年动员部署会，部署落实校园安全生产整治各项工作。

5 月，学校召开深化本科教育教学改革专题研讨会，部分校领导和有关单位负责人及教师代表参加了会议。学校召开中共南京体育学院第八届委员会第三次全体会议，全体校领导及党委委员出席了会议。学校召开中层干部大会，全体校领导和全校中层干部参加了会议，学校有关单位部门主要负责人递交了目标任务书。学校召开校史编纂工作座谈会，部分校领导及有关单位负责人参加了会议。学校召开警示教育大会暨第八届党委第二轮巡察动员部署会，全体校领导及有关单位部门负责人参加了会议。

6月，学校组织参加全省教育系统传达学习2020年全国“两会”精神视频报告会，全体校领导、党委工作部门和各党总支、直属党支部负责人参加了视频报告会。学校组织参加了全省教育系统全面从严治党工作视频会，学校领导班子全体成员、党委委员、纪委委员及学校有关部门主要负责人参加了视频会议。学校召开2020年宣传思想工作会议，学习贯彻全国宣传思想工作会议精神，全面部署学校宣传思想工作。学校与南京市体育局在本校举办体育发展与规划研究合作框架协议签约仪式。学校召开“训练质量突破大讨论”总结交流暨2020年夏训动员大会。

7月，学校召开全面推进本科在线教学工作大会，部分校领导及职能部门正处级干部、高等教育二级学院全体教职员工参加了会议。学校召开中层干部大会，全体校领导及全校中层干部参加了会议。学校荣获全国首批“运动处方师培训基地”称号。

8月，TIBHAR中国超峰体育与南京体育学院江苏省乒乓球队战略合作签约仪式在学校举行。学校在图书馆报告厅举行“全运备战紫金大讲堂”系列讲座，国家体育总局体操运动管理中心副主任、中国奥委会奥运会备战办公室副主任袁守龙博士作了题为《当代教练员能力结构与实践创新》的讲座。

9月，学校召开2020发展战略研讨会暨“十四五”规划编制部署会，全体校领导及全校各单位、各部门主要负责人参加会议。校长杨国庆作为体育界专家代表，参加全国教育文化卫生体育领域专家代表座谈会，就“十四五”期间我国竞技体育高质量发展提出了意见和建议。南京大学教授、著名音乐家吕晓一先生的作品《扬帆起航》被采用为南京体育学院校歌，并被重新命名为《南体之歌》。学校召开体育发展基金会理事会换届选举大会暨第三届理事会第一次会议，部分校领导及有关部门负责人参加了会议。学校信息化中心参加2020年“新华三杯”全国高校网络安全竞技大赛总决赛，最终以优异的成绩位列全国第32名。

10月，由省体育局主办，南京体育学院、省体育文化中心承办的“牢记初心使命攀新高　践行女排精神再出发”体育文化展（南体站）在中央体育场国术场开幕。学校举行2020级新生开学典礼，全体校领导及全体新生等参加了典礼。

11 月，学校召开 2020 年江苏省学校体育工作座谈会。学校召开第十七次学生代表大会、第四次研究生代表大会，部分校领导和学校相关职能部门负责人及相关代表参加了大会。学校召开优秀运动队 2020—2021 年度冬训动员大会。学校举行 2020 海峡两岸暨港澳民间青年中华武术（国术）交流大会。学校召开校友会第二次会员代表大会暨理事会换届大会，全体校领导，校友会第一届理事会会长陈国祥，校各有关单位、部门负责人以及来自全国的 100 多位校友代表参加了大会。学校召开第十四届科学论文报告会，部分校领导及各二级学院负责人、教职工、研究生及本科生代表参加报告会。学校召开了南京体育学院校史编纂专家论证会。《新华日报》第 3 版以《肩负双重使命，跑出“南体模式”——对话南京体育学院党委书记朱传耿》为题刊发了相关采访报道。

12 月，学校获得 2020 年度“优秀招生单位”称号。学校召开中国体育科学学会青年工作委员会成立大会。学校组织参加全省“十四五”教育发展规划编制培训会视频工作会议。校党委书记朱传耿率队赴无锡市体育局调研并签署党建联盟协议。无锡市体育局党组书记、局长黄浩然等热情接待了我校调研组。

2021 年

1 月，经校党委常委会研究决定，成立新校区建设指挥部，总指挥为朱传耿、杨国庆，常务副总指挥为金松、黄步龙，副总指挥为史国生、兰亚明、李江、肖爱华、潘林珍。学校研究制定了《南京体育学院实验室危险化学品使用安全专项治理行动实施方案》。根据省新型冠状病毒感染肺炎疫情防控工作领导小组办公室、省教育厅和省体育局文件精神，以及全省冬春季学校疫情防控工作视频会议有关疫情防控工作部署要求，学校毫不松懈地抓好春节和寒假期间疫情防控各项工作。校工会联合校保卫处在本部和仙林校区开展教职工消防安全知识进校园活动。江苏省考核委第九综合考核组来学校开展年度综合考核工作。学校召开第四届教职工代表大会执行委员会会议。学校召开 2021 年发展战略研讨会，全体校领导及各单位、各部门主要负责人参加了会议。2021 年艺术类专业招生考试以线上形式开考。学校举行优秀运动队 2020 年新运动员进队仪式。

2 月，学校召开做好疫情防控保障春季学期开学工作会议，党委副书记、副校长史国生主持会议并作工作部署。学校召开备战第十四届全运会冬训过堂会。

4 月，南京体育学院与美国罗克福德大学（Rockford University）合作举办的体育经济与管理专业本科教育项目成功获得教育部批准，实现学校中外合作办学项目历史性突破。项目将于 2021 年开始招生。

（二）国家、省部、地市各级领导调研视察

2017 年

1 月，省体育局副局长王伟中一行来校听取游泳队关于第十三届全运会备战工作的汇报。

4 月，省教育厅副厅长苏春海、省教育考试院院长鞠勤一行来校检查指导 2017 年普通高校招生体育专业专项统考考务工作。省体育局原副巡视员吕卫东一行来校视察调研工作。国家体育总局政策法规司副司长陈岩等来校调研指导工作。国家体育总局科教司教育处副调研员罗建彬等来校视察 2017 年普通高等学校运动训练专业击剑项目全国统一考试考务工作。

5 月，省纪委驻教育厅纪检组信访举报工作绩效管理检查考核组来校检查指导信访工作。国家体育总局青少年体育司司长刘扶民一行来校调研指导青少年比赛赛前运动员文化测试工作。

9 月，国家体育总局训练局副局长曲爱慧一行来校调研。

10 月，全省高校后勤安全工作检查第四工作组来校检查。湖北省体育局副局长章进一行来校调研。省财政厅副厅长赵光一行来校调研指导工作。

12 月，省纪委第七纪检监察室主任陆野一行来校督导履行“两个责任”落实情况。

2018 年

1 月，国家体育总局青少司副巡视员朱英一行来校调研。江苏省教育厅评估专家组一行来校对舞蹈表演专业进行了现场考察。

4 月，江苏省教育科技工会“三互三评”检查组来校考核评议教工之家建设情况。

5 月，国家体育总局竞体司司长刘国永来校考察调研。

6 月，国家体育总局小球运动管理中心副主任赵丽平一行来校专题考察调研。江苏省政协副秘书长、民进江苏省委专职副主委朱毅民率民进会员 80 余人来校调研交流。由香港保险业监管局行政总监梁志仁先生任团长的第 17 期高层首长级公务员专设国家事务研修班一行 17 人来校参观访问。国家体育总局体育科学研究所副所长、中国体育科学学会副理事长冯连世一行来校考察调研。陕西省体育训练中心副主任辛长青一行来校参观交流。

7 月，省档案局社会事业处处长谢薇一行来校指导调研档案工作。

10 月，副省长陈星莺一行莅临学校视察指导工作，省政府副秘书长王思源，省体育局副局长王志光、王伟中等陪同调研。

11 月，省纪委副书记、省监委副主任刘月科一行 6 人来校开展专题调研。

2019 年

2 月，省教育厅副巡视员李金泉一行来校调研指导工作。江苏省政协副主席、南京大学党委书记胡金波，全国政协常委、民盟中央常委、江苏省政协副主席、民盟江苏省委主委、南京中医药大学校长胡刚，民盟江苏省委专职副主委吴胜兴，民盟江苏省委副主委、省体育局副局长刘彤，民盟江苏省委副主委黄贤金，民盟江苏省委组织部部长肖波一行来校调研交流。

3 月，江苏省委驻沭阳帮扶工作队队长、沭阳县委副书记周诚一行来校交流。

5 月，全国政协副主席卢展工率全国政协调研组莅临学校专题调研，省政协主席黄莉新、省教育厅厅长葛道凯、省体育局副局长王伟中等陪同调研。江苏省体育局局长、党组书记陈少军一行来校调研。

9 月，省委“不忘初心、牢记使命”主题教育第八巡回指导组副组长陈萍、崔益虎一行 8 人来我校指导主题教育工作。江苏省体育局局长、党组书记陈少军一行来我校调研，考察了奥运冠军大道、国术场、世界冠军之路、中央体育场、体操蹦床馆、击剑馆、游泳馆、羽毛球馆和中国网球学院，详细了解运动队训练情况和场馆设施运营状况，并召开座谈会，听取我校办学情况的汇报。

2020 年

4 月，玄武区督查验收组在组长、玄武区副区长张杰率领下来我校督查验收开学前疫情防控工作。孝陵卫街道新冠肺炎疫情防控工作组来校对接防疫工作。

5 月，江苏省体育局局长、党组书记陈少军，副局长王伟中一行来学校调研竞技体育工作。玄武区副区长张杰来校检查节日期间疫情防控工作。

6 月，江苏省人大常委会人事代表联络委员会副主任秦一彬一行来校考察调研。江苏省体育局副局长王伟中一行来我校调研优秀运动队反兴奋剂工作。

8 月，玄武区区长钱维一行走访我校。南京中山陵园管理局局长姜宸一行来校商讨合作事宜。

9 月，玄武区副区长张杰一行莅临我校，就学校疫情防控和开学准备工作进行专项督导检查。省委统战部副部长、省侨办主任王华带队来我校考察调研。副省长陈星莺在省政府副秘书长王思源、省体育局局长陈少军陪同下莅临我校视察指导工作。

10 月，江苏省体育局综合处处长许秋红一行来我校调研青少年运动员文化教育工作。

11 月，江苏省委教育工委书记、省教育厅党组书记、厅长葛道凯，江苏省体育局党组书记、局长陈少军，副局长王志光一行莅临我校视察指导工作。国家体育总局党组成员、副局长杨宁一行莅临我校调研指导工作。

2021 年

1 月，江苏省体育局副局长王伟中，竞技体育处处长陶新、副处长蔡军才一行来我校检查优秀运动队 2020—2021 年度冬训工作。

2 月，玄武区副区长邵睿率由孝陵卫街道和区教育局、卫健委、市场局人员组成的疫情防控专项检查组一行 7 人来我校督查假期疫情防控工作。江苏省副省长陈星莺一行亲切慰问我校运动员、教练员以及管理保障团队。

（三）国内外群体及知名人士访学考察

2017 年

2 月，杰出校友、国家体育总局副局长蔡振华回母校指导工作。

4 月，加拿大阿尔伯塔大学人体运动医学、体育及休闲学院副院长克里斯汀・马以及肖恩・蔡一行来校访问。

5 月，澳大利亚维多利亚大学体育学院体育运动与健康生活研究所所长麦肯纳（Mckenna）教授一行来校访问。

6 月，法国宜世高等精神运动与康复学院代表刘超先生来校访问。

8 月，北京体育大学校长池建一行来校访问交流。香港青少年体育交流团团长、中国香港体育协会暨奥林匹克委员会副会长贝钧奇率香港青少年体育交流团 100 多人来校参观交流。

9 月，厄瓜多尔体育部部长安德蕾阿・索托马约尔女士、驻上海总领事卡林纳・莫拉雷斯女士一行来访。泰国吞武里大学研究生院院长顾皓一行来校访问。

12 月，加拿大阿尔伯塔大学人体运动医学、体育及休闲学院院长凯里一行来校访问，与学校签署了合作谅解备忘录及相关协议。

2018 年

1 月，美国佐治亚大学张建辉教授来校交流。

4 月，多特蒙德 BVB 大中华区总裁本杰明・瓦尔一行来校交流。

5月，加拿大阿尔伯塔大学人体运动医学、体育及休闲学院副院长克里斯汀·马一行来校访问。渭南师范学院院长卓宇一行来校考察交流。常熟理工学院关工委主任、原校长傅大友一行来校调研交流。美国杜肯大学国际联络部主任陈旸教授、美国南亚拉巴马大学联合健康职业学院院长格雷戈里·弗雷泽（Gregory Frazer）博士一行来校访问。

6月，香港凤凰卫视著名主持人许戈辉来校参观了中国网球学院。国际奥委会委员、国际奥林匹克文化暨奥林匹克传承委员会主席吴经国夫妇，中华奥林匹克之友协会（台湾）理事长吕庆将夫妇一行来校交流。

8月，浙江体育职业技术学院院长占旭刚一行6人来校进行调研和考察。

9月，英国拉夫堡大学国际部副主任西蒙·福斯特先生一行来校访问。

10月，台湾体育运动大学副校长张振岗一行来校访问。美国文森斯大学校长约翰森·查尔斯先生一行来校访问。盐城工学院副校长宋长春一行来校调研。

11月，台湾中国标准草书学会理事长郑锦章一行来校访问。

12月，意大利锡耶纳市市长路易吉·德·莫西一行来校访问。

2019年

3月，德国萨尔大学历史系沃夫冈·贝林格教授来校访问。吉林体育学院武红军副校长一行来校调研交流。

4月，世界太极拳网总编、武术文化学者余功保先生，太极名家李学友先生等来校考察交流。

5月，澳大利亚西澳州游泳协会主席达伦·比兹利一行来校访问。

9月，江苏开放大学副校长吴忠宁一行来校访问交流。乌兹别克斯坦医疗卫生友好交流团一行来校参观访问。2019年中华全国总工会第六批（江苏）全国劳模代表团60余名劳模莅临我校参观学习。

2020年

6月，湖南体育职业学院院长谭焱良一行来我校调研交流。由南京工业大学副校长吴胜红、南京信息职业技术学院副校长徐建俊、南京理工大学学工处副处长周双喜、南京工业大学事务部王康组成的省高校2020届毕业生就业创业工作进展情况专项调研组，来我校调研2020届毕业生就业创业工作推进情况。

9月，省政协体育界委员专题协商议事活动在我校“有事好商量”协商议事室举行。

10月，中央驻澳门联络办宣文部副部长刘伟、澳门特区政府体育局局长潘永权携澳门体育青年人才国情研修班一行 22 人来我校参观访问。

11 月，2020 海峡两岸暨港澳民间青年中华武术（国术）交流大会在我校隆重召开。澳门特别行政区政府教育暨青年局、青年结社培训暨辅导处处长，江苏省青联委员张子轩携澳门青年组织一行 5 人来我校参观访问，我校党委常委、副校长李江，江苏省青联委员王凯，党委宣传部、团委等有关部门负责人陪同参观。

四、竞技体育业绩及表彰

2017 年

1 月，游泳系和跳水队荣获 2016 年“全国体育事业突出贡献奖”集体奖，张健、孔庆玮、顾金凤、王伟新、高峰、吕远远荣获个人奖。

2 月，校网球运动员张择在 ATP 挑战赛美国旧金山站男单决赛中夺得冠军。

3 月，张择和公茂鑫在 2017 年珠海网球公开赛中夺得男双冠军。翁浩在 2017 年体操世界杯赛单项赛巴库站夺得鞍马冠军。校艺术体操队在雅典阿芙洛狄忒杯国际艺术体操锦标赛中包揽集体全能、五圈和三球两绳 3 项冠军。

4 月，在 2017 年全国游泳冠军赛暨第十三届全运会预赛中，张雨霏夺得女子 100 米蝶泳冠军，史婧琳获得女子 100 米蛙泳冠军、女子 200 米蛙泳冠军，由史婧琳、张雨霏、沈铎、杨书洋组成的江苏代表队获得女子 4×100 米混合泳接力赛冠军。在 2016—2017 赛季全国击剑冠军赛（第 3 站）暨第十三届全运会击剑预赛（第 2 站）中，校女子佩剑队获得团体冠军，仲满获得男佩个人冠军。校花样游泳队在第十三届全运会花样游泳预赛暨国际泳联花样游泳世界系列赛中获得集体项目冠军。

5 月，校体操队在 2017 年全国体操锦标赛暨全运会预赛中夺得男子团体冠军。

6 月，任成远在 2017 年自行车全国山地自行车锦标赛暨全国山地自行车青年锦标赛上夺得冠军。

8—9 月，在第十三届全运会中，学校共获得 43 枚奖牌，包括 16 枚金牌，与全国同类院校相比，位列奖牌榜第 1 位、金牌榜第 2 位，击剑、羽毛球、网球男队、体操男队 4 个队获得“体育道德风尚奖运动队”，张择、史婧琳、呙俐等 24 名运动员获得“体育道德风尚奖运动员”。夺得金牌的选手与项目有：花样游泳队，花样游泳集体项目冠军；网球队，网球男子团体冠军；张择、公茂鑫，网球男子双打冠军；梁辰，网球女子双打冠军；仲满，男子佩剑个人冠军；许安琪，击剑女子重剑冠军；祖立军，男子10公里马拉松游泳冠军；张雨霏、沈铎，女子4×100米自由泳接力赛冠军；张雨霏，女子200米蝶泳冠军；王适娴、汤金华、何冰娇、成淑、孙晓黎，羽毛球女子团体冠军；朱敏、杨恒郁、张雪倩、钱佳睿，女子佩剑团体冠军；沈铎，女子4×200米自由泳接力赛冠军；史婧琳，女子200米蛙泳冠军；翁浩，体操男子鞍马冠军；史婧琳、张雨霏，女子4×100米混合泳接力赛冠军。校花样游泳队在全国群众体育先进及体育系统先进表彰大会上获得“全国体育系统先进集体”荣誉称号，教练员王芳受到习近平总书记亲切会见。张阔在第三十二届世界蹦床锦标赛上夺得金牌，成为学校第99位世界冠军。

2018年

2月，江苏省委省政府举行第十三届全运会江苏代表团表彰大会，学校训练处、游泳队、网球队、击剑队、羽毛球队被授予“江苏省先进集体”称号；花样游泳队、体操队记集体一等功；运动员仲满、许安琪、张择、公茂鑫、王适娴、汤金华、成淑、孙晓黎、史婧琳、张雨霏等，与教练员李青峰、许学宁、贾桂华、姜惟、张洪宝等被授予“江苏省劳动模范”称号；运动员沈铎、翁浩、张雪倩、钱佳睿、杨恒郁、华润豪、夏梓皓、梁辰、惠夕蕊、何冰娇、高昉洁、夏玉婷、董又榕、周舜琪、顾笑、呙俐、金小琳、瞿璐璐、梁馨枰、徐千雪、张曦文、王赐月、赵瑀琦、金小琪等，与教练员王国庆、周晨、徐欣、王芳、刘永、孙俊及科研医疗人员王家祥、孟庆宇、戴剑松等记一等功。

3月，石宇奇在2018年全英羽毛球公开赛中夺得冠军。翁浩在体操世界杯阿塞拜疆巴库站的比赛中获得男子鞍马冠军。

4月，花样游泳队在2018年全国花样游泳冠军赛暨国际泳联花样游泳世界系列赛（中国站）中获得集体自由冠军、集体技术冠军和混双冠军（跨省组队）。

5月，石宇奇在2018年羽毛球汤姆斯杯决赛中以全胜战绩帮助中国队夺得冠军，成为学校第100位世界冠军。

8月，在第十八届亚运会上，学校夺得金牌的选手与项目有：钱佳睿，击剑女子佩剑个人冠军；沈铎，女子4×200米自由泳接力赛冠军；孙炜，体操男子团体冠军；石宇奇，羽毛球男子团体冠军；张雨霏，女子200米蝶泳冠军；张雨霏、史婧琳，男女混合 4×100 米混合泳接力赛冠军；许诚子，击剑女子重剑团体冠军；呙俐、梁馨枰，花样游泳集体组合冠军。

10 月，孙炜勇夺 2018 年世界体操锦标赛男子体操团体冠军，成为学校第 101 位世界冠军。

11 月，张阔在世界蹦床锦标赛混合全能决赛中勇夺金牌。

12 月，石宇奇在世界羽联总决赛上夺得男单冠军。

2019 年

2—3 月，在约旦安曼举行的 2019 年亚洲青少年击剑锦标赛上，施悦馨获得青年组女子重剑个人金牌；蒋刻梨与队友合作，获得青年组男子重剑团体金牌；许庭玮与队友合作，获得少年组男子重剑团体金牌。

5 月，在广西南宁举行的 2019 年苏迪曼杯世界羽毛球混合团体锦标赛上，我校运动员石宇奇和队友以 3 比 0 战胜日本队，代表中国第 11 次捧得苏迪曼杯。

6 月，在日本东京举行的 2019 年亚洲击剑锦标赛上，钱佳睿、杨恒郁、傅颖与队友合作，获得女子佩剑团体金牌；石高峰与队友合作，获得男子重剑团体金牌。

7 月，在意大利那不勒斯举行的第三十届世界大学生夏季运动会跳水决赛中，我校运动员刘成铭分别夺得男子 1 米板和 3 米板两个项目的金牌；吴椒与队友夺得女子双人 10 米跳台金牌。许安琪与队友在匈牙利布达佩斯举行的 2019 年世界击剑世锦赛上，获得女子重剑团体金牌。

8 月，我校在全国二青会体校组比赛中勇夺 27 枚金牌，10 枚银牌，19 枚铜牌，金牌数位居江苏省各训练单位之首。

10 月，在湖北武汉举行的第七届世界军人运动会上，我校运动员陆光祖与队友获得羽毛球男子团体冠军；张雨霏获得女子 100 米蝶泳冠军，与队友合作，获得女子 4×100 米自由泳接力、女子 4×200 米自由泳接力、女子 4×100 米混合泳接力、男女 4×100 米混合泳接力冠军，并在女子 4×100 米混合泳接力中打破国际军事体育理事会纪录。

2020 年

1 月，学校举行反兴奋剂责任书签字仪式，进一步强化反兴奋剂意识，压实反兴奋剂责任，确保我校在反兴奋剂工作上不出任何差错，在第三十二届奥运会、第十四届全运会上，干干净净参赛，干干净净夺牌，为国争光，为省添彩。

2 月，省委宣传部、省人力资源和社会保障厅联合发文，对新中国成立 70

周年群众游行江苏彩车工作先进集体和先进个人予以表彰，我校运动员付智、郭培、张峻硕、王宗南、吴旭升、孟洁、熊佳妮 7 人荣获“新中国成立 70 周年群众游行江苏彩车工作先进个人”称号。

5 月，南京体育学院在奥运冠军大道举行《奋斗铸辉煌　群星耀中华——南京体育学院奥运冠军录》新书发布暨奥运冠军画卷捐赠仪式。

8 月，2020 年中国网球巡回赛 CTA1000 安宁站，我校运动员发挥出色，共夺得 3 枚金牌、2 枚银牌。华润豪一日双冠，以 2 比 0 击败湖南队莫业聪，获得男单冠军，并与上海队张之臻搭档，以 7 比 5 击败队友张择、公茂鑫，夺得男双冠军；女子方面，朱皑雯搭档浙江队韩馨蕴以 2 比 1 击败四川组合，获得女双冠军，曹思齐以 0 比 2 惜败辽宁队王美玲，获得女单亚军。

9 月，孙炜领衔的江苏队获得全国体操锦标赛男团金牌，张炜获得个人全能金牌。张择、华润豪在 2020 年中国网球巡回赛 CTA1000 长沙望城站比赛中夺得男双冠军。学校收到来自中国足球协会的感谢信，对我校运动训练学院（足球学院）教师马宁执裁 2020 年中超赛事表示感谢。许诚子、路阳在 2019—2020 赛季全国击剑冠军赛（南京站）中分别获得女子重剑个人金牌、男子佩剑个人金牌、女子花剑团体以及女子佩剑团体金牌。9 月 22 日，全国教育文化卫生体育领域专家代表座谈会在北京召开，杨国庆校长作为体育界专家代表参会，就“十四五”我国竞技体育高质量发展提出了意见和建议。

10 月，在 2020 年全国网球团体锦标赛中，我校球员发挥出色，分别代表不同跨省组合队伍，获得金银铜牌。张择所在的江苏队获得冠军。李马俊、虞天洋所在的河北队获得亚军。华润豪所在的天津队和公茂鑫所在的上海浦东一队获得季军。在青岛举行的全国游泳冠军赛暨东京奥运会达标赛上，我校运动员张雨霏和队友打破美国保持的男女 4×100 米混合泳接力世界纪录，获得冠军；张雨霏同时还打破了刘子歌保持 11 年的女子 100 米蝶泳亚洲纪录和女子 100 米自由泳全国纪录。

11 月，王琪在江苏省大学生田径锦标赛（高水平组）暨第十四届全国学生运动会选拔赛中夺得女子 1500 米项目冠军，王森夺得男子 5000 米竞走项目冠军，官怡奇先后夺得女子跳远及女子三级跳远两项冠军。张择、华润豪在 2020 中国网球巡回赛职业级总决赛暨全国网球单项锦标赛中获男双冠军。在 2020 年全国击剑锦标赛中，校击剑队（江苏击剑队）共获得 4 枚金牌，分别为女子花剑个人（石玥）、女子花剑团体、男子佩剑团体、女子佩剑团体。

12 月，校友徐寅获得唯一一块体育类全国职业技能大赛金牌。我校 FL 花样跳绳队在全国跳绳锦标赛中获得 2 项团体第 1 名。

2021 年

1 月 29 日上午，我校举行优秀运动队 2020 年新运动员进队仪式，校党委常委、副校长金松、肖爱华出席仪式，人事处、训练处、附属学校有关负责人、竞技体育二级学院各级管理干部、优秀运动队 2020 年全体新进队运动员、老队员代表参加仪式。

2 月，为贯彻落实全国体育局长会议和省优秀运动队训练工作会议精神，集中检验我校优秀运动队近阶段体能训练情况和冬训成果，补齐体能短板，增强竞技实力，为决战陕西、实现第十四届全运会目标任务打下坚实基础，我校于 2 月 3 日—2 月 8 日举行 2020—2021 年度优秀运动队冬训体能竞赛，2 月 3 日为首个竞赛日，集中组织开展了 30 米跑、3000 米跑两项基础体能竞赛。学校以竞技体育二级学院为单位，召开备战第十四届全运会冬训过堂会，校党委书记朱传耿，校党委副书记、校长杨国庆，校党委常委、副校长金松、肖爱华出席会议，院、队管理干部，优秀运动队总教练、副总教练，全体承担第十四届全运会任务的教练员，训练处、训练与管理工作督查组、竞技体育研究院、运动康复医院、后勤处负责人，全体队医、体能教练、科研人员参加了会议。

上半年，在第十四届全运会预赛中，学校共有 170 名运动员参加了 11 个大项、112 个小项的角逐，共有 161 名运动员获得了 108 个小项的全运会入场券。

7 月—8 月，第三十二届夏季奥运会在日本东京举行，学校有 13 名运动员、5 名教练员和 5 名工作人员参加了本届奥运会。在游泳、体操、击剑、花样游泳、羽毛球、艺术体操、滑板 7 个大项 20 个小项的角逐中，取得了 2 枚金牌、4 枚银牌、1 枚铜牌、6 个第四名以及第五、六、七、八名各一个的优异成绩。获得奖牌的情况为：张雨霏获得女子 200 米蝶泳、女子 4×200 米自由泳接力金牌（打破奥运纪录和世界纪录），女子 100 米蝶泳、男女混合 4×100 米混合泳接力银牌；尤浩获得体操男子吊环银牌；冯俐、梁馨枰获得花样游泳集体项目银牌；孙炜获得体操男子团体铜牌。

8 月，张雨霏被共青团中央、中华全国青年联合会授予“中国青年五四奖章”。

9 月，第十四届全运会在西安举行，学校取得骄人成绩，获得金牌 17 枚、银牌 14 枚、铜牌 12 枚，网球队等 6 支队伍获评“体育道德风尚奖运动队”，何冰娇等 19 名运动员获评“体育道德风尚奖运动员”。

五、教学科研成果及表彰

2017 年

2 月，学校附属江苏省青少年业余体校获“国家重点高水平体育后备人才基地（2017—2020）”称号。

5 月，民族体育与表演系学生在 2017 年全国啦啦操锦标赛上，获得大集体技巧超级（6 级）等 5 项冠军。

6 月，侍崇艳副教授的“我国中学生健康素养和体质健康的治理研究”和王凯博士的“基于产业链理论的体育赛事媒体版权运行体系研究”分别获得国家社会科学基金一般项目和青年项目立项。

7 月，体育系刘芳菲同学在第五届全国大学生体育影像节上获得摄影组最佳创意奖，学校获得最佳组织奖。

8 月，学校正式入选 2017 年教育部新增研究生推免高校名单。

9 月，学校荣获全国第十三届学生运动会“校长杯”殊荣；休闲体育系唐芒果博士的“我国休闲体育思想变迁研究”获批教育部人文社科基金项目立项。史国生教授团队的“体育类大学生专业综合能力测试方法与评价标准的构建与实践”荣获 2017 年江苏省教育教学成果奖一等奖。杨国庆研究员的“高端体育智库建设路径研究”获得 2017 年江苏省社科基金重点项目立项。

11 月，钱竞光教授领衔的“运动生物力学教学团队”入围全国高校黄大年式教师团队评审。孙飙教授的“智能户外健身器材科学指导与服务系统项目”和戴剑松博士的“科学跑步内容平台的建设与推广”获得国家体育总局健身指导重点项目立项。休闲体育系学生在 2017 年全国体育行业职业资格攀岩指导员技能大赛上获得团体第 1 名、女子速度第 1 名。

12 月，体育系刘芳菲同学在第十四届广州大学生电影节体育影像大赛上获得摄影类比赛一等奖。学校承办第二届江苏省大学生体育类专业创新创业大赛，来自苏州大学、南京师范大学等省内 11 所高校的 17 支学生创业创新团队参加。体育系学生宋词、朱闯在 2017 年第六届江苏省师范生教学基本功大赛中分别荣获二等奖、三等奖。

2018 年

1 月，经国家新闻出版广电总局批准，《南京体育学院学报（社会科学版）》更名为《体育学研究》，成为我国体育期刊中首份以学科命名的期刊，

《南京体育学院学报（自然科学版）》更名为《南京体育学院学报》。

6月，在江苏省第十九届运动会上，运动系王玥同学在男子高水平50米蛙泳比赛中打破省运会该项目纪录。学校被确定为2017—2023年博士学位授予立项建设单位。

9月，接北京大学图书馆通知，《体育学研究》入选中文核心期刊。

11月，学校“南京兰博文体育文化有限公司”项目在2018年“创青春”浙大双创杯全国大学生创业大赛中获得银奖。

12月，民族体育与表演系学生在第三届全国体育院系学生体育艺术节获得金奖及最佳编创奖。史国生教授团队的“体育强国建设背景下体育类专业人才培养‘南体模式’的创新与实践”项目荣获2018年高等教育国家级教学成果奖二等奖。体育系学生在第三届江苏省大学生体育健康专业创新创业大赛中获得一等奖和最佳风采奖。在江苏省第十五届哲学社会科学优秀成果奖评选中，杨国庆研究员的《体育治理视野下我国高端体育智库的建设研究》荣获二等奖，孙国友副研究员的《全日制体育硕士专业学位研究生培养问题研究：基于可雇佣性视角的分析》荣获三等奖。

2019年

1月，杨国庆的“迈向体育强国之路——竞技体育改革与发展研究”、彭国强的“2020年奥运会我国重点项目备战策略研究”在2018年度国家体育总局决策咨询研究项目结项评审中被评为优秀等级。由杨国庆领衔的团队完成的“体育强国进程中转变竞技体育发展方式的探索与实践”和由宋雅伟领衔的团队完成的“运动康复生物力学的基础研究”荣获2018年中国体育科学学会技术奖三等奖。

3月，学校获批生物医学工程新专业，新增工学学科。《体育学研究》正式入选CSSCI扩展版来源期刊目录。

5月，谢正阳入选2019年江苏高校“青蓝工程”中青年学术带头人培养对象，吕园欣、康晓磊入选2019年江苏高校“青蓝工程”优秀青年骨干教师培养对象。民族体育与表演系学生在2019年世界体育舞蹈联合会(WDSF)国际体育舞蹈公开赛中获得8金好成绩。运动系学生在江苏省第五届大学生跆拳道锦标赛上获得竞技5金、品势1金，以及男女团体总分第1名。民族体育与表演系学生在2019年江苏省健美操、啦啦操锦标赛中获得全部10个项目冠军。运动系学生在江苏省大学生田径冠军赛（高水平组）暨第十四届全国学生运动会田径选拔赛中获得2金。

6月，武术与艺术学院学生在第七届中国（南京）啦啦操公开赛中获得青年组大集体街舞项目第1名。学校体育教育专业在江苏高校品牌专业建设工程一期项目期末验收中获得“优秀”等次。武术与艺术学院学生在2019年全国体育院校武术（套路、散打）锦标赛中获得1金。据省教育厅公布，学校体育教育、运动人体科学、体育经济与管理、运动训练、武术与民族传统体育、运动康复6个专业获评江苏省“一流专业”，本科专业建设实现新突破。

8月，刘秀娟博士“miRNAs及其靶蛋白myostatin在脂肪干细胞治疗骨骼肌运动损伤中的作用机制研究”项目成功获批国家自然科学基金项目立项。

11月，学校承办的第十一届全国体育科学大会在南京举行，来自国家体育总局各有关单位、全国体育科研院所、国内高等院校及欧科会等的4000多名中外专家学者和体育企业代表参加了大会，学校师生投稿232篇，116篇文章被采用，创历史新高。由南京体育学院与南京大学联合承办的第十二届亚洲体育科学大会在南京举行，来自中国、美国、日本、韩国、挪威等国专家作了演讲报告。学校6门省级在线开放课程获批2018—2019年江苏省高校在线开放课程立项建设。运动健康学院学生在2019年全国高校运动康复专业学生技能大赛中获得体育保健本科组团体一等奖，徐旖旎同学荣获体育保健本科组个人一等奖。

12月，学校被授予江苏省教育和科研计算机网络建设运行维护2019年度“优秀会员单位”称号。在第四届江苏省大学生体育健康产业创新创业大赛中，学校代表队有2项创新分别获得特等奖和最具潜力奖。

2020年

3月，国家体育总局发布2020年决策咨询研究项目立项名单，共立项重大项目16项、重点项目25项、一般项目23项，校长杨国庆获重大项目1项，体育教育与人文学院彭国强、刘红建、王凯老师各获得重点项目1项，教务处王龙飞获一般项目1项，我校立项总数位列全国第2。中国人民大学人文社会科学学术成果评价研究中心联合书报资料中心研制的“2019年度复印报刊资料转载指数排名”权威发布，我校《体育学研究》在“体育学学科期刊”全文转载排名中获得转载率位列第3名、综合指数位列第8名的佳绩，是近年来取得的最好排名成绩。

4月，张蕴琨教授受邀参加了“心心相连、共克时艰，药食同源、健康生活”中餐菜品海外推广新闻发布会，现场发布了《青少年居家营养膳食指南》，省委统战部来信感谢。根据江苏省总工会《关于表彰江苏省五一劳动奖和江苏省工人先锋号的决定》（苏工发〔2020〕5号），沈鹤军教授获“江苏省五一劳动奖章”，据悉此次全省高校仅5人获此项荣誉。

5月，学校召开江苏省高等学校重点教材《体能训练实用教程》专家审定会，审定会专家组组长、南京师范大学阿英嘎教授，南京体育学院党委副书记、副校长史国生教授，南京师范大学陶于教授，南京大学殷飞教授，南京信息职业技术学院梁培根教授，南京审计大学孙兵教授，南京邮电大学朱建勇教授参会。

6月，《中国体育非物质文化遗产研究丛书》（江苏卷）审稿会在我校召开。中国人文社会科学评价研究中心公布了“中国哲学社会科学最有影响力学者排行榜：基于中文学术成果的评价（2020版）”，党委书记朱传耿教授入选经济学最有影响力学者排行榜，是江苏省入选的104名经济学者之一，在全国经济学一级学科最有影响力学者排行榜中排名第488位，在“经济体制改革”二级学科最有影响力学者排行榜中排名第41位，南京体育学院因此在经济学排行榜上榜学者单位分布表中位列第167位。我校王宇笛同学获评“江苏省大学生抗疫先进个人”荣誉称号。南京体育学院附属康复医院在无锡惠山揭牌成立，“南京体育学院运动健康学院运动康复基地”以及“南京体育学院运动健康学院教学培训基地”分别揭牌。据团苏委联〔2020〕14号文，我校青年志愿者协会获得2019年度江苏省青年志愿服务行动组织奖和青年志愿服务事业贡献奖，姬坤、余思慧同学荣获2019年度江苏省优秀青年志愿者称号。

8月，我校运动健康学院教师张媛和韦娟在第三届全省本科高校青年教师教学竞赛中分别获医学组二等奖，体育产业与休闲学院教师韩默获文科组二等奖，马克思主义学院教师孙凤兰获思政组二等奖。月底，校党委副书记、副校长史国生一行5人赴京参加由国家体育总局科研所、中国体育科学学会主办的2020香港赛马会助力运动处方师培训授课专家研修班。国家体育总局科教司副司长曹景伟向我校颁发了“运动处方师培训基地”匾牌，我校是全国首批获批该基地的四家单位之一。省教育厅公布了2019年江苏省普通高校本专科优秀毕业设计（论文）评选结果，我校本科生王思然同学（指导老师江山）、邵雪荣同学（指导老师宋雅伟）、刘梦同学（指导教师侍崇艳）获二等奖，谢敏同学（指导老师孙强）、魏强嫚同学（指导老师韦娟）获三等奖，各学院获奖数分别为运动健康学院3项、武术与艺术学院1项、体育教育与人文学院1项，创我校省级优秀本科毕业论文获奖数量历史新高。月底，学校收到国家体育总局科教司感谢信，对我校在2020年全国普通高等学校运动训练、武术与民族传统体育专业单独招生考试和高校高水平运动队招生部分项目专业统考中的贡献致以感谢。

10月，我校学生在第二届全国大学生体育产业创新创业大赛总决赛中收获两项铜奖。我校教师在“外教社杯”全国高校外语教学大赛江苏省微课比赛中荣获江苏省一等奖。我校教师在2020年江苏省高校微课教学比赛中获一等奖2项，二等奖3项，三等奖5项，创造了历年参与全省高校微课教学比赛的最好成绩。学校收到来自中国足球协会的感谢信，对我校运动训练学院（足球学院）教师马宁执裁2020年中超赛事表示感谢。第二届全国大学生体育产业创新创业大赛总决赛以线上线下相结合的方式在天津体育学院进行，共有142支参赛队伍、1000余名参赛选手，我校参赛项目——本专科生创意设计组的“铨心体育赛事志愿者培训与服务”和研究生创业实践组的“打造江苏省体育咨询评估智库”均成功斩获铜奖。全国技巧锦标赛在贵州安顺市举办，大赛共有71支队伍、近700名运动员参与，分为两级（一级和精英组），武术与艺术学院表演专业4名大学生参加了青年组一级男子四人项目，最终取得男子四人动力套亚军、平衡套季军，并顺利通过体测，获得申请国家一级运动员的资格。

11月，江苏省大学生田径锦标赛（高水平组）暨第十四届全国学生运动会选拔赛在盐城滨海体育中心举行，由运动训练学院田径专项的29名学生组成的南京体育学院田径队取得4金5银7铜的好成绩；其中，王琪夺得女子1500米项目冠军，王森夺得男子5000米竞走项目冠军，官怡奇先后夺得女子跳远及女子三级跳远两项冠军。江苏省大学生跆拳道锦标赛在常州工程职业技术学院举行，由运动训练学院24名跆拳道专项学生组成的南京体育学院跆拳道代表队斩获了7枚金牌、8枚银牌，获得男子团体第1名、女子团体第1名以及团体总分第1名的优异成绩；南京体育学院跆拳道代表队同时荣获“体育道德风尚运动队”荣誉称号。2020海峡两岸暨港澳民间青年中华武术（国术）交流大会在我校隆重召开，澳门武术与休闲协会会长田春阳、香港健身气功太极联合会会长宋文、江苏省台办副主任芮经忠以及国内武术界相关专家出席开幕式，来自各地区的百余名传统武术传承人进行了技艺展演，共收到专家学者以及研究生学术论文90余篇。“一带一路”中国跆拳道公开赛在西安落下帷幕，运动训练学院8名跆拳道专项学生参赛，孙辰雨夺得成年女子组−57公斤银牌，刘家硕获得成年男子组+87公斤银牌，王倩获得成年女子组−73公斤铜牌，韩家乐获得青年男子组−59公斤铜牌。由江苏省教育厅主办、省高校招生就业指导服务中心承办的“武进人才杯”江苏省第十五届大学生职业规划大赛总决赛在江苏常州落下帷幕，运动健康学院学生李燕进入总决赛并获得大赛本科生赛道一等奖，运动训练学院学生郭昊俣获二等奖。全省高校研究生招生管理工作考核评估中，我校获得了2020年度“优秀招生单位”称号。

12月，第五届江苏省大学生体育健康产业创新创业大赛暨第二届江苏省高校体育产业创新创业发展论坛在盐城师范学院举行，来自全省17所高校的33个项目进入复赛，经过复赛选拔，14支队伍进入决赛，我校3支参赛团队均进入决赛进行角逐，于翠兰、邬代玉指导的“非遗体育——智能石锁开发与推广”项目获特等奖；阚妮妮、赵玉超指导的“长三角‘体育+’高校创新创业服务平台”项目获一等奖；孙飙指导的“居家原地健走的促进与文化”项目获二等奖；参赛团队的指导老师分获“最佳指导教师”与“优秀指导教师”称号。第一届职业技能大赛在广州闭幕，共有全国各地各行业2557名选手参赛，我校校友徐寅（2006—2009年在我校学习训练）经过体能比拼、动作教学、知识竞答、小团体课程、姿态与动作评估、运动计划设计6个模块的精彩激烈角逐，斩获本届全国职业技能大赛体育运动指导（健身）项目金牌，也是唯一一块体育类全国职业技能大赛金牌。2020年全国跳绳锦标赛在河北省固安县举行，彭伟老师带领的体育教育与人文学院FL花样跳绳队共报名参加了9项比赛，获得两项团体第1名的好成绩；来自体育教育与人文学院的王昕晔、周家乐、池佳佳、吴潇洒、姬宇杰和运动健康学院的潘千、鞠晨、倪晨曦8人组队获得车轮跳套路团体第1名；来自体育教育与人文学院的王昕晔、周家乐、池佳佳、吴潇洒、姬宇杰和运动健康学院的潘千6人组队获得交互绳基础套路团体第1名；同时，我校跳绳队以高效的组织能力、良好的比赛风格和文明的参赛行为被赛事组委会授予“优秀组织奖”。“2020软科中国大学排名系列　文科实力排名”发布，我校位列体育类高校文科实力排行榜第4位，全国高校文科实力排行榜第195位。在江苏省高校图书馆2018—2019年度先进集体和优秀馆长的评选活动中，我校图书馆荣获“先进图书馆”称号，葛见珠荣获“优秀馆长”称号。

2021年

1月，学校对2020年12月4—5日举办的第五届教师教学基本功比赛进行评选，最终评选出学科组一等奖1名、二等奖2名、三等奖3名、优秀奖4名；评选出术科组一等奖1名、二等奖2名、三等奖3名、优秀奖3名；同时分别在学科组、术科组评选出最佳教学设计奖、最佳课堂教学演示奖、最受学生欢迎奖各1名；评选优秀组织奖2名。根据《关于印发〈南京体育学院优秀教师、优秀教练员、优秀教育工作者评选办法（试行）〉的通知》（校人发〔2020〕21号）精神，经二级党组织推荐、学校评审、党委常委会通过，对刘影倩等21位教职工分别授予“优秀教师”“优秀教练员”“优秀教育工作者”荣誉称号。全国人大社会建设委员会副主任委员江小涓率调研组来南京召开《中华人民共和国体育法》修改工作调研座谈会，我校体育发展与规划研究院团队成员、体育产业与休闲学院闫成栋教授参加了座谈会。南京市劳动就业服务管理中心向我校党委学生工作部、学生工作处发来感谢信。体育教育与人文学院体育教育专业2017级学生金香玉、吴桐在第九届江苏省师范生教学基本功大赛中荣获二等奖2项。江苏省委宣传部发布《关于印发2020年“紫金文化人才培养工程”文化英才、文化优青入选名单的通知》文件，我校共有3名教师入选“紫金文化人才培养工程”名单，蒋艳入选文化英才社科理论界（社科英才）50人名单，王凯副教授、叶小瑜副教授入选文化优青社科理论界（社科优青）150人名单。

2月，学校运动训练专业获评国家“一流专业”。

3月，吕园欣获得首届江苏省高校教师教学创新大赛（本科）暨首届全国高校教师教学创新大赛选拔赛地方副高组特等奖，为全省体育、艺术院校唯一的一项。

5月15日，我校申报的“女排精神推进‘强富美高’新江苏建设的调查研究”获第十七届江苏省大学生课外学术科技作品竞赛暨“挑战杯”全国竞赛江苏省选拔赛特等奖，创我校“挑战杯”赛事历史最好成绩，并获得准报国赛资格。“长三角高校体育高质量发展对策研究”“聚焦需求专业引领国家级体育非遗石锁运动传承创新研究”“助力退役运动员职业转换的江苏经验调查研究”分别荣获三等奖。

7月9日，省教育厅公示了首批省级一流本科课程拟认定和第二批国家级一流本科课程拟推荐的课程名单，学校《民族民间舞－藏族》等14门课程被拟认定为首批省级一流本科课程，其中线上一流本科课程4门、线下一流本科课程8门、线上线下混合式一流本科课程1门、虚拟仿真一流本科课程1门；2门拟推荐国家级一流本科课程。

7月17日，学校荣获由教育部、国家体育总局和共青团中央联合主办的第十四届全国学生运动会“校长杯”。学校共有17位学子入选江苏省代表团大学生组，为江苏省代表团贡献了2金、6银、5铜，3位老师于科学论文报告会获奖。

7月24日，学校代表队获得由教育部主办的2021年全国高校体育教育专业学生基本功大赛团体一等奖、基础理论知识与教学技能类团体一等奖、运动技能类团体一等奖；在单项方面获得足球单项第一名、英语单项第一名、体操单项第二名、武术单项第三名、微课堂单项第三名、专业基础理论第五名。此外，我校代表队还获得体育道德风尚奖，周雅婷和朱浩二位同学被评为优秀运动员，朱乔老师被评为优秀教练员。

8月6日，教育部对外发布了全国2020年学位授权审核结果，学校“新闻与传播专业”硕士授权点名列其中。

六、主要校级领导小传

（一）朱传耿

图4-2-1　朱传耿

朱传耿（1963—　），男，江苏睢宁人，中共党员，二级教授，博士生导师。历任江苏师范大学城市与环境学系副主任，商学院副院长兼淮海发展研究院副院长，城市与环境学院院长，盐城市政府市长助理（挂职）、副市长、党组成员，南京特殊教育师范学院党委书记。现任南京体育学院党委书记，兼任南京大学、南京财经大学、江苏师范大学教授，江苏省体育总会副主席，江苏省击剑运动协会第六届理事会会长。1987年6月，朱传耿本科毕业于南京师范大学地理系，获理学学士学位；1995年12月，获东北师范大学理学硕士学位；2002年6月，毕业于南京大学城市与资源学系，获理学博士学位。30余年来，主要从事高等体育教育管理、城市与区域经济、体育空间规划与体育政策等方面的教学与研究工作，主持国家自然科学基金项目、国家社会科学基金项目、江苏省哲学社会科学重点基金项目等省部级以上课题10多项；在《体育学研究》《地理学报》《中国软科学》《经济地理》《人文地理》《光明日报》《现代特殊教育》等学术刊物发表论文200余篇；编著与合作出版了《区域经济学》《省际边界区域协调发展研究》《新时代体育强省建设理论与实践》等9部著作。曾荣获国家科学技术进步奖（区域奖）一等奖、江苏省软科学优秀成果一等奖、江苏省哲学社会科学优秀成果二等奖（3次）、徐州市哲学社会科学优秀成果一等奖等等。还曾被评为科技部科技先进工作者、江苏省“333高层次人才培养工程”青年学术带头人、江苏省高校“青蓝工程”学术带头人。2020年6月，据中国人文社会科学评价研究中心公布，更荣耀入选“中国哲学社会科学最有影响力学者排行榜”，居经济学“经济体制改革”二级学科最有影响力学者排名第41位。

2017年7月任南京体育学院党委书记以来，朱传耿聚焦领导班子运行状态、校园政治生态、事业发展势态，坚持以习近平新时代中国特色社会主义思想为指导，按照新时代党的建设总要求，以政治建设为统领，抓实党建责任，强化理论武装，夯实基层基础，重拳正风肃纪，推动管党治党走向“严实硬”；组织召开学校第八次党代会，确立了“一二三四五六”的新发展思路，科学谋划了从当前到本世纪中叶分三步走实现“新南体”奋斗目标的发展蓝图，开启了学校“二次创业”的新篇章；紧抓战略机遇期，顺应改革新形势，先后启动教学、训练、服务保障质量管理提升三年行动计划，陆续开展“作风建设年”“制度建设年”“校园文化建设年”等系列活动，大力推动实施“160”人才工程，有序推进学校“十三五”规划落实和“十四五”规划编制，促进学校竞技体育捷报频传，连续夺得了第十三届全运会、2018年雅加达亚运会、第三十二届奥运会、第十四届全运会等国内外重大比赛的胜利；促进教育教学和人才培养质量不断提高，顺利通过了教育部本科教学工作审核评估，并成功获批博士学位授予立项建设单位。同时，在对外交流与合作、校园规划建设、师生生活改善、统战群团等方面也取得了一系列积极成果，有力推动新时期学校各项事业高质量发展。

“为天地立心，为生民立命，为往圣继绝学，为万世开太平。”正如习近平总书记所指出的那样，作为典型知识型精英的中国高校的党委书记，朱传耿具有中国知识分子传统的使命与理想。可以相信，在南京体育学院的发展历程中，在实现学校顶层设计规划的“二次创业”目标征途上，朱传耿将一如既往地恪尽职守、勇于担当、鞠躬尽瘁，率领全校师生谱写新时代的南体新华章！

（二）杨国庆

杨国庆（1964—　），男，江苏如东人，中共党员，研究员，“闽江学者”讲座教授。现任南京体育学院党委副书记、校长，兼任扬州大学教授、博士生导师，中国体育科学学会常务理事、青年科技工作者委员会主任委员，教育部全国中小学体育教学指导委员会副主任委员，江苏省高校体育教学指导委员会主任，中国举重协会副主席，江苏省运动健身业协会会长。

1986 年 6 月，杨国庆本科毕业于扬州师范学院体育系；1988 年 7 月，研究生毕业于广州体育学院。曾历任江苏省体育科学研究所体育理论研究室副主任，省体委办公室副主任，省体育局竞技体育处处长，省体育局训练中心主任、党委副书记，省体育局副局长、党组成员。30 余年来，主要从事高等体育教育管理、竞技体育管理、竞技体育综合改革与体育理论教学等领域的研究，主持国家社科基金重点项目、科技部重点研发计划项目、国家体育总局决策咨询重大项目、省哲学社会科学重点项目等各类项目 10 余项，以第一作者在《体育科学》《北京体育大学学报》《上海体育学院学报》等 CSSCI 核心期刊发表论文 50 余篇，主编《中国体育小镇建设纲要》。曾先后 5 次被江苏省政府记一等功，荣获江苏省哲学社会科学优秀成果二等奖、中国体育科学学会科学技术奖、教育部第八届高等学校人文社科优秀成果三等奖。

图 4-2-2　杨国庆

自 2016 年 6 月任南京体育学院党委副书记、校长以来，杨国庆坚持以习近平新时代中国特色社会主义思想为指导，统筹学校发展全局，抓好顶层设计，绘就了建设“优势突出、特色鲜明、国内一流、国际知名的高水平体育大学”的宏伟蓝图，确立了“一二三四五六”的长期发展思路，开启了“求新”“求进”“求变”“求强”的“二次创业”新征程。在主管学校行政工作过程中，坚决贯彻党委领导下的校长负责制，高效落实“十三五”，科学谋划“十四五”，持续推进教学、训练、科研、管理服务等各项事业高质量发展，不断深化内涵建设。教学科研方面，顺利通过教育部本科教学工作审核评估，获批首批国家一流专业及博士学位授予立项建设单位，推进实施“160”工程和带头人计划，科研立项与成果产出多次实现历史突破，切实提升了学校的核心竞争力。竞技比赛方面，伦敦奥运会、第十三届全运会、2018 年雅加达亚运会等国内外重大比赛连连告捷、续写辉煌。此外，在科学布局校园美化、全力推进新校区建设、提升管理服务水平、积极落实民生工程、不断改善教职工福利待遇等各方面，也都凝心聚力、砥砺奋进、攻坚克难，为实现新时代“新南体”宏图做出了积极贡献。

History of Nanjing Sport Institute

下　编

成就与辉煌

第五章
竞技体育屡创辉煌　彪炳史册

党的十八大以来，习近平总书记多次强调指出“实践创新和理论创新永无止境”，号召全党全国“不断推进理论创新、实践创新、制度创新、文化创新以及其他各方面创新”。英国19世纪哲学家穆勒曾说：“现今一切完美的事物，无一不是创新的结果。”中国现代美术大师徐悲鸿也曾感慨“道在日新，艺亦须日新；新者生机也，不新则死”。

回溯65载的发展历程，南京体育学院建校之初所开辟的正是一条体育教育、竞技运动、体育研究并重，教学、训练、科研三结合的体育创新之路，此谓“南体模式”。“南体模式”之所以日后受到国家体育总局认同并推而广之，关键正在于“创新”，其创新的核心内容在于，高等体育教育建设之中，融合竞技体育运动与体育科学研究的发展，三者相互促进、共同提高。也正因此，从新中国创建之初，到中国特色社会主义新时代，学校曾持续荣耀地受到毛泽东、邓小平、江泽民、胡锦涛、习近平等党和国家各时期领袖人物的关注与勉励。此创新融合的特色，正是南京体育学院的精髓所在。尽管创建过程历经坎坷挫折，但竞技队伍历年彪炳史册的系列辉煌，袁伟民、栾菊杰和孙晋芳等具有划时代、里程碑意义的运动员，16位奥运会冠军、102位世界冠军和近千名全国冠军的培育，高品质教学科研的累累硕果等辉煌业绩，将载入学校发展史册。

第一节
学习栾菊杰“扬眉剑出鞘”

栾菊杰，一个响亮的名字！南京体育学院培养的第一位奥运冠军！享有“东方第一剑”美誉的她，创下了南京体育学院发展史上最早、最引人注目的纪录，产生了最早、最轰动的社会效应，吹响了中国体育震撼世界的号角，树立了中国

图 5-1-1　栾菊杰

体育挑战欧美体坛的丰碑，带给学校从未有过的骄傲与荣光。

1958 年 9 月，栾菊杰出生于江苏南京的一个工人家庭，父亲栾友山是近年被发现并称为“江苏张富清”的老革命军人。她从小热爱体育运动，先后在南京市的两所业余体校训练过田径与羽毛球，1974 年初，才改为击剑专项。而仅仅 4 个月后，她赴京参加全国击剑比赛，就初露锋芒，一举夺得女子花剑个人亚军。此后，她投身击剑运动，一路顺畅，1975 年入选隶属于南京体育学院的江苏省击剑队，1976 年入选中国国家击剑队。这一路上的风光成就，首先得益于其军人父亲的精神陶冶与基因遗传，其次是业余体校伯乐式启蒙教练白崇钧的慧眼识才，然而最重要的离不开南京体育学院党政领导对她的精心培养与造就，离不开南京体育学院得天独厚的体育文化教育氛围，尤其是饮誉剑坛的恩师文国刚教练的点化锤炼，方使得她日后能够在世界竞技场上星光闪耀，不断续写辉煌。

1978 年 10 月，在西班牙马德里第二十九届世界青年击剑锦标赛女子花剑小组赛中，栾菊杰屡战屡胜，14 场中赢了 12 场，以绝对优势进入半决赛，继而又以压倒性优势战胜了上届亚军、苏联名将蒂米特朗。决赛阶段，首场对阵苏联另一名将扎加列娃，她孤身仗剑，顽强拼搏，在被对手刺穿左臂、皮开肉绽的危急情势下，却以惊人的意志强忍伤痛，艰难地赢得胜利，并坚持打完赛制剩余的 4 场比赛，最终获得亚军，使国际击剑赛场上第 1 次高高升起了伟大祖国的五星红旗。

似乎很巧合，栾菊杰以一个亚军走向全国，又以一个亚军走向世界。但是这后一个亚军却非同寻常，因为它具有划时代、里程碑式的意义。众所周知，击剑乃欧洲拥有悠久历史的传统运动，从斯巴达克斯奴隶角斗士，到中世纪风流骑士，击剑都是他们引以为豪的格斗技术。直至火器取代了冷兵器，击剑于是转化为欧洲的一项体育运动世代相传，为贵族绅士们所普遍热爱。据记载，自 1896 年雅典第一届奥运会设立击剑项目到 1978 年，在国际剑坛世界大赛的 82 年间，亚洲始终无人能够进入决赛。 栾菊杰夺得的这一亚军，实现了零的突破，真可谓一举成名、石破天惊。而 1978 年的中国，刚刚进行拨乱反正，开始进入改革开放和社会主义现代化建设的起步时期，举国上下正无比渴望着接地气、振人心的精神鼓舞与感召。因此，巾帼女杰栾菊杰带伤拼搏的顽强斗志自然引起全国的关注。

1978 年 6 月 11 日，《人民日报》发表了著名作家理由演绎栾菊杰传奇经历的报告文学《扬眉剑出鞘》。大众争相阅读，盛赞体坛剑客女侠。伴随着那遍布街头的击剑戎装海报，栾菊杰一时间蜚声神州。国家体委隆重地为她颁发“国家体育运动荣誉奖章”，并遵照中央领导的指示，发出了全国青年学习栾菊杰的号召。共青团中央授予她全国“新长征突击手”称号；全国妇联授予她全国“三八红旗手”称号；人民解放军总政治部赠授予她一等军功奖章；她还荣耀当选中央人民广播电台、中央电视台、《中国青年报》与《体育报》联合评选表彰的“全国十佳运动员”。那个时期，南京体育学院栾菊杰“一夜成名”，满身光环，成为家喻户晓、妇孺皆知的偶像人物、英雄明星。

图 5-1-2　栾菊杰身着击剑服像

但是，青年栾菊杰并未就此止步。1978 年的青年世锦赛取得突破之后，翌年国际奥委会恢复中国合法席位，她的人生奋斗目标就锁定了 1980 年的莫斯科奥运会，但因国际局势变化未能成行。直至 1984 年夏，第二十三届夏季奥运会在美国洛杉矶举办，中国体育代表团首次登场献技，犹如一匹黑马，一举夺得了 15 枚奥运金牌，栾菊杰的女子花剑乃其中之一。8 月 3 日晚，洛杉矶长滩大剧院里，26 岁的栾菊杰仗剑站在了第二十三届夏季奥运会女子花剑决赛剑道上，对手是 32 岁的德国著名老将汉尼斯。她在这场巅峰对决中，打得无懈可击，以绝对优势回应了此前屡次来自裁判的不公，赢得了这场集智慧、技术、体力和意志于一身的特殊较量，终结了欧洲选手独霸 88 年的世界剑坛之巅。胜利之后的栾菊杰，好一派“扬眉剑出鞘”的气势，先是举剑振臂高呼，然后挺直了腰杆，优雅地与对手、裁判一一握手。金牌，中国，亚洲，第一，唯一。著名画家徐培晨以国画形式，为栾菊杰创作了一幅《菊杰人杰剑锋锐》的工笔肖像画，落款为“洛杉矶第二十三届奥运会闭幕之时为天下第一剑造像”。

然而，月有盈亏，花有开谢，人生道路不会总是充满阳光。在经历了竞技职业生涯的辉煌巅峰之后，栾菊杰生活上遭遇了两度风雨侵袭。先是因罹患急性肾炎，1988年她不得不艰难选择退役。退役后，她并非只是保重养病，而是选择远赴加拿大亚伯达大学留学，并同时在一家击剑俱乐部兼任教练。留学期间，凭借名声与努力，她相继担任亚伯达省击剑协会技术部主任、加拿大国家队女子花剑总教练，并择期回国与军人出身、曾赴加陪读、被她称为“擎天柱”的顾大进完婚。1991年，大女儿梦佳出生，未及品尝为人母之乐，却不料一道晴天霹雳，女儿被诊断患有先天性心脏病与唐氏综合征。栾菊杰不得不第二次做出艰难选择，决定为了女儿，举家移民加拿大。

图5-1-3 北京奥运会赛场上的栾菊杰

岁月荏苒，时过境迁。2000年新世纪开始，42岁的栾菊杰创历史地代表加拿大参加了悉尼第二十七届奥运会。然而，更难以想象的是，8年后她居然以50岁运动高龄，轰动亮相北京奥运会。2001年，当得知北京申奥成功，栾菊杰就坚定地默默许下参赛心愿。2007年初，她正式宣布复出计划，然后通过选拔进入加拿大国家队。为挣足奥运资格积分，她自费用15个月的时间奔波世界四处比赛，以美洲第2名的成绩，取得参加北京奥运会女子花剑比赛的入场券。2008年8月11日上午，3个孩子的妈妈级运动员栾菊杰，激动地进入北京奥林匹克公园国家会议中心击剑馆，受到了全场观众和运动员、教练员的热烈欢迎。随后，在1/32决赛中，她战胜了小她30岁的非洲冠军——突尼斯的伊娜·布贝克里。比赛一结束，栾菊杰就急忙找到自己的背包，从里面取出一条鲜红横幅，“祖国好”3个金黄大字在赛场飘扬。全场一片沸腾，呼声四起。栾菊杰的奥运回归、北京之行，目的与追求已不在比赛本身。她胸间跳动着的，是一颗天涯儿女对祖国母亲的赤诚拳拳之心；她眼中流盼着的，是对日新月异、繁荣富强祖国的脉脉深情。栾菊杰泪花晶莹、激动万分地说：“在祖国参加奥运会是我一生的梦想，如今梦想成真，今生无憾！”享誉全球的女子花剑之王，栾菊杰当之无愧。

第二节
袁孙组合创造女排历史

图 5-2-1　校内中国女排雕塑一景

“中国女排”，这可不仅仅是中国国家女子排球队的简称。回溯 20 世纪 80 年代初叶，当北大学子高呼“团结起来，振兴中华”之时，“女排精神”就已成为祖国的一个符号，也是新中国实行改革开放、走向世界的一张名片，它已发扬为鼓舞神州前行的民族意志，凝聚为百姓实现梦想的精神动力，受到邓颖超、荣高棠等革命前辈的高度赞赏。而这一切都和南京体育学院紧密关联、不可分割。因为，中国女排的领军人——主教练袁伟民、队长孙晋芳，都是南京体育学院精心培育并引以为荣的精英才俊、传奇英雄。

（一）袁伟民

图 5-2-2　袁伟民

袁伟民，男，1939 年生，江苏苏州人，中共党员，毕业于南京体育学院，后受聘为母校名誉教授。其运动生涯开始于中学时代，1958 年入选江苏省男子排球队，4 年后入选国家队，司职主力二传，任队长。1976 年 6 月，国家体委决定重新组建国家男女排球队，袁伟民被委以女排主教练重任。由此，他如鱼得水、大展身手，经过 5 年的卧薪尝胆与不懈拼搏，终于不负厚望，指挥中国女排分别于 1981、1982、1984 年，连续取得第三届世界杯女子排球赛、第九届世界女子排球锦标赛、第二十三届夏季奥运会女子排球比赛冠军，使中国女排在世界排坛上取得了“大满贯”“三连冠”的历史性突破。袁伟民被尊为中国女排的“教父”，享有“女排精神奠基人”之盛誉，多次上榜国际国内“最佳教练员”名单，数度获得“国家体育运动荣誉奖章”，荣耀入选美国霍利奥克世界排球名人堂，名满天下。

图 5-2-3　袁伟民执教中国女排

1984 年末，袁伟民卸任中国女排主教练，从容洒脱，改换角色，直至 2004 年 12 月，经历了长达 20 年的从政生涯。其间，袁伟民从国家女排主教练的副处级干部，一跃而任副部级的国家体委副主任。然后，他相继担任中国排协主席、中国足协主席、国家体育总局局长、中国奥委会主席等诸多职务，并历任中国共产党第十二、十五届中央委员会候补委员，第十三、十四、十六届中央委员会委员。

在繁重的公务之外，袁伟民还不忘以思想精神反哺社会，回顾总结人生，于 1988 年在人民体育出版社出版专著《我的执教之道》，其中“编者的话”指出：“从更深的层次探究中国女排成功的奥秘，最真实的回答，最理想的形式，莫过于袁伟民的自述。这本介绍袁伟民执教的书，反映了许多比赛场上看不到的东西。全书围绕袁伟民八年奋斗历程中遇到的一系列事情，既有思想，又有实践，深入浅出、富有哲理地阐述了他对事业的理解，育人的经验，训练的秘诀，指挥的艺术。读来耐人寻味，令人折服。这不仅是一本具有指导价值和研究价值的体育书，也是一本对其他各行各业都能起借鉴和启迪作用的好书。”让人民体育出版社既深感欣慰又深受鼓舞的是，此书社会反响十分热烈，好评如潮。有教练员、运动员的齐声喝彩，呼唤体育界多出产文武兼备、胸怀韬略的将帅之作；有理论研究者推演归纳出的“袁氏四道”，即事业“入迷”之道、意志磨砺之道、创新思维之道与抓思想抓训练同步之道；还有来自全国工农兵学商的交口称赞，或细致领悟袁氏之“授技育人”并反省自身工作的“重物轻人”，或深刻体会袁氏之辩证思维逻辑以指导本单位创业理性筹划，或由衷感佩袁氏临场指挥若定且奉为学习效法之偶像等。

2009 年 10 月，《我的执教之道》出版 11 年之后、袁伟民退休 5 年之际，另一有关袁伟民的传记体著作《袁伟民与体坛风云》由江苏省凤凰传媒出版集团发行。首发式上，集团党委书记谭跃热情洋溢地致辞："这本书于回溯袁伟民执教之路外，主要记载了他'主政'中国体育5年间鲜为人知的为官之道和心路历程，还原了某些重大事件的历史真相；这本书描写了风雨兼程的成功和刻骨铭心的坎坷，还有叱咤风云的中国体坛英雄群像及其惊心动魄、可歌可泣的细节；这本书以人物为经，以事件为纬，以史实为基，以真诚为本，不是传记但往事历历在目，让人手不释卷又让人掩卷而思。这是一部奋斗史，也是一曲正气歌。我们有幸出版此书，非常高兴地和大家一起分享这个幸运，在此隆重地把这本书推荐给大家。" 谭跃还概括道：袁伟民，他在美好年华的拼搏和奉献，是千万个有志青年在改革开放年代为国家施展才华、建功立业的代表；他作为中国竞技体育领军人物，率领中国女排所打造的"女排精神"，所创下的大球集体项目"世界三连冠"，至今仍是历史第一，是中华民族精神在新时期的最好诠释；他作为中国体育代表团最高指挥官，征战亚运会、奥运会，把中国的竞技体育推向一个个高峰，是我国社会主义新时期巨大成就的一个侧影。

（二）孙晋芳

图 5-2-4 孙晋芳

孙晋芳，女，1955年生，江苏苏州人，中共党员，南京体育学院体育专修科毕业。她孩提时长得比较瘦弱，于是父母送她到家附近的一所体校练习排球，强健身体，很得启蒙教练的器重。1971年夏，16岁的孙晋芳因"天赋极高"被推荐到苏州市业余体校。不久，正逢南京体育学院所属江苏女排到各地区选拔队员，她又以自身优势与突出表现顺利入选，黄毛丫头一跃成为令人羡慕的专业运动员。经过5年的磨炼锻造，孙晋芳于1976年入选袁伟民执掌的国家女子排球队，司职二传，后被选为队长。再经5年摔打雕琢，1981年11月，中国女排在日本东京第三届女排世界杯比赛中七战七捷，力克美国、古巴、苏联、日本等世界劲旅，划时代地夺得新中国第一个大球世界冠军。紧接着，1982年9月，中国女排再接再厉，锦上添花，在秘鲁利马第九届世界女排锦标赛上夺得第二个世界冠军。

其时，作为主力二传手与队长的孙晋芳，在比赛中发挥得畅快淋漓，出神入化，被赞叹为“场上灵魂”。锦标赛组委会颁奖仪式上，她个人破纪录地一身独享“优秀运动员”“最佳运动员”与“最佳二传手”三项桂冠。不但排球业界专家行家交口称誉，广大社会民众也对她赞不绝口。随后，她两度荣获“国家体育运动荣誉奖章”，两度当选“全国最佳运动员”。正如时任国家体委宣传司处长鲁光倾情创作的报告文学《中国姑娘》所记叙的，有人给孙晋芳写信说：“看你打球，使人想起了听交响乐，在你的指挥棒下，可以演奏出各种各样旋律不同的优美乐章。”有人比喻说：“如果把中国女排姑娘们比为一颗颗璀璨的珍珠，那么孙晋芳就是一条闪闪发光的金线，把一颗颗珍珠串连在一起，中国女排才能成为闪耀着奇光异彩的战斗集体。应该把欢呼声和鼓掌声分一半给她！”鲁光的《中国姑娘》最初于 1981 年 8 月发表在大型文学期刊《当代》上，其时，东京世界杯女排赛上的中国奇迹尚在世人热切的期盼与祝祷中。由此可知，女排精神的培育凝聚，并非由一两场世界大赛的胜利而生成，而是长期艰苦卓绝、拼搏奋斗的结晶。同样，孙晋芳在中国女排的核心地位及所谓“领袖”“大脑”“灵魂”作用，也是在中国女排多年训练的万千摔打、碰撞磨合中自然形成的。

入选中学语文课本的《中国姑娘》某章节记叙，袁伟民对孙晋芳格外呵护调教，精心教导，其中有这样一次具有代表性的心灵沟通：“不是我和邓指导要你小孙拜倒我们脚下，服服帖帖地顺着我们。不是的，这是赛场上的需要，事业上的需要。你想想，你是场上的队长，我们的指挥要点，我们的战术意图，都是要通过你才能实现的。一局球，我们只能暂停两次，每次只有半分钟。我们的意见再好，你如果不去兑现，那也等于零。况且，你的喜怒哀乐，你的情绪起伏，会直接影响队员，影响胜负。”精诚所至，金石为开。虽调皮又倔强，但更多忠诚、聪颖、率真的孙晋芳，岂会不为教练的一番话所打动？还是这一章节，鲁光深情地写道：“这些亲切、真诚的话语，像一股温煦的春风，吹进了她的心扉。船呀，终于撑进了她的心海，她现在已经熟知每一个同伴的性格、脾气、能力和技术，比赛时总是号着她们的脉搏给球。郎平性格爽朗，招娣敢打敢拼，毛毛勇敢倔强，晓兰性格内向，梁艳眼疾手快。凭着她对每个同伴细致的了解和信任，也凭着每个同伴对她的充分信任，六个上场队员默契得像一个人一样。平拉开、短平快、交叉、背蹓等，一套套令人眼花缭乱的快速打法，纷纷呈现在人们眼前；一幕幕惊心动魄的战斗场面，就由她导演出来。”事实胜于雄辩，对于中国女排，“袁孙组合”是真正的最佳组合，是培育凝聚女排精神的核心要素。数年以后，这一最佳组合状态还延续到了在国家体育总局共事的工作当中。

图 5-2-5 孙晋芳（中）与国家女网队员

1983 年初，28 岁的孙晋芳，因腰伤累年严重，很无奈地选择退役，忍痛提前告别那翌年世人一致看好的中国女排洛杉矶奥运会比赛。她退役后，先回南京体育学院体育专修科完成学业。同时，大功殊荣在身的她，被委任为江苏省体委副主任。2001 年 3 月，孙晋芳又调至国家体育总局体育彩票管理中心任主任。2003 年 11 月，再度调任国家体育总局网球运动管理中心主任。20 多年间，体育界关于孙晋芳的舆论评价越来越热烈趋同，众口一词地说她是一位难得的“福将”。受任省体委副主任时，悉尼奥运会上，江苏的竞赛成绩贡献排名全国第三，江苏体育彩票销售额跃升为全国领头羊；执掌国家体育总局体彩中心，三年销售总额超以往七年的总和，解决了 10 万人上岗就业问题；实施网球“单飞”改革，金花李婷、孙甜甜在雅典奥运会上摘得女双桂冠，网球“一姐”李娜更是在法网、澳网女单赛场上独领风骚。诚然，这一系列事业成就，离不开党的领导与集体的努力，那“福将”之称也暗含着“运气”意味，但静心回味，如此热烈趋同的舆论评价不正是对女排精神内核“为国争光，顽强拼搏，永不言败”的诠释与延续？岂不更表现出社会对孙晋芳的人格魅力、工作能力、主观努力的肯定与褒奖？

岁月更迭不息，人生跋涉不止。2014 年 5 月，年近花甲的孙晋芳遵照组织安排，由京返苏，转任江苏省体育局党组书记，兼任江苏省人大常委会教育科学文化卫生委员会副主任。但是，这次转任似乎是她人生道路一个令人慨叹的转折点。她因多年罹患血液重症，伴有间歇晕厥，病魔缠身。回江苏仅仅四个多月，她即卸任，宣布“提前退休”。但是，她依然心系体育事业，尤其关注排球、网球的发展，并积极地参与各项相关公益活动，对青年选手的成长更是倾注心血。在一次颁奖晚会上，当巧遇现国家女排 17 岁的二传手孙燕时，和当年上演“三顾茅庐”邀请李娜出山一样，孙晋芳竟然主动找来一只新排球，认真签上自己名字，郑重其事地赠予孙燕，让孙燕简直难以相信，激动得直呼三声“谢谢”！至于身体病痛，她也能平静处之，坦然以待。她常说：“人应当学会在逆境中生存，不要只追求顺境，要学会在逆境中挑战自己。”央视体育频道著名主持人由衷感慨：她还是那样直言快语，敢作敢当！她说她要直面人生，好好生活，等待医学进步能治愈她的那一天！

孙晋芳凭借辛苦的努力与拼搏奉献，创造了辉煌与荣耀的成绩，是我们心目中真正的勇士。

第三节
登顶体坛高峰的奥运冠军

我校建校以来，已培养了16位奥运冠军，其中第一位奥运冠军栾菊杰的经历已在本章第一节单独介绍，现就其他15位奥运冠军做逐一介绍。

（一）林莉

图 5-3-1　林莉

林莉，女，1970年生，江苏南通人，中共党员。20世纪八九十年代中国泳坛“五朵金花”的领军人物。她的竞技拼搏生涯创立了多个金光闪耀的第一：第一位中国游泳世界冠军，第一位既夺奥运会金牌又创世界纪录的中国运动员，第一位在奥运会上打破世界纪录的中国选手，第一位连续参加3届奥运会（1988年汉城［今首尔］、1992年巴塞罗那、1996年亚特兰大）的中国游泳选手。

林莉7岁开始学习游泳，南通市体校的王汉生教练一开始就发现了她身体柔韧性好、天性喜水、爆发力强、心肺功能远强于同龄人等超凡的游泳天赋和独特潜质。王教练后来回忆说：小林莉第一次下水就能自己折腾着浮上来，而不是惊慌失措地沉下去，而且每次训练时都是最欢的，下了泳池就不肯上来。就这样，在王教练的启蒙调教下，10岁那年，林莉凭借在一次省级少儿比赛中打破100米仰泳儿童甲组省纪录的成绩，顺利进入了隶属于南京体育学院的江苏省少年业余体校。

在省体校异常艰苦的训练中，林莉逐渐克服身材瘦小的不利因素，凭着自身不服输的刚强性格，在省体校教练的锤炼下，付出了超出同伴几倍的努力，蛙泳、蝶泳、仰泳、自由泳 4 种泳姿技术都得到极大的提升，为她日后在世界泳坛主攻混合泳奠定了坚实基础。1982 年 10 月，林莉进入江苏省游泳队；1984 年，在全国少年游泳比赛中，一举夺得 50 米蛙泳、100 米蝶泳和 200 米混合泳 3 枚金牌；1986 年，在香港国际分龄组游泳比赛中，获得 15—17 岁年龄组 50 米仰泳、100 米仰泳、200 米仰泳和 200 米个人混合泳 4 项冠军；1987 年 11 月，在第六届全运会上，以 2 分 17 秒 92 的成绩打破亚洲纪录，一举拿下了 200 米混合泳的金牌，从而进入国家游泳代表队。

进入国家队的林莉更是如鱼得水，与杨文意、庄泳、钱红、王晓红并称“五朵金花”。1988 年汉城（今首尔）第二十四届夏季奥运会上，林莉崭露头角，获得 200 米个人混合泳第 7 名（2 分 17 秒 12）和 400 米个人混合泳第 7 名（4 分 47 秒 05），均创亚洲最好成绩。同年，林莉获得“国际运动健将”称号和“全国游泳十名最佳运动员”的殊荣，这对她而言既是一种肯定，也是一种激励。此后，其技术水平日渐提高，既没有因为汉城奥运会进入决赛而骄傲满足，也没有因为没拿到金牌而失落沮丧。冬练三九、夏练三伏，她比以往更加努力地刻苦训练，不断为自己的各项训练加量加码，对自己的要求达到了苛刻程度，从而拉开了属于她的“混合泳女王”时代的序幕。

1989 年第三届泛太平洋游泳锦标赛上，林莉过关斩将，以 2 分 14 秒 69 的成绩脱颖而出，夺得女子 200 米个人混合泳冠军。这一成绩在当时位列世界第二，既为她在世界游泳界争得了一席之地，亦是她游泳生涯的一个转折点。1990 年在北京举办的第十一届亚运会上，林莉在比赛中大放异彩，共获得 4 金 1 银。其中，200 米个人混合泳成绩位列当年世界第一，400 米个人混合泳成绩位列当年世界第二，并且 3 次破亚洲纪录、5 次破亚运会纪录。因亚运会上贡献突出，林莉当选“1990 年全国十名最佳运动员”，被全国妇联授予全国“三八红旗手”称号，获得海峡两岸“希望之星”称号。

1991 年是林莉的丰收之年。在澳大利亚珀斯举行的第六届世界游泳锦标赛上，林莉初生牛犊不畏强手，战胜各路强敌，荣获 400 米个人混合泳冠军，夺得了中国游泳史上第一个世界冠军，实现了中国在世界游泳大赛金牌零的突破，为中国游泳运动奠定了一个金色的里程碑。同时，她还在该届比赛中获得 200 米个人混合泳金牌，真可谓“一战成名天下知”。其后，在英国谢菲尔德第十六届世界大学生运动会上，荣获 200 米仰泳与 200 米、400 米混合泳 3 枚金牌；在西班牙帕尔马举行的世界杯短池游泳赛的总决赛上，更是势不可挡，一鼓作气斩获女子混合泳 100 米、200 米、400 米 3 项冠军。

“不想当将军的士兵不是好士兵”，登上奥运会冠军的领奖台，可以说是每位运动员心中的梦想，林莉当然也是如此。1992 年巴塞罗那第二十五届夏季奥运会上，她的梦想成真了！但说来十分惊险刺激，作为中国泳坛“五朵金花”领军人物，开赛后前两项 400 米混合泳、200 米蛙泳均与金牌失之交臂，获得了 2 枚银牌。然而，功夫不负有心人，最后一个冲金项目 200 米混合泳比赛中，她顶住压力，沉着镇定，奋力一搏，终以 0.26 秒的优势先触池壁，战胜美国选手桑德斯，不但登上了冠军的领奖台，而且打破了世界纪录，成为第一个在奥运会上以打破世界纪录的成绩获得奥运会金牌的中国选手，也成为当时中国获得奖牌最多的游泳运动员。

1996 年夏，美国亚特兰大第二十六届夏季奥运圣火又燃。26 岁的林莉，已经退役担任教练，但仍然壮志在胸。在恢复训练不久的情况下，她第 3 次出现在熟悉的奥运赛场上。最终，在群雄并起的 200 米混合泳决赛中，收获了 1 枚铜牌，也同时创下了中国游泳队年龄最大及首位连续参加 3 届奥运会选手的纪录。赛后，林莉坦然说道：“我尽力了，真的一点遗憾都没有。虽然最后一次奥运会收获不是很圆满，可我觉得，有的时候生活经受一些残缺也是一种美，太完美的结局反而印象不会很深刻，有点儿残缺的回忆才是最美好的。”言为心声，如此的淡定与洒脱，反映出林莉的人生理念与她的竞技成就一样，也是不同凡响的。她在人们心目中树立起了更完美的形象。

亚特兰大奥运会后，林莉正式退役，先后在香港和江苏省游泳队执教。2001 年，她前往美国旧金山求学读书，后经好友介绍，与美国硅谷波音公司的气象学博士冯九华相识、相恋，2002 年 1 月，林冯两家喜结秦晋之好。婚后由美返乡，南通市政府为他们举办了隆重的婚姻庆祝宴会。2003 年 4 月，林莉的女儿冯伊玲于美国加州出生，真可谓婚姻幸福、家庭美满。2007 年 4 月 9 日下午，林莉在美国旧金山作为第一棒火炬手，参加了北京奥运圣火全球传递美洲首站活动，为传播中华体育文化、弘扬奥林匹克精神做出了积极贡献。近年来，林莉还经常返回母校南体与家乡南通，时常为家乡和江苏游泳运动的普及、发展献计献策，为她所热爱的游泳事业继续贡献着智慧和力量。2019 年 3 月，林莉受聘为南通大学客座教授。

（二）葛菲

图 5-3-2 葛菲（左）

葛菲，女，1974 年生，江苏南通人，中共党员。20 世纪末世界顶尖女子羽毛球运动员，国际级运动健将，荣获亚特兰大与悉尼两届奥运会羽毛球比赛女子双打冠军，是集奥运会、世锦赛、世界杯赛冠军于一身的“三冠王”。她先后夺得 13 次世界冠军、7 次亚洲冠军、11 次全国冠军，先后共 5 次荣获江苏省、全国乃至世界“十佳运动员”称号，创造了羽毛球运动的奇迹，被国际羽坛誉为“双打皇后”，2008 年入选“世界羽联名人堂”。

1974 年 10 月，葛菲出生于江苏南通一个温馨而快乐的普通工人家庭。父亲葛祖生是南通市建筑安装公司的一位普通干部，母亲在市第二纺织机械厂工作。幼时的她，体质偏弱，经常伤风感冒，原本不喜欢体育运动，但在羽毛球“粉丝”父亲的带动与“逼迫”下，小葛菲对打羽毛球渐渐产生了兴趣，并很快就打得有模有样。于是，引路人父亲送她到南通市体校，接受比较正规的训练，希望她能成就一番事业，从此她与羽毛球运动建立了不解之缘。

1984 年 9 月，性格好强、不服输、有股韧劲的葛菲，经过刻苦训练，运动成绩进步明显，顺利进入了隶属于南京体育学院的江苏省少年业余体校。1987 年 9 月，又顺利调入江苏省羽毛球队，正式成为一名羽毛球专业运动员。葛菲对自己要求更加严格，练习技术动作一丝不苟、精益求精，在教练的悉心指导下，全面提高了自身能力。天道酬勤，经过长期艰苦枯燥、严格扎实的专业化训练，葛菲的网前球意识和技术尤为突出，心理素质也磨砺成钢，为她日后在系列国际大赛中沉着冷静、随机应对，奠定了坚实基础。

然而，天有不测风云，人有旦夕祸福。正当葛菲专项技术水平突飞猛进之时，1992 年 1 月，葛菲的父亲因长期积劳成疾，不幸去世。含着亲人永别的伤痛，牵挂着孤单远在家乡的母亲，葛菲曾一度打算放弃训练回家找份工作，与母亲相依为命。但在母亲坚持鼓励和说服下，她最终含着对母亲的不舍，牢记父亲的遗愿，又回到学校继续训练。可以说，经过生死离别的磨难和母爱情深的支持，羽毛球运动对于葛菲来说已不仅是一种事业，更是一份责任。她默不作声，训练得更加自觉、认真、刻苦。

“宝剑锋从磨砺出，梅花香自苦寒来。”1993年8月，在第七届全运会成都赛区，19岁的葛菲在羽毛球女子团体赛中，一人担当江苏女队单打和双打的重任，结果不负众望，赢得关键赛局，江苏女队如愿加冕，她自己也收获了第一个全国冠军。同年11月，葛菲被选入国家羽毛球队。在国家队，从1994年开始，她和“黄金搭档”顾俊携手奋进，不断获得国际重大比赛冠军，真正是锋芒毕露、气势如虹、锐不可当，惊艳世界羽坛。

1996年7月，举世瞩目的亚特兰大第二十六届夏季奥运会如期举行。在上届巴塞罗那奥运会上折戟沉沙的中国羽毛球队，经过4年的秣马厉兵、卧薪尝胆，此刻承载了海内外中华儿女的殷殷期望。其时，最有夺金实力的女双选手葛菲、顾俊，则成为重点“照顾对象”。为了提高训练效果，曾获男双世界冠军的副总教练李永波和女双教练田秉义亲自上阵，模拟韩国当红选手吉永雅、张惠玉，与葛菲、顾俊过招对练。开赛后，在前4场比赛中，她俩以总比分120比39获胜，一路顺利过关斩将。决赛场上，果然狭路相逢，与韩国的老对手吉永雅、张惠玉进行较量。葛菲和顾俊憋足了劲，配合默契，不停地向对手发起一次次攻击，不给对方喘息之机，最终这场原以为会打得难解难分的冠亚军决赛，仅仅用时36分钟，就以她俩的两个15比5的压倒性优势获胜而结束。这枚珍贵的金牌，填补了我国羽毛球奥运会金牌的空白，实现了中国在奥运会赛场上羽毛球金牌零的突破。登上奥运会冠军领奖台的那一幕，一直是葛菲心中难以忘却的珍贵记忆，这也正印证了葛菲最崇尚的一句话：“人生能有几回搏，现在不搏待何时？”同年，葛菲被国家体委授予体育运动荣誉奖章。

亚特兰大奥运会结束后，根据队里的安排，1996年11月，葛菲与刘永配对，兼混合双打项目。不到半年的时间，这对混双选手成绩扶摇直上，从默默无闻一下子跃升到世界第四。1997年，2人配合夺得世锦赛混双冠军，成为继王朋仁、史方静获得混双世界冠军10年之后，中国出现的又一对混双世界冠军。当年，他们就连拿4项国际比赛冠军，世界排名升至第一。整个1997年，他们在国际赛场上仅失一场，成为当年国际羽坛无可争议的混双一号组合。葛菲因此获得“1997年度全国十佳运动员”和“1997年度世界十佳运动员”称号。

与此同时，葛菲、顾俊继续“征战”，并所向披靡，傲视群雄，延续她们在这个项目上的世界统治地位，获得“天下第一双”的美誉，让她们同时代的女子羽毛球双打选手不免感叹“既生瑜，何生亮”。2000 年 9 月，悉尼第二十七届夏季奥运会上，这对绝代双骄一路过关斩将，在羽毛球女双决赛中，以两个 15 比 5 轻松战胜队友黄楠雁、杨维，成为第一对奥运会羽毛球比赛成功卫冕的选手，这也是她们国际比赛的完美谢幕演出。2000 年，国务院授予葛菲“全国先进工作者”荣誉称号。2001 年，为了报答家乡、学校的培养，从国家队退役回到南京体育学院的葛菲，又与自己未来的人生伴侣、男子羽毛球世界冠军孙俊配对混双，代表江苏省羽毛球队出战第九届全运会。他俩凭着默契的配合、超凡的技术、丰富的经验，一路高歌猛进，顺利杀入决赛。随着孙俊挥拍打出的羽毛球划出一道优美的弧线，他们荣耀斩获九运会混双冠军，向世人展示了他们的英姿和气场，也为葛菲的羽毛球生涯画上了圆满句号。

第九届全运会结束后，葛菲光荣退役，进入南京大学求学读书，并先后担任南京体育学院训练处副处长、南京市体育局局长助理、南京市体育局副局长。她还当选中国共产党第十六次全国代表大会代表，第十一、十二、十三届全国人民代表大会代表。除了事业上迎来了新的发展，她退役之后在情感、家庭上也开花结果，完美绽放。2002 年 5 月，金童玉女孙俊、葛菲，在南京隆重举办了中式传统婚礼，组成了幸福美满的家庭，一对羽坛“神雕侠侣”终成眷属。2003 年，儿子孙文骏的出生，又为这个家庭带来无尽的欢乐。同时，葛菲还依然经常关注民生和体育赛事，以实际行动支持各级各类体育事业发展。2008 年 5 月 25 日，葛菲手握“祥云”火炬，跑进奥运火炬接力南通站的终点——南通市体育会展中心，点燃了圣火盆；汶川地震发生后，她和孙俊在南京举办了赈灾义赛，并将此次活动所有善款 20 多万元捐赠给了灾区。如今，身为体育官员的葛菲，身份的转变让她的视野也随时随势而变，她更加深刻地理解群众体育、竞技体育、体育产业三者之间的联系与发展，继续积极努力地为中国特色社会主义新时期“体育强国”“健康中国”事业做出贡献。

（三）顾俊

顾俊，女，1975 年生，江苏无锡人，无党派人士。20 世纪末世界杰出女子羽毛球运动员，国际级运动健将，荣耀蝉联第二十六、二十七届夏季奥运会羽毛球女子双打冠军。自 1994 年起，顾俊与葛菲合作，在世界羽坛迅速崛起。除奥运会外，还历经各类大赛洗礼，屡创佳绩，先后夺得过世锦赛、世界杯、全英公开赛、亚运会等比赛的冠军。在国际羽联女双项目排名中，多次、长期雄居第

图 5-3-3 顾俊

一。她还先后获得“国家体育运动荣誉奖章”“全国五一劳动奖章”“中国青年五四杰出贡献奖章”“全国十佳运动员”“世界十佳运动员”“全国先进工作者”“新中国体育运动五十杰”等荣誉称号。

顾俊出生于江苏省无锡市一个和睦幸福的普通工人家庭，父亲是退役军人。她从小聪慧好动，十分热爱体育运动，体育课及课余时间尤其喜欢打羽毛球。为了鼓励顾俊锻炼身体，培养公平竞争意识，在她 8 岁生日那天，她父亲从商店买来一副羽毛球拍和一筒洁白的羽毛球作为生日礼物，让小顾俊喜出望外、兴奋不已。从那以后，顾俊更加积极地练习打羽毛球，以至于 3 个月后学校老师突然登门拜访，说是希望这个有着羽毛球天赋的好苗子去体校走专项训练这条路。对此，顾俊父母一开始有较大的分歧，母亲认为练习体育太辛苦，只能当作业余爱好。然而，最终还是父亲拍板，决定让顾俊上体校磨炼磨炼，一是符合孩子先天条件的优势和兴趣爱好，二是可以锻炼身体，并培养独立生活的能力。于是，顾俊与羽毛球运动结下了一生的缘分。

1984 年，顾俊进入无锡市业余体校羽毛球队，1 年后被南京体育学院江苏省少体校羽毛球队招入。在省少体校，顾俊更加珍惜训练的机会，每天训练最早到场地，最晚离开。然而，队内的竞争仍然让她倍感压力，一度郁郁寡欢，情绪低落。她父母得知这一情况后，专程到南京体育学院江苏省羽毛球队找主教练尤广礼交流咨询。结果，尤教练肯定了顾俊的优势和技能水平，确认她是块打羽毛球的好料子，认为她只要刻苦训练，坚定信心，就能取得优异成绩，甚至有望达到世界前列水平。父母随即将尤教练的评价与顾俊分享，这大大激发了她打好羽毛球的信心与决心，她暗暗发誓，不达目标绝不罢休。3 年后，顾俊成为南京体育学院江苏省羽毛球队的一名正式队员，并直接投奔到尤广礼教练麾下，专攻女子双打。在尤教练的悉心指导下，她的技术更是突飞猛进。1991 年 11 月，她被选调进入国家少年队，在首届世界青少年羽毛球锦标赛上，她与韩晶娜合作，稳扎稳打，夺得了她羽毛球生涯的第 1 个国际比赛冠军奖杯。在国际赛场上小试牛刀，就戴上了桂冠，这无疑让她信心满满，动力十足。1992 年，她又夺取全国女双冠军，引起国家队注意，翌年被调往国家队。至此，顾俊开启了属于她和葛菲的羽毛球女双独霸时代。

1993年底，紧接葛菲之后，顾俊也被选调进国家队。在教练组的安排下，2人配对担任双打。她俩是江苏省队队友，曾同在南京体育学院学习与训练，技战术已经形成了一定的默契，因此训练起来更加得心应手、心有灵犀。葛菲在前场把控，长短打法灵活多变；顾俊在后场调度，跳跃扣杀干净利落，总不给对手留一丝一毫机会。从1995年起，顾俊与葛菲精心合作，在世界羽坛迅速崛起，在各类大赛中屡创佳绩。直至2000年退役之前，她们在国际比赛中失利场次寥寥无几，连胜高达100场次，创造了“百战百胜”的佳绩。这些比赛囊括了亚运会、世界杯、世锦赛、各类大奖赛等正规赛事，尤其是蝉联两届奥运会女双冠军，更是达到了她们羽毛球事业生涯的巅峰，被称为“天下第一双”。

然而，当顾俊在世界羽毛球赛场上叱咤风云之际，父亲当时管理的无锡第四纺织机械厂，由于资金周转困难而濒临倒闭。乖巧懂事的顾俊，义无反顾地将长期比赛获得的16枚金牌和奖金全部交给父亲作为流动资金，还以自己在亚特兰大获得奥运冠军的身份去银行办理信用贷款，解决了厂里的燃眉之急，并与工人们有了4年之后的冠军卫冕之约。同时，她还与父亲一起鼓励大家奋力拼搏，振兴企业，真可谓“金牌有价情无价，情深义重抵千金”。2000年悉尼奥运会后，当顾俊再次载誉归来、荣归故里之时，工厂董事会在没有她父亲参加的会议上，决定奖励顾俊20万元，以感谢她在工厂陷入困境时的无私帮助。在颁奖仪式上，顾俊郑重地接过工厂给予的谢意，然后又郑重地交还给工厂，建议将这笔钱作为新产品开发基金。如潮的掌声瞬时包围起顾俊，经久不息，为了她的世界性荣誉，更为她有一颗善良无私、情深义重的心。

2000年悉尼奥运会后，顾俊挂拍退役。而此前赛场上得意的顾俊，情场上也得到了自己的真爱，相爱者是从事房地产开发的同乡李建国。2001年1月，顾俊与李建国步入婚庆礼堂。三届奥运会跳水金牌得主伏明霞作为伴娘的“友情客串”，使婚礼平添了几分喜庆和热烈。婚后，矢志信奉“活到老学到老”的顾俊，选择了进入北京大学读书深造，充实丰富自己。北京大学那深厚的历史底蕴、浓郁的学习氛围、团结友好的同学、知识渊博的老师，令顾俊的思想境界获得了进一步升华。

2006年圣诞节，顾俊的女儿彤彤出生，由此顾俊的精力大多投入到相夫教子之中，但仍然关注新时期国家社会发展，积极参与各类公益事业活动。2008年5月4日，她参加了北京奥运火炬在海南三亚的传递活动。儿童节那天，她又作为北京奥组委的志愿者，和从四川北川灾区到北京的孩子们一起过节。如今，顾俊是一位自由职业者，但对羽毛球界的变化与发展、羽毛球运动的普及与提高依然初心不改、一往情深。在一次接受采访时，她说："我打了这么多年羽毛球，对它感情太深了，犹如亲人，所以我不会离开羽毛球运动。今后如果条件允许，我想办一个羽毛球俱乐部，继续为中国羽毛球运动做点贡献。"是的，我们相信，羽毛球必定是顾俊毕生的牵挂，她的人生之路也一定会焕发出新的耀眼光彩！

（四）张军

图 5-3-4　张军

张军，男，1977 年生，江苏苏州人。中共党员，原国家乒乓球代表队著名选手。

当今，中国体坛有一趣谈妙论，说是扬名世界的两个小球项目——乒乓球与羽毛球，势必续写辉煌，后劲无穷。其缘由来自于近年来两家各自有了同样霸气的"胖大汉"掌门人。新任中国乒乓球协会主席刘国梁，被网友戏称为"不懂球的胖子"；新任中国羽毛球协会主席张军，则被网友戏称为"喜庆的胖子"。张军的一张脸又大又圆，笑起来眼睛眯成一条缝，督战时腆着大肚子，坐在赛场边，或紧握双拳，或紧锁眉头，或挥手扬威，或击掌叫好，真正是活脱脱一个"喜庆的胖子"！

少年时的张军天生好动，因此被父亲送去体校练体育。他先后练习了体操和游泳，但都没有坚持下来。在练习武术时，张军表现出了较高的兴致和资质，但因为搬家错过了训练班的通知书，以为自己被淘汰了，遗憾告别武术训练场。9 岁时，张军又开始练习羽毛球。由于练武术时打下的协调性、柔韧性基础，张军在练习羽毛球时上手非常快，进步迅速，加之较少的左手持拍，12 岁那年参加全省青少年比赛就拿到了双打冠军和单打亚军。

在羽毛球奋斗道路上，张军 1986 年进入苏州市少体校，1989 年进入南京体育学院江苏省少体校，1991 年进入南京体育学院江苏省羽毛球队，1996 年进入国家队。10 年间，他从稚嫩少年业余选手，成长为世界瞩目的职业国手，可谓成长迅速、前程灿烂。他的技术特点是后场攻击力强，速度快，劈杀力量过人。

到省队不久，张军就专攻双打，其扣杀能力在当时数一数二，因此获得雅号“张一拍”，即一拍就能置对手于死地。

进入国家队后，张军开始时对自己的期望并不太高，以至于才20岁的张军拿到亚洲锦标赛羽毛球混双冠军时就产生过退役的想法。好在后来两年，张军又连续获得几枚男双金牌，并在1999年作为主力队员拿到了职业生涯中第一个重量级荣誉——苏迪曼杯冠军，教练认为他十分有潜力。第二十一届汤姆斯杯上，在实力并不占优的情况下，张军与队友张尉顽强拼搏，以2比1爆冷战胜对手，为中国队闯入决赛立下大功，其表现让人们眼前一亮。

在悉尼奥运会赛前，张军、张尉组合已是中国第一男双组合。遗憾的是，因为张尉赛前腹肌严重受伤，人虽然来到悉尼，最终却因身体未能恢复而临时退赛，张军也随之失去奥运会男双比赛的机会，仅剩下与高崚的混双比赛。当时，张军、高崚刚组合1年多，在世界羽坛尚默默无闻。尽管凭悉尼奥运积分，张军被排为7号种子选手，但对战前四对混双选手从无胜绩，被普遍认为充其量是个“陪读生”。中国队指望冲金的是3号种子选手葛菲、刘永组合。但现实往往残酷，竞技强者失手虽概率很低，却也时有发生，葛菲、刘永组合此次运交华盖，状态不佳，第2轮就输给了荷兰的一对非种子组合。这一下，队内压力甚大。而张军、高崚却没有感到压力，原本的技术劣势反转为心理优势，且靠着出了名的一股拼劲，他俩豁出去了，竟然连闯数关，杀进八强。八强战时遇上世界排名第1的韩国组合金东文、罗景民，张军、高崚已然进入忘我之境，状态极佳，其疾也如风，其势也如虹，结果2比0大胜崩溃的韩国组合，第2局比分居然是15比1。半决赛的对手是丹麦高手索加德、奥尔森，决赛的对手是赛会头号种子、印尼超强组合特里库斯、许一敏。这两场比赛都胶着地打满了3局，并且奇招频开，打得昏天暗地、险象环生。半决赛前2局双方平分，第3局张军、高崚14比7拿到赛点，却被对手追至14平，加赛3分对手连得2分反获赛点，夺回发球权的张军又一发失误。决赛中，首局张军、高崚仅9分钟即1比15惨败，第2局经5平、8平、13平三次平分方以15比13扳回。第3局张军、高崚抓住对方心理失衡，一度11比3大比分领先，旋又被对方顽强地追至11比13。最终，中国高张组合凭借更强大的心理、更坚韧的毅力、更执着的追求，创下了奥运奇迹，夺得了奥运会首枚混双金牌。

此后几年，张军赢得了更多的冠军头衔，其中最让球迷记忆犹新的，要数2001年代表中国参加苏迪曼杯的卫冕之战。特别是那场惊心动魄的半决赛，至今为球迷津津乐道、交口称赞，成为张军男双生涯中最经典、最巅峰、最难以忘怀的比赛。张军、张尉当时世界排名第 15，在比赛中碰到了世界排名第 1 的丹麦组合，实力差距明显。令人惊喜的是，张军、张尉一上来就给对手当头棒喝，凭借犀利的扣杀和快速的平抽挡，打得丹麦选手阵脚大乱，中国队因此艰难战胜丹麦队，晋级决赛。最终，惊险闯入决赛的中国队又击败印尼队，成功卫冕。

2004 年雅典奥运会期间，张军、高崚组合一度成绩有所下滑，虽然赛前回到了世界排名第 2 的位置，舆论却仍不看好他们的奥运卫冕之路。但开赛后，张军、高崚的后场重扣与网前扑杀珠联璧合，一路通畅、一局未失地闪亮晋级决赛。决赛中，对阵英国组合罗布森、埃姆斯，首局张军、高崚 15 比 1 轻松拿下。可次局遭遇到顽强反击，以 12 比 15 形成平局。这一戏剧性局面似乎是 4 年前的翻版，但好在第 3 局有惊无险，张军、高崚最终以 15 比 12 笑迎胜利，成为奥运会历史上首个羽毛球混双卫冕冠军。

从悉尼奥运会到雅典奥运会，经历了 4 年的历练涅槃，张军、高崚从曾经的默默无闻变成后来的响彻羽坛。2005 年，张军、高崚组合再次加入中国代表队重夺苏迪曼杯。在南京第十届全运会上，张军还联手蔡赟为江苏赢得男双冠军。2007 年 9 月，30 岁的张军因膝关节韧带撕裂退役。退役后，张军华丽转身，加入了国家羽毛球队女双教练组。在北京奥运会上，他执教的女双组合杜婧、于洋获得了冠军。此后，张军升任国家队男双组主教练，和教练组一起指导蔡赟、傅海峰等组合，获得了 2009 年羽毛球世锦赛男双冠军和 2012 年伦敦奥运会羽毛球男双冠军，创造了中国羽毛球男双的历史。

种瓜得瓜，种豆得豆。从奥运金牌球员到奥运金牌教练，张军付出了许多，也获得了国家的奖励与重用。1999 年起，张军先后荣获国家体育运动荣誉奖章、“五一劳动奖章”、“江苏省新长征突击手”称号、江苏省一等功等等。2006 年 4 月，张军被任命为南京体育学院训练处副处长。2019 年 1 月，张军当选为新一届中国羽毛球协会主席。历经了竞技沧桑、看多了成败荣辱的张军，如今要把整个运动生涯所凝聚练就的智慧，全部奉献给那片隔网相望的羽毛球赛场，衷心地祝福他为国家再立新功、再创辉煌。

（五）李菊

李菊，女，1976 年生，江苏南通人。中共党员，原国家乒乓球队著名国手。她 7 岁开始练习乒乓球，1986 年进入南京体育学院附属省少体校，1990 年进入南京体育学院江苏省乒乓球队，1991 年入选国家青年乒乓球队，1992 年入选国家乒乓球队。2000 年夏，她达到竞技运动事业的顶峰，荣获第二十七届悉尼奥运会乒乓球女双冠军。而与取得系列竞技体育成就同时，李菊也获得了“全国三八红旗手”“全国劳动模范”等称号，获得中国五四杰出贡献奖章、国家体育运动荣誉奖章，当选江苏省第十次党代会代表，受到党和国家的系列表彰。

图 5-3-5　李菊

回溯李菊的乒乓球之路，并不平坦顺利，甚至可以说是一波三折，伤病纠缠，时遇荆棘坎坷。7 岁那年，李菊的父母见她身体较孱弱，送她到南通市少体校练习乒乓球。不料，艰苦的训练和与生俱来的天赋，使得李菊的技术水平快速提升，从众多乒乓球少年选手中脱颖而出，入选了市少年代表队。然而，好事多磨，李菊 10 岁那年，右肩上长了个大脂肪瘤，需要动手术，不得不暂离市队就医，停训了 1 年。病愈后，想回市队却遇上了名额限制的麻烦。好在原先的启蒙教练十分器重她，坚持力争，她才重返训练场。后来有媒体就此评价：李菊最初的启蒙教练厥功至伟，是他点亮了一颗璀璨明星，是他挽留了一位奥运冠军。

而李菊也十分争气，1986 年，病愈翌年，11 岁的她，就凭借实力被调入了南京体育学院省少体校。经过 4 年训练、学习，李菊对乒乓球运动有了更深的了解，才华更加显露出来，并且逐渐形成了个人独特打法的雏形。1990 年，李菊又顺利进入江苏省乒乓球队。1991、1992 年，李菊又相继入选国家青年乒乓球队、国家乒乓球队。李菊心中的偶像是邓亚萍，她暗暗下定决心，一切要用球技说话，要用成绩证明自己。16 岁的她那时在一次给父母的书信中说：“放心，我在这里很好，而且我有我自己的目标。”这话说得很霸气，李菊的目标就是以邓亚萍为榜样，也要成为奥运冠军。李菊后来梦想成真时又曾补充解释道：“一个成功者，必须要有自信和胆量，要敢想敢做。”时至 1997 年，李菊如愿迎来了乒乓球运动生涯走向辉煌的一年，她在一系列比赛中收获满满，成绩突出，主要有第四十四届世界乒乓球锦标赛女团冠军、女双冠军、女单季军，国际乒联职业巡回赛总决赛女单冠军。

但是，好景未能持续，从备战 1998 年曼谷亚运会开始，李菊似命运多舛，又遭受伤病纠缠折磨，结果亚运会上的竞技表现不甚如意。祸不单行，亚运会后李菊先是大脚趾上长了肉瘤，开刀两次，接着因打球奔跑挤压，休息保护不够，大脚趾引发了严重甲沟炎，不得不拔掉变形的趾甲，一次次换药折腾，给李菊身心带来很大的伤害。当时，国家乒乓球队正积极备战第四十五届世界乒乓球锦标赛，李菊作为主力队员，必须每天加紧训练，结果甲沟炎经久不愈，十分痛苦。面对外界的质疑批评和身体上的病痛，李菊只能选择默默忍受，调整心态，发愤图强。她坚持白天训练，晚上打吊针，并一遍遍地默念自己的法宝誓言："一切要用球技说话，要用成绩证明自己。"功夫不负有心人，李菊终于再获世界乒乓球锦标赛女团、女双冠军，并首次战胜双打搭档队友王楠，夺得第四届女子乒乓球世界杯单打冠军。

这之后，李菊马不停蹄，又暗暗将目标锁定在了 2000 年悉尼奥运会。悉尼奥运会开幕前，为避免用药不当可能引起兴奋剂检测麻烦，她停用了所有药物。比赛期间，由于过度紧张和大量出汗，病痛症状立马显现出来，晚间睡眠也受到严重影响。但李菊顽强地与病痛和疲劳抗争，抱着必胜信念，一路拼杀。女双半决赛时，李菊和王楠遇上了强劲的韩国对手金茂校、柳智惠，她们先前未曾赢过对手，但这次在悉尼却进行了一场高潮迭起、惊心动魄的争夺战。按当时赛制，双方针尖对麦芒地在前 4 局打成了平手。决胜的第 5 局，李菊和王楠开局不利，分差最大时为 8 比 15，后追至 16 比 17。球权几度易手后，比分仍然未变。裁判宣布比赛超时，采用"轮换发球制"，即发球方须在 12 拍内打成死球，否则判对方得分。结果，心理更强大、拼劲更足的李菊和王楠经受住了严峻考验，从 17 平打到 22 平，以 24 比 22 惊险胜出。李菊最终在悉尼奥运会上，获得女双冠军、女单亚军，赢得了属于自己的世界乒坛地位。

悉尼奥运会之后，因为身体长期伤病，特别是皮肤病的困扰，正处于成绩上升期的李菊，实在无法继续坚持高强度的训练和比赛，无奈于 2001 年末申请退役，领导、教练不得不遗憾地批准她的请求。退役之后，李菊并没有闲着，敢闯敢做的她，想在商业金融方面有所作为，先是前往深圳的某证券公司工作，后又在杭州开办了"李菊体育中心"，经营一家乒乓球俱乐部，同时还向房地产开发进军，成为一名美女董事长。

2002 年釜山亚运会上，中国女乒遭遇了滑铁卢之战，跌入近 10 年来最低谷。为应对 2004 年雅典奥运会，国家乒乓球队向已经退役 14 个月的李菊发出了召唤。李菊则以国家为重，以奥运大局为重，放下个人的一切，慨然应邀复出。

从归队那天起，李菊仍以不达目的誓不罢休的执着信念，一步步踏实前行，2003年，巴黎世界乒乓球锦标赛开赛，李菊在女单、女双两个项目上跻身四强。在多哈世界乒乓球锦标赛团体赛上，李菊又和队友们捧回了冠军奖杯。但是，由于种种原因，李菊未能如愿参加雅典奥运会，再度宣布退役。2005年，第十届全运会在南京召开，应家乡江苏省之邀，应母校南京体育学院之请，已两次宣布退役的李菊又再次复出，披挂上阵，为家乡、母校做出了重要贡献，表现出超凡的思想胸襟与高尚的职业道德。

第十届全运会结束后，李菊第3次宣布告别乒坛。但退役后，她依然热爱并关注乒乓球运动事业，倾情贡献自己的智慧与力量。2007年底，李菊与王军霞、孙玥等，受邀担任中央电视台体育频道多哈亚运会解说顾问，还参加了中央电视台组织的《谁将主持北京奥运》比赛节目。2008年北京奥运会来临之际，以奥运冠军的身份，李菊积极宣传奥运，参加各类公益活动，曾赴新疆向100名贫困儿童赠送奥运门票，并作为南通首棒火炬手传递奥运圣火。北京奥运会后，2008年11月，李菊还曾带领江苏南通民间乒乓球高手前往山东烟台，当地“胶东菊迷协会”的李菊球迷向南通民间业余乒乓球选手发起“挑战”，这不仅促进了南通、烟台两地的友好关系和经济贸易，也推动了中国民间体育运动事业的发展。

时光荏苒，岁月漫漫。2013年，李菊赴上海交通大学学习体育教育训练学专业。2014年5月，38岁的李菊与河南籍投资人刘生惠，在家乡南通携手走上红地毯，步入了婚姻的殿堂。婚后，在完成上交大硕士全部课程学习之际，李菊做出人生中又一个重大决定，回家乡发展，从而成为第一个返回家乡发展的南通籍世界冠军。2016年末，她正式加入南通大学，受聘担任南通大学体育科学学院副院长。南通清末民初的实业家、政治家、教育家张謇，曾大力倡导“学必期于用，用必适于地”，而李菊关注、探索的体育产学研相结合课题方向正与此理念相契合。如今，南通大学高水平乒乓球、羽毛球运动队业已建立，相关体制、学科、课程建设正积极付诸实施。让我们衷心地祝福她一切顺利，在新领域内开辟出新天地。

（六）阎森

阎森，男，1975年生，江苏徐州人。中共党员，国际级健将，先后荣获“新长征突击手”荣誉称号与“中国乒乓球突出贡献奖”。在阎森出生时，家人按传统《周易》说，因五行缺木，故取“森”为名。1980年，阎森5岁半时就开始

图 5-3-6 阎森（左）

了乒乓球业余训练，1982 年进入徐州市青少年业余体校，1988 年入选江苏省乒乓球队，1994 年入选国家乒乓球队。2000 年夏，阎森达到了竞技运动事业的顶峰，荣获第二十七届悉尼奥运会乒乓球男双冠军，成为江苏省乒乓球男选手奥运会夺金第 1 人。2001、2003 年，他又挟悉尼奥运之威，强势不减，连续两届获得世界乒乓球锦标赛男双冠军。2006 年，阎森正式退役，受任国家乒乓球队女队教练，并兼任上海体育学院特聘副教授。

总体而言，上苍似颇眷顾阎森，他的竞技生涯可谓顺畅通达、步步高升。这从他 5 岁半能走上乒乓之路便可见端倪。因为家贫，阎森没上幼儿园，跟着哥哥姐姐一起上下学。妈妈从生活费中省出 3 元 5 角买了副处理的羽毛球拍，让哥哥课余和他打球玩，不料几个星期下来，哥哥就成了他的手下败将。爸爸知道后，就常带他到附近的铁路第四小学操场上打羽毛球。时间一长，铁四小的一位体育老师发现了阎森超常的体育天赋，而这位老师手上正带着一支儿童羽毛球训练队，便约他们父子到学校来试试。结果，这一试竟成了阎森竞技体育生涯的“滥觞”。老师叫鹿传志，是阎森的伯乐与启蒙教练。

1982 年 9 月，由鹿传志推荐，经考核，阎森被顺利招入徐州市青少年业余体校读书、训练。1987 年，阎森争得入选江苏乒乓球队的资格，参加了在河北保定举行的全国少儿乒乓球比赛。他在比赛中表现不俗，赛后翌年便被调进了南京体育学院江苏省乒乓球队，正式成为一名乒乓球运动员。在南京体育学院生活了 7 年，虽然那时日子比较艰苦，但阎森十分坚韧耐劳，也认识了很多良师益友。其同期队友邵臻祎回忆说：“那时我们住在中央体育场看台下，条件较差，训练后常用凉水洗澡。阎森每天坚持晨跑，是我们当中 3000 米跑得最快的。”经过艰苦的训练，阎森练就了左手直拍弧圈结合快攻打法，技术极其刁钻，常让对方不明所以，无从应对。

1994 年 6 月，19 岁的阎森入选国家乒乓球队。当时的中国男子乒乓球，蔡振华领衔坐镇，大将孔令辉、刘国梁等如日中天、声名显赫，其他人显得很不起眼。于是，阎森循规蹈矩，踏实本分，比在省队练得更加刻苦。他曾回忆说：“有一次下午训练，李晓东教练给我喂球，居然不停歇地喂了一下午，结束时我脱鞋倒出了水。”功夫不负苦心人，当年的全国乒协杯、青年赛上，阎森就连续取得单打冠军，在团体赛中也一场未输。1995 年，在中国乒乓球队访欧近 1 个月的公开赛中，阎森打进了前四。自此阎森锋芒崭露，并被指定与上海的王励勤配对双打，在 1996 年第一届国际乒联巡回赛总决赛中勇夺冠军，一战成名。在 1997 年英国与 1999 年荷兰的大赛中，他俩配合愈发默契，都取得了优异的成绩，开启了号称“阎王组合”的豪迈征程。1999 年第四十五届世界乒乓球锦标赛上，“阎王组合”在大好形势下被刘国梁、孔令辉翻盘，与其说是一次挫折，不如说是预演了他们即将到来的悉尼奥运之旅的辉煌。

2000 年悉尼第二十七届夏季奥运会上，“阎王组合”一路闯关夺隘，杀入决赛。“狭路相逢”者仍是孔令辉、刘国梁两位大将，重演了上一年第四十五届世乒赛上中国队的“阋墙之争”。但结局并未重演，经 4 局激战，“阎王组合”终于笑迎金牌。电视屏幕前的乒乓球迷，尤其是“阎王组合”的粉丝、崇拜者无不大呼大饱眼福、痛哉快哉。据媒体报道，阎森的父母更是“乐极生悲”，一个被徐州报社接去观战，最后激动得当场晕厥，急召社内医生输氧施救；一个抱病在家卧床观战，最后激动得翻落床下，跌破手肘却未觉得疼痛。

夺得悉尼奥运会男双金牌后，“阎王组合”随之威名远扬，蜚声国际乒坛，拉开了在世界大赛中近乎垄断男双项目冠军的帷幕。2001 年，阎森、王励勤在大阪世界乒乓球锦标赛上捧起“伊朗杯”（世界乒乓球男子双打冠军杯）。2 年后，在巴黎世乒赛又一次赢得“阋墙之争”（孔令辉、王皓），蝉联冠军。其间，阎森与堪称乒坛盛宴的“日本健胜苑大奖赛”签署了大额薪酬合约。但为了能有更多时间参加国家队的系统训练，备战 2004 年第四十七届多哈世乒赛和雅典奥运会，阎森决然终止了与日本方面的合约，回国征战中国乒超联赛。终止合约，阎森一年要损失几十万元，时任中国乒乓球队总教练的蔡振华，把阎森作为乒乓球队为国争光、不计私利的典范。但是，阎森想要蝉联奥运冠军的梦想却未能实现。2003 年 10 月，在一场车祸中，阎森右手粉碎性骨折。2004 年 2 月，雅典奥运会前国家队在厦门封闭训练时，有记者要采访阎森，他要求不要把伤痛画面播出去，以免亲友及球迷担心。此后虽经过长时间痛苦的保守治疗，“阎王组合”在队内比赛中仍惜败马琳、陈玘，无缘雅典奥运会。2005 年的上海世乒赛，是他最后一次参加世界大赛，此后就悄悄淡出了人们的视线。

2006 年 10 月，31 岁的阎森在国家乒乓球队教练员述职与竞聘会议上正式宣布退役。退役后，他与此前遭遇挫折时相守并完婚的妻子更是恩爱有加，常深情望着年幼的儿子，心中充满了幸福与责任。到徐州老家探亲，他也是孝悌为本，对年迈的母亲、久病的父亲、下岗的姐姐都很牵挂关心，把徐州市政府奖给奥运冠军的房子装修好，配齐家具，留给了家人。竞聘教练成功后，阎森在国家乒乓女一队、二队轮流执教。由于奥运冠军的身份，富有大赛的经验，加之肯动脑、善动脑，阎森所带队员取得了一系列优异成绩：包揽了4届（第十三、十四、十七、十八届）亚洲少年锦标赛冠军、世界青年锦标赛冠军，以及南京青奥会、阿根廷青奥会、世锦赛等多项赛事的冠军。他的爱徒郭焱，一度在大小赛事上全部获胜，并且将此战绩保持了2年。而今，曾经叱咤乒坛的阎森，依然默默地为国家的乒乓球事业做出自己的努力与贡献。

（七）黄旭

图5-3-7　黄旭

黄旭，男，1979年生，江苏南通人。中共党员，国家体操队著名选手。他父母原为市郊菜农，后来父亲到水利系统当了工人，母亲在粮站上班。1984年，5岁的他进入南通市业余体校练习体操；1989年2月，入选江苏省体操队；1993年6月始，入选国家体操队，并曾任男队队长。至2009年退役，十几年间，黄旭作为国家队主力队员，获得了2000年悉尼奥运会、2008年北京奥运会体操男子团体冠军，还获得了4次世锦赛体操男子团体冠军、1次世界杯赛吊环冠军、1次世界杯赛双杠冠军，可谓硕果累累、成就辉煌。体操界称赞黄旭是一名全能型选手，全套动作幅度大、韵律好、规格高，双杠和鞍马是其特长项目。他可以在双杠上一次完成7个挂臂动作，人称“铁臂阿童木”。因其优异的竞技运动成绩，他也获得了一系列国家奖励与社会荣誉：“江苏青年五四奖章”、“江苏省新长征突击手标兵”、“江苏省劳动模范”、“全国五一劳动奖章”（2次）、“国家体育运动荣誉勋章”等等。

黄旭孩提时代，顽皮而聪颖。三四岁时，他就会把家里五斗橱的抽屉一个个抽出一点来，一层层顺着框边向上爬到橱顶。有一次父亲的一位同事到他家看到这一幕，脱口调侃道：“小家伙这么皮，倒是块去体校练体操的料子呀。”原本不大了解体操运动的黄旭父母，觉得这是个好法子，既有人管教，同时也锻炼身体。于是，黄旭 5 岁时就进了南通市儿童业余体校。每天幼儿园放学时，他父亲就把他接送到体校训练。1984 年，刚练体操没多久的黄旭和小伙伴们在电视机前，见证了李宁在洛杉矶奥运会上的夺冠时刻，心中燃起了当冠军的梦想，此后训练得更加刻苦。冬去春来，队友一个个来了又离开，黄旭逐渐从小队员变为“大龄选手”，还当上了队长。1989 年春节，在业余体校的第 5 个年头，黄旭已经 10 岁，正当他和父母、教练考虑是否继续练体操时，幸运地经启蒙教练张建武推荐，黄旭被选入了江苏省体操队。

到了省队，黄旭起初被分在尖子组，可主管教练觉得他条件一般，找个理由拒绝了他，而其他不少教练也都认为黄旭很难出成绩。最终，被“挑剩下”的选手黄旭就自然地分到了被“挑剩下”的年轻教练王国庆手上。当时的王国庆初出茅庐，做运动员时运动成绩并不突出，但他勤奋学习文化知识，熟练地掌握了英语，是队里最早知晓运用国际上先进理念训练的教练，也因此为他日后留队执教，并受聘国家队打下了坚实的基础。在平时训练中，王国庆注意扬长避短，充分发挥黄旭的特长，有效指导黄旭在各类比赛中高质量地完成动作。2 年后，在 1991 年的省内比赛中，黄旭出人意料地拿到了 7 个冠军中的 6 个。1993 年，黄旭又在全国青少年体操锦标赛中拿下全能冠军，结束了江苏体操队 10 多年与金牌无缘的历史。

1993 年底，14 岁的黄旭被招入国家集训队，在集训中展现出扎实的功底，随后正式入选国家队。1997 年，在瑞士洛桑世界体操锦标赛上，黄旭和队友一举拿下男子团体冠军，成为江苏省首位体操世界冠军。在 1 个月后的八运会上，黄旭则拿到了双杠、鞍马冠军和个人全能、单杠季军。1998 年泰国曼谷亚运会上，黄旭再次帮助中国队拿到团体金牌，还收获个人全能金牌。2000 年，在全国体操锦标赛暨悉尼奥运会选拔赛上，黄旭表现出色，在队里排名冲到了前 3。然而在距离悉尼奥运会还有 2 个月时，黄旭扭伤了右脚脚踝。为了不掉队，他不得不每天缠着绷带继续苦练，终于入围悉尼奥运会参赛名单。

自 1997 年以来，以黄旭、杨威、李小鹏、陈一冰、肖钦、邹凯 6 人组成的中国体操男子团体阵容，在世界各大赛事中从未输过。然而，悉尼奥运会预赛，他们发挥得却并不理想，跳马预赛中，具有单项冲金实力的 3 位参赛选手竟然全部出现失误，位列俄罗斯之后，排名第 2。预赛后，中国体育代表团召开了会议，领导们觉得他们骄傲了，对他们提出了批评，并希望他们及时调整。团部会议之后，作为队长的黄旭又在自己宿舍里开了个小会，他对队友们说：“我们是太想拿金牌了，反而过犹不及。我们要相信自己，我们从来没有输过，这次也一样！”短短几句话，既简要道出了失利原因，又大大鼓舞了士气。决赛中，黄旭在中国队的第 1 项双杠比赛中，娴熟流畅地做完整套动作，“屈体后空翻两周”更是十分完美，引得李小鹏在场下大吼一声“好！”这套动作得到了 9.737 的高分，帮助中国队开局即以近 0.4 分优势排名第 1。之后，队友们也个个斗志昂扬，越战越勇，最终夺得悉尼奥运会体操男团金牌。这是中国体操队建队 47 年、参加奥运会比赛 16 年来荣获的首枚奥运会团体金牌。

常言道：“否极泰来，福过生灾。”人生的顺与逆是不断交替变化的。拿到悉尼奥运冠军后，黄旭就经历了几度的反复。2000 年底，才 21 岁的黄旭似乎突然迷失了人生方向，觉得世锦赛、世界杯、奥运会的冠军都拿过了，没有了目标与动力，甚至考虑退役。他的恩师王国庆及时发现了他的问题，语重心长地说：“一个体操运动员的巅峰时期可延续至二十四五岁，你至少还可以再参加一届奥运会。”黄旭幡然醒悟，又重返训练场，并携手老队友们，夺得 2003 年美国阿纳海姆体操世锦赛男子团体冠军。可紧随其后的 2004 年奥运会上，中国体操队却兵败雅典，全队仅获得男女单项 1 金 2 铜，黄旭个人则颗粒无收。来自各方面的指责、批评纷至沓来，全队情绪受到很大影响。

随后即将迎来的，是北京奥运会训练周期，国家训练局以及国家体委领导几度来到国家体操队开会调研。国家体操队训练馆的墙上挂起了一条长长的横幅：“卧薪尝胆，奋发图强；从负做起，奋起直追。”训练馆走廊上还竖起了一块“思过墙”，上面贴满了媒体的负面报道和队员们的检讨反思。当时，李小鹏、杨威、黄旭已是国家队的“三朝元老”，黄旭是“三驾马车”中最早下定决心归队、全力备战北京奥运会的。2005 年的十运会上，黄旭为江苏省夺得了吊环比赛金牌。可是，真所谓一波三折、好事多磨，殊不料 2006 年世锦赛前夕，黄旭在训练中胸大肌严重断裂受伤，参加北京奥运会的梦想濒临幻灭，这使他一度十分迷茫。万幸的是，继启蒙教练张建武、恩师王国庆之后，同时就职于美国纽约大学和香港理工大学的运动体能康复专家陈方灿博士出现在黄旭的面前。其时，国家体育总局开展了一项“科技助力奥运”资助服务计划，陈博士所率团队的服务对象正是国家体操队，具体任务为物理治疗、伤病恢复、制订科学训练方案。针对黄旭的伤情，从 2006 年末起，他们制定了一整套从作息、饮食到按摩、训练的康复训练计划。不到半年，科学的力量发生了作用，黄旭的“卧推”从 120 公斤增加到 130 公斤，“跑圈”几乎不喘粗气。至 2007 年末，黄旭自称是“脱胎换骨”的一年，不仅在世界杯系列赛中有所斩获，还帮助中国队在德国斯图加特卫冕了体操世锦赛团体冠军。2008 年 8 月 12 日的北京奥运会上，黄旭与“黄金一代”的老队友们在中国自己家门口，以十分优异的成绩，第 2 次获得了奥运会体操男子团体冠军。外国媒体惊呼：“中国体操队的统治力令人敬畏。”那一天，黄旭站在奥运会运动员村公寓的阳台上，不禁大喊一声：“此生无憾了！”一年后，2009 年夏，黄旭代表江苏省，参加了第十二届济南全运会，体操男团决赛是他辉煌体操生涯的谢幕之战。此时，杨威退役，李小鹏无缘全运会，中国男子体操历史上最为辉煌的“黄金一代”已经悄然淡出。随后，黄旭正式宣布退役，结婚成家，现今已是 2 个孩子的父亲。2018 年，黄旭获得了北京体育大学授予的体育教育博士学位，同时放弃了受聘国家队的机会，回到江苏担任省体操协会秘书长，筹划体操运动改革，把工作重心放在了学校青少年快乐体操上。

（八）陈玘

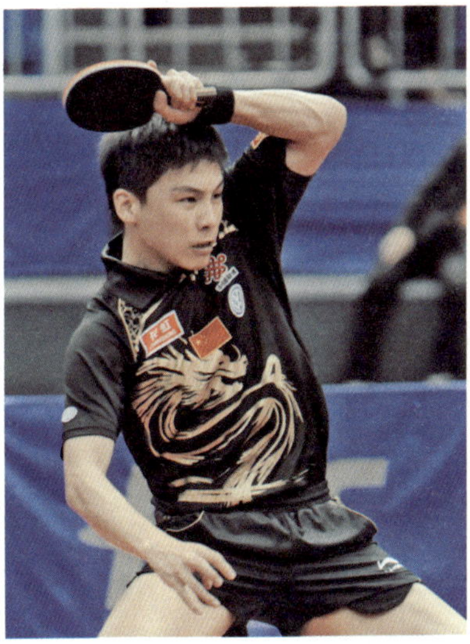

图 5-3-8　陈玘

陈玘，男，1983 年生，中共党员，江苏省南通人。玘者，美玉也。说起陈玘的竞技运动生涯，从一开始就具有传奇色彩，这块美玉上幼儿园时就被发现了。爸爸妈妈因为工作忙，下午没办法按时接他放学，正好幼儿园内有个下午 3 点到 6 点的儿童乒乓球训练班，就把他“托”给了训练班。没料想，这一“托”，竟托出了个 2004 年雅典奥运会男双冠军。

在爸爸妈妈眼中，自从进了儿童训练班，乒乓球成了小陈玘最大的兴趣。小陈玘还展现出“领导”气质，很有独立性，是“孩子王”，他爸妈时常能从幼儿园老师那里听到儿子的“英雄事迹”。于是，经朋友介绍，6 岁的陈玘被带到了南通市儿童业余体育学校。也许是幸运，也许是缘分，体校的老师一眼就看上了聪明、有灵气的他，当场就留了下来。试训 1 个月后，陈玘便带了张字条回家，他被体校正式录取了。5 年后，1994 年，刚满 11 岁的陈玘，披着一头贝克汉姆“莫西干”式垂肩长发，走进了南京体育学院乒乓球自费班。在自费训练的 1 年内，陈玘的球技持续大幅度长进。当时，正逢专业队伍、少体校后备队伍及自费班成员三方合并，经严格选拔，陈玘进入了南京体育学院江苏省乒乓球队。

然而，“金无足赤，人无完人”。从1999年初起，在入选省队5年后，陈玘竞技生涯的传奇色彩，却演绎为“三次入选国家队，两次被退回，一次受重罚”的很负面的系列闹剧。先说前2次：第1次，16岁的陈玘入选国家青年队，只待了18天就被立即退回了江苏省队。因为他在一次队内比赛输球后，竟把球拍折断成两半。第2次，2000年4月，17岁的陈玘入选国家二队，可不到半年时间就又“犯事”了。国庆节放假那天，他和几位队友外出玩耍，直到翌日凌晨方归。教练找他们分别谈话，别的人很快都承认错误，做出检讨，罚款了事。可他却“打死也不认错”，结果被罚款5000元，并立即退回江苏省队。面对2次被国家队“开除”，陈玘父母失望至极，无奈之下决定让他“金盆洗手，趁早读书”，可他却割舍不下十年的乒乓球情结，央求父母“再最后给一次机会”。

值此进退维谷之际，其时江苏省乒乓球队主教练杨川宁不啻陈玘的伯乐与救星。2002年初，在省队几员名将因种种原因接连转会时，杨教练没有跟风用重金聘请外援，却冒着风险将陈玘推向了台前加以重用，及时敲打点拨。而“山重水复疑无路”的陈玘，激动感恩的同时，则如猛虎下山，所向披靡，半年内世界排名升至男单第5，孔令辉、刘国正、秦志戬等名将纷纷败其球下。于是，2002年11月，国家队男乒主帅刘国梁力排众议，陈玘得以戏剧性地第3次入选国家乒乓球队。其时，他因左手执拍，且前三板快、凶、狠的技术特色，被广大球迷封为“杀神”，并赞其身散四气——灵气、侠气、霸气和大气。

岁月如梭，转眼2004年夏，雅典第二十八届夏季奥运会如期到来。但大赛开幕后，赛况却很不尽如人意。男子双打2号种子孔令辉、王浩，1/8赛即遭瑞典2位老将瓦尔德内尔、佩尔森淘汰；男单马琳也输给了瓦尔德内尔，队伍情绪受到很大影响。此时可贵的是，陈玘表现出超常的镇定心理和慑人的骁将威风，马琳赛后赞叹：“是陈玘鼓舞和激励了我，我们一路拼杀，连下四城，闯入决赛。”决赛中，他们遇上了香港的黑马高礼泽、李静。港方上下为进入决赛欢欣鼓舞，赛前已高悬400万港币赏金，大有夺魁之声势。但陈玘、马琳不为所动，心无杂念，积极沉着应对，结果波澜不惊，以4比2荣获冠军。当五星红旗在《义勇军进行曲》中冉冉升起时，陈玘不禁热血沸腾，马琳则已热泪盈眶。雅典奥运会后，陈玘继续高歌猛进，当年还再次夺得国际乒联巡回赛总决赛男双冠军。他与王励勤、马琳、王皓、马龙，并列大帅刘国梁帐下“五虎上将”，成为中国乒坛的“黄金一代”。

但是，“性格决定命运”，好日子延续到2006年初，“杀神”刺头的火暴脾气终于第3次爆发了。其时，虽然陈玘已是奥运男双冠军，可在男乒单打项目上还从未夺得过重大赛事的冠军，因此他非常渴望获得1块单打金牌。是年，亚洲杯乒乓球赛在日本神户举行，陈玘与王皓会合男子单打决赛，他背上了想赢怕输的包袱，结果发挥失常，0比4惨败。联系起此前2个月来已是“四个老二”，陈玘深感窝囊，怒火中烧，对自己十分不满。可千不该万不该，他在与王皓、裁判员握手致意后，走到围挡外的行李旁，竟然用力将球拍砸向地面，并一脚踢飞了身前的椅子，球场上日本观众哗然一片，嘘声四起。2006年3月9日，中国乒乓球队对外公布了对陈玘的处理决定：陈玘向全国人民公开道歉，并留队察看半年，察看期间还要罚款、军训、到河北乡村参加劳动，接受再教育。央视体育频道还专门制作了电视纪录片《陈玘下乡养猪纪实》，真实记录了陈玘的这段反省悔过经历。其实，这是中国乒乓球队，尤其是掌门人刘国梁的又一次用心良苦的安排，既有效地培育、磨炼了陈玘的心智，又避免了一颗风华正茂的奥运明星过早陨落的遗憾。

一分耕耘，一分收获。事实表明，国家队的苦心没有白费。陈玘从此低调、稳重、理性了许多。他继续与王励勤、马琳、马龙、王皓等国手配对，不断获得新的进取与成就。2006年不来梅世锦赛、2007年香港世界杯赛上，他为男子团体夺冠建功；2007年萨格勒布世锦赛、2009年横滨世锦赛上，他又居男子双打鳌头。陈玘荣耀成为奥运会冠军之外，还是6夺世锦赛、世界杯赛金牌的罕见世界乒乓明星。他也因此先后荣获一系列国家与地方的奖励表彰，主要有“全国五一劳动奖章”“江苏省五一劳动奖章”“中国青年五四杰出贡献奖章”“江苏省新长征突击手标兵”。

2014年2月，陈玘与王励勤、马琳等正式宣布从国家队退役，告别了跌宕起伏的竞技运动生涯。此前，2013年11月，陈玘经过一整套严格的竞聘程序，已经正式受任江苏省乒乓球男队主教练。从明星球员到普通教练，从年薪百万到月薪不足万元，退役后的陈玘也经历过人生的转型与阵痛。但因为是自己喜欢的事业，所以当教练的陈玘渐渐习惯了“陈指导”的称呼，和当运动员时一样敬业，全身心投入，也干得如鱼得水。其间，连结婚、生子这样的人生大事，他都低调简约进行，除了亲眷未惊动外人。此外，为了从理论上充实提高自己，他还参加了上海体育学院乒乓球学院的系列课程学习，同时总结实践经验，应约为《乒乓世界》撰写论文。2016 年 9 月，陈玘在教练工作上也取得了引人注目的成就，他率领江苏省男乒夺得全国锦标赛第 4 名，携手上海、解放军、山东三家，作为种子队进入了 2017 年第十三届天津全运会决赛，为江苏省男乒的梯队建设，为争取江苏乒乓球队早日走出低谷做出了重要贡献。

不过，人生是曲折沉浮的，生活是丰富多彩的。天津全运会后不久，继孔令辉与马琳之后，陈玘亦转行二次创业。2018 年 6 月，他辞去了主教练职务，离开了执教 6 年的江苏队，正式向服装行业进军，打造乒乓元素运动服装，推广乒乓时尚运动文化。他在社交平台上晒出了自己的第一件产品——“萌叔”文化衫，并对球迷、粉丝宣称：今后要改称“杀神”为“萌叔”了。然而，新的召唤更是迅疾而不可阻挡。2018 年 12 月 1 日，对陈玘有知遇之恩的刘国梁荣耀当选中国乒乓球协会主席。为备战东京第三十二届夏季奥运会，扭转国家队教练机制的不力现象，刘国梁上任后立即重组国家队教练组，急召马琳、陈玘、邱贻可等老将归队。对于陈玘来说，无论是立足报效党和祖国，还是衷心感佩知遇之恩，这一召唤都是不可抗拒的。陈玘第一时间在社交平台上晒出了他在国家体育总局训练局门前的自拍照，欲与广大粉丝、球迷分享荡漾心间的喜悦。让我们真诚地祝福陈玘为国家再立新功吧。

（九）陈若琳

那一刻，
云淡风轻，你是跳台最美的风景。
凌空一跃，天外飞仙，碧波起舞弄清影。
明天你，就要远行，带着祝福带着我叮咛，
迎着风雨，拥抱世界，英伦三岛烙上中国印。
若琳，若琳，你是水的精灵，蓝色夜空最美的星星。
若琳，若琳，你的泪光剔透晶莹，地球村里播洒真情……

这首《若琳》，是我国迄今唯一的以奥运会冠军名字命名的歌曲。

陈若琳，创纪录地夺得 5 枚奥运会跳水金牌，成为中国女子跳台跳水大满贯第 1 人，是一颗绚烂无比的跳水明星，是一位世界跳水运动的传奇女神。2012 年，陈若琳被评为江苏省劳动模范；2013 年，当选第十二届全国人大代表；荣获 2016 年度国家体育运动荣誉奖章。

图 5-3-9　陈若琳（右）

1992 年 12 月，陈若琳出生于江苏省南通市。4 岁时，她到南通市儿童业余体校接受训练，跟随高峰教练学习跳水。2000 年，8 岁的陈若琳进入南京体育学院附属省少体校。陈若琳原本身体素质较弱，体能训练课对她来说有很大的挑战。凭着永不服输的精神和坚持到底的韧劲，2003 年，年仅 11 岁的小若琳在全国少儿跳水赛上就一鸣惊人，神奇地相继拿下 3 块金牌。1 年后，她又“越级”挑战，出席了全国跳水锦标赛，与当时的李婷、劳丽诗等诸多名将难分伯仲。2004 年底，刚满 12 岁的小若琳凭借出色的实力，被中国跳水队领军人物周继红相中，成功入选中国梦之队。

不久，小若琳就脱颖而出，亮相世界。2006 年，第十五届世界杯跳水赛在江苏常熟举行。年仅 14 岁的小若琳与贾童合作出战，用令人惊叹的五套动作，彻底征服了裁判和观众，以绝对的优势摘得女子双人 10 米跳台桂冠，首次成为世界冠军。当雄壮的《义勇军进行曲》在常熟游泳馆内响起、鲜艳的五星红旗冉冉升起之时，两个满脸稚气的小姑娘开心得像两朵含苞欲放的鲜花。而同样有趣的是，14 岁的小若琳，成为南通市历史上第 14 位世界冠军，也是当时中国跳水队中最年轻的世界冠军，成为国内外各媒体争相报道的对象。但她并没有因此沾沾自喜，忘乎所以，而是立下雄心壮志，树立伟大目标：继续前进，努力拼搏，夺取北京奥运会金牌。

两年后，2008 年北京奥运会上，陈若琳以超人的胆略、坚强的意志实践了誓言。跳水女子单人 10 米跳台决赛中，在前四跳落后于加拿大名将海曼斯 1.65 分的不利战况下，陈若琳并未慌张与气馁，而是镇定自若，平心静气，第五次站到 10 米台上，助跑、起跳、腾空、翻转、入水，堪称完美无瑕！凭着这一套难度系数比对手高出 0.2 的动作演绎，她拿到 100.30 分的当晚最高分，并赢得全场最热烈的掌声与喝彩。陈若琳的这枚金牌，结束了中国跳水队 10 余年无缘女子单人 10 米跳台奥运冠军的历史，具有划时代的意义。而加上之前已经获得的 10 米台女双冠军（搭档王鑫），陈若琳成为奥运会历史上第一个囊括单人跳、双人跳两枚金牌的跳台选手，成为名副其实、当之无愧的“跳水女王”。

2011 年 7 月，在上海世界游泳锦标赛上，她又不负众望，顺利将 10 米跳台单人及双人（搭档汪皓）项目的金牌收入囊中，成为首位实现奥运会、世锦赛、世界杯三大赛事“双料大满贯”的跳水选手，为中国跳水“梦之队”增添了新的内涵、新的价值。但她仍未止步，在 2012 年伦敦奥运会、2016 年里约奥运会上，陈若琳又两度续写辉煌。伦敦 10 米台单人、双人（搭档汪皓）卫冕成功；里约 10 米台双人（搭档刘蕙暇）卫冕成功。从 2006 年到 2016 年 10 年间，陈若琳夺得世锦赛、世界杯、奥运会三大赛的 14 连冠，完美诠释了奥林匹克“更高、更快、更强”的精神，创造了世界泳坛跳水史上的新纪录、新神话。

然而，攀登常常遭遇挫折，成功不免伴随失败。历览古今中外大家宗师、杰出人物，在拼搏奋进的道路上，哪个没有苦痛、彷徨、哀怨、心伤。陈若琳也是如此。

童年时代，3 岁的小若琳就不幸遭遇父母离异。当时，爸爸重病缠身，自顾不暇；妈妈则带着哥哥移居海外，一去不回。外公、外婆放不下这孤苦可怜的外孙女，就带回自己家抚养。后来，小若琳又被过继给舅舅，于是改称外公、外婆为爷爷、奶奶。据爷爷、奶奶回忆，若琳从小体质较差，经常生病，几乎每星期都要去医院，如果 1 个月“只挂 2 次水”就算很幸运了。为了增强体质，4 岁时，奶奶就送若琳到市儿童体校练体操。没多久，奶奶觉得练体操太苦，又经人介绍改练跳水，师从她竞技运动生涯的启蒙教练高峰，由此开启了她天赋加拼搏的跳水生涯。练跳水的第 1 天，若琳腰上绑根绳子被扔进了水里，见她若无其事，全无一般孩子的紧张与喊叫，舅舅就和高峰教练在游泳池边说起了客套话。可一没注意，若琳居然自己摸索着默默地游上了岸。高峰见此不禁惊呼：“天才！天才！这孩子我要定了！”不过，体质较差依然是个问题，必须加强体能训练。于是，爷爷、奶奶就轮流着每天早上陪她去家附近的跃龙桥小学操场上跑步。早熟坚韧、懂事明理的小若琳，每次要在操场跑 18 圈，对于一个还在上幼儿园的孩子真不容易，但她知道跑步的原因与目的，有时候一边哭着一边跑，让爷爷、奶奶心疼不已。

2006 年第十五届世界杯跳水赛后，声名鹊起的陈若琳就铆足了劲，要以伏明霞、郭晶晶为榜样，问鼎北京奥运会。中国队已在两届奥运会上与女子 10 米跳台金牌无缘了，在跳水 4 大项目中，女子跳台的竞争尤为激烈。这时的陈若琳已 14 岁了，女选手在进入青春期后，身体体形容易发胖，对跳水动作的规范和质量会产生较大影响。为了控制体重，遏制发胖，保持良好竞技状态，陈若琳采取了严苛的节食方式。2 年时间里，她不仅放弃了自己酷爱的零食，从没有痛快地吃一袋薯片、喝一杯珍珠奶茶，甚至戒掉了正常的晚餐。即使有时经过香气四溢的运动员餐厅门口，她也视若无睹，国家队的教练们没有不称赞她的自觉与毅力的。她有自己的判断与认定，为了祖国的荣誉，为了党和人民的嘱托，为了自己的奥运梦想，如此忍受算不得什么，是完全值得的。

第三十一届奥运会在里约闭幕后不久，2016 年 10 月 19 日，陈若琳在微博上郑重宣布了退役："10 米台上不会再有我陈若琳的身影了，很遗憾颈椎伤病的困扰让我无法再继续坚持，非常感谢大家对我的关心与支持。"对于 24 岁即宣布退役的陈若琳，许多人表示不解。然而，如果说北京奥运会前她忍受了饥饿的痛楚，那么里约奥运会前她忍受的则是瘫痪的威胁。陈若琳颈椎曾经诸多专家会诊，结论为"脊椎 3、4、5 节突出，有脊髓缺血性改变，高强度训练有导致瘫痪的危险"。退役以后，陈若琳回到中国人民大学公共管理学院，继续攻读专业课程，她表示希望能在人大本科毕业，进而从事和体育运动管理相关的职业。2019 年 3 月，陈若琳作为裁判现身 2019FINA 世界跳水系列赛北京站赛场，在"水立方"以一种新方式延续着自己对跳水的热爱；6 月末，她如愿被中国人民大学授予学士学位，新的生活、新的理想在向她招手。

（十）仲满

仲满，男，1983 年生，江苏海安人。中共党员，原国家击剑队著名选手。在 2008 年北京第二十九届夏季奥运会上，仲满为中国赢得男子击剑项目的第 1 枚金牌，取得了中国男子击剑冠军零的突破，也使击剑这一所谓欧美绅士运动走向我国民众视野，并得到了进一步普及。

图 5-3-10　仲满

仲满的家乡在江苏省海安县北凌镇，是全国闻名的"农民体育之乡"，崇尚体育、热爱健身锻炼是当地农民的优良传统，每年都会举办农民运动会。仲满出生于这里，从小便喜欢跑步，喜欢飞驰的感觉，更喜欢当领跑人。在充满运动氛围的环境中成长，培育了他积极向上的体育精神，也奠定了他良好的体质基础。

由于继承了父亲的优良基因，上小学的小仲满身高就比同龄人高出半个头，加上阳光的样貌和出色的体育成绩，经常成为学校的焦点人物。全校的各类体育运动比赛，都是仲满展示风采的舞台，每年冬季学校的长跑就被他蝉联了好几届冠军。当时，仲满的父亲只是希望他以后能考入海门师范学校体育班，分配回来当一名体育教师，跳出“农门”，谁知却为仲满今后的体育之路埋下了种子。

1993 年 4 月，在当地教育部门组织的一次活动中，北凌中学的体育老师储兴一眼看上了上小学 4 年级的仲满，说他腿长胳膊长，是练击剑的好苗子，于是带着他来到南通市业余体校，推荐给击剑教练黄保华。其时，南通市的击剑运动在国内已经发展得相当成熟，一些选手先后披上了国字号战袍。黄保华同样一眼便相中了仲满，直接让他回家等通知，仲满激动得每天都期待着邮递员的到来。可生活有时就是这样阴差阳错，南通市体委曾两次寄出录取通知，结果却均付诸洪乔，年仅 10 岁、做着佐罗梦的仲满不得不揣着不甘，去了海安少体校练田径。

人生更有时来运转、机缘巧合。小学毕业那年，南通市举办篮球比赛，海安体校篮球队临时借调 13 岁时身高已达 1.82 米的仲满参加一场比赛。赛场观众席上有一位特殊的女观众，她是南通市体校的击剑教练吴娟，正是曾经相中仲满的击剑教练黄保华的妻子。她一看到上场做准备活动的仲满，同样也是眼前发亮。当时即使在体育之乡，击剑仍属边缘项目，基层无对口队伍。师徒之缘，一错过就是 3 年多，此次不能再坐失良机。黄保华、吴娟夫妇了解到相关具体情况后，随即赶赴海安少体校，点名商调仲满。虽然一心让儿子考师范、跳农门的父亲并不乐意，但抹不下体校领导、教练的面子，拗不过儿子的向往，最终还是同意了，这无疑是仲满体育人生、竞技生涯的重大转折。

1997 年，15 岁的仲满开始学习击剑。虽说晚了些，且起初是跟着吴娟教练学习重剑。现代击剑运动分花剑、重剑和佩剑三种。据仲满自己后来介绍，重剑速度比较慢，比赛讲究试探与攻击技巧，他学起来总是不得要领，连比他小两三岁的选手都打不过。于是，体校教练组经过研究，一致决定让他更换剑种，由黄保华教授佩剑。佩剑的特色是速度非常快，比赛讲究爆发力，有大量追逐砍劈动作，利落爽快。实践证明，剑种的改换非常有效，佩剑更适合有田径、篮球基础的仲满。他上手非常快，3 周内就掌握了技术要领，3 个月以后与一些老队员打起来就难分伯仲了。这让黄宝华教练十分欣喜得意，禁不住给江苏省击剑队的张双喜教练打电话说：“我有一个好苗子，你一定要看一看。”

1998 年 11 月，仲满跟着黄宝华来到了南京体育学院。他的形象与气质确实非同一般，张双喜自然也是一眼相中，心生欢喜。于是他先进入附属体校学习训练，2000 年正式入选江苏省击剑队。由于进步飞快，2003 年，刚满 20 岁的仲满被调入了国家队。可是，在当时人才济济的国家队，他每天只能当陪练，这与他以往的成长轨迹完全不同，内心体味到的是一种深深的失落。于是，在与张双喜教练沟通后，仲满决定重回江苏省队。第 1 次的国家队之旅仅 4 个月便结束了。

2005 年，仲满 22 岁，这个年纪是击剑运动员出成绩的黄金期。果不其然，在练习击剑 7 年之后，仲满迎来了第 1 次大爆发，先后在多项赛事中取得优异成绩，一跃跻身国内顶尖高手的行列，再一次入选国家队。这一次他虽说不再是陪练，但也仅位列众高手中的第 5 名：这个位置比较尴尬，因为一个完整的团体比赛队伍由 4 人组成，3 人参赛，1 人替补，第 5 就只能算替补的替补了。他对此自然不能心满意足、甘居人后。

2006 年 8 月，法国传奇教练鲍埃尔，接受了我国国家体育总局自行车击剑运动管理中心的聘请，出任中国佩剑队总教练，目标直指 2 年后的北京奥运会金牌。其时，50 余岁的鲍埃尔，被业界普遍认为是世界上最著名的佩剑教练。他年轻时曾获得过击剑世界冠军，执教期间，则先率领法国队夺得悉尼奥运会男佩团体亚军，后又率领意大利队夺得雅典奥运会男佩个人冠军。鲍埃尔是中国击剑史上的第 1 位外教，国人不禁期盼这位传奇教头能超越男篮的尤纳斯、女曲的金旭伯、花泳的井村雅代，给中国击剑带来更大的惊喜。

执教初期，在鲍埃尔看来，仲满几乎所有的技术动作都有问题。在他的指导下，仲满慢慢掌握了新的技术要领，并且和自己特有的速度、节奏融合在一起，水平逐步提升。至 2007 年，仲满基本确立了国家队主力的位置，2008 年初则上升为 2 号选手。不过，鲍埃尔也给他起了个不雅的外号“疯狗”，虽对其不顾一切的进攻速度不无褒奖，但也包含有“动作盲目、节奏欠缺”的批评。果不其然，被视为北京奥运前热身的几次大赛，他都吃了“疯狗”亏，最不能原谅的是阿尔及利亚大奖赛上，在 14 比 7 领先、仅差 1 分获胜的情况下，居然被西班牙名将马尔蒂逆转翻盘，气得教练踢翻了剑道赛场下的塑料凳，甚至发飙要仲满离开国家队。仲满反省了很久，主动向教练认错道歉，请求原谅。

2008 年 8 月 8 日，举世瞩目的北京奥运会终于开启大幕。鲍埃尔一显剑侠本色，放出豪言：“我将率领中国佩剑队夺得 2 枚奥运金牌。”然而，8 月 9 日，第 1 个比赛日，中国佩剑女队竟全军覆没，无人进入四强。这给中国佩剑男队敲响了警钟。但鲍埃尔不为所动，只是不断嘱咐男队的仲满、王敬之、周汉明要“稳住心态”。12 日，男子佩剑比赛在国家会议中心击剑馆拉开帷幕，40 名世界顶尖高手汇聚一堂，志在必得。

凭借东道主权益，中国队首轮轮空。1/16 决赛，仲满登场，对手是泰国的混血剑客康尼，曾代表德国获得悉尼奥运会季军。仲满一上场就疯狂劈砍，康尼还没摸清路数，几分钟内即以 7 比 15 败下阵来。1/8 决赛，对手是赛会的 8 号种子、西班牙选手玛蒂，他上轮刚击败志在卫冕的上届冠军意大利选手蒙塔若，气势正盛。这是一场十分胶着、紧张的决斗，双方交替领先，战至 14 平，最终仲满以一剑险胜，晋级八强。1/4 决赛，对手是赛会的 1 号种子、意大利选手塔伦蒂若。此时，仲满队友王敬之、周汉明前两轮已先后被淘汰。而塔伦蒂若因为同胞蒙塔若失利，孤身作战的压力亦可想而知。两国两株独苗相向，谁输掉谁就与男佩奖牌无缘。比赛中，仲满显然牢记鲍埃尔“稳住心态”的嘱咐，不再是被人翻盘的菜鸟。他既智又勇、进退自如地与塔伦蒂若周旋，最终有惊无险地以 15 比 13 取胜，晋级四强。仲满的出色发挥让头号剑客丧失理智，恼羞成怒，退场时一路扔掉手套，乱踢隔板。半决赛，对手是传奇教头鲍埃尔的同胞、法国老将朱利安·皮耶，正是他淘汰了王敬之。仲满沿袭了上轮的战术，稳扎稳打，最终以 15 比 12 获胜，晋级决赛。8 月 12 日晚间 8 点，决赛的对手是来自法国的名将尼古拉斯·洛佩兹。他成名已久，仲满初出茅庐时与他有过交手，落败而归。此次相遇，洛佩兹对仲满自当刮目相看。前 10 分，双方交替领先，从 3 平、6 平，直到 9 平。随后，仲满愈战愈勇，洛佩兹则显得犹豫，比分很快变为 12 比 9。此时，洛佩兹向裁判示意暂停，摘下面罩扎系鞋带，显然实施拖延战术，意在遏制仲满的兴奋状态，引得赛场观众一片嘘声。结果，仲满的霸主气势已不可阻挡，猛若海浪，迅若雷电，3 个回合剑击中得分，以 15 比 9 夺得冠军。仲满仰天长啸，鲍埃尔振臂高呼。

仲满，终于成为一匹黑马，荣获北京奥运会男子佩剑个人金牌，书写了中国击剑史上新的辉煌篇章，成为自 1984 年栾菊杰之后再次夺得击剑奥运冠军的中国选手，也实现了中国男子击剑在奥运会上金牌零的突破。他先后被授予“全国五一劳动奖章”、“全国五四青年先进个人”、“全国先进个人”、“中国青年五四奖章”、中央国家机关“十大杰出青年”、“江苏省五一劳动模范”、“江苏省五四青年先进个人”等诸多荣誉。

北京奥运会后不久，仲满与相爱多年的高校共青团干部武宗文举办了隆重的婚礼。2009、2011 年，其女儿和儿子先后降生，小家庭可谓美满幸福。2013 年，

30岁的仲满宣布正式退役。2017年济南全运会前，已经34岁的仲满又决定复出，毅然代表江苏出战第十三届全运会，誓言为家乡父老再添荣光。最终，天道酬勤，天遂人愿，仲满以全运会佩剑个人赛金牌、团体赛铜牌，为自己的击剑生涯画上了圆满的句号。当再次宣布退役后，仲满又应召赴北京上任国家击剑队教练，改换身份继续为中国击剑事业鞠躬尽瘁，衷心祝福他在教练事业上再创辉煌。

（十一）陆春龙

陆春龙，男，1989年出生于江苏江阴，后举家搬迁至常州，中共党员，原国家蹦床队著名选手。2008年夏，在第二十九届北京奥运会上，19岁的陆春龙夺得中国男子蹦床运动首枚奥运会金牌，一飞冲天，笑傲体坛，在中国蹦床运动史上写下了浓墨重彩的一笔。

图 5-3-11　陆春龙

陆春龙春天出生，那年适逢农历蛇年，而蛇俗称“小龙”，奶奶给他取名陆春龙。由于父母长期在外打工，年幼的陆春龙很早便告别了家乡，随父母迁入常州市区。天有不测风云，1994年初，陆春龙5岁那年的一个晚上，父亲骑摩托车载着他在回家的路上发生了车祸，造成他大腿骨旋转180度。后来送医用的是中医正骨法，即在不使用麻醉药的情况下，由几个强壮的男医生硬生生地把他的腿骨给转了回来。尽管后期他积极配合治疗，并奇迹般地渐渐康复，但还是落下两腿的长短细微不一，造成了不可恢复的伤害。至今他回想起来，仍能隐约感觉到那时的痛彻心扉。

然而，陆春龙没有被这场磨难击垮，在后来面对挫折与困难的时候，反而多了一份异于常人的底气和勇敢，令他从不胆怯，更不会退缩。虽然自己的身体条件并不理想，可他凭借着自己强大的意志和坚定的信念不断战胜自我、突破自我。也就是在1994年，陆春龙遇上了时任常州市少体校教练的洪澄海前往幼儿园选才并被选中，在洪教练的指导下练习体操。他很快爱上了这项运动，并于当年参加了江苏省第十三届运动会，竟一炮打响，获得少儿体操丙组鞍马亚军，表现出优秀的先天条件与超群的竞技素质，真不愧是一条“龙”。

在常州市少体校学习了3年的体操，1997年夏，洪澄海教练带着8岁的陆春龙来到南京体育学院江苏省体操队，陆春龙训练3个月后，经测试基本条件，听从省队教练的建议改练技巧项目。在江苏省技巧队，陆春龙遇到了运动生涯的伯乐都庆廉总教练。根据陆春龙因为“腿”带来的自身条件不足，以及同时蕴含的坚毅、灵气、爆发力、表现力等潜质，都教练决定中断他在技巧队的徘徊彷徨，建议他改练蹦床项目。1998年，我国正大力推广蹦床运动，第九届全运会将蹦床列为比赛项目。陆春龙开始几年先跟随江苏省蹦床队张健驰教练进行蹦床训练，完成了从体操、技巧运动员向蹦床运动员的转变。2000年，陆春龙在上海夺得全国蹦床比赛儿童组冠军；2001年，在丹麦举行的世界青少年蹦床锦标赛上，他又从来自38个国家的数百名运动员中脱颖而出，勇夺12岁年龄组冠军；2003年，他又荣膺世界青少年蹦床锦标赛单人冠军。

2004年2月，有“中国蹦床教父”之称，时任国家蹦床队、江苏省蹦床队主教练的胡星刚正式将陆春龙收编麾下，陆春龙入选江苏省蹦床队。同年夏，15岁的陆春龙又入选国家蹦床队，登上了人生重要的新台阶。2005年，适逢第十届全运会在南京举办，16岁的陆春龙独占鳌头，获得冠军，在江苏家乡创下了蹦床运动的新纪录。次年，他又成功获得了亚运会冠军，成为当时中国蹦床队一颗发展势头最迅猛的新星。

然而，竞技运动时遇低谷似乎不可避免。2007年，陆春龙未能保持持续上升势头，成绩下滑厉害，世锦赛与世界杯美国站赛均铩羽而归，以致忧心忡忡地面对第二十九届北京奥运会。而雪上加霜的是，2008年初，他偏偏又被医生检查出腰椎“陈旧性骨裂”，也就是说早就骨裂了，只是他自己没注意到，一直在带伤训练比赛。医生还说，今后很难完全愈合，如果继续高强度训练有瘫痪的危险。面临这一切，陆春龙却出奇地镇静，没有片刻慌乱和丝毫犹豫，他坚定地说：“无论怎样，北京奥运会是绝对不会放弃的。”于是，在与医生和“蹦床教父”胡星刚充分沟通后，他适当减少训练量，注重提高训练效率，边疗伤边训练，状态一点一点恢复，心态一点一点调整。锲而不舍，天遂人愿，奇迹终于发生，北京奥运会前的各类大赛中，陆春龙的成功率达到100%。一路披荆斩棘下来，陆春龙连续获得世界杯蹦床赛波兰站、日本站、瑞士站与西班牙站4站冠军，并获得国内锦标赛暨奥运会选拔赛冠军，最终如愿拿到北京奥运会入场券，获得参赛资格。

北京奥运会时，中国男女蹦床队的水平，在难、高、稳、准、美、新等多方面，都已经达到了世界一流水平，但能否拿到奥运会金牌，尚无从得知。2008

年8月18日晚，“蹦床教父”胡星刚的女弟子何雯娜荣获了女子蹦床网上项目单人冠军。8月19日晚，宏伟的国家体育馆内灯火辉煌，座无虚席，蹦床男子网上项目决赛在此举行。各大小城市广场上的巨幅电视实时直播，真正是万众瞩目，扣人心弦。东道主的地利、人和优势很大，压力则更大，19岁的陆春龙排在最后一个出场。此前，加拿大选手伯内特以一套高难动作获得40.70分，排名第1；我国选手董栋亦有上佳表现，但以0.1分之差排名第2。陆春龙上场后，虽然受“董栋第2”的影响，开始的2跳发生些许位移，但总体上以高规格、高质量、高稳定性的出色表现，展示着他的那套唯美精湛的“空中芭蕾”。当最后一个动作反弹到半空中时，陆春龙就高举起了胜利的拳头。稍后，赛场上记分牌亮出41分的全场最高分。万众一片欢腾，大喊“陆春龙”，高呼“中国加油”！新华社报道，中国男子蹦床的“陆董”组合19日果真发挥了“双保险”的作用，在队友董栋以0.1分落后对手的不利情况下，最后一个出场的陆春龙以0.3分的优势夺得北京奥运会蹦床男子网上项目金牌。

蹦床运动项目在中国起步比较晚，引进、发展的时间不长，但我国的蹦床运动发展速度很快，竞技水平堪与世界老牌蹦床运动强国比肩。实际上，大多国人对蹦床运动的关注亦始于北京奥运会。中国蹦床队实现了大满贯，包揽了奥运会2块金牌，这无疑大大激发了国人对蹦床运动的热忱。作为第1代中国蹦床运动选手，陆春龙见证了中国蹦床从起步到辉煌的发展历程。他在这次比赛中夺冠的动作虽难度不是最高的，但动作质量与规格是顶尖的，腾空高度、控制能力、规范性身体位置等都非常完美。而带伤出征，成为魁首，则更是一个奇迹。

获得奥运会冠军后，因伤病等种种原因，陆春龙又进入了长达近3年的低谷时期。特别是2010年，国内外大小比赛可谓一无所获。直至2011年11月，在伯明翰世界蹦床锦标赛上，陆春龙终于重新站上世界之巅。王者归来，谁与争锋。赛事第1天，他就为中国队顺利拿下一张伦敦奥运会入场券，紧接着的网上个人决赛又以几近完美的表现登上冠军宝座。翌年伦敦第三十届夏季奥运会上，陆春龙又一次带伤出战，结果戏剧性地与亲密队友交换了位置：董栋是冠军，他是季军。当然，这也称得上是陆春龙的圆满谢幕之战。

伦敦奥运会后不久，考虑到脊椎的伤病，陆春龙终于决定退役。退役后，他先在北京体育大学继续其研究生学业。2016年，与江苏省艺术体操队退役运动员陈盛建立了自己温馨的小家庭。而今，他并没有离开给他带来了辉煌的蹦床事业。作为南京体育学院体操学院副院长兼蹦床队领队，他仍然不忘初心，追逐梦想，努力为南京体育学院创造新的荣光。

（十二）蔡赟

图 5-3-12　蔡赟

蔡赟，男，1981 年生，江苏苏州人。中共党员，原国家羽毛球队著名选手。他身高 1.82 米，身手矫健，英俊潇洒，活力四射，1999 年 19 岁进入国家队，2016 年 36 岁宣布退役。在代表国家出征的 17 年竞技运动拼搏生涯中，蔡赟荣耀夺得各类奖项：2004 年至 2012 年连续 5 届获得汤姆斯杯羽毛球团体赛冠军；2005 年至 2015 年连续 6 届获得苏迪曼杯世界羽毛球混合团体锦标赛冠军；4 度夺得世锦赛男双桂冠；2012 年伦敦第三十届夏季奥运会上斩获男双金牌。

蔡赟上小学时，他开始展现音乐天赋，被音乐老师看中，学过 2 年手风琴，能熟练演奏《蓝色的多瑙河》。可三年级时的校运动会上，蔡赟的体育天赋表现得更加突出，受到体育老师的赏识。经老师推荐，他来到了苏州市儿童业余体校。该校羽毛球启蒙教练周建国慧眼识珠，堪称伯乐，一眼相中了这匹活力四射的“千里马”。

在周建国教练看来，蔡赟不仅身体灵活，协调性好，并且悟性极强。在教练的严格要求和悉心指点下，蔡赟年龄虽小却很争气，球技进步很快。但到了初二上学期，因为功课多，中考压力大，蔡赟父母决定让他放弃羽毛球训练。周教练连忙找到了他家里，劝说其父母让孩子再试一下，到省体校代训 1 年，争取拿下省运会冠军，进入省运动队当专业运动员。结果，蔡赟不负教练厚望，如愿拿下了省运会男子羽毛球单打和团体 2 项冠军，但却因种种原因未能顺利进入省队。心急如焚的周建国，找到了江苏队总教练、我省首位羽毛球单打世界冠军孙志安，详细说明了蔡赟的各方面情况。同为苏州人的孙志安总教练，也爱才心切，经多方协商，决定让蔡赟进省队试训半年，蔡赟这才重新拿起了球拍。1994 年，14 岁的蔡赟如愿进入江苏省羽毛球队。经过后来日复一日、年复一年的艰苦训练，最终走上了更为辉煌的夺冠之路。

然而，蔡赟进入省队后发展得并非一帆风顺。在一场场训练、比赛中，他常常会感到供氧不足、心脏不适、身不由己，训练质量、比赛成绩时有下滑，给教练留下了“意志品质不行”的负面印象。1997 年，他因此错失了上调国家队的机会，但凭着青年小伙儿的一股拼劲，1998 年，他第 1 次参加全国羽毛球锦标赛，竟连胜国家队队员，成为打进八强的唯一一名非国家队选手，为他自己赢得了那张曾丢失的国家队入场券。不过，那不明病痛的阴影并未随之消失，一度困扰着让他萌生了退役的情绪。2001 年末，九运会结束后，蔡赟回到了学校。经过一番全面详细检查，终于找到病因，他的心脏比常人先天多了一根小血管，导致剧烈运动后心动过速，头晕窒息。为了圆梦赛场，他瞒过父母，接受了“心脏射频消融手术”。康复后，蔡赟又说服了仍忧心忡忡的父母，毅然重挥球拍，于 2002 年 5 月重返国家队，正式开启了他“王者归来”的夺冠之旅。

2002 年 7 月，印尼归侨、羽坛传奇老将汤仙虎受命出山执掌国家羽毛球队男双主教练，为了改变当时男双的落后面貌，他仔细观察，大胆起用新秀。在集训中，汤教练选中了原本互不相识，但却特色鲜明、优势互补的蔡赟与傅海峰做搭档，自此叱咤羽坛十数载的中国羽毛球男双组合就此诞生，被业界誉为“风云组合”。

“风云组合”初成之时，便在 2002 年 12 月的中国公开赛上一举打进四强，引起各方关注。在随后的比赛中，蔡赟、傅海峰愈战愈勇，捷报频传。2003 年世界羽毛球锦标赛上，蔡赟、傅海峰一鸣惊人，杀入四强。随后进行的马来西亚公开赛中，2 人合力击败世界羽毛球锦标赛男双冠军帕斯卡、拉斯姆森闯进决赛，收获亚军。2004 年 3 月，他俩力战众强，夺得配对后首枚金牌——德国公开赛冠军。2005 年 3 月，他俩再接再厉，又夺得素有“小世锦赛”之称的全英公开赛冠军，结束了中国男双 14 年无缘全英赛冠军的历史。2006 年 9 月，胜利接踵而至，他俩又为中国重夺阔别 17 年的世锦赛男双冠军，“风云组合”由此登顶国际羽联男双组合排名榜，用实力赢得了 2006 年 CCTV 十大体坛风云人物奖。2007 年，他们一路高歌猛进，豪取新加坡超级赛、印尼超级赛、中国大师赛、法国超级赛 4 个超级赛赛事的冠军。2009—2011 年，蔡赟、傅海峰连续 3 次获得世锦赛男双冠军，真正成为世界羽坛上的双星偶像组合。

然而，拼搏的人生，不会总是一路高歌，总有黯然铩羽之时。2008 年北京奥运会前半年，蔡傅“风云组合”就曾一度陷入低潮，甚至无颜面对媒体采访。在教练组与他俩协同努力下，一路过关斩将，挺进决赛，但决赛的结果十分残酷，“风云组合”负于以速度见长的印尼组合基多、塞蒂亚万，作为中国男双奥运夺金的希望破灭，屈居亚军。

痛失奥运金牌的现实，让蔡赟心生退意。然而，搭档傅海峰坚定表示了“再奋斗、共进退”的心愿。兄弟般的赤诚情谊与强烈的责任感，让蔡赟再次选择了坚守。经过北京奥运风雨的洗礼之后，“风云组合”的技战术与默契程度有了更大的飞跃，蔡赟也成长为国家羽毛球队队长，褪去了些许年少锋芒，平添了几分成熟稳重。2012 年伦敦奥运会备赛周期中，他与傅海峰稳扎稳打，步步为营，整整一年固守住了世界排名第 1 的成绩。8 月进入伦敦奥运会比赛后，“风云组合”一路过关斩将，直抵决赛。8 月 5 日，经历 4 年卧薪尝胆，蔡赟、傅海峰在决赛场上 2 比 0 大胜丹麦鲍伊、摩根森，终于拿下了梦寐以求的奥运金牌，为中国羽毛球队弥补了男双奥运金牌的空白，也让中国队史无前例地在伦敦实现了包揽奥运会羽毛球 5 枚金牌的惊天壮举。

辉煌之后，一段传奇落幕，蔡、傅 2 人都有过一段在国家队以老带新的训练生活。2014 年 6 月，蔡赟获免试保送资格，成为北京交通大学本科生。2016 年 5 月，蔡赟受邀担当 2016 年“汤尤杯”解说员。事后看来，这是蔡赟从职业运动员向羽毛球运动自媒体传播者转变的一个信号。2016 年 6 月 24 日，蔡赟正式宣布退役。2017 年 9 月，“最多羽毛球世锦赛男子双打冠军”的吉尼斯世界纪录称号被授予蔡赟和傅海峰，成为他俩羽毛球运动生涯的完美句号。

在竞技体育界，像蔡赟这样的体坛名宿，退役后通常有两种工作选择，一是当行政领导，一是当专项教练。但蔡赟却表现得另类而洒脱，他选择的是自我创业。他说：“我还是希望做一些自己喜爱的事情。大众体育这一块非常受欢迎，尤其是羽毛球。”于是，蔡赟注册了自己的公司，先后在北京通州、厦门前埔开办了球馆。2017 年 8 月，首届“蔡赟杯”邀请赛是北京球馆开业后的第一次大型活动，共有 40 家来自全国各地的俱乐部、300 余名业余选手参加角逐。另外，他还携手龚睿娜、张雅文两位羽坛女杰筹划“冠军联盟”赛事，已经在厦门、长沙、重庆举办了 3 站，每站都有上千人参与。开展青少年培训工作的同时，蔡赟还一直坚持做羽毛球自媒体传播，有报道称他这是“华丽转身”，转型成一位成功的自媒体人。他的“和蔡赟聊羽毛球”公众号，以专业的视角帮助更多的人了解羽毛球运动，促进更多的青少年热爱并参与羽毛球运动，3 年多来“圈粉”已达十几万。

“我的梦想，在每个醒来的早晨，敲打我的心房，告诉自己成功的道路，还很漫长……”这首《年轻的战场》，是蔡赟和傅海峰最喜欢的励志歌曲，他俩常常在各种聚会和活动中引吭高歌。如今，蔡赟奔赴了新的“年轻的战场”，用行动高歌着："我将要走向这胜利的远方，我要让这世界为我激荡。"祝福蔡赟在崭新的羽毛球培训、自媒体天地里，风云再起，续写辉煌。

（十三）骆晓娟

骆晓娟，女，1984年生，江苏盐城人。中共党员，原国家击剑队著名选手，现任南京体育学院乒羽学院副院长。她是一位十八年如一日与击剑竞技运动相伴的美丽姑娘，一个纵横世界剑坛赛场的女剑客。其赫赫战功细数如下：2003年世青赛女子重剑个人与团体冠军、2006年世界杯意大利罗马站女子重剑个人冠军、2006年世界击剑锦标赛女子重剑团体冠军、2009年巴塞罗那击剑大奖赛女子重剑个人冠军、2012年伦敦第三十届夏季奥运会女子重剑团体冠军。

图 5-3-13　骆晓娟

骆晓娟的家乡在江苏盐城大丰区万盈镇，父母都是地道本分的农民。上小学5年级的时候，一次偶然的机会，骆晓娟在六一儿童节演出中因为"手长脚长"被大丰体校的曹祖修教练一眼相中。从那时候开始，骆晓娟接触了跑跳类、大球类项目的训练，白天在学校上文化课，课余时间去大丰体校"跟训"。1996年1月，又一次偶然的机会，盐城市体校教练黄晓明去大丰选才，在大丰体校楼道里与骆晓娟擦肩偶遇，也一眼相中了这个身材颀长、神情透着机灵的小女孩。黄晓明教练后来说，他当时选才时特意量了骆晓娟的身高与臂长，双臂展开的长度比身高多出10多厘米，是击剑选手的重要天生优势。此外，他还用1分硬币测试了参选学生的反应与灵敏度——在一米外，向受试者随意投掷，以抓住钱币为佳。结果，其他许多小朋友都抓不住，而骆晓娟却一连抓住了好几次。这年3月，盐城市建立了第一个少年女子击剑队。凭借着臂长优势与灵敏的反应速度，骆晓娟顺利地成为其中一员。

天赋过人，加上认真刻苦，骆晓娟3个月后即可进行实战对抗，而一般孩子通常至多刚刚进入"个别课"教学。但是这时生活发生了一个小插曲，使得原本顺利发展的事情出现了周折。一天，骆晓娟父亲到盐城看望女儿，中午在体校食堂吃饭，黄晓明教练看到她是用左手抓筷子，立即敏锐地感到，骆晓娟现今持剑的手可能有问题。经询问，原来是父母为了回避当时社会上有歧视"左撇子"的倾向，特意要求原本也是左撇子的骆晓娟改掉的。入学时黄晓明教练就曾问过这个问题，但骆晓娟没敢说实话。她却不知道，左手在不少运动项目中也是一种优势。于是，当天下午，教练组当机立断，让她改为左手持剑。

这自然给骆晓娟带来不少麻烦和困难，因为许多练习必须重新开始，可接下来的一系列事实证明这一决策是正确的。半年后，1996 年 10 月，骆晓娟便夺得江苏省第十四届青少年击剑赛女子重剑冠军，并顺利获得了进入南京体育学院附属江苏省少体校代训的机会。第 2 年，她又顺利入选南京体育学院江苏省击剑队。1998 年至 1999 年间，骆晓娟继续大步前进，在全国少年比赛与青年比赛中接连击败国家队队员，连续获得冠军。2000 年 6 月，刚刚 16 岁的骆晓娟以罕见的上升速度，入选了中国国家击剑队，开启了她长达 13 年的辉煌击剑生涯。2001 年第九届全运会，骆晓娟代表江苏出战，和全队协力获得了女子重剑团体银牌；2002 年全国锦标赛，她更是率江苏女子重剑队获得冠军；2003 年 4 月，世界青年击剑锦标赛在意大利卡塔尼亚进行，世界上 600 名剑坛新星云集一堂，初登世界大赛赛场的骆晓娟，竟然力克各路好手，夺得女子重剑个人和团体的双料冠军。凭借出剑果断、风格泼辣的技战术特色，她也赢得了剑坛“金左手”的美誉。

然而，英才跋涉奋进的道路上，不会总是顺风顺水，充满阳光。有一段时期，骆晓娟也遭受了伤病困扰。2005 年，在一场全国比赛中，骆晓娟与名将李娜对阵，因避让对方剑锋，侧落于剑道之外，左脚严重受伤。虽然强忍疼痛坚持打完那场比赛，但决赛时因疼痛加剧只能弃赛。2006 年，在意大利都灵市，她患阑尾炎，但采取保守疗法，边扎针消炎边打比赛，在病痛折磨中夺得了世锦赛团体冠军。2006 年多哈亚运会备战中，她又不慎崴脚，但依然忍痛一面进行康复治疗，一面积极备赛训练。

与伤病困扰相比，竞技挫折与信心危机是更大的考验。2003 年，19 岁的骆晓娟气势很盛，她拿到了世青赛、亚洲锦标赛、全国城运会、全国锦标赛总共 7 个冠军。原以为这一切会为她出征 2004 年雅典奥运会增加很大筹码，无奈国家队强手众多，她最终落选，无缘出征。到了 2008 年，因为击剑项目的轮换，北京奥运会不设女子重剑团体项目，个人赛也再次落选。接连 2 次落选奥运会阵容，这让骆晓娟一度怀疑自己的实力，产生了淡出的想法。当年她才 25 岁，正是击剑项目出成绩的年龄。从江苏省队到国家队都是骆晓娟教练的许学宁，多次与她谈心，力劝她暂时留队、不要退役，将目光投向 2012 年的伦敦奥运会。结果，骆晓娟选择了坚持。备战伦敦奥运会期间，她认真面对每一个对手，打好每一场比赛，让自己的世界排名从 16 名之外重新回到了第 1。2010 年广州亚运会，骆晓娟携我校新秀许安琪一同出战，为中国队挑落个人赛首金，许安琪也获得 1 枚铜牌；2011 年世锦赛，她又和队友一起斩获宝贵的团体银牌。

2012 年夏，骆晓娟终于迎来了自己的奥运之旅。其时，中国队女子重剑的 3 位主力是孙玉洁、李娜、骆晓娟，世界排名分别为第 1、第 2、第 8，被业界认为是最强的团队。个人赛先期开赛，李娜、骆晓娟均发挥失常而出局，唯孙玉洁获得铜牌。好在李娜、骆晓娟久经沙场，并未受到太大影响，很快调整心态，专注投入团体比赛。在团体赛 1/4 决赛中，骆晓娟以中国队第 3 主力出战德国队，分别在第 3 局以 9 比 7 战胜杜普利策、第 5 局以 6 比 7 负于对手第 1 主力海德曼、第 7 局以 5 比 4 战胜索赞斯卡，帮助中国女子重剑队以 45 比 42 取胜进入四强。最终决赛，中国女子重剑队以 39 比 25 逆转并大胜韩国队夺冠。这是中国队首次夺取奥运会击剑团体金牌，骆晓娟也终于如愿站上了奥运会冠军的领奖台，圆了自己 16 年的奥运梦。她同时也成为取得全运会、亚运会、世锦赛、世界杯和奥运会“大满贯”的竞技巾帼英豪。

“天下没有不散的筵席”，退役是每个竞技运动选手的宿命。2014 年 6 月，骆晓娟宣布正式退役。她选择回到母校，回到自己事业开始的南京体育学院，担任团委副书记。作为学校的一名共青团干部，她面对的工作对象主要是青年人。于是她经常深入班级和运动队，尤其是击剑队，学生和队员们有疑惑或困扰，都乐意与她交流。因此，她觉得自己依然没有离开体育运动，没有离开她深爱的击剑项目。

同样在 2014 年，骆晓娟还收获了爱情，她与吴松在常州举行婚礼。人缘不错的她收获了来自各方的祝福，著名歌手刘孟哲担当婚礼主持人，奥运冠军陆春龙携女友担当伴郎、伴娘，著名演员钟镇涛，国家队队友许安琪、孙玉洁等纷纷送来祝福。如今，骆晓娟的女儿已经上幼儿园了，幸福的家庭生活让她脸上时刻带着笑容。

老天爷给了骆晓娟远超常人的天赋，同样也给了她常人无法承受的职业艰辛。骆晓娟的人生信条是“击剑如做人，上苍会公平对待每一个奋斗的人”。她坚信天道酬勤，她不惧人生低谷。一个来自苏北农村的女孩，用坚持走出了人生困境，成长为一名击剑运动奥运冠军。骆晓娟的成长故事，书写了一段励志的经典，带给我们的是“不忘初心，砥砺前行”“长风破浪会有时，直挂云帆济沧海”的精彩人生感悟。

（十四）许安琪

图 5-3-14 许安琪

许安琪，女，1992 年生，江苏南京人，中共党员。她成长于一个军人世家，爷爷是参加过解放战争渡江战役的老革命，爸爸从海军部队退役复员到南京浦镇车辆厂工作。所谓安琪者，有天使之意。许安琪，名副其实。她的世界性竞技运动生涯，闪耀着一系列非凡的辉煌纪录：2012 年伦敦第三十届夏季奥运会女子重剑团体冠军；2013 年女子重剑世界杯大奖赛卡塔尔站个人、团体冠军；2014 年女子重剑世界杯大奖赛法国站个人冠军；2015 年女子重剑世界杯个人赛冠军；2016 年国际剑联重剑大奖赛布达佩斯站个人冠军；2016 年里约第三十一届夏季奥运会女子重剑团体亚军；2019 年世界击剑锦标赛女子重剑团体冠军。

许安琪的体育之缘，始于 2000 年 8 岁时。那一年，南京市公园路体校击剑队到全市许多小学选拔运动苗子。在浦口小学，协调性、灵敏性俱佳的许安琪，引起了教练组的注意，于是对击剑充满好奇心的许安琪，来到了公园路体校，开启了自己的击剑人生。2001 年至 2006 年，从 9 岁到 14 岁的 6 年间，许安琪由每周六、周日从浦口家中到公园路体校“走训”发展为后来的住校学习训练。这期间，她经历了 39 岁母亲病故的悲痛与创伤。但是，在启蒙教练朱美芳的精心教导下，许安琪的训练自觉努力，踏实刻苦。因进步迅速，2005 年 9 月，许安琪入选南京体育学院附属江苏省少体校。2006 年 10 月，许安琪一鸣惊人，在第十六届江苏省运动会上夺得女子重剑少儿组冠军。

2007 年 7 月，许安琪如愿入选南京体育学院江苏省击剑队。幸运的是，这年的击剑大赛有世界杯南京站。按照赛制的有关规定，年仅 15 岁的许安琪可以作为本土选手替补出场。结果大爆冷门，她居然击败了悉尼、雅典两届奥运会女重团体冠军成员之一的俄罗斯名将奥科萨娜·爱玛科娃。2009 年 9 月，经国家队女重主教练许学宁保荐，17 岁的许安琪荣耀入选中国国家击剑队。此后，为参加 2012 年伦敦奥运会，她拼尽全力在世界各地打积分赛，争取更好的世界排名。其间，长时间高强度的训练与比赛，加上思想精神压力，使她患上了肾炎，出现了发烧、尿血的症状。但她不为所动，一边积极配合治疗，一边继续训练比赛。

2012 年伦敦第三十届夏季奥运会如期到来，20 岁的许安琪终于拿着 P 卡（替补队员名额），随 3 名主力李娜、孙玉洁、骆晓娟出征英国。通常这只是体育界俗称的“板凳队员”，上不了场的。但此次结果却十分出人意料，许安琪蓄势待发，不鸣则已，竟然闪亮成为中国女子重剑队在伦敦奥运会上的奇兵。半决赛时，中国队迟迟打不开局面，主教练许学宁临场拆招，寻求变化，果断决定派出替补许安琪，顶替同是来自江苏的骆晓娟。而按照赛制相关规则，如果替补队员上场，在此后的比赛中则不能再被替换。这就意味着，如果中国队闯进决赛，那许安琪必须作为主力队员登场。而最终，许安琪不负众望，在半决赛和决赛中均为中国女子重剑立下奇功，两场比赛都是在许安琪登场后比分反超，连续逆转，战胜俄罗斯队、韩国队，最终夺得冠军。

在人们眼里，许安琪是幸运儿，年纪轻轻，替补身份就夺得了让所有运动员梦寐以求的奥运会冠军，从此人生道路将一片光明。然而，生活并非如此，且不说每一次成功与辉煌背后都有不为人知的艰辛，伦敦奥运会后，许安琪就几度陷入低谷，竞技道路上布满了荆棘。2013 年，在布达佩斯世界击剑锦标赛上，许安琪惜败意大利名将纳瓦利亚，止步 32 强。2015 年，在国际剑联女子重剑世界杯赛南京站中，世界排名第一的她，首轮竟被德国选手莫妮卡击败。这也给她敲响了警钟，在后来的赛事，特别是在欧洲的紧张集训中，她一步一个脚印，从小组赛、资格赛打起，终于在里约奥运会前，世界排名又回到第一。

但是，世界排名永远替代不了竞技赛场，失利仍然时有发生。2016 年 8 月，里约第三十一届奥运会大幕徐徐拉开，世界排名第一的许安琪自然被寄予厚望。但无奈赛前受到大腿肌肉拉伤影响，重剑个人赛居然在第一轮就遭淘汰。接着，她在团体赛中状态依然不佳，以致上届奥运会夺得中国击剑史上首枚团体金牌的中国女子重剑队，以 38 比 44 不敌罗马尼亚队，拱手相让冠军，未能实现卫冕。

胜败乃竞技运动常事，生活仍须按人生节奏继续。里约奥运会后不久，24 岁的许安琪在接受媒体采访时表示，她将和相恋多年的男友王森步入婚姻殿堂。王森也是一名重剑选手，原在安徽队服役，后调国家队任女队陪练，2 人是一对剑客伉俪。2016 年 10 月，他们在南京举行了隆重婚礼，国家女排明星惠若琪担任伴娘，奥运冠军仲满等剑坛朋友到场祝贺。婚礼进行中，当大家祝福他们“早生贵子”时，许安琪向大家郑重表示：“这个还要等一等。明年还有天津全运会的任务，我还没有获得过全运会的个人冠军，那也是我的一个梦想！”

度过短暂的蜜月，为了真正实现“大满贯”，许安琪又踏上了征战第十三届全运会的征途。这条道路并不平坦，2017 年初，正是许安琪伤病最严重的时候，一周要抽一次关节积液，加上年轻队员的有力冲击，系列分站赛都没能取得佳绩。但是，许安琪咬牙坚持，边治疗边备战。全运会开幕前 3 个月，她放弃了所有节假日，全身心投入到训练准备之中。比赛开始后，她更加努力专注地打好每一剑，一场一场地拼。最后决赛，许安琪击败山西著名选手郝佳露，夺得全运会女子重剑个人冠军，不留遗憾地圆了“大满贯”的梦。

天津全运会后，许安琪回到南京家中休养身体，并考虑退役、生子。但 2018 年 10 月，原江苏省击剑队男子花剑剑侠、新任中国击剑协会主席的王海滨突然专程回到南京，来到许安琪家中，为解决国家队新老过渡问题，邀请许安琪重回国家队。许安琪义无反顾，再次推迟退役、生子计划，担起了重返竞技赛场的重任，希望通过自身努力，助力中国女子重剑重回巅峰。

（十五）张雨霏

图 5-3-15　张雨霏

张雨霏，女，1998 年生，江苏徐州人，南京体育学院第 16 位奥运冠军，现为国家游泳队队员，国际级运动健将，世界纪录保持者。在东京举办的第三十二届奥运会上，张雨霏凭借出色的表现，取得 2 金 2 银的辉煌战绩，成为本届奥运会上一颗耀眼的体坛巨星，被誉为“新一代蝶后”。张雨霏先后获得江苏省劳动模范、国家体育运动荣誉奖章、全国巾帼建功标兵、全国三八红旗手、全国青年五四奖章等荣誉。

张雨霏出生于体育世家，父母都是游泳教练，3 岁时就跟着妈妈“下水”了。5 岁被送到徐州市游泳队接受启蒙训练，出色的天赋以及良好的水性使得她很快脱颖而出。2010 年，张雨霏初到南京体育学院附属学校训练期间，她的天赋与潜力就被教练员和领导发现，被破格选拔进省游泳运动队。为了帮助张雨霏快速进步、长足发展，南京体育学院为张雨霏提供了优越的训练和保障条件，这也为张雨霏能够于2014年顺利进入国家游泳队这个最高平台创造了条件。

自2014年起，张雨霏在国际、国内重大赛事上展示出令人惊叹的游泳水平与强大的夺冠实力。2014年8月，她获得南京青奥会男女混合4×100米自由泳接力、男女混合4×100米混合泳接力、女子4×100米自由泳接力、女子4×100米混合泳接力4枚金牌；2015年8月，获得喀山世界游泳锦标赛女子200米蝶泳铜牌，并以2分06秒51的成绩打破女子青年世界纪录；2017年8月，获得第十三届全运会女子200米蝶泳、女子4×100米自由泳接力、女子4×100米混合泳接力3枚金牌；2019年8月，获得世界杯赛女子100米蝶泳金牌；同年10月，张雨霏在武汉举办的世界军人运动会上获得5金1银2铜的优异成绩。

东京奥运会备战周期，张雨霏国家队主带教练崔登荣为她精心制订了奥运攻关计划，明确了各个阶段的目标设定。坚定的目标、明确的方向贯穿整个过程，这是主导整个东京奥运会备战周期的训练计划，同时也是一个艰难的过程：从前期改技术成绩大幅下降、伤病缠身，导致各种质疑声不断，到低谷中奋起、永不放弃，不断增加能力和自信。在团队的帮助下，张雨霏一步步改进，一点点积累，一次次突破。2020年9月，张雨霏在全国游泳冠军赛暨东京奥运会达标赛上，获得女子100米蝶泳和男女4×100米混合泳接力2枚金牌，其中女子100米蝶泳以55秒62打破亚洲纪录，国家联队男女4×100米混合泳接力和队友以3分38秒41打破世界纪录。

由于全球新型冠状病毒肺炎疫情的影响，2020年东京奥运会被迫延期，国际大赛纷纷取消，张雨霏在中国游泳队经历了她个人参赛史上最长的“冬训”。2021年5月，张雨霏以良好的状态获得全国游泳冠军赛暨奥运会选拔赛5金1银，分别是女子100米蝶泳金牌、女子200米蝶泳金牌、女子50米自由泳金牌、男女4×100米混合泳接力金牌、女子4×200米自由泳接力金牌以及女子4×100米混合泳接力银牌。经过大赛的磨炼，张雨霏逐渐成长为在游泳接力项目与个人项目上全面发展的泳坛悍将，表现出强大的稳定性与高超的竞技水平。

2021年7月，东京奥运会终于在一波三折、举世瞩目中揭幕。游泳赛场上，张雨霏首先在女子100米蝶泳决赛中，以0.05秒的微弱劣势屈居第2名，获得她本届奥运之旅的第一块奖牌——银牌。带着些许遗憾，张雨霏在女子200米蝶泳决赛中奋力拼搏，以2分03秒86的成绩创奥运会纪录拿下宝贵的金牌！在随后的女子 4×200 米自由泳接力赛中，张雨霏作为第 3 棒，与队友杨浚瑄、汤慕涵、李冰洁再次为中国代表团斩获一枚金牌，并创造新的世界纪录。令世人叹服的是，张雨霏先后获得 2 枚金牌竟然是在短短 80 分钟之内完成的，这对体能消耗巨大的游泳项目来说，是多么的不可思议！随后，在男女 4×100 米混合泳接力赛中，张雨霏再次出场，为中国代表团添上一枚银牌。张雨霏通过出色的表现，圆满完成祖国赋予的神圣使命，为展示伟大祖国的形象、为南京体育学院的社会声誉做出了重要贡献。

张雨霏在东京奥运会上大放异彩，要感谢崔登荣教练的悉心培养，也要感谢各级领导在张雨霏处于低谷时给予的团队搭建、器材保障、经费支持、人文关怀以及全方位的跟踪和呵护。张雨霏在训练、竞技场上过硬的训练作风、高超的竞技水平和顽强的拼搏精神是南京体育学院“严和朴实”校训的生动诠释。奥运备赛期间，校领导十分关心并大力支持张雨霏的训练竞赛，同时还专门为其打造了一支完善的训科医管复合型保障团队，从专项体能、技术更新、康复训练、心理疏导等各个方面给予强有力的配备，这也充分体现了南京体育学院“三位一体”办学模式的独特优势。尤其是在东京奥运会期间，游泳学院和游泳队管理人员通过微信、电话等及时了解张雨霏的训练状况和思想动态，做好器材保障、营养补充和心理调适等工作。

张雨霏的成功离不开她超乎常人的艰辛付出与坚持。不为人所知也难以令人相信的是，作为运动员，张雨霏竟然患有先天性脊柱侧弯，后背两侧的肌肉高低不均，这对平衡性要求极高的蝶泳运动员来说更是一个极大的难题与考验。业内人士也认为，张雨霏的先天身体条件并不适合游泳。据张雨霏的科医保障团队介绍，她背部的肩、腰等都存在不同程度的劳损，尤其是在高强度蝶泳专项训练和核心训练后，下腰部分的疼痛感会非常明显，有时候吃饭都疼得坐不住。面对记者采访，张雨霏感慨道：“脊柱侧弯给自己带来了巨大的痛苦，有时候睡觉都会被肌肉的酸疼给痛醒。”张雨霏凭借巨大勇气与不懈坚持最终战胜了困难，经受住了考验。

张雨霏不但在事业上取得了辉煌的成就，还有着强烈的社会责任感和使命感。东京奥运会后回国封闭期间，张雨霏便积极投身于新型冠状病毒肺炎疫情防控和全民健身推广的工作中，激励鼓舞南京、扬州等地市民增强抗疫必胜的决心和信心。在给她的母校徐州市民主路小学五年级（10）班吴潼曈小同学的回信中，张雨霏呼吁：希望民主路小学和全徐州市、全中国的少年儿童能够养成体育锻炼的习惯。因为好习惯就是最强的抗体，好身体就是最强的免疫力，好素质就是优质的疫苗。

张雨霏用不懈努力、顽强拼搏书写了她昂扬奋进的竞技运动传奇，诠释了“更快、更高、更强——更团结”的奥林匹克理念，成为投身新南体“二次创业”大潮的优秀标兵，成为建设体育强国、追逐中国梦的时代楷模！

第四节
江苏竞技体育大本营

一、历年重大竞技战果与表彰

1984 年

1 月、6 月，国家体委相继授予蔡振华、胡星刚、顾红星、徐蓉、吴健秋等体育运动荣誉奖章与证书。

5 月，中国队荣获吉隆坡第十一届尤伯杯羽毛球赛团体冠军，学校羽毛球队徐蓉、吴健秋为主力队员，江苏省政府给 2 人分别记特等功一次。

7—8 月，学校有 15 名运动员参加洛杉矶奥运会，栾菊杰荣获女子花剑金牌，成为震惊世界的“东方第一剑”；全国妇联授予栾菊杰、张惠、张月琴、周秋瑞“全国三八红旗手”称号；中国人民解放军总政治部做出决定，赠予栾菊杰一等军功章，赠予周培顺二等军功章，赠予周秋瑞、张惠、张月琴三等军功章；江苏省政府授予栾菊杰省劳动模范荣誉称号，给获得前三名的栾菊杰、周培顺、张惠、张月琴、周秋瑞及教练员袁伟民、文国刚各记特等功一次。

1985 年

3 月，孙志安、周培顺、张洁云等获省劳模荣誉称号。

6 月，经国际体操联合会批准，文国瑜、李之亿、施达昌获体操国际级裁判资格。经国际技巧联合会批准，马瑜英获技巧国际级裁判资格。

9 月，第十三届世界大学生运动会上，中国代表团共获得 6 枚金牌，学校栾菊杰、吕伟各获得 1 枚。第五届技巧世界杯赛上，学校技巧队男子四人组获全能冠军。

1986 年

2 月，国家体委授予技巧队教练都庆廉和男四组运动员体育运动荣誉奖章与证书。

3 月，江苏省政府通令嘉奖蔡振华、殷勤与技巧队男四组运动员。

4 月，羽毛球运动员杨阳、吴健秋荣获国家体委授予的体育运动荣誉奖章及证书。

9 月，学校 18 名运动员参加第十届亚运会，获金牌 12 枚。

1987 年

2 月、4 月，乒乓球运动员惠钧、跳水运动员吕伟分别荣获国家体委授予的体育运动荣誉奖章及证书。

9 月，学校附属运动学校荣获国家体委颁发的全国先进集体称号、体育运动荣誉奖章及证书，季明海、戴忆新、徐筑秀被评为全国先进工作者。

9 月，羽毛球运动员赵剑华荣获国家体委授予的体育运动荣誉奖章及证书。

11 月，国际羽联授予黄益冲、尤广礼羽毛球运动“贡献奖”。

11—12 月，学校优秀运动队在第六届全运会上共获金牌 7 枚、银牌 9 枚、铜牌 10 枚，14 名运动员受到江苏省人民政府通令嘉奖。

1988 年

1 月，江苏省政府召开六运会体育健儿表彰大会，团省委授予杨阳等 17 名运动员“新长征突击手”光荣称号，江苏省妇联授予林莉等 3 人“三八红旗手”光荣称号。

9 月，张然、杨光炎、阎玉江荣获国家体委授予的体育运动荣誉奖章及证书。

9—10 月，学校有 12 名运动员参加第二十四届夏季奥运会，杨阳、赵友凤、栾菊杰获得好成绩。

11 月，姚琮等获“新中国体育开拓者荣誉奖章”及证书。

12 月，学校技巧男四组在第八届世锦赛上获 2 枚金牌，林莉、王晓红入选“中国迅达杯全国游泳跳水双十佳”。

1989 年

5 月，张玉萍获第六届世界杯跳水赛两项冠军；蒋建栋获第六届世界航海模型锦标赛冠军，并打破世界纪录。

10 月，全省评选出 20 名新中国杰出运动员，南京体育学院有 18 位，分别为栾菊杰、孙晋芳、张洁云、袁伟民、蔡振华、惠钧、崇秀云、蔡建民、赵友凤、庄杏娣、胡星刚、杨阳、赵剑华、吴健秋、林莉、吕伟、张玉萍、李春祥。《中国体育报》评选出80名杰出教练员、运动员，学校占4席：文国刚、栾菊杰、孙晋芳、杨阳。

12月，杨阳当选1989年中国十佳运动员。

1990年

9—10月，学校22名运动员、7名教练员参加北京第十一届亚运会，自行车运动员周玲美破1项世界纪录。

10月，党和国家领导人接见北京亚运会冠军得主，周玲美参加。江苏省委省政府在双门楼宾馆召开表彰大会，周玲美、林莉、王晓红、黄康林等被授予“劳动模范”称号，一大批运动员、教练员获记功及多项奖励，江苏省体育发展基金会向金牌获得者赠送了金质奖章。学校技巧运动员宋娜、苏红荣获第九届世界技巧锦标赛2项冠军。

1991年

1月，林莉、王晓红在澳大利亚游泳世锦赛上斩获2金1银，载誉归来，学校举行盛大茶话会，江苏省委、省政府、省人大、省政协诸多领导出席，孙家正副书记做指示，江苏省化工厅、塑料公司授奖，热烈庆祝我国游泳运动在世界大赛上实现零的突破。

3月，肖爱华、孙凤武、蔡建明等10人荣获“江苏省体育双十佳”称号。

1992年

1月，周玲美、林莉、赵建华当选“全国十佳”运动员。

8月，江苏省政府召开“江苏奥运健儿表彰大会”，林莉等19人受表彰。

1993年

1月，林莉荣膺全国游泳十佳。2月，赵建华、孙俊、黄益冲、尤广礼当选“宏达杯”全国羽毛球十佳运动员、教练员。江苏“南化杯”十佳运动员表彰大会召开，学校6名运动员、6名教练员受到表彰。

9月，学校247名运动员参加第七届全运会，获金牌18枚，取得历史性突破。9月末，江苏省委省政府召开庆功大会，省委书记沈达人讲话，江苏省体委主任林祥国汇报工作。第十届世锦赛上，学校技巧队男四组获得3枚金牌，王湘麒获技巧赛女单第二套冠军。

1994 年

8 月，陈正绣、周圭圣、陈重文、周广英、任德龙、庄杏娣、周志强、邹志华、杨光炎、黄益冲、尤广礼、黄康林、都庆廉等人具备国家级教练任职资格。

9 月，孙晋芳、栾菊杰、赵剑华、林莉荣膺国家体委评选的“建国 45 周年体坛 45 英杰”称号。

10 月，在日本广岛第十二届亚运会上，代表中国出战的学校运动员获 9 金 10 银 7 铜。吉晓璐、周丹、王菊荣获第十二届世界技巧锦标赛女子三人全能、第一套、第二套 3 项冠军。秦志戬名列第三届世界杯乒乓球比赛男团冠军榜。

11 月，江苏省体委隆重表彰广岛亚运会上建功人员，肖爱华、任大新等一批校运动员、教练员受到嘉奖。

1995 年

5 月，在第九届世界羽毛球锦标赛上，中国队（含学校选手孙俊、葛菲、顾俊）荣获混合团体冠军。

10 月，学校 214 名运动员参加三城会，获 29 枚金牌，创历史最好成绩。

11 月，江苏省委省政府召开三城会表彰大会，学校获“做出重大贡献奖”。崔文华在世界举重锦标赛上获 108 公斤级抓举第一名，取得世界大级别比赛重大突破。

1996 年

7 月，学校 16 名运动员、5 名教练员参加美国亚特兰大第二十六届夏季奥运会，葛菲、顾俊获女子羽毛球双打冠军，林莉获女子 200 米混合泳铜牌。

10 月，学校技巧队女三组吉晓璐、周丹、王菊包揽第十三届世界技巧锦标赛该项目 3 枚金牌。

1997 年

学校在八运会上战绩骄人，共获金牌 20 枚、银牌 11 枚、铜牌 20 枚，15 队次获体育道德风尚奖。

学校运动员在其他国际大赛上也取得丰硕成果，共获得 20 个世界冠军。其中，崔文华参加第三十八届世界举重锦标赛，荣获抓举、挺举、总成绩 3 枚金牌，成为我国男子举重大级别比赛世界冠军第一人。

此外，学校体育器材厂在国家奥运战略中贡献突出，“操乐牌”艺术体操场地被评为“武汉 97 中国体育用品博览会”金奖。

1998 年

12 月，共青团江苏省委授予孙玥、邱爱华、卢卫中、张锦文、戴韫、阎森、张勇、梁懿、张恒华、张恒运等 10 人“江苏省新长征突击手”称号，江苏省妇联授予邱爱华、张锦文、张恒华、梁懿、戴韫等 5 人“江苏省三八红旗手”称号。学校 34 名运动员参加在泰国曼谷举办的第十三届亚运会，共有 28 人次获金牌，14 人次获银牌，7 人次获铜牌。

1999 年

1 月，杨兰获悉尼跳水世界杯三米跳板女双冠军。

5 月，在第六届苏迪曼杯世界羽毛球混合团体赛上，中国队（含学校选手孙俊、葛菲、顾俊、刘永、戴韫、张军等）荣获冠军。在第十一届世界羽毛球锦标赛上，孙俊获男子单打冠军，葛菲、顾俊获女子双打冠军。

8 月，江苏省体委为庆祝新中国建国 50 周年组织举办“新中国江苏省体育运动 50 杰”评选活动，学校有丁小平等 47 人入围登榜。在第四十五届世界乒乓球世锦赛上，李菊获女双冠军；年仅 16 岁的张莹莹获混双冠军，成为当时我国最年轻的乒乓球世界冠军。在日本举行的亚洲男篮锦标赛上，中国国家队获冠军，学校江苏省篮球队选手胡卫东为核心队员。在伊朗举行的亚洲男排锦标赛上，中国国家队获冠军，学校江苏省排球队选手卢卫中为核心队员。

9 月，学校 240 名运动员分别代表南京、南通、连云港三市参加全国第四届城市运动会决赛，共获得金牌 9 枚、银牌 11 枚、铜牌 10 枚。乔晓卫、袁紫娟、孙志安、靳鲁芳 4 人获得国务院政府特殊津贴专家称号。

10 月，张蕴琨被国家体育总局评为“全国体育科技先进工作者”。黄旭代表国家队出战第三十四届世界体操锦标赛，荣获男子团体冠军。

11 月，学校男子技巧四人组季磊、朱澎涛、陈勇军、沈国华出战比利时第十六届世界技巧锦标赛，荣获全能、第一套、第二套 3 项冠军。

2000 年

2 月，江苏省妇联授予葛菲“第三届江苏省十大女杰”称号。

3 月，胡妮获得亚洲花样游泳锦标赛单人冠军。张强获得亚洲游泳锦标赛男子 4×100 混合泳、自由泳两项冠军。

4 月，国务院授予葛菲“全国先进工作者”称号。

5 月，杨影与阎森获亚洲乒乓球锦标赛混双冠军。中国羽毛球女队（含学校选手葛菲、顾俊、戴韫）获第十八届尤伯杯团体冠军。

6月，黄强获第十一届跳水世界杯赛男子双人10米台冠军。

9月，在悉尼举行的第二十七届夏季奥运会上，学校运动员有21人次成绩突出，其中荣获冠军者有：女子羽毛球双打选手葛菲、顾俊，羽毛球混双男选手张军，乒乓球混双男选手阎森，乒乓球女双成员李菊，体操男子团体成员黄旭。

10月，江苏省政府表彰奖励在第二十七届夏季奥运会上取得优异成绩的单位与个人，学校羽毛球队、乒乓球队、体操队荣获“江苏省先进集体”称号，黄旭、张军、李菊、阎森、葛菲、顾俊荣获“江苏省劳动模范”称号。

11月，共青团江苏省委授予卢卫中、徐洁、金蝉等46人“新长征突击手”荣誉称号。江苏省总工会授予学校江苏省男子排球队、艺术体操队，男子羽毛球队、女子花剑队、女子公路自行车队、男子蹦床队等六支优秀运动队“江苏省五一劳动奖状”，同时授予李梅芳、靳鲁芳等37人“江苏省五一劳动奖章”。江苏省妇联授予李梅芳、徐洁、金蝉等15人“江苏省三八红旗手”称号。学校男子技巧四人组胡欣、严松、刘会峰、刘峰出战波兰第十七届世界技巧锦标赛，荣获全能与第一、第二套三项冠军。

2001年

3月，在伯明翰举行的全英羽毛球公开赛上，张军与国家队队友高崚荣获冠军。在江苏省体育局2000年度“江苏省十佳运动员、教练员”评选中，学校包揽“双十佳”，运动员（教练员）分别是：葛菲（唐学华）、张军（孙志安）、李菊（乔晓卫）、王海滨（过鹰）、顾俊（张洪宝）、黄旭（王国庆）、阎森（杨川宁）、胡卫东（徐强）、肖爱华（张东明）、杨影（靳鲁芳）。

5月，在日本举行的第四十六届世界乒乓球锦标赛上，李菊、杨影、阎森代表国家队出战，分获女团、女双、混双、男双等项目冠军。在本年度步步高全国男排联赛总决赛上，学校江苏一品梅队捧得冠军奖杯。

6月，中国队（含学校选手刘永、张军）荣获西班牙第七届苏迪曼杯混合团体冠军。张军与国家队队友高崚搭档，荣获第十二届世界羽毛球锦标赛混双冠军。

7月，在日本举行的第九届世界游泳锦标赛上，许冕荣获女子十米跳台冠军。中国国家男子篮球队（含学校选手胡卫东、张成）荣获亚洲篮球锦标赛冠军。

8月，在丹麦世界蹦床锦标赛上，学校选手陆春龙、雷鸣分获男子（11—12岁年龄组）冠、亚军。在第二十一届大学生运动会上，中国国家女子排球队（含学校选手邱爱华、茅菊兰）荣获冠军。省体育局批准认定王国庆、金海泉二人具备国家级教练任职资格。

10—11月，第九届全运会上江苏省体育代表团捷报频传，学校共获得13枚金牌，分别是：江苏省男子排球队，羽毛球队男子团体，孙俊、葛菲的羽毛球混双，秦志戬、杨影的乒乓球混双，肖爱华的女子花剑，沈巍巍的女子重剑，苏懿萍的女子100米栏，顾娟萍的女子跳远，袁爱军的男子85公斤级举重，崔文华的男子105公斤级举重，李梅芳的女子自行车20公里计时赛，李梅芳、汪鹏燕、王利、钱云娟的女子自行车50公里团体赛，蹦床队男子团体。

2002年

5月，李梅芳荣获在泰国举行的第二十二届亚洲自行车锦标赛女子25公里个人计时赛冠军。学校江苏省男子排球队获得本年度甲级联赛冠军。中国羽毛球女队（含学校选手戴韫）荣获第十届尤伯杯团体冠军。

6月，黄强代表国家队出战第十三届世界杯跳水比赛，荣获男子团体冠军。

2003年

4月，在法国举行的击剑世界青年锦标赛上，骆晓娟获得女子重剑个人冠军；骆晓娟、吴海燕为女子重剑团体冠军成员。

5月，在击剑世界杯比赛中，王海滨连续获得男子花剑个人波恩站与葡萄牙站冠军。在法国举行的第四十七届乒乓球世锦赛上，阎森获得男子双打冠军。

7月，中国击剑女队（含学校选手沈巍巍）获得悉尼世界杯赛女子重剑团体冠军。

8月，江苏省妇联授予孙熙熙“江苏省三八红旗手”称号。张军、蔡赟代表国家队出战伯明翰世锦赛，分别获得混双、男双冠军。国家体操队我校选手黄旭出战美国世锦赛，获得男子团体冠军。

10月，在第二十二届世界大学生运动会上，包盈盈、周睿代表国家队出战，分别获得女子佩剑团体冠军、男子花剑团体冠军；孟杰、张蕾、刘媛等为女子花剑团体冠军成员。

2004年

4月，在保加利亚举行的世界青年击剑锦标赛上，中国队（含学校选手骆晓娟、吴海燕）获女子重剑团体冠军。

5月，在印度尼西亚举行的第二十三届羽毛球汤姆斯杯比赛上，中国队（含学校选手蔡赟）获冠军。

8月，在希腊雅典举行的第二十八届夏季奥运会上，学校选手张军获羽毛球混双冠军，陈玘获乒乓球男双冠军，王海滨为男子花剑团体亚军成员。为表彰他们的优异成绩，江苏省政府授予学校羽毛球队、乒乓球队“江苏省先进集体”称号；授予张军、陈玘、孙志安、李顺柱、杨川宁“江苏省劳动模范”称号。

9月，中国残疾人联合会、国家体育总局授予学校“第十二届残奥会中国体育代表团突出贡献单位”荣誉称号，杜彩霞（女）、刘毅力、徐洪林被评为“第十二届残奥会中国体育代表团优秀教练员”。

2005年

10月，在南京第十届全运会上，学校共有338名优秀选手参加了16个大项、163个小项的决赛，共获得36枚金牌、23.5枚银牌、19枚铜牌，总分1615分，为江苏省代表团名列全国奖牌榜榜首立下头功。

12月，江苏省委省政府表彰十运会立功单位，分别授予学校及击剑队、田径队、自行车队“江苏省先进集体”称号，分别授予秦旺平（女）等9名运动员、谭红海等7名教练员“江苏省劳动模范”称号。在湖南益阳举办的羽毛球世界杯比赛中，代表国家队出战的学校选手蔡赟获男子双打冠军，卢兰获女子单打季军。

2006年

5月，在德国举行的第四十八届世乒赛团体赛中，中国男队（含学校选手陈玘）荣获冠军。在日本举行的第二十一届尤伯杯羽毛球比赛上，中国队（含学校选手卢兰）荣获冠军。在日本举行的第二十四届汤姆斯杯羽毛球比赛上，中国队（含学校选手蔡赟、陈金）荣获冠军。

7月，在江苏常熟举行的第十五届世界杯跳水赛上，年仅14岁、代表国家队出战的学校选手陈若琳（搭档贾童）荣获10米台跳水女双冠军。

2007年

3月，在澳大利亚举行的世界跳水锦标赛上，陈若琳获女子双人10米跳台冠军。

4月，江苏省妇联、省城镇妇女“巾帼建功”活动领导小组授予学校自行车队女子中长组“巾帼文明岗”称号。

5月，在克罗地亚举行的世界乒乓球锦标赛上，陈玘获男子双打冠军。

6月，在苏格兰举行的第十届苏迪曼杯世界羽毛球混合团体锦标赛上，中国队（含学校选手蔡赟）荣获冠军。

9 月，在德国斯图加特举行的世界体操锦标赛上，中国队（含学校选手黄旭）荣获男子团体冠军。江苏省教育厅、省体育局与团省委联合授予学校第八届全国大学生运动会江苏代表团“突出贡献奖”。

10 月，在西班牙巴塞罗那举行的世界杯乒乓球赛上，中国男队（含学校选手陈玘）荣获团体冠军。

11 月，在加拿大魁北克举行的世界蹦床锦标赛上，中国男队（含学校选手陆春龙）荣获团体冠军。

2008 年

2 月，在北京举行的第十六届跳水世界杯赛上，陈若琳荣获女子单人、双人 10 米台两项冠军。

5 月，中国女子羽毛球队（学校选手卢兰在对荷兰 1/4 比赛中力挽狂澜）获得第二十二届尤伯杯冠军，创历史纪录，实现六连冠。中国男子羽毛球队（含学校选手蔡赟、陈金）获得第二十五届汤姆斯杯冠军，实现了“三连冠”。

8 月，在北京第二十九届夏季奥运会上，学校获金牌的优秀选手有：中国男子体操队（含学校选手黄旭、江苏与解放军队双计分选手肖钦）夺得团体冠军；陈若琳连续夺得十米跳台跳水女子双人（搭档天津王鑫）、单人冠军；仲满夺得男子佩剑个人金牌（中国男子击剑首枚奥运会金牌）；陆春龙夺得男子蹦床个人金牌（中国男子蹦床首枚奥运会金牌）。学校共获得 5.5 枚第二十九届夏季奥运会金牌，占全省 7/10、全国 1/10，创历史纪录。江苏省人民政府授予学校及省体操队、跳水队、击剑队、蹦床队“江苏省先进集体”称号，授予金牌获得者及其教练王国庆、高峰、张双喜、胡星刚“江苏省劳动模范”称号，授予管理干部陈桂红“江苏省先进工作者”荣誉称号，并给银牌、铜牌获得者黄海洋、包盈盈、蔡赟、陈金及其教练员贾桂华、孙志安、唐学华与管理干部华洪兴、张本固等各记一等功一次。

9 月，江苏省总工会授予省跳水队、蹦床队“江苏省五一劳动奖状”，授予陈若琳、仲满、高峰、张双喜、黄海洋、包盈盈、蔡赟、贾桂华、孙志安等“江苏省五一劳动奖章”；共青团江苏省委授予黄旭、陈若琳、仲满、陆春龙等“江苏省新长征突击手标兵”荣誉称号，授予黄海洋、包盈盈、蔡赟、陈金、胡玮、张军、刘永、卢兰、任成远、张蕾等“江苏省新长征突击手”荣誉称号；江苏省妇女联合会授予陈若琳“江苏省三八红旗手标兵”荣誉称号，授予黄海洋、包盈盈、卢兰、任成远、张蕾“江苏省三八红旗手”荣誉称号。学校选手雷丽娜夺得北京残奥会女子乒乓球F9级单打金牌，并与国家队队友合作夺得TT6至TT10级女子团体金牌，江苏省政府授予雷丽娜江苏省劳动模范称号。中共中央、国务院决定授予为北京奥运会、残奥会成功举办做出突出贡献的仲满、陈若琳、黄旭、陆春龙、王国庆、胡星刚、雷丽娜、庄杏娣等北京奥运会、残奥会先进个人荣誉称号。

10月，国家体育总局授予学校“2008年北京奥运会突出贡献集体”荣誉称号，同时授予华洪兴、陈桂红、张本固、徐雪萍、乔晓卫、张军、蒋宏伟等“2008年北京奥运会突出贡献个人”荣誉称号。

2009年

4月，在日本举行的第五十届世界乒乓球锦标赛上，陈玘获得男子双打冠军。

5月，在广州举行的第十一届羽毛球苏迪曼杯比赛上，中国队（含学校选手陈金）获得冠军。

6月，金蝉、张双喜、庞进、李辉等具备国家级教练任职资格（江苏省人事厅苏人通〔2009〕163号）。

7月，在贝尔格莱德举行的第二十五届世界大学生运动会上，学校体操选手刘南希、佩剑选手仲满、跳水选手陈妮等分别获得各自专项冠军。在意大利罗马举行的第十三届世界游泳锦标赛上，陈若琳获得女子双人跳水10米台冠军。在中国台湾高雄举行的第八届世界运动会技巧比赛上，周传彪率王鑫、方盛、赵玉超、唐建组成的中国队获得男子四人全能冠军。在提前举行的第十一届全运会网球比赛中，学校选手曾少昡、公茂鑫、薛峰、张择获得男子团体冠军，为江苏代表团赢得首枚金牌。

8月，在上海举行的第三届国际健身气功交流比赛大会上，中国队（含学校民族传统体育专业学生选手刘猛猛）获得易筋经团体项目一等奖。在印度举行的世界羽毛球锦标赛上，卢兰获得女子单打冠军，蔡赟获得男子双打冠军。

9—10月，在第十一届全运会上，学校获得冠军的选手如下：王伟新获得击剑男子重剑个人冠军；肖爱华获得击剑女子花剑个人冠军；朱敏、包盈盈、黄海洋、赵媛媛获得击剑女子佩剑团体冠军；肖爱华、刘媛、孟洁、张蕾获得击剑女子花剑团体冠军；仲满、蒋科律、刘鹏、陈滔滔获得击剑男子佩剑团体冠军；肖钦获得体操男子鞍马单项冠军；陈若琳获得女子跳水10米台个人冠军；男子、女子羽毛球队双双获得团体冠军；蔡赟、徐晨获得羽毛球男子双打冠军；汤科蓉获得自行车女子场地积分赛冠军；任成远获得自行车女子山地越野赛冠军；曾少眩、张择获得网球男子双打冠军。学校选手共获得金牌 14.5 枚、银牌 7 枚、铜牌 12 枚，总分 817.5 分，在全国参赛同类项目中金牌数列全国第一，总分列全国第三。江苏省委省政府对学校及各相关群体、个人进行了系列表彰：授予南京体育学院及省击剑队、羽毛球队“江苏省先进集体”荣誉称号；给学校省网球队、自行车队各记集体一等功一次；授予肖爱华、曾少眩、张择、蔡赟、徐晨等 42 名运动员与褚伟、李辉、孙志安、唐学华等 9 名教练员“江苏省劳动模范”荣誉称号；给凌波、孙俊、张军、王孝如、余俭、周睿、贾桂华、李青峰、庞进、姜惟等教练员各记一等功一次；给学校主要领导殷宝林与处、系干部徐雪萍、张健、罗福亭、张祖强等人各记一等功一次。

11 月，在俄罗斯圣彼得堡举行的第二十六届世界蹦床锦标赛上，中国代表队（含学校选手陆春龙）获得男子团体冠军，中国队（含学校选手张凌峰）获得男子单跳团体冠军。

2010 年

5 月，中国羽毛球男队（含学校选手蔡赟、陈金、徐晨）在马来西亚汤姆斯杯决赛中获得冠军，实现“汤杯”四连冠。

6 月，在江苏常州举行的国际泳联跳水世界杯赛上，中国队（学校选手）陈若琳获得女子双人 10 米台冠军。

8 月，中国队（学校选手）陈金在法国巴黎举行的第十八届羽毛球世锦赛上获得男子单打冠军。

10 月，中国队（含学校选手吕博）在荷兰鹿特丹举行的第四十二届体操世锦赛上获得男子团体冠军。

11 月，代表中国队出战中国广州第十六届亚运会，荣登金牌榜的学校选手如下：吕博为体操男子团体冠军成员；王适娴、卢兰、成淑为羽毛球女子团体冠军成员；蔡赟、陈金、徐晨为羽毛球男子团体冠军成员；任成远获得自行车女子山地越野赛冠军；王适娴获得羽毛球女子单打冠军；骆晓娟获得女子重剑个人冠军；包盈盈、朱敏为女子佩剑团体冠军成员；史欣获得花样游泳自由组合冠军；仲满、蒋科律为男子佩剑团体冠军成员；陈若琳为女子跳水双人 10 米台冠军成员。

2011 年

1 月，国际游泳联合会评出 2010 年度各单项最佳运动员，“跳水皇后”陈若琳当选世界“跳水最佳女运动员”。

3月，在2011年全英羽毛球赛上，中国队徐晨（学校选手，搭档马晋）获得混双冠军；王适娴获得女单冠军。

4月，中国队任成远（学校选手）在南非彼德玛丽茨堡举行的山地自行车世界杯赛上勇夺女子组冠军。

5月，在青岛举行的2011年苏迪曼杯世界羽毛球混合团体锦标赛上，中国队（含校选手蔡赟、徐晨、王适娴）荣获冠军。

7月，在2011年上海游泳世锦赛跳水比赛中，中国队陈若琳（学校选手）先后获得女子双人、单人十米台冠军，从而实现了奥运会、世界杯、世锦赛女单十米台大满贯。

8月，在2011年伦敦羽毛球世锦赛上，中国队蔡赟（学校选手，搭档傅海峰）荣获男双冠军，实现三连冠并第四次名列此项比赛金榜。

11月，在意大利举行的技巧世界杯男子4人全能决赛中，由学校选手唐建、王磊、巫叶秋胤、周溢组成的中国队夺得冠军。在英国伯明翰举行的第二十八届世界蹦床锦标赛上，中国队（含学校选手张凌峰）获得男子单跳团体冠军；中国队陆春龙（学校选手）获得男子网上个人冠军。汤志强获得国家级教练任职资格。

2012年

2月，在英国伦敦举行的第十八届跳水世界杯赛上，陈若琳获得女子单人10米台冠军；翌日，又与队友汪皓合作获得女子双人10米台冠军，此为她在世界杯该项目比赛中的“个人四连冠”。

4月，在美国佛罗里达举行的第二十三届世界技巧锦标赛上，由学校选手唐建、王磊、巫叶秋胤与周溢组成的中国队不畏强手，勇夺男子四人组全能冠军。

5月，在中国武汉举行的汤姆斯杯暨尤伯杯世界羽毛球赛上，中国女队（含学校选手王适娴、成淑）夺得尤伯杯，中国男队（含学校选手蔡赟、陈金）夺得汤姆斯杯。

7月，伦敦奥运会中国体育代表团正式成立。学校有包括前奥运冠军陈若琳、陆春龙、仲满等11名运动员入选，参加击剑、跳水、蹦床、自行车、羽毛球等项目的比赛。另有蒋宏伟、张军、唐学华、许学宁等分别以官员或教练身份参加。北京时间31日晚，伦敦奥运会女子双人跳水10米台比赛中，中国队陈若琳（学校选手，搭档汪皓）优势明显，夺得金牌，实现了奥运会该项目四连冠。

8 月，在伦敦第三十届夏季奥运会上，学校名列金榜者还有：骆晓娟、许安琪，女子重剑团体冠军成员，此为中国首枚击剑团体金牌；蔡赟（搭档傅海峰）夺得羽毛球男双冠军，并创造了中国队包揽奥运会羽毛球 5 枚金牌的辉煌；“大满贯”得主陈若琳尽显王者风范，夺得跳水女子单人 10 米台冠军，并历史性地荣获夏季奥运会中国第 200 枚金牌。

2013 年

5 月，在马来西亚吉隆坡举行的苏迪曼杯世界羽毛球混合团体锦标赛上，中国队（含学校男双选手蔡赟、混双选手徐晨）荣获冠军。

6 月，在提前进行的第十二届全运会网球男子团体决赛中，学校江苏省队（张择、公茂鑫、薛峰、曾少昡）荣获冠军，成功实现该项目的全运会“三连冠”。

7 月，在巴塞罗那世界游泳锦标赛上，“跳水皇后”陈若琳与搭档刘蕙瑕配合默契，优势明显，夺得女子双人 10 米跳台冠军，中国跳水队实现此项目七连冠。在哥伦比亚第九届世界运动会技巧比赛中，代表中国参赛的学校技巧队男子四人组不畏强手，技高一筹，荣耀蝉联冠军，为中国队夺得本次比赛唯一金牌。

8 月，在第十二届全运会跳水比赛上，学校江苏省女队（吴圣平、陈若琳、曹境真、屈琳、陈烨、郑曲琳）荣获团体冠军。

9 月，在第十二届全运会比赛中，学校夺得金牌的选手与项目有：任成远获得自行车女子山地越野赛冠军，骆晓娟获得女子重剑个人冠军，祖立军获得男子 10 公里（公开水域）马拉松游泳冠军，朱敏获得女子佩剑个人冠军，仲满、陈滔滔、蒋科律、吴杰获得男子重剑团体冠军，骆晓娟、许安琪、陈云霞、吴海艳获得女子重剑团体冠军，肖钦获得体操男子鞍马冠军，史婧琳获得游泳女子 200 米蛙泳冠军。9 月末，江苏省委省政府在省政协大礼堂举行第十二届全运会江苏代表团表彰大会，省委书记罗志军、省长李学勇亲切接见了冠军运动员、教练员及有关人员，授予学校省击剑队、省跳水队、游泳系、击剑自行车系“江苏省先进集体”称号，授予学校运动员陈若琳、骆晓娟、许安琪与教练员许学宁“江苏省劳动模范”称号，授予南京体育学院“特别贡献奖”，同时给省游泳队记“集体一等功”一次。

2014 年

7 月，在法国举行的第二十四届世界技巧锦标赛上，代表中国出战的学校省技巧队蝉联男子四人组（周溢、巫叶秋胤、王磊、唐建）冠军。在上海举行的第十九届国际泳联跳水世界杯赛上，陈若琳（搭档刘慧瑕）荣获女子双人 10 米台冠军，成功实现世界杯该项目个人五连冠。

9 月，在韩国仁川举办的第十七届亚洲运动会上，代表国家队出战荣获金牌的学校选手、项目有：史婧琳，女子 100 米蛙泳；沈铎、张雨霏，女子 4×100 米自由泳接力；沈铎，女子 100 米自由泳、女子 4×200 米自由泳接力、女子 200 米自由泳；许安琪，女子重剑团体；陈若琳，跳水女子双人 10 米台；王适娴，羽毛球女子团体（实现亚运会五连冠）；顾笑、呙俐、梁馨枰，花样游泳集体比赛集体自由自选、集体技术自选、集体自由组合（包揽本届全部三枚金牌）。

10 月，由学校教练员王芳领衔的中国花样游泳队（含学校选手顾笑、呙俐、梁馨枰），转战加拿大魁北克第十三届花样游泳世界杯赛，再次包揽集体比赛全部三枚金牌，此为中国花样游泳队首次夺得集体项目世界冠军，学校 3 名选手也成为新科世界冠军。

2015 年

5 月，在中国东莞举办的第十四届苏迪曼杯世界羽毛球混合团体锦标赛上，中国队（含学校选手蔡赟、徐晨、王适娴）荣获冠军，实现苏迪曼杯六连冠。

7 月，在韩国光州举办的第二十八届世界大学生运动会跳水比赛上，中国队屈琳、孙梦辰（均为学校选手）获得女子双人 3 米板冠军；中国队（含学校选手屈琳、孙梦辰、郑曲琳）获得女子团体冠军。在 2015 年莫斯科世界击剑锦标赛上，中国队（含学校选手许安琪）勇夺女子重剑团体冠军。

8 月，在 2015 年俄罗斯喀山世界游泳锦标赛上，陈若琳与搭档精诚合作，夺得女子双人 10 米台金牌，中国女队（含校选手史婧琳、沈铎）夺得 4×100 米混合泳接力金牌。

11 月，在英国格拉斯哥举行的 2015 年世界体操锦标赛上，中国队尤浩（学校选手）夺得男子双杠金牌。

2016 年

2 月，在巴西里约热内卢 2016 年跳水世界杯赛上，陈若琳（搭档刘惠瑕）轻松获得女子双人 10 米台冠军，荣耀实现该项目世界杯“六连冠”。

4 月，第二十五届世界技巧锦标赛在福建莆田举行，代表中国出战的学校男子四人组（张腾、周家槐、芮留铭、李铮）获得中国队本届比赛唯一金牌。

5 月，在江苏昆山举行的 2016 年羽毛球尤伯杯赛上，中国女队（含学校选手王适娴、汤金华）夺得冠军，成功实现三连冠，第 14 次捧得尤伯杯。

6月，学校有13名运动员、9名教练员入选里约第三十一届夏季奥运会中国军团，为学校入选境外参赛奥运会代表最多的一届。

8月，在里约第三十一届夏季奥运会上，中国代表团陈若琳（学校选手，搭档刘惠瑕）夺得女子双人跳水十米台金牌，荣耀实现奥运“三连冠”，并成为最年轻的奥运五冠王，书写了世界跳水运动史传奇。此外，在里约第三十一届夏季奥运会上获得奖牌的学校选手及其项目还有：许安琪，女子重剑团体银牌；另俐、顾笑、梁馨枰，花样游泳团体项目银牌；史婧琳，女子200米蛙泳铜牌；尤浩，男子体操团体铜牌。

二、优秀运动队简况

（一）现设运动队

1. 乒乓球队

图5-4-1　乒乓男团获全运会冠军

南京体育学院江苏省乒乓球队建立于1958年11月，经过几代乒乓人的辛勤耕耘，已经发展成为学校竞技体育的一支骨干力量。建队至今，球队共获得3枚奥运会金牌，培养了李菊、阎森、陈玘3位奥运冠军，先后夺得世锦赛、世界杯金牌21枚，亚运会、亚锦赛金牌26枚，全运会金牌6枚，全国锦标赛金牌13枚，可谓硕果累累，成就辉煌。

球队创建初期，隶属于省体委五台山运动训练中心，无固定基地，先后辗转于五台山草棚球场、军事学院、中山东路体校等处。但是，1959年第一届全运会上，在龚宝华、殷成基等首批教练员带领下，球队克服了初创时期的种种困难，获得第12名，居于全国中游水平。其后，球队的建设、发展逐步进入正轨，1963年前后，已成为国内乒坛一支不可小觑的力量，涌现出一批优秀选手。其中，最突出的典型人物是狄蔷华，她在雅加达第一届新兴力量运动会上获得了1金、2银、1铜的优异成绩，实现了江苏乒乓球在国际大赛上金牌“零”的突破。1965年的第二届全运会上，队伍又取得了较大进步，男子单打、双打均获得第 4 名。

“文革”曲折发展期间，我国乒乓球事业严重受挫，江苏实力更是大幅下降。1973 年秋，经江苏省体委批准，江苏省乒乓球队迁至并隶属南京体育学院。1974 年全国锦标赛参赛的 41 个代表队中，江苏乒乓球男队排在第 36 名，女队排在第 38 名。这次惨败虽是一个沉重打击，但也成为激发队伍前进的动力。1976 年，女队开始发力奋进，在安徽蚌埠举行的华东赛区分区赛上进入前 4 名，全国锦标赛也位列第 14 名，进入全国甲级队行列。

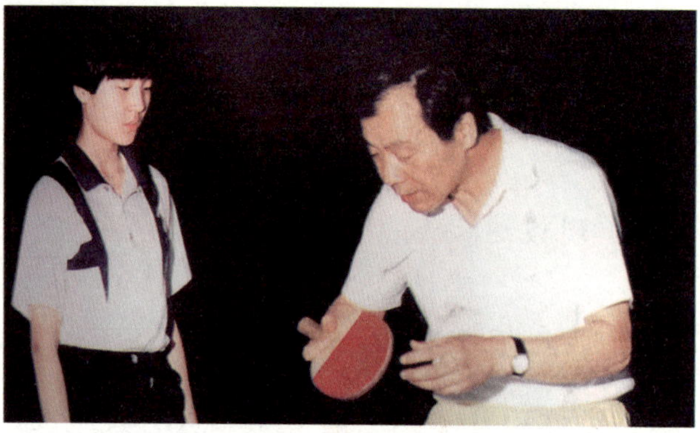
图 5-4-2　杨光炎教练（右）指导训练

1981 年，在杨光炎教练的带领下，由蔡振华、杨川宁和惠钧等组成的江苏乒乓球男队实现了崛起，首次夺得全国团体冠军，女队则在团体项目中首次进入前 6 名。此后，蔡振华和惠钧成为当时国家乒乓球队的主力，在举世瞩目的第三十六届世界乒乓球锦标赛上，蔡振华作为中国队绝对主力获团体、双打 2 枚金牌。随后在第三十七、三十八届世乒赛上，他再夺 2 项冠军。90 年代初，蔡振华临危受命，出任国家队教练，带领国家乒乓球队从历史的低谷走向辉煌，包揽了各类世界乒乓球大赛的大部分金牌，他也因此被委以重任。

在 1983 年第五届全运会上，惠钧一举夺取了乒乓球男单冠军，并于 1987 年第三十九届世乒赛上获得了混双冠军。从那时起，男队人才辈出，阎森、陈玘、秦志戬等名将相继涌现。阎森获得 2000 年第二十七届夏季奥运会乒乓球男子双打冠军，第四十六、四十七届世乒赛男子双打冠军；陈玘夺得 2004 年第二十八届夏季奥运会乒乓球男子双打冠军，第四十九、五十届世乒赛男双冠军；秦志戬获得第一届乒乓球世界杯赛团体冠军，第四十六届世乒赛混双冠军。在他们带领下，男队于 2002、2004 年 2 次获得全国乒乓球锦标赛男子团体冠军，并在 2005 年第十届全运会上首夺全运会乒乓球男子团体冠军。

20 世纪 90 年代，江苏女队也开始崛起，在 1995 年全国锦标赛上勇夺团体冠军，实现了江苏乒乓球女团金牌“零”的突破。随后，女队在 1996、1997、1998 年 3 次蝉联女子团体冠军，并在第八届全运会上夺得女子团体金牌。优秀国家队选手李菊、邬娜、杨影、张莹莹等，也先后分别夺得第二十七届夏季奥运会女双冠军和第四十四、四十五、四十六届世乒赛混双、女双冠军，并连续在第七、八、九届全运会上夺取单项金牌。

然而，山有起伏，水有涨落。随着黄金一代的谢幕，江苏乒乓球队再次陷入了低谷。2009 年 11 月，按照江苏省体育局统一安排部署，队伍脱离南京体育学院，东移至位于南京仙林的江苏省体育局训练中心。其间，除女运动员范瑛在 2011 年代表中国队参加世界杯赛获得女团冠军外，国际赛场难觅江苏球员的身影。时至 2018 年 5 月，队伍又遵照江苏省体育局决定，返回并隶属南京体育学院。

近年来，队伍在后备人才培养方面进行了卓有成效的创新和改革，2019 年始重现起色。在第二届全国青年运动会上，男女青年队斩获 7 枚金牌、2 枚银牌、1 枚铜牌。目前，江苏已有 11 位运动员入选国家乒乓球队，主要集中在青少年段，位列全国各省输送队员数量的前三名。现今，学校江苏省乒乓球队有专业运动员 48 人，省体校后备运动员 36 人，教练员 10 人，其中国家级教练员 2 人。

纵观南京体育学院江苏省乒乓球队走过的历程，总体上向江苏人民交出的是一份充满成就、令人满意的答卷。但前路漫漫，昔日的辉煌不代表今后的成功。队伍将不懈努力，不断进取，在学校顶层设计绘制的“二次创业”的宏图框架下，积极主动，努力创新，力争在第十四届全运会周期内，为我国竞技体育事业的发展再做贡献，再续辉煌。

2. 羽毛球队

南京体育学院江苏省羽毛球队，经省体委遵照国家体委的要求积极筹备一年，正式组建于 1971 年 4 月。在几代羽球人的辛勤耕耘和努力奋斗下，队伍的规模不断发展壮大，运动技术水平持续长足进步，成为一支在国际国内羽坛产生广泛影响、具有很高知名度、极富战斗力的优秀运动队。建队 50 年来，队伍先后有 4 人 7 次荣获奥运会冠军，20 人 105 次荣

图 5-4-3　我省首位世界冠军孙志安（右）

获世界冠军，19 人 60 次荣获亚洲冠军。

然而队伍创建之初，却是无训练基地、无专业教练、无技术基础的“三无状态”。网球运动员出身的黄益冲、尤广礼受聘分任男、女羽毛球队主教练，组建了最初的教练班子。经 10 年锤炼，20 世纪 80 年代初，培养出孙志安、徐蓉、吴健秋等第一批世界冠军。孙志安，作为建队后的第一批球员，在 1979 年获得第一届世界杯赛冠军，成为江苏省竞技体育史上第一位获得世界冠军的运动员；此外，他还是中国羽毛球队获得第十二届世界男子羽毛球团体锦标赛（汤姆斯杯）冠军和第十三届世界男子羽毛球团体锦标赛（汤姆斯杯）亚军的主力队员。

20 世纪 80 年代末 90 年代初，队伍又产生了赫然名列“世界羽坛四大天王”的杨阳、赵剑华。1987 年，杨阳夺得羽毛球世锦赛男子单打冠军，1988 年汉城奥运会羽毛球比赛（表演项目）中获男单冠军，1989 年获全英羽毛球锦标赛冠军，创下羽毛球四大世界比赛金牌满贯第一人的纪录。赵剑华，是 1985、1990 年两届全英羽毛球锦标赛男单冠军，1986、1990 年两届亚运会羽毛球男单冠军，1991 年世界羽毛球锦标赛男单冠军。他是“世界羽坛四大天王”中最后一个挂拍退役的天王，被称作“末代天王”，也被业界公认为是最能代表当代羽毛球技术发展方向与水平的运动员。

图 5-4-4 羽毛球馆

20 世纪 90 年代中期，队伍新秀孙俊、刘永、张军、葛菲、顾俊、戴韫、钱虹等又成为中国羽毛球队的核心力量，为中国队重回世界羽坛巅峰立下了汗马功劳。1995 年，中国队夺得苏迪曼杯世界羽毛球混合团体锦标赛冠军，参赛队员 7 人中有 6 名为江苏运动员，谱写了江苏羽毛球的传奇篇章。他们还多次获得汤姆斯杯和尤伯杯团体锦标赛冠军。此外，孙俊先后获得世锦赛男子单打冠军和全英锦标赛冠军，刘永、葛菲获得混合双打世界冠军。特别是葛菲、顾俊在 1995—2000 年的各类世界大赛中，十分罕见地保持全胜，夺得了一个又一个世界冠军，真正做到了“打遍天下无敌手”。1996 年夏，号称“天下第一双”的葛菲、顾俊，在亚特兰大奥运会上为中国羽毛球队夺得第一枚奥运会金牌；她们又在 2000 年悉尼奥运会蝉联女双冠军。同样在 2000 年悉尼奥运会上，张军与湖北队高崚搭档，以黑马之姿出线，为中国夺得奥运历史上第一枚羽毛球混双金牌。

进入新世纪新时代，2004 年雅典奥运会上，张军与高崚混双成功卫冕。2012 年，北京奥运会男双亚军蔡赟，在伦敦奥运会上与队友傅海峰合作，为中国队夺得第一枚奥运会羽毛球男双金牌。此外，队伍新一代选手陈金、卢兰、徐晨、王适娴、成淑、汤金华、石宇奇等，也纷纷在世界赛场上披金挂银，他们用汗水和智慧在世界舞台上展现了南体人的风采。其中，2018 年，石宇奇在泰国曼谷汤姆斯杯比赛中获得全胜，为中国队重新捧回汤杯做出重要贡献。这一胜利意义非凡，标志着江苏羽毛球队产生了第 20 位世界冠军，南京体育学院产生了第 100 位世界冠军。

在国内比赛中，江苏羽毛球队则先后 19 次获全国团体冠军（含全运会男团 5 次、女团 3 次），5 次获混合团体冠军、19 人 48 次获全国单项冠军。1992 年以来一直位列全国前三名，特别是在 1998 年全国羽毛球锦标赛上，球队夺得了男团、女团、男单、男双、女双、混双 6 项冠军，创造了在一次全国大赛上男女队同时获得团体冠军、6 枚金牌，男女二队（乙级队）同时升入甲级队的 3 项全国新纪录，创造了江苏省羽毛球事业的新辉煌。

2019 年 1 月，根据国家体育总局大力推进运动项目协会实体化的要求，中国羽毛球协会进行了换届改选，江苏奥运冠军张军当选为新一届中国羽毛球协会主席，孙俊当选为副主席。当今，队伍已经形成教练员队伍实力雄厚、技战术风格独特、相互衔接、格局合理的一、二、三线一条龙梯队。现有运动员 110 多人，其中 11 人在国家队集训，8 人入选中国青年队和少年队。拥有国家级教练 4 人、高级教练 5 人，有 2 人长期在国家队执教。

南京体育学院江苏省羽毛球队是一支光荣的队伍，具有优良的历史传统与深厚的文化底蕴，为南京体育学院夺得了开创历史的第 1 个世界冠军，又荣获了突破两位数的第 100 个世界冠军，创下了一个又一个世界性奇迹。站在新的历史起点，江苏省羽毛球队将不断深入研究项目规律，大胆探索创新训练方法，全力做好优秀后备人才的选拔、培养与输送工作，在学校顶层设计绘制的“二次创业”宏图框架下，再接再厉，志存高远，再攀新高峰，再创新辉煌，为江苏省、为国家的竞技体育事业做出更大贡献。

3. 网球队

南京体育学院江苏省网球队始建于1958年，是国内最早建立的专业网球队之一。60余年的风雨寒暑，江苏网球队遭遇过诸多曲折坎坷，更获得了耀眼的荣誉和辉煌。江苏省网球队的建设、发展经历了3个历史阶段：

第一阶段：创业时期（1958—1968）。

20世纪50年代末60年代初，在建队初期特定历史条件下，前辈们为了江苏网球事业，以钢铁般的意志和顽强的作风，默默无闻地辛勤耕耘，无怨无悔地奉献自己的青春年华。在“一穷二白”的基础上，队伍发扬了体育人艰苦创业、好学上进、顽强拼搏、永不服输的光荣传统，克服训练场地设施简陋、生活条件差的困难，为队伍的生存和发展打下了坚实基础，培养了一批思想作风过硬、业务技术优良的教练员和运动员。以刘舜兰、刘方针为代表的江苏女子网球队，曾在全国性比赛中初露锋芒，获得全国女双第2名。此外，男队的“智多星”黄益冲、“拼命三郎”尤广礼，也都是当时国内优秀的网球选手。

第二阶段：建业时期（1973—1998）。

20世纪六七十年代，国家经历曲折发展时期，学校省网球队曾一度解散。当时，老一辈的领队、教练和运动员，虽然都被下放到农村或工厂，他们心中的网球梦想却一直没有幻灭。1973年，队伍恢复重建，在原班人马基础上重整旗鼓，同时注入了一批新生代力量，逐步走上了一条健康、有序、稳定的发展道路。这一时期，以江慧芝、李秀莲为主体的一代女运动员成绩进入全国前列，多次入选国家集训队，带动了江苏网球的进一步发展。男队的周政、李辉等，在国内比赛中也有可喜表现。

80年代，江苏网球队注重抓后备力量的培养，刘方针、刘舜兰等一批退役队员没有留队任教，而是投入到为江苏网球培养后备人才做奉献的工作中。时至80年代末，江苏网球队伍已基本形成一、二、三线层层衔接的局面，尤其青少年网球的训练和竞技水平在国内颇具影响。继优秀运动员李秀莲、江慧芝后，以易景茜为代表的一批新生代网球女队运动员，在国内外比赛中崭露头角。易景茜、张要、鲍勤、陈俊等，曾获得第七届全运会女子团体亚军，并入选国家队，其中易景茜还获得世界大学生运动会单打和双打两项冠军，国际积分最高排名位列世界第69位，成为国内第一位打入世界网球大满贯赛事的运动员。1996年，徐欣、易景茜获得全国混合双打冠军，江苏网球队第1次品尝全国冠军的滋味，开启了江苏网球历史新纪元。与此同时，江苏网球男队卧薪尝胆，厚积薄发，在李辉教练的带领下，赶超全国先进水平的良好发展势头开始显露。

第三阶段：立业时期（1999—2020）。

经过40年改革开放的洗礼，特别是进入21世纪，通过前两个阶段的积累和沉淀，学校省网球队步入了全新、快速的发展时期。在网球人才培养模式、职业化网球运作方式、队伍组织管理结构、各类资源配置保障等方面，一切都在发生着深刻的变化。这些变革，带动了江苏网球男队全面崛起，创造了江苏网球驰骋网坛的系列辉煌。

图5-4-5　网球男团获全运会冠军

先期以曾少昡为首，后有以张择、公茂鑫、薛峰为代表的男子选手，从2004年起，在全国一类比赛中连续15年斩获金牌。2005年，在第十届全运会决赛中，经过9个多小时苦战，江苏网球男队奇迹般夺得男团金牌和男双金牌，江苏网球人苦苦追寻了近50年的全运会金牌梦终于变成了现实。从第十届到第十三届全运会，江苏网球男队连续4届蝉联团体冠军，还获得第十三届全运会网球项目6枚金牌中的3枚，被誉为"苏造传奇"，充分显示了江苏网球在国内的领先实力和地位，创造了中国网坛的神话和江苏网球的不朽历史。江苏网球女队，在后易景茜时代，涌现出梁辰、季春美等一批选手，在国内大赛和国际职业赛中也有不俗的表现。2008年，梁辰获得全国女子单打冠军，季春美获得全国双打冠军。而由蒋宏伟总教练领军的中国国家网球女队，获得了北京奥运会网球女双铜牌，李娜、郑洁、晏紫等先后在4大满贯赛事中夺取冠军，创造了多项历史性突破。

同时，网球职业化训练取得显著成效，张择、公茂鑫、梁辰等队员的个人国际职业排名均有不同程度上升。2018年，张择、公茂鑫国际双打排名双双进入世界男子前100名，并顺利成为中国男子网球仅有的两名国际级健将。梁辰双打的世界排名则进入世界女子前50名。

60多年来，学校省网球队涌现出一批优秀人物，全队拥有4名国家级教练、10名高级教练、14名全运会冠军和全国冠军。其中，蒋宏伟、曾少昡、薛峰、李辉、张择、姜惟、公茂鑫等7人荣获省劳动模范称号，鲍勤、姜惟2人入选国家体育总局双百精英教练员培养计划。

图5-4-6　中国网球学院

在江苏网球蓬勃发展的道路上，南京体育学院网球系也逐步发展成为南京体育学院网球学院，并且成功承办了第二届夏季青年奥林匹克运动会网球项目比赛和第二届亚洲青年运动会网球项目比赛。以青奥会为契机，由国家体育总局网球运动管理中心、江苏省体育局、南京体育学院三方共建的中国网球学院，于2014年8月10日正式揭牌，由蒋宏伟担任首任中国网球学院院长。中国网球学院是一所集网球训练、教学、培训、竞赛、科研及服务为一体的综合性运用型的国家级专项运动学院。作为全国唯一一所“国”字号的网球学院，学院始终把为国家培养优秀网球人才放在一切工作的首位，以培养国际化、职业化网球精英人才为目标。

2016年4月，中国网球学院与西班牙桑切斯·卡萨尔网球学校合作，成立了桑切斯·卡萨尔（南京）网球学校，并于2019年继续深化第2周期合作。其间，2017年，中国网球学院被国家体育总局命名为国家网球南京训练基地。2018年，中国网球学院成功申报了国家体育总局网球运动管理中心高端智库项目，成功获批“网球项目文化”和“中国特色职业网球路径研究”两项国家决策咨询研究项目，成为“中国网球协会首批高端智库建设单位”。2019年，中国网球学院成功举办了中国首届竞技网球文化发展研讨会，蒋宏伟、鲍勤入选中国网球协会首批智库专家名单，充分发挥了中国网球学院在中国职业网球发展和网球文化建设中的独特优势。

中国网球学院还积极做好赛事承接工作，提高自身办赛水平，连续7年承办ITF国际网联青少年G1巡回赛南京站品牌赛事，连续4年承接“通向温布尔登之路”赛事活动，以及ITF国际女子网球巡回赛、中国网球协会耐克青少年网球巡回赛分站赛、中国网球协会耐克全国青少年网球排名赛（U12/U14/U16/总决赛），多次承办中国网球协会初级、中级、高级教练员培训班，国家少年网球队运动员选拔训练营，中国少年杯网球团体锦标赛等国家级培训和赛事。

伴随着中国网球学院的发展壮大，江苏网球也将面临新的挑战。无论是在顺境中成长，还是在困难中跋涉，江苏网球新一代的运动员和教练员们都将继承老一辈网球人艰苦奋斗、不畏强敌的拼搏精神，在学校顶层设计绘制的“二次创业”的宏图框架下，为创造更加辉煌的明天贡献力量。

4. 体操队

南京体育学院江苏省体操队成立于1955年11月。作为江苏竞技体育的重要力量，建队60余年来，在历次全国体操比赛中，共有106人次获得冠军。在奥运会、世界体操锦标赛、亚运会、世界大学生运动会等国际大赛中，共有28人次获得冠军。江苏体操队光荣辉煌的业绩，在中国体操运动竞技史上留下了浓墨重彩的篇章。

图5-4-7　体操蹦床馆

建队初期，队内优秀运动员阮国良自1958年开始，连续7次夺得全国吊环冠军。优秀运动员丁小平在第一届亚洲新兴力量运动会上获得高低杠冠军。潘辰飞、赵嘉伟则在第七届亚运会上加入中国国家男队，夺得团体冠军。

70年代至80年代，江苏体操人在艰苦的条件下，创新发展了许多体操新动作，为我国体操运动员参加世界性竞赛赢得了荣誉。在1975年第三届全运会、1979年第四届全运会上江苏均获得男子团体冠军，威震体坛。周秋瑞在1984年第二十三届奥运会上获得女子团体第3名、自由体操第4名。

从江苏省体操队走出的第1位奥运冠军是黄旭，他在王国庆教练指导下，于2000年和2008年两届奥运会上作为中国队主力队员2夺男团冠军，并在1997年到2007年间4次夺取世锦赛男团冠军、3次夺得全运会冠军，开辟了“黄旭时代”，带领江苏省体操队创造了新的辉煌。2010年，吕博又夺得鹿特丹世界体操锦标赛男团冠军，成为江苏体操第2位世界冠军。更令人欣喜的是，江苏体操队的优秀全能型选手尤浩，在夺得2014年南宁第45届世界体操锦标赛男子

图 5-4-8 世界冠军孙炜

团体冠军后，又在 2015 年格拉斯哥第四十六届世界体操锦标赛上以近乎完美的发挥摘得双杠金牌，同时还获得了吊环银牌和男子团体铜牌。在 2016 年巴西里约奥运会上，尤浩获得男子体操团体铜牌。在 2017 年天津第十三届全运会上，后起之秀小将翁浩勇获男子鞍马金牌，并于 2019 年获得德国科特布特国际体联世界杯分站赛鞍马冠军。2018 年雅加达亚运会，小将孙炜获得男子团体冠军，同年再获多哈世界体操锦标赛男子团体冠军，成为南京体育学院第 101 位世界冠军。

江苏省体操队的 60 年历程是一部艰难的创业史、一部不懈的追求史、一部成功的探索史，更是一部辉煌的业绩史。回顾江苏省体操队的创业和发展历程，有一种“江苏体操精神”在推动着发展。具体归纳为四个方面：

一是艰苦奋斗的草棚精神。建队伊始，江苏省体操队从建筑面积仅为 400 平方米的草棚体操房、悬挂在毛竹横梁上的“土制吊环”和用小方块垫子拼接成的不足 10 米的长条形自由体操场地上起步。老一辈江苏体操人凭借着一腔对体操事业的热忱和常人难以想象的毅力，艰苦奋斗，拼搏奋进，将江苏省体操队在短短几年内带到了国内甚至世界的先进水平，奠定了江苏体操长盛不衰的基础。

二是瞄准世界水平的攀高峰精神。追求更高、更快、更强，是竞技体育的本质和魅力所在。早在 60 年代初期，时任南京体育学院运动系体操班班主任的茅鹏，就提出了“以世界水平为目标，以全国比赛为阶段”的训练口号。在今天看来，正是这个在当时看来十分大胆和超前的口号，一直引领着江苏省体操队的改革和发展之路，推动着江苏体操人不断创造新的辉煌。

三是甘当铺路石的牺牲精神。一个冠军运动员的诞生，凝聚着不知多少运动员和教练员的辛劳和汗水。正是江苏体操人的这种甘当铺路石、默默奉献、牺牲小我、成就团队的精神，才使江苏体操能够不断树立新的旗帜，产生新的冠军。

四是不断探索钻研的创新精神。20 世纪 60 年代初，尚处幼年的江苏体操队在取得一定成绩的基础上谋划持续、长远的发展，在党支部的带领下，破除迷信，解放思想，在训练理论认知上探索、钻研、创新，在训练实践上大胆改革。他们废弃训练内容上的“全面身体素质训练”，废弃训练安排上的“周期学说”，果断及时开发“体育技艺成长优质期”，从儿童中选拔新人，推行“分项分步”训练，以保证新人在幼年敏感期接受优质的培训，结出了一系列丰硕的成果。体操队在 1960 年获得男团、女团双冠军，获得第三届（1975 年）、第四届（1979 年）全运会男团冠军等。1963 年 10 月 24 日，《体育报》用第 1、第 3 两个版的整版篇幅突出报道了南京体育学院体操班，阐述南体从理论认知上突破、在实践改革中升华的办班理念。1964 年茅鹏在《新体育》上发表了《身体素质论应当否定》一文，引起全国体坛震动。后经多年研发，中国原创的“一元训练理论”诞生。茅鹏晚年深情地说，那是一段“幸福的回忆”。

如今，“以世界水平为目标，以全国比赛为阶段”的训练口号仍在引领着江苏省体操队的发展，推动着江苏体操人不断创造新的辉煌，继续为我省、为我国体操事业的发展做出新的贡献。

5. 蹦床队

南京体育学院江苏省蹦床队，自 1998 年成立以来，培养了一大批优秀运动员和教练员，在国内外重大比赛中屡创佳绩，为中国的蹦床竞技事业做出了重要贡献。特别是在 2008 年北京奥运会上，陆春龙获得了我国第 1 个男子蹦床奥运会冠军，创造了中国蹦床的历史。

图 5-4-9　蹦床比赛

2000 年悉尼奥运会起，蹦床项目开始被列为奥运会正式比赛项目。随后，我国决定正式开展蹦床项目。在江苏省体育局、南京体育学院领导的关怀和支持下，江苏省蹦床队是我国最早成立的蹦床队之一。

江苏省蹦床队建队初期，没有专用场馆，只有 2 张蹦床，在江苏省体育科研所力学室训练。1998 年底搬至学校新体育馆二楼附房内训练，蹦床增加至 4 张，单跳仍在老体操房训练，条件比较艰苦。2001 年，搬至新体操馆训练，训练条件大大改善。蹦床队教练员均为来自技巧专项的优秀教练，运动员分别来自技巧、体操、跳水等项目。

南京体育学院江苏省蹦床队建队 20 余年来，在奥运会、世锦赛、全运会等国内外重大比赛中佳绩频传，为我国我省争得了荣誉，共夺得奥运会金牌 1 枚、铜牌 1 枚，世锦赛金牌 5 枚、银牌 1 枚、铜牌 1 枚，全运会金牌 2 枚，青运会金牌 1 枚，受到江苏省委省政府的表彰，荣立集体一等功，并荣获“江苏省五一劳动奖章”。同时，培养出以奥运冠军陆春龙为代表的一大批优秀蹦床运动员和以奥运冠军教练胡星刚为代表的一批优秀教练员。

图 5-4-10　我国首位男子蹦床奥运冠军陆春龙

在 2001 年第九届全运会上，蹦床首次成为正式比赛项目，江苏队获得男子团体冠军，队员有吕俊、冯强强、吴涛、顾凌、张灵枫、卞晓阳；教练员为顾洪星、胡星刚。

陆春龙，1998 年进入江苏省蹦床队，2004 年底进入国家蹦床队。在国家级教练胡星刚的调教下，其运动成绩不断提高。2005 年，年仅 16 岁的陆春龙，一鸣惊人地夺得第十届全运会男子网上项目个人冠军。2008 年 8 月，他在北京奥运会蹦床男子个人决赛中，以精湛的技艺、完美高飘的成套动作征服裁判和观众，成为我国第 1 位男子蹦床奥运冠军，创造了中国蹦床运动的历史。在 2007 年至 2011 年世锦赛赛场上，陆春龙获得 2 次团体冠军和 1 次个人冠军。另外，队中优秀单跳选手张凌峰，夺得 2009 年、2011 年两届世锦赛单跳男子团体冠军。

陆春龙、张凌峰等老队员退役后，队伍又涌现出一批颇有潜力的小将。2015 年，刘佳霖夺得第一届青年运动会男子网上个人冠军。单跳小将张阔，出征第三十一届丹麦蹦床世锦赛，获得单跳个人全能季军、团体亚军。2017—2018 年间，张阔凤凰涅槃，相继在保加利亚、俄罗斯世锦赛上荣获个人冠军与混合团体冠军，成为南京体育学院第 99 位世界冠军。

风采来源于精神，上下同欲者胜。南京体育学院江苏省蹦床队是一支年轻的队伍，同时也是一个团结的集体、战斗的集体。蹦床队教练员、运动员牢记责任与使命，以强烈的事业心和责任感，训练自觉刻苦，比赛作风顽强，保持着旺盛的战斗力和积极向上的奋斗精神。全队上下心往一处想，劲往一处使，把集体荣誉看得高于一切。全体教练员目标一致，理想一致，情感融洽，行动协调，在队内营造出一种群策群力、奋进不懈的良好氛围。

正如训练馆里高悬的横幅上所写："天道酬勤，舍我其谁！从零开始，再攀高峰！"目前，南京体育学院江苏省蹦床队正以永不言弃的精神团结一心，抓住机遇，积极备战东京奥运会。优秀运动员们贯彻"三从一大"训练原则（从严、从难、从实战出发，大运动量训练）和"两严"（严格管理、严格要求）方针，决心向严格管理要成绩，向训练质量要金牌，以高成功率、高稳定性，继续为江苏省、为国家争金夺银、增光添彩。

6. 艺术体操队

图 5-4-11　艺术体操队比赛画面

南京体育学院江苏省艺术体操队成立于1980年5月，是国内组建最早的专业艺术体操队之一。建队之初，因学校缺乏基本物质保障，一度借用五台山体育中心训练设施。第1批运动员许临、陶宇、丁鲁平等都由体操项目改练艺术体操，第1位教练员是原体操队的舞蹈老师。各方面均可谓白手起家，条件与基础都比较差。但是，"不经一番寒彻骨，怎得梅花扑鼻香"。江苏艺术体操队经过数年如一日的共同奋斗、艰苦拼搏，至20世纪80年代末90年代初，就以编排、动作规格质量高、细腻严谨著称业界。从1993年第七届全运会到2005年第十届全运会，队伍连续4届夺得金牌（个人全能冠军、集体全能冠军、团体总分冠军），另获数十项集体与个人全国重要赛事冠军，在中国艺术体操史上谱写了灿烂的一页。

在国内取得突出成就的同时，队伍还为国家队输送了许多优秀选手，为国家在奥运会、世锦赛、亚运会等一系列大赛中争得了荣誉，运动员先后获得1次奥运会第5名、2次世锦赛第4名、1次亚运会冠军。1989年第十四届世锦赛上，教练张慧琴率领运动员张宇燕、王莹、王雁、唐玲玲、索金芝、邵军等代表中国队参赛，一举获得集体全能第4名，是当时中国艺术体操在世锦赛上的最好成绩。1996年第二十六届奥运会上，张慧琴教练又率领运动员郑霓、黄婷、黄莹、钟莉、蔡颖颖等代表中国队参赛，名列集体全能第5名，实现了中国艺术体操奥运会前八名的突破。1998 年第十三届亚运会上，教练员许临率领运动员浦云飞、王维肖代表国家队参赛，获得个人团体第 1 名。

进入新时代，学校江苏省艺术体操队正一步一个脚印地迈入复苏期和丰产期。2019 年 8 月，在吕梁市孝义体育馆举行的“二青会”艺术体操体校甲组个人团体决赛中，队中新秀彭冉雅、沈馨妍、王馨翎、卞金柔等表现突出，以 140.40 分夺得金牌。在集体单项（五带）决赛中，优秀选手汤泽曦、黄羽寒、张施宇、范宜宣、陈逸萌等表现出色，以 12.80 分夺得冠军。如今，新一代江苏艺术体操人正乘风破浪、披荆斩棘，在学校“二次创业”的宏图规划下，力争再创江苏艺术体操的新成就，为我省、为我国艺术体操事业的发展增光添彩。

7. 技巧队

图 5-4-12　技巧女三

南京体育学院江苏省技巧队成立于 1957 年 7 月，是我国成立最早的技巧专业队之一。风雨 60 余载，队伍走过了辉煌的历程，为祖国赢得了荣誉，为江苏争得了光彩。

1958 年，江苏省技巧队随江苏省体干班同时迁入并隶属南京体育学院。同年，参加了在沈阳举行的 25 城击剑技巧比赛，夺得了 4 枚金牌（团体、男双、混双、男三）、1 枚银牌（男双），这是江苏省技巧队第 1 次参加国内重大比赛并取得优异成绩。1959 年 9 月，在第一届全运会上，江苏省技巧队夺得 3 枚银牌、3 个第 4 名。

1979 年 12 月，我国加入国际技巧联合会，中国技巧开始走向世界。从此，江苏技巧运动进入了飞速发展的时期。建队以来先后代表国家参加了世锦赛、世界杯、世界运动会等 29 次世界重大比赛，共获得金牌 33 枚，有 40 名运动员获得世界冠军，32 名运动员获得“国际运动健将”称号，60 多人次获得“国家体育运动荣誉奖章”。其中，男子四人组有 7 批运动员登上世界冠军宝座，女子三人组实现世界冠军“三连冠”。

此外，队伍在国内，还参加了全国技巧锦标赛、冠军赛、体育大会等大赛，共获得 19 次团体总分冠军、224 个单项冠军，曾被中国技巧协会授予“中国技巧八强”称号，被江苏省政府授予“集体一等功”，被国家体育总局体操运动管理中心授予“突出贡献奖集体”。以顾洪星、都庆廉、周传标、熊放等为代表的优秀教练员，培养了120多名运动健将，他们除了承担国际、国内比赛任务，还兼顾对外表演、服务社会的功能，曾代表国家和江苏出访40多个国家和地区，受到所到之处的热烈欢迎，为技巧事业的国际交流做出了贡献。

图 5-4-13　技巧男四

作为一个集体操、杂技、舞蹈、音乐为一体的体育项目，技巧运动深受群众喜爱，在各类节目中也人气颇高。队伍曾参加中央电视台《我要上春晚》等大型节目，获得总决赛优秀奖，在社会上产生了轰动的效应。2014年，“江苏女三”在央视《出彩中国人》节目中大放异彩，广受关注。2018年，“江苏男四”又登上了狗年春晚舞台，参演《波涛之上》，南京体育学院江苏省技巧队男子四人项目的4位小伙子向全球亿万观众展示了世界最高难度的技巧。这个节目创新性地将体育和舞蹈结合在一起，以翻腾、平衡、抛接等动作为主，使节目极具观赏性与惊险性，是春晚舞台上第1次出现的表演形式。

2019年10月1日，在庆祝中华人民共和国成立70周年国庆游行活动上，南京体育学院体操学院付智、郭培、张峻硕、王宗南、吴旭升、孟洁、熊佳妮等7名运动员参加了江苏彩车“江苏智造”的巡演，圆满完成了表演任务，成功接受了党和国家领导人的检阅，在全国、全世界观众面前充分展现了江苏人民不断奋进、锐意创新的亮丽风采和江苏体育开拓进取、乘风破浪的昂扬精神。进入新时代，江苏省技巧队已从建队初期的1名教练员、9名运动员，发展至领队和教练员8人、运动员30余人，已是世界技巧界的一支重要队伍。南京体育学院也成为国家技巧集训队的训练基地。南京体育学院江苏省技巧代表队将继续牢记使命，自强不息，用奋力拼搏的精神为祖国再创佳绩。

8. 游泳队

南京体育学院江苏省游泳队成立于1958年。60余年来，学校江苏省游泳队

图 5-4-14　游泳馆

始终坚持在探索和把握项目规律的基础上，切实增强训练工作的针对性、科学性、有效性，瞄准世界先进水平，不断解放思想、锐意创新，从而激活了队伍不断向上跃升的强烈渴望与内在动力，在国际国内大赛中取得了一系列优异成绩，产生了2位奥运冠军、7位世界冠军，创造了世界纪录。先后有20余名教练员、运动员受到国家和地方政府的多次记功、表彰与奖励。

20世纪中叶，队伍创建之初，曾培养出了以顾东明、沙刘刚为代表的一批国手。1960、1964年，顾东明在全国游泳比赛中分别取得男子100米、200米蝶泳亚军的好成绩。1966年，沙刘刚在全国游泳比赛中曾取得男子100米自由泳亚军。老一代游泳工作者的辛勤耕耘和不懈努力，为江苏游泳的发展奠定了基础，开辟了道路。

70年代，随着国家形势的趋好，江苏游泳竞技训练水平亦得以逐渐恢复，著名选手曾桂英为队伍增添了绚烂光彩，在1973年的全国游泳比赛中一举夺得女子100米、200米、400米、800米自由泳以及400米个人混合泳5项冠军，并打破多项全国纪录。1978年，另一著名选手邵同妹，在全国比赛中取得女子100米蝶泳冠军，并在1979年亚运会上代表中国夺得该项目铜牌。

然而，这些成绩的取得，并未使江苏游泳队基础相对薄弱的整体状况得到根本性改变。1981年，队伍参加全国游泳比赛，一分未得。这一严峻的局面引起了江苏省委省政府和学校的高度关注。随着改革开放大潮的影响，队伍迎来了前所未有的发展机遇。1982年，经江苏省政府决定，并加严格考察，澳大利亚国家游泳队总教练助手迈克夫人，成为改革开放后江苏省以及中国体育界正式聘请的第1位外籍教练。当年，江苏游泳队便在全国比赛中夺得1枚银牌。1983年，第五届全运会上，江苏游泳队又摘得1枚铜牌，这也是江苏竞技游泳史上的第1枚全运会奖牌，从而为几年后江苏游泳项目实现历史性突破奠定了坚实基础。

20世纪80年代末90年代初，江苏游泳取得了重大突破。当时中国泳坛的

“五朵金花”，江苏就拥有林莉、王晓红2朵金花。1986年后，林莉、王晓红开始在国内泳坛崭露头角。1989年，在东京泛太平洋国际游泳锦标赛中，林莉战胜多名世界一流好手，奋勇夺得女子400米个人混合泳金牌，并打破全国纪录，王晓红也荣获女子200米蝶泳金牌并打破全国纪录，从而确立了她们在世界泳坛排名的前列地位。1990年，林莉、王晓红在第十一届亚运会上分别游出了女子400米混合泳和100米蝶泳的当年世界最好成绩，共获得8枚金牌、2枚银牌，成为中国亚运代表团个人成绩排名最前的2位女运动员。1991年1月，在澳大利亚珀斯举行的第六届世界游泳锦标赛上，林莉获得女子400米、200米个人混合泳2枚金牌，实现了我国在世界泳坛大赛金牌零的突破；王晓红获得女子50米、100米蝶泳2枚银牌。1992年7月，巴塞罗那第二十五届夏季奥运会上，林莉的成绩打破了德国选手保持了11年之久的女子200米个人混合泳世界纪录并获得金牌，成为奥运会上第1个打破世界纪录并获得金牌的中国运动员；王晓红获得女子200米蝶泳银牌。在此期间，以林莉、王晓红为代表的南京体院江苏省游泳队，获得过从全国、亚洲到世界的所有大赛的金牌。

图 5-4-15　游泳馆内景

竞技运动有高潮就会有低谷。第七届全运会后，队伍陷入了长期低落与衰退状态，一直与金牌无缘。其间，各级领导始终给予队伍很多关心、帮助和支持，队伍自身也不断强化创业意识，加强科学训练，加快培养速度，缩短成才周期。功夫不负有心人，经过近10年的卧薪尝胆，祖立军、史婧琳、沈铎、张雨霏等一批年轻运动员相继崛起，在各类比赛中表现出优秀潜质和良好前景。2013年第十二届全运会上，史婧琳获得女子200米蛙泳金牌，祖立军夺得男子游泳马拉松金牌，成为时隔4届全运会后江苏游泳队夺得的2枚弥足珍贵的金牌。2014年8月，在南京举行的第二届青奥会上，沈铎夺得6枚金牌，成为本届青奥会获得金牌最多的运动员；张雨霏也在青奥会中夺得4枚金牌。2015年8月，在喀山举办的第十四届世界游泳锦标赛中，史婧琳、沈铎作为国家队主力队员参加女子4×100米混合泳接力并获得冠军。2016年8月，在里约第三十一届夏季奥运会上，史婧琳夺得女子200米蛙泳铜牌。2017年9月，在天津举行的第十三届全运会中，史婧琳夺得女子100米蛙泳、200米蛙泳、女子4×100米混合泳接力3枚金牌；张雨霏夺得女子200米蝶泳、女子4×100米自由泳接力2枚金牌；沈铎获得女子4×200米自由泳接力金牌；祖立军获得公开水域10公里马拉松金牌。江苏游泳队在天津共获得7枚金牌，书写了江苏游泳全运会历史新篇章。这一系列成绩的取得，增强了队伍不断突破、再创辉煌的信心。2018年，张雨霏、沈铎、史婧琳入选国家队，参加了雅加达亚运会，获得3枚金牌。2019年7月，张雨霏、史婧琳、路明宇3人入选国家队，参加了韩国光州游泳世锦赛。2020年，全国冠军赛暨奥运会达标赛中，张雨霏100米自由泳成绩打破沉寂11年的全国纪录，100米蝶泳成绩打破亚洲纪录，男女混合泳接力成绩和队友一起打破世界纪录。

运动成绩的取得，离不开运动员的刻苦训练，更少不了教练员的辛勤付出。学校省游泳队历史上，一直有一支具有敬业奉献、刻苦钻研的教练员队伍。蒋树森、戴维慧是我国最早的一批高级教练，他们既有理论水平，又有实践经验，为江苏游泳队的起步和发展做出了贡献。随后的中生代教练员，在深入研究游泳项目发展趋势及世界先进理念的基础上，结合队伍实际，逐步在训练安排和技战术运用中形成了自身特色，培养出了林莉、王晓红、年芸、陈艳等一批世界顶尖选手，为中国游泳项目的发展做出了突出贡献。当前，队伍中年轻一代教练员正在快速成长，相信他们在国家进一步改革开放、学校实施“二次创业”的形势下，能继承发扬前辈们的优良传统，潜心钻研业务，积极借鉴先进训练方法和手段，不断增强队伍的凝聚力、战斗力，开创南京体育学院江苏省游泳代表队的新时代、新天地。

9. 花样游泳队

1982年，国际奥委会决定将花样游泳列为第二十三届奥运会的正式项目。国家体委为适应世界体育发展形势，于当年5月派员赴日本学习。同年底，江苏省派王瑞华教练赴北京参加了国家体委举办的花样游泳专项培训班。在此基础上，南京体育学院江苏省花样游泳队于1983年正式建立，是全国最早开展花样游泳项目的省份之一。

建队初期，经过老一辈花游人的摸索和积累，江苏花样游泳队克服了教练员紧缺、运动员基础薄弱、培养系统性不够等困难，努力拼搏，积极进取，训练与

图 5-4-16　花样游泳队

竞技水平取得了迅速提升，1987 年，首次参加了第六届全运会。1993 年，在领队孟广才和教练王壬、薛庆民的带领下，金蝉、金娜、薛梅、顾敏、林云、鲁芬、王芳、王菲等 8 名队员参加第七届全运会，获得了集体自由项目铜牌。1994 年，江苏花样游泳队首次夺得全国比赛集体自由项目金牌。1997 年，队伍进行了调整，金娜、王芳、侯颖莉、薛梅、顾敏、鲁芬、蔡锦、徐茜白等 8 名队员参加第八届全运会，获得了集体自由项目银牌。

2000 年，随着队伍对项目发展规律和发展方向的认识不断加深，竞技成绩亦不断刷新。队中优秀选手胡妮代表中国出战第六届亚洲游泳锦标赛，获得单人金牌，成为我国花样游泳史上第 1 位亚洲冠军。2001 年，在领队王霞和教练员金蝉、王瑞华、薛庆民的带领下，金娜、王芳、侯颖莉、胡妮、徐茜白、钱艾嘉、王菁菁、王婷婷、赵迟梅、葛晓薇 10 名队员参加了第九届全运会，获得双人金牌、集体自由项目银牌。2005 年，在领队周玲美和教练员金蝉、王瑞华、王壬、薛庆民的带领下，侯颖莉、胡妮、钱艾嘉、王婷婷、赵迟梅、朱政、陈娟、湛慧、魏虹、史欣 10 名队员参加了在江苏举办的第十届全运会，获得集体自由项目金牌，连续 2 届摘得全运会桂冠。2006 年，在第十五届亚运会上，朱政与国家队队友配合，获得集体自由项目金牌。2009 年，队伍整体实力有所下降，但仍获第十一届全运会自由组合项目铜牌。2010 年，史欣与国家队队友配合，获得第十六届亚运会自由组合项目金牌。

此后，队中呙俐、顾笑、梁馨枰等一批 90 后新生代运动员迅速成熟，2013 年获得第十二届全运会集体自由项目银牌。2014 年，呙俐、顾笑、梁馨枰 3 人在第十七届亚运会上代表国家出战，获得集体自由、自由组合项目 2 枚金牌；在第十三届花样游泳世界杯赛上又获得集体自由、自由组合项目 2 枚金牌，这是中国花样游泳队首次夺得集体项目世界冠军，具有重要的里程碑意义。2016 年，在里约第三十一届夏季奥运会上，呙俐、顾笑、梁馨枰 3 人还获得了集体自由项目银牌。2017 年，在领队吴晓明和教练员王芳、沈菲菲的带领下，呙俐、顾笑、梁馨枰、徐千雪、张曦文、金小琳、金小琪、瞿璐璐、赵瑀琦、王赐月、孟忻悦、张依瑶等 12 名队员参加了第十三届全运会，顶住压力勇夺江苏体育代表团首金，取得了集体自由项目金牌、自由组合项目银牌的好成绩。同年，呙俐、梁馨枰还代表中国出战第十七届国际泳联游泳世锦赛，获得自由组合项目金牌，这是中国花样游泳的首枚游泳世锦赛金牌，也创造了历史。

图 5-4-17　跳水花游馆

这一系列成绩的取得，增强了江苏省花样游泳队不断突破、再创辉煌的信心，更开启了江苏花样游泳发展的新时期。2018—2019 年，呙俐、梁馨枰又相继蝉联第十八届亚运会集体项目冠军，获得第十八届国际泳联游泳世锦赛集体技术、集体自由与自由组合 3 个项目的银牌，进一步全方位缩小了中国花样游泳队与世界强队俄罗斯国家队之间的差距。

当前，面对即将来临的东京第三十二届夏季奥运会和第十四届陕西全运会，南京体育学院江苏省花样游泳队正以更加饱满的热情、更加高昂的斗志、更加务实的作风，投入到紧张的训练备战工作中，在学校顶层设计绘制的“二次创业”宏图框架下，力争以优异的成绩为学校增光添彩，为江苏和中国体育事业的发展再立新功。

10. 跳水队

南京体育学院江苏省跳水队创建于 1958 年。60 余年来，在江苏省委省政府和全省人民的关心支持下，在江苏省体育局和南京体育学院的直接领导下，经过历任领队和全体教练员、运动员的艰苦奋斗、努力拼搏，取得了一系列优异成绩，为国家和江苏省争得了荣誉，成为一支经验丰富、技术全面、后备充足、人才辈出、团结奋进的跳水强队。

江苏省跳水队刚建队时，经历了一个艰苦创业、开拓进取的过程，没有正规的专职教练员，也没有固定的训练场所。当时，茅鹏兼任跳水队领队，他亲自物色人选，大胆起用新人执教。1958 年冬天，队员们远赴广州海角红楼游泳场，

图 5-4-18　跳水训练

在平均气温不足 18℃，水温只有 13℃的情况下进行室外训练，不到一年时间取得了很大进步。在 1959 年第一届全运会上，有 2 名运动员达到健将标准，张敬山取得了男子跳台第 6 名的好成绩。

20 世纪 60 年代初，由于国家遭遇经济困难，全国运动队进行全面调整和缩编。但江苏省跳水队不仅被保留，而且还有所发展。1960—1965 年间，补充了三批新生力量，积极实践“三从一大”训练原则（从严、从难、从实战出发，大运动量训练），形成了江苏省跳水队“训练作风顽强，擅长跳台，男队更强”的特色，涌现出唐志勇、金海泉、王卫国等一批优秀苗子。在训练手段上，队伍博采各省之长，重视水陆结合，革新训练器材，首创落地式弹网，改进旋转加速器，使用了水上防拍打气垫背心等，从而大大提高了技术水平和动作难度。

1975 年至 1979 年，是江苏省跳水队稳步前进、不断发展的 4 年。在此期间，队伍选拔了吕伟、余俭、蒋军波、杨祝梁、高峰等一批有发展前途的运动员，在训练中坚持以我为主、创新发展的指导思想，狠抓“压水花”技术，并改善陆上训练条件，很快就取得可喜成绩。1980 年的杨宁、1981 年的余俭、1982 年的吕伟、1985 年的张玉萍，连续获得女子跳板全国冠军。尤其是吕伟，还获得 1982 年全国跳水全能冠军及亚运会女子跳台冠军。

此后，吕伟、张玉萍、杨兰、路海松、徐浩、黄强、石磊等分别获得第六、七、八、九届世界杯跳水比赛团体或双人冠军，许冕获得 2001 年世界跳水锦标赛 10 米台个人金牌。在 2006 年的世界杯比赛中，13 岁的小将陈若琳更是在跳台双人和团体项目中两夺金牌，成为江苏省跳水队一颗闪亮的新星。2007 年世界跳水锦标赛和 2008 年的世界杯赛上，陈若琳续写辉煌，接连夺取金牌。特别是在 2008 年的北京奥运会上，陈若琳顽强拼搏，成功夺得女子 10 米台单人和双人项目的双项冠军。接着在 2010 年、2012 年、2014 年世界杯，2011 年、2013 年和 2015 年世锦赛上，她依然勇往直前，一直站到最高冠军领奖台上。2012 年

图 5-4-19 跳水馆内景

伦敦奥运会上，她不断战胜伤病等不利因素，10米台单人、双人两项成功卫冕，成为世界跳水界女子跳台项目第一人。2016年里约奥运会10米台双人项目，陈若琳又成功卫冕。陈若琳共获得3届5项奥运会冠军、16项世界冠军、3届亚运会冠军以及2届全运会冠军，创造了女子跳台运动员的神话。

竞技运动顶峰的攀登永远在路上。走下领奖台，一切从零开始。南京体育学院江苏省跳水队，现有干部、教练员12人，运动员50多人，其中国家级教练2人、高级教练5人，国际级运动健将3人、运动健将20多人。全队上下现今正以更加饱满的热情、更加高昂的斗志、更加务实的作风，投入到第十四届全运会周期的训练备战工作当中，力争为中国、为江苏的体育运动事业再立新功。

11. 击剑队

南京体育学院江苏省击剑队成立于1958年10月。60多年来，队伍人才辈出，成绩辉煌。自1984年洛杉矶奥运会起，中国击剑一共获得4人次奥运会冠军。他们是中国第一位击剑奥运会冠军栾菊杰，第一位男子奥运会击剑冠军仲满，第一个击剑团体冠军成员骆晓娟、许安琪。他们都是江苏选拔、培养输送的优秀运动员，这4枚金牌都离不开江苏击剑人的贡献。而第一个男子花剑个人奥运会冠军雷声的主带教练王海滨，也来自江苏，现任中国击剑协会主席。多年的探索和实践，江苏省击剑队始终贯穿着“积极主动、以我为主、全面发展、特长突出、强化体能、作风顽强”的训练指导思想。

图 5-4-20 击剑馆

队伍初创阶段。最初，江苏省击剑队共12人，包括领队吴世英、教练员戴士娟、3名女运动员和7名男运动员。1959年第一届全运会上，击剑被列为表演赛项目，但一切都按正式比赛规定进行。只设个人比赛，计算团体总分排名，江苏队以总分50分获得团体总分第3名。在男子佩剑（当时称为花式剑）比赛中，江苏队容卓孚和沈昌杰分获冠亚军。

图5-4-21 击剑训练

1964年2月，国家体委为了尽快恢复发展因三年严重困难时期停滞的击剑运动，决定组建国家击剑集训队，江苏击剑在此时也得到了恢复。当年5月，上海举行的八单位击剑锦标赛上，队伍取得了3金2铜的好成绩。1965年第二届全运会上，江苏省代表团共获得6枚金牌，而击剑共设4个小项，江苏击剑获得3枚金牌，占大会击剑金牌总数75%，占江苏省代表团金牌总数50%。自此，击剑项目成了江苏竞技体育的第一“王牌”。

队伍再建阶段。1966年至1972年，江苏省击剑队因国家经历曲折发展而解散。1973年，为备战第七届亚运会，国家体委开展全国击剑集训，江苏击剑也有所恢复，并于1975年第三届全运会上获3金2银。1975年底，江苏省体委决定正式重建江苏击剑队。当时，队伍由葛荣修任领队，通过在江苏各地选材和集训，招收了一批有一定其他项目训练基础的年轻运动员。通过数年刻苦训练和顽强拼搏，这批运动员很快在国内崭露头角，如年仅18岁的庞进在1978年昆明全国冠军赛上一举击败多名国内高手获得冠军。还有多人在后来教练员岗位上成为中坚力量，担任了国家、江苏和地市击剑队的主教练，为国家和江苏击剑事业奉献了自己最宝贵的青春年华。

1978年，是中国和江苏省击剑史上值得记忆的一年。在3月份举行的世界青年击剑锦标赛上，20岁的女子花剑运动员栾菊杰一路过关斩将进入决赛，在严重受伤的情况下以惊人毅力坚持拼搏，最终获得亚军。世界剑坛升起的第1面五星红旗向世人表明，欧洲人垄断世界剑坛的局面被打破了。栾菊杰不仅是中国的骄傲，也是亚洲的骄傲。栾菊杰为中国击剑运动做出的贡献将被永久载入史册。1979 年第四届全运会，是江苏省击剑队完成新老交替后首次参加的全国击剑大赛，共获 2 金 2 银 1 铜。1983 年，第五届全运会击剑比赛中，队伍继续前进，共获得 3 金 4 银。

初创辉煌阶段。1984 年，是中国击剑和江苏竞技体育具有划时代意义的一年。第二十三届夏季奥运会在美国洛杉矶举行，栾菊杰技压群芳，获得女子花剑个人冠军。这是中国的第 1 枚击剑奥运会金牌，也是江苏省的第 1 枚奥运会金牌。这枚金牌，一举打破了击剑运动自 1896 年被列为奥运会项目以来，由欧洲人垄断并称霸了 88 年的局面，栾菊杰被誉为“天下第一剑”。

1986 年第十届亚运会上，栾菊杰、宗祥庆、姚勇代表中国参加了击剑比赛。栾菊杰获得女子花剑团体冠军、个人亚军；宗祥庆和姚勇获得男重团体亚军。1993 年第七届全运会上，江苏击剑队共获 5 金 2 银 3 铜。1994 年第十二届亚运会上，肖爱华获得女子花剑个人冠军；许学宁获得男子重剑个人冠军，这是中国男子重剑首次在亚运会上获得个人冠军；肖爱华、梁军蝉联女子花剑团体冠军；李义获得男子佩剑团体冠军；王海滨获得男子花剑团体亚军；许学宁获得男子重剑团体亚军。在第八届、第九届全运会上，队伍续写辉煌，分别获得 5 金 3 银与 3 金 5 银 3 铜，为学校、为江苏省的竞技体育事业做出了重要贡献。

图 5-4-22　夺冠时刻

持续辉煌阶段。2002 年第十四届亚运会上，王海滨蝉联男花个人冠军；张蕾获得女子花剑个人冠军；王海滨、周睿获得男子花剑团体冠军；包盈盈、黄海洋获得女子佩剑团体冠军。2004 年雅典第二十八届夏季奥运会上，虽然在男子花剑团体决赛中，中国队遭遇裁判的不公判罚，再次与冠军失之交臂，但以王海滨为代表的“三剑客”得到了世界同行的高度赞扬和尊重。

2005 年，第十届全运会在江苏举行。作为东道主的江苏省击剑队，迎来了在南通市举行的击剑项目决战，队伍最终共获 7 金 2 银 3 铜，是有史以来在全运会上夺取金牌最多的一次，谱写了江苏击剑历史的光辉篇章。

2008 年北京第二十九届夏季奥运会上，仲满获得男子佩剑个人冠军，成为中国第 1 位男子击剑奥运会冠军；包盈盈、黄海洋获得女子佩剑团体银牌。2009 年第十一届山东全运会上，江苏击剑队不怕困难，顽强拼搏，夺得 5 枚金牌；另按奥运会成绩带入加分规定，击剑队共计荣获 7 枚金牌，成为江苏体育军团当之无愧的“王牌军”。2010 年第十六届亚运会上，骆晓娟获得女子重剑个人冠军；仲满、蒋科律获得男子佩剑团体冠军；朱敏、包盈盈获得女子佩剑团体冠军。2012 年伦敦第三十届夏季奥运会上，骆晓娟、许安琪代表中国队出战，获得女子重剑团体冠军，这是中国第 1 枚奥运会击剑团体项目金牌，是又一个具有里程碑意义的成绩。

2013 年第十二届辽宁全运会上，江苏省击剑队夺得 4 枚金牌，再将奥运会成绩带入加分，共计荣获 6 枚金牌，圆满地完成了比赛任务。2014 年第十七届亚运会上，许安琪与国家队队友合作，获得女子重剑团体金牌。2016 年第三十一届里约奥运会上，许安琪又与国家队队友合作，获得女子重剑团体银牌。2017 年第十三届天津全运会上，江苏击剑队获得 3 枚金牌、3 枚银牌、6 枚铜牌，继续保持着全国领先优势。2018 年，第十八届亚运会在印尼雅加达举行，江苏省击剑队共有 8 名运动员（钱佳睿、杨恒郁、路阳、霍兴欣、石玥、李晨、许诚子、石高峰）与教练员仲满参加了比赛，获得了 2 金 3 银 2 铜的好成绩。

（二）原设运动队

1. 篮球队

1953 年 11 月，江苏篮球队在位于苏州的江苏师范学院正式成立。这是江苏省成立的第 1 支优秀运动队，男女队各有 7 名队员，大多来自教师、职工和学生中的篮球爱好者。1954 年，男女篮又各增加了 4 名队员。1955 年，适逢一些部队篮球教练员和运动员转业到地方，更充实了队伍。随后，江苏篮球队随江苏体干班从苏州搬迁到南京老菜市训练基地。当时，虽然基础设施非常简陋，但经过共同努力和刻苦训练，江苏男女篮分别于 1957 年和 1956 年打入甲级队。时至 1958 年夏，江苏篮球队合并隶属于南京体育学院。

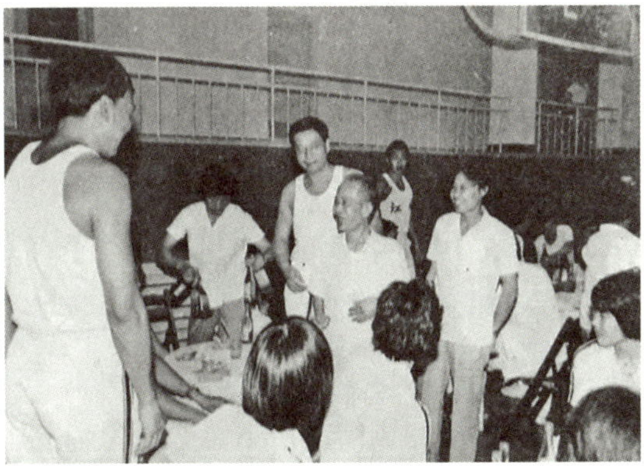

图 5-4-23　陶白（中）看望男篮队员

1957年至1961年，是江苏男篮的第1个高峰期，成绩一直处于全国前四名。1958年，荣获“青年突击队”称号，并出席全国青年社会主义建设积极分子代表大会。同年，代表中国青年队参加了在奥地利维也纳举行的第七届世界青年联欢节比赛，获得亚军，这是江苏省优秀运动队第1次成功出访，并在国际比赛中取得好成绩。1959年，江苏男篮战平苏联国家青年队，轰动全国。江苏女篮自升入甲级队以后，处于全国第7—10名。1959年第一届全运会上，江苏男、女篮双双获得第4名。

1964—1966年，江苏女篮出现了第1个高峰期，曾先后战胜过八一队、国家队和莫斯科女篮，以及朝鲜、日本等国家女篮。1965年初，江苏女篮在第二届全运会预赛中以不败战绩获分区第1名，并获风格奖。同期，江苏男篮进入第2个高峰期，一度下降的成绩回升到全国前三名。1965年，江苏男篮出访柬埔寨、印度尼西亚，获全胜，得到国家体委的表扬。

图5-4-24 CBA职业联赛

1965年第二届全运会上，江苏男女篮双双获得第3名的好成绩。1966年6月起，因国家曲折发展，训练被迫停止。直到1970年以后才重组队伍，恢复训练。1972年，江苏男、女篮参加国家发展恢复期后的首次全国综合运动会——全国五项球类运动会，全队努力拼搏，又双双获得第3名。此后，江苏男女篮进入青黄不接时期，成绩一度下降。1975年第三届全运会上，双双仅获得第9名。

1980年起，江苏男篮出现了第3次竞技高峰，勇夺全国亚军，创历史最好成绩，1981年出访世界篮球强国南斯拉夫，1982年出访美国，并在南京连续2次战胜此前连胜北京队、八一队的世界劲旅波多黎各队，创造了“以小打大”的范例，充分体现了江苏篮球队的风格，轰动了全国篮坛。男篮在1983年第五届全运会上获季军。

1981年起，江苏女篮出现了第2次高峰期，且保持较长年限。她们在全国重大比赛中屡创佳绩。1983年第五届全运会上，全队奋力拼搏，勇夺亚军，创历届全运会最好成绩。1985年，荣获江苏篮球史上的第1个全国联赛冠军，并多次夺得全国锦标赛和全国“篮协杯”冠军。其间，江苏女篮培养的国手也最多，她们随国家队参加第二十三届奥运会和第九届世锦赛并获第 3 名，为中国女篮的辉煌做出了很大贡献。1984 年，江苏女篮历史上首次出访，以南京市队的名义参加了亚洲城市杯比赛，获亚军。1986 年，江苏女篮又出访匈牙利，参加了由世界诸强国家队参赛的第十一届“蒂萨杯”比赛，获风格奖。1988 年，由江苏部分教练员和运动员与八一队组成中国联队，参加日本大阪国际邀请赛，获冠军，受到国家体委表扬。1988 年，江苏女篮的代表参加全国体育战线思想政治工作会议，受到大会表彰。

1995 年，全国男篮职业联赛开始。得到南钢集团鼎力支持的江苏男篮，在有内外援加盟的 CBA 职业联赛中，1996—1997 赛季获第 5 名，2003—2004 赛季夺得季军，2004—2005 赛季勇夺亚军，其余赛季皆处于中游位置。江苏女篮先后得到雅西、钱江摩托和丹阳恒宝等企业大力支持，1998 年在 WCBA 联赛中曾取得第 4 名的佳绩，但也一度陷入低谷。直至 2003 年，江苏女篮又荣获全国女篮俱乐部锦标赛亚军。其间，在全运会比赛中，江苏男篮夺得过 2001 年第九届全运会季军。2005 年，第十届全运会在江苏举行，江苏男女篮不负众望，男篮勇夺季军，女篮勇夺亚军，再现历史最好成绩。

第十届全运会后，根据江苏省体育局的统一安排部署，江苏省男女篮球队于 2006 年 5 月脱离南京体育学院，东移至位于南京仙林的江苏省体育局训练中心。

2. 排球队

江苏排球队于 1958 年 8 月 1 日正式成立。建队的首项工作是任用教练和选拔队员，省体委调任从八一队转业至东南大学的张然为主教练，负责选材工作。在 1958 年 7 月的一次全省集中选拔中，男排有袁伟民、邹志华、侯维武、金玉坤和耿昂等 5 人入选。同年 9 月又增补卜庆霞、王云龙、彭正余等。女排只有孙洪娴和赵启光 2 人。年底，又从南京市借调了一批原在各大军区排球队经过系统训练、后在地方工作的老运动员和个别高校教师，男排有计尔煊、赵玉喜、刘平等，女排有孙孝秋、周锄非、陈宝萱等，由此组成了一支具有一定水平的、以老带新的省排球队。张然和张国蓉分别担任男女排主教练兼运动员。时至 1958 年夏，江苏排球队正式合并隶属于南京体育学院。

当时的生活和训练条件很差。艰苦的条件、严格的半军事化管理和训练生活，既锻炼技术，又磨炼意志，也练就了人。大家怀有一个共同目标，那就是在 1959 年首届全运会上为江苏争光。经过短期集训，江苏省男女排球队通过预

图 5-4-25 张然与袁伟民、邹志华合影

赛进军北京。但由于基础差、时间短，省男女排在首届全运会上仅分别获得第 8 名和第 12 名。名次不够理想，得来却实属不易。

全运会后，队伍做了调整，选拔了新人，组成以新为主的队伍。1962 年 7 月，袁伟民、邹志华入选国家队。不久，王云龙、郑沪英也调入国家二队。这是江苏排球队首次跨进国家队大门，标志着队伍训练水平的提高，具有里程碑意义。

20 世纪 60 年代初期是我国严重困难时期，训练和比赛几乎暂停，1964 年才重新恢复。江苏排球队很快掀起训练高潮，精神面貌发生变化，训练强度不断加大，训练作风大有改变，每天练习 8 小时以上，技术水平迅速提高。在 1965 年第二届全运会上，男排取得第 5 名，女排取得第 8 名。然而，正当队伍要向更高水平冲击之际，国家遭遇曲折发展，造成运动队作风涣散，纪律松弛，训练停顿，比赛中断，事业发展遭受严重挫折。

20 世纪 70 年代初期，队伍着手后备力量建设，先后从附中和青训队调入新队员补充一队，又选拔一批 16 岁左右的运动员组成青年队，参加国家体委组织的漳州首期集训，技术水平快速提高，男排由集训初期比赛的倒数第 2 名，到后期比赛跃升为亚军，女排也取得很大进步。1973 年底，队伍参加了国家体委在福州组织的集训。通过集训，队员练出一套以短平快为中心的快变战术，凭此技战术，男排在 1973 年和 1974 年的全国联赛中夺得亚军。

1975 年第三届全运会上，由于年龄限制、新老交替等因素，队伍成绩有所下降。1976 年立即进行调整，经过刻苦磨炼，在 1979 年第四届全运会上，男排一举夺得江苏代表团的首枚金牌，这不仅是江苏男排在全国性比赛中的第 1 枚金牌，也结束了江苏三大球在全国性大赛中未曾夺金的局面，预示着进入腾飞时期，具有标志性意义，为此被江苏省政府授予“勇攀高峰运动队”的光荣称号。此后，1980 年、1981 年、1986 年，江苏男排在全国比赛中不断夺冠，成为全国男排的强者与榜样，并先后为国家队输送了李连邦、邸安和、赵善文、张友生、曹平、薛永业等优秀选手。

女排方面，1974 年是重要的一年，一方面要面对当时阵容老化的实际情况，

图 5-4-26 江苏女排获得全国联赛冠军

另一方面要顺应第三届全运会对上场队员年龄限制的规定，教练员顶住压力，对阵容做了调整，在发挥老队员作用的同时，大胆培养和起用孙晋芳、张洁云、朱兰等一批新手。在技术训练上，强化技术的全面性和小球技术；在用人策略上，让新手打头阵，老将当后盾，以既提高新手自信心，又调动老将积极性。经过全队共同努力，女排在 1974 年联赛中，以 3 老 3 新的阵容，获第 4 名。1975 年取得第三届全运会第 5 名，1979 年摘取第四届全运会银牌，1981 年和 1984 年则成为全国联赛冠军。在当时全国女排强队林立、群雄相争的态势下，江苏女排连续 10 年保持在全国前茅地位，是建队史上最辉煌的一页。在这时期，涌现出黄秀琴、叶志华、朱凤霞、殷勤、蔡志萍、尤新丽等巾帼新锐。

1976 年，中国女排由袁伟民教练重新组队，孙晋芳、张洁云入选国家队。之后，黄秀琴、殷勤、朱凤霞、陈琪等也曾调入国家队。在袁伟民等教练的带领下，中国女排从 1981 年至 1985 年取得世界排球“五连冠”的殊荣，可以说，江苏女排厥功至伟，为“五连冠”做出重要贡献，必定载入中国体育史册。

图 5-4-27 袁伟民与孙晋芳领奖合影

从 20 世纪 90 年代到 21 世纪以后，江苏排球队进入新的发展时期，队伍不断壮大，组织更加健全，人员逐步更新，老将愈加成熟，新手人才辈出，水平稳步上升，成绩十分喜人。1995 年还成立了沙滩排球队，省排球队伍更加壮大。1996 年，国家体委进行排球竞赛体制改革，推行俱乐部制，走半职业化道路，给队伍注入新的活力。队伍分别得到淮阴卷烟厂“一品梅”和仪征化纤有限公司等近 10 家企业的鼎力赞助，极大地调动了教练员和运动员的积极性。对一、二、三线排球队进行统一管理和指导，实行“思想一盘棋，组织一条龙，训练一贯制”，促进了队伍的衔接，提高了训练管理水平。

在此时期，江苏男排取得5次全国冠军，2001年第九届全运会夺冠，荣立省政府颁发的集体一等功和省体育局颁发的个人一等功。2005年第十届全运会又夺得银牌。其间，先后入选国家队的有卢卫中、陈峰、施海荣、张晓东、陆飞、周炜、张晨、周鸿等。女排从80年代后期起，取得1次全国冠军、3次亚军，先后调入国家队的有毛武扬、孙玥、邓扬、邱爱华、茅菊兰、沈岚、张锦文、赵云等。沙滩排球虽起步较晚，但成绩显著，在领队杜秀华，主教练傅渔庭、荣翰炎带领下，王舒和赵驰程取得2002年全国冠军赛男沙第1，孙晶和韩波2004年荣获亚洲锦标赛女沙冠军。

第十届全运会后，根据江苏省体育局的统一安排部署，江苏省排球队于2006年与南京体育学院脱离隶属关系，东移至位于南京仙林的江苏省体育局训练中心。

3. 足球队

图 5-4-28　中国青年足球队员合影

南京体育学院江苏省足球队成立于1958年4月。60余年来，队伍培养出的优秀运动员主要有蔡成华、胡尊武、陆亿良、李红兵、倪乃星等。其中，蔡成华退役后担任江苏足球队领队，后任南京体育学院副院长。江苏足球队取得的突出成绩有：1986年，李红兵随中国青年足球队参加第二十四届亚洲青年足球锦标赛，获得东西区比赛冠军。

队伍自建队起，经过运动员、教练员、管理人员的共同努力，取得了一定的进步。但由于各种原因，队伍状况在70年代后一度走低，1978年被降为乙级队。为了扭转这一局面，1981年5月，队伍提出了建设方面的几点意见，主要有稳定现有队伍、加强队伍的领导建设、抓事业心教育和三风（训练作风、战斗作风、生活作风）、组建省队二队、抓好省助足球重点班。南京体育学院在6月的办公会议上听取了队伍汇报，并讨论议定了关于足球队建设和组建二队的相关事项。其中，学校同意立即组建二队，二队领队由江阴县（今江阴市）体委主任赵舞翔担任，教练组由魏日暾、万中菡、刘启璞组成，魏日暾任主教练。

1994 年 3 月，江苏足球改制为职业足球俱乐部，是中国足球甲 A 联赛的创始球队之一。随着投资方的更迭，俱乐部先后经历了江苏迈特、江苏加佳等时期。2000 年 1 月，舜天集团收购俱乐部，队名变更为江苏舜天，并沿用至 2015 年赛季末，后由苏宁集团掌控。“舜天”与“苏宁”时代，江苏省足球队均为中国足坛的一支劲旅。

2000 年，鉴于江苏省足球运动管理体制的改革与调整，遵照江苏省体委的统一部署与安排，隶属学校的足球运动项目划归江苏省足球管理中心领导和管理。同时，经学校党委研究决定，撤销当时的竞技体育一系和省体校足球队建制。

4. 田径队

南京体育学院江苏省田径队始建于 1958 年 3 月，在江苏省竞技体育项目中是一支重要生力军。建队初期，设有 20 余小项，共有男女运动员 30 多名、教练员 2 名。时至 21 世纪初，田径队创建近 50 年来，队伍不断发展壮大，运动员已达百余人，国家级教练 4 人、高级教练 7 人，开展训练项目 30 余项。在国内外系列大赛中，江苏省田径队共夺得金牌 175 枚。其中，在第一至第十届全运会上夺得金牌 18.5 枚。同期，在亚洲运动会上夺得金牌 10 枚，在亚洲田径锦标赛上夺得金牌 9 枚，在世界大学生运动会上夺得金牌 4 枚，为国家和省体育事业的发展做出了较大贡献。

图 5-4-29　崇秀云在比赛中

回顾江苏田径运动历史，省田径队可谓群英荟萃，著名选手辈出。韩永年、崇秀云、孔祥鼎、陈正绣、沈晓坤、李霞、谭红海、蔡建明、林正兰、邵丽伟、赵友凤、陈青梅、邢爱兰、徐阳、周天华等，都曾是驰骋田坛的一代名将。特别是赵友凤，在 1988 年 9 月韩国汉城（今首尔）举行的第二十四届夏季奥运会上，曾获得女子马拉松第 5 名，为江苏田径在奥运会上实现了历史性的突破。

20 世纪 90 年代起，江苏省田径队步入了新的发展期，产生了一批精英领头

图 5-4-30 秦旺平在比赛

人物，如国家级教练胡跃进、谭红海、王寿阳、杜桂荣等。百般磨炼，数度拼搏，队中一批新秀也脱颖而出，主要有张恒运、张恒华、吕希芳、周永生、苏懿萍、秦旺平、关英楠、陈珏、黄群、张庆乐等。

进入 21 世纪后，江苏田径队水平提高较快。在 2003 年全国田径锦标赛中，队伍共获得 4 枚金牌、总分 252 分，并获得体育道德风尚奖。在 2004 年全国田径锦标赛中，队伍克服了具有夺金希望队员受伤的巨大困难，仍取得了 4 枚金牌、总分 240 分的骄人成绩，并获得体育道德风尚奖。特别是 2005 年在南京举行的第十届全运会中，作为东道主，江苏田径队不负众望，一举夺得 5 枚金牌，总分列全国之首，取得了历史性的突破。值得一提的是，秦旺平一人独得了 3 枚金牌，是江苏省代表团在历届全运会上夺得金牌最多的运动员。因此，江苏省田径队被江苏省委省政府授予"江苏省先进集体"荣誉称号，同时被江苏省总工会授予"江苏省五一劳动奖状"。

第十届全运会后，根据江苏省体育局的统一安排部署，江苏省田径队于 2006 年 5 月脱离隶属南京体育学院，东移至位于南京仙林的江苏省体育局训练中心。

5. 举重队

南京体育学院江苏省举重队于 1958 年 2 月建队。60 余年风雨历程，队伍始终艰苦奋斗，解放思想，与时俱进，开拓创新，不断地创造新成就、新辉煌。

1958 年 12 月，队伍在全国比赛中取得了团体第 2 名的好成绩。后经过几年训练，在第一届、第二届全运会上取得了较好的成绩。然而，就在江苏省举重事业开始展翅腾飞之际，中国经历了曲折发展时期，举重训练、比赛停止，1970 年队伍被迫解散。1972 年，举重运动逐渐恢复，队伍于上半年重新组建。

在过去几十年的锐意进取中，学校省举重队先后有近 200 人次获得全国冠军，近 50 人次获得亚洲冠军，2 人获得世界冠军。此外，还有 200 多人次打破全国纪录，60 人次打破亚洲纪录，2 人超世界纪录。值得一提的是，1979 年以后，江苏省举重队曾在全国一类比赛中连续 4 年获得全国团体总分第 1 名，获得永久性奖杯一座。

图 5-4-31　举重队训练

在第一届至第十届全运会上，江苏省举重队成绩显著。第五届获得 2 枚金牌，第七届获得 4 枚金牌，第八届获得 3 枚金牌，第九届获得 2 枚金牌。2005 年第十届全运会在江苏举行，全队不畏艰难，努力拼搏，完成了学校下达的金牌任务，老将崔文华和袁爱军各夺 1 枚金牌。

江苏省举重队的优秀成绩，来自于一大批优秀的运动员和教练员的共同努力，是他们铸就了队伍辉煌的历史。在 1984 年洛杉矶奥运会上，周培顺奋力拼搏，获得总成绩第二名，同年还获得世界举重锦标赛抓举冠军。此外，20 世纪 80 年代，赵新民在世界举重锦标赛上获得 3 枚铜牌，3 次获得亚洲冠军，他一人共打破亚洲、全国纪录 58 次（其中亚洲纪录 10 次）。崔文华更是江苏举重队历史上的功勋人物，他在第六十六、六十七、六十八、六十九届世界举重锦标赛上获得冠军，填补了中国举重在超大级别上与世界冠军无缘的历史。第二十六届奥运会上获得第 5 名，蝉联 10 年全国冠军。2005 年第十届全运会上，崔文华再夺金牌，这是他连续 4 届全运会夺魁，在全运会赛场史无前例。

图 5-4-32　崔文华夺冠

国家级教练员李顺柱、王国新，当年也是学校省举重队的杰出运动员，现在已成为国内举重界的功勋教头。李顺柱曾在世界举重锦标赛上获得抓举银牌，在亚洲举重锦标赛上获得过 5 枚金牌，33 次打破全国纪录。自 1987 年担任教练工作后，他培养了崔文华等一批优秀运动员。国家举重队副总教练王国新，曾获得亚洲举重锦标赛金牌，并多次打破全国纪录，在全国比赛中共计获得 15 枚金牌。自 1988 年担任教练工作后，他先后培养了第二十六届夏季奥运会冠军唐灵生，第二十七届夏季奥运会冠军占旭刚，第六十五、六十六、六十七届世界举重锦标赛第 5 名并 7 年蝉联全国冠军的李云南，以及全运会冠军袁爱军等。

2006年，第十届全运会后，根据江苏省体育局的统一安排部署，江苏省举重队与南京体育学院脱离隶属关系，东移至位于南京仙林的江苏省体育局训练中心。

6. 自行车队

图 5-4-33 自行车赛场

南京体育学院江苏省自行车队始建于1958年。经过几代人的顽强拼搏和艰苦创业，从当初的“几人小组”发展到有80多人的大队伍，整体水平已从原来的全国中下游位置发展到现今跻身于全国强队之列。江苏自行车队在历届全运会上获得多枚金牌，多次立功受奖，为江苏省竞技体育事业增添了光彩；在亚锦赛、亚运会及奥运会上也多次获得骄人成绩，为中国自行车运动的发展贡献了力量。

1982年，队中优秀选手周祚慧参加在英国举行的世锦赛，一举夺得女子争先赛第6名，打破了多年来欧洲人垄断这一项目的局面，为亚洲人争了光，被誉为亚洲“速度女皇”。1990年第十一届亚运会上，另一优秀选手周玲美更是一鸣惊人，打破了女子自行车场地1公里计时赛的世界纪录，成为中国体育代表团唯一打破世界纪录的运动员，至此我国自行车运动在短距离项目上进入世界前列。1993年，后起之秀陆锦华在第七届全运会以及同年的亚洲锦标赛上先后获得女子冠军。此后，李家旺在1994年、1995年、1996年的全国场地比赛中连续夺得男子争先赛冠军；刘亚东在1997年第八届全运会上获得男子场地1公里计时赛冠军；李梅芳在2001年第九届全运会上获得女子公路个人计时赛冠军，同时又和汪鹏燕、王利、钱云娟等获得女子公路50公里团体计时赛冠军。2002年，李梅芳还在亚洲锦标赛和釜山亚运会上，获得女子20公里计时赛冠军。

2005年是东道主江苏的十运会年，也是江苏自行车队辉煌的一年。李梅芳的自行车女子公路20公里个人计时赛，李梅芳、王利、钱云娟、陈静的自行车女子50公里团体赛，王静静的自行车女子山地越野赛均荣登金榜，共获得3金5银，超过历史最好成绩。此外，江苏自行车队在山地、公路、小轮车、场地各

图 5-4-34　自行车队训练

项目比赛中均获得体育道德风尚奖。自行车队当年被江苏省政府评为“先进集体”。2005 年 11 月的亚洲自行车锦标赛中，李梅芳和张蕾还分别获得女子 20 公里计时和女子争先赛的金牌。

十运会后，2006 年，李梅芳在多哈亚运会上，蝉联女子 20 公里个人计时赛冠军；2008 年，王英在小轮车亚洲锦标赛上获得女子金牌。山地车项目也取得了一个又一个好成绩：王静静在 2007 年山地车世锦赛上获得女子成年组季军，任成远、刘颖分获女子 23 岁以下组冠、亚军。山地车多次获得世界杯系列赛冠军，连续 5 年获得亚洲锦标赛冠军，为中国山地自行车项目做出了很大贡献，为国家争得了荣誉。

2008 年北京奥运会上，任成远在女子山地车项目上取得历史性突破，获得第 5 名的好成绩。2009 年第十一届全运会上，任成远不顾个人安危，奋勇争先，获得女子山地车越野赛金牌。年轻选手汤科容不畏强手，灵活应变，敢打敢拼，在女子场地积分赛上获得冠军。这届全运会上，江苏自行车队还获得体育道德风尚奖，荣立江苏省集体一等功。2010 年广州亚运会、2013 年第十二届全运会上，任成远继续保持优势，获得自行车女子山地越野赛冠军。2011 年至 2017 年，包赛飞蝉联全国场地锦标赛男子争先赛冠军，显示了后起之秀的绝对实力。但是，2017 年第十三届全运会上，江苏自行车项目与金牌无缘，第 1 次在全运会上未获冠军，给江苏自行车运动的发展敲响了警钟。

第十三届全运会后，按照江苏省体育局的统一安排部署，江苏省自行车队于 2018 年 5 月脱离南京体育学院，东移至位于南京仙林的江苏省体育局训练中心。

7. 武术队

南京体育学院江苏省武术队成立于 1958 年，起步基础扎实，师资力量雄厚，拥有多名武术高级专业教练员和几十名武英级运动员（运动健将），代表国家出访过几十个国家和地区。1960 年 6 月，在国家领导人周恩来总理的带领下，队中优秀选手王金宝曾加入中国代表团出访缅甸。此外，部分人员还多次

图 5-4-35　江苏省武术队

应邀参加影视剧拍摄工作，如电影《岳家小将》《神秘的大佛》等。

20 世纪七八十年代，队伍曾在国内外各类大赛中屡屡登擂夺魁，其中，1975 年第三届全运会上，王金宝获得长拳冠军、全能第 2 名；1987 年第一届亚洲武术锦标赛中，张成忠以枪术第 1 名的优异成绩获得建队后的第 1 个亚洲冠军；同期，还有“三张一王”（张成忠、张跃宁、张安继、王振田），张安继、张跃宁分别获得 1979 年第四届全运会剑术冠军、枪术冠军，他们共同把江苏武术运动推向一个新的高度，为江苏继承、发扬中华武术争得了荣誉，做出了贡献。

20 世纪 90 年代江苏武术队进入了低谷时期，直至 2002 年，队伍才逐渐恢复元气。2003 年全国武术冠军赛上，张丽、樊静、曹丽夺得女子三人对练银牌。2004 年全国武术冠军赛传统项目中，张丽的双刀、形意拳获得金牌，姚寒玉的朴刀获得金牌。2005 年第十届全运会上，张丽、樊静、曹丽夺得女子三人对练项目金牌，为江苏代表团做出了积极贡献。

图 5-4-36　太极拳表演

十运会后，江苏武术队吸纳了一批年轻运动员。他们身体素质好，综合能力强，竞技水平已居全国前列，成为 2009 年第十一届全运会奖牌的有力竞争者。但根据江苏省体育局的统一安排部署，队伍于 2006 年夏脱离南京体育学院，东移至位于南京仙林的江苏省体育局训练中心。

8. 海模队

1984 年，为迎接第六届全运会，南京体育学院向江苏省体育运动委员会提交了《关于建立航海模型和潜水运动队的报告》。省体委于 6 月 19 日批复同意，南京体育学院江苏省海模队正式成立。

朱建华、蒋建栋、林强、邵唯、沙鲁春、周勇、勇辉、刘鸣、王伟忠、江宁等是当时队伍的主要队员。1993年，队伍参加第七届全运会。卜文田担任决赛领队，并与刁平先、李启华组成教练组。决赛中队伍取得了竞速团体第6名。1989年5月，蒋建栋在海模世锦赛上取得F1-E1公斤冠军。这是学校江苏省海模队取得的最好成绩，也是南京体育学院培养出的第22位世界冠军。

图5-4-37　蒋建栋夺冠

1994年6月，南京体育学院向江苏省体育运动委员会提交《关于海模队试办实体等事宜的请示报告》，拟停办海模队，保留骨干，依靠自身技术和设备条件，试办经济实体。7月4日，省体委批复“同意江苏省海模队试办实体”，学校江苏省海模队至此成为历史。

三、竞技体育代表人物小传

（一）庄杏娣

庄杏娣，女，1941年8月生，江苏宜兴人，中共党员，国家级教练，“全国三八红旗手”，享受国务院政府特殊津贴专家。曾被中共中央、国务院授予“北京奥运会残奥会先进个人”荣誉称号。

庄杏娣从小就展现出过人的体育天赋，初中时参加在无锡、苏州、常州三市举办的100米、跳高和铅球体育三项全能比赛，均获得冠军。1958年，经学校推荐，赴南京体育学院参加五年制大专考试被录取，并成为一名击剑运动员。运动员服役期间，曾获得第二届、第三届全运会女子花剑个人冠军。1973年出任江苏女子花剑队主教练，1990年出任江苏击剑队总教练，1994年出任江苏击剑队总教练兼领队。其间，她率队参加了五届全运会，共获得17枚金牌，创下了连续14年获得全国冠军的纪录，垄断了中国花剑项目20余年。栾菊杰、肖爱华、张蕾等国际花剑明星的诞生，都离不开她的辛勤哺育与造就。

2002年，庄杏娣退休后，接受了江苏省残疾人联合会和江苏省体育局组建江苏残疾人轮椅击剑队的任务。为挑选符合残疾人轮椅击剑项目的运动员，她

图 5-4-38　庄杏娣（中）指导训练

走遍了江苏所有 13 个地区，遍访了当地的体育局与残联，精心挑选了 30 名残疾人运动员。仅仅经过 1 年时间的训练，就在国内外系列残疾人运动会上崭露头角，屡创佳绩。2003 年至 2015 年，江苏残疾人轮椅击剑队先后参加全国第六、七、八、九届 4 次残运会，共获 29 枚金牌。在国际比赛中，同样硕果累累。2004 年，江苏选手胡道亮代表国家，首次参加残奥会击剑比赛，即荣获冠军，实现了中国残疾人在击剑运动项目中金牌零的突破。2008 年北京残奥会，中国轮椅击剑队均为江苏选手，一举获得 6 枚金牌。2012 年，中国队在伦敦残奥会上获得 6 金，其中江苏选手获得 4 金。2016 年，中国队在里约残奥会上共获 9 金，其中江苏选手获得 7 金。中国轮椅击剑队，被国际残联誉为“梦之队”，五星红旗几十次飘扬在残奥会击剑赛场。庄杏娣为中国轮椅击剑书写了传奇，在关爱残疾人事业与发展体育运动方面贡献突出，厥功至伟。

（二）孙志安

孙志安，男，1956 年生，江苏苏州人，中共党员，国家级教练。1971 年，他入选南京体育学院江苏省羽毛球队。因进步迅速、成绩突出、以双打见长，于 1978 年入选国家羽毛球队。

图 5-4-39　孙志安（右）在比赛中

1979 年，国家改革开放之初，孙志安与国家队队友姚喜明配对合作，接连夺得世界羽联第一届世界杯羽毛球赛团体冠军、第一届羽毛球锦标赛男双冠军，成为江苏省体育史上第 1 位世界冠军。此后，他继续代表国家驰骋羽坛，作为主力队员取得一系列重要战果：1981 年获得第一届世界运动会羽毛球赛男双冠军；1982 年获得第十二届世界羽毛球男子团体锦标赛（汤姆斯杯赛）冠军；1984 年获得第十三届世界羽毛球男子团体锦标赛（汤姆斯杯赛）亚军。

1986 年，孙志安正式退役。为了继续为中国羽毛球竞技事业贡献力量，他从运动员转型成为一名教练员，历任南京体育学院江苏省羽毛球队男队教练、男队主教练、男女队总教练。在任期间，迎来了队伍最辉煌时期，培养了张军、蔡赟、孙俊、刘永、陈金、徐晨等一批奥运冠军、世界冠军。其中，1995 年，中国队首夺苏迪曼杯（世界羽联混合团体锦标赛），孙俊、刘永、葛菲、顾俊、戴韫等共同成为世界羽坛的耀眼明星；1996 年亚特兰大奥运会、2000 年悉尼奥运会上，葛菲、顾俊蝉联奥运会羽毛球女双冠军，创造了羽坛奇迹。而同样让孙志安引以为豪的，还有队伍在全运会上的辉煌战绩。从 1997 年第八届全运会到 2009 年第十一届全运会，他率队创下了全运会男团“四连冠”的伟业。

2016 年，孙志安正式退休。虽然离开了羽毛球一线训练场，但他依然关注中国羽毛球运动事业的发展，关注羽坛后辈的成长。弟子张军如今虽已当选为中国羽毛球协会主席，却仍然不时向昔日恩师寻求指导和帮助，孙志安总是毫无保留地倾囊相助，退而不休，默默地发挥着自己的光和热。

（三）唐学华

唐学华，男，1955 年生，江苏射阳人，中共党员，国家级教练（二级岗），曾长期担任中国羽毛球队女单主教练，为国家羽毛球竞技事业做出了重要贡献。

图 5-4-40　唐学华

1972 年，唐学华进入南京体育学院江苏省羽毛球队，成为一名运动员。1978 年退役后走上学校江苏省羽毛球队教练岗位。

1979 年 5 月至 1980 年 4 月，唐学华赴斯里兰卡国家队援外任教。1981 年回国后，赴天津体育学院教练员专修科班进修。1983 年至 1986 年，出任学校江苏省羽毛球队副领队，兼任女队主教练。1986 年 5 月被公派至秘鲁国家队任教。1988 年 5 月回国后续任学校江苏省羽毛球队女队主教练。在江苏队任教期间，唐学华曾带训过赵剑华、杨阳、葛菲、顾俊、钱虹等多位世界冠军和奥运冠军，是教练中的骨干力量。

1994 年 10 月至 2016 年 7 月，唐学华应聘出任国家羽毛球队女队教练、主教练。在他执教国家队的 20 余年中，中国羽毛球竞技运动达到了鼎盛时期，先后培养了龚自超、龚睿那、周密、张宁、谢杏芳、戴韫、卢兰、王适娴等众多奥运冠军、世界冠军。唐学华带队参加了 2000 年、2004 年、2008 年、2012 年共 4 届奥运会，所带队员连续 4 次荣获奥运会羽毛球女单冠军。

因卓越的竞技体育指导成就，唐学华荣获了国家和江苏省的一系列表彰。17 次荣获国家体育运动荣誉奖章，还获得国家跨世纪优秀中青年教练员、2008 年北京奥运会突出贡献个人、江苏省劳动模范、江苏省有突出贡献中青年专家等荣誉，享受国务院政府特殊津贴，多次被江苏省政府记一等功。

（四）胡星刚

图 5-4-41　胡星刚

胡星刚，男，1961 年生，江苏南京人，中共党员，国家级教练（二级岗）。现任中国蹦床队网上项目主教练、南京体育学院教授委员会委员、江苏省蹦床队总教练、江苏省蹦床协会副会长。因卓有成就，胡星刚获得的荣誉表彰主要有江苏省十佳运动员、江苏省劳动模范、建国三十五周年江苏省文体二十佳、2008 年北京奥运会先进个人等，12 次获国家体育运动荣誉奖章。

胡星刚出生于体育世家，从小跟着当年为技巧队担任钢琴伴奏的妈妈在训练房内长大。1971 年，10 岁的胡星刚入选南京体育学院江苏省技巧队，开始了追逐体育梦想的生涯。从 1977 年至 1986 年，10 年间他获得的全国冠军多达 19 个，拿遍了全国技巧锦标赛、全国技巧冠军赛、全运会的金牌。在世界大赛上亦收获颇丰，1981 年 10 月，夺得世界杯技巧赛男子单跳全能和单套 2 个季军。1983 年 9 月，夺得世界杯技巧赛男子单跳全能和单套 2 个冠军。1987 年 9 月，夺得世界杯技巧赛男子单跳单套亚军。其时，他所完成的 1080 度直体旋转动作，被公认为世界技巧运动罕见的高难度动作。

1997 年，国际奥委会将蹦床运动的网上男子单人和女子单人列入了 2000 年奥运会的正式比赛项目。当时中国尚无蹦床选手。1998 年，南京体育学院江苏省蹦床队成立，胡星刚转项目执教蹦床。作为主教练，在日常训练中，他敢于创新，因材施教，总结出了一套行之有效的训练方法。2001 年第九届全运会上，学校江苏省蹦床男队便一举夺得团体冠军。2002 年始，胡星刚又应聘出任中国国家蹦床队主教练，主带陆春龙与何雯娜等队员。2008 年夏，陆春龙与何雯娜横空出世，包揽了北京奥运会全部 2 枚蹦床金牌，创造了中国蹦床运动走向世界的历史。从 1997 年底我国正式开展蹦床运动，到 2008 年北京奥运会首夺金牌，胡星刚见证了中国蹦床运动从起步到辉煌的 10 年发展历程，被业界誉为“中国蹦床之父”。当前，中国蹦床队始终保持着良好的竞技状态，胡星刚正带领运动员们勤学苦练，积极备战东京奥运会，力争续写新的辉煌。

（五）王国庆

王国庆，男，1962 年生，江苏淮安人，中共党员，国家级教练（二级岗），北京体育大学教育学博士。现任南京体育学院江苏省体操队总教练，国家体操队男队主教练、教练组副组长。他荣获了江苏省有特殊贡献的中青年专家、江苏省劳动模范、国务院政府特殊津贴、国家体育运动荣誉奖章、2008 年北京奥运会先进个人、国家体育总局首批精英教练员等国家和地方诸多表彰与荣誉。

图 5-4-42　王国庆

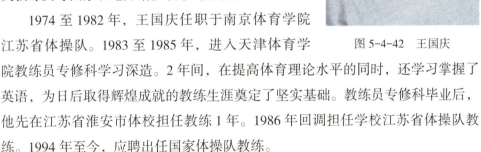

1974 至 1982 年，王国庆任职于南京体育学院江苏省体操队。1983 至 1985 年，进入天津体育学院教练员专修科学习深造。2 年间，在提高体育理论水平的同时，还学习掌握了英语，为日后取得辉煌成就的教练生涯奠定了坚实基础。教练员专修科毕业后，他先在江苏省淮安市体校担任教练 1 年。1986 年回调担任学校江苏省体操队教练。1994 年至今，应聘出任国家体操队教练。

30 余载的教练员生涯中，王国庆坚守训练场和赛场，努力学习先进体操理念，陪伴队员从严从难刻苦训练，曾带领江苏体操队黄旭、尤浩、孙炜、吕博，与国家队杨威、滕海滨、邢傲伟、林超攀等众多体操明星，登上了世界顶级领奖台。2000 年、2008 年中国队 2 次夺得奥运会体操男团冠军。1997 年至 2007 年间 4 次夺得体操世锦赛男团冠军，创造了中国男子体操的辉煌。在国内，则 3 次率学校江苏省体操队夺得全运会冠军。

王国庆是一位难得的文武兼备的体育人才。2017 年，他将自己多年执教体操竞技的认知、经验、理念，凝结为《执着与坚守——体操执教成功之路》一书。此书不只是他本人工作生活经历的个人传记，也是总结反思多年训练实践，分职业选择、训练计划、科技保障、队伍管理等 9 个章节，对体操竞技运动进行理论逻辑思考，对世界体操竞技的发展前景、制胜规律以及优秀教练员、运动员的性格品质特征等，做出了科学判断与具体解答。

（六）许学宁

图 5-4-43　许学宁（中）与队员骆晓娟、许安琪合影

许学宁，男，汉族，1968 年生，江苏赣榆人，中共党员，南京体育学院江苏省击剑队国家级教练（二级岗），现兼任中国击剑协会教练员委员会副主任。曾多次被江苏省政府授予一、二等功勋章，多次获得江苏省劳动模范、江苏省中青年突出贡献专家等称号，享受国务院政府特殊津贴，为推动中国女子重剑事业的发展做出了重要贡献。

1984 年，许学宁入选南京体育学院附属江苏省少年业余体校击剑队，师从陆有义、丁盛。1986 年，入选学校江苏省击剑队，师从庞进、郭毅能。经年累月，他坚持苦心钻研技术，练就超人的毅力与气魄，在国内外系列大赛中取得了骄人的成绩。1987 年，获第六届全运会男子重剑团体冠军，并正式进入国家队。1991 年，获第二届亚洲击剑锦标赛男子重剑个人冠军、团体冠军。1993 年，获第七届全运会男子重剑个人冠军。1994 年，获广岛亚运会男子重剑个人冠军，此为中国男子重剑历史上首次获此殊荣。1997 年，获南非开普敦世界击剑锦标赛男子重剑个人前八。1997 年，获亚洲击剑锦标赛男子重剑团体冠军。

由于成绩突出、事业心强，许学宁 1998 年退役后，便担任江苏击剑队女子重剑组 B 组主教练。2008 年始，出任中国女子重剑队主教练后，他深耕击剑教学，力求不断与国际接轨，率队夺得过所有级别的国际大赛重剑金牌。其中，2012 年率队（含 2 名江苏选手）参加伦敦奥运会最为出彩，斩获重剑团体冠军，实现了中国击剑奥运会团体项目上金牌零的突破，创造了历史。2018年荣归江苏，出任学校江苏省击剑队重剑总教练、女子重剑主教练。

（七）张双喜

张双喜，男，1963年生，江苏省连云港人，本科毕业于南京体育学院。九三学社社员，江苏省第十二届政协委员，国家级教练员。现为南京体育学院击剑学院江苏省男女佩剑队总教练，国家击剑队备战东京奥运会佩剑队专家组成员，国际击剑联合会佩剑A级裁判。曾荣获“江苏省劳动模范称号”“江苏省五一劳动奖章”。

图5-4-44 张双喜（左）与仲满合影

张双喜从小显示运动特长，凭借身高优势，上小学、初中时就是校篮球队的主力，后被招入连云港市业余体校篮球队训练。1974年被篮球教练施复平选中，进入南京体育学院附属江苏省少年业余体校。1976年初，南京体育学院江苏省击剑队教练员文国刚、沈昌杰到省少体校挑选击剑后备选手，张双喜当即被选中，从此进入击剑队从事佩剑专项训练。1979—1992年间，他曾代表江苏省击剑队参加包括全运会在内的系列国内大赛，荣获过佩剑金、银、铜牌。此后，代表国家击剑队参加过击剑世青赛、世界杯、世锦赛等大型赛事。

出于对击剑项目的热爱，张双喜退役后应聘了教练职务。1994—1998年，任国家队男子佩剑教练员，带队获得广岛亚运会及亚洲击剑锦标赛男子佩剑团体冠军。1999—2003年，任国家队男子佩剑主教练，带队获得泰国亚洲击剑锦标赛佩剑团体冠军；还获得北京第二十一届世界大学生运动会男子佩剑团体第5名，创下当时中国男子佩剑最好成绩。同时，他还相继担任学校江苏省击剑队男子佩剑主教练、男女佩剑总教练，所主带队员颜卫东、仲满等，多次获得国内外包括奥运会、亚运会、全运会在内的系列大赛佩剑冠军，为中国体育竞技事业做出了杰出贡献。其中2008年北京奥运会上，经他精心培养、选送国家队的仲满一举夺冠，成为首位中国击剑男子奥运冠军。

此外，张双喜在刻苦钻研、传授佩剑技术的同时，还积极进行运动理论文化学习与研究。2001 年，他是国家体育总局选派赴法国培训的精英教练员班第 1 期学员。2010 年，他又参加了国家体育总局组织的香港精英教练员研讨会，并在《中国体育教练员》期刊上发表了以“如何培养精英运动员”为主题的学术论文。

（八）周传标

图 5-4-45　周传标

周传标，男，1964 年生，江苏沛县人，中共党员，本科学历，世界冠军、国际级运动健将，国家级教练（二级岗），享受国务院政府特殊津贴。2007—2016 年任国家技巧集训队总教练，2014 年被徐州市人民政府授予“徐州世界冠军第一人”的光荣称号，1986—2016 年期间，共 8 次获国家体育运动荣誉奖章。2017—2018 年任国家技巧集训队副领队，2017—2019 年任江苏省技巧队领队，2009 年至今担任江苏省技巧队总教练，2011—2016 年任南京体育学院教授委员会委员，现任江苏省蹦床技巧协会副主席。

周传标 1980 年进入南京体育学院江苏省少年业余体校，进行技巧项目训练与文化学习；1981 年考入江苏省运动技术学校（中专），进行文化学习与技巧训练；1982 年进入南京体育学院江苏省技巧队，进行文化学习与技巧训练。任运动员期间，代表国家参加 5 次国际大赛，获 5 枚金牌。因卓越的竞技体育贡献，1985 年和 1988 年获“江苏省十名最佳运动员”称号；1986 年获江苏省人民政府通令嘉奖；1987 年获江苏省体育局颁发的个人二等功。

1990 年至 2014 年，周传标担任江苏省技巧队男四项目主教练，共培养了 17 名世界冠军、21 名国际运动健将，获金牌 52 枚。所培养的队员参加了 4 届全国体育大会，共获金牌 19 枚，获亚洲和全国比赛金牌 200 多枚。担任教练员期间，2002 年获江苏省体育局颁发的教练员二等功；2006 年获江苏省人民政府颁发的集体一等功。

2015 年至 2019 年，周传标作为技巧队项目带头人，为江苏技巧传承优良传统与作风，继续保持项目的领先水平做贡献，5 年间又培养了 11 名世界冠军和国际运动健将，参加 6 次国际大赛，共获 19 枚金牌。

周传标为我国和我省的技巧事业做出了卓越贡献。如今，他仍以“老马奔腾无须扬鞭自奋蹄”的精神，为继续传承与发扬江苏技巧队的优良传统而不懈奋斗。

（九）王芳

王芳，女，汉族，1977 年 7 月生，江苏南京人，中共党员，体育学硕士，国家级教练（二级岗），国家体育总局 2015—2017 精英教练员双百培养计划专业资助对象，江苏省“333 高层次人才培养工程”第三层次培养对象，江苏省有突出贡献的中青年专家。

图 5-4-46　王芳

1986 年，王芳入选南京体育学院江苏省花样游泳队，运动员期间获运动健将称号。2001 年退役后开始担任江苏花样游泳队三线教练，同期获评初级教练。2004 年 12 月至 2007 年 12 月，赴国家花样游泳队担任青年队教练，同期获评中级教练。2007 年 12 月至 2009 年 12 月，担任江苏花样游泳队二线教练。2009 年 12 月至 2013 年 12 月，担任江苏花样游泳队一线主教练，同期获评高级教练。同时，她还长期担任国家队教练员，2017 年 12 月获评国家级教练员。在其执教的 20 年间，完整的经历了三线、二线、一线、国家队教练员的工作。

作为一名教练员，王芳长期扎根运动训练一线，重视与科研人员合作，注重将实践与研究有机结合，取得了一批应用型研究成果，尤其是通过赴俄罗斯集训，吸收先进的训练理念与方法，全面提升了研究花游项目世界发展趋势的能力，在认识花游项目规律方面处于国内领先水平，并及时运用到训练中，增强了队伍的核心竞争力，切实提高了训练创新成果，竞技体育发展的贡献率也大幅提升，为江苏花游项目培养出了呙俐、顾笑、梁馨枰 3 名世界冠军。

2014 年，在第十七届亚运会上，呙俐、顾笑、梁馨枰获得集体自由、自由组合 2 枚金牌；在第十三届花样游泳世界杯赛上，呙俐、顾笑、梁馨枰获得集体自由、自由组合 2 枚金牌，这是中国花样游泳队首次夺得集体项目的世界冠军，具有重要的里程碑式意义。2016 年，在第三十一届夏季奥运会上，呙俐、顾笑、梁馨枰获得了集体自由银牌；2017 年，在第十三届全运会上，江苏花样游泳队顶住压力，勇夺江苏首金，取得了集体自由金牌、自由组合银牌的好成绩；在第十七届国际泳联游泳世锦赛上，呙俐、梁馨枰获得自由组合金牌，创造了历史，为中国在花游项目上获得首个世锦赛金牌；2018 年，在第十八届亚运会上，夙俐和梁馨枰夺得集体项目金牌；2019 年，在光州游泳世锦赛上，夙俐、梁馨枰夺得集体技术等 3 枚银牌。

因其出色的带训成绩，王芳多次受到上级有关部门的表彰，先后荣获国家体育运动荣誉奖章、中华人民共和国体育运动一级奖章、国家体育总局精英教练员、江苏省人民政府一等功、“江苏省五一劳动奖章”、“江苏省三八红旗手”等荣誉。

目前，王芳同志正以更加饱满的热情、更加高昂的斗志、更加务实的作风，投入到紧张的训练工作中，力争以优良的成绩为南京体育学院增光添彩，为江苏和中国体育事业的发展再立新功。

（十）肖爱华

图 5-4-47　肖爱华

肖爱华，女，1971 年 3 月生，江苏江都人，中共党员。国家著名女子击剑运动员，省委党校研究生，高级教练。现任中国击剑协会秘书长，南京体育学院党委常委、副校长。2010 年获“全国劳模”称号。

肖爱华自幼练习击剑，1984 年 2 月，13 岁时被招进南京体育学院附属江苏省少年业余体校。1985 年 11 月，进入南京体育学院江苏省击剑队。1987 年 7 月，全国少年击剑锦标赛在沈阳举行，肖爱华以横扫之势获得女子花剑冠军，由此入选国家青年击剑队，开启了她从南京走向北京，从中国走向世界的剑坛辉煌之路。一年时间里，她完成了从省三线队伍直接进入一线队伍、从地方队进入国家队的跨越，创造了队伍历史的新纪录。

回顾学校省击剑队半个多世纪的历史，可谓群英荟萃，硕果累累，谱写了辉煌的历史篇章。其中，肖爱华尤为突出，从第七届到第十一届全运会，2 次退役又复出，先后参加了 5 届全运会，为江苏夺取了 9 枚金牌，成为江苏省运动员的杰出代表。特别是 2009 年第 2 次复出时，肖爱华已经退役 4 年，年届 38 岁且有一双孪生儿女。而更糟糕的是，全运会决赛前又查出心脏传导阻滞，心跳过速，医生建议停止训练立即手术，但胸怀大局的肖爱华不为所动，干脆搬进学校集体宿舍，采取早睡早起的自我疗法，每周回家看望一次孩子，直至复出参赛，最终荣获 2 枚全运会金牌。

在国内声震剑坛、叱咤风云的同时，肖爱华在国际大赛上也不断摧城拔寨，斩获颇丰。1988 年夏，17 岁的肖爱华代表中国参加了汉城第二十三届夏季奥运会，这项殊荣是经过 3 站预选赛，淘汰了当时多名著名运动员而取得的。1990 年，肖爱华相继夺得世界女子花剑 A 级赛个人冠军、意大利击剑 A 级赛女子花剑冠军。1994 年，获得第十二届亚运会女子花剑个人冠军和女子花剑团体冠军。1995 年，获得第六届国际女子花剑邀请赛个人、团体冠军。1999 年，获世界杯花剑 A 级赛女子花剑冠军。

“数风流人物，还看今朝”，号称“亚洲第一剑”的肖爱华，是继学校奥运之星栾菊杰之后，笑傲剑坛、享誉世界的中国新一代花剑巾帼英雄。她所取得的 13 次世界及亚洲大赛第一、第五届全运会冠军，无疑为家乡、为母校、为中华民族增添了一抹炫目的光彩。

（十一）高峰

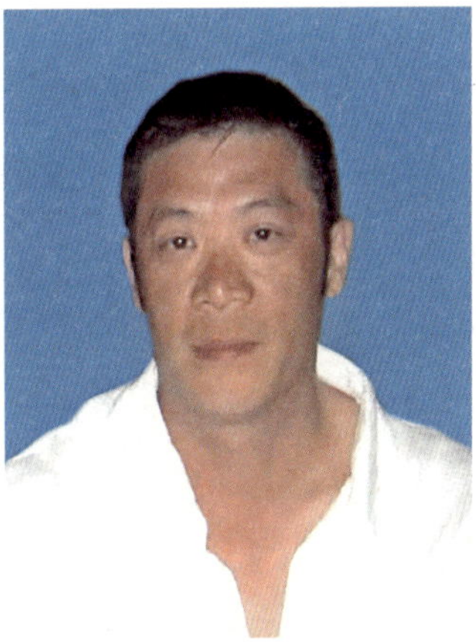

图 5-4-48　高峰

高峰，男，1966 年生，江苏南通人，大专学历，无党派人士，南京体育学院江苏省跳水队著名高级教练。他是奥运冠军陈若琳的启蒙教练、主带指导，2008 年、2012 年、2016 年曾连续 3 次被评为“江苏省劳动模范”。

高峰儿时因身体素质较差，被父亲送到南通市少年儿童业余体育学校练习体操。1979 年，因身高优势被江苏省跳水队选中，从此开启了他的跳水生涯。1989 年，高峰退役后回到南通母校，为小娃娃们的跳水启蒙注入自己的心血。当时，跳水属于新项目，南通没有标准的跳水馆，高峰每年暑假都带领着小运动员们到南京训练。这极其辛苦的教练工作，高峰一干就是 13 年。也正是在这艰苦的环境里，他发现并培养了日后夺得 5 枚奥运金牌的陈若琳。

由于跳水训练教学能力受到业界普遍认可，2003 年，高峰被时任江苏省跳水队领队的王霞借调到南京体育学院，负责队里 8 个小女孩的跳水训练，其中就有陈若琳、屈琳、孙梦晨等未来明星。经过 2 年的磨炼，陈若琳、屈琳参加了 2005 年全运会比赛，双双进入十米台单人决赛。第十届全运会后，高峰和陈若琳一同入选国家队。在国家队期间，高峰还带训过周吕鑫，同样成绩斐然，曾获得 2007 年墨尔本世界跳水锦标赛男子十米台亚军。

2007 年夏，高峰从国家队返回学校，在江苏省跳水队一线工作至今。作为奥运冠军的教练，他在享受荣誉的同时，也伴有深深的遗憾与愧疚，几十年与妻子两地分居，没有时间陪伴家人、照顾妻儿。现今，高峰正积极备战第十四届全运会。队中不乏优秀苗子，曾获得第二届全国青年运动会男子全能金牌的朱涵就在其中。高峰将力争为江苏竞技体育的发展做出新的贡献。

第六章
教学科研不断进步　硕果累累

受特定历史条件影响，竞技训练事业一直以来在南京体育学院各项事业中处于中心位置。但随着时代的发展、社会的进步，尤其是改革开放以来我国科学、文化、教育事业的发展进步，南京体育学院的高等教育事业也取得了较好发展。教学方面从初创时期的1个体育系、1个体育教育专业，师生百余人，发展到现今已拥有11个教学单位、15个本科专业，涉及教育学、管理学、艺术学、文学、医学、工学6个学科门类，现有各类在校生8200多人；科研方面新建了科研处、研究生部和数个研究机构，不断强化学科专业建设，近年来获批了博士学位授予立项建设单位和推荐优秀本科毕业生免试攻读研究生的资格高校，调整了学术期刊编辑机构，拥有系列国家级教学成果奖与创新成果奖、省级体育学优势学科建设点和省“协同创新中心”培育点、省级重点学科与重点实验室等。

第一节
“南体模式”形成与发展

南京体育学院作为一所省属高等体育院校，在国内同类型院校中，具有广泛影响与范式效应的重要鲜明特色是：依托省一级竞技体育运动训练基地，立足自身学校体育教育特质，深度地融合了高等体育院校、省优秀运动队和省体育科学研究所的力量与资源，形成了别具一格、卓有成效的教学、训练、科研“三位一体”的办学格局。在长达60多年的办学历程中，南京体育学院始终坚持“办学办队双轮并驱、三位一体融合发展”的理念，创立了受到普遍认同的“南体模式”，取得了“育人才、夺金牌、出成果”的显著办学效益，为中国体育和教育改革探索了一条“体教携手共兴、培养体育精英人才和各类应用型人才”的成功之路，为中国体育和教育事业的发展做出了突出贡献。回溯以往，“南体模式”

的形成历程大致可划分为初探与尝试、加强与巩固、丰富与发展 3 个阶段。

一、第一阶段：初探与尝试

20 世纪 50 年代后期，在我国高等教育全面“弃美仿苏”、实施“院系大调整”的浪潮影响下，新组建了大量专业性突出的单科性院校，一批体育高等院校应运而生。其后，各省市为参加 1959 年第一届全运会，纷纷组建省级运动代表队。而在资源十分有限的条件下，政府将这项任务落实到了各体育学院，于是体育院校就形成了最初的“院队合一”的结构基础，设立了专门训练高水平运动员与培养体育干部的训练班队。1958 年 3 月，国家体委召开了全国体育学院院长会议，总结了高等体育学院办学的情况，确认了国家体委提出的体育学院应当培养师资、教练员和优秀运动员的“三位一体”的培养目标。同年 8 月，国家体委又在青岛召开 6 所体育学院负责人座谈会，明确了体育学院的任务是培养具有共产主义觉悟的、有一定专业理论知识和较高运动技术水平的体育教师、教练员和体育干部。1958 年 7 月，经中共江苏省委同意，南京体育学院组建成立，其由 1956 年成立的南京体育学校、1953 年建立的江苏省体育干部训练班、新中国初期成立的江苏师范学院体育专修科 3 个单位合并而成，紧随其后，江苏男女篮球队整体并入，男女排球队亦先后成立，初步创建了以竞技训练为中心、教学科研并存的新颖局面，“南体模式”的雏形就此孕育形成。

时至 20 世纪 60 年代初，由于中苏关系恶化，学习苏联不再被视为法宝，加之现代竞技运动日趋激烈，训练和比赛日益专门化，为了使竞技运动获得更快发展，争取在全运会与国际比赛上创造佳绩，以早日实现国家“赶超战略”，各地均强化了“体育工作队”体制。因此，不少体育院校打乱了原有训练教学秩序，将专业化的竞技运动队伍从体育院校逐步分离了出去。1963 年 6 月，国务院批转了教育部党组《关于高等学校专业调整会议的报告》，其中有关体育学院的指导性意见是：“全国需要的教练员等由国家体育运动委员会直接主管的北京、上海、武汉 3 所体育学院培养。沈阳、哈尔滨、天津、南京、广州、成都、西安 7 所省属体育学院本科培养目标规定为培养中等学校体育教师，不培养其他体育人才。”于是，高水平运动员培养机制退出体育院校序列，成为大势所趋。

然而，在这一全国性体育高等教育变化之中，由于学校党委的坚持及江苏省委省政府的支持，南京体育学院走上了与其他兄弟院校不同的发展道路，成为全国十大体院中唯一一所体育教育与“体工队”坚持不分家的体院。这当中，被誉为“北马南徐”中“南徐”的徐镳院长，在学校探索特色办学之路的过程中发挥了重要作用。他积极推行“竞技性与特色化兼备”的办学理念，在“省体工队”一度脱离学校后，建议重新并入。1960 年 6 月，他主持召开院长会议，研究通过了《优秀运动队向学校化过渡的办法》，决定在南京体育学院建立运动系，为国家、江苏培养优秀运动员，同时积极探索优秀运动队的文化教育和综合素质提升工作，进一步丰富了“南体模式”的内涵。其中一个突出的事例，即如同第二章所述，学校于 1964—1965 年间，独辟蹊径，果断引进了因武汉体育学院解散而分离出来的文国刚、郭毅能等 4 名优秀击剑人才，此举为击剑队日后能嬗变成为学校“梦之队”奠定了坚实基础。

岁月流逝，白云苍狗。1966 年始，国家进入了十年动乱时期。全国正常的教育、体育秩序遭到破坏，体育院校“三结合”的办学思想完全被曲解，横遭批判讨伐，而作为中坚分子的南京体育学院自然在劫难逃，受到了巨大冲击，高等教育停止招生，学校建制一度被撤销，只保留了“体工队”。直至 1978 年，学校才在教育和体育拨乱反正的形势下得以恢复，且因为“体工队”的保留，学校原先特色办学理念得以传承，为学校日后逐渐发展为江苏最大的竞技体育训练基地奠定了基础。同时，江苏省体育科学研究所在校园内成立运行，自此，以教学、训练、科研三者共存的良好局面开启了“南体模式”发展的新征程。

1980 年，南京体育学院设立运动专修科，主要招收在职运动员、教练员，解决省优秀运动队运动员、教练员接受高等教育问题，并在此基础上，积极构建“一条龙”式训练管理体系与教育管理体系协同发展的体育人才培养机制，有效促进运动员的运动技能、文化知识同步提升。其间，学校不断强化行业使命担当与办学的竞技属性，坚持训练中心工作不动摇，将学校建设成为江苏竞技体育的大本营、主力军。同时，不断推动科研与教学、训练融合，成立南京体育学院科研处，确保“科技兴体”落到实处。换言之，20 世纪 80 年代初，南京体育学院基本构建了推动教学、训练、科研办学资源流通共享的机制，一系列举措使得“南体模式”从理念层面到实践层面均得以进一步深化，实现了软件与硬件的有效融合，持续地提升教学、训练、科研资源的综合效益。

随着国家改革开放大势的扩展深入，20 世纪 90 年代中期，较之全国各地方体育院校，南京体育学院已经形成了独树一帜的办学特色，竞技运动训练形成了专业训练一、二、三线队伍层层衔接的“一条龙”训练体系，文化教育形成了小学、初中、高中、大专、本科、研究生结构完整的“一条龙”教育体系，体育科研形成了以省体科所为龙头、教学师资和各运动队有机结合的科研攻关服务体系，如此教学、训练、科研紧密结合、相互渗透、优势互补、资源共享，取得了突出的办学效益。

二、第二阶段：加强与巩固

1995年，学校党委在认真总结办学实践经验基础上，通过对学校功能的重新定位，确定了自身的办学理念为“江苏省高水平竞技运动的训练基地、体育专业人才的摇篮、体育科研的前沿阵地和社会体育的指导中心”。在这一过程中，学校明确认识到自身承担双重办学目标，具备两种社会功能：既承担普通高教责任，培养各类别应用型体育专业人才，为社会经济发展服务；又肩负打造竞技体育精英使命，夺取世界大赛奖牌，为国家民族争光。体育教育人才和竞技运动人才，其成长成才都离不开全面优质的教育、深厚的人文呵护、系统刻苦的训练和先进科技的支撑。

随之，学校提出了“训练也是教育”的大教育观，彻底改变以往过分强调竞技运动的特殊性而排斥办学共性规律的片面做法，改变“基地办基地”的封闭模式，切实按人才成长和教育过程的规律，建立“学院办基地”的新模式。办学目标定位以“育人”为根本，实现综合性的“三出”目标，即出人才、出成果和出效益。以育人为纽带，在“学训研结合”模式运行机制上进行了深入探索和实践：一是教学借鉴训练经验，强化学生实践能力培养；二是训练依托教学资源和文化氛围，促进运动员健康迅速成长和竞技体育全面持续发展；三是科研面向教学训练实践，推动教学训练水平不断提高。

基于此，学校党委于1996年明确提出了“三位一体、突出重点、办出特色、共同发展”的十六字办学指导思想，并制定了前三年“明思路、打基础、抓规范”与后三年“抓结合、求内涵、上水平”的六年实施规划，从而逐步使全校上下的思想统一到业经完善的建设教学、训练和科研“三位一体”新型体育学院办学模式上来。十六字指导思想的内涵是：通过对训练工作、教学工作规律的认识，寻求二者的共性，将育人作为抓训练、办教育的结合点，形成“三位一体”的改革观、“突出重点”的培养观、“办出特色”的创新观和“共同发展”的发展观。而运动队建设则围绕“体教结合、学训并重、注重科学、强调素质、追求效益”的思路，深入探索“学院办基地”的新模式，提出了“运动员学生化、教练员学者化、管理一体化、办学社会化”的方向。同时，根据学校特点，围绕以育人为根本，提出了教书育人、训练育人、管理育人、服务育人的“四育人”方略。

学校这一系列创新举措，在江苏体育领域的改革创新中产生了积极效应，教学、训练、科研“三位一体”的办学模式还引起了上级部门、国家领导人及社会各界的广泛关注。1999 年 3 月，时任国家体育总局局长伍绍祖亲率 6 个职能部门主要领导在内的 13 人组成的调研组，对南京体育学院进行了为期 3 天的深度调研。伍绍祖局长和调研组对学校“三位一体”办学格局给予了充分肯定，并首次将其称为“南体模式”，认为“南体模式”实质是一种介于“学院”和“运动队”之间的“学院 – 运动队”结构，它打破了教育、科研与竞技体育队伍之间的界限，是对现行教学体制、科研体制与竞技体育制度的一种创新改革，以“育人”为根本，以提高运动员和学生综合素质为宗旨，而不是只有锦旗与金牌。

1999 年 3 月 31 日，《中国体育报》根据国家体育总局调研组对我校的调研情况撰文指出：“南体模式”对于深化体育教育改革、推动体育工作的发展有着重要的借鉴意义。1999 年 4 月 13 日、14 日、15 日，《中国体育报》又连续在头版头条刊登了“南体模式”探秘系列报道：《“南体模式”探秘之一——舞起“双条龙”》《“南体模式”探秘之二——“人才资源”的高效益》《“南体模式”探秘之三——“科技兴体”不是一句空话》。由此，所谓“南体模式”正式登上了中国教育、体育的大舞台，在全国体育领域引起了普遍反响。

2000 年 9 月，时任中共中央政治局常委、国务院副总理李岚清专程来校视察，对国家体育总局、《中国体育报》彰扬、推广“南体模式”表示了热情赞同。这更加推进了高等体育教育、竞技体育领域组团率队奔赴南体学习调研的活动。2000 年 12 月，国家体育总局公布的《体育改革和发展纲要（2001—2010）》第 27 条正式提出：“把直属体育院校建设成为教学、科研、训练‘三结合’基地……充分发挥体育院校知识密集、科技含量高的优势，尽快把体育院校办成名副其实的教学、科研、训练‘三结合’的基地。”从这当中，我们高兴而自豪地看到了南京体育学院的身影与光彩。

2000 年，为了更好地解决江苏省各优秀运动队后备人才培养出路和全省各市体校毕业生中专学历、文凭升格的问题，经省政府批准，撤销了我校附属中专性质的省体育运动学校，成立了职业技术学院（二级学院），设置了 2 个专科专业，面向各市体育运动学校招生，同时设置初中起点的“3+2”高职专科办学专业。此外，为强化教学、科研深入竞技训练实践，学校还组织师生为国家队备战奥运会等世界大赛和省运动队备战全运会提供科技攻关服务，多位教学科研人员入选国家跳水队伦敦奥运会科技攻关组，同时围绕部分运动专项组建了多支校内复合型科技攻关团队，常年开展科技攻关服务。

三、第三阶段：丰富与发展

进入 21 世纪中国特色社会主义建设新时代后，“南体模式”继续前行，得以进一步丰富、发展。在办学顶层设计、运行管理、资源配置等各方面的改革不断深化，成为江苏乃至全国探索体育院校特色办学之路的先锋军。其具体表现主要有以下三个方面：

首先，成功出彩地打造了“学训融合、育人夺标”的特色办学名片，产生了极高的办学效益和社会反响。2005 年，学校继 1998 年被国务院学位办批准为硕士学位授予单位后，又被批准为全国首批体育专业硕士学位授予单位。2006 年 2 月，《中国体育报》在《南京体院寻求新模式要对运动员一辈子负责》一文中明确地指出：“南体模式”为江苏乃至全国的体育事业发展起到了积极的示范和推动作用。2006 年 11 月，南京体育学院建校 50 周年之际，多位党和国家领导人为学校题词或发来贺信。李瑞环的题词是：发扬优良传统，为国培育人才；李岚清的题词是：为培养德智体美全面发展的优秀体育人才做出更大贡献；回良玉则在贺信中称赞道：50 年来，南京体育学院认真贯彻党的体育和教育方针，积极探索集体育教育、运动训练、体育科研于一体的办学之路，锐意进取，开拓创新，为国家培养了大批高水平的竞技体育人才和高素质的体育专门人才，取得了较好的办学效益。国家体育总局、江苏省委省政府也发来贺信，热情褒奖学校“三位一体”办学模式和“学训融合”特色办学之路。2008 年 11 月，时任国家体育总局局长刘鹏又率团专程来校调研 “南体模式”；11 月末，学校在教育部本科教学工作水平评估中获得“优秀”等级，专家组一致认同“学训研相结合促进协调发展，育人才夺金牌彰显综合效益”的鲜明办学特色。2016 年，南京体育学院建校 60 周年之际，荣幸地收到了曾于 2014 年 8 月青奥会期间受聘为我校名誉教授的国际奥委会主席巴赫发来的贺信：“六十年来，一批奥运冠军和优秀教练员在这里受训、受教育。南京体育学院就是以这样的方式为中国的‘体育强国’建设做出了自己巨大的贡献。与此同时，南京体育学院还通过大力培养青少年，为中国体育的未来打下了坚实基础。”

其次，伴随着成功出彩地打造“学训融合、育人夺标”的特色办学名片，学校在中国特色社会主义建设进程中，配套设计实施了一系列改革创新举措：其一，深化竞技体育运行机制的改革，根据竞技体育发展要求以及某些运动项目发展形势变化，新建竞技体育管理架构，设立竞技项目学院。2010 年 4 月，学校经省政府批准，与国家体育总局网球管理中心、江苏省体育局协议决定合作共建中国第一个运动项目学院——中国网球学院。同时，积极与国家体育总局其他相关项目管理中心洽谈筹划，拟依托学校优势项目筹建中国羽毛球学院与中国击剑学院。其二，深化高等教育运行机制改革，将原先教学的系、教研室模式转变为二级学院模式，扩大其办学自主权，稳步扩展办学规模，并有裨于提升学科专业建设水平和人才培养质量。其三，深化体育科研运行机制改革，成立竞技体育研究院、体育发展与规划研究院等一系列科研平台，构建体育研究与创新平台集群。

再次，学校附属学校（附小、附中）是我校“三位一体”办学的特殊形式，在全国体育系统中表现出了较好的办学效益。附属学校（江苏省青少年业余体校）连续获得“国家高水平体育后备人才基地”，并获 2017—2021 年期间“国家高水平体育后备人才基地”重点基地的第 1 名。2012 年起，学校附属学校承担了全国青少年运动员年度赛前文化测试任务，被国家体育总局青少司命名为全国唯一的“文化测试考务工作协助单位”。同时受国家体育总局科教司委托承担了国家队、省队进队运动员文化测试试点工作，为国家和江苏省竞技体育运动的发展做出了贡献。

第二节
教学科研发展历程与成就

一、教学科研等单位发展简况

（一）高教单位

学校高等教学单位经历数次调整，现设有研究生部、体育教育与人文学院、运动训练学院（足球学院）、运动健康学院、武术与艺术学院、体育产业与休闲学院、马克思主义学院、继续教育学院、奥林匹克学院等 9 个教学单位。

1. 研究生部

南京体育学院研究生教育萌芽于 1993 年，1998 年获批硕士学位培养单位，1999 年开始招生，2010 年正式成立研究生部。就学校整体发展而言，研究生教育的历史并不长，这与我国的教育国情及学校重视情况相关联。20 世纪 90 年代末，中央召开教育工作会议，提出须扩大高等教育规模，加快培养包括研究生在内的高层次人才。1998 年前夕，学校党委响应国家部署，认真总结前期办学经验，创造性地提出了“三位一体”的特色办学模式。原党委书记、院长华洪兴曾指出：“体院的申硕成功，正是‘三位一体’办学指导思想的一次生动实践和体现。”在此背景之下，南京体育学院的研究生教育拉开了序幕。

表 6-2-1　历任研究生教育管理工作主要领导一览表

姓　名	职　务	任　期
魏日昂	科研处副处长（主持工作）兼管研究生工作	1996.03—2007.04
李　江	科研处处长兼管研究生工作	2003.12—2009.01
钱竞光	科研处处长 兼研究生部党总支书记、主任、学科办主任	2009.01—2015.12 2009.01—2011.02
张蕴琨	学科办主任兼研究生部主任	2011.02—2013.03
殷　光	研究生部党总支书记 学科建设办公室副主任	2011.02—2014.06
陈海波	研究生部（代）主任 研究生部主任 研究生部党总支书记、主任	2013.03—2013.12 2013.12—2014.08 2014.08—2019.04
高力翔	学科办、研究生部主任	2019.05—2020.05
沈鹤军	学科办、研究生部主任 研究生部主任	2020.05—2020.10 2020.10 至今

学校研究生教育发展可分为探索与起步和创新与发展两个阶段。

第一阶段：探索与起步（1993—2010）。

学校申办研究生教育始于 1993 年，当时由于竞争激烈和学校本科专业数量偏少等原因，首次硕士点申请未获批准。但是，这一经历却大大影响了学校的办学定位、办学目标，开启了学校高层次学术人才培养的先河。通过认真总结前期经验，1994 年，在老一辈教育工作者的努力推动下，学校开设了运动训练本科专业，这在弥补本科教育短板的同时，也为申办研究生教育打下了坚实基础。

获批硕士学位授权点并成立研究生部。1997 年，申报工作再次启动。历时 8 个月，于 1998 年获批体育学二级学科运动人体科学硕士学位授予权。此后又分别于 2000 年、2003 年获批体育学二级学科体育教育训练学和体育人文社会学硕士学位授予权。2005 年，成为全国首批体育硕士专业学位培养试点单位之一；2010 年，成为体育学一级学科硕士学位授权点。为加强研究生教育管理，学校于 1998 年成立研究生工作办公室（挂靠科研处），于 2010 年成立研究生部。

研究生招生工作。学校研究生教育的招生规模经历了循序渐进的过程。1999 年，开始招收第 1 批运动人体科学专业研究生，人数为 2 人。从 2000 年到 2003 年，每年招录人数分别为 4 人、6 人、10 人和 15 人。2006 年，学校研究生教育进入快速发展期，招生规模显著扩大，招收全日硕士研究生 28 人，在职体育硕士 39 人。到 2010 年研究生部成立之际，累计招收全日制硕士研究生 254 人，在职体育硕士 332 人。

加强研究生导师队伍建设。学校研究生导师队伍从初期的 2 名，逐步发展到现在的 128 名，其中校外导师 39 名。2001 年，张蕴琨教授荣获“江苏省优秀硕士生导师”称号。2002 年，张蕴琨教授负责建设的“运动生物化学”课程，被评为江苏省研究生培养创新工程优秀研究生课程。2006 年，钱竞光教授指导的研究生宋雅伟的毕业论文，被评为江苏省优秀硕士学位论文，为学校硕士生首次获此殊荣。2006 至 2010 年，先后被评为江苏省优秀研究生课程的还有唐永干教授的“体育史料学”，王正伦教授的“体育学概论”，钱竞光教授的“人体运动动作技术分析与诊断”，史国生教授的“体育竞赛组织与管理”等。

第二阶段：创新与发展（2011 年至今）。

拓展办学空间，扩大学术资源。2012 年，学校与上海体育学院联合培养博士研究生；2017 年，获得江苏省博士学位授予立项建设单位和推荐优秀本科毕业生免试攻读研究生的资格；2018 年，教育硕士专业硕士点通过了省学位办评审；2020 年获得新闻与传播专业硕士点。

扩大招生规模，提升发展质量。2010 年以来，学校招生规模仍然保持有序增长的节奏，招生人数由 20 年前的每年 2 人发展到如今的每年近 200 人。招生学科也在不断朝着精准化方向发展，现有“体育人文社会学”“运动人体科学”“体育教育训练学”“民族传统体育”和“运动康复学”等 5 个二级学科，涉及“体育教学”“运动训练”“社会体育指导”和“竞赛组织”等 4 个专业领域。从1999年至今，学校共授予硕士学位1692个。20余年来，学校培养了一批又一批的体育行业优秀人才。

创新培养模式，提升培养质量。为提升研究生专业素养和创新能力，学校有针对性地开展改革招生选拔办法的相关工作，加强了研究生招生管理工作，连续多年获得省教育考试院“研究生优秀招生单位”称号。

学校向来重视对研究生创新能力的培养。2013年，学校正式创办了体育学研究生教育创新论坛，为学术交流提供了平台。此外，学校还设立了研究生创新项目，并给予科研经费支持，鼓励学生参与高水平科研工作。为拓宽学术视野，学校还组织研究生到中国香港、中国台湾、新加坡、丹麦等国家和地区进行学术交流或短期进修，师生出国交流达100多人次。

图6-2-1 研究生教育会议

巩固导师队伍建设，注重完善师资结构。早在筹备申报硕士学位授权点时，学校就一直关注导师的发展情况。钱竞光教授于1997年获批东南大学硕士研究生导师。1999年张蕴琨副教授和姜文凯研究员获首批南京体育学院硕士生导师。2012年王正伦教授、钱竞光教授等3人获批上海体育学院博士生导师，同年，钱竞光教授招收第1名博士研究生。2018年之后，宋雅伟教授、谢正阳教授等获批上海体育学院博士生导师，杨国庆研究员获批北京体育大学、天津体育学院、扬州大学博士生导师，史国生教授获批南京信息工程大学博士生导师。在近年来调入或引进的高层次人才中，朱传耿教授、盛蕾研究员、高亮教授、邹德新教授、郭修金教授、文立教授、金亚虹教授等拥有南京大学、苏州大学、南京师范大学、上海体育学院、天津体育学院博士生导师资格。

学校重视导师队伍建设工作，一是注重数量提升和师资结构，二是加大导师的培养培训力度。目前学校研究生教育的导师团队已经发展到128人，其中教授53人，博士学历导师50人，博士生导师9人，兼职导师39名。

加强思想教育工作，提升学生人文素养。为强化学术诚信教育和道德教育，研究生部多次举办学术道德规范教育专题讲座，加强思想教育工作。此外，研究生党总支还积极开展志愿服务活动，组织全体党员和积极分子深入孝陵卫街道和溧水、溧阳等地社区，开展“送体育进社区”活动。研究生部党总支组织的活动连续 2 年获学校“最佳党日活动”。

研究生教育取得的主要成果包括：

优秀研究生课程。2011 年王正伦教授主讲的“体育学导论”课程，被评为“江苏省研究生双语教学改革试点课程”；2012 年袁野教授主讲的“运动训练学”课程，被评为江苏省优秀研究生课程；2014 年孙飙教授主讲的“体质研究与运用”课程，被评为江苏省优秀研究生课程。

优质科研成果。迄今为止，学校获得江苏省研究生教改一般项目 8 项、江苏省研究生科研创新计划 70 余项；获得国家级科研项目 11 项、省部级科研项目 49 项、省部级科技奖 7 项、省哲学社会科学优秀成果奖 9 项；发表 SCI 论文 5 篇、EI 论文 14 篇，获专利 51 项，出版专著 19 部、编著 16 部。

优异办学成绩。20 多年来，学校研究生参与国际交流人数达 70 人次，获得硕士学位学生 1692 名；获江苏省优秀硕士学位论文 8 篇；此外，有 22 人次在奥运会、世界大赛和全运会等大赛中获得奖项，25 人获得国家奖学金；研究生就业率保持在 90% 以上，深受社会各界好评。

图 6-2-2　2021 年研究生毕业典礼合影

进入中国特色社会主义建设新时代，南京体育学院研究生教育将继续攻坚克难，开拓创新，扎实奋进，为进一步推动研究生教育高质量发展，不断扩大学校研究生教育教学质量而努力奋斗！

2. 体育教育与人文学院

60 余年来，体育教育与人文学院兼容并蓄，一直是南京体育学院高等教育事业的排头兵。虽几经调整，但体育教育与人文学院秉持“严和朴实”的校训，立基创业，不仅是学校重要的教学科研力量，更是学校高等教育事业的孵化器。曾被江苏省教育工委授予“江苏省教育工作先进集体”荣誉称号。

（1）历史沿革概况

岁月流逝，薪火传承。体育教育与人文学院60多年的办学历程，可分为创建与调整、动乱与撤销、恢复与重建、发展与壮大、改革与创新、融合与发展等6个阶段。

创建与调整。1958年，南京体育学院体育系（体育教育与人文学院前身）初建之时，以培养省内中等以上学校体育师资为目标，仅设置本科及二年制专科、五年制体专科，学生不足200人。虽然办学规模偏小，却是江苏省体育高等教育的发源地和大本营。

动乱与撤销。1966年秋，体育系因"文革"而停办，师资被一分为五，即分流进江苏5所设置体育专业的高校（南京体育学院、南京师范大学、苏州大学、扬州大学、江苏师范大学），这一方面使南体师资实力大大降低，另一方面，也为江苏省体育教育事业日后发展奠定了新格局。

图6-2-3 首届本科毕业生合影

恢复与重建。1980年秋，原体育系开始恢复招生，以培养中学及以上体育教师为主。改革开放初期，百废待兴，体育教育专业确定以培养优秀中学及以上体育教师为主、其他体育专门人才为辅的办学目标，形成了以本科体育教育为主体的办学模式。

发展与壮大。1995年，原体育系开设"体育管理""体育应用保健""体育产业"3个本科专业方向选修课程，为学校专业发展突破奠定了基础。2002年，社会体育专业从基础课部并入。2003年，体育新闻专业开始招生；同年，学校体育人文社会学硕士点获批，办学层次进一步提高。2005年，体育人文社会学被评为江苏省重点学科，一个教师团队获批江苏省"青蓝工程"优秀学科梯队。2009年，体育经济与管理专业开始招生，体育教育专业获国家特色专业建设点。

改革与创新。经过60年岁月的沉淀，原体育系开设体育教育、体育新闻、体育经济与管理3个本科专业，是一个跨体育学、文学、管理学三大学科的综合性系科，是拥有体育人文社会学硕士点的教学单位，学生人数超过1000人，成为南京体育学院发展历史最久、毕业学生人数最多、学科门类最全的系科。2012年，原体育系主持申报的休闲体育专业获批。2013年，社会体育专业和新增的休闲体育专业划归新成立的休闲体育系，助力学校综合发展。2017年，原体育系获批江苏省体育产业经济与管理创新团队培育点和江苏省体育赛事研究中心。2018年，江苏省体育赛事研究中心获批江苏省教育厅哲学社会科学重点建设基地。

融合与发展。2019年，伴随着南京体育学院高等教育大发展、院系调整后，原体育系更名为体育教育与人文学院，下设体育教育系、体育传媒系、大学外语部、通识教育部，体育经济与管理专业划归新成立的体育产业与休闲学院。体育教育与人文学院进入了全面融合的发展新时期，整合后在校学生近千人，专职教师62人，其中教授4人、副教授18人、副研究员2人，博士学位教师18人，江苏省“青蓝工程”中青年学术带头人培养对象3名、江苏省“青蓝工程”青年骨干教师8名，江苏省“333高层次人才培养工程”第三层次培养对象2名，5人主持的项目获批国家社科基金项目。专业拓展带来师资融合以及跨学科背景团队创新人才培养模式，一批批富有成效的优秀学术成果，让课堂更精彩，教学更丰满。

（2）教学科研成果

体育教育专业。该专业致力于培养“一专多能”的应用型中小学体育师资，2006年被评为江苏省高校品牌专业，2009年获批国家级特色专业，2012年获批江苏省“十二五”高等学校重点专业，并于2015年被评为江苏省高校体育专业唯一A类品牌专业。2019年以“优秀”等级通过江苏省体育专业品牌专业验收后，获评省一流专业和国家一流专业，创造了南京体育学院高等教育发展的新高度。在“提高层次、充实内涵、突出特色、加快发展”专业建设原则下，传统老牌专业焕发青春，基础设施上也瞄准国内一流，开省内风气之先，投入近200万元，建成国内领先的体育强度实验室、体育健康实训室。

体育新闻专业。以“体育赛事转播、体育视频制作”为主要专业技能，设立体育新媒体、体育视频制作、体育赛事解说3个专业发展方向，助力全媒体融合体育传播人才培养新模式。强化校园媒体建设、整合竞技体育资源；实践项目制教学改革、实施学训融合、提高实践教学水平。专业教师科研成果获江苏省哲学社会科学一等奖，为校内首创。学院先后与省内外10多家知名媒体签署合作协议，建立学生实习基地；聘任多名业界专家、媒体精英为客座教授；设施上投资500多万元，建成了融媒体、广播新媒体、数字摄影艺术专业实验室等。

大学外语部。作为公共教研室，承担全校英语教学任务。本专业坚持语言基础技能、专门用途、交际能力的教学理念，致力于培养懂英语、懂专业、懂交际的体育英语人才。近年来，为丰富英语第二课堂，学校投入近 200 万元建成语言实验室和英语广播站，积极开展英语风采大赛、演讲比赛、英语文化大讲堂以及英语社团等多种校园活动，极大提高了学生的综合语言技能。

通识教育部。负责全校数学、统计、计算机、心理和国防教育等课程教学任务。通识教育部坚持以教学为中心，持续深化教育教学改革，加强教学过程管理，强化师资队伍建设，提高科学研究水平，融入学院“内外兼修、双融至知”的发展风格，把通识教育部建设成为协调发展、学科交叉、综合性强、有战斗力的教学组织，形成“确保教学质量提升、寻求特色发展突破、服务学校学科建设”的可持续发展方向。

图 6-2-4　获得“创青春”金奖

60 余年来，体育教育与人文学院人风雨兼程，奋勇前行。坚持课内课外并重，发挥专业特色优势，践行深度融合发展，在全国各类学生技能竞赛中，成绩突出。2016 年，在“创青春”全国大学生创业大赛实践挑战赛中，体育教育与人文学院学子不畏强手，勇夺金奖，实现全国体育类院校国赛零的突破。2018 年，体育教育与人文学院师生又过关斩将，一举获得“创青春”江苏省金奖、国家银奖，创全国体育院校最佳战绩。体育教育专业学生在全国技巧锦标赛上创多项第一，在中国大学生极限飞盘联赛总决赛上多年连获冠军，在全国跳绳联赛上每届取得多枚金牌，获江苏高校校园足球联盟学生足球赛专项技能一等奖。江苏省高校体育科学论文报告会上，近 30 位同学喜获二、三等奖。新闻学子也出手不凡，多人成功通过了省委组织部的选调生选拔考试，在全国大学生体育影像节中连续 5 年获得大奖，成为最大赢家。当前，在学校“省内领先、国内一流、国际知名”的应用型体育学院“二次创业”目标定位及“三位一体”与“教体融合”办学模式的指引下，体育教育与人文学院上下协力，不断调整办学思路，改善办学条件，提高办学层次，为实现学校的总体目标持续努力奋斗，交出完满答卷。

表 6-2-2　体育教育与人文学院历任领导一览表

历任党总支书记		历任主任（院长）	
姓　名	时　间	姓　名	时　间
王云山	1959.07—1960.08 1960.08—1962.09 （田径系总支书记）	徐　镳	1958.10—1960.08
姚　琮	1962.09—1963	张元生	1962.12—1976.06
史光尧	1984.04—1986.09	陈　陵	1979.08—1983.10
李婉芳	1985.05—1998.09	谈胜初	1983.10—1990.04
张蕴琨	1998.10—2002.07	浦民欣	1994.04—1997.09
李　江	2002.08—2003.09	王正伦	1997.10—1998.09
王爱丰	2003.10—2013.03	张蕴琨	1998.10—2002.07
顾　道	2013.04—2013.09	王爱丰	2003.10—2013.03
沈鹤军	2013.10—2019.04	沈鹤军	2013.04—2020.05
邹国忠	2019.05 至今	王凯（主持工作）	2020.05 至今

3. 运动训练学院（足球学院）

（1）历史沿革概况

图 6-2-5　学术研讨

运动训练学院（足球学院）成立于 2019 年，是在 1994 年成立的运动系和 2017 年成立的足球学院的基础上不断发展壮大起来的，原设有 2 个专业、1 个专业方向，即：1994 年设立的运动训练专业，这是江苏省最早开设并面向全国单独提前招生的专业；1998 年设立的民族传统体育专业和 2003 年增设的体育表演艺术专业，以及优秀在役专业运动员班。2009 年学校教学部门结构调整，将民族传统体育专业、体育表演专业及专业运动员班分出；2020 年增设体能训练专业。目前，运动训练学院（足球学院）设运动训练和体能训练 2 个本科专业，设有田径、篮球、排球、足球、橄榄球、乒乓球、羽毛球、网球、壁球、高尔夫球、击剑、游泳、跆拳道、柔道、体能训练等 15 个专项。

图 6-2-6　学生专项技能大赛

学院现下设学院办公室，学生工作办公室，一系、二系、三系、四系等 4 个教学系。运动训练学院（足球学院）在编教职工共有 62 人，在校学生近 900 人。师资队伍具有较高学术水平和专业技术水平，有教授 4 名（二级岗 1 人）、副教授 23 名，其他副高职称 2 名、讲师 14 名；硕士生导师 10 名，国际级裁判 3 人、国家级裁判 11 名，国际级健将 7 名、国家级健将 7 名；入选江苏省“333 高层次人才培养工程”第三层次培养对象 2 人、省高校“青蓝工程”青年骨干教师培养对象 7 人，博士学位教师 5 人，拥有硕士学历的教师超过 70%。20 余年来，累计培养毕业生 3000 余人，其中运动健将 300 余名、国家一级运动员 500 余名，多人斩获世界级和国家级大学生比赛冠军，在国内外享有一定的声誉。

（2）专业建设显特色

在学校申报博士学位授予单位的攻坚期和“新南体”建设的关键期，运动训练学院在优势学科建设和专业建设方面始终坚持以教学改革为先导，夯实“学训融合”，强化专业意识，以培养各级体育教练员和其他体育专业人才为主要目标，形成了“强化专业技能，提高执教能力，增强科学素养”的人才培养特色，取得了较为显著的办学成绩。

近 5 年来，学院运动训练专业建设成绩斐然，在全国现有的 100 多所拥有运动训练专业的高等院校中，南京体育学院是 6 家主任委员单位之一；获批江苏省高校一流本科专业、江苏省高校重点专业类的建设项目，是国家级特色专业建设点、全国运动训练专业唯一获得教育部本科专业综合改革试点项目的单位。在中国科学评价研究中心、武汉大学中国教育质量评价中心联合中国科教评价网（RCCSE）颁布的《2016 中国大学及学科专业评价报告》中，运动训练专业全国排名第 5，江苏省排名第 1。

学院师生在教学、竞赛、科研及社会服务等方面硕果累累。迄今为止，学院老师承担了国家社科基金课题 2 项、江苏省社科基金课题 1 项、江苏省自然科学基金课题 1 项、国家体育总局社科课题 2 项、江苏省残联课题 2 项、江苏省教育厅课题 7 项和江苏省体育局课题 12 项。教师成果获江苏省第十一届哲学社会科学优秀成果三等奖 1 项，出版学术专著 8 部、教材 5 部，发表学术论文近 100 篇，发明专利 5 项、实用新型专利 7 项。学院高度重视师资队伍的培养，重视教师的对外交流工作，目前已选派中青年骨干教师 100 多人次赴美国、英国、加拿大、澳大利亚等境外高校以及北京体育大学、上海体育学院、成都体育学院、沈阳体育学院、吉林体育学院、首都体育学院、广州体育学院、山东体育学院、浙江大学、华南师范大学、福建师范大学、苏州大学等国内高校开展各类学术交流活动。近 5 年来，运动训练学院（足球学院）学生在各等级大学生竞赛中成绩斐然，参加国际级比赛 20 人次，国家级、省级比赛近 600 人次，共获得冠军近 90 人次、亚军近 70 人次、季军近 100 人次。

（3）服务社会有担当

运动训练学院坚持以立德树人为根本任务，以党建引领教育教学工作，曾被江苏省教育厅、江苏省教工委授予“江苏省教育工作先进集体”荣誉称号，被江苏省教工委授予高校党建工作创新奖三等奖。根据“应用型人才”培养目标和体育类型学生特点，邀请奥运冠军、国家队和省队运动员参与专业相关的主题活动，并同场竞技。积极组织专业学生参与南京青奥会、南京亚青会、国际网联 ATP 巡回赛、青奥会体育文化交流、亚足联青少年国际比赛、中国足协超级联赛、中国篮协 CBA 联赛、中国排协甲级联赛、全国田径锦标赛和南京国际马拉松等众多赛事的策划、裁判、志愿者等工作，受到各方面一致好评。学生在各类公益志愿服务活动中同样表现出色，多次获评江苏省省级优秀暑期社会实践团队、江苏省省级优秀暑期社会实践先进个人、江苏省省级优秀志愿者等荣誉称号，相关先进事迹被共青团江苏省委、中国青年网、凤凰网等官方单位及主流媒体转载报道。学生综合素质突出，多人获国家奖学金、国家励志奖学金、江苏省高校学生境外学习政府奖学金等奖项，多人获江苏省省级优秀学生干部、江苏省省级三好学生等荣誉称号，多次获江苏省省级先进班集体等荣誉称号。

逐梦唯笃行，奋进正当时。当今，运动训练学院（足球学院）直面挑战，把握机遇，坚持以习近平新时代中国特色社会主义思想为指导，深入贯彻落实党和国家关于教育、体育事业发展的部署要求，对照“二次创业”建设“新南体”的奋斗目标，坚持立德树人，推进“三全育人”，将培育德智体美劳全面发展的社会主义建设者和接班人作为根本追求。面向未来，全院师生将秉持“使命在肩，奋斗有我”的信念与决心，为把南京体育学院早日建设成为“优势突出、特色鲜明、国内一流、国际知名的高水平体育大学”、为建设“强富美高”新江苏、为培养担当“体育强国”建设大任的时代新人，贡献自己的智慧与力量。

表 6-2-3 运动训练学院（足球学院）历任领导一览表

任职时间	姓 名	职 务
1994	王正伦	主 任
	陈桂红	副主任
1995	王正伦	主 任
	陈桂红	副主任
	张世林	副主任
1997	陈桂红	副主任
	张世林	副主任
1998	石甫中	党总支书记
	张 健	党总支副书记
	张世林	副主任
2002	张世林	党总支副书记、副主任
	吴晓红	副主任
2003	张世林	党总支书记、主任
	吴晓红	党总支副书记、副主任
2009	袁 野	党总支书记、主任
2010	袁 野	党总支书记、主任
	赵 琦	党总支副书记、副主任
2013	袁 野	党总支书记、主任
	葛见珠	党总支副书记
	高力翔	副主任
2015	袁 野	党总支书记、主任
	杨 晖	党总支副书记、副主任
	高力翔	副主任
2016	袁 野	党总支书记、主任
	杨 晖	党总支副书记、副主任
2017	袁 野	党总支书记、主任 足球学院院长
	杨 晖	党总支副书记、副主任
	张亚军	足球学院副院长、教务处副处长

（续　表）

任职时间	姓　名	职　务
2018	袁　野	党总支书记、主任，足球学院院长
	杨　晖	党总支副书记、副主任
	张　明	副主任
	张亚军	足球学院副院长、教务处副处长
2019	张亚军	党总支书记
	赵　琦	院　长
	杜家俊	党总支副书记
	张　明	副院长
2020	张亚军	党总支书记
	赵　琦	院　长
	喻　菊	党总支副书记
	张　明	副院长

4. 运动健康学院

（1）历史沿革概况

运动健康学院的前身为基础课部，创建于1996年3月，是由原体育系的理论教研室分出成立的学校二级单位，主要承担全校所有体育生物类学科相关理论课程和部分公共基础课程的教学任务，以及各实验室的建设和管理任务。1998年9月，经苏教高〔1998〕18号文件批复，运动人体科学专业（体育保健康复方向）率先在全省招收4年制本科学生（文理兼收、本二线录取），可授予理学学士学位或教育学学士学位。1999年9月，运动人体科学专业获批学校体育学一级学科硕士学位授予权，并成为第1个招收硕士研究生的专业点。2001年9月，基础课部增设社会体育专业，开始招收本科学生。在此期间，基础课部所设的部门有体育生物科学教研室、体育社会科学教研室、中外文教研室、办公室和基础课实验室。

图6-2-7　教职工党建活动

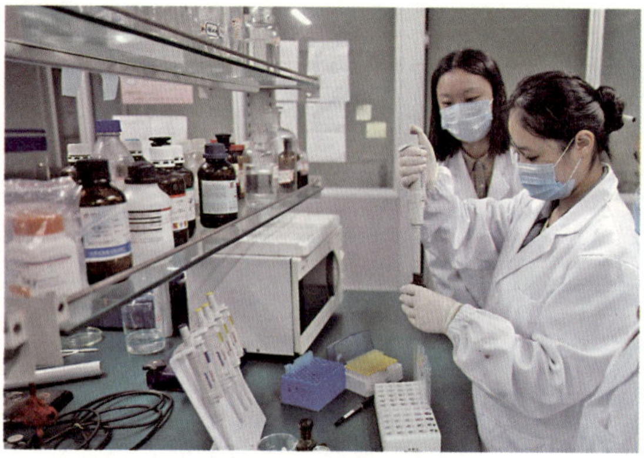

图 6-2-8 科学研究

2002 年 7 月，基础课部更名为运动人体科学系，同时将社会体育专业划归体育系。2009 年 9 月，开设运动康复与健康专业（理科本二线录取），授予教育学学士学位。同年，运动人体科学专业改为理科本二线录取，授予教育学学士学位。在此期间，体育社会科学教研室、中外文教研室调整归属体育系。运动人体科学系所设部门有体育生物科学教研室、计算机心理教研室、办公室和运动人体科学实验室。运动人体科学实验室又分设运动解剖学、运动生理学、运动生物化学、运动生物力学、运动心理学、运动医学、运动康复等 7 个子实验室。

2009 年 12 月，运动人体科学系更名为运动健康科学系。2013 年 9 月，经江苏省卫生厅同意、江苏省教育厅学位办批准、教育部备案，运动健康科学系开设康复治疗学专业，在全国体育院校中，率先招收医学技术类专业学生（理科本二线录取），授理学学士学位。2015 年 9 月，经教育部批准，运动康复专业成为全国首批体育二级学科硕士学位授权点，并于 2016 年 9 月实现首次招生。在此期间，运动健康科学系所设的部门有运动人体科学教研室、运动康复教研室、康复治疗学教研室、信息科学与心理健康教研室、办公室，以及运动训练与康复实验室和运动人体科学实验室。

2019 年 4 月，运动健康科学系更名为运动健康学院，同时运动训练与康复实验室以及运动人体科学实验室分出独立为“科学实验中心”（学校二级单位），信息科学与心理健康教研室调整归属体育教育与人文学院。现今运动健康学院所设部门有运动人体科学系、运动康复系、康复治疗学系、行政办公室和学生工作办公室。

经过 20 余年的发展，运动健康学院已经形成了学术梯队合理、学历层次较高、学科特色鲜明、实验条件先进的良性发展局面，办学水平和社会声誉均位居全国体育院校前列。

（2）智慧管理，一脉相承

运动健康学院的不断发展壮大，离不开历任管理领导集体的智慧引领和辛劳付出。

1996 年 3 月至 1998 年 9 月，以基础课部副主任张蕴琨（主持工作）为首的管理集体，在开办运动人体科学专业的关键决策阶段，能审时度势，选择体育保健康复方向，主动与全国领先的、以江苏省人民医院康复科为主力的江苏省康复医学会合作办学，培养医疗单位本科生康复技师。这一决策领先了江苏省医学类高校同专业 1—2 年，开创了体育院校培养康复人才的先例。目前，学校活跃在省内外医疗战线上的毕业生，正带领一届又一届的师弟师妹们，在康复医学领域中不断探索和进取。

1998 年 9 月至 2009 年 1 月，以基础课部、运动人体科学系党总支书记、主任钱竞光为首的管理集体，针对学校教学、科研、训练“三位一体”的南体办学模式和具有竞技运动队伍的特色，以下队服务和科技攻关为抓手，想方设法动员和鼓励师生，深入运动队为优秀运动员提供康复放松、技术诊断等服务并进行科技攻关，为运动员在国内外大赛中取得优异成绩立下汗马功劳，开创了本科教学与竞技训练相结合的模式。目前，许多在训练基地和俱乐部工作的毕业生（包括部分在医院康复科工作的毕业生），都得益于在校期间下队过程中专业技能的磨炼和提高。

2009 年 12 月至 2019 年 4 月，以运动健康科学系党总支书记、主任孙飙为首的管理集体，在总结前两届办学经验的基础上，凝练出“融学训研、求知信行”的系风。“融学训研”是理念，即把学习、运动、研究三者有机地结合起来，互相促进和提高；“求知信行”是实践，即为人行事必须明确目标，刻苦学习，创新实践，努力实现人生的理想。

自 2019 年 4 月始，王猛任运动健康学院党总支书记，汤强任院长，新一届管理集体成立。前任的管理成就是他们的工作标杆，前任的管理智慧他们将一脉相承。可以相信，新一届管理集体必将在学校顶层设计的“二次创业”中，做出具有运动健康学院特色的重要贡献！

（3）教书育人，硕果累累

运动健康学院在学科建设、教学管理和学术研究发展过程中，始终围绕国家经济建设与社会需求，结合国家和区域发展的现实，逐步形成了可持续发展的指导思想，并取得了一系列引人注目的成绩。

学科建设方面，运动人体科学的学科发展一直处在全省领先地位，2006 年被评为江苏省“十一五”重点学科。运动人体科学专业自 2005 年被评为江苏省高等教育特色专业点后，2010年6月被评为江苏省高等教育品牌专业建设点，2010年7月被评为国家高等教育特色专业建设点，2015年6月被评为江苏高校品牌专业建设工程，2019年通过了江苏高校品牌专业的考核，并于同年被评为国家一流专业。此外，运动人体科学实验室于2004年被评为江苏省高校重点建设实验室、2005年被评为江苏省高校基础课实验示范中心，运动训练与康复实验室于2014年被评为江苏省重点实验室。运动康复专业于2019年被评为江苏省一流专业。

教学成果方面，近年来，学院获得国家级教学成果奖二等奖1项、国家体育总局教学成果奖二等奖2项、江苏省高等教育教学成果奖一等奖2项。学院教师主编国家级规划教材1部，编著出版教材与专著20部、参编40余部，获江苏省优秀课程4门，1门在线开放课程率先上线。学院还高度重视组建多学科交叉科研团队，已形成运动生物力学、运动营养与机能评定、运动健身与评价3个具有较高水平的科研团队，获得江苏省省级优秀教学团队1个，江苏省“青蓝工程”创新团队1个。

科学研究方面，经过不同团队的协同努力，学院已获得100余项科研课题立项，其中国家自然科学基金2项、国家科技支撑计划项目子课题4项、国家体育总局课题10项、江苏省科技厅社会发展研究项目4项、江苏省教育厅自然科学重大项目2项、江苏省教育厅和体育局等课题80余项，获中国体育科学学会科学技术二、三等奖4项，江苏省科学技术奖三等奖1项，获得国家发明专利6项、实用新型专利40余项。全院师生发表论文300余篇，其中SCI收录论文30余篇、ISTP收录论文10篇、中文核心期刊80余篇、一般期刊200余篇。

学生竞赛方面，学院学生多次为学校争得荣誉。2012年，学生在首届全国运动康复专业学生技能比赛中获团体二等奖、运动贴扎技能比赛个人第3名；2015年，学生在第二届全国高校运动康复专业学生技能大赛中，包揽了团体赛和个人赛冠军；2016年，学生在全国高校康复治疗专业学生技能大赛中获得团体三等奖；2017年，学生在第三届全国高校运动康复专业学生技能大赛中获得团体赛二等奖；2019年，学院本科生在第四届全国高校运动康复专业学生技能大赛中分别获体育保健组团体一等奖、运动康复组团体三等奖。

表 6-2-4　运动健康学院历任领导任职一览表

任职时间	姓　名	职　务
1996.03—1998.09	张蕴琨	基础课部党总支副书记、副主任（主持工作）
1998.09—2002.07	钱竞光	基础课部党总支书记、主任
2002.07—2009.01	钱竞光	运动人体科学系党总支书记、主任
1998.09—2002.07	王爱丰	基础课部副主任
2002.07—2003.10	王爱丰	运动人体科学系副主任
1999.06—2002.07	陆玉林	基础课部党总支副书记
2002.07—2005.04	陆玉林	运动人体科学系党总支副书记
2005.06—2009.12	孙　飙	运动人体科学系党总支副书记、副主任
2009.12—2019.04	孙　飙	运动健康科学系党总支书记、主任
2009.12—2019.04	马　林	运动健康科学系副主任
2014.08—2014.12	杨　晖	运动健康科学系党总支副书记、副主任
2014.12—2019.04	宋雅伟	运动健康科学系党总支副书记、副主任
2017.03—2019.04	赵　琦	运动健康科学系副主任
2019.04 至今	王　猛	运动健康学院党总支书记
2019.04 至今	汤　强	运动健康学院院长
2019.04—2019.12	宋雅伟	运动健康学院党总支副书记
2019.04 至今	赵　彦	运动健康学院副院长
2019.12 至今	石红霞	运动健康学院党总支副书记

5. 武术与艺术学院

（1）探索特色发展之路

图 6-2-9　教职工党建活动

武术与艺术学院前身为民族体育与表演系，于 2009 年 12 月由原运动系运动训练专业（体育艺术表演方向）和民族传统体育专业组建而成。建系之初，吴晓红担任系党总支书记、系主任，于翠兰、高力翔、赵琦、支川、叶瑛等为历任系

图 6-2-10　学生展演活动

党总支副书记、系副主任。2019 年 4 月，学校机构改革，撤系建院，成立了武术与艺术学院。当前，学院领导班子由 4 人组成：党总支书记殷怀刚，党总支副书记、院长支川，党总支副书记陈荣梅，副院长杜家俊。学院下设“两办三系”：院办公室、学生工作办公室、武术系、表演系和舞蹈系。

目前，武术与艺术学院有教职工 40 人，其中高级职称 13 人、中级职称 15 人，硕士生导师 8 人。专任教师中有博士 4 人、硕士 29 人，硕博总数占专任教师总人数的 83%。教师专业技能方面，有健将级运动员 8 人、国际和国家级裁判 7 人。学院健美操队、啦啦操队多次代表学校出访，武术代表队在全国性比赛中多次摘得桂冠。经过 10 余年的发展，全体“武艺人”逐步探索出“武艺融合，特色发展”之路，在教学、科研、竞赛和艺术创作中成果丰硕。

（2）专业发展齐头并进

① 武术系简介

武术系前身为武术教研室，于 1998 年 9 月成立，同年，武术与民族传统体育专业在江苏省高校中率先设立并开始招生，隶属于运动系。2009 年 12 月，民族体育与表演系成立，武术教研室更名为民族传统体育教研室。2019 年 4 月，武术与艺术学院成立，民族传统体育教研室更名为武术系。武术系始终以传承武术文化、弘扬民族精神为己任，近年来充分依托民国武术资源，发掘我校武术文化内涵，2018 年承办了海峡两岸国术论坛，2019 年承办了海峡两岸国术交流大会，为中国武术的继承、发展与传播探索了新的发展路径。

武术系高度重视教师的职业发展与培养，1 名教师入选江苏省第 5 批“333 高层次人才培养工程”培养对象，1 名教师入选“青蓝工程”优秀教师培养对象；1 名教师完成国内高校访问学者研究工作。随着专业建设的发展与推进，武术与民族传统体育专业 2006 年被江苏省教育厅确定为高等院校特色专业建设点，2009 年获批为江苏省特色专业建设点。

经过20余年的发展和完善，武术系形成了“文武兼修、育人为本、传承国粹、技能突出”的专业特色，取得的主要教学科研成果有：国家体育总局教育教学成果奖三等奖1项，南京体育学院教育教学成果奖三等奖1项；全国教学竞赛一等奖1项，省级教学竞赛一等奖3项、二等奖3项、三等奖1项；校级教学竞赛奖16项。同时，主持承担国家社科项目2项，公开发表论文90篇，各级论文获奖40余篇，出版教材、专著、编著16部，获得实用新型专利3项，计算机软件著作权2项。院师生参加国际、全国及省级竞技比赛获奖100余项，其中获得世界杯武术散手比赛冠军1项；全国比赛冠军6项、亚军8项、季军5项，一等奖1项、二等奖1项，金奖7项、银奖4项；省级比赛获得冠军33项、亚军11项、季军4项，一等奖9项、二等奖7项。

② 表演系简介

表演系于2019年4月由体育表演教研室更名为表演系，下设表演专业（体育艺术表演方向）。前身为运动训练专业下设的体育艺术表演方向，于2008年经教育部批准开设，2009年开始面向全国招收本科生，是全国体育院校中开设较早、当时江苏唯一开设的表演专业（体育艺术表演方向）。表演专业（体育艺术表演方向）的开设，符合社会对体育艺术专门人才的需要，同时契合我院发展规划和办学优势。通过近10年的建设，已形成“体艺融合、素质为本、能力优先”的专业特色，培育了400多名优秀的体育艺术人才。

表演系重视教师的职业发展，注重教学梯队和学科带头人的培养，江山入选江苏省第4期“333高层次人才培养工程”培养对象。近5年，全系参与研究项目20余项，其中主持各类科研项目12项，省部级1项、教改项目8项，校级立项专著（教材）4部。此外，有2名教师被国家体育总局评为先进个人，1人被评为省优秀党务工作者，是一支具有良好师德修养和奉献精神的教师团队。

表演专业学生整体面貌积极向上，知识结构、能力素质均符合培养目标要求，近3年获国家奖学金2人次、国家励志奖学金43人次，获一等奖学金75人次、二等奖学金145人次、三等奖学金283人次。从2010级开始，为展示专业课程教学成果和锻炼学生能力，每位学生在第6学期需参加课程结业汇报演出，近5年累计创编优秀体育艺术表演作品百余个。其中2015年课程汇报节目《一克拉视界》获省全国高校廉政文化作品二等奖，2016年课程汇报节目《青春纪念册》《百舸争流》在我校60周年校庆表演中获好评。表演专业培养的是应用型人才。学校成立的大学生艺术表演团中，表演专业学生是主力军，自2012年以来参加了各种艺术展演和比赛，取得了可喜的成果，展示了专业特色，2020年《醉茉莉》获得全国体育院校大学生艺术展金奖。此外，体育竞技比赛成绩丰硕，近5年参加省级及以上竞赛共获奖项921项。

③ 舞蹈系简介

舞蹈系下设中国舞和体育舞蹈2个专业方向，前身为民族体育与表演系舞蹈教研室。体育舞蹈方向原隶属于民族体育与表演系的表演专业，2019年并入舞蹈系舞蹈表演专业，目前是学校特色专业项目之一。原舞蹈表演专业由民族体育与表演系申报，2014年获批面向全国招收本科学生。

初创的舞蹈系积极探索，勇于创新，努力构建“体艺融合、德艺双馨”的创新之路，其中叶瑛、潘悦、吴文君的《民族民间舞》在MOOC（慕课）上线；吕园欣、耿涛、李子骞的《体育舞蹈》课程被评为省级一流课程；舞蹈系教师获得江苏省高校微课比赛二等奖、三等奖；多位教师获得校教学比赛一、二等奖，分别有论文入选第十届全国体育科学大会和舞蹈科学会议舞蹈学科发展、舞蹈训练、身心学分论坛；师生作品入围“莲花杯”和广东现代舞周；创编节目获第三届江苏省大学生艺术展演舞蹈展演甲组一等奖，第四届、第五届江苏省大学生艺术展演舞蹈展演乙组一等奖；创编作品获第三届、第四届全国体育院系大学生体育艺术节金奖、银奖。

发展中的武术与艺术学院始终注重“博采体艺之长，办出专业特色”的探索和积淀，弘扬“艰苦创业、乐于奉献、团结拼搏、勇攀高峰”的南体精神风貌，传承“严和朴实”的优良校训，坚持集教学、训练、科研、创作于一体的发展方向，努力走出一条全国一流的体育、武术、艺术融合创新之路。近年来，全校学生在校内外各类活动中取得了优异的成绩，尤其在第二届夏季青奥会担任志愿者服务期间，学生志愿者谢晨诚还受到国务院总理李克强的接见。有10余人次获得国家级奖学金和省级三好学生、优秀学生干部；81142班、81242班、51341班、81442班、81641班等5个班级先后夺得省级优秀班集体荣誉称号；51341班、81641班先后获得省级“活力团支部”荣誉称号，其中51341班在2015年江苏省大中专学校“魅力团支书、活力团支部”风采展示评选中，获得全省第1名，展示了学院学生的风采和实力。

6. 体育产业与休闲学院

体育产业与休闲学院前身为2000年建立的职业技术学院。2012年院系调整时，学校将社会体育指导与管理专业、休闲体育专业和运动训练专业部分教师进行调配组合，成立休闲体育系。2019年4月，按学校机构调整方案，体育经济与管理专业并入休闲体育系，设立体育产业与休闲学院。

目前，学院领导班子成员有4人：党总支书记王进、院长于翠兰、党总支副书记杨丽丽、副院长唐芒果。学院设有办公室、学生工作办公室2个办公室及社会体育指导与管理、体育经济与管理、休闲体育3个本科专业，涉及教育学和管理学2个学科；拥有休闲体育实训中心和体育经济与管理实验室2个实践教学平台。现有教职工35人，其中教授3人、副教授11人、副研究员1人，拥有博士学位的教师11人，硕士生导师12人，国际A级裁判1人。

回溯历史，体育产业与休闲学院的发展可分为初创起步、全面提升、优质发展3个阶段：

第一，初创起步阶段。2000年3月，经省政府批准、国家教育部备案，南京体育学院职业技术学院（二级分院）正式成立。2000年9月，体育健身与休闲、体育经营与管理2个三年制高职专业开始招生，首开我省高职体育应用型人才培养之先河。2001年5月，五年制高职体育教育专业（3+2）开始招生。2003年9月，高尔夫球运动、体育经营与管理、体育广告与设计和体育旅游等专业开始招生。2006年4月，增设体育场馆保障专业。

图6-2-11　教职工党建活动

凭借南京体育学院“三位一体”的办学模式，依托院外办学资源和院内优秀运动队资源，学院建设并拥有了一支实力雄厚的“双师型”教师队伍，秉承服务社会的办学理念，以市场需求为导向，坚持“校企合作，循环实训”的实践教学模式，为社会培养了一大批技能型、服务型的高职体育人才。

第二，全面提升阶段。2012年6月，在原职业技术学院基础上，整合社会体育指导与管理专业和休闲体育专业，成立休闲体育系。学校将社会体育指导与管理专业、休闲体育专业和运动训练专业部分教师组合，设置休闲体育教研室。同年增设休闲体育专业（本科），并于8月招收第一届学生。休闲体育系深化产教融合，构建学校和企业协同育人的新格局。2012年8月，社会体育指导与管理专业被评为江苏省“十二五”高等学校重点专业建设项目。休闲体育系承担休闲体育、社会体育指导与管理2个本科专业，高尔夫运动、体育健身与休闲2个高职体育专业以及运动训练专业（高尔夫球、壁球）的各项工作。

2013年10月，学院制定并出台《休闲体育专业综合能力评价标准及实施办法》与《社会体育指导与管理专业综合能力评价标准及实施办法》。2013年12月，构建休闲体育教学与实训中心，下设传统休闲运动教学实训中心、户外运动教学实训中心、休闲击剑教学实训中心、时尚球类教学实训中心。2014年9月，高尔夫运动、体育健身与休闲2个高职体育专业停招。2016年6月，休闲体育系顺利通过休闲体育专业学士学位授予权评审。2016年7月，学院成立休闲体育、社会体育指导与管理2个教研室。学生培养方面，学院全力构建“创业创新型学生工作体系”，充分发挥教书育人、管理育人、服务育人作用，保证人才培养质量，实现就业率年年攀升，重视学生专业技能培养。学生参加全国及省、市级各类竞赛获得30余项冠军，成绩显著。

第三，优质发展阶段。2019年4月，学校在整合原休闲体育系社会体育指导与管理、休闲体育、原体育系体育经济与管理3个本科专业教育教学资源的基础上，成立体育产业与休闲学院。

体育产业与休闲学院全体师生秉承“严和朴实”的校训，坚守“明德精业、厚本砺行”的院风，立足立德树人、融合发展的办学理念，追求卓越，成效显著。2017年体育经济与管理专业获批江苏高校哲学社会科学优秀创新团队培育点，同年获批成立江苏省体育赛事研究中心；2018年获批成立“江苏省大学生体育健康产业创新创业联盟”、江苏高校哲学社会科学重点建设基地和长三角体育产业人才培养基地；2020年体育经济与管理专业被列为江苏高校一流本科专业建设点。同时学院积极鼓励学生参加各级各类创新创业大赛，2016年3名同学获得“创青春”全国大赛国赛金奖；2018年5名同学获得“创青春”全国大赛国赛银奖；2019年2名同学获得“互联网+”全国大赛国赛银奖。

“国势之强由于人，人才之成出于学。”体育产业与休闲学院在学校党委的正确领导下，继续坚守“明德精业、厚本砺行”的院风，突出办学特色，不断加强学科与专业建设，正在逐渐成熟、强大。可以相信，在全院师生和校友共同努力下，学院必将成为省内一流、国内知名的培养体育产业人才的摇篮。立足现实，放眼未来，在学校顶层设计规划的“二次创业”宏图中，学院将继续为国家、江苏省的体育事业发展做出新的贡献。

图 6-2-12　石锁进校园展演活动

7. 马克思主义学院

（1）历史沿革概况

图 6-2-13　教研活动

1958 年建院伊始，学校在机构建制中设马列主义理论教研室（处级单位），直属校党委领导。1988 年增设德育教研室和资料室。2002 年因学校机构改革，马列室作为一个教研室，业务上曾一度隶属于体育系，行政上仍为校直属处级机构，由李江兼任教研室主任。2009 年 12 月，马列室从体育系分离，建立社会科学部（处级），部门负责人唐永干兼宣传部副部长，下设马列主义教研室与思想政治教研室和资料室。2011 年底，马克思主义体育研究中心成立。李云青、刘菊昌、吴仲德、李江、唐永干、葛翠柏曾先后担任过马列主义理论教研室、社会科学部的负责人。

2017 年 11 月，学校成立马克思主义学院，社科部原负责人葛翠柏任马院副院长同时兼任宣传部副部长。2019 年 6 月，中共马院支部从机关总支分离，成立马克思主义学院直属党支部，葛翠柏于 2020 年 1 月起担任马克思主义学院直属党支部书记、副院长。目前，马克思主义学院共有专任教师 10 人，其中教授 2 人、副教授 3 人、讲师 5 人，拥有博士学位教师 7 人，承担学校所有本科和研究生相关课程的教学任务。

（2）主要教学成就

作为学校思想政治教育的主渠道、主阵地，马克思主义学院在校党委的领导下，始终牢牢把握社会主义意识形态的正确方向，不断提升教学科研水平，为学校培养德才兼备的各类体育人才做出了应有的贡献。

图 6-2-14　教职工党建活动

第一，坚持社会主义办学方向，开足、开齐、开好思政课。加强大学生的马克思主义理论和思想政治教育，是社会主义大学的本质特征。学院各历史阶段均严格按照教育部要求开齐规定课程，所有思想政治理论主干课程皆列入学校教学计划。根据“98 方案”，实际开设的马克思主义理论课、思想品德课（简称“两课”）有“思想道德修养”“法律基础”“形势与政策”“马克思主义哲学原理”“马克思主义政治经济学原理”“毛泽东思想概论”“邓小平理论概论”“当代世界经济与政治”等。2003 年，根据教育部指示，又将“98 方案”中的“邓小平理论概论”调整为“邓小平理论和‘三个代表’重要思想概论”。“05 方案”以来，根据教育部要求，学院又增设了“马克思主义基本原理”“邓小平理论”“思想道德修养与法律基础”和“形势与政策”等。2007 年，根据教育部再次对高校思想政治教育课程进行的调整，实际开设的“两课”有“中国近现代史纲要”“马克思主义基本原理概论”“毛泽东思想、邓小平理论和‘三个代表’重要思想概论”“思想道德修养与法律基础”“形势与政策”等 5 门。2008 年秋季，按要求又将“毛泽东思想、邓小平理论和‘三个代表’重要思想概论”改名为“毛泽东思想和中国特色社会主义理论体系概论”。

2018 年，根据上级文件要求，学院还及时对实践课进行了改革，从除“形势与政策”外 4 门课程总课时中分配出 1/3 作为实践教学课时。2018 年，实践教学即形成了系统完善、结构合理、重点突出的创新性课程体系，保持 1 个学分的实践课时，100% 用于实践教学。

第二，推进思政课教学改革，切实提高教学有效性。学院坚持教学改革与课程内容、体育发展、专业知识、学生实际相结合的原则，按照“八个统一”的要求，进一步深化教学方法改革。特别是《本科院校思想政治理论课建设标准》《普通高等学校马克思主义学院建设标准》出台以来，学院思想政治理论课程建设有了明确的目标和可靠的依据。

2010 年 9 月，学校出台了《南京体育学院思想政治理论教学改革与创新实施办法》，该办法从课程建设、教学方法、考试方法、教学管理、队伍建设等 5 个方面提出了要求。2020 年，为深入贯彻落实习近平总书记关于教育的重要论述，特别是在学校思想政治理论课教师座谈会上的重要讲话精神，学校颁发了《南京体育学院关于加强新时代思想政治理论课改革创新的实施意见》，从强化课程内容建设、推进教学方法改革、加强教师队伍建设、搭建学科研究平台 4 个方面，不断改善思政课的教学状况，同时依托校内外丰富的历史资源，把体育精神、体育传统文化等融入实践教学，走“思政”与体育相结合之路，融“体”、强“体”、服务“体”，切实提高“两课”的针对性、感染性和实效性。2011 年，在省教育厅组织的全省高校思想政治理论课建设检查中，获得评审专家的高度认同和一致好评。2017 年，在本科教学评估中，学院教师的教学水平也得到专家的高度评价。

第三，积极开展学科研究，提高教学科研水平。学院教师不断创新本领域科研成果，形成教学与科研、业务与科研相融合的良性循环，尤其是马克思主义学院成立后，积极引进高层次人才，其主要成果有发表核心期刊论文 20 余篇，专著 6 部，主持国家社科基金项目 2 项，省级项目 7 项，1 人次入选江苏省“333 高层次人才培养工程”第三层次，2 人次入选江苏省“青蓝工程”优秀青年骨干教师。2004 年，华洪兴、李江和葛翠柏负责的“思想道德修养与法律基础”获得省精品课程。2006 年，唐永干负责的研究生课程被评为省优秀研究生课程。2011 年、2014 年，李江先后荣获“十一五”国家体育总局体育哲学社会科学优秀成果奖三等奖、江苏省第十三届哲学社会科学优秀成果二等奖。

第四，坚持三全育人，形成内外合力。学院教师积极融入学校“大思政”格局，争做学生成长的引路人和陪伴者。每周在固定时间和地点为学生考研、考公答疑解惑，并承担了学校入党积极分子培训班教务、教学、考核工作以及青马工程等培训工作，还成立学生理论社团，并荣获“江苏省青年学习社”、校级品牌社团等称号，入围教育部与团中央暑期社会实践专项计划，荣获全国优秀团队和江苏省优秀团队。

第五，强化理论引领，打造理论宣传阵地。从 20 世纪 80 年代开始，马列室和德育室的教师就担负起每一届党的大会精神的宣讲职责，因地制宜送党的理论下基层，发挥学习引领作用；坚守课堂育人主阵地以外，经常深入运动队进行爱国主义和法制教育宣传。近年来马列室和德育室的教师在学校各单位开展十九大和十九届四中全会宣讲 20 余场；定期开设思政名家讲座，让教职工和学生在浓郁的文化氛围中坚定中国特色社会主义道路自信、理论自信、制度自信和文化自信。

第六，加强师资建设，打造高素质思政课教师队伍。学院注重加强师德师风建设，按照“政治要强、情怀要深、思维要新、视野要广、自律要严、人格要正”的要求，努力建设一支专职为主、专兼结合、数量充足、素质优良的思政课教师队伍，编制思政课教师就职宣誓誓词，定期开展师德师风建设大家谈、征文活动及专题讲座。同时，学院鼓励支持教师参加各种学术交流活动，创造条件让教师经常参加社会实践，了解国情，研究改革开放前沿的新情况新问题，为他们提供更多的学习、深造、实践的机会。

回顾历史，展望未来，建好建强马克思主义学院是一项长期而又艰巨的系统工程。学院将继续在学校党委的领导下，在顶层设计规划的“二次创业”宏图中，以习近平新时代中国特色社会主义思想为指导，全面贯彻党的教育方针，坚守“严和朴实”的校训，深化理论教学和实践教学改革，努力将学院建设成为马克思主义理论教学、研究、宣传和人才培养的坚强阵地，成为全国体育院校一流、综合院校中具有一定影响的马克思主义学院。

8. 继续教育学院（培训中心）

（1）组织机构沿革

继续教育学院、培训中心主要承担成人高等学历教育和非学历教育培训。继续教育学院与培训中心原属两个单独运行的部门。继续教育学院的发展史可追溯到 1980 年 11 月。当时，为解决省优秀运动队运动员、教练员接受高等教育问题，学校设立了运动专修科，并于 1983 年 1 月经省政府正式批准，由陈宝萱任主任（副处级）。1993 年，运动专修科并入运动系，1997 年开始面向社会招生。

1993 年 5 月，为使学院举办的培训班更有组织性和计划性，南京体院培训中心正式成立，副院长李宗汉任主任，1994 年 10 月更名为南京体育学院培训管理委员会。

图 6-2-15 继续教育培训

1998 年 3 月，运动专修科与南京体育学院培训管理委员会合署办公，成立南京体育学院成人教育办公室（科级建制），挂靠在院教务处，教务处副处长徐融分管该项工作。2001 年成教办设立了教学培训科，李丹任科长。2006 年 3 月成立南京体育学院继续教育部（正处级建制），与教务处正式脱钩，周士虎任主任，徐融任副主任。2013 年，顾道任主任。2015 年，李勇勤任主任。2019 年 4 月成立南京体育学院继续教育学院、培训中心，下设学历教育部、培训项目部、办公室，李勇勤任继续教育学院院长、培训中心主任、教练员培训学校院长。

（2）学院教育概况

回顾学校成人教育 40 年的办学历程，依据办学性质在时间上可以分为以下两个阶段：

①“单一结构办学”阶段（1980—1997）

这一阶段仅设有运动专修科，3 年制（1987 年后为 3 年半）专科，每周学习 3 个半天的半脱产形式，主要招收在役的优秀运动员和教练员，1987 年起实行国家体育总局系统的成人高等教育的统一入学考试（单独招生）。运动专修科的设立是学校老领导、老同志倾心努力的结果，是学校成人高等学历教育的开创之举。按照省政府的有关规定，毕业生发放南京体育学院运动专修科毕业证书，享受专科毕业生待遇。运动专修科毕业的运动员退役时由省人事部门分配。这种简称为“成教进，普教出”的教育模式，当时在全国范围仅此一家。至 1997 级，运动专修科共招生 878 人，毕业 752 人。这一办学形式较好地解决了省内一大批优秀运动员、教练员的学历和教育问题。这一建制处于全国领先地位，极大地提高了学员的体育理论水平，为竞技体育的发展发挥了重要作用，也为我国、我省的体育事业做出了积极贡献。

②“多元化发展”阶段（1997 年至今）

这一阶段继续招收在役的优秀运动员和教练员，仍然实行单独招生，只是从

1998年起按照教育部（原国家教委）的规定，将单招这一块纳入了成人高等教育计划，实行了“成教进，成教出”，学习形式为业余、函授，毕业时发放运动训练专业专科毕业证书。同时，为进一步适应社会对体育人才的需求，充分挖掘学校的办学资源，为社会服务也为学校自身发展，学院增设了向社会招收学员的函授学历教育，1997年开始招收了首届体育教育专业“专科起点升本科”（简称专升本）学员，1998年又招收了首届体育教育专业“专科”函授学员，2002年与上海体院成教部联办了运动训练专业“专升本”函授（单招），2003年招收了运动训练专业“专升本”脱产（统招），2006年起，国家体育总局批准我院招收运动训练专业“专升本”（单招）。该阶段专科教育在1998—2000年间设有体育教育、运动训练2个专业。为进一步发挥我院成人教育的优势，学院于2001年增设了社会体育、体育新闻2个专科专业；2002年又增设了体育经营与管理、体育康复保健、体育英语3个专科专业，其教学采用函授、半脱产（业余）形式；2013年增设了专升本的表演、体育产业管理2个专业。其教学采用函授、半脱产（业余）形式。2019年经部门领导多方努力，与金吉鸟大学、北京联合航空公司签订合作协议，在成人教育人数逐年萎缩的大环境下，我校的招生人数达508人，达到部门成立以来的峰值，为成人教育的蓬勃发展打开了局面。

（3）非学历的培训

① 以点带面的初创阶段（1989—2015）

图6-2-16　运动处方师培训

学校于1989年和1990年受省体育局委托，举办过2期成人高等教育“专业证书班”（学制2年，半脱产），开设了运动训练和体育管理2个专业，主要招收体育系统在职在岗的体育教练员和管理干部。第1期共有131名学员（有130名结业）；第2期录取62名学员（实际参加学习的有58人），其中运动训练专业22人、体育管理专业36人。

学校非学历培训开办之初，以面向中小学教师、面向基层各级教练员开设的体育传统项目培训为主要内容。1992—1996 年期间，每年在田径、体操、篮球、排球、足球、乒乓球 6 个传统体育项目中选取 3 项，对中小学体育教师进行技术培训。在学院对基层各级教练员进行的田径、体操、游泳、篮球、排球、足球、乒乓球、武术、羽毛球、举重等项目的岗位培训中，篮球、武术项目为国家级教练员培训。

学校于 1993 年 6 月至 11 月首次举办面向社会青年招生的“高级公关镖士训练团”有偿培训班（分 A 班、B 班），共举办过 1 期，共招收学员 108 人。其中，A 班培训 6 个月，共计招生 63 人；B 班培训 3 个月，共计招生 45 人。培训后的学员大多到经济较发达的广东、福建等省市自主择业。

随着培训经验的不断积累，学院于 2002 年向省教育厅和省语言文字工作委员会申请建立“南京体育学院语言文字工作委员会暨普通话培训测试站”，获得批准正式建站；2002—2003 年面向本校学生、运动员、教职工进行了普通话等级培训测试，不再局限于体育专业培训，拓宽了学院培训渠道，同时也提升了服务能力。

2005—2010 年，受省人事厅工考办和省体育局人事处的委托，学院承担“江苏省体育场馆技师培训”任务，参与完成了《江苏省体育场馆技师培训讲义》《培训日程安排》《理论和实践考核办法》《体育场地工国家职业标准》《体育场地工》等材料、标准的编写。

② 多线并进的发展阶段（2016 年至今）

2016 年开始，学院先后与多个主办单位签署合作协议。国家级社会体育指导员培训班和全国体育传统项目学校体育师资培训班的开班，标志着继续教育部的培训内容和规模有较大的丰富与提高。2017 年，由江苏省体育总会主办、江苏省电子竞技协会和江苏天漫文化传媒有限公司承办、南京大学和南京体育学院继续教育部培训中心协办的“海峡两岸大学生电子竞技大赛”在学校体育馆举办，国台办交流局局长黄文涛、江苏省体育总会副主席高林、江苏省台办副主任张为、校党委书记朱传耿等领导出席比赛开幕式。2018 年，在国家体育总局指导下，由国家体育总局体育科学研究所、中国体育科学学会主办，香港赛马会资助的 2018 香港赛马会助力运动处方师培训班（南京地区）在学校举行，中国体育科学学会副理事长祝莉、江苏省卫生计生委员会副主任汪华、校长杨国庆、副校长李江等领导及香港赛马会国内体育项目主任顾问任军等嘉宾出席开班仪式。

本次培训班是为了贯彻落实习近平总书记在2016年全国卫生和健康大会上的重要讲话精神和国务院《“健康中国2030”规划纲要》精神，按照国家体育总局关于运动处方建设推广的工作部署，针对家庭医生、全科医生和社区医生举办的培训班。2019年，为庆祝新中国成立70周年，继续教育学院利用国家级社会体育指导员培训（第2期）间隙，组织参训指导员在学校拍摄完成《我和我的祖国》音乐短片，并成功登陆学习强国平台。

目前，学院常设的主要培训班有国家级社会体育指导员培训班、全国青少年校园足球师资国家级专项培训班、全国各级各类体校教练员通识知识更新轮训班、江苏省运动处方师培训班等。此外，不定期地开设各类体育骨干教师、体育管理干部培训班，进行非学历体育专业培训。

40年来，学院始终紧紧依托学校学科优势、师资优势和“三位一体”的特色优势，逐步形成了学历教育和非学历培训两大办学格局，为优秀运动员、教练员及各类学生接受高等教育，为社会培养人才发挥了重要作用。习近平总书记在十九大报告中指出，要“办好继续教育，加快建设学习型社会，大力提高国民素质”。继续教育学院将深入贯彻落实习总书记有关教育、体育系列讲话指示精神，坚持“教体融合”、坚持特色发展，大力实施“二次创业”继续稳步发展成人学历教育，大力发展各级各类非学历培训，不断提高我校成人高等教育办学质量和水平，创建国内一流的培训品牌，为早日实现“新南体”奋斗目标做出贡献。

9. 奥林匹克学院

图6-2-17 奥林匹克学院

南京体育学院奥林匹克学院是经江苏省教育厅批准，由南京体育学院与江苏华红科教投资集团有限公司（以下简称“江苏华红集团”）采用新机制、新模式合作举办的民办二级学院。2010年12月8日，南京体育学院与江苏华红集团签订了具体协议。2011 年 4 月 12 日，中国奥林匹克委员会批复同意使用南京体育学院奥林匹克学院的名称，使该院成为中国唯一以“奥林匹克”为校名的本科院校。

2011 年 9 月，奥林匹克学院在南京体育学院仙林校区迎来第 1 级本科生。2011 年 12 月，江苏华红集团与南京滨江开发区签订战略合作协议，开始在翔凤路 168 号规划建设独立新校区。2012 年 9 月，奥林匹克学院正式迁至滨江校区。新校区建成了教学楼、实验楼、体育馆、图书馆、实训基地、学生公寓、教师公寓、多媒体教室、计算机房、专业实验室等项目建设；建立了校园信息化网络，学院图书馆馆藏各类书籍 12 万余册。

学院依托南京体育学院的办学资源优势，不断完善和创新人才培养模式，着力打造“产学研创”一体化平台，走“校企合作”“产教融合”的特色发展之路。学院办学 9 年多来，注重校风建设，狠抓“课堂教学、实验室实习、社会实践、劳动创业、体面就业”5 个环节，为社会培养思想品德高尚、身心健康、专业理论扎实、实践技能精湛、有创新创业意识与奥林匹克文化精神特色的高素质、实用型人才。

奥林匹克学院实行董事会领导下的院长负责制。2011 年 9 月 9 日，南京体育学院奥林匹克学院董事会召开第一届一次会议，讨论通过了《南京体育学院奥林匹克学院董事会章程》，确定了学院的领导成员和职能部门负责人，明确了学院的发展目标和办学方向。

学院全面提升党的建设，不断强化党的领导。学院现有办公室、组织人事处、教务处、学工处、团委、招生办公室、后勤保障处、保卫处、图书馆、培训中心、国际教育中心等 12 个行政职能部门，设有体育与健康系、人文与管理系、艺术系和基础课部 4 个教学单位，涵盖跨 4 个大学科门类的 8 个本科专业：教育学门类包括社会体育指导与管理、运动人体科学、运动康复 3 个专业；文学门类包括新闻学（体育新闻方向）、英语 2 个专业；管理学门类包括体育经济与管理 1 个专业；艺术学门类包括表演（影视艺术）、数字媒体艺术 2 个专业。

学院现有教职工 130 人，其中 90 人具有硕士及以上学位。现有在校本科学生约 3000 人，迄今已有 5 届毕业生，为社会输送了 2000 多名体育与文化艺术相融合的实用型人才，得到了用人单位的好评。学院学习氛围浓厚，至今已有 150 名优秀学子分别考取了南京理工大学、苏州大学、云南大学、南京师范大学、上海体育学院、南京体育学院等院校的研究生。

（二）科研单位

学校现设有一批省级和校级的科学研究机构，处级建置的研究单位有体育发展与规划研究院、竞技体育研究院两个。

1. 体育发展与规划研究院

体育发展与规划研究院是学校为了更好适应新时代体育事业发展和建设“优势突出、特色鲜明、国内一流、国际知名的高水平体育大学”的需要，于2019年4月正式成立的体育发展规划与决策咨询研究机构，是学校处级直属单位，下设办公室。

研究院设立的定位是立足江苏、面向长三角、服务全国，针对体育强国发展战略、区域体育发展一体化和江苏省体育强省建设的重大需求，组建多学科、多领域的专家团队，开展学术研究与决策咨询工作，产出标志性的研究成果，把体育发展与规划研究院建设成为江苏省体育发展决策咨询智库、长三角体育发展与规划研究中心和国家体育发展战略与政策研究基地。

研究院目前已经完成：建设跨学科创新团队，打造高水平研究平台。体育发展与规划研究院整合学校体育学、经济学、地理学、历史学、管理学、医学等多学科的研究力量，初步构建了由20多位核心成员组成的创新团队，形成了体育经济理论与发展战略、体育产业与规划布局、体育文化与体育史、体育管理与运动员保障等研究方向，具备了承接重大科研任务、解决重大现实问题的基础和优势，成为南京体育学院学术研究和社会服务的重要依托平台。

研究院创新科研组织模式，按照竞技体育、群众体育、体育产业、体育人才、体育文化等体育各领域，设立了规划项目编制小组，由各组组长负责，成员分工协作，有序推进发展规划项目编制工作，保障创新团队在地方体育事业发展规划项目编制和决策服务过程中发挥积极作用，为高质量完成规划项目编制和决策服务工作奠定坚实基础。

研究院立足地方体育事业发展，重点围绕江苏省及长三角地区的体育发展战略及公共政策问题展开研究，不断提升社会服务影响力，充分发挥“智库”功能，依据“加强协作、优势互补、互相支持、合作共赢”的原则，积极对接省、市、县（区）体育管理部门和体育企业，先后赴江苏省体育局和南京、泰州、常州、镇江、连云港、徐州、溧阳、溧水、南京体育产业集团等进行体育服务需求调研，与南京市体育局签署了《南京体育学院与南京市体育局体育发展与规划研究合作框架协议》，在体育发展战略性与前瞻性专题研究、体育名城建设与运动健身模范市建设跟踪评估、体育发展成功经验总结等方面达成共识。2020 年，研究院共承接了南京、无锡、芜湖、连云港等地方体育“十四五”发展规划编制项目，包含总规划和子规划共 14 项，在加强“智库”建设、推动校政合作和服务地方社会发展等方面再上新台阶。

研究院致力于提高理论研究水平和创新能力，不断谋划新思路，展现新作为，聚焦科学研究前沿，为学科建设做出新贡献。一是出版专著 3 部，在 SCI、SSCI、CSSCI 等核心期刊上发表论文 18 篇，获得重要成果奖、重要科研项目 20 项。其中，2019 年朱传耿教授团队出版的著作《新时代体育强省建设理论与实践》集历史回顾、现实问题、战略思路、发展路径于一体，成果具有选题上的时代性、内容上的综合性、空间上的区域性、方法上的集成性和定位上的战略性等鲜明特色，荣获江苏省第十六届哲学社会科学优秀成果奖二等奖，被全国多家主流媒体宣传、报道，产生了较大的学术影响与较高的社会声誉。二是举办“新南体”系列学术沙龙，在全校营造了浓郁的学术氛围，得到了师生的一致好评。三是团队成员发挥科研优势和学科专业优势，支持学校的国家级、省级一流专业建设工作，担任研究生导师，讲授本科生、研究生相关课程，指导研究生创新创业项目，也为实现学校第八次党代会提出的学科建设和人才培养、建设博士学位授予单位等各项目标任务贡献了部门力量。

表 6-2-5　体育发展与规划研究院现任领导一览表

任职时间	姓　名	职　务
2019.04 至今	邹德新	常务副院长（正处级）
2019.10 至今	田　标	副院长
2019.10 至今	车冰清	副院长

2. 竞技体育研究院

竞技体育研究院前身为科学训练中心，成立于 2018 年，挂靠训练处，秦学林任科学训练中心主任。2019 年 4 月独立成为正处级单位，秦学林为常务副院长，唐潇任办公室主任，建院初期有 5 名体能教练。根据业务发展需要，2019 年宋雅伟调任研究院副院长，彭国强兼任研究院副院长，2020 年新进 4 名体能教练。目前研究院员工在编 12 人，兼任 2 人。

竞技体育研究院作为教学和训练的桥梁，是体育研究和创新的基地，也是各类研究成果应用的平台。竞技体育研究院把训练场变成实验室，把各种科学研究加入到训练当中，不仅能提高运动队科学训练的水平，而且可以把竞技体育的优势转化为学校的学科优势和科研优势，既培养竞技体育人才，又培养竞技体育科研人才。

（1）改革科技服务体制机制，组建复合型训练攻关与创新团队

在江苏省体育局训、科、医、管一体化基础上，竞技体育研究院根据各运动队发展需要，整合全校教学、科研资源及国内顶尖体育人才资源，建立专门的复合型训练攻关与创新团队。团队实行项目管理，项目设双负责人，从训练学院和科研人员中各选一名负责人，训练学院负责人承担训练需求征集和项目运行的组织协调，科研负责人在全国范围内招聘。学校配备一般研究人员，组建研究团队，展开调研，按专项发展需要和发展难点问题，凝练研究选题，开展科学研究，协助训练学院巩固优势、弥补短板，切实提升训练质量，提高运动队竞技能力，实现技术创新，形成科研成果。南京体育学院设立专项启动基金，作为复合型训练攻关与创新团队的研究经费。目前已经初步形成以智能场馆为主的击剑复合型训练攻关与创新团队；以专项负荷评价为主的蹦床复合型训练攻关与创新团队；以专项体能评估和促进为主的网球复合型训练攻关与创新团队；以技术分析和改进为主的跳水复合型训练攻关与创新团队。

（2）提升科研创新能力，开展政策法规和科学训练研究

一是瞄准国际竞技体育发展的趋势进行理论创新，竞技体育研究院承担国家社科基金项目、教育部社科项目、国家体育总局决策咨询重点项目，为竞技体育的改革创新和节约化发展提出创新性理论，多项成果被国家体育总局采纳。二是整合教学、科研的优势资源，聚集到奥运、全运夺金的战略目标上，力求在重点项目、重点运动员关键技术的重大突破上取得成功。三是进行多种模式的创新，加强新技术、新方法的消化吸收再创新，不仅应用在击剑、羽毛、游泳、体操、网球等优势项目上，还努力应用在促进跳水、乒乓、艺术体操等项目的创新及训练水平的提升上，实现我校竞技体育的协同发展。

（3）创新运动队科技服务模式，理论与实践并举

竞技体育研究院针对运动队在训练、比赛过程中存在的问题，通过“全运备战紫金大讲堂”邀请国内外行业内顶级专家，开展多角度知识讲座，目前已经就国际竞技体育发展趋势、体能训练、教练员执教理念、竞技体育管理、教练员能力结构，共开展了5期高水平讲座，全面提升教练员和运动员的理论修养。竞技

体育研究院还与各运动队展开专门的研讨，针对运动员的具体问题制定专门的解决方案，形成“理论 + 实践”“点面结合”的科技服务模式，提高科技在运动训练中的革命性作用。

（4）细化科技服务和研究目标，比赛成绩和科研成果双丰收

竞技体育研究院根据各运动队项目发展需要，针对重点队、重点组、重点运动员在训练中的难点问题，细化研究目标，从形态、机能、体能、心理、营养、监控、生物力学等多个角度制定研究方案和训练计划，对于复杂问题通过联合攻关，达到解决问题、提高训练水平和比赛成绩的目的。竞技体育研究院在为运动队解决问题的过程中逐步凝练学术方向，提升研究水平，争创标志性科研成果，为竞技体育事业发展提供科技支撑。

竞技体育研究院作为南京体育学院集教学、训练、科研“三位一体”的平台，通过创新科技服务的体制机制，提升科研服务能力，创新运动队科技服务模式，细化科技服务和研究目标，在服务中创新、在创新中提升，取得了丰硕的成果。从 2017 年成立至今，帮助我校运动员共获得全国冠军 1195 人次，亚洲冠军 15 人次，世界冠军 6 人次，使科技成为竞技体育不可或缺的力量。竞技体育研究院获批多项国家体育总局决策咨询重大项目、国家社科基金项目、体育总局决策咨询重点项目，多项建议获得国家体育总局采纳。由竞技体育研究院承担的“体育治理视野下我国高端体育智库的建设研究”获江苏省第十五届哲学社会科学优秀成果奖；“新时代中国竞技体育的战略使命与创新路径研究”获省第十六届哲学社会科学优秀成果奖。竞技体育研究院还承担国家重点研发计划“冬季项目青少年运动员早期专项化与多项化的生物学和社会学机制研究”，探索青少年运动员的选拔和训练模式，获批课题经费 1083 万元。研究院另承担国家体育总局击剑和羽毛球科技助力项目，促进击剑和羽毛球项目训练的科学化，获批课题经费 160 万元。

（三）附属单位

学校历经 60 多年的发展，其附属单位也几经调整，现设有图书馆、信息化中心、运动康复医院、《体育学研究》编辑部、《南京体育学院学报》编辑部、附属学校（江苏省少年业余体校）、幼儿园等单位。

1. 图书馆、信息化中心

（1）图书馆

经过 60 余载、数代图书馆人的艰苦奋斗、求实创新，学校图书馆规模、功

图 6-2-18　学生在图书馆学习

能及影响力不断扩大，现有藏书 34 万余册、专业期刊 300 余种，常年订购知网、万方、超星等重要数据库 10 余种，设有 5 个图书借阅室、2 个自习室，阅览座位总数达 300 个。

纵观图书馆的发展史，大抵经历以下 3 个阶段：

初创阶段。图书馆于 1958 年设立，当时没有独立馆舍，利用原体育系教学楼一层西北角 6 间教室（约 300 平方米）作为藏书、借阅与管理之用。童希林（1964 年任图书馆负责人）、王侃（1979 年任图书馆副馆长）等老一代图书馆人克服种种困难，在异常艰苦的条件下建成中文图书室、期刊阅览室等。1983 年，吴寿芝担任副馆长，注重内涵调整，秉持读者至上的工作宗旨，不断建立健全图书馆采编、借阅、管理等规章制度。由于工作出色，1992 年被国家体育总局授予“全国体育信息先进工作者”称号。

成型阶段。首先增设业务科室。1992 年，图书馆设办公室、流通部、期刊部 3 个管理或业务科室，该年陈汉钧任副馆长。1994 年，顾健任馆长，是图书馆首任正馆长，任内筹划图书新馆。1998 年，杨士豪任馆长，按现代大学图书馆规格主导新馆建设，设立 3 个开放借阅书库、3 个阅览室，并于 2000 年增设采编部业务科室。这个阶段，图书馆已经建成微机房、读者服务部、文印室，每期编印《竞技运动科技信息》500 余份，面向全省体育系统发放。其次启用新图书馆。1998 年，建筑面积为 5100 平方米的新图书馆启动建设。1999 年 2 月，新馆落成并交付使用，著名书法家武中奇题

图 6-2-19　图书馆

写了馆名，一批全新的钢制书架、实木阅览桌椅全部配备到位。2000 年，图书馆局域网建成，实现了图书采访、联机编目核心业务的集成管理。最后完成回溯建库。1998 年，参加全国体育院校馆藏图书联机编目专业培训。1999 年，使用丹诚编目系统完成近 10 万册图书计算机编目，为日后实现计算机系统管理奠定重要基础。2003 年，使用汇文管理系统对书目数据实现迁移、改编与完善，并对图书加贴索书号、防盗磁条。

转型阶段。第一，实现系统管理。2005 年，袁野任馆长。该年成功完成汇文图书馆管理系统部署，实现书刊采访、编目、典藏、流通、阅览、统计等业务的计算机管理，彻底告别手工卡片管理模式。第二，引进数字资源。2006 年起，图书馆顺应潮流，及时调整文献资源采购策略，逐渐增加订购中国知网、万方数据、超星数字图书、维普资讯、新东方等中外电子学术文献数据库及 EBSCOhost 外文文献，满足了读者多样化的文献需求。借助智能手机，实现部分资源的移动检索与阅读，搭建掌上虚拟图书馆。第三，加入区域联盟。2009 年 10 月，图书馆加入由南京航空航天大学、南京理工大学、南京农业大学、南京林业大学及南京体育学院组成的城东五校图书馆联合体，实现五馆资源共享，为我校读者拓展了丰富的文献资源。第四，建设仙林分馆。2014 年，学校建成仙林校区分馆。分馆暂藏书 2 万余册，订阅杂志 50 余种，附设阅览室一间，并配备检索机、电子阅读机等设备。两校区文献资源实现通借通还。第五，强化内涵建设。2015 年 7 月，创建图书馆微信公众号，发布资源宣传、应用培训、文化活动资讯，实现与馆藏书目查询系统、超星移动图书馆等平台的对接。2016 年起，依托中央体育场重要历史遗存，开辟民国体育文史资料特色馆藏；运用 3D 虚拟技术，开发线上民国中央体育场旧址虚拟博物馆。2017 年起，推出“书香南体”文化品牌，提出“主动服务、共建共享、助力成长”理念，开展名家讲坛、书评大战、朗读者等系列文化活动。成立大学生研习团，发挥专业人才优势，提升大学生在微信制作、诗词朗诵、视频拍摄等方面的能力。第六，建成智慧图书馆。2020 年 10 月，建成 RFID 智能自助盘点、3D 定位检索、自助借还、统计监控等现代化管理系统，大大提升图书管理的效率与精准度。

为适应高等教育形势发展需要，近十多年来，图书馆的建制经历多次调整变化。2007 年，图书馆与信息中心（含原科研处电教中心）合并为图文信息中心，原图书馆建制仍然保留。部门领导也曾经历多次调整：2007 年 7 月，袁野改任图文信息中心主任、图书馆馆长；2010 年初，陆玉林任图文信息中心主任、图书馆馆长；2011 年 2 月，顾道任图文信息中心主任、图书馆馆长，王鲁宁任图文信息中心副主任；2013 年，王鲁宁任图文信息中心主任、图书馆馆长，李丹任图文信息中心副主任；2017 年 3 月，葛见珠任图文信息中心副主任、图书馆副馆长（主持工作）；2017 年 5 月，李明华任图书馆副馆长。2019 年 4 月，学校进行机构改革与调整，图文信息中心（图书馆）拆分为信息化中心和图书馆两个独立部门，但两个部门合署办公，葛见珠升任信息化中心主任、图书馆馆长。

回溯历史，面向未来，图书馆将继续发扬优良传统，以智慧图书馆建设为助推，继续秉持以人为本的服务理念及富有南体特色的发展定位，充分发挥图书馆在学校人才培养、文化建设、学训融合、教体融合方面的重要作用，努力为实现学校“二次创业”宏图、建设新南体做出重要贡献。

（2）信息化中心

图 6-2-20　信息化中心

信息化中心建设分为三个阶段：

校园网初建阶段（2002—2006）。2002 年初，学校抽调运动系王鲁宁、财务处丁锴和科研处魏宁等人组成校园网项目建设小组，启动了校园网一期工程。10 月，校园网建设一期工程如期完成，推进了学校信息化基础设施的建设。12 月，在校园网项目建设小组的基础上，合并原科研处下辖的电教室和计算机教室，成立信息技术中心，内设网络管理室、电化教育室、计算机与语音实验室，王鲁宁任信息技术中心主任，蔡林冲、杨国平任副主任。中心建立规章制度，配置人员队伍，在完成学校电教各项摄制任务的同时，先后开展校园网络工程建设、邮件服务、学校官方网站建设、计算机和语音实验室建设、多媒体网络教室建设、非编实验室建设、网络教学课程中心建设等重要业务工作。中心同时承担全校网络安全管理、多媒体设备维护保障、计算机课程授课与设备保障、学校办公自动化建设等任务。

数字化校园阶段（2007—2016）。2007 年 7 月，信息技术中心与图书馆合并，成立图文信息中心，处级建制。中心增设网络技术部、视频技术部、电子设备部 3 个科室，袁野任图文信息中心主任，王鲁宁任副主任。2014 年，王鲁宁任图文信息中心主任，与副主任李丹带领网络技术部员工开始进行数字化校园的平台建设，为推进智慧校园建设奠定了基础。建设内容主要包括以下三个方面：

网络基础建设。初步建成了中等规模的校园局域网，网络出口带宽 1.2Gb，接入了电信、联通、移动及教育网，校园网为千兆主干。核心机房配有高性能服务器、HP 及 HDS 存储、核心交换机等网络核心设备，为全校的教务、学工、人事、科研等 36 个信息系统提供服务，为全校提供服务器托管、虚拟主机、邮箱、域名系统、软件正版化、VPN 校外接入等公共服务。

数字化校园建设。数字化校园一期于 2015 年初开始实施建设，已完成信息门户、统一身份认证平台、共享数据中心、办公自动化与移动办公平台等系统平台建设，初步完成信息标准体系的建立，且已完成与教务管理系统、学生管理系统、人事管理系统、科研管理系统等 9 个系统的集成工作。

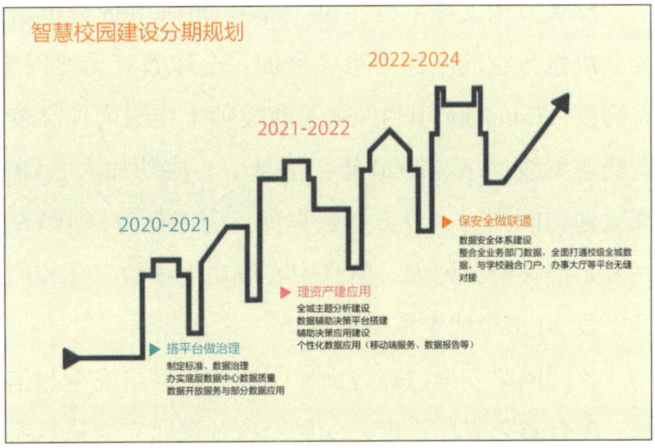

图 6-2-21　智慧校园建设规划

教学信息化建设。建成了 52 间多媒体教室、5 间多媒体场馆、6 间语音室、6 间计算机教室。44 间教室内的多媒体授课系统升级为智慧互动黑板，该设备结合了传统黑板书写和智能化交互体验，不仅可以实现粉笔板书，还可以搭配交互式教学软件，兼容人性化的触控操作，方便教师调用多媒体素材资源，打造互动式课堂教学。2014 年底，建设了可视化教学训练管理系统，为教学训练监督提供技术支持。

智慧校园建设阶段（2017 年至今）。2017 年，葛见珠任图文信息中心副主任、图书馆副馆长（主持工作），魏宁任图文信息中心副主任。同年，依托中央财政支持地方高校建设资助资金，启动南京体育学院智慧校园规划建设。2018 年，完成了我校智慧校园 3—5 年规划建设整体方案初步构架设想，同时启动了数据中心机房建设项目。2019 年，图文信息中心改为信息化中心与图书馆合署办公，处级建制。葛见珠任信息化中心主任兼图书馆馆长，魏宁任信息化中心副主任。中心下设网络技术部、视频技术与电子设备部两个科室。2019 年 11 月，学校荣获“2019 年度中国教育和科研计算机网华东北地区优秀会员单位”。智慧校园建设成果包括以下四个方面：

校园网络基础平台建设。建设无线校园网二期项目，共部署无线 AP 设备 900 余个，无线信号覆盖灵谷寺路校区和仙林校区，无线用户日平均在线数超千人，为全校师生提供技术先进、安全可靠、使用便捷的无线网络环境。科学规划、建设与管理我校网络管线基础设施，以新一卡通建设、楼宇装修等为契机，重新规划、铺设校园网基础光纤通信线路。

校级应用支撑平台建设。部署 Office 365 云盘给教师提供私人云存储空间、公共协作云空间。作为第一个加入全球教育无线网络漫游联盟 (Eduroam) 的体育类高校，Eduroam 顺利保障了我校师生在国内外高校或者科研机构访问交流时免费畅享无线网络。2020 年，信息中心成功加入 CARSI 联盟，方便师生更加便捷高效地访问知网、万方等数据库；完成教育网 IPV6 接入工作，并在信息服务网站发布推荐资源列表。信息中心成功上线数字化校园二期综合服务大厅，目前已经上线 20 多个线上审批流程。

校园网络安全保障方面。学校成立网络安全与信息化领导小组，确定成员名单；配合省公安厅、市公安局、省教育厅完成信息系统及设备安全的检查、自查及材料上报；根据“等保 2.0”的要求，做好信息系统和网站的等级保护测评与整改；认真落实网络安全责任制相关要求；按照省教育厅、网信办的要求，认真落实重要时期的校园网络安全监管与保障工作。

校级全量数据中心设计。2019 年底，学校完成学校体育大数据运行中心机房的建设，达到国家机房建设标准 B 级。2019 年启动体育大数据中心二期项目建设，完成全量数据中心的建设方案设计，以及校级数据治理、数据规范技术调研。

2. 运动康复医院

运动康复医院，是南京市玄武区卫生局核准的基层医疗机构，集医疗、康复、预防、保健、健康教育及计划生育技术指导于一体。1958 年 8 月，南京体育学校成立之后，随即设置了医务室。1983 年 6 月，更名为医务科。医务室经过 10 余年不断地发展和完善，于 1995 年 4 月经省编委批准成立南京体育学院医院，2012 年更名为运动康复医院，现任院长为王家祥。近年来，医院建成了以运动创伤康复为特色，设有内科、外科、中医科、急诊科、放射科、检验科、药房、理疗室、注射室等临床科室的综合基层医疗中心。医院多年来培养引进各学科专业人才，现有卫生专业技术人员 40 人，其中高级职称 8 人、中级职称 12 人，博士 2 人、硕士 7 人。医院拥有最先进的数字化 X 光机（DR）、全自动生化仪、全自动血液分析仪、彩色B超、十二导联心电图机、肌骨超声、冲击波治疗仪、聚焦超声波治疗仪、微波治疗仪、超级干涉波治疗仪、冷空气治疗仪、红外偏振光治疗仪、三维牵引床等一系列中高档仪器设备。

图 6-2-22　运动康复医院

目前，校医院主要承担江苏省高水平专业运动队和本校师生员工的基本医疗服务，承担学校传染病预防管理、公共卫生突发事件的应急处置、公共场所的卫生监督、各类人员的健康体检及反兴奋剂等工作，对计划生育进行技术指导，开展形式多样的疾病预防、健康保健、健康教育活动。目前，校医院有专职队医 21 人，专门负责江苏省高水平专业运动队的医疗保障工作，为运动员提供运动创伤的诊断、治疗、康复和伤后的评估以及运动队的医务监督等服务。运动创伤科作为医院的特色科室，依托服务于高水平专业运动队这一平台，熟练运用中西医结合、诊断与评估结合、治疗与康复交叉等多种手段，形成了运动伤病的诊断、治疗及运动康复、训练、评估等综合治疗体系。医院近年来积极开创探索特色工作模式，以建设“小而精、小而专”、中西结合保守治疗、注重快捷时效为特色的运动康复医院为目标，采用“走出去、请进来”的方式提高医疗技术水平。同时，医院还致力于学校复合型团队的建设，牵头成立运动康复医教联盟，构建老师、队医、学生融为一体的工作平台，将对学生的教学和运动队服务有机结合，有效调动自身资源互促共进，取得了良好的社会医疗效应。

60 余年来，校医院紧紧围绕学校的发展战略，秉持严谨务实的工作作风，为南体运动健儿在奥运会、亚运会、全运会等高水平竞赛台上争金夺银提供了强有力的医疗保障，多次受到政府与学校的表彰嘉奖。近年来，医院 4 名队医参与里约奥运会保障工作，获江苏省体育局三等功；2 人参与第十三届全运会保障工作，获江苏省人民政府一等功。医院人员在健康教育工作方面亦收获多项荣誉：医护小组获得江苏省教育厅高校急救比赛二等奖、江苏省高校第四届应急救护技能竞赛团队一等奖，选送作品在江苏省健康教育宣传材料设计竞赛活动中获影视类三等奖，在第三届全国大学生预防艾滋病知识竞赛中被评为优秀组织者。

展望未来，可以相信，校医院将继续顺应中国特色社会主义新时代建设大潮，树立“救死扶伤、爱岗敬业、精益求精、文明行医”的行业新风，以广大师生、员工，特别是运动员、教练员的满意度为标准，为建设“新南体”、实现学校“二次创业”的规划宏图提供优质服务，做出应有贡献。

3.《体育学研究》编辑部

时代在前进，体育在发展，期刊在进步。《体育学研究》的前身有二：《南京体育学院学报》（1987—2002）、《南京体育学院学报（社会科学版）》（2003—2017）。2018 年，期刊更名为《体育学研究》，是为数不多的创办早、出版时间长的几种体育学术期刊之一，是江苏省教育厅主管、南京体育学院主办的江苏省唯一一种高校体育核心期刊，也是我国首家以一级学科直接命名的体育类学术期刊。

图 6-2-23 《体育学研究》期刊封面

《体育学研究》紧跟时代发展的潮流，在历任学校领导的关心和编辑人员的辛勤工作下，不断成长和壮大。一路走来，期刊经历了从校内刊物到公开发行、从服务学校到面向全国、从单一出版到网刊融合的发展变迁。在不同的发展阶段，《体育学研究》积极响应时代需要，在引领学科方向、繁荣体育学术、支撑人才培养和服务学校建设方面，取得了长足进步，做出了重要贡献。

《体育学研究》以促进体育科学研究和服务体育强国建设为办刊宗旨，以突出特色、增加内涵、构筑体育学术高地、争创体育一流期刊为办刊目标，介绍世界和中国体育科研成果动态，反映体育学研究的新成果、新理论、新技术、新经验。期刊设有“本刊特稿”“专题研究”“学术论坛”等栏目，为广大学人提供优质学术交流的平台。

《体育学研究》严格把控期刊的学术性，坚持内容质量为上，不断扩大刊物影响力，得到了体育学研究领域广大学者、作者和读者的普遍认可。2002 年，期刊在江苏省第四届期刊质量评估分级活动中，被评为江苏省一级期刊；2008 年，在江苏省精品期刊评选中，再次获得“江苏省一级期刊”称号；《中国学术期刊综合引证报告》近 10 年统计数据显示，其影响因子及学科排序始终保持在全国体育类期刊前 16 位，最高排名位居第 2；2008 年至今，分别入选 2008 版、2014 版、2017 版《中文核心期刊要目总览》，被评为中文体育类核心期刊；2012 年至今，连续被武汉大学《中国学术期刊评价研究报告》评选为全国体育类核心期刊；2019 年，入围 CSSCI 扩展版来源期刊，并被中国社会科学院中国社会科学评价中心数据库、中国学术期刊综合评价数据库、万方数据—数字化期刊群、中国期刊网等国内文献计量机构和数据库遴选为核心期刊、来源期刊或全文收录期刊。另南京大学中文社会科学引文索引（CSSCI）数据库近 5 年“期刊即年影响因子”指标显示，《体育学研究》数据增幅明显，这为期刊下一步入选该数据库正式来源刊奠定了坚实基础。

《体育学研究》的二次文献转载数量也不断增加。近年来，其刊发的论文被《人大报刊复印资料·体育》《人大报刊复印资料·文化》《人大报刊复印资料·教育》《高等学校文科学术文摘》等全文转载、摘编 40 余篇，索引近千篇。这充分表明，期刊中的许多论文代表了国内体育学术研究的前沿成果，在国家体育运动事业发展中起到了促进作用，产生了较大的影响。

影响力的扩大，为期刊的进一步发展赢得了更多的优质资源。目前，刊物全年接收自然投稿 4000 篇左右，刊发量约为 60 余篇，其中 20% 为专家约稿，稿源量较充足。同时，编辑部十分重视与优质稿件学者沟通联系，经过多年的努力和汇集，形成了由青年优秀学者和知名、顶级专家组成的百人以上的稳定作者群，这为更名后期刊的迅猛发展提供了坚实的后盾。

2021 年 5 月，《体育学研究》成功入选中文社会科学引文索引（CSSCI 2021—2022）来源期刊目录，成为该周期体育学科 11 种学术核心期刊之一，创我校学术刊物学术水平及影响力新高。

回顾过去的 30 多年，《体育学研究》成长的脚步是坚定的、踏实的。所刊登的近 3000 篇论文是作者智慧的结晶，也凝聚了几代编辑人对期刊发展的不懈努力。在中国特色社会主义建设新时代，在学校顶层设计规划的“二次创业”宏图中，刊物必将不忘初心、牢记使命，以全新的理念、开放的视野，努力争取更大的进步，收获更丰硕的成果。

4.《南京体育学院学报》编辑部

《南京体育学院学报》创刊于 2002 年，创刊之初，刊名为《南京体育学院学报（自然科学版）》。学报主管部门为江苏省教育厅，主办单位为南京体育学院。

图 6-2-24 《南京体育学院学报》期刊封面

《南京体育学院学报（自然科学版）》创刊时，《南京体育学院学报》已然存在，之所以又有了《南京体育学院学报（自然科学版）》期刊，有其历史原因。20 世纪六七十年代国家动乱后，全国各高校陆续复学，南京体育学院亦于 1980 年开始恢复本科招生。由于长时间与教育无缘，学校自身的部门设置已经不够健全，加之当时江苏省体育科研所就在南京体育学院院内，很多工作隶属南京体育学院管辖，因此南京体育学院没有自己的科研管理部门，学校所有科研工作均由江苏省体科所代为开展。1980 年本科教育恢复正常后，学校在与上级部门工作联系以及与其他高校，特别是与体育类院校工作接洽时，发现没有学院自身的科研部门，有些工作无法完成，遂成立了学院科研处。处长由当时江苏省体科所所长戴玉生教授兼任，常务副处长为吴寿芝副教授。科研处成立后，主理南京体育学院一切与科研相关的活动。随后又发现，南京体育学院与其他国内体育学院不同，没有学院自身的学报。但当时校内的江苏省体科所编辑出版有《江苏体育科技》（后更名为《体育与科学》），已办刊多年，且在国内体育类期刊中处于中上游水平。因此，1987 年学校仅申请了一份没有 CN 刊号的内部期刊，由吴寿芝副教授负责。但随着国内科技活动的活跃与发展，仅为内部资料性质的刊物难以满足广大作者需求。而当学院准备将内部刊物升格为有 CN 刊号的期刊时，却因当时国家严控期刊刊号审批工作而未实现。2000 年后，国家给予每个尚无正式期刊号的高校一个学报正式刊号名额，《南京体育学院学报》终于从国家新闻出版系统获得一个 CN 刊号。而后，2002 年，学校又从江苏省科技厅获得另一学报 CN 刊号。为了将两个学报期刊加以区分，故将先获批刊号的学报更名为《南京体育学院学报（社会科学版）》，后获批刊号的学报则名为《南京体育学院学报（自然科学版）》。

《南京体育学院学报（自然科学版）》自创刊之日起，在办刊形式与内容上注重规范化。因为期刊办刊时间短——当时属于全国范围内办刊历史最短的期刊，所以其发展定位仅以办一份规范的体育科技期刊为主。2018 年始，学校加大了对期刊的投入力度，对所属两种学报作差别化定位发展。《南京体育学院学报（社会科学版）》在已进入北大核心要目总览收录的基础上，继续奋进，力争进入 C 刊行列；《南京体育学院学报（自然科学版）》在现有普通省刊基础上继续提高质量，力争冲击北大核心。为此，两刊同时更名，《南京体育学院学报（社会科学版）》更名为《体育学研究》，《南京体育学院学报（自然科学版）》更名为《南京体育学院学报》。自此，《南京体育学院学报》就肩负起了代言南京体育学院科研、展示南京体育学院优质科研成果的重任。

《南京体育学院学报》从体育学学科内涵出发，将其栏目设置与体育学学科分类相统一，设有“体育人文社会学”“运动人体科学”“体育教育训练学”“民族传统体育学”栏目，为了体现期刊特色，设置了“本刊特稿”。这样的栏目设置全面覆盖了体育学所有领域，可以全方位呈现体育学研究成果。也正因为如此，学报创刊历史虽很短，但获取业界关注的速度却很快，成果较为丰硕。近年来，学报的学术影响力提升迅猛。由于学校注重了期刊的学术性，突出对国内青年学者成果的刊发，期刊在国内青年学者中引起了很好的反响，获得了越来越多优秀青年学者的认同。

时至 2018 年，在中国知网组织的《中国学术期刊影响因子年报》中，《南京体育学院学报》在当年度全国中文体育类学术期刊影响因子排名中，其符合影响因子位列第 18 位。2019 年，中国知网的《中国学术期刊影响因子年报（人文社会科学）》排名中，《南京体育学院学报》影响力指数（CI 值）刊物排名列第 17 位。

10 余年来，《南京体育学院学报》实施规范化办刊，内容质量稳步提升。目前，全年 12 期期刊刊文中，博士学历作者占一半以上，已成为全国体育类学术期刊中进步较快、发展迅猛的期刊。可以相信，在南京体育学院“二次创业”的发展新战略指引下，学报将继续保持发展势头，创造更大成绩，以回应学校与广大作者、读者的殷切期盼。

5. 附属学校（江苏省少年业余体校）

（1）发展沿革

江苏省少年业余体校成立于 1976 年 3 月，隶属于南京体育学院。自成立以来，学校全面贯彻党的教育和体育方针，倡导“严和朴实”的校风，承担着向江苏省和国家输送高水平竞技体育后备人才的重任。建校 40 多年来，经全体教师、教练员呕心沥血、辛勤耕耘，在输送的千余名优秀体育后备人才中，涌现了 100 多位世界冠军，其中有林莉、葛菲、顾俊、张军、李菊、阎森、黄旭、陈玘、仲满、陈若琳、陆春龙、蔡赟、骆晓娟、许安琪等 14 位奥运冠军，享有“世界冠军摇篮”之美誉。纵观学校发展史，大抵经历以下 3 个阶段：

① 南京体育学院附属初级体育中学阶段

1959 年 8 月，经中共江苏省委批准，南京体育学院附属初级体育中学（简称南体附中）正式成立。此为附属中学（江苏省少年业余体校）之前身，邹仁海任校长，陈石坤任党支部书记，当年招收高小毕业生 100 名。

由于历史的原因，学校成立后，经历了停办、改办、续办的过程。1962 年 6 月，因国家遭遇三年严重困难时期，经江苏省教育厅、江苏省体委批准，撤销南京体育学院附属中学，学生全部回原籍转入普通中学相应年级学习。1964 年 7 月，为迎接第二届全运会和培养优秀运动员后备力量，经中共江苏省委同意，创办业余体育集训队，集训期为 1 年。1965 年 7 月，经江苏省教育厅、江苏省体委同意，将业余体育集训队正式改为学校，命名为南京体育学院附属中学，属普通中学性质，吕立香任党支部书记兼副校长，成希春、邹仁海任副校长。学生有 295 人，半天进行文化学习，半天进行专项训练。1975 年，江苏省革委会批准撤销南京体育学院；同年，也撤销南京体育学院附属中学。

② 成立发展阶段

1976 年 3 月，中共江苏省委常委办公会同意成立江苏省少年业余体校，经中共江苏省体育系统委员会批准：张海涛兼任江苏省少年业余体校党支部书记、革委会主任；李云清、毛阿宝、张维盛任副主任，从此，江苏省少年业余体校进入稳定发展阶段。1978 年 12 月 25 日，经江苏省革命委员会教育卫生办公室党组同意，李云清任省青少年业余体校校长、党支部书记；毛阿宝任副校长、党支部副书记。

1979 年 8 月，江苏省革委会批准江苏省少年业余体校高中部改建为南京体育运动学校，性质为中等体育专业学校。1981 年，李晋三任南京体育运动学校校长兼党支部书记，李婉芳、顾健、陈宝萱任南京体育运动学校副校长。1983 年，经省体委党组批准，钱文林兼任南京体育运动学校校长，李瑞琪、施复平任南京体育运动学校副校长。1984 年，校党委决定，陈学华任南京体育运动学校副校长。

1986 年 8 月，江苏省体委同意南京体育运动学校更名为江苏省体育运动学校。同年 9 月 26 日，经省体委党委同意，史光尧任江苏省体育运动学校党总支书记兼校长。1990 年，经校党委研究决定，省体委党组批复，李瑞琪任江苏省体育运动学校党总支书记，陈天宇任江苏省体育运动学校副校长。

1993 年 6 月，经江苏省教育委员会批准，恢复南京体育学院附属中学（正科级建制），受江苏省体育运动学校管理，章遵任校长。南京体育学院附属中学采取体育中学的办学形式，实行读训并重，按计划单独招收省优秀运动队尚未完成九年义务教育的运动员和集训运动员。1996 年，经院党委研究决定，时金陵、顾道任江苏省体育运动学校党总支副书记，郦范琪任江苏省体育运动学校副校长。1998 年，经校党委研究决定，时金陵任党总支书记、副校长，江海林任副校长（主持工作）。

在此期间，学校多次受到省和国家的表彰，1987、1992、1996 年 3 次被评为全国业余训练先进单位，1994 年江苏省体育运动学体校被评为省部级重点中专校。1996 年，学校被国家体委授予“体育事业贡献奖”和首批“国家高水平体育后备人才基地”，同年还获得国家体委颁发的体育运动荣誉奖。1986、1993、1997、2000 年，学校被评为全国群众体育先进集体单位（青少年体育），季明海、戴忆新、徐筑秀等同志获“全国先进工作者”称号。

③ 全面提高阶段

图 6-2-25　升旗仪式

2000 年 4 月，经江苏省人民政府批准，撤销江苏省体育运动学校，升格为南京体育学院职业技术学院。原江苏省少年业余体校和南京体育学院附属中学统称为南京体育学院附校部，江海林任附校部党总支副书记、副主任（主持工作），郦范琪、章遵任附校部副主任。2003 年，郦范琪任附校部党总支书记、主任，兼训练处副处长。2006 年 2 月，王成钢任附校部党总支书记、主任，兼训练处副处长。

2009 年 12 月，附校部更名为附属学校，顾道任党总支书记，章遵任校长，单怀春任办公室主任（副处级）。2011 年，章遵任附属学校党总支书记、校长。2012 年，吴建华任附属学校党总支副书记、副校长。2017 年，邰德法任附属学校副校长。2019 年 4 月，吴建华任附属学校党总支书记、校长，谢长虹任附属学校党总支副书记、副校长，2019 年 10 月王蓉任副校长。

在学校的全面提高阶段，江苏省少年业余体校依托南京体育学院独特的“三结合”办学优势，依托省优秀运动队竞技体育资源优势，始终坚持“办出特色、办出质量、办出效益”的办学理念，以训练为龙头、以教学和科研为两翼，坚持特色办学，走纵深化培养“精品”人才之路。不断改革创新，完善办学管理模式，使教学、训练、科研紧密结合，资源共享，取得了丰硕的办学成果。

（2）办学理念

第一，以育人为立校之基，培养卓越体育后备人才。学校以“立德树人、学训融合、全面成长”为目标，坚持以教学、训练、赛场以及第二课堂活动为阵地，培养思想品德优良、运动技能精湛、文化知识扎实的全面发展的体育后备人才。

多年来，学校一贯重视学生综合素质的培养，将提高学生的文化素质和端正行为习惯作为实施素质教育、全面服务学生成长成才的重要途径。一是打造文化育人的氛围，结合学校实际，开展了“文明礼仪”“书香校园”“迎奥运　促创建”等主题教育活动；二是突出德育地位，推进学生养成教育，聘请奥运冠军和退役运动员担任德育辅导员，为运动员学生健康人格的养成奠定基础；三是通过课堂德育渗透、开学典礼、升旗仪式、国旗下讲话和校报《起跑线上》等宣教方式，以多样化的育人手段对运动员、学生进行爱国主义和集体主义教育。

第二，以训练为筑校之本，确立全国体校龙头地位。学校目前设有羽毛球、乒乓球、网球、击剑、体操、技巧、蹦床、艺术体操、游泳、跳水、花样游泳11个运动项目，拥有一流的训练、教学设施和较强的教练员、教师队伍。目前，在编教练员26人，其中国家级教练员2人、高级教练员3人。在培养竞技体育后备人才的训练格局下，学校建立良性的培养机制，不断优化选材标准，通过打造“项目品牌”、建设“亮点工程”等举措，增强江苏竞技体育长盛不衰的发展后劲。

在2017—2020奥运周期“国家重点高水平体育后备人才基地”评估中，学校名列全国第一，确立了学校在青少年运动员训练与基础教育领域内的龙头地位。此前，学校还在2001年被国家体育总局评为“全国群众体育先进单位”，2003年被评为“全国群众体育先进集体（青少年体育）”，2005、2009和2013年连续3个奥运周期被国家体育总局评为“国家高水平体育后备人才训练基地”，多次被评为“省体育系统先进单位”。

第三，以教学为兴校之道，树立文化教学标杆地位。学校涵盖义务教育和高中教育，目前设有文化教学班级 18 个，其中高水平体育后备人才文化教学班级 6 个，优秀运动队文化教学班级 12 个。学校现有在编教师 32 人，中青年教师逐渐成为主体，35 岁周岁以下教师占教师总数的 32.5%；教师职称总体不断改善，小学教师高级职称 6 人，所占比例为 75%，初、高中中级职称 14 人，所占比例为 58.3%，高级职称 8 人，所占比例为 33.3%。学校强化“育人为本”的办学宗旨，建立了多层次、多元化、多形式的青少年学生运动员文化教育体系，并取得丰硕成果。

2011 年，国家体育总局青少司授予学校“全国青少年比赛运动员文化测试考务工作协作单位”称号，并委托学校开展全国青少年运动员赛前文化测试工作。此后，学校每年不断完善考试流程，认真研制考试题库，研发在线考试系统。截至 2019 年，我校累计在 43 个项目的 253 项比赛中组织青少年运动员赛前文化测试，对就读于小学到高中的 4 万余人次学生运动员进行了学业发展水平测评。国务院秘书三局、国家体育总局、各省市体育局领导多次亲赴现场考察运动员文化测试工作；《人民日报》《中国教育报》《中国体育报》等多家报纸，以及新华网、搜狐、网易、新浪等多家网络媒体对此进行了广泛的专题报道。学校还协助国家体育总局组织召开全国赛前文化测试专题研讨会和总结会、入队文化测试专题研讨会和总结会。浙江、吉林、山东等多个省市来校学习交流文化测试经验，学校也多次派员赴上海、浙江、广州、吉林等地访问交流，这些工作扩大了学校在全国体育界的影响力。

受江苏省体育局委托，学校于 2012 年开始承办江苏省拟试训和招聘运动员文化考试工作。学校精心组织，多次召开专题会议，对参测工作人员进行了动员和分工，对工作中的各个环节进行了讨论，建立了工作制度，规范了工作流程，确保此项工作的科学、有序开展。截至 2019 年，包括国家队入队文化测试，累计 2600 余名运动员参加了考试。

第四，以科研为强校之策，夯实教科研领先地位。学校致力推动训练教学科学化进程，在省体科所及南京体育学院专家的指导下，积极开展运动训练、体能恢复等科研攻关活动，积极探索新时代下体育人才发展模式，全面提升训练工作的科技含量，不断提高体育人才培养的成才率。2014 年，学校教师施书宇申报的教育部课题“幼儿话语名核结构的语义研究”立项，2018 年结题，并于当年出版专著 1 部。还有多位教师在全国核心期刊上发表论文多篇，多项院级课题结题，部分教师参与了“编制运动员基础教育课程体系”国家级重大课题的开发和研制工作，这些工作展示了学校在全省乃至全国运动员基础教育改革与研究方面的领先地位。

展望未来，信心满怀。南京体育学院附属学校（江苏省少年业余体校）正积极面对新时代，努力把握新机遇，不断开拓进取、与时俱进，努力构筑优秀体育后备人才培养新高地，为竞技体育事业持续发展谱写新篇章、做出新贡献。

6. 幼儿园

延钟山毓秀，承奥运精神；启蒙童之智，育金陵之光。这就是南京体育学院附属幼儿园，一所被誉为世界冠军摇篮的江苏省省级优质幼儿园。

（1）忆往昔，铢积寸累求发展

1957 年 9 月，为了保障学校教职员工全身心投入工作和训练，南京体育学院创办了附属幼儿园。建园初期，幼儿园只有 2 间房，10 多名幼儿，几名家属工阿姨。在开园之初的艰苦条件下，园职工仍尽心尽责，为双职工子女办起了全托班，为南体幼教树立了榜样。

图 6-2-26 附属幼儿园

随着社会的发展和人们对优质学前教育资源需求的增加，校幼儿园不断扩大规模，不断转变办园理念，从开园之时注重保育托管，逐步向规范性学前教育过渡，不断提高办学质量。学校历任各级领导高度重视幼儿园建设，不断扩大、调整园舍，充实师资队伍，单列运转经费。园领导班子和全体员工深入落实国家学前教育的相关精神，不断提高办园能力和教学水平。1993 年，在园幼儿已近百人，首次形成从小班到大班的完整建制。1994 年 10 月，经考核审批，校幼儿园创建成为南京市标准幼儿园，完成了办学性质、质量的飞跃。

2001 年 3 月，学校建设规划调整，幼儿园搬迁至体育馆南侧家属区内，园舍建筑面积 1200 平方米，园景园貌焕然一新。因与灵谷寺路相连，家长接送幼儿也更为方便。2013 年，学校再次投入资金 300 多万元，进行幼儿园扩建与装修，建筑面积增至 1719 平方米，为幼儿园进一步发展创造了条件。2017 年，学校又将幼儿园与一沟之隔的综合田径场架桥贯通，为幼儿晨操、锻炼提供了广阔场地，形成了更新更美的空间格局。

为了适应学前教育改革与发展的需要，2014 年 10 月，校幼儿园制定了《南京体育学院附属幼儿园办园章程》，确立了“乐于运动、快乐生活、健康成长”的办园理念与“管理科学、队伍精良、环境优美、特色鲜明”的办园目标，充分利用学校资源，创“幼儿特色体育”的办园特色，并且制订了“提高办学质量，倾力打造品牌，创建市级优质幼儿园”的具体工作计划。这一期间，随着办园质量不断提高，社会影响力也不断提升，幼儿在园人数迅猛增加，达到 6 个班，实现了从小班到大班的“双轨制”。2015 年 11 月，南京市优质幼儿园专家评审组来校考察验收，对幼儿园的队伍建设、保教水平等 5 个方面给予了充分肯定，特别对环境创设、特色教学活动及幼儿体智能的发展给予了高度评价，校幼儿园顺利荣获了“南京市优质幼儿园”称号。

2016 年秋季，在园幼儿突破 200 人，教职工达 26 人。各类人员均做到持证上岗，教师的教学水平和科研能力不断提升。2017 年初，在学校的正确领导下，幼儿园又确立了新的奋斗目标，即创建省级优质幼儿园。2018 年 6 月，经省教育评估院专家组评估、省教育厅审核，校幼儿园成功进入“江苏省优质幼儿园”之列，创造了办园史上的新辉煌。2020 年 6 月，校幼儿园又被评为“江苏省体育特色幼儿园（快乐艺术体操）”，延续了学校的体育运动血脉，彰显了学校的体育文化传承。

（2）看今朝，学思践行续辉煌

现今，在一切为了孩子的思想指导下，校幼儿园每学期都开展师德教育，培养敬业爱岗、乐于奉献的园风。全体教职工践行爱的教育，响应省市政府、团委、妇联的倡导号召，开展学斯霞“我爱孩子胜妈妈”活动。首先，幼儿园制定了三年发展规划，并引导每一位教师制订个人专业发展计划，明确发展方向，有的放矢，不断提高自身人文素质。其次，分层次培养，幼儿园为新教师配备了有一定工作经验的教师，从教案、教学到创设制作，全方位辅导，引领她们尽快胜任岗位要求，在岗位上成长成才。在此环境氛围下，有青年教师成功考研、考编，华丽转身，成为励志榜样。

校幼儿园注重不断推进教学科研活动，全面提高教师的整体水平。“十三五”

期间，与运动健康系合作，相继申报成功省重点课题“体感游戏在体育活动中的运用”“江苏省3—6岁儿童身体活动和膳食营养现状调研与评价体系研究”，园教师先后共有5篇论文在省级或国家级核心教育研究期刊发表，7篇论文、案例在市、区级优秀论文评选中获奖。此外，每学期均会有计划选送教师参加区、市培训。寒暑假期间，还根据需要，有目的地让教师跨省培训。在历次培训中，先后有3名教师获得区级“优秀学员”称号。在“培养、选拔、任用”相结合的队伍建设思想指导下，教师们越来越意识到学习与反思的重要性，园教师培养工作正朝着“德教并举”的方向全面健康发展。

在幼儿教育日新月异的今天，促进幼儿身心健康的“幼儿特色体育”办园特色，必须进一步延续探求，发扬光大。“十二五”期间，校幼儿园申报了区级规划课题“依托体院资源　将武术套路运动引入幼儿体育活动的实践研究”，其间编撰的《大班幼儿初级剑》《中班幼儿基础拳》《晨间活动武术基本功练习》等教案业已汇编成册。2017年，《幼教365》杂志报道了这一幼儿武术传承特色。近年来，校幼儿园还先后开展了幼儿足球、网球、体育舞蹈、传统武术等项目的体验、拓展活动。同时，每年都举行亲子运动会，让孩子们和家长一起参与各种趣味运动比赛，相互呐喊加油，共享亲子时光。校幼儿园还在早期体操兴趣班（曾2次参加全国幼儿基本体操比赛，均获得二等奖）的基础上，成立了幼儿体操队，每年都在省、市及全国的幼儿体操比赛中获得金奖。自办园以来，幼儿园已走出2位奥运冠军、5位世界冠军及一大批竞技运动健将，南体竞技后继有人。

回顾往昔，幼儿教育在南京体育学院教育发展史上留下了浓墨重彩的篇章；展望未来，校幼教者将凭借大爱的信念情怀培育更多更美的祖国花朵。当今，在学校顶层设计规划的“二次创业”宏图中，校幼儿园也应有自己的使命与担当，为南京体育学院更加美好灿烂的明天贡献一份幼儿教育的力量。

表6-2-6　附属幼儿园隶属部门更迭表

管理部门	时　间	办园等级
总务处	1957.09—1992.02	—
附属学校	1992.02—2014.09	南京市标准园
产业管理办公室	2014.10—2016.11	南京市优质园
资产经营公司	2016.12至今	江苏省优质园

表 6-2-7　附属幼儿园历任负责人一览表

姓　名	职　务	任职时间
李德华	科　长	1957.09—1963.08
梁文卿	科　长	1963.09—1966.08
王美英	园　长	1966.09—1985.11
何海珍	园　长	1985.11—1988.06
张玲慧	园　长	1988.09—1991.08
吴继莲	园　长	1991.09—1993.01
陈俊华	园　长	1993.02—1996.08
刘福琴	园　长	1996.09—2004.10
吴建华	园　长	2004.10—2010.02
谢长虹	园　长	2010.03—2012.12
杨　勇	园　长	2012.12—2014.09
何宗桂	园　长	2014.10 至今

二、重要教学科研成果与表彰

1985 年

9 月，石甫中荣获“江苏省先进教育工作者”称号，冯天佑荣获“江苏省优秀教师”称号。

1986 年

11 月，国家体委在成都市召开全国优秀运动队文化教育工作会议，殷春英荣获“全国体育系统先进教师”称号。

1987 年

9 月，江苏省体育运动学校获“全国先进集体”称号，荣获国家体委颁发的体育运动荣誉奖章和证书。季明海、戴忆新、徐筑秀获“全国先进工作者”称号。

1988 年

9 月，彭杰教授获省首届普通高校优秀教学质量三等奖。

1991 年

6 月，学校举行成人高等教育专业证书运动训练和体育管理专业教学班第一期结业典礼。第一期共有 131 名学员，有 130 名结业，其中 17 名获得优秀毕业生称号。

1992 年

11 月，《南京体育学院学报》创刊号出版。

1993 年

12 月，院运动生物力学实验室通过省科委主持的省重点实验室检查验收。

1994 年

2 月，彭杰、陈陵、戴玉生、顾德明 4 人被江苏省科干局批准享受政府特殊津贴。

1995 年

12 月，国家体委经过专家评审，批准张蕴琨副教授的科学论文参加 1996 年在美国举行的奥林匹克科学论文报告会。

1997 年

5—6 月，学校相继制订《院重点学科建设管理办法》《院优秀课程评选与奖励办法》，体育人文社会学、运动人体科学、体育教育训练学等被确立为重点学科，评选奖励了 10 门院级优秀课程。新申报的“武术”和“体育康复保健”2 个新专业均获得省教委专家组评审通过。

9—10 月，成功承办了省教委组织的《体育管理学》与《中国体育简史》教材讲习班，并与省体委联合举办了“江苏省体育经营干部培训班”。图书馆连年努力为八运会做贡献，编印了《迎八运竞技信息通讯》《竞技运动科技信息》《孙子兵法新译》等，受到了各支优秀运动队的普遍欢迎。

1998 年

9 月，王正伦教授被评为江苏省“333 高层次人才培养工程”第一期第二批第三层次培养对象。

1999 年

3 月，王正伦教授、国家级教练王国庆被省政府评为江苏省有突出贡献中青年专家。

6 月，钱竞光教授被评为江苏省“333 高层次人才培养工程”第一期第三批第三层次培养对象。

10 月，张蕴琨副教授被国家体育总局评为“全国体育科技先进工作者”。

11 月，学校体育教育训练学学科被省教委评为“江苏省高校科技工作先进集体”。学校体育系学生组队参加江苏省高校首届健美操比赛，获得六人组第 1 名。

2000 年

12 月，钱竞光当选中国体育科学学会理事。张蕴琨被评为“江苏省优秀研究生导师”。王惠生的专著教材《体育语言》荣获“江苏省高等教育 2000 年首届教学成果奖”二等奖。

2001 年

1 月，学校附校部被国家体育总局、教育部评为“全国青少年体育工作先进集体”，后又被国家体育总局评为“1996—2000 年度全国群众体育先进单位”。

8 月，在青岛举行的全国橄榄球锦标赛上，运动系代表队获得“碗级组”冠军。

12 月，国家级教练唐学华被省政府评为江苏省有突出贡献中青年专家。

2002 年

3 月，张世林、王国庆被评选为江苏省“333 高层次人才培养工程”第二期第一批第三层次培养对象。

12 月，我校体育教育训练学学科被评为江苏省普通高校“青蓝工程”优秀学科梯队，陈勇军被评为江苏省普通高校“青蓝工程”第二期首批优秀青年骨干教师培养人选。

2003 年

3 月，史国生被评为江苏省“333 高层次人才培养工程”第二期第二批第三层次培养对象。

9 月，经专家通讯评估、江苏省学位委员会审核、国务院学位委员会批准，学校继“运动人体科学”“体育教育训练学”获得硕士学位授予权后，“体育人文社会学”学科成为新增硕士学位授予权学科（专业）点。

10 月，学校第 1 本《教学计划一览》由教务处编制完成，共修订了本专科 12 个专业的教学计划，其中包括培养目标、课程设置、学分分配及获得毕业资格与授予学士学位的相关条例。

2004 年

5 月，运动系学生徐扬、刘彬入选国家橄榄球青年集训队。

8 月，省教育厅授予运动人体科学系孙飙“江苏省优秀教育工作者”称号。

10 月，学校球类课程被评为江苏省优秀课程群。

11 月，在广州举行的武术散打世界杯上，运动系学生倪春秋获男子 60 公斤级冠军，开创我校非专业运动员身份夺得世界冠军的先河。

2005 年

1 月，我校教练员过鹰被省政府评为 2004 年度江苏省有突出贡献的中青年专家。

6 月，我校体育人文社会学被评为江苏省“青蓝工程”优秀学科梯队；张惠红教授被江苏省教育厅评为 2004 年度江苏省高校“青蓝工程”中青年学术带头人培养人选；王斌、田标、赵琦 3 人被评为 2004 年度江苏省高校“青蓝工程”优秀青年骨干教师培养人选；培养时间从 2005 年 6 月至 2008 年 6 月止。

8 月，学校承担的国家体育总局重要研究项目“体育场地工国家职业标准”顺利结题，并通过专家评审，于翌年经国家劳动和社会保障部批准正式向全国颁布施行。

10 月，由江苏省体育局、省体育科学学会及我校承办的第十届全运会科学大会圆满召开，共收到近 600 篇征文、大会报告 13 篇、专题交流 90 篇、墙报交流 103 篇。由于组织有序，成绩突出，大会被国家体育总局、中国体育科学学会、十运会组委会联合授予“优秀组织奖”。

2006 年

2 月，学校承办全国优秀运动员文化教育工作质量评估座谈会，评估组根据“优秀运动员文化教育工作质量评估指标体系”，给附校部打出 97.5 的高分，位列全国第 1。

5 月，“运动生物化学”课程被评为省高校精品课程。7 月，我校“体育人文社会学”和“运动人体科学”被省教育厅批准为“十一五”期间江苏省重点学科。

8 月，钱竞光、沈鹤军、王鲁宁、李靖等 4 人被省体育局授予“体育科技先进工作者”称号。

2007 年

4 月，王国庆、张惠红被评选列为江苏省“333 高层次人才培养工程”第三期第一批第三层次培养对象。

5 月，学校教材《运动生物化学》《运动生理学实验指导》被评为江苏省高校优秀精品教材。

2008 年

3 月，学校啦啦操队成员被第二十九届（北京）奥运会组委会文化活动部正式确定为体育展示现场表演专业志愿者。

9 月，教育部、财政部正式批准校运动系运动训练专业为第三批国家级高等学校特色专业建设点。

2009 年

2 月，《南京体育学院学报（社会科学版）》正式被《中文核心期刊要目总览》2008 年版收录，成为中文体育类核心期刊。

3 月，经教育部普通高校本科教学工作评估专家委员会全体委员投票表决，学校本科教学工作获“优秀”等次。

4 月，钱竞光教授主持的“国内首部《运动康复生物力学》教材的编撰及应用”荣获江苏省教学成果奖一等奖；张世林教授主持的“构建‘立体化’篮球专项课程教学模式的探索与实践”荣获省教学成果奖二等奖。

6 月，2009 年度国家社会科学基金项目评审结果公布，校党委书记殷宝林主持的“公共服务理论视野下政府体育工作绩效考核体系的研究”被列为重点项目，成为学校首次获得该基金项目资助的课题。

8 月，钱竞光教授主持的“运动人体科学人才培养与教学改革研究”、张蕴琨教授主持的“运动生物化学研究性教学的探索与实践”、华洪兴研究员主持的“优秀运动员本科教学创新体系的研究与实践”获得国家体育总局教学成果奖二等奖；王爱丰教授主持的“能力本位教育理念下社会体育专业人才培养的探索与研究”、张世林教授主持的“全程多元导向篮球专项课程教学模式构建与应用”、于翠兰教授主持的“体育院校武术课程教学改革与实践研究”获得国家体育总局教学成果奖三等奖；钱竞光教授主持的“运动技术分析与诊断”课程被江苏省教育厅评为 2009 年度优秀研究生课程。

9 月，张蕴琨教授主持的“菜单引导式综合性设计性实验教学模式——运动生物化学实验教学改革的探索与实践”荣获国家级教学成果二等奖（教高〔2009〕12 号），此奖为学校首次获得的高等教育教学领域国家级奖项。高力翔、李靖、宋雅伟 3 人被评为省“333 高层次人才培养工程”第三期第二批第三层次培养对象。在江苏省教育厅 2009 年表彰活动中，王惠生教授被授予“江苏省优秀教育工作者”荣誉称号。根据《教育部财政部关于批准第四批高等学校特色专业建设点的通知》，学校体育系体育教育专业被批准为第四批国家级高等学校特色专业建设点。

10 月，江苏省高等教育教改重点课题“创建数字式体育信息特色数据库”通过结题鉴定，鉴定专家组一致认为该项研究填补了江苏省体育学科数据库建设的空白，处于全国领先地位。

2010 年

3 月，民族体育与表演系学生在全国国际标准舞城市公开赛与邀请赛上，5 人次获得摩登舞第 1 名，1 人获得单人单项华尔兹第 1 名，2 人获得成人 4 项第 1 名，2 人次获得牛仔单项第 1 名。

5 月，李靖副教授以访问学者身份赴加拿大多伦多大学医学院 Wilson 研究中心留学（半年）。根据苏教高〔2010〕18 号文件，通过省教育厅组织的验收，学校体育教育专业成为省品牌专业，民族传统体育专业成为省特色专业。学校“体育竞赛组织与管理”与“运动营养学”被评为 2010 年江苏省高等学校精品课程；体育系、民族体育与表演系学生在安徽合肥举行的“第四届全国体育大会”上，荣获健身气功八段锦团体一等奖。

6 月，民族体育与表演系 8 名同学在江苏连云港举办的“全国健身秧歌及健身腰鼓大赛”上，获得秧歌比赛一等奖。

7 月，学校人体科学专业被教育部、财政部批准为国家级特色专业建设点，这是学校继运动训练、体育教育之后的第 3 个国家级特色专业建设点。

9 月，江苏省体育场地工“高级技师”评审鉴定会在学校召开，产生了全国首个体育场地工高级技师，此项研究与实施开了全国体育场地工“高级技师”评审鉴定的先河。民族传统体育与表演系学生在“2010 年全国啦啦操锦标赛”上，获得团体项目精英组、混合五人技巧、全女子五人技巧比赛 3 项第 1 名。

11 月，民族体育与表演系 4 名学生在南京林业大学举办的“南京 2010 年都市圈全国体育舞蹈公开赛”上获得摩登舞第 1 名。钱竞光教授、叶强讲师等获“多通道动态电刺激装置”国家专利。经江苏省教育厅评审，我校施学莲、张明、魏亮、苏扬、吕远远 5 位老师入选 2010 年度江苏省高校“青蓝工程”优秀青年骨干教师培养对象，王斌老师入选“青蓝工程”中青年学术带头人培养对象。

12 月，学校接受省教育厅 2010 年度普通高校开设公共艺术课程考核，获得 92 分的优秀成绩。

2011 年

1 月，学校体育学一级学科被批准为“江苏高校优势学科建设工程一期项目立项学科”。

3 月，根据国务院学位委员会《关于下达 2010 年审核增列的博士和硕士学位授权一级学科名单的通知》，学校获硕士学位体育学一级学科授予权。钱竞光教授主持完成的“人体运动三维动力学建模仿真研究”课题首次为我校荣获中国体育科学学会科学技术奖二等奖。

4月，袁野教授与江苏舜天足球俱乐部张玉道合著的《中国职业足球俱乐部运动员薪酬体系设计》，获江苏省第十一届哲学社会科学优秀成果三等奖，系学校首次获得此奖项。

5月，据武汉大学中国科学评价中心（RCCSC）评价研究报告（第2版）显示，《南京体育学院学报（社会科学版）》入选“RCCSE中国核心学术期刊”之列。

6月，省体育局在校召开“优秀运动员文化教育注册制度的研究与设计”课题立项评审会，局、校相关部门负责人及评审专家20人参加了会议。

7月，南京大学与南京体育学院共建“运动生物医学联合实验室”签字仪式在校举行，副省长曹卫星、南大党委副书记任利剑、省体育局局长兼南体党委书记殷宝林等领导出席了签字仪式。

8月，国家体育总局“十一五”体育哲学社会科学优秀成果奖公布，王正伦教授主持完成的“大型体育设施建设项目与城市国民经济发展交互影响评价方法的研究”项目和李江教授主持完成的“对体育报道中负面体育信息法律规制的研究”项目荣获奖项，这是学校迄今获得的最高层次科研成果奖。由国家体育总局青少司主办，校附属学校承办的“全国青少年运动员赛前文化水平测试工作”历时一个半月，于8月中旬结束，取得了良好效果。

10月，在江苏省第三届艺术展演活动中，由吕园欣、王蓉、王飞舟辅导的舞蹈作品《家园》荣获专业组一等奖，由许立俊辅导的书法作品《燕歌行》《乌衣巷》荣获业余组一等奖。

11月，校击剑队、游泳队、花样游泳队、体操队、艺术体操队的35名运动员接受了来自英国的考官詹姆斯·希夫（James Shieff）和理查德·沃尔夫（Richard Woulfe）的英语口语能力测试，有12人获得A等级，花样游泳队张欣雅同学达到口语六级水平。此次测试通过率为97%。

12月，经过省人才办审核，宋雅伟、李靖、戴剑松、王斌、王雪峰、江山6人入选省“333高层次人才培养工程”第四期第二批第三层次培养对象。在上海举办的第九届全国体育科学大会上，学校共入选25篇论文，其中包括7篇专题报告、18篇墙报交流，与第八届全国体育科学大会学校共入选8篇，其中包括1篇专题报告、4篇墙报交流相比，取得了很大的进步。学校获得“2011年江苏省研究生创新工程系列项目”立项21个，取得了历史性突破。

2012年

4月，由钱竞光教授主持的省科技厅重大支撑与自主创新项目“江苏省体操运动员科技攻关的生物力学研究”验收及成果鉴定会在校召开，鉴定会由国家体育总局体育科学研究所副所长王清研究员任专家组组长并主持，来自东南大学、河海大学、中科院合肥智能机械研究所、西安体育学院、上海体育学院的专家参加了鉴定。学校与南京航空航天大学、南京理工大学、南京农业大学、南京林业大学共同创建的城东五校图书馆联合体正式开通，实现在校图书通借通还、电子信息联机检索，该成果为校优势学科三大系统平台建设之一。

5月，宋雅伟教授成功入选国家体育总局“优秀中青年专业技术人才百人计划”首批培养对象，江苏省仅2人入选。

10月，钱竞光教授领衔主持的科研团队获得3项高层次课题，其中成功结合临床医学开展的“偏瘫步态的生物力学仿真与康复研究”获得国家自然科学基金立项（资助经费80万元），此为江苏省体育科研界首次获得的国家级自然科学研究项目。

11月，史国生教授关于青奥会的研究成果《五环辉映下的金陵》荣获江苏省第十二届哲学社会科学优秀成果二等奖，标志着学校哲学社会科学研究的层次登上新台阶，有力推进了学校优势学科建设工作。经国家体育总局批准，王国庆、胡星刚、张军3人成功入选“国家体育总局精英教练员双百培养计划”资助对象。

12月，经省教育厅批准，我校宋雅伟、李靖、王雪峰成功入选2012年度“青蓝工程”中青年学术带头人，白宝丰、叶强、唐潇、朱建国、徐诚堂、张建明、郑美艳入选“青蓝工程”优秀青年骨干教师。

2013年

4月，“十二五”国家级规划教材《运动生物化学》编写会在校召开，主编张蕴琨教授主持会议，来自全国体育院校与高等教育出版社的16名专家出席会议，史国生副院长到会致欢迎辞。

6月，宋雅伟教授主持完成的“不同运动项目足底压力特征与运动鞋的生物力学研究”课题为学校再次荣获中国体育科学学会科学技术奖二等奖。

7月，袁野教授的“中国职业足球联赛外籍教练与球员核心竞争力研究”获得2013年国家社科基金一般项目立项（资助总额18万元），对学校优势学科的建设具有重要推动作用。

9月，在中国首届全国大学生体育影像节上，体育系新闻专业周南等同学创作的《剑胆琴心》获得最佳纪录片奖、最佳剧情奖。

11月，国家级教练许学宁被省政府评为江苏省有突出贡献中青年专家；田标、张明、刘永、徐洁、王芳五人入选省“333高层次人才培养工程”第四期第二批第三层次培养对象。

2014年

5月，宋雅伟教授带领的“运动生物力学应用研究”团队立项为省教育厅“青蓝工程”创新团队，此为我校首个省厅级立项创新团队。赵彦同志被评为江苏省高校“青蓝工程”中青年学术带头人培养人选，渠彦超、刘靖、侍崇艳、温阳、董新风5人被评为江苏省高校“青蓝工程”优秀青年骨干教师培养人选。

6月，学校实验室建设取得重大突破，“运动训练与康复实验中心”被评为“江苏省高校重点实验室”，创校历史纪录，资助经费300万元。体育系李金宝副教授的“中国体育传播法学理论体系研究”课题获得国家社会科学基金立项，资助经费20万元。

10月，经评审，王云副教授的专著《社会性别视域中的近代中国女子体育》荣获省第十三届哲学社会科学成果一等奖，李江教授的专著《体育法学研究：法理、方法、应用》荣获二等奖，此为学校在哲学社会科学研究领域的又一次重要突破。

11月，经国家体育总局批准，徐洁、王芳、金蝉、茅祎勋等4人成功入选“国家体育总局精英教练员双百培养计划”资助对象。

12月，在校第十二届科学论文报告会开幕式上，党委书记陈国祥与特邀嘉宾、国家体育科学研究所所长田野为李江教授、王云副教授颁发了奖励。

2015年

6月，省教育厅公布省高校品牌专业建设工程一期项目评审结果：校体育教育专业获A类立项建设，运动人体科学专业获C类立项建设，此为学校继“十一五”品牌特色专业建设、“十二五”重点专业建设之后，在“十三五”阶段取得的显著成绩，为深入开展专业内涵建设打开了新局面。

8月，据北京大学图书馆通知，《南京体育学院学报（社会科学版）》入编2014年版《中文核心期刊要目总览》。

9月，省教育厅公布2015年全省高校微课教学比赛本科组评选结果，民族体育与表演系支川的《〈八段锦〉的功法动作及健身机理》与谈晓雪的《跟随舞曲节奏的奥秘——节奏模态化》荣获一等奖。

11月，在上海举行的第三届“全国大学生体育影像节”上，校新闻专业学生卢蕴怡编剧、朱茵妍导演、王云副教授指导的《木兰行》荣获最佳创意奖。由史国生教授领衔编著的《南京武术史话》《南京青奥会志愿者实用手册》，均获得第二十八届华东地区科技出版社优秀科技图书评选活动二等奖。在2015年武夷山国际轮滑节暨第三届武夷山国际公路轮滑马拉松公开赛上，运动系学生李丽莎勇夺冠军。

12月，学校附属幼儿园创建市级优质园取得成功，被南京市教育局认定为“第三十七批南京市优质园、标准园”。

2016年

5月，李金宝被评为江苏省高校“青蓝工程”中青年学术带头人培养人选；蔡明明、刘影倩、刘秀娟3人被评为江苏省高校“青蓝工程”优秀青年骨干教师培养人选。

6月初，江苏省健美操、啦啦操锦标赛在南京大学举行，民族体育与表演系派出120人大型团队参赛，所参加的10个项目全部获得第1名，充分展现了学校在健美操、啦啦操技艺上的省内领先水平。下旬，休闲体育系张松年编写的《休闲击剑》通过评审，被列为江苏省高等学校“十二五”重点教材。休闲体育系王雪峰教授入选国家体育总局“优秀中青年专业技术人才百人计划”第二批培养对象。

7月，张蕴琨教授主编的《运动生物化学》及其子集《运动生物化学实验》、《运动生物化学题解》（第2版）由高等教育出版社出版，此为教育部“十一五”“十二五”普通高校本科国家级规划教材，标志着学校教材建设、学科建设的新进展、新突破。

8月，由中国大学生体育协会主办的2016年全国学生啦啦操锦标赛在北京师范大学珠海分校举行，全国54所大中学校千余名选手参加，校小团体技巧项目二队、一队发挥出色，携手分获冠亚军，受到现场裁判和观众的一致好评。

10月，叶强、孙国友、支川3人入选省“333高层次人才培养工程”第五期第一批第三层次培养对象。

11月，在华东地区地方科技出版社联合主办的“第二十九届华东地区优秀科技图书评选活动”中，史国生教授主编、江苏凤凰科技出版社出版的《中国名片·小青柠》（系列丛书）获得二等奖，此为史国生教授获得该奖项二等奖的第 4 部著作。16—19 日，由团中央、教育部、中国科协、全国学联共同主办的 2015 年“创青春”全国大学生创业大赛总决赛在成都电子科技大学举办，共有选自全国 2200 余所高校 10 万余创业项目的 220 家 399 项成果参赛，我校学生团队的创业项目“江苏赛克林体育发展有限公司”荣获金奖。

12 月上旬，史国生副院长率体育新闻专业教师一行赴广州体育学院参加中国体育科学学会体育新闻传播分会第十二届学术年会，在年会论文评奖中，王凯、蔡明明的《体育新闻传播的特征》与李金宝、陈镜如的《媒体融合背景下体育赛事新媒体版权价值开发与利用》均荣获一等奖。中旬，休闲体育系唐芒果博士的论文《中国武术职业变迁研究》获得江苏省哲学社会科学优秀成果三等奖。下旬，在江苏省高校首届体育类专业大学生创新创业大赛上，体育系郑美艳讲师指导的体育经管专业学生王佳慧、吕伟婷、胡月、冯彪、唐超超组建的“南京速建修服务有限公司”荣获一等奖。

三、主要学科带头人物小传

（一）张蕴琨

图 6-2-27　张蕴琨

张蕴琨，女，1952 年生，南京人，中共党员，二级教授，运动人体科学硕士生导师、学科带头人，曾任教育部全国高等学校体育教学指导委员会委员、理论学科组副组长，中国体育科学学会运动医学专业委员会委员，江苏省高校体育教学指导委员会秘书长。现任中国食品科学技术委员会运动营养分会常务理事、江苏省体育科学学会常务理事、江苏省体育科学学会运动生理生化专业委员会主任委员、江苏省高校体育教学研究会副理事长、江苏省学生体质健康促进研究中心副主任。

张蕴琨自幼怀有“白衣天使梦”。带着这种憧憬，她在填报高考志愿时，毫不犹豫地选择了徐州医学院。1978 年大学毕业后，她凭借优异的学业成绩，获得留校机会，担任生物化学教师。未成为一名“白衣天使”，看似遗憾，其实不然。她认为生物化学的教学经历，让她形成了严谨求实的品格作风，提高了专业素养和科研能力，为实现后来的人生追求奠定了扎实基础。

1980年，因为工作调动，张蕴琨来到南京体育学院，主要讲授“运动生物化学”。其后，由于学校工作需要及其个人能力突出，她相继担任体育系副主任、基础课部副主任兼党总支副书记、体育系主任兼党总支书记、教务处处长、学科办主任兼研究生部主任。虽然行政事务繁杂，但她依然亲自讲授“运动生物化学”“运动营养学”“科研方法”等课程，并成为学校第一批硕士生导师。她对学生既严格要求，又关心备至，深受学生的喜爱。多年来，她还潜心于科学研究，不辍耕耘，在运动性疲劳分子机制、运动营养与健康促进等领域取得累累硕果。她先后荣获国家级教学成果二等奖1项，江苏省教学成果一等奖1项，省优秀研究生课程、省精品课程4门；主编国家级“十一五”“十二五”规划教材、省精品教材以及专著20余部；主持省部级课题20余项，发表科研论文60余篇，先后荣获全国体育科技先进工作者、江苏省优秀教育工作者、江苏省优秀研究生导师、省高校优秀中青年教师、省体育系统优秀教育工作者、省“红杉树”园丁奖银奖等表彰与荣誉称号。

现今，张蕴琨虽然已经退休，但她坚定地认为：培养优质人才、传播健康理念是自己为之奋斗终生的事业。为了坚守这份事业，她仍然教授着研究生课程，仍然带领着团队开展研究，还创建了学校的首门慕课。作为江苏省科技传播首席专家，她利用各种机会向学校师生、社会大众积极宣传健康生活理念，宣传科学健身与合理营养知识，希望为“健康中国”国家战略目标的实现贡献自己的一份力量。

（二）钱竞光

钱竞光，男，1955年生，江苏泰兴人，中共党员，二级教授，博士生导师。历任省体育科学研究所副所长，基础课部、人体科学系主任兼总支书记，科研处处长；国家自然科学基金评审专家，教育部长江学者，重点学科、精品课程、教学团队评审专家与博硕士研究生论文抽检评审专家。

1977年，钱竞光就读于扬州师范学院体育系。大学期间，他便对于体操技术动作分析具有浓厚兴趣，于是辅修了物理系“大学物理”和“理论力学”2门课程，这为他走上科学研究之路奠定了基础。大学毕业后，他留校任教，从事体操课程的教学。为了更好地将生物力学应用到体操教学中，他又去数学系辅修

“高等数学”等课程，并开始体操运动动作的生物力学研究，相关研究成果很快公开发表，在江苏省体育领域产生了一定影响。

图 6-2-28　钱竞光

1981 年，钱竞光即被调到江苏省体育科学研究所从事运动生物力学研究工作。他奔波于江苏省优秀运动队训练一线，严谨求实，潜心问道。1984 年，为拓宽自己的研究视野，他又考入上海体育学院攻读硕士研究生。研究生毕业时，虽获留校任教机遇，行政职务亦可望晋升，但南京体育学院训练、教学、科研“三位一体”的办学特色及此前来之不易的研究工作基础令他难以割舍，于是他下定决心“继续在竞技体育科研上做点事”。

钱竞光用自己的实际行动诠释了一名科研工作者的信念与追求，在砥砺前行的求索路上，取得了多方面的系列重要突破：体操方面，提出了“飞行”动作最佳化、单杠“盖式”振浪、鞍马“动肩全旋”等理论；蹦床方面，实现蹦床有限元和人体动力学的耦合建模，解决了网面起跳技术最佳化问题；跳水方面，提出“平掌撞水，撞揉结合”的压水花理论，使得一批世界冠军获益；康复治疗方面，则揭示股骨颈骨折机理，探讨最佳运动处方，提出动态电刺激理论，研发动态电刺激仪；等等。

在不同领域的研究中，钱竞光共发表学术论文 100 余篇，其中 SCI 收录 5 篇，EI 收录 2 篇，核心期刊 50 余篇；出版专著和教材 7 部；获得国家自然科学基金、科技部科技支撑计划项目子课题等科研项目 10 余项；被江苏省人民政府授予二等功 2 次、三等功 1 次；还获得国家体委科技进步奖 2 项、中国体育科学学会科技奖 5 项、江苏省科技奖 1 项、国际青年学者奖 1 项、国家专利 12 项（含发明专利 5 项）、江苏省教学成果一等奖 1 项、国家体育总局教学成果二等奖 1 项及“江苏省优秀教学团队”称号等殊荣。在 41 年的学术生涯中，他一直都在用实际行动坚守着科研工作者的神圣使命，追梦跋涉于运动人体科学研究的崇山峻岭，为新时代南体学人树立了榜样。

（三）王正伦

王正伦，男，1956 年生，江苏南京人，中共党员，教育学硕士，二级教授、硕士生导师，兼任上海体育学院博士生导师，南京大学、东南大学教授。他是全

图 6-2-29 王正伦

国体育硕士专业学位教育指导委员会委员、全国体育行业职业技能鉴定专家委员会委员、江苏省体育教学指导委员会主任委员，南京体育学院体育学一级学科“省优势学科”带头人、体育人文社会学“省重点学科”的带头人之一。

王正伦在青少年时期便对体育运动产生了浓厚的兴趣。1969 年 11 月，他全家由南京市下放至苏北灌南县三口公社成湾二队生活，这期间先后被选拔进入过盐城地区中学生足球队、灌南县篮球队、淮阴地区排球队等集训队，代表淮阴地区参加过全省中学生排球赛和江苏省第八届运动会。

1977 年，王正伦考入江苏师范学院（现苏州大学）体育系学习，毕业后分配至南京市第 39 中学任教。1982 年 9 月，王正伦考入上海体育学院攻读硕士学位，毕业分配至南京体育学院任教。其后，他相继担任体育系副主任、运动系主任、教务处处长、副院长。1996 年，他由原国家教委公派赴澳大利亚巴拉腊特大学做访问学者，是学校办学历史上首位公派教师。1997 年回国后，他立即负责领导学校的硕士学位培养单位申报工作，1998 年获得成功，拉开了南京体育学院研究生教育的大幕。

王正伦多年致力于体育人文社会学研究，硕果累累，具有广泛影响。2017 年，他荣耀入选百度“中国体育学最具影响力百名学者”排行榜。其研究方向主要集中在体育社会学、体育产业发展、市场经济条件下的体育发展战略、学校体育的现代化、高等体育专业的建设与发展、运动健康的社会干预技术等领域。在国际交流方面，他精通英语，擅长国际学术交流。在学术方面，他曾承接教育部、国家体育总局、江苏省教育厅、江苏省体育局等政府部门的重大课题数十项，发表论文 70 余篇，出版专著、教材 10 余部，在人本和民生体育、转型社会体育、体育社会化和产业化、运动健康促进与管理、基于健康科学的体育教学等方面均有独到见解，多篇论文被《人大复印资料》全文转载，赴各地做学术报告 100 余场。2011 年，他荣获国家体育总局“十一五”体育哲学社会科学优秀成果奖一等奖；2013 年，荣获省高校教学成果一等奖；还先后荣获“江苏省高校优秀中青年骨干教师”、“全国高校优秀青年体育教师”、江苏省“有突出贡献中青年专家”等称号，亦获评江苏省“333 高层次人才培养工程”第三层次培养对象。

在坚持学术研究的同时，王正伦坚持理论与实践相结合，积极投身社会服务。2005 年，他率我校师生承办十届全运会科学大会以及马术和速度赛马比赛，获十运会最佳赛区奖，个人荣立省政府二等功；2009 年，被聘为南京市申办第二届青奥会专家委员会委员，参与申办报告、负责人陈述等文件的撰写和讨论；主持并参与《江苏省学生体质健康促进条例》的撰写，主持《江苏省全民健身十二五实施计划》的制定。2014 年，他接受委托，代表江苏省教育厅赴教育部为国务院副总理刘延东拟写有关学校体育教育改革的讲话材料稿，成果受到有关方面的充分肯定。

（四）袁野

袁野，男，1959 年生，江苏徐州人，中共党员，二级教授，硕士研究生导师。

图 6-2-30　袁野

袁野自幼热爱足球运动，1975 年 7 月入选江苏省足球队；1980 年 7 月退役后考入南京体育学院体育系体育教育专业；1984 年 9 月因学业优异留校任教，在体育系足球教研室担任教师；1985 年 2—7 月于大连外国语学院日语系进修日语；1995 年始，历任体育系球类教研室副主任、教务处副处长、图书馆馆长兼图文信息中心主任、运动系主任兼总支书记、足球学院院长。

他的学术兼职及社会工作职务主要有全国青少年校园足球专家委员会委员、中国体育科学学会运动训练专业委员会委员、江苏省体育科学学会常务理事、运动训练专业委员会主任委员、江苏省足球运动协会执委、江苏省大学生体协南京分会副主任、中国足球协会教练员培训讲师、江苏电视台体育频道足球解说顾问、江苏舜天足球俱乐部技术总监、南京市足球协会青训总监。

在数十年职业生涯中，袁野积极践行大学的教书育人、科学研究、服务社会、文化传承四大宗旨。教学方面，他为全校不同专业开设了足球专修、足球普修、运动训练学、体育经纪人、体育俱乐部经营管理、日语等课程。自 2002 年学校招收第一届体育教育训练学专业研究生开始，他一直担任硕士生导师，积极承担“运动训练发展动态”等课程。迄今为止，他共指导近百名硕士生。科研方面，他相继主持了国家社科基金、江苏省社科基金、国家体育总局、江苏省教育厅、江苏省体育局等多项科研课题。2013年他申报的国家社科基金项目“中国职业足球联赛外籍教练与球员核心竞争力研究”获批，使其成为南京体育学院第1位成功申请到国家社科基金课题的教师。2005年他申报的江苏省教育厅高等教育教改研究课题“创建江苏省体育教学与训练信息特色数据库”获批，这是我校最早拿到的该项目重点课题。这两项课题填补了学校的科研空白。他还出版了多部专著、教材，公开发表了数十篇学术论文。此外，在担任运动系主任近10年中，袁野不懈努力，为运动训练专业的建设做出了重要贡献。运动训练专业先后被授予国家级特色专业、教育部本科教学改革试点专业（全国体育院校唯一获此称号者）、江苏省品牌专业、江苏省特色专业、江苏省重点专业等荣誉称号。

一分耕耘，一分收获。基于以上成绩，袁野先后获得诸多奖励：江苏省第十一届哲学社会科学优秀成果奖三等奖、江苏省高等院校一类优秀课程（“足球”）、江苏省高校高等教育优秀成果奖二等奖（2次）、江苏省高等院校研究生优秀课程（“运动训练发展动态”）。回顾以往，在南京体育学院的40多年职业生涯中，他始终牢记自己是一名人民教师，将培养学生成才视为自己的神圣使命。如今虽已年过花甲，但他依然坚持在教学第一线，为高等体育教育事业贡献自己的力量。

（五）盛蕾

图 6-2-31　盛蕾

盛蕾，女，1963年生，山东青岛人，中共党员，博士，二级研究员，江苏省体育科学研究所博士生导师、博士后工作站合作导师，研究方向为运动生物化学，兼任中国体育科学学会理事、中国体育科学学会生理生化分会常委、江苏省科协委员、江苏省体育科学学会常务副理事长。

盛蕾出生于军人世家，从小生活在部队大院，成为一名军医是她儿时的梦想。1979年高考，她毫不犹豫地报考了第二军医大学，但因军校限招女生，遗憾地与梦想失之交臂，结果进入北京体育大学基础理论系运动生理专业。1983年，她大学毕业后，服从组织分配，进入江苏省体育科学研究所从事研究工作，为优秀运动队提供科技攻关服务。

30 余年来，盛蕾锲而不舍地辛勤耕耘，收获了丰硕成果。她带领学术团队获得多项技术突破，曾多次被聘为国家奥运备战专家组成员，为奥运会参赛选手开展重要科研攻关。近年来，她又转向大众健身科研和普及工作，其成果获得了省级科技进步奖。同时，她先后发表科研论文 50 余篇，其中核心期刊近 40 篇；主持和参与国家级、省部级课题 10 余项；获得国家科技进步二等奖 2 项、省部级科技进步奖 7 项；先后被评为江苏省先进工作者、江苏省有突出贡献中青年专家。2002 年，还荣耀入选江苏省“333 高层次人才培养工程”第一期培养对象。2007 年，又进一步被认定为江苏省“333 高层次人才培养工程”首批中青年科技领军人才。

“历尽天华成此景，人间万事出艰辛。”2016 年，盛蕾服从组织安排，调至南京体育学院，转行从事学校学科建设和科研管理工作。回顾自己的研究历程，她认为：做科研就像在秘境中探险，道路势必具有挑战性和挫折性，只有坚持奋斗才能持续前行，只有团结合作才能取得成功。研究如此，管理亦然。科研管理就是点燃学校科研之火的抓手，她渴望默默无闻地为学校培育独具特色的学术团队做好保障，传递南京体育学院的学术声音，为学校“二次创业”的高质量实施保驾护航。

（六）史国生

史国生，男，1963 年生，江苏常州人，中共党员，硕士，三级教授，博士生导师，现任校党委副书记、副校长，2003 年入选江苏省“333 高层次人才培养工程”第二期第二批第三层次培养对象，2007 年被评为江苏省“青蓝工程”中青年学术带头人，曾被记省级个人二等功 1 次、三等功 1 次和集体二等功 1 次。2018 年，他主持的本科教育教学改革成果荣获国家教学成果二等奖（本次评选全国体院唯一），成为学校近十年来教学成果的一次突破。

图 6-2-32　史国生

1987 年，他获南京体育学院教育学学士学位；1998 年，获南京大学教育学硕士学位。他历任校教务处副处长（兼招生办主任），党办院办副主任、主任，保卫部（处）部（处）长，校党委常委、副校长。自2008年担任校领导以来，他曾主管过学生、后勤、教学等方面工作，现主管人事、科研、学科建设与研究生教育等工作。

史国生长期从事学校管理、教学和科研工作。在分管领域中，他结合形势要求和学校实际不断进行改革创新，并取得一系列优异成绩，为学校赢得了荣誉。如：2012年始，学校（附校部）负责全国青少年赛前文化测试工作，成为全国唯一承办单位；2015年，2个本科专业评为省品牌专业（1个A类专业考核为优秀）；2016年，学校名列“全国高水平体育后备人才重点基地”第一，取得了历史性突破；2016年，学校大学生创新创业项目获全国大学生“创青春”金奖，此为体育类院校首次获此殊荣；2017年，学校顺利通过教育部教学审核评估工作；2019年，学校成功承办了全国第十一届体育科学大会。

教学科研方面，史国生长期担任数门本科生和研究生课程，多次获得省高校精品教材、精品课程、重点教材、在线视频课程、研究生优秀课程等奖项；主持或参与国家级、省部级、市厅级40多个项目或课题研究；主编或参编出版近30部专著或教材（其中主编的4部专著获得华东地区科技出版社优秀科技图书二等奖）；在各类学术刊物上发表论文90多篇，获国家级二等奖1次，获省部级奖5次（1项一等奖、2项二等奖、2项三等奖）和市厅级优秀成果特等奖及一、二、三等奖30多次。

现今，史国生兼任多个校外社会、学术职务，主要有全国体育专业硕士教学指导委员会委员、全国运动训练教学联盟副主席、全国运动训练竞赛联盟副主席、江苏省大学生体育健康创新创业联盟理事长、江苏省高教学会常委、江苏省高教评估委员会副理事长等。此外，他还入选诸多评审、评估专家行列，主要有国家社科基金项目同行评审专家和项目审定专家、教育部高校教学审核评估专家、教育部学位与研究生教育发展中心评审专家、省哲社类和省教学类成果（职称）评审专家等。

第七章
管理保障与时俱进　成效明显

第一节
党政管理部门沿革与成效

一、党群部门

目前，学校设有党政办、组织部（党校、综合考核办公室）、纪委（派驻监察专员办公室）、宣传部、统战部、学工部（处）、保卫部（处）、工会、团委等部门，在学校党的建设、廉政建设、文化宣传、思想教育、意识形态、统一战线、学生教育管理、安全管理、群众活动等各项工作中发挥积极作用。

（一）党政办

1. 部门历史沿革

党政办前身为党办院办，成立于1958年；2019年4月，部门更名为党政办，由党委办公室、校长办公室、发展规划办公室、国际交流办公室、校友会秘书处共同组成、合署办公；2019年9月，发展规划办公室从党政办划出，独立设置为发展规划处，其余4个机构组成党政办并延续至今。其中，党委办公室是学校党委工作的综合办事机构，负责协调处理学校日常党务工作；校长办公室是学校行政工作的综合办事机构，负责协调处理学校日常的行政工作；国际交流办公室是学校外事工作的综合办事机构，负责协调处理学校日常的外事工作；校友会秘书处是学校校友工作的综合办事机构，负责协调处理学校校友方面工作。党政办作为保障学校日常运转的综合枢纽部门，现设有党办秘书科、校办秘书科、综合事务科、联络发展科、外事科、机要室、档案室、车队8个科室，具体承担学校层面的综合协调、上传下达、调查研究、文秘文印、对外交流、机要档案、收发传输、校友联络、公务用车等工作。

表 7-1-1 党政办历任负责人一览表

主 任	任职时间	副主任	任职时间
王 秀（党委办公室主任）	1958.12	成希春（院长办公室副主任）	1958.12
姚 琮（院长办公室主任）	1958.12	王 侃（院长办公室副主任）	1962.12
郭昭平（党办院办主任）	1988.05	郭昭平（院长办公室副主任）	1981.02
杨士豪（党委办公室主任）	1992.04	虞昌钰（党办院办副主任）	1983.03
汤 岩（党办院办主任）	1998.08	蒋宝珍（党办院办副主任）	1995.09
史国生（党办院办主任）	2003.11	张 健（党办院办副主任）	1996.03
金 松（党办院办主任）	2006.02	史国生（党办院办副主任）	1998.04
刘 健（党办院办主任）	2013.04	辛 丽（党办院办副主任）	2004.03
刘 健（党政办主任）	2019.04	蒋宝珍（党办院办副主任）	2006.03
丁永亮（党政办主任）	2020.01	刘 健（党办院办副主任）	2012.07
		葛见珠（党办院办副主任）	2015.12
		丁永亮（党办院办副主任）	2016.12
		丁永亮（党政办副主任）	2019.04
		叶 瑛（党政办副主任）	2020.05
		张 珏（党政办副主任）	2020.07

2. 主要工作及成效

60多年来，在学校党委、行政的正确领导下，党政办紧紧围绕学校党政工作部署安排和部门工作目标任务，充分发挥协助学校领导和学校日常运转的重要枢纽作用，秉承“运转有序、协调有力、督办有效、服务到位”的工作目标，坚持“服务、规范、合作、高效”的工作理念，着眼“办文、办会、办事”三大工作任务，不断加强自身服务能力建设和服务质量提升，突出重点工作，强化规范管理，积极为全校师生员工提供优质服务，为学校建设、发展发挥了重要作用。日常工作主要包括：

第一，加强政治引领，认真落实党的建设总要求。党政办深入贯彻中央、省委和省委教育工委等上级领导部门关于加强党建工作的各项要求，严格按照校党委决策部署，认真制定实施学校党建工作发展规划、计划和重要方案，精心组织协调学校党的建设各项重要任务开展，会同学校其他党务工作部门扎实开展“不忘初心、牢记使命”等主题教育，不断推进学校政治建设、思想建设、组织建设、作风建设、纪律建设和制度建设，有力推动全面从严治党等工作落细落小落实，激发基层党组织发挥战斗堡垒作用、党员发挥先锋模范作用，为推动学校在各时期高质量发展提供了坚实的思想政治保证和组织保证。

图 7-1-1　学校召开“不忘初心　牢记使命”主题教育动员部署会

第二，深入调查研究，充分发挥学校党政参谋助手作用。党政办紧紧围绕学校办学发展实际和中心工作深入开展调查研究，为学校制定实施发展规划、年度工作计划、重要规章制度、重大改革方案、重大合作项目等提供决策依据和意见建议，保证了学校党委、行政重大决策的科学制定；认真做好学校重要决策部署实施情况的督促检查，及时将执行情况向党委、行政反馈汇报，确保学校及时掌握各项工作开展情况并根据推进情况及时调整完善，确保各项任务安排得到认真落实、高质量完成。

第三，注重文稿质量，扎实做好撰文办文工作。党政办将文秘工作作为部门履行“参与政务、办理事务”职能的重要载体，完成或参与完成了学校教学、训练、科研、党政管理、上级领导来校视察、对外交流合作等方面各类重大会议和重要活动文字材料的撰写工作。近年来，年均起草、修订、审核、印制、发送、上报和下发文件千余份。2015 年起，党政办积极推动公文处理信息化，启用办公自动化系统（OA），极大地提高了文件传阅、查询、统计归档与跟踪督办效率。

第四，强化服务能力，全面提升办会办事水平。党政办秉持“组织超前、信息准确、综合运作、服务周全、勤俭高效”的工作理念，积极组织、协调好学校各项重大会议、活动，完成开学（毕业）典礼、校庆、青奥会、党代会、“两代会”等的筹办；精心组织接待党和国家领导人、外国元首和国家体育总局、省委省政府、省教育厅、省体育局等上级领导来校视察调研，以及接待兄弟院校来校交流访问。

第五，加快对外交流，不断提高办学开放度和知名度。党政办认真落实学校开放发展部署，严格遵循“以我为主，对我有利”的原则，积极贯彻“走出去，引进来”的指导精神，扎实做好外事工作。例如，接待国际奥委会主席巴赫、国际奥委会原主席罗格等国际体育界知名人士来校交流访问；有序推进开放办学，与美国罗克福德大学达成合作办学框架协议，该项目于 2021 年 4 月获教育部批准，实现了学校中外合作办学项目历史性突破。近年来，年均办理公务双跨团组数十批次、百余人次；接待来自美国、英国、澳大利亚、挪威、瑞士、丹麦、新加坡等国家和地区近百批次、千余人次来校参观、讲学、交流、科研、训练；与日本、韩国、美国、澳大利亚等多个国家和地区的大学和有关机构建立了固定交往合作关系，选派百余名教师和学生、运动员开展国际交流学习。

第六，强化规范意识，积极做好机要档案工作。党政办严格执行机要保密各项管理制度，顺利完成日常密码电报和公文的登记、处理、传阅、归档工作，近年来年均接收办理千余份纸质文件和电子公文，为各单位、部门借阅办文千余次。2007 年度、2014 年度荣获“省级机关、在宁高校密码工作先进集体”荣誉称号；扎实做好档案工作，牵头成立学校档案工作委员会，构建起覆盖学校各应归档单位和部门的档案管理网络体系；积极推进档案工作现代化建设，依托档案管理系统，深入开展档案数字化工作，有序推进“四星级”档案室建设工作，2014 年被评为江苏省档案工作三星级单位，2015 年荣获“江苏省高校档案工作先进集体”。

图 7-1-2　学校举行建校 60 周年庆典

第七，加强联络沟通，增进校友与母校情谊。党政办秉承“服务校友、服务母校、服务社会”的校友会办会宗旨，扎实推进校友工作，成功召开第一届、第二届校友会理事会，深入开展校友羽毛球赛、校友网球邀请赛、校友篮球赛等校友文体活动，通过校友论坛讲座、校友返校日、校友微信群等途径加强与校友沟通，不断增进校友与母校的深厚情谊；通过校友会平台，引导聚集校友开展校企合作，打造优势项目，其中校企合作项目“打造国内第一青少儿体育培训服务平台”获第五届中国“互联网 +”大学生创新创业大赛全国总决赛银奖。

第八，坚持安全理念，全力提供优质用车保障。根据学校用车需求，党政办认真做好车队日常管理，不断完善公务车辆管理与调度机制程序，坚持“安全第一”不动摇，为全校师生员工教学、训练、科研、管理等工作的开展提供了贴心到位的用车服务。

（二）组织部

1. 部门历史沿革

1956年9月，南京体育学校创建之初，就成立了党支部，书记为刘明厚。1958年10月，经中共江苏省委高校党委批准，成立南京体育学院党委会，由陶白、沈战堤等八位同志组成，陶白任书记，沈战堤任副书记。1959年，随着运动系和体育系的成立，学校先后建立了运动系和体育系党总支，张凤扬任运动系党总支书记，王云山任体育系党总支书记。1961年11月25日，南京体育学院召开全院第一次党员大会，以无记名投票方式选举产生了党委委员，沈战堤等九位同志当选为党委委员，顾立桂等两位同志当选为候补委员。1963年11月14日至22日，院党委召开全院第二次党员大会，进行了党委换届选举。1963年12月，经中共江苏省委高校党委批准，沈战堤等五位同志组成院党委常委。1965年3月27日，院党委召开全院第三次党员大会，沈战堤当选党委书记，杜铿之、苏凝当选党委副书记。1966年后，我院随全国卷入了“文革”，党的建设工作一度中断。直到20世纪80年代，随着南京体育学院的恢复，在历届党委的重视下，我校的党建工作和基层党组织的建设工作才逐渐步入正轨。1998年12月、2004年3月、2007年12月、2013年12月、2018年12月顺利召开了中共南京体育学院第四次、第五次、第六次、第七次、第八次党代表大会，选举产生了各届党委、纪委委员，不断开创我校党的建设新局面。与此同时，我校基层党组织数量也不断增多，党员队伍不断壮大，截至2020年12月31日，我校共有19个党总支（含4个直属党支部及奥林匹克学院党总支），64个党支部，1021名在册党员。

20世纪80年代，南京体育学院恢复办学。1981年10月，经省体委党组批准，南京体育学院设党委组织部，陶家祥任副部长。1983年6月，朱兰任组织部副部长；1991年7月4日，刘绍安任组织部部长；2001年4月，尹承志任组织部部长；2009年1月，余竞来任副院级调研员兼组织部部长；2010年3月，陈健任组织部部长；2014年6月，殷光任组织部部长；2018年11月，陆玉林任组织部部长，并于2018年12月校第八次党代会上当选为党委常委。

2. 主要工作与成效

首先，按照上级党组织的要求，不断推进党建工作。

第一，保证质量，做好发展党员工作。我校发展党员工作坚持“控制总量、优化结构、提高质量、发挥作用”的原则，严把“四关”：一是“入口关”，从源头提升发展质量。对入党积极分子实行党支部、党总支、校党校三级学习教育培训制度，不断提升对党的认识，为早日加入党组织打下了基础。二是严把“质量关”，优化党员队伍结构。注重在高知识群体、青年教师、优秀学生中发展党员。三是严把“程序关”，规范党员发展流程。2019 年印发《南京体育学院发展党员工作实施细则》，2020 年编制《南京体育学院发展党员工作标准化手册》，为各基层党组织发展党员工作提供实务指导。

第二，真抓实干，促进基层党组织建设。学校加强制度建设，建立长效机制。为加强基层党组织建设，切实提高基层党组织的工作水平，党委组织部积极通过制度建设推进顶层设计。党的十八大以来，先后修订《南京体育学院基层党支部“三会一课”制度》，制定《南京体育学院党员领导干部谈心谈话制度（试行）》《南京体育学院二级学院党政共同负责制工作规程（试行）》《南京体育学院二级学院党组织工作标准》《南京体育学院二级党组织党的建设考核实施方案》等，为基层党组织开展党建工作提供了重要抓手和导向。

图 7-1-3　学校召开第八次党代会

第三，按期换届选举，强化班子建设。按照党委的统一部署，根据《中国共产党章程》和《中国共产党基层组织选举工作暂行条例》规定，学校于 2010 年、2014 年、2019 年开展了全校基层党组织换届选举工作；落实教师党支部书记“双带头人”培育工程的要求，把党性强、业务精、有威信、肯奉献的教师党员选拔为教师党支部书记，推动党建工作与教学科研工作相互结合、有机融入，把党组织的领导力和组织力转化为推进中心工作的强大动力。

第四，组织表彰活动，树立先进典型。学校结合党的重大节日和年度党建工作，表彰在基层党建工作中涌现出的先进典型。2016 年以来，校党委共表彰了 96 名优秀共产党员、31 名优秀党务工作者和 32 个先进基层党组织，30 个党支部获“不忘初心、牢记使命”主题教育优秀党支部，27 个基础党组织获“最佳党日活动”表彰。组织部积极推荐学校党员参加上级党组织评选表彰，史婧琳、许安琪同志分别在2016年和2019年被评为全省高校优秀共产党员，许立俊同志在2016年被评为全省高校优秀党务工作者。

第五，开展主题教育，进行思想洗礼。党十八大以来，根据党中央、省委和省委教育工委的要求，学校积极开展主题教育活动：2013年6月至2014年7月，深入开展党的群众路线教育实践活动；2015年4月至12月，在县处级以上领导干部中开展“三严三实”专题教育；2016年起，在全体党员中开展“两学一做”学习教育；2019年9月至12月，深入开展“不忘初心、牢记使命”主题教育活动，并就活动开展情况在全省部分高校主题教育座谈会上做经验交流发言，得到时任省委常委、组织部部长郭文奇同志的充分肯定，《中国教育报》、中国江苏网、学习强国平台、新华日报交汇点、凤凰网江苏等媒体对活动给予了宣传报道，进一步扩大了学校主题教育的影响。

其次，以党员干部标准为标杆，不断加强干部队伍建设。

第一，完善机制，激活奋进动力源泉。学校党委始终围绕事业发展需要配备干部，不断完善健全干部使用机制，修订《中层干部选拔任用办法》，出台《南京体育学院干部鼓励激励、容错纠错、能上能下实施办法》的“三项机制”，大力选任认真负责、勇于担当、善于作为、实绩突出的干部。

第二，民主公开，多轮考核任用干部。学校积极扩大选人用人工作的民主化，采取多种方式进行民主推荐。所有干部选任均进行应知应会的党的理论知识及基本校情的笔试考试，处级岗位选任还由学校组成专家组进行结构化面试，综合考核干部在综合素质、能力修养等方面与职位、岗位的匹配度。校纪委全程参与选人用人各个环节，使全过程更加规范、民主、公开。

第三，采取措施，加大年轻干部的培养力度。党委高度重视年轻干部工作，认真贯彻落实中央和省委关于大力发现、培养、选拔优秀年轻干部的部署要求，通过干部换届选聘，拓宽选人用人视野等途径选任一批年轻干部，截至2020年12月，学校1985年后出生年轻干部有51名，占干部总数的24.3%，其中副处级1名，正科级20名，副科级30名。同时学校通过分层分批培训、校内多岗位锻炼、外派挂职等多种途径，努力提高年轻干部能力。

第四，注重实效，打造一支结构合理的干部队伍。截至2020年12月底，学校共有处级干部97人，其中正处级干部44人，副处级干部53人；男性66人，女性31人；平均年龄48岁，“80后”干部16人；少数民族干部3人；中共党员91人，民主党派、无党派人士6人；具有博士学位的15人。南京体育学院已形成了一支政治素质高、业务能力强、结构合理、富有创新精神的干部队伍。

2021 年正值建校 65 周年，党委组织部将在认真总结我校基层党组织建设和干部队伍建设经验的基础上，按照上级党组织的要求，开拓进取，扎实工作，不断加强基层党组织的建设，努力提高广大党员干部的综合素质，以进一步发挥党组织的凝聚力、党支部的战斗堡垒作用和广大党员的模范作用，为我校更快更好的建设与发展奠定强有力的组织保障和政治保障。

（三）纪委（派驻监察专员办公室）

学校纪检监察工作以马克思列宁主义、毛泽东思想、邓小平理论、“三个代表”重要思想、科学发展观、习近平新时代中国特色社会主义思想为指导，深入贯彻党中央、省委和上级纪委历次相关会议文件精神，准确把握全面从严治党向纵深发展的新要求，认真履行纪检监察工作职责，持续深化“三转”，努力提高践行监督执纪“四种形态”的能力，积极营造风清气正的校园政治生态，在省属本科院校等事业单位纪检监察机构 2019 年度、2020 年度工作考核中连续两年获得“第一等次”。

1. 部门建制沿革

1962 年，经中共江苏省委高校党委批准，南京体育学院监察委员会成立。1983 年，经江苏省体委党组批准，成立纪律检查委员会。1991 年，设立审计室，与纪委办、监察处合署。2017 年，审计室不再与纪委办、监察处合署。2019 年，江苏省监委向南京体育学院派驻监察专员并设立办公室，学校撤销监察处，纪委、派驻监察专员办公室合署办公，下设纪委办公室、监督检查处和审查调查处。

表 7-1-2　中共南京体育学院纪律检查委员会历任主要负责人一览表

姓　名	职　务	时　间
苏　凝	南京体育学院监察委员会书记	1962—1963
任世忠	中共南京体育学院纪律检查委员会副书记	1984—1986
钱义宽	中共南京体育学院纪律检查委员会副书记	1987—1990
刘绍安	中共南京体育学院纪律检查委员会副书记	1991—1997
尹承志	中共南京体育学院纪律检查委员会副书记	1998—2000
汤　岩	中共南京体育学院纪律检查委员会书记	2001.07—2009.01
李　江	中共南京体育学院纪律检查委员会书记	2009.01—2017.04
潘林珍	中共南京体育学院纪律检查委员会书记	2017.06 至今
潘林珍	江苏省监委派驻南京体育学院监察专员	2019.07 至今

2. 主要工作与成效

第一，监督工作。纪委认真履行监督职责，不断完善监督机制，突出监督重点，提升监督实效；坚决把贯彻落实党中央、省委和学校党委重大决策部署作为根本政治任务，强化对贯彻党章党规党纪、坚持正确办学方向等情况的监督检查，把严明政治纪律和政治规矩作为监督的首要任务，坚决做到“两个维护”；紧盯作风建设“四个关键”，健全工作机制，嵌入开展“网格化”专责监督；深入贯彻落实中央八项规定和实施细则精神，全面推进集中整治形式主义、官僚主义问题；推动建立“3+1”综合督查机制，充分发挥“四位一体”纪检监察整体优势，围绕教风学风、训风赛风开展专项督查；动态管理干部廉政档案，把好廉政意见回复关；按照省委关于巡视巡察工作的相关精神，协助党委做深巡察监督，2018 年至 2020 年，学校第七、八届党委共开展五轮常规巡察，对 13 个二级党组织开展政治巡察，对其中 1 个二级党组织开展巡察“回头看”；完成省委巡视办两项重点巡察工作项目，牵头建立完善学校巡察工作各项制度，积极构建“上下联动、巡审联动、巡改联动”工作机制；通过“常规巡察 + 巡察‘回头看’”、“政治巡察 + 专项督查”双轮驱动、巡察整改专项督查，做实做细巡察“后半篇文章”，推动巡察高质量发展。

第二，执纪工作。纪委坚持有案必查、有腐必惩，聚焦“关键少数”和重点领域，严肃查处各类违规、违纪、违法行为，办结省委巡视组移交问题线索，精准运用“四种形态”，给予相关人员开除公职、撤销党内职务、降低岗位等级、党内严重警告、警告等党纪政务处分，全力维护风清气正的校园生态和队伍纯洁；坚持抓早抓小、关口前移，用好“第一种形态”，做到问题早发现、早提醒、早纠正，由“惩治极少数”向“管住大多数”拓展，实现政治效果、纪法效果、社会效果相统一。

第三，问责工作。纪委用好问责利器，激发担当作为；坚持失责必问，问责必严，尤其针对对党的建设抓得不严，推进党风廉政建设和反腐败斗争不坚决，全面从严治党“两个责任”和“一岗双责”落实不到位，履行管理、监督职责不力等问题进行严肃问责，对负有领导责任的党组织和党员干部严肃追责，以严格的问责追究，压紧压实管党治党主体责任；坚持通报曝光、汇编典型案例，用身边事警示教育身边人，引导广大党员干部，增强反腐倡廉的思想自觉、政治自觉和行动自觉，筑牢拒腐防变的底线红线；坚持以案促改，精准运用纪律检查建议和监察建议，对问题线索处置和案件办理中发现的行业性、领域性、普遍性问题，深入分析问题根源和共性规律，找出廉政风险和制度漏洞，促使其扛起主体责任、加强监督管理、完善长效机制，持续强化案件查办治本功能。

第四，廉政教育工作。纪委及时传达和学习党中央、省委、省纪委重要会议、文件、讲话、指示、批示精神，深入开展学习实践科学发展观、党的群众路线教育实践活动、“三严三实”、“两学一做”、“不忘初心、牢记使命”主题教育活动，扎实推进“学恩来精神、守初心使命”专题教育活动，认真学习《习近平谈治国理政》；督促结合原院长张雄、财务处原处长周松年案情，自我检视，以案促改；组织召开警示教育大会，观看警示教育片，赴浦口监狱、省党风廉政警示教育基地、梅园新村纪念馆、周恩来故居和纪念馆等进行现场教育；开展校园廉洁文化宣传、师德师风教育、赛风赛纪和反兴奋剂教育，邀请专家学者来校举行专题讲座，纪委主要负责人讲授廉政党课，开展干部集体谈话，实现处级干部日常谈心谈话全覆盖；重要节点发送廉洁提醒短信、滚动播放廉洁提醒动漫，编印廉洁读本《南体钟声》《以案说纪》《应知应会》，上线“清廉南体”微信公众号，及时更新纪委网站“学习园地”，打造立体宣传格局，营造廉洁校园氛围。

第五，队伍建设情况。学校党委高度重视纪检监察工作，认真落实高校纪检监察体制改革精神，配备专职纪检干部 10 人，形成纪委委员、专职纪检监察干部、二级党组织纪检委员、党风廉政建设特邀监察员“四位一体”专兼职纪检监察干部体系；以纪委全委会、纪检监察月度会以及纪委办公会等“六个一”会议和省纪委内网、清风 APP、微信公众号为依托，加强政治理论与业务学习；选派人员参加上级纪委组织的业务培训和考试，纪委主要负责人参加省委巡视和巡察指导督导工作，派员参加省纪委跟班锻炼 4 人次、“以干代训”2 人次；申报省纪检监察研究课题，签订校检共建协议，强化兄弟院校交流合作，不断提升履职本领；开展二级党组织纪检监察工作年度考核，加强考核成果的综合运用；立改废释并举，分级制定、分类完善工作制度，编印《制度汇编》；实施“打铁必须自身硬”专项行动，恪守江苏纪检监察干部“八严禁”，出台《南京体育学院纪检监察干部“八个不准”》，主动接受监督，打造“阳光纪检”。

（四）宣传部

1\. 部门建制沿革

党委宣传部在校党委和行政的坚强领导下，紧密围绕学校中心任务，持续认真开展理论学习、意识形态、思想政治、新闻舆论、文化建设等工作，积极完成各项工作任务，为学校的发展建设贡献自身力量。

学校的宣传思想工作自建校以来一直受到高度重视。建校之初，思想宣传工作先后由校党委副书记沈战堤、苏凝兼管。1958 年 8 月，学校制定了《1959 年组织机构人员编制方案（草案）》，计划设立党委宣传部，但未能实行。1962 年 12 月，党委副书记苏凝兼任党委宣传部部长。1982 年 7 月，学校重新成立党委宣传部，刘菊昌、李江、张健、郦范琪、许立俊先后担任党委宣传部负责人。2018 年 12 月，在校第八次党代会上，党委宣传部部长兼统战部部长许立俊当选为第八届校党委常委。

党委宣传部 1982 年重新成立之初，主要机构设置有“两站一室”，即广播站、文化站和德育教研室，工作人员 4 至 5 人。随后，德育教研室等与相关科室合并成立了社会科学部（马克思主义学院）。2008 年前后，广播站和文化站被取消。2015 年 5 月，党委宣传部与党委统战部合署办公。2017 年 10 月，党委宣传部机构设置有办公室、宣传科 2 个科室。

表 7-1-3　历任党委宣传部部长（负责人）一览表

时　间	姓　名	任职情况	批准单位
1958.10—1960.08	沈战堤	党委副书记兼管宣传工作	省委宣传部
1960.08—1962.12	苏　凝	党委副书记兼管宣传工作	省委宣传部
1962.12—1966.06	苏　凝	党委副书记兼党委宣传部部长	省委宣传部
1979.03—1982.07	苏　凝	党委副书记兼管宣传工作	省　委
1982.07—1983.01	刘菊昌	宣传部副部长（主持工作）	省体委党组
1983.01—1988.05	刘菊昌	宣传部副部长兼马列主义教研室副主任（主持工作）	省体委党组
1988.05—1996.02	刘菊昌	宣传部部长	省体委党组
1996.02—1996.09	李　江	宣传部副部长（主持工作）	院党委
1996.09—2002.07	李　江	宣传部副部长兼马列主义教研室副主任（主持工作）	院党委
2002.07—2003.11	张　健	宣传部副部长（主持工作）	院党委
2003.11—2006.02	张　健	宣传部部长	院党委
2006.03—2014.10	郦范琪	宣传部部长	院党委
2014.10—2015.05	许立俊	宣传部副部长（主持工作）	院党委
2015.05—2016.10	许立俊	宣传部副部长、统战部副部长（主持工作）	院党委
2016.10—2018.12	许立俊	宣传部部长、统战部部长	校党委
2018.12 至今	许立俊	校党委常委、宣传部部长、统战部部长	省委组织部

2. 主要工作与成效

党委宣传部始终狠抓理论学习工作。为学习毛泽东思想、邓小平理论、“三个代表”重要思想、科学发展观和习近平新时代中国特色社会主义思想，党委宣传部按照校党委的相关部署和要求，认真制订理论学习计划和方案，及时组织校党委中心组开展集体学习，认真推进教职工的理论学习，确保全校师生在思想和行动上与党中央保持高度一致。为开展好理论学习工作，学校历任党委书记等校领导均亲自授课。学校首任党委书记陶白为师生员工讲授马克思主义理论相关课程。学校原党委书记陈国祥就“三严三实”“两学一做”学习教育活动讲党课。学校现任党委书记朱传耿、现任校长杨国庆等也为师生教授了习近平新时代中国特色社会主义思想相关专题党课、党史学习教育。党委宣传部认真做好学习组织工作，每年根据新的要求制定年度理论学习计划，邀请相关专家学者来校授课，及时购置发放党章、《中国共产党廉洁自律准则》、《中国共产党纪律处分条例》以及党和中央历届领导人的选集及重要讲话汇编等理论学习资料。

图 7-1-4　学校召开党史学习教育动员会

党委宣传部始终狠抓意识形态工作，成立学校意识形态工作领导小组，认真制定意识形态工作责任制及相关规章制度，积极对照上级要求对我校意识形态工作进行整改提升，推动将意识形态工作列入党委重要工作日程和年度考核任务。近年来开展了年度意识形态摸底排查工作，不断加强对宣传阵地管理和网络安全管理，及时向省教育厅等报送学校意识形态工作季度总结，有效维护了校园意识形态安全状态的持续稳定。

党委宣传部始终狠抓思想政治工作，积极利用横幅、海报、橱窗、网络和新媒体做好信息发布工作，及时将党的最新精神、最新指示在全校教职员工中予以广泛传达，及时将学校的发展变化、辉煌成绩在全校教职员工中进行全面展示；坚持把形势政策教育、爱国主义教育、法制教育、思想品德和行为准则教育放在思想政治工作的重要位置，大力鼓励运动员努力为国争光、自觉抵制兴奋剂。这期间，党委宣传部参与编著了《体育法学》《体育工作者行为指南》等著作，发表了关于体育伦理学、体育法学、体育美学的一系列文章。其中，刘菊昌 1989 年发表了题为《爱国主义是发展我国体育事业的巨大精神力量》的文章，介绍了我校爱国主义教育经验成果，在全国产生了一定影响。2006 年，在党委宣传部牵头负责下，校“世界冠军园”成功申报“江苏省爱国主义教育基地”，成为我省第一个体育主题的爱国主义教育基地，每年接待大量中小学生、社会各界人士及外国友人。宣传部联合组织部，每年都开展入党积极分子培训工作。

党委宣传部始终坚持做好新闻舆论工作。部门成立之初，党委宣传部主要通过《南体简报》（每周 1 期）、横幅和广播站广泛宣传中央精神和学校动态。1980 年底，校党委一度出版过省体育报《拼搏报》。进入 21 世纪以来，党委宣传部紧跟社会发展趋势，及时运用新型信息技术宣传学校的工作动态和办学成绩，从纸质校园简报发展为校园网，再到学校官微（微信）、官博（微博）。党委宣传部坚持突出重点，全力保障重要活动的宣传，联合或组织新闻媒体，对学校发展建设中的重大事件予以全方位、多角度的报道宣传，力争在全省乃至全国产生一定影响。在历届奥运会、亚运会和全运会比赛及学校举行重大活动期间，党委宣传部都积极邀请央媒、省媒等主流媒体，全力做好学校相关工作的宣传报道。在学校 50 周年校庆和 60 周年校庆期间，党委宣传部分别在《光明日报》刊发题为《“三位一体”育英才　特色办学谱华章》的文章，在《中国体育报》刊发题为《一百年中华体育梦　六十年筑梦南体人》的文章，及时对学校的历史底蕴和办学成绩等进行了全面的阶段性总结和宣传。南京亚青会、青奥会期间，党委宣传部推动《人民日报》以《体教一体看南体》为题对学校进行了整版报道。2019 年 12 月，党委宣传部在《人民日报》刊发题为《南京体育学院：传承中华体育文化　建设高水平体育大学》的文章，介绍了学校建校 60 年来为我国体育事业发展做出的重要贡献和校第八次党代会以来“新南体”建设取得的发展成就。

党委宣传部始终坚持做好校园文化建设工作，组织设计建设了奥运冠军大道、校史陈列馆、11 个运动项目雕塑、“振兴中华”群雕、世界冠军之路、运动队荣誉墙等校园文化景观；组织编撰出版《奋斗铸辉煌　群星耀中华——南京体育学院奥运冠军录》；组织设计创作了百名世界冠军紫砂壶、奥运冠军画作长卷；积极落实“校园即爱国主义教育基地，爱国主义教育基地即校园”的一体化构想；组织创作评定校旗、校徽、校歌、校树、校花等学校文化符号，制作传播学校形象宣传片，协助省、市相关单位做好文明城市创建工作，开展文体活动，不断提升学校形象和文化品位。

当前，正值学校全力推进“新南体”建设之际，党委宣传部将认真总结过去的工作，再接再厉，全力抓好宣传思想各方面工作，为把学院建设成为优势突出、特色鲜明、国内一流、国际知名的高水平体育大学提供强大的思想保障和良好的舆论氛围。

（五）统战部

在上级统战部门和校党委的正确领导与大力支持下，在全校民主党派成员、无党派人士、归侨侨眷、留学归国人员以及少数民族同胞的共同努力下，学校统战工作紧紧围绕建设“新南体”的中心任务，充分发挥参政议政、建言献策、民主监督等工作职能，为推动我校各项事业又好又快发展做出了积极贡献。

1. 部门建制沿革

学校党委统战部正式设立于1958年，至今已有10位统战部负责人，现与党委宣传部合署办公。首任负责人为李谋，时任组织部部长兼人事科科长，兼管统战工作；现任统战部负责人为校党委常委、党委宣传部及党委统战部部长许立俊，主管学校宣传工作和统战工作。

60多年来，我校民主党派人数从建校之初的民进5人小组发展为民进、九三、民盟3个基层组织，包含民革党员在内的4个民主党派成员共90多人（民进41人、九三43人、民盟11人、民革3人）。当前，我校拥有1名省人大代表、4名省政协委员（常委）及数名市区人大代表、政协委员。此外，我校目前还有1名省欧美同学会理事、1名玄武区侨务工作委员会理事。

表7-1-4　历任党委统战部负责人一览表

时　间	姓　名	任职情况	批准单位
1958.10—1962.12	李　谋	组织部部长兼人事科科长，兼管统战工作	省委宣传部
1962.12—1966.06	李　谋	组织部部长兼管统战工作	省委宣传部
1979.08—1981.09	吕立香	党委办公室主任兼管统战工作	省革命委员会教卫办党组
1981.10—1983.06	陶家祥	组织部副部长兼管统战工作	省体委党组
1983.06—1991.04	朱　兰	组织部副部长兼管统战工作	省体委党组
1991.04—1994.03	葛荣修	* 党委统战部部长	省委宣传部
1994.02—2000.03	王庆香	* 党委统战部副部长	校党委

（续　表）

时　间	姓　名	任职情况	批准单位
2000.04—2002.01	罗福亭	党委统战部副部长，与组织部合署办公	校党委
2002.01—2003.11	尹承志	组织部部长兼管统战工作	校党委
2003.11—2006.02	蒋宝珍	* 党委统战部部长	校党委
2006.03—2015.05	蒋宝珍	统战部部长兼党办院办副主任	校党委
2015.05—2016.10	许立俊	宣传部副部长、统战部副部长（主持工作）	校党委
2016.10—2018.12	许立俊	宣传部部长、统战部部长	校党委
2018.12 至今	许立俊	党委常委、宣传部部长、统战部部长	省委组织部

注：有“*”的为统战部单设办公，其他为合署办公。

2. 主要工作与成效

校党委坚持学习贯彻党的统战工作方针政策，把统战工作作为党委工作的重要内容，每年对统战工作进行 2—3 次专题研究，统一部署；定期解决统战工作中的重点问题，定期召开情况通报会和座谈会，在广泛征集党外人士意见和建议的基础上，制定了《关于加强和改进新形势下统一战线工作的实施办法（试行）》《南京体育学院党员领导干部与党外代表人士联谊交友制度》等规章制度，形成了党委领导并主动联系、有关部门各尽其责的“大统战”工作机制。

学校与上级统战部门等保持密切沟通，及时完成上级部门部署的统战相关工作。按照上级有关部门的文件精神，统战部对南京体育学院统一战线工作和民族宗教工作领导小组，以及校院两级党员领导干部与党外代表人士联系交友人员分别进行调整并发文；执行省委统战部、省委教育工委关于全省高校民主党派各类调研统计工作、无党派人士界定和组织工作、侨务工作、民族团结工作、欧美同学会工作以及党外网络人士摸排工作等统战工作的要求，填报各种类型的数据信息，撰写不同方向的情况汇报，并完成一系列相关工作总结。近年来，在校党委的正确领导下，党委统战部进一步整合校内外统战资源，开展或配合上级部门完成多项活动，譬如接待全国政协副主席卢展工率领的全国政协学生体质健康监测与干预工作调研组开展专题调研工作；陪同校领导会见了国际奥委会委员、国际奥林匹克文化暨奥林匹克传承委员会主席吴经国夫妇，中华奥林匹克之友协会（台湾）理事长吕庆将夫妇一行，并组织南京体育学院聘任国际奥委会委员吴经国先生为名誉教授授予仪式；顺利促成民国元老、书法大家于右任先生第三子于中令先生一行访问我校并题词；配合省政协、民盟省委召开江苏省政协教卫体委员会全体委员会议和民盟江苏省委直属基层组织所在单位统战部长会议；邀请党外专家学者来我校进行授课，宣讲全国“两会”精神；接待省人大、省政协、民盟省委以及玄武区等不同级别层面领导来我校开展工作调研；与市委统战部对接，圆满完成2015年、2019年两届“相约南京——宁台青少年武术夏令营”活动；加强与民主党派江苏省委的联系，邀请相关部门领导来我校参与民主党派开展的各类活动；热心给予兄弟部门支持与协助，成功举办两届中华武术（国术）交流大会；还接待了来自香港、台湾等地区的重要民主人士、中小学生来我校参观交流，全方位、宽领域、多层次地夯实我校统战工作的基础。

学校支持和尊重民主党派按照宪法和各自的章程开展活动，认真做好民主党派骨干和优秀的无党派人士的工作，及时向他们宣传党的相关政策、通报学校工作情况，并鼓励他们参政议政，积极撰写提案，参加学术活动和业务培训，充分调动统战人士在学校建设和发展中的积极性。每年例行的民进南体支部“迎新春同乐会”和九三学社南体支社的“迎新春茶话会”已成为学校民主党派的品牌活动。校党委及统战部常与民主党派、党外人士所在部门的领导联系，了解他们的工作、学习、生活情况，尽力给予他们更多关心和支持。

全校民主党派成员、无党派人士、归侨侨眷、留学归国人员以及少数民族同胞积极参政议政，充分发挥聪明才智，为学校60多年风雨历程所取得的辉煌成就做出了积极贡献。由于全校统战人士积极努力工作，不同时期均出现一些有代表性和影响力的人物。他们中许多人曾担任省市各级政协委员，并多次被民进省委、九三省委、民盟省委和“九三中央”评为先进工作者。此外，校民进、九三两个基层组织曾多次被民进省委和九三省委评为“先进集体”。

在新的历史时期，党委统战部将坚持以习近平新时代中国特色社会主义思想为指导，深入学习贯彻党的十九大精神和十九届二中、三中、四中、五中全会精神，牢牢把握新时代统一战线工作的新机遇，坚决贯彻落实中央、省委关于统一战线工作的各项决策部署，认真贯彻落实学校第八次党代会精神，充分发挥统一战线工作优势，着力提高统战工作水平，凝聚人心，汇聚力量，围绕中心，服务大局，努力开创我校统战工作新局面。

（六）学生工作处（部）

学生工作是指学校对学生入学、在校的行为以及就业所从事的管理和指导性工作。它包括招生、学生管理和学生就业工作。南京体育学院学生工作自恢复招生以来，由于事业的发展和办学规模的不同，加上国家社会对教育事业的要求以及学校本身管理需求，学院在不同时期的学生工作有着不同的做法和举措。

学生工作发展可分 5 个阶段：

（1）教学工作单一管理阶段（1980—1994）

从 1980 年恢复招生至 1994 年，校教学单位只有体育系，招生专业仅为体育教育专业本专科两个层次，在校人数不到 500 人。教学机构只有教务处，学生工作没有设立专门机构。

（2）教学工作分散管理阶段（1994—2002）

1994—2002 年为我校教学快速发展时期，学生工作在没有常设机构的情况下，学生管理为各教学单位分散管理，招生和就业分别在教务处和人事处有了专人负责，我校的学生工作处于多元化的分散自治管理阶段。

（3）设立机构集中管理阶段（2002—2006）

为了协调和规范我校的学生工作，2002 年 7 月，学院成立学生工作处（党委学生工作部），严海平担任学工部副部长、学生处副处长。2003 年 11 月，严海平任学工部部长、学生处处长。学生工作处下设学生管理科、招生就业办公室两个科级行政编制，实行归口管理，并与院团委合署办公。2005 年，学校撤销招生就业办公室，建立招生办公室和大学生就业指导中心，隶属于学生工作处。由此我校的学生工作进入了集中规范的统一管理阶段。

（4）科学规范持续发展阶段（2007—2016）

这一时期的学生工作处进入科学化规范化的持续发展阶段。2007 年至 2011 年 1 月，严海平任学工部部长、学生处处长。2009 年 12 月至 2011 年 1 月，张敏任学生工作处（部）副处（部）长（正处级）。2011 年 2 月至 2015 年 11 月，陆玉林任学生工作处（部）处（部）长。2014 年 4 月至 2016 年 11 月，陶利任学生工作处（部）副处（部）长。2015 年 12 月，唐存楼担任学生工作处（部）副处（部）长、招生办公室主任（主持工作）。2016 年 12 月，殷怀刚任学生工作处（部）副处（部）长。2016 年 12 月至今，唐存楼任学生工作处（部）处（部）长、招生办公室主任。

招生工作方面，招生工作在校招生工作领导小组的领导下，严格按照教育部和各省招生主管部门的要求，平稳有序地进行，取得了非常好的效果。

学生管理方面，学生管理科始终坚持以服务学生为宗旨，深入学习贯彻党的精神，以群众路线教育实践活动为载体，不断开创服务学生新模式。学生管理工作体制机制进一步健全，学生工作科学化、规范化。

就业工作方面，大学生就业指导中心坚持以人为本、以服务学生为宗旨，进一步加强组织领导，不断完善制度建设。在这一段时间，我校初次就业率和年终就业率每年均保质保量超额完成江苏省教育厅要求，并呈稳步上升发展态势。

学生资助工作方面，经党委常委会研究决定，2010 年成立“南京体育学院学生资助中心”。学生资助中心秉承“以学生为本，为学生服务，对学生负责，助学生成功”的工作理念，从“经济资助”和“素质资助”两面着手，形成“双线资助”体系，对我校所有家庭经济困难学生按照“经济上予以资助，生活上予以照顾，思想上予以指导，学习上予以帮助”的助学方针，加大资助力度，规范工作程序。

（5）构建长效机制，进一步实现学生工作制度化与体系化（2017—2020）

学工处在校党委和行政的正确领导下，紧紧围绕学校的中心工作，矢志不渝落实立德树人的根本任务，坚持以学生为中心，以服务学生成长成才为落脚点，切实抓好学生的思想政治教育，在招生、本科生日常管理、本科生心理健康教育、本科生学生资助、就业指导等方面以制度建设为保障，以建立长效机制为中心工作，创新工作方法，提高学生工作队伍素质，优化育人环境，进一步实现学生工作制度化与体系化。2017 年至今，学生工作处（部）处（部）长、招生办公室主任为唐存楼，2017 年至 2019 年 3 月副处（部）长为殷怀刚，2019 年 4 月至今副处（部）长为杨晖。

招生工作方面，在校本科招生工作领导小组的领导下，学工处每年完成艺术类专业校考、江苏省体育统考和体育单招各项考试任务，以及优秀运动员保送录取、专转本、江苏省对口单招、体育单招、艺术类统招提前录取、体育类统招提前录取、普通类统招录取 7 个批次录取工作，实现“考试录取无差错，考风考纪零投诉”。招生宣传渠道进一步扩大，宣传形式与内容更加丰富，实现“云招生宣传”。2017 年我校成为首批体育单招全国统考承办单位。2020 年正式开通官方招生专用微信公众号，并组织开展我校首场招生宣讲网络直播。2020 年签订首个非体育艺术类生源基地（运动健康学院）。2020 年印发《南京体育学院本科招生工作管理规定》。

学生管理方面，学工处努力开创新时代南体思想政治工作新局面：一是聚焦短板弱项，搭建学生管理育人平台。深入落实学校本科教育教学“3+1”督查实施方案。二是创新推动网络育人，推动“南体易班”建设。“南体易班”平台作为学生教育管理和信息收集的重要补充手段，大大提高了我校学生日常管理的信息化水平。三是持续推进实践育人，开展特色校园文化活动。2019、2020年我校学生参赛作品连续两年获得江苏省大学生职业规划大赛一等奖，创历史最好成绩，实现了我校在省大学生职业规划大赛一等奖零的突破。四是大力促进心理育人，建立学校、院系、班级、宿舍“四级”预警防控体系，进一步完善心理健康工作场地，克服困难配齐心理发展辅导室、心理测评室等基础场地，满足学生多样化需求，实施分类引导。五是进一步加强辅导员队伍建设，立足更高站位，种好责任田。2020年首次出台加强辅导员队伍建设实施意见，力保辅导员工作有条件、干事有平台、待遇有保障、发展有空间，同时明确了《南京体育学院辅导员日常工作管理规定》工作标准。积极组织辅导员参加各级各类培训，实现培训对象全员化、培训内容系统化、培训方式多样化。

图7-1-5　学校举行毕业典礼暨学位授予仪式

就业工作方面，大学生就业指导中心坚持细化服务、多措并举，确保毕业生就业工作目标和任务顺利完成，主要工作包括：一是提高思想认识，加强毕业生就业工作组织领导，成立毕业生就业工作领导小组。二是强化目标管理，实行就业工作目标责任制。2020年印发《南京体育学院毕业生就业工作考核办法》，进一步构建毕业生就业工作长效机制。近年来，我校毕业生就业率均完成江苏省教育厅要求。三是推动全员参与，组建就业指导团队，积极开展就业“云指导”。2020年虽受新冠肺炎疫情影响，但我校毕业生年终协议就业率仍达49.32%，创历史新高。四是拓宽就业渠道，广泛挖掘就业资源。除我校每年均会举办的专场招聘会之外，为尽量降低新冠疫情对毕业生就业的影响，我校还在2020年举办了“江苏省体育产业2020届毕业生春季网络招聘会暨南京体育学院2020届毕业生校园网络招聘会”，同时举办多场线上宣讲会，打造就业直播间，进一步实现“云就业”模式。五是开拓创新，优化服务，多元化开展就业创业指导站工作。2018 年我校成立“大学生就业创业指导站”，并在同年南京市“大学生就业创业指导站”评比中取得第一名。

学生资助工作方面，近年来学生资助中心进一步加强制度建设，陆续出台《南京体育学院国家奖学金评定办法》《南京体育学院国家励志奖学金评定办法》等一系列文件，在制度上织就了一张保障家庭经济困难学生的兜底网。按照省厅有关文件规定，学校从事业收入中足额提取 6% 的经费用于资助家庭经济困难学生。资助中心积极完成我校国家奖学金、国家励志奖学金、国家助学金工作；准确完成我校生源地助学贷款工作；严格完成我校征兵代偿工作；探索与创新校级奖学金评定工作；完善我校家庭经济困难学生认定工作；科学与高效地做好勤工助学工作；认真完成江苏省教育厅资助绩效评价指标体系数据上报工作；持续做好资助育人工作。

（七）保卫处（部）

1. 部门历史沿革

1958 年 7 月，南京体育专科学校建立之初就成立了保卫科；1962 年，保卫科与人事部门合并设为人事保卫科，之后为适应形势的需要，于 1963 年又独立设立保卫科，直到 1987 年，经省编委批准设置了保卫处。其间虽然历经数位科、处领导的变迁，但保卫部门一向积极贯彻落实党和政府的路线、方针、政策，认真执行上级组织和校党委的指示精神。目前，保卫处下设 3 个科室（政保科、治安一科、治安二科），政保科主要负责意识形态领域的防控工作、信息调研和搜集工作、户籍和处办公室及人民武装工作；治安一科主要负责灵谷寺校区校内治安、消防、交通和校卫队管理等工作；治安二科主要负责仙林校区校内治安、消防、交通管理等工作。保卫处拥有正式职工 9 人和合同制校卫队员 33 名，承担着学校日常的治安、消防、交通等安全稳定工作。在现有正式职工中，保卫处有处级干部 2 人、科级干部 3 人，有党员 8 人，有硕士 1 人、本科 2 人、专科 6 人，具有较为合理的年龄结构、学历结构和组织结构，是一支业务素质较高、能力较强的高校安全工作队伍。

表 7-1-5 保卫处历任主要负责人一览表

姓 名	职 务	时 间
刘国文	人事保卫科科长	1962—1963
张茂元	保卫科科长	1984—1987
张茂元	保卫处处长	1987—1990
杨 浒	保卫处处长	1990—1993
黄炳章	保卫处副处长	1993—1995
戈学宝	保卫处副处长	1995—1998
尹承志	保卫处处长	1998—1999
张 敏	保卫处副处长	1999—2003
张 敏	保卫处处长兼保卫部部长	2003—2006
史国生	保卫处（部）处（部）长	2006—2008
王加华	保卫处（部）副处（部）长	2008—2011
王加华	保卫处（部）处（部）长	2011—2016
王竹林	保卫处（部）处（部）长	2016 至今

2. 主要工作与成效

第一，完善管理制度建设。近年来，保卫处结合校园安全保卫的新形势、新任务，不断修订完善学校内部安全保卫、安全隐患排查及整改、24 小时值班等制度，加强内部管理。同时，为充分做好学校各类应急处置工作，进一步完善学校各类突发事件预案，组织多次安全消防等各类演练。

第二，落实安全工作责任。近年来，保卫处根据“党政领导负总责，分管领导分头负责，职能部门具体负责，全校上下逐级负责，师生员工人人有责”的工作机制，及时与各部门签订《南京体育学院校园综合治理责任书》和《南京体育学院消防安全工作责任书》。同时，因校内人事变动，学校适时调整安全稳定工作领导小组、国家安全领导小组、治安综合治理领导小组、防火委员会、学生工作委员会、安全生产领导小组、人民调解工作领导小组等管理组织的成员。另外，学校坚决执行安全工作“一票否决制”和“责任追究制”。

第三，坚持常态化安全检查。近年来，保卫处始终坚持日常检查和重点检查相结合，专项治理和隐患整改相结合的工作机制。每逢节假日，在要求各单位、部门安全自查的同时，保卫处开展全校范围的安全大检查，对配电房、锅炉房等重点要害部位实行全覆盖检查。保卫处通过定期、不定期的校园安全隐患排查整改工作，切实有效预防和遏制安全事故的发生。

第四，安全教育有声有色。近年来，保卫处面向全校开展了形式多样的安全宣传教育与安全技能培训活动。保卫处利用新生报到、安全知识竞赛活动、“11·9”消防教育周，分别举办消防安全知识讲座，消防技能实战演练，运动员公寓、大学生公寓消防火灾逃生疏散演练等活动。按照省教育厅的有关要求，从2006年起，学校将消防安全教育列入大学生军训计划。2012年至今，学校已连续开展并参加了9届全省大学生安全知识竞赛活动。

第五，强化政保信息预警。近年来，保卫处每逢重大节日、敏感时期，以及党和国家召开重要会议期间，积极与校内外相关部门联动配合，关注与搜集、反馈重点信息和校园思想动态，实行24小时值班，并逐步建立起覆盖全校的多层次、多渠道、多途径、全方位的情报信息网络。

第六，“三防”建设效果显著。近年来，保卫处累计投入了数百万元，对校主要场馆楼宇、重点要害部位安装改造升级监控设备，进一步优化消防报警系统布局，集中统一规范管理，提高技防设备作用。同时，保卫处严格实行事故信息和重大事件报告制度，坚持校园110报警室24小时值班，保卫干部24小时值班备勤；采用徒步巡逻、机动巡逻、重点部位定点巡查等方式，交叉进行校园24小时安保巡防。

第七，重大活动安保得力。近年来，保卫处根据校园重大活动规模与内容，制定相应的安保预案，精心组织实施，确保安全无事故。每年除组织实施体育专业统考、单招考试、英语四六级考试、毕业典礼、产业部门外联项目安保工作外，保卫处还根据校年度中心工作完成其他安保任务，尤其在2013、2014年，连续两年圆满完成南京亚青会、南京青奥会校园安保任务。

第八，消防工作紧抓不放。近年来，保卫处坚持依法消防，健全义务消防队等管理组织，实现组织网络全面覆盖，层层落实防火责任人。同时，保卫处不断完善消防器材、设施配置等各项管理工作，在重点要害部位补充配置消防器材。在落实消防安全责任与广泛开展安全教育的同时，保卫处加强消防安全的经常性检查和突击性检查，督促相关单位整改火灾隐患，特别强化对重点单位、重点部位予以重点检查，确保消防工作能安全稳定。保卫处每周对重点部位检查一次，对室内消防栓定期、不定期检查，以确保消防器材设备的到位率和完好率。

第九，交通秩序井然有序。近年来，保卫处针对校内机动车辆较多、外来办事车辆进出较为频繁的实际情况，对校内交通秩序实施了专项整治。2012年起，对进出院门的车辆实行门禁管理，并于 2015 年改为车牌识别管理，2020 年升级改造了车辆门禁系统。同时，保卫处增派交通巡逻人员加强巡逻与管理，采取堵疏结合的管理方式予以宣传教育，确保校内的道路畅通，车辆停放有序，交通秩序良好。另外，保卫处还积极做好毕业生集体户口批量迁出、新生集体户口批量迁入、教职工集体户口零散迁入、提供户籍证明、户口卡借用和业务咨询等服务。

第十，人民武装工作成绩显著。近年来，保卫处认真踏实地做好人民武装工作。一是多法并举，做好征兵工作。征兵工作是学校武装工作的重头戏，为了做好这项工作，我们面对人手少、任务重等一系列困难，多法并举，征兵人数连创新高，获得上级组织和领导的一致好评。二是创新校园国防文化，为学校国防教育增光添彩，圆满完成每年的军训工作，且每年都有创新与特色，特别是 2019 年成立的校女子国旗班，成为校园一道亮丽的风景线。三是做好拥军优属等其他人民武装工作。每年都组织对军属的慰问，并对于军属的困难与需求积极解决，双拥工作踏实有效。

图 7-1-6 学校新生军训汇报总结会

由于领导重视、工作到位、成效显著，保卫处先后多次被南京市、玄武区评为综合治理、治安保卫、消防安全等先进集体。校保卫处于 2002 年被江苏省公安厅、江苏省教育厅授予“江苏省安全文明校园”称号；2005 年被南京市公安局授予集体三等功；2009 年被江苏省公安厅授予集体二等功；2013 年被江苏省教育厅、江苏省综治办、江苏省公安厅联合授予“江苏省平安校园”称号；2020 年被江苏省军区授予“基层武装工作先进单位”称号。

居安思危，居安思进。保卫处始终贯彻“安全第一，预防为主，综合治理”的方针，坚持科学发展和安全发展，深刻分析目前存在的困难和问题，继续探索新思路和新方法，不断强化、细化、内化各项安全管理工作，努力营造安全稳定的校园环境，为学校的更好更快发展再立新功。

（八）工会委员会

1. 部门历史沿革

南京体育学院工会委员会于 1959 年 12 月成立。1981 年 6 月，学校成立南京体育学院教育工会，1987 年 9 月校工会恢复处级建制。现任工会主席为王加华。工会于 2018 年取得社团法人资格，法人为王加华。

表 7-1-6　工会历任负责人一览表

主　席	履职时间	副主席	履职时间
陈学仁	1959.12	邹仁海、储雄堡、朱铭	1959.12
张　媛	1981.06	堵道元	1981.06
胡天兴	1987.05	钱菊英	1983.07
汤　岩	2001.06	钱菊英	1987.05
余竞来	2003.11	尹承志 钱菊英（主持工作）	1994.02
李　江	2010.04	戈学宝（主持工作）	1998.04
王加华	2016.07 至今	戈学宝（主持工作）	2001.06
		戈学宝（主持工作）	2003.11
		王成钢（主持工作）	2010.04
		李　丹	2017.03

图 7-1-7　学校召开工代会

2. 教职工代表大会工作

学校于 2001 年 6 月召开第一届教职工代表大会暨工会会员代表大会第一次会议；2010 年 4 月召开第二届教职工代表大会暨工会会员代表大会第一次会议；2016 年 7 月召开第三届教职工代表大会暨工会会员代表大会第一次会议；2018—2019 年召开第三届教职工代表大会暨工会会员代表大会第二次、第三次会议；2020 年 4 月 15 日召开第四届教职工代表大会第一次会议，4 月 16 日召开第四届工会会员代表大会第一次会议。第四届教职工代表大会暨工会会员代表大会选举产生了第四届教职工代表大会执行委员会、第四届工会委员会，黄步龙当选为教职工代表大会执委会主任，王加华当选为教职工代表大会执委会副主任、工会委员会主席；选举产生第四届教职工代表大会提案工作委员会，陆倩慧当选为主任；选举产生第四届工会经费审查委员会，陶利当选为主任；选举产生第四届女工委员会，王翠芳当选为副主任；选举产生第四届工会福利委员会，丁锴当选为主任。

3. 主要工作与成效

校工会在学校党委的领导下，在学校行政的大力支持和广大教职工的共同努力下，紧紧围绕学校中心工作，认真履行参与、维护、教育、建设四项职能，积极推进学校的民主政治建设，全心全意为教职工服务，切实关心教职工，不断开创工会工作新局面。其主要工作包括：

第一，提高政治站位，筑牢思想根基。学校重视全校工会干部教育培训，每年组织开展工会干部培训班，保持和增强工会工作的政治性、先进性、群众性；发挥劳模等先进典型示范引领作用，弘扬劳模精神。目前我校在册全国劳模 3 人、江苏省劳模 47 人，劳模人数位居在宁直属高校第 1 位。每年组织开展“劳模精神进校园”活动，发展独具特色的劳模育人文化，用劳模精神激发师生劳动创造热情。

第二，强化民主管理，完善体制机制。学校党委高度重视“两代会”工作，坚持党委领导下的教职工代表大会制度。经过近几年努力，学校形成了党委领导、行政支持、工会运作、教职工参与的“两代会”机制和每年 1 次、按期换届的“两代会”制度；制定了《南京体育学院教职工代表大会实施办法（试行）》《南京体育学院二级教职工代表大会实施办法（试行）》《南京体育学院工会会员代表大会实施办法（试行）》等民主制度，畅通教职工参与民主管理的渠道，充分保障了教职工的知情权、参与权、表达权和监督权；通过提案收集基层声音，汇集教职工智慧，进一步推进基层民主管理制度化、规范化，服务学校大局。为推进二级教职工代表大会在学院民主政治建设中的作用，游泳学院和运动健康学院已召开第一届教职工代表大会暨工会会员代表大会，逐步形成党总支领导、校行政支持、校工会指导、分工会运作、教职工参与的二级教职工代表大会制度。

第三，维护合法权益，提高服务意识。工会坚持以人为本，切实把教职工对美好生活的向往作为奋斗目标，坚持“眼睛向下”，对标“无缝对接”，努力改善福利待遇，落实、落细普惠工作；严格把关，规范操作，做好传统节日慰问品招投标及发放工作；坚持和完善“六必访”等制度，精准扶贫帮困；送温暖活动制度化、常态化；加强对女教职工的关心与关爱，开展花艺讲座、朗诵团、瑜伽等活动，开展女职工健康关爱行动；积极搭建青年交友平台，关心青年教职工，增进友谊。

第四，发挥工会作用，加强阵地建设。工会坚持党建带工建，工建服务党建，管好用好职工之家，2020 年我校“职工之家”活动场所改造工程竣工验收，2021 年正式投入使用；组织开展普惠大众、喜闻乐见的文体活动，形成大型活动有特色、小型活动不断线的工作格局，充分发挥意识形态的引领作用，活跃校园文化；发挥分工会作用，开展多种活动，面向基层，把力量和资源向基层倾斜，使各分工会真正建起来、转起来、活起来；积极引导、支持教职工协会开展活动，倡导教职工快乐工作，健康生活；推进校级“职工小家”建设，进一步发挥“职工小家”聚人心、助成长、促发展的积极作用，全面提升工作水平和服务水平。

2001 年底，经过省教育工会评审验收，校工会被省教育工会授予“先进教职工之家”称号；2003 年 11 月，工会被中国教科文卫体工会全国委员会授予“全国教科文卫体工会系统抗击非典先进集体”，戈学宝被授予“抗击非典优秀干部”；2005 年 12 月，经过省教育科技工会评审验收，校工会被江苏省教育科技工会系统授予“模范职工之家”称号；2009 年 1 月，工会获得在宁高校科研院所工会工作先进集体称号；2017—2020 年，工会每年获得直属基层工会财务会计工作竞赛评比二等奖；2020 年 12 月，工会获得 2018—2020 年度省教育科技工会“四星级教工之家”称号。

新时代赋予新使命，新担当呼唤新作为，工会将以习近平新时代中国特色社会主义思想为指导，深入学习贯彻党的十九届五中全会精神、习近平总书记视察江苏重要讲话指示精神、习近平总书记关于工人阶级和工会工作重要论述以及关于教育工作的重要论述，紧扣学校发展大局，以为教职工服务作为自己的天职，加强自身建设，夯实服务基础，提高服务能力，扎扎实实做好工作，充分调动和发挥各分工会及广大教职工的积极性、创造性，不断增强工会组织活力和吸引力、凝聚力，团结动员广大教职工为推动学校各项工作高质量发展、建设“新南体”再做新贡献。

（九）团委

1. 部门历史沿革

共青团南京体育学院委员会于1958年10月3日经中共江苏省体委党组同意成立，第一任书记为王秀，副书记为钱义宽。1962年9月27日，经院党委批准，成立院团委，苏凝任书记，胡水生任副书记。1969年10月，经中共南京体育学院核心小组批准，由丁明娟、陈德厚、孙家林、尤启骏、邓成芳5人组成共青团南京体育学院领导小组，丁明娟为组长，陈德厚为副组长。1980年7月，殷宝林任南京体育学院团委书记，闻竞任团委副书记。1982年9月，闻竟、吕卫东2人任南京体育学院团委副书记。1984年4月18日，徐辉、张祖强任团委副书记。1987年9月，团委恢复了处级建制，张祖强任团委副书记。1988年12月，严海平任团委副书记。1989年10月，业余团校成立，殷宝林任名誉校长，严海平任校长。1991年8月，汤岩任团委书记。1994年3月，张健任团委副书记。1996年3月，院党委决定江海林任团委书记（副处级）。1998年3月，唐存楼任团委副书记。2008年1月，唐存楼当选院团委书记。2009年12月，黄旭兼任院团委书记（正处级）。2010年1月，王蓉任院团委副书记。2013年12月，骆晓娟任团委副书记。2014年7月，王猛任团委副书记。2016年12月，经院党委决定，王猛任团委书记（副处级）。2019年11月，经校党委研究决定，骆晓娟任团委书记（副处级）。2020年7月，经校党委研究决定，阚妮妮任团委书记（副处级）。

2. 主要工作与成效

在校党委和上级团组织的正确领导下，60多年来校团委积极适应群团改革的新形势、高等教育综合改革的新发展和青年大学生、运动员发展的新特点，深化思想育人、组织育人、实践育人，团结带领广大青年团员积极建功立业，形成了南体特色的共青团工作新格局。其主要工作包括：

第一，聚焦主责主业，思想引领追求提升。南京体育学院共青团坚持不懈地用马列主义、毛泽东思想、邓小平理论和“三个代表”重要思想、科学发展观以及以习近平新时代中国特色社会主义思想为指导，不断用马克思主义中国化最新成果武装和教育青年，用社会主义核心价值观统一青年思想、凝聚青年力量。校共青团利用重大节日加强理想信念教育，引导青年大学生、运动员坚定理想信念，树立远大理想。切实增强“四个意识”、树立“四个自信”，坚定不移听党话、跟党走。

第二，聚拢基层组织，队伍建设寻求发展。南京体育学院共青团以基础团务为抓手，各项工作有序规范；以团务工作平台为载体，团组织向信息化建设全面延伸；以团支部能力提升为目标，激发支部创造性；突出完善党委领导下的团学治理，进一步完善组织格局和治理体系，不断强化对学生组织的指导管理，完善校级学生组织的机构设置和学生干部职数编制；健全学生权益维护制度；进一步规范了学校学生社团管理，完善对学生社团的联系、服务和引导制度。

第三，聚集多方资源，实践育人谋求突破。南京体育学院共青团围绕立德树人的根本任务，强化育人实效，坚持理论教育与实践养成相结合，通过整合各类实践资源，丰富实践内容，创新实践形式，拓展实践平台，完善支持机制，以促进青年全面发展为目标，培育青年的科学精神、实干精神、创新能力、创业意识、社会责任感和社会服务能力；紧扣时代主旋律，紧密围绕素质教育，营造积极、健康、向上的校园文化氛围，开展丰富多彩的校园文化活动，不断提高校园文化品质。

第四，聚力建功立业，成长成才力求佳绩。南京体育学院共青团一直致力于服务青年成长成才，取得了一系列荣誉。1979 年和 1984 年栾菊杰和周培顺分获“全国新长征突击手”称号；1990 年 10 月，团省委和省青联授予周美玲、林莉、王晓红“江苏杰出青年”荣誉称号；1994 年 11 月，肖爱华、任大新被团省委授予江苏省“新长征突击手标兵”称号；2008 年 9 月，黄旭、陈若琳、仲满、陆春龙被团省委授予江苏省“新长征突击手标兵”荣誉称号；2009 年 9 月，我校运动系 20641 班获得“全国先进班集体”荣誉称号；2010 年 8 月，研究生丁建伟获得共青团中央授予的“中国优秀青年志愿者”金质奖章、江苏团省委授予的“江苏省优秀志愿者”荣誉称号，并获得圭亚那教育部授予的“个人贡献奖”；2014 年 10 月，我校孟齐慧同学入选 2014 年度江苏好青年百人榜；2014 年 12 月，我校胡斐同学荣获第十届“中国青年志愿者优秀个人奖”；2016 年 5 月，我校在“创青春”江苏省大学生创业大赛决赛中取得 1 金 2 银 1 铜的佳绩，其中“江苏赛克林体育发展有限公司”荣获大赛金奖并成功入围全国决赛获金奖，实现了学校在全国体育院校该赛事金奖零的突破；2018 年 5 月，在“创青春”江苏省大学生创业大赛决赛中，我校“南京兰博文体育文化有限公司”参赛团队获得金奖并成功入围国赛，荣获银奖；2018 年 7 月，我校暑期社会实践“体育点燃希望，冠军伴我同行”团队入选全国百所高校赴延安社会实践“专项计划”；2019 年 4 月，我校浦江同学荣获江苏省“十佳青年志愿者”称号；2019 年 7 月，我校“‘声体励行’——推普脱贫攻坚”项目首次入围教育部与团中央暑期社会实践专项计划并获全国优秀团队，受到团中央和教育部的表扬和感谢；2020 年 7 月，我校王宇笛同学获“大学生抗疫先进个人”；2020 年 8 月，我校青年志愿者协会获得江苏省青年志愿服务行动组织奖和青年志愿服务事业贡献奖，姬坤、余思慧同学荣获“江苏省优秀青年志愿者”称号；2020 年 10 月，第十一届“挑战杯”江苏省大学生创业计划竞赛中，我校“长三角体育＋高校创新创业服务平台”参赛作品荣获银奖，“南京春峰筋膜疼痛康复研究院有限公司”荣获铜奖；2020 年 10 月，我校青年教师刘宸荣获 2020 年全国大中专学生志愿者暑期“三下乡”社会实践活动“优秀个人”称号。

伟大的时代激扬青春的风采，宏伟的事业成就青年的理想。着眼未来，南京体育学院共青团必将凝心聚力，建功立业，团结带领全校青年团员为建设“高水平体育大学”而不懈奋斗。

二、行政部门

目前，学校行政部门设有发展规划处、学科建设办公室、审计处、人事处（党委教师工作部）、训练处、教务处、计划财务处（招标办公室）、资产管理处、科研处、学科实验中心、后勤处（基建处）、离退休工作处等部门，另设有资产经营公司。对于仙林校区，学校也曾设立仙林校区管理办公室专司管理。

（一）发展规划处

1. 部门历史沿革

为进一步加强学校发展规划工作，科学推进学校改革和发展，积极探索优势突出、特色鲜明、国内一流、国际知名的高水平体育大学的建设路径，学校于 2019 年 9 月成立发展规划处，为正处

图 7-1-8　学校召开发展战略研讨会

级建制。2020年10月，发展规划处与学科建设办公室合署办公。郭修金任发展规划处处长、学科建设办公室主任，谢正阳任发展规划处副处长、学科建设办公室副主任。发展规划处是为学校改革发展提供政策建议与决策咨询的职能部门，负责组织研究和制定学校总体发展规划与建设规划，督促方案执行，评估实施成效，提出指导意见。

2. 主要工作与成效

发展规划处在学校领导的正确领导下，紧紧围绕学校重点工作和主要工作，结合部门工作职责和目标，不忘初心、牢记使命，切实做好各项工作，较好地完成了各项任务。其主要工作与成效包括：

第一，科学编制规划，推动学校发展。发展规划处为学校中长期发展规划的制定做好前期调研、资料搜集整理、参考方案设想和草拟等工作，在校领导谋划学校重大发展战略、研究制定改革创新重大举措等过程中发挥参谋助手作用；牵头编制学校五年发展规划，在编制工作前期组织人员认真做好校内外各方面调查研究，了解教育、体育事业发展的形势和学校发展面临的机遇挑战，认真做好资料信息的搜集、储备；在规划编制过程中，根据学校领导要求和各方面的意见建议，认真修改、完善文稿，确保规划科学有效，在办学中真正发挥指导、引领作用；印发《南京体育学院“十四五”规划编制工作方案》，形成以学校总体规划为统领，以职能部门配套的专项规划为支撑，以二级学院（教学、训练）的学院规划为实施着力点的“两级”（校级规划和二级学院规划）、“四类”（总体规划、专项规划、学院规划及其他规划）的“1+X+Y+Z”的规划体系。

第二，编印决策信息，提供决策参考。发展规划处积极研究国家“双一流”建设政策，跟踪国内外一流体育院校发展动态，加强国内外一流体育学院改革发展的资讯收集、整理和研究，编印《决策信息》，为领导提供决策参考。2020年9月发展规划处网站正式上线。根据工作需求，网站设有9个栏目，分别是部门简介、工作动态、通知公告、发展规划、政策法规、文件讲话、决策信息、资料下载、友情链接。截至2020年12月，网站共更新各类文章100多篇。

第三，做好合作工作，服务地方政府。发展规划处认真做好“结合”文章，积极寻找、发展《江苏省贯彻体育强国建设纲要实施方案》在实际工作中的“落脚点”“生长点”，分别赴无锡市、芜湖市体育局开展地方“十四五”体育发展规划商谈调研，2020年6月与无锡市体育局签订《无锡市“十四五”体育发展规划编制服务合同书》，2021年2月与芜湖市体育局签订《芜湖市“十四五”

体育发展规划编制服务合同书》；赴江北新区调研，拟定《南京市江北新区管理委员会与南京体育学院战略合作协议》。

在今后的发展中，发展规划处将不断加强部门自身建设，团结拼搏，锐意进取，求真务实，开拓创新，积极服务学校发展大局，全力推动学校早日建成优势突出、特色鲜明、国内一流、国际知名的高水平体育大学。

（二）学科建设办公室

1. 部门历史沿革

学科建设是高等学校建设和发展的核心任务。学科建设水平体现高等学校的整体办学实力、学术地位和核心竞争力。学校对学科建设与发展高度重视，1998—2010年期间，校学科建设与管理职能一直由科研处承担。为了进一步加强学科建设与管理，学校于2011年2月决定成立学科建设办公室，与研究生部合署办公。2016年9月，学科建设办公室与研究生部分离，成为独立的管理部门，时任主任为盛蕾，副主任为孙国友。2019年5月，学校机构改革调整，学科建设办公室与研究生部合署办公，时任主任为高力翔，副主任为谢正阳。2020年10月，学科建设办公室与发展规划处合署办公，郭修金任主任，谢正阳任副主任。

2. 主要工作与成效

学科建设办公室在“顶天立地、提档升级、合纵连横、错位竞争”的学科建设思路指导和国家及省级专项经费的支持下，推动学校的学科建设在人才培养、科研创新、平台建设等方面取得了长足发展。

第一，着力建章立制，完善体制机制。2017年，学科办独立建制后，先后制定了《南京体育学院学科建设管理办法》《南京体育学院学术带头人和研究方向带头人管理办法》《南京体育学院申博工程2023行动纲要》等管理办法，起草了《南京体育学院博士学位授予单位建设规划》，成立了南京体育学院博士学位授予单位建设工作领导小组、南京体育学院“申博工程”工作机构。

第二，以申博为抓手，提升综合实力。2017年我校被批准为新增博士学位授予单位立项建设高校，2018—2020年学校连续3年召开了学科建设大会，通报我校学科建设情况和博士授权单位建设情况，分解建设任务，并和有关部门、单位签订目标责任书，切实推进博士授予权单位立项建设工作精准化管理。学校于2018年申报成功教育硕士专业授权点，2020年申报成功新闻与传播硕士专

图 7-1-9　学校召开学科建设暨申博推进会

业授权点，学科专业布局不断丰富。在教育部第 4 轮学科评估中，我校体育学一级学科在全国 78 所参评高校中的档次为 B-（前 30%—40%），第 5 轮学科评估材料按照教育部要求于 2020 年 1 月上报完成。

第三，凝练学科方向，组建学术团队。独立建制初期，学科办召开座谈会 18 次，校内访谈 130 余人次，赴多个体育院校调研，咨询各级政府部门、高等院校相关专家，进一步梳理、凝练学科建设方向。经校学术委员会讨论和校长办公会审核，形成了重点学术研究领域及研究方向，即精英运动员培养的理论及实践、运动干预与健康促进、体育公共政策与体育产业发展研究、奥林匹克文化与中国传统体育文化研究、学校体育教育改革与发展研究等；遴选了 4 位学术带头人和 17 位学术方向带头人，2020 年 12 月完成了带头人考核工作，2017—2020 年期间我校 80% 以上学科建设成果出自学术研究方向带头人及其团队。

第四，建设优质平台，保障培养需要。2010 年以来，我校体育学科被评为江苏省优势学科建设工程一、二、三期立项学科，学科建设经费不断增加，获中央财政对地方高校发展专项的资金支持，总经费近 8000 万元。在国家及省级专项经费的支持下，学校建设发展了江苏省运动与健康工程协同创新中心、江苏省高等学校重点实验室运动训练与康复实验室、江苏省实验教学与实践教育中心体适能实验教学示范中心、江苏省高校重点实验室运动人体科学重点实验室、南京体育学院 - 南京大学运动生物医学联合实验室、江苏省学生体质健康监测与干预行动研究中心、省高校基础课实验教学示范中心、实践教育中心建设点、江苏省高校校外体育产业研究基地、江苏省校园足球研究中心等优质平台。

学校未来将秉承优良办学传统，更加注重办学质量和内涵发展，积极探索学校学科建设，为建设“优势突出、特色鲜明、国内一流、国际知名”的高水平体育大学做出更大贡献。

（三）审计处

1. 部门历史沿革

学校内审计机构经过不断发展完善，逐步健全机构设置，于 2017 年 1 月成立审计处，与纪委、监察处合署办公；同年 12 月独立设置，为正处级建制；2019 年 4 月机构调整，审计处下设审计科和法务科。

1998 年 4 月至 2002 年 7 月，李凤山任审计室主任；2002 年 8 月至 2003 年 11 月，蒋宝珍任审计室主任；2017 年 12 月至今，王淑娜先后任审计处副处长、处长。

2. 主要工作与成效

为认真贯彻落实《审计署关于内部审计工作的规定》《教育系统内部审计工作规定》和《江苏省内部审计工作规定》等文件精神，在学校党委和行政的正确领导下，审计处紧紧围绕学校中心工作，立足本职，发挥审计监督效能，对重点领域、关键岗位实施审计全覆盖，治已病、防未病，充分发挥“经济体检员”的作用，堵塞漏洞，降低管理风险，促进学校完善治理、权力规范运行，审计监督成效逐步显现。

第一，建章立制，完善审计工作制度。学校制定颁发了《南京体育学院内部审计工作规定》《南京体育学院领导干部经济责任审计实施办法》《南京体育学院经济责任审计工作联席会议制度》《南京体育学院加强审计整改工作实施细则（试行）》《南京体育学院纪审联动工作暂行办法》《南京体育学院财务收支审计管理规定》和《南京体育学院工程审计管理规定》等有关规定，逐步构建了完善的内部审计监督体系，促进内部审计依法有序开展。

第二，提质增效，优化审计业务组织方式。一是根据学校发展目标、治理结构、管理体制、风险状况等实际情况，确定了 2019—2021 年内部审计发展规划和年度审计工作重点。二是优化审计业务组织方式，坚持风险和问题导向，采取内部审计、受托审计相结合的形式，加大审计项目统筹和审计方式统筹，优化审计资源配置，努力做到“一审多项”“一果多用”，提高审计工作效率。三是优化审计流程，完善审计全面质量控制，制定了《南京体育学院审计业务外包管理办法》，依规对中介机构开展的受托业务进行指导、监督、检查和评价，严把审计过程质量管理。

第三，拓宽监督领域，推进审计全覆盖，开展政策落实情况跟踪审计。根据年度审计工作计划安排，2020 年 6 月开展了 2018—2019 年国家奖助学金政策落实跟踪审计，将关系学生切身利益的事项纳入监督重点。

第四，做好财务收支和预决算审计。一是开展年度校本级财务收支合规性审计，通过发现问题，查找管理漏洞，健全内部控制，促进经济活动、管理活动良性发展。二是加强对国有投资企业的审计监督，2017 年至 2019 年以来开展了对南京体育学院资产经营管理有限公司及其子公司、南京钟山网球发展有限公司的财务收支情况审计，在审计中重点关注公司财务收支的合规性和效益性，对审计过程中发现的问题提出审计建议和整改要求，不断促进国有资本的保值增值。

第五，加强重点领域专项审计。一是重视专项经费使用合规性审计，开展了优势学科建设工程（2 期）和协同创新专项经费（2 期）结项审计。结合年度校本级审计，将内涵建设经费、品牌专业建设经费列入审计关注事项，通过审计发现问题，督促专项经费管理长效机制建设。二是助力科研课题结题审计。近 3 年开展了 6 项重要科研课题结题审计，对发现问题立即督促整改，协助课题负责人顺利结题。三是加强对专项维修和修缮工程的全过程审计监督，近 3 年完成 92 项工程预审审核，核减成本 532 万元；完成 110 项工程竣工结算审计，共审计工程造价 1.1 亿元，审减成本 1180 万元。四是开展了对新建网球训练设施项目竣工财务决算审计，核减成本 32.96 万元。

第六，推进领导干部经济责任审计全覆盖。一是健全领导体制机制，每年召开经济责任审计工作联席会议，用于组织、协调、检查、指导经济责任审计工作。二是完成了 15 名领导干部的经济责任审计，在促进领导干部履职尽责方面初见成效，如督促被审计单位清还欠款 23.46 万元；推动被审计单位加快信息化建设，彻底改变长期以来的手工作业方式。

第七，强化整改落实，推动审计闭环管理，压实审计整改责任。一是制定了《南京体育学院加强审计整改工作实施细则（试行）》，明确被审计单位的主要负责人为审计整改工作第一责任人，负责抓好审计发现问题的整改工作。二是完善整改跟踪机制。建立年度审计发现问题整改台账，对运动员食堂、南京钟山网球发展公司等专项审计整改工作进行定期回头督查，对整改不力的情况通报纪委办（派驻监察专员办），联合督促责任单位进行整改；监管工程造价服务质量降低工程成本，根据使用部门需求，2018 年 12 月至 2020 年协调第三方服务单位完成了 68 项工程造价服务，并对 68 项服务成果进行了复审，对复审结果超过预定偏离值的公司按照规定进行了通报或终止合作。

第八，强化审计结果运用。一是学校党委和行政高度重视审计结果运用，将内部审计结果及整改情况作为相关决策、预算安排、干部考核、人事任命和奖惩的重要依据。二是充分发挥职能部门之间的工作联动机制，制定了《南京体育学院纪审联动工作暂行办法》，成立由纪委（派驻监察专员办）和审计处工作人员组成的纪审联动工作组，实行季度例会制度，建立了日常联系机制、信息交流机制、成果共享机制、问题联系机制和监督协同机制，实现信息互通、成果共享、重要事项共同实施、整改问责共同落实，不断强化监督合力，提高监督效能。

第九，发挥法务职能，预防法律风险。一是做好年度经济合同审核。2019 年 6 月至 2020 年 12 月完成 1289 份经济合同审核，并联合学校法律顾问对 112 份重大经济合同进行双签，提出修改完善建议，降低合同法律风险。二是办理经济纠纷案件应诉。2019 年至 2020 年与法律顾问协作，牵头完成 2 起合同纠纷案件的应诉工作，挽回经济损失近 20 万元。

第十，加强队伍建设，不断提高本领。一是加强日常的业务学习。采取自学和集中研讨相结合的方式，对审计监督、经济合同审核、财务报销管理、招投标、资产管理和采购等相关制度规定进行学习，学以致用，用来指导日常工作。二是参加行业继续教育。多人次轮学最新审计和法务业务知识，提升综合业务能力。

（四）人事处（党委教师工作部）

1. 部门历史沿革

随着办学形势的发展，人事部门多次沿革，几度变迁。1958 年，南京体育专科学校更名为南京体育学院，学院下设人事科。1962 年设置人事保卫科，1963 年保卫职能划转。1983 年，学校调整机构设置，设立人事处。1996 年，学校在人事处下设学生运动员管理科，承担学工处部分学生管理职能，2002 年学生管理职能划转。此后人事处保留师资调配科、劳动工资科、运动员管理科、档案室 4 个科室，同时，退休办挂靠人事处。2010 年，人事处再次进行科室调整，设立了人事调配科、师资科、工资福利科 3 个科室。2017 年，增设教师教练员发展中心，与师资科合署办公。2019 年，人事处再次进行科室调整，设立调配科（兼人事档案室）、人力资源科（兼教师教练员发展中心）、绩效管理科，沿袭至今。2020 年，成立党委教师工作部，与人事处合署办公。

表 7-1-7　人事处历任负责人一览表

处　长	履职时间	副处长	履职时间
李　谋（组织部部长兼人事科科长）	1958.12	孙兴民	1979.08
刘国文（人事保卫科科长）	1962.12	顾　健	1983.06
孙兴民	1992.01	王成钢	1995.09
顾　健	1998.01	范素萍	1999.06
范素萍	2004.04	张宜龙	2004.04
王成钢	2015.12	唐存楼	2010.11
张　敏	2019.01	朱小兰	2014.04
张　敏（兼教师工作部部长）	2020.10	卢　奎	2016.12
		宋　虎（兼教师教练员发展中心主任）	2020.07
		宋　虎（兼教师工作部副部长）	2020.10

2. 主要工作与成效

在省人社厅、省体育局等相关部门的关心下，在学校的正确领导下，经过多年努力，人事处圆满完成了 1986 年、1993 年和 2006 年工资制度改革，1993 年合同制职工养老保险制度改革，2008 年运动员养老保险制度改革，2012 年教职工岗位设置改革，2012 年绩效工资改革，2014 年机关事业单位养老保险制度改革；出色完成了历届全运会、奥运会相关服务保障工作和本科教学水平评估相关工作；完成人才建设“160 工程”，经过 3 年引进、培育，学校教职工现有博士 100 名，博士率达 28.9%；完成了学校历年运动员进队退役组织安置、运动员伤病待遇、教职工调配、师资队伍建设、师德师风建设、教师教练员培训、评优奖励、离退休老同志服务、编外用工及学院各类人员工资绩效社保待遇等工作。人事处的工作得到了省人力资源与社会保障厅、省体育局和校领导的认可和赞扬。学校人员构成复杂，人事业务涉及面广，几乎涉及人事劳动政策各个方面，这在客观上促进了人事处政策水平和业务能力的提高，在全国体育系统人才状况调研工作中，人事处被国家体育总局评为“全国体育系统人才状况调研先进集体”。

为进一步保障广大教职员工切身利益，进一步为我校训练教学提供更优质的服务，人事处下一步将在学校的正确领导下，继续紧紧围绕学校学科建设、人才培养、竞技训练任务，以提高管理水平、提升服务质量为抓手，做好学校人才队伍建设规划，完善收入分配制度，优化人才评价体系，探索灵活用工制度，营造高尚师德师风氛围，着力创新运动员保障特色项目；加强人事政策学习，熟练掌握学校各类人员人事信息，争做“活电脑”；通过“比学赶帮超”，形成团结进取、积极向上的良好氛围，树立强烈的责任心，牢记责任，不忘使命。人事处全体人员将不忘初心，团结奋进，再接再厉，再创辉煌。

（五）训练处

训练处是南京体育学院负责竞技体育管理的职能部门，是分管校领导的参谋助手，主要负责训练管理制度的制定和对制度执行情况进行监督，以及为竞技体育二级学院和优秀运动队训练、备战、参赛做好组织协调、服务保障、检查监督等工作。

1. 部门发展沿革

1981 年 2 月，经上级相关部门批准，南京体育学院成立训练处，张海涛兼任处长；同年 2—6 月间，任命胡有彪、周永年、郭昭平为训练处副处长，同时免去 3 人原职务。1983—1987 年，葛荣修任训练处处长，李习友、宋述初、尹承志任副处长。1988 年，据苏编〔87〕15 号文件《关于同意南京体育学院机构设置及核定人员编制的批复》，经校党委研究，决定撤销训练处，成立运动训练部，虞昌钰任党总支书记。1989—1990 年，胡有彪兼任运动训练部部长，葛荣修、陈重文、石甫中任副部长，虞昌钰任党总支书记（1989 年 12 月调出）。1991 年，胡有彪兼任运动训练部部长，蔡成华任副部长，郭昭平兼任主任，葛荣修任副主任，石甫中任党总支书记；同年，学校决定恢复设置训练处，陈重文任处长。1992—1993 年，陈重文任训练处处长。自 1994 年 3 月起，校机构设置调整，撤销运动训练部，建立竞技体育一系（篮球、排球、乒乓球、体操、技巧）、竞技体育二系（田径、举重、自行车、网球、足球）和竞技体育三系（游泳、跳水、花样游泳、羽毛球、击剑）。截至运动训练部撤销前，胡有彪、郭昭平兼任部长，蔡成华任副部长，石甫中任党总支书记。石甫中任竞技体育一系主任，蔡成华任竞技体育二系主任，葛荣修任竞技体育三系主任。

1995 年 4 月 19 日，经省编委批准（苏编〔1995〕35 号批复），同意学校调整内设机构：撤销运动训练部，成立竞技体育一、二、三系，以上为院内处级机构。同年4月13日，学校免去陈重文训练处处长职务。1995年1月1日至1997年12月31日，汤岩任训练处副处长。1998年，蔡成华任训练处处长。1999年，张祖强任训练处处长。2000年，张祖强任训练处处长，骆国明任副处长。2001年，张祖强任训练处处长，骆国明、葛菲、顾俊任副处长。2002—2004年，张祖强任训练处处长，骆国明、葛菲任副处长。2006年，根据苏体办〔2006〕75号文件，省体育局党组研究决定，将省田径队、举重队、武术队、男女篮球队、男女排球队迁入省体育局训练中心。同年，张祖强任训练处处长，葛菲、丁习明、张军、肖爱华、崔文华任副处长。王成钢任附校部党总支书记、主任兼训练处副处长。2007年，张祖强任训练处处长，葛菲、丁习明、张军任副处长。王成钢任附校部党总支书记、主任兼训练处副处长。2008年，丁习明、张军、黄旭任副处长。王成钢任附校部党总支书记、主任兼训练处副处长。2009—2011年，刘健、郃德法任副处长，茅国华任运动员管理科科长（副处级）。2012年，张祖强任训练处处长，刘健（兼）、郃德法、陈若琳任副处长，茅国华任运动员管理科科长（副处级）。2013—2014年，张祖强任训练处处长，郃德法、陈若琳、沈朝阳任副处长，茅国华任运动员管理科科长（副处级）。2015—2016年，张健任训练处处长，郃德法、陈若琳、沈朝阳任副处长。2017—2018年，张健任训练处处长，顾俊、陈若琳、仲满、任大新任副处长。2019年，丁习明任训练处处长，任大新任副处长。2020年，刘健任训练处处长，叶蓁、宋凯任副处长。训练处现设训练竞赛科、综合科、运动员与后备人才管理科3个科室。

2. 主要工作与重要成就

建校至今，训练处经历了建立—撤销—恢复的历程，训练部门及优秀运动队也经历了多次重大调整和改革。不论处在何种阶段，训练处始终恪守职责，踏踏实实为南京体育学院竞技体育事业服务。几十年来，南京体育学院优秀运动队承担并出色地完成了历届全运会、亚运会、奥运会任务。截至2020年11月底，学校共有15人23人次20项次获奥运会冠军，101人318人次203项次获世界冠军，被誉为“世界冠军的摇篮”和“江苏竞技体育的主力军、主心骨、大本营”。2017年11月，江苏省人民政府授予训练处“江苏省先进集体”称号。2020年6月，训练处被学校评为“新闻宣传工作先进单位”。

当前，在全国竞技体育转型化发展和建设新南体的大潮推动下，训练处带领训练部门积极开展二次创业，探索新时期、新形势下我校运动项目可持续发展的新理念、新办法，以“更高、更快、更强”的奥林匹克精神为指引，向着竞技体育更高峰迈进。

（六）教务处

办学 60 多年来，学校本科教育着眼于国家和社会体育事业发展需要的高水平竞技体育人才和高质量应用型体育人才的培养，为社会输送了大量高水平体育专业人才。建校以来，学校始终坚持立德树人这一根本使命，突出人才培养中心地位，立足“优势突出、特色鲜明、国内一流、国际知名的高水平应用型体育大学”的办学定位，大力实施人才强校、科研兴校、质量立校、特色扬校战略，充分激发办学活力，在推进高水平本科建设方面取得了一系列显著成就，形成了学训研“三位一体”的人才培养“南体模式”。2008 年，学校获教育部本科教学水平评估“优秀学位”。2017 年，学校顺利通过教育部本科审核评估。

图 7-1-10　2018 年学校教学审核评估会

1. 部门历史沿革

教务处作为负责全校本科教学工作的管理部门，始于 1958 年建校初期设立的教务科。1959 年教务科改称教务处，1962 年被撤销，1979 年学校复设教务处。1980 年恢复招生，学校成立招生委员会，招生办公室附设于教务处。1983 年教务处设教务长 1 名，1986 年撤销教务长建制。20 世纪 80 年代后期至 90 年代初，教务处逐步完善组织机构建制，先后设立了教务科、教学科、教材科。1996 年，学校成立成人教育办公室，挂靠教务处。2002 年，招生办公室从教务处划归学工处，同年，经批准，学校建立“南京体育学院语言文字工作委员会暨普通话培训测试站”（即校语言文字工作委员会办公室），挂靠教务处。2006 年成人教育办公室从教务处分离独立建制。2009 年教务处增设运动员教育教学管理部，2010 年增设质量科，2017 年增设创新创业实践科。2019 年学校对机构设置进行调整，明确教务处下设教务科、教研科（兼语言文字工作委员会办公室）、教学质量管理与评估科、创新创业实践科、运动员教育科 5 个科室。截至 2020 年，教务处共有 13 名人员，其中处长 1 名、副处长 2 名，其他工作人员 10 名。

表 7-1-8 教务处历任部门负责人一览表

正 职	履职时间	副 职	履职时间
成希春（教务科科长）	1958.12	戴玉生	1993.06
陈 陵	1979.08	李婉芳	1993.06
李晋三（教务长）	1983.11	杨牛生	1987.04
李晋三	1987.04	戴玉生	1993.06
杨牛生	1991.08	史国生	1997.03
王正伦	1999.06	徐 融	1998.04
张蕴琨	2002.07	王正伦	1998.04
严海平	2011.02	袁 野	1999.06
陈海波	2019.02	陆玉林	2005.04
		邹国忠	2009.12
		张亚军	2009.12
		李 英	2019.04
		王龙飞	2019.04

2. 主要工作与成效

第一，坚持立德树人，强化思政教育。教务处坚持以习近平新时代中国特色社会主义思想为指导，全面贯彻党的教育方针，以立德树人为已任，加强课程思政建设，深入推进思政课教学改革，创新思政教育教学体系，充分发挥教师队伍“主力军”、课程建设“主战场”、课堂教学“主渠道”作用，科学运用思想政治理论课“第一课堂”和校园文化、社会实践“第二课堂”两个载体，通过慕课、微课、翻

图 7-1-11 学校举行开学典礼

转课堂以及线上线下相结合等教学手段，创新思想政治课教学方法，提高教学效果；鼓励和支持广大教师开展多种形式的课程思政研究与实践，逐步构建多层次课程思政建设研究体系。经过多年实践，教务处已基本形成了立德树人的长效机制，探索出了全员育人、全程育人、全方位育人的工作大格局。

第二，调整专业布局，注重内涵建设。依托学校传统学科优势和办学特色，教务处主动调整专业结构，以专业建设中存在的问题为导向，采取分类指导、分层次建设的方针，制定专业发展规划；以不同行业企业社会需求为导向，科学合理设计人才培养通道，创新人才培养模式；建立健全专业动态调整机制，开展专业综合能力测试，强化专业建设内涵，促进专业建设提档升级，出台了《南京体育学院一流专业建设实施方案》，逐渐形成了国家、省、校三级专业建设梯队，构建了适应学校发展要求的专业布局，取得了明显建设成效。近年来，学校获批了国家级一流本科专业 2 个，江苏省一流本科专业 6 个，国家级特色专业建设点 3 个，教育部“十二五”专业综合改革试点项目 2 个，省“十二五”高等学校重点专业（类）2 个，省高校品牌专业建设工程一期项目 2 个。

第三，优化课程体系，提升教学质量。以人才培养多样化需求为导向，以国家专业标准、专业综合评估标准和专业认证标准为参照系，教务处坚持知识、能力、素质有机融合，全方位推进课程体系改革，细化应用型人才培养目标定位，强化应用型人才培养核心能力构建，科学制定人才培养方案和课程教学大纲，优化课程机构，打造优质课程及教学团队，注重教材建设，规范教材选用，更新教学内容，改进教学方式方法，积极探索课堂教学范式转变，强化了过程性和结果性教学评价，构建了以通识课程、学科基础课程为根基，专业课程为主干，选修课程为延伸的新型课程体系。学校先后立项获批了“十二五”普通高等教育国家级本科规划教材 1 部，省级优秀、精品课程 12 门，省级精品教材、优秀教材、重点教材 19 部。

第四，加强教改研究，探索变革路径。教务处紧紧围绕立德树人的根本任务深化教育教学改革，以有效教学为指导，加强基层教学组织建设，规范和优化教学管理流程，推动校、院二级教学管理体制改革，完善教学制度体系建设，形成并印制了 2020 年版《本科教学管理规章制度汇编》；持续加大教改经费投入，深化教学改革研究，形成了以国家级教材项目为引领，以省级教改课题、重点教材和在线开放课程建设项目为支撑，以校级教改课题、重点教材和一流课程建设项目为主体的多层级分类式本科教学改革研究项目体系，出台了《南京体育学院本科教学奖励办法》，先后获得了国家级高等教育教学成果奖二等奖 2 项，省级高等教育教学成果一等奖 3 项、二等奖 5 项，国家体育总局教育教学成果奖二等奖 3 项、三等奖 3 项，获批省级教改课题 16 项等。

第五，强化实践教育，培养创新能力。学校树立和巩固重实践、强创新的人才培养理念，在人才培养方案设计中凸显实践教育环节，坚持以实践创新能力培养为核心，关注实践教学过程，优化实践教学模式，提高实践教学质量，强化创新创业教育引领，开展创新创业教育研究，参加各级各类创新创业大赛，完善创新创业教育体系，将创新创业教育与专业教育紧密结合，全方位深层次融入本科人才培养全过程，最终形成了由基础实验教学平台（科学实验）、提高性实践教学平台（实习实训）和研究创新性实践平台（创新创业训练、毕业设计）共同构成的全方位的实践教学体系，获得了省高等学校基础课实验教学示范中心建设点 1 个，省级实践教育中心建设点 1 个，全国“互联网 +”创新创业大赛银奖 1 项。

第六，加强教师教育，优化师资队伍。学校坚持“引培并举”方针，强化师资队伍建设，大力推进“人才强校”战略，以“四有”好老师为目标引领，深入开展教师理想信念教育，强化师德师风建设，规范教师履职履责行为，建立健全师德师风建设长效机制；建立和完善新教师培养体系，通过集中授课、专题讲座、典型报告、教学观摩等形式开展现代教育技术轮训，大力实施青年教师导师制，加强对青年教师教学工作的跟踪指导，全面提升教师教学能力和水平；建立教师常态培训机制，制定和完善教师培训制度，定期开展专题讲座培训；健全教师教学竞赛制度，制定了教师教学竞赛管理办法，鼓励教师参加各级各类教学竞赛，在省级微课比赛、教师基本功大赛等赛事中获得了诸多奖项，形成了师资队伍建设高质量发展的良好态势。

第七，合理配置资源，改善办学条件。学校高度重视本科教学工作，不断整合优化教学资源，逐渐改善本科教育办学条件，积极营造良好育人环境。近年来，学校按照“统筹兼顾、保障重点、注重绩效”的经费分配原则，逐年增加教育教学经费投入，不断改善本科教学基础设施，先后完成了学生公寓楼、现代化的五层教学实验楼的建设与应用，基础设施保障日益完善。此外，学校还遵循“统一规划、分步实施、建用结合、以用促建”的原则，不断加强校园网基础设施建设，积极推进智慧教室建设，推动信息技术进课堂，强化现代信息技术服务与应用，推动信息技术与教育教学深度融合。

进入新时代，迈入新发展阶段，展望未来，我们充满信心。教务处将紧跟时代发展步伐，在校党委的正确领导下，继续秉承党的教育方针，遵循高等教育办学规律，深入解放思想、实施“二次创业”，继续坚持“以质量求生存、以特色谋发展”的工作总思路，继续强化人才培养核心地位，认真落实立德树人根本任务，不断提高办学层次和人才培养质量，为早日建成“新南体”奠定坚实基础，为江苏省和国家的体育、教育事业发展做出新贡献。

（七）计划财务处（招标管理办公室）

计划财务处在学校党委、行政的正确领导下，经过65周年的发展，在会计职责、服务方式、报销流程、财务管理等方面不断优化，逐渐形成“服务中心、保障基本、发展特色、科学管理”的体院财务管理特色，特别是近5年来，以学校“优势突出、特色鲜明、国内一流、国际知名”的奋斗目标为财务发展战略目标，以紧紧围绕学校中心工作，保障重点，兼顾一般，为全校师生员工提供热心、高效、及时、优质的服务为己任，逐步形成“立足全局，服务大局，适应变局，铸造新时代学校财务管理”的南体财务管理特色发展之路，对学校的发展和战略目标的实现起了积极作用。

1. 适应学校发展，改革财务部门机构

自学校成立到1983年6月前，学校财务部门是非独立部门。1983年6月，学校成立财务科。1999年4月，财务科升级为处级单位，下设会计科、出纳科、计划管理科3个科室，后根据业务发展及机构改革需要，对科室不断进行优化、调整，2014年11月，增设工资结算科，2017年2月，增设基建会计科。2019年4月，财务处改名为计划财务处（简称“计财处”），同时对科室进行了调整，撤销基建会计科，增设稽核科与综合科，改出纳科为会计结算中心，把招标管理办公室从资产处划归计划财务处管理。2019年4月财务机构改革后，学校财务机构科室从1999年的3个科室发展为6个，分别为计划管理科、会计科、综合科、稽核科、会计结算中心、招标管理科。

2. 根据形势变化，调整增加新职能

随着国家对财务管理工作的要求逐步增加，我校财务管理职能也不断发展、更新，特别是2016年度以来，财务部门从原有的预算、核算和决算管理，逐渐增加了各类报表统计、校办企业财务管理及监督、财务信息化平台建设、招标业务管理、内控体系的建立及评价、绩效评价、预决算公开等财务管理活动，财务部门职能从原有的侧重于简单预决算及核算管理发展到注重预算执行及绩效管理、内部控制体系建立与评价管理、财务信息化建设等方面。

3. 传承与发展及部门负责人的变更

部门正职或主持工作：1983年单独成立财务科，1983年7月由副科长刘煜主持科室工作，1987年任科长，负责至1997年8月。1997年9月—1999年6月由高安陵兼任科长，1999年4月22日升级为处级建制，处长为高安陵（1999年7月—2009年1月）。2009年1月，由副处长周松年主持工作，2012年9月担任处长，至2015年12月被免职。2015年12月至2017年12月，由陆玉林任处长。2018年1月，由副处长丁锴主持工作，2019年4月担任为处长。部门副职情况：科级建制时，副科长有沈望娣（1987年—1992年）、周松年（1993年3月出任）、兰丽伟（1998年3月出任）。处级建制时，副处长有桑秉霞（1999年6月—2009年9月）、周松年(2007年6月—2012年9月）、王淑娜（2014年4月—2017年12月）、丁锴（2017年6月—2019年4月）、王利雅（2019年4月出任）、刘双喜（2019年11月出任）。

4. 充分履行职能，不断与时俱进

第一，加强内控制度建设。为推动我校内控制度的建设和发展，学校财务部门曾相继制定了多项财务管理制度，但不成系统。在此状况下，财务处于2018年度开始谋划启动全面的内控体系建设工作，并在校党委和行政的支持和推动下于2019年正式启动，经过近一年的建设，原创性地完成了我校内控体系的建设工作，具体包含制定了12项内控一级制度以及内控手册，同年在我校正式试运行，从而使我校成为省体育局系统中首家完成内控体系建设的单位。

第二，开展财务信息化建设。我校财务信息化建设不断得到完善，但一直发展缓慢，直到2017年度，财务信息化建设才进入高速发展时期。2017年我校首次尝试将财务业务进行线上处理，实现了财务系统从封闭到开放、从线下到线上的转变。2019年借助新“政府会计制度”改革的契机，财务处按照《南京体育学院财务信息化三年建设规划》要求，全面启动财务信息化建设工作，截至2020年10月份一期验收时，我校财务平台涵盖了财务预算申报管理、部门指标管理、月度计划管理、部门报销、薪酬管理、出纳收支管理、招标计划管理、收费管理等功能，系统实现了与省财政国库支付系统、教育厅共创资产管理系统、学校人事管理系统、学校统一身份认证系统的对接，并将财务现有的全业务纳入系统办理，为下一步实现网上报销、智能化服务打下了良好的基础。

第三，加强人才队伍建设。2016年前，财务人员职称评聘一直发展缓慢，

2016年后财会队伍建设及职称评聘方面都取得了较大进步。职称评聘方面，中级职称及以上人员从2016年度的9人培养发展到2020年度的16人，其中高级职称从2016年度的2人发展到2020年度的5人，另有2人已经通过了高级会计师资格考试。财会队伍建设方面，财务人员学历结构、年龄结构不断优化，工作规范性逐年提升。2018年度丁锴被选拔为江苏省会计领军人物，2020年度刘双喜被选拔为江苏省教育厅高校系统高端会计管理人才。为贯彻中央和省委打好脱贫攻坚战要求，计财处刘双喜2018—2019年度被学校选派到经济薄弱村担任第一书记，在学校和财务部门支持下，顺利完成帮扶任务，获得了宿迁市荣誉市民称号，并考核记为学校三等功。

第四，强化财务管理，不断优化财务服务。计财处按照加强预算管理、强化预算执行、重视预算绩效的原则，不断推进相关财务管理工作，并借助于信息化的手段，对预算编制、预算执行进度、预算绩效申报与评价等不断提出要求、建立长效机制。财务部门于2020年度出台了《南京体育学院预算执行管理办法（试行）》，首次将预算的申报、执行与考核评价以制度的形式加以规范，予以制度化和长效化，使计财部门对预算执行与管理有了有效的抓手，在降低我校居高不下的年末结转金额、往来款余额等方面成效显著。在保基本、促民生方面，财务部门在资金安排上优先考虑关系民生的职工福利、待遇支出，加大对于职工就餐、医疗保障、工会活动的支持力度，教职工的获得感明显提高。在优化服务建设沟通渠道方面，2018年财务处开始推行财务联系人制度，将财务人员的对口服务明晰化，并从2019年开始推行财务走访制度，财务部门负责人与财务联系人定期走访重点服务单位，加强沟通联系，取得相互理解支持，推进了工作的开展，对于财务的服务与管理也起到了积极的作用。

第五，推进业财融合，加强招标管理。推动招标业务和财务的融合，注重招标业务和预算执行的关联性，优化招标文档内部审批流程，推动招标工作的全过程信息化运行，缩短预算批复至招标项目启动的时间周期，提高招标工作的规范性与效率，加强招标管理内控制度建设，开展重大重点招标项目文件会审工作，建立招标代理机构库。2020年9月25日，财务处修订印发《南京体育学院招标采购管理办法》。

第六，服务学校大局，做好校主要领导经济责任审计工作。在江苏省委审计委员会、省委组织部的安排下，省审计厅经济责任领导小组于2020年6月入驻我校，开展了对我校党委书记朱传耿、校长杨国庆两位主要领导的经济责任审计工作，同年11月结束，12月出具了正式审计报告，计财处全程负责对接及沟通服务工作，并于2021年2月份正式报出审计整改报告及支撑材料。

学校建校65年来，财务部门坚持党的领导，在校行政的直接领导下，积极支持学校建设，保基本，促民生，谋发展，为学校的发展起到了积极作用。在“十四五”期间，学校财务部门将继续坚持在学校党委和行政的正确领导下，谋求在工作上取得新的突破。

（八）资产管理处

资产管理处为学校国有资产及采购管理的行政职能部门，现设有动产科、不动产科、采购中心3个科室。作为学校国资委的具体办事机构、统筹学校国有资产的管理部门，资产管理处全面负责全校的土地房屋、仪器设备及物资采购管理工作。现有在编人员8人，其中具有副高职称1人、中级职称1人，硕士学位1人，初步形成了一支结构合理、业务精湛、充满活力的高素质专业化管理队伍。

1. 部门建制沿革

资产管理处于2009年12月成立，前身为原总务处校产科，设正副处长各1人，下设2个科室：设备资产管理科（招标办）、土地房产科，具体负责全校固定资产、土地、招投标等管理工作。2019年4月，学校对资产管理处的职能进行了调整，管理机构为处长1人，下设3个科室即动产科、不动产科和采购中心。原总务处装备科整建制并入资产管理处，招标办公室调整至计划财务处。2019年10月，学校成立南京体育学院国有资产管理委员会，由校长任主任，主管资产、财务、审计工作，校领导任副主任，成员由相关职能部门负责人组成，建立了“统一领导、归口管理、分级负责、责任到人”的国有资产管理机制。国资委办公室挂靠资产管理处，负责国资委日常工作。

资产管理处不同时期部门负责人概况：2009年12月至2010年11月，李凤山任处长，唐存楼任副处长；2010年12月至2011年5月，李凤山任处长；2011年6月至2014年6月，李凤山任处长，王竹林任副处长；2014年7月至2016年12月，戈学宝任处长，王竹林、王利雅任副处长；2017年1月至2019年2月，戈学宝任处长，王利雅任副处长；2019年3月至今，储小祥任处长。

2. 主要工作与成效

结合我校的实际情况，自成立以来，资产管理处克服种种困难，从无到有，不断摸索，不断建立健全国有资产管理机制 ，进一步完善招投标程序，理顺与学校各部门的关系。

第一，加强制度建设。资产管理处于 2010 年开始认真贯彻和落实上级政策和法规，重点抓固定资产的账目梳理和建章立制工作，制定并实施了固定资产、办公设施、图书教材采购、公用房、工程建设和物资采购自主招标等方面的管理规定，初步形成了一套资产管理文件；2014 年 3 月完成了南京体育学院资产管理文件并汇编成册；2017 年进一步修订规范，制定并出台《南京体育学院部分国有资产、办公用房配置预算标准》，修订了《南京体育学院公用房管理办法》《南京体育学院教职工过渡房管理办法》，并制定了《南京体育学院网上商城采购管理办法》。

2019 年至今，资产管理处通过废改立，修订出台了《南京体育学院国有资产管理办法》《南京体育学院网上商城采购细则》《南京体育学院新进职工住房租赁补贴实施办法》《南京体育学院接受赞助和捐赠物资管理办法》《南京体育学院仪器设备损坏、丢失赔偿办法》《南京体育学院经营性资产管理办法》《南京体育学院仪器设备管理实施细则》《南京体育学院公用房管理办法》《南京体育学院国有资产移交管理实施细则》等一整套国有资产管理制度。

第二，强化房产管理。2010 年，学校完成约 20 万平方米电子平面图制作并编制成册，完成我院多次职能办公用房的清理、调整等工作，在圆满解决一些历史遗留问题的同时，进一步理顺了业务用房的供需分配关系。同时，本着以人为本的服务宗旨，学校积极落实关系职工切身利益的住房补贴等工作，与省房改办、省财政厅沟通协调，逐年陆续完成我院三批住房补贴的审核与发放工作，为我院 960 人申请了专项资金并发放到位，积极推进新进教职工租房补贴的发放工作。

第三，规范招投标工作。招标办自成立以来，依法规范有序地推动我校招标管理工作。自 2011 年至 2018 年，资产处招标办通过各种招标形式圆满完成各项政府采购任务，共节约经费约 3350 万元，维护和保障了学校的利益。同时，招标办严格规范合同签订审批管理，共完成约 4500 份校 5000 元以上合同的审批工作。

第四，完成物资采购工作。2016 年 1 月，全校实行网上商城采购，通过江苏省省级政府采购网上商城专用平台，登录定点电商采购系统，按照网上商城政府采购目录及限额标准进行网上采购。截至 2020 年 12 月 31 日，网上商城共采购数量约 20 万台件、金额约 2500 万元的物品及设备。2020 年学校采取集中和分散采购相结合的模式，资产处共完成约1970万元的集中采购任务。

第五，加强信息化建设。校产科于2007年进行资产清查，首次核清了校产，建立了我校第一个固定资产电子数据库。资产管理处于2010年成立后，通过资产清查盘点，完善了固定资产数据库。2013年5月，资产管理处将学校国有资产管理统一纳入江苏省属国有资产管理系统，实现了我校资产管理从单机版到网络化的质的跨越，该系统形成了省财政厅、省体育局、我校、院系部处、教职工个人的分级监管体系。2015年3月，我校实施固定资产条形码标签管理，资产标签系统项目正式运行，通过对各单位、各部门资产管理员的多次集中培训及学习，实现了固定资产标签化管理。2018年，资产管理处完成了我校房产管理信息系统的建设；2019年，落实了国资平台二期与财务系统对接项目，落实了国资平台三期（低值品模块、移动客户端）项目；2020年，我校成为全省第一家采用信息网络技术建立防疫物资台账的高校，资产管理系统内嵌低值品模块试运行，2021年1月1日正式上线，第一次把低值品纳入了资产管理范畴。

第六，推进校企改革。根据《省政府办公厅关于印发江苏省高等学校所属企业体制改革工作方案的通知》（苏政办发〔2019〕18号）和《省教育厅省财政厅关于开展省属高校所属企业体制改革试点工作的通知》（苏教财〔2019〕3号）精神，学校有序推进校企改革工作，截止到2020年底，共有保留企业2家、已注销企业11家、待注销企业1家。

（九）科研处

1. 部门历史沿革

1983年6月，南京体育学院进行机构调整，设科研处（与省体科所合并，对外保留省体科所建制），负责全校科研管理服务工作，并先后涉及省体科所、学报编辑、研究生教育、学科建设等工作。1998年，学校成立研究生工作办公室（挂靠科研处）。2002年12月20日，学校成立“信息技术中心”（院委组〔2002〕34号文），负责校园网络筹建事宜。该中心为科级建制，挂靠科研处（2007年单列）。2009年12月8日，学校设立研究生部（正处级），与科研处合署办公（2010年单列）。2019年，学校机构再次调整，学报编辑部单列，设科研处、科学实验中心，下设综合科、科研管理科和实验室管理科3个科室。

表 7-1-9 科研处历任部门负责人一览表

姓 名	职 务	任 期
李宗汉	科研处副处长兼省体科所副所长	1983.06—1987
陈钟元	科研处副处长兼省体科所副所长	1983.06—1994
戴玉生	科研处副处长兼省体科所副所长（主持工作） 科研处处长	1987.04—1988.05 1988.05—1996.03
吴寿芝	科研处副处长	1992.01—1996.03
魏日昂	科研处副处长 科研处正处级调研员	1995.09—2006.08 2006.08—2007.03
陈天宇	科研处副处长 南体学报编辑部主任兼科研处副处长 科研处正处级调研员	1998.04—2000.08 2000.08—2006.08 2006.08—2008.04
李 江	科研处处长、马列室副主任 科研处处长	2003.11—2005 2006—2009.01
钱竞光	科研处处长 兼任研究生部党总支书记、主任	2009.01—2015.12 2009.12—2011.02
高力翔	科研处副处长、研究生部副主任 科研处副处长（主持工作）	2009.12—2011.02 2016.01—2019.04
宋雅伟	科研处副处长	2013.04—2016.12
戴剑松	科研处副处长	2016.12—2019.04
盛 蕾	科研处处长	2019.04 至今
孙国友	科研处副处长、科学实验中心主任（正处级）	2019.04 至今

2. 历史发展

自 20 世纪 80 年代设立科研处起，学校科研工作的发展主要分为 3 个阶段：

第一个阶段是起步阶段（2000 年以前），主要特征是教师自发参与科研，成果零散，与教育教学关系密切。早期学校教职工主要主编、参编教材讲义，并少量发表科研论文等，内容囊括体育概论、运动训练学、体育管理学、学校体育学等多方面，从心理学、体育统计学、运动生物力学、运动生物化学等讲义、实验指导书的编写开始，到运动解剖学图谱等的出版，此外还涉及田径、球类、体操等运动的教材、体育工具书的编写。1999 年，我校成果《江苏省志·体育志》获江苏省人民政府哲学社会科学三等奖。20 世纪 90 年代，学校教职工申请获批课题的数量稳步提升，主要承担省教委、省体育局、国家体育总局等主管部门的科研项目。

第二个阶段是成长阶段（2000—2015），主要特征是教师自觉参与科研，成果逐步增加，且开始聚焦。进入 21 世纪，伴随着竞技体育和高等教育的突飞猛进，我校科研工作取得了长足的发展。2002 年，我校教师张惠红主持的“野外生存生活训练对提高大学生体育兴趣的研究”获批国家教育科学规划课题，这是我校首次获批国家级课题。2009 年度国家社会科学基金项目评审结果公布，时任院党委书记殷宝林主持的“公共服务理论视野下政府体育工作绩效考核体系的研究”课题被列为重点项目，这也是学校首次获得该项目立项资助课题。2011 年 3 月，我院钱竞光教授主持完成的“人体运动三维动力学建模仿真应用研究”成果荣获 2010 年中国体育科学学会科学技术奖二等奖，我校训练处毕晓婷参与完成的“运动性心理疲劳的基本性质与综合评价”项目荣获三等奖（中国体育科学学会体科学字〔2011〕9 号文），这是新世纪我校首次获得省部级科研二等奖以上的成果。同年 8 月，我校王正伦教授主持完成的“大型公共体育设施建设项目与城市国民经济发展交互影响评价方法的研究”项目荣获国家体育总局“十一五”体育哲学社会科学优秀成果奖一等奖，李江教授主持完成的“对体育报道中负面体育信息法律规制的研究”项目荣获三等奖。2012 年，钱竞光教授申报的课题“偏瘫步态的生物力学仿真与康复研究”获得国家自然科学基金立项，这是我校首个国家自然科学基金项目。这一时期，我校共获得国家自然科学基金、国家社会科学基金等项目 5 项，获得江苏省科学技术奖、江苏省哲学社会科学优秀成果奖和中国体育科学学会科学技术奖等省部级奖励 13 项，代表了我校科学研究的最高水平。

图 7-1-12　学校承办全国体育科学大会

第三个阶段为快速发展阶段（2016 年至今），主要特征是逐渐建立起学术团队，科研成果相对较多，研究方向相对集中。在这一时期，学校大力支持和鼓励学术团队发展，聘任学术带头人和研究方向带头人，重点发展具有鲜明特色和竞争优势的学科。同时，科研管理部门着力清除阻滞科研创新的障碍、矛盾和问题，营造有利于科研创新的良好氛围，努力推动我校科研创新工作改革发展。2016 年以来，学校科研工作再上新台阶，科研成果不断取得新突破，在省部级科研平台、国家级科研项目、省部级科技奖励、高水平论文以及智库和决策咨询报告等方面都取得了骄人的成绩。我校共获批国家级科研项目 21 项，其中国家社科基金重点项目 1 项，科技部国家重点研究计划“科技冬奥”重点专项课题 1 项、“主动健康和老龄化科技应对”专项课题 1 项；获省部级科研项目 60 项；科研项目经费近 2200 万元；发表 SCIE 论文 35 篇，EI 论文 4 篇，CSSCI 及 CSCD 论文 119 篇，出版专著 34 部，获省部级及以上科研奖励 13 项，授权专利等知识产权 56 项。研究成果被国家体育总局、教育部社科司、江苏省教育厅体卫艺处等多个部门采纳批示，连续四年获批国家体育总局决策咨询项目，充分发挥高校为国家战略提供决策咨询的智库角色。学校获批江苏省“运动与健康工程”协同创新中心培育点，获批“运动训练与康复”省重点实验室等各类科研平台 9 个；“运动人体科学”省重点实验室顺利通过验收。《体育学研究》入选 CSSCI 扩展版来源期刊。2019 年，我校与南京大学携手成功举办了第十一届全国体育科学大会。

（十）科学实验中心

1. 部门历史沿革

实验室是学校教学、科研和训练“三位一体”发展模式的重要平台。学校对实验室建设与发展高度重视，2019 年学校机构改革，成立科学实验中心，与科研处合署办公，孙国友任中心主任。科学实验中心直接管理原运动健康科学系实验室，并负责统筹管理全校实验室。

科学实验中心是学校实验室建设与管理的职能部门，主要承担了南京体育学院各院系的本科生及研究生的实验和实践教学，承担了全校师生大量创新创业项目研究以及优秀运动队的科技服务与科技攻关等重要任务。科学实验中心实验室总建筑面积近 3500 平方米，仪器设备总价近 8000 万元。现共有 7 个教学实验室和 5 个科研实验室，1 个体能康复实验中心以及 1 个与南京大学联合建立的运动生物医学联合实验室。7 个教学实验室分别是运动解剖学实验室、运动生理学实验室、运动生物化学实验室、运动生物力学实验室、运动心理学实验室、运动医学实验室、运动康复实验室；5 个科研实验室分别是运动诊断与分析实验室、运动分子生物学实验室、运动营养学实验室、运动心肺功能实验室、健康体适能实验室。

2. 主要工作与成效

科学实验中心实验室依托于南京体育学院教学、训练、科研“三位一体”的独特办学优势，以促进江苏省体育事业发展，建设体育强省、健康江苏，增强人民体质健康为宗旨，开展高水平运动员培养、科学化训练、全民健身、健康促进研究工作。实验室聚集了运动训练、运动科学、运动医学、康复医学、生物学等多个领域的人才，组成了多学科结合、结构合理、实力雄厚并具有丰富的研究经验和前瞻性研究视野的运动训练与康复创新研究团队。

科学实验中心围绕体育强国、全民健身和健康中国等国家战略需求开展科学研究和科技服务，多次承担科技部、国家体育总局、教育部、省科技厅和省体育局的科研项目，数十次参加国际、国内学术交流和论文报告。实验室研究水平在全国和江苏省高校同类实验室中处于领先地位。近年来科学实验中心主要以备战天津全运会、东京奥运会为抓手，以奥运综合科技攻关与服务课题为着力点，在运动训练与慢性疾病干预分子机制研究、运动训练监控先进技术研究与应用、精英运动员体能训练与康复、智慧健身与运动康复技术应用、竞技体育人才培养与奥运会备战策略研究等领域开展研究，形成了实验室自身特色与优势，并产生一批高水平研究成果。实验室依托这些高水平研究成果和科技服务，打造了特色鲜明、优势突出、国内一流的训、科、医、康一体化竞技体育研究和服务平台，为江苏代表团完成里约奥运会、天津全运会任务提供科技支持；在智慧互联网健身与运动处方领域，研发了一系列有自主知识产权的健身成果与产品；与省戒毒管理局合作研发了智慧运动戒毒处方系统，设计了运动戒毒处方构建、监控、效果评价的整体解决方案；开展运动与心肌、骨骼肌线粒体代谢研究，探索运动性中枢神经疲劳线粒体代谢机制，建立运动与线粒体代谢研究技术平台。实验中心建设了运动干预慢性疾病分子机制研究平台，建立运动饮料、运动营养品研发实验技术平台，开发学生营养配餐软件系统，出版中小学生营养调查报告，建立起较健全的体质健康预警平台。实验室的科学研究和服务有力地支持了江苏体育事业的发展，产生了良好的社会、经济效应。

实验室荣誉与奖项。2004 年运动人体科学实验室被评为江苏省高等学校重点建设实验室，2018 年通过江苏省高校重点实验室考核验收；2005 年运动人体科学实验室被评为江苏省高校基础课实验教学示范中心建设点；2012 年运动健身科学研究实践教育中心被评为江苏省实验教学与实践教育研究中心建设点，于 2014 年通过考核验收；体适能实验教学示范中心被评为江苏省实验教学与实践教育研究中心建设点，于2016年通过考核验收；2014年，运动训练与康复实验室被评为江苏省高等学校重点实验室，并于2020年通过江苏省高校重点实验室考核验收。

科学实验中心在未来的发展中，将继续秉承学校教学、科研、训练“三位一体”的特色办学模式，聚焦体育科技前沿动态，注重发挥实验室在“教体融合”中的纽带作用，为实现“优势突出、特色鲜明、国内一流、国际知名”的办学目标而努力奋斗。

（十一）后勤处（基本建设处）

1. 部门机构沿革

后勤处由总务处发展而来。总务处是学校创建伊始最早设立的机构之一，最初名为总务科，科长为陈学仁。自建校以来，总务处全体干部职工在校党委的正确领导下，积极贯彻我校教学、训练、科研“三位一体”的办学指导思想，本着为教学、训练、科研和生活等服务的精神，团结协作，求真务实，扎实工作，开拓进取，努力做到在实践中积极进取，在总结中不断提高，精心打造后勤服务的优质品牌，着力为学校各项事业的建设与发展提供有力的保障。后勤保障工作始终紧密围绕学校事业发展需要，其机构机制的组建沿革，表现出一条波浪前进的曲线。经回溯梳理，可由表7-1-10展示其发展全貌。

表7-1-10　总务处历任领导一览表

履职时间	名　称	主要负责人
1958.07	总务科	科长（学校党委会成员之一）：陈学仁
1959.12	总务处	副处长（兼学校工会主席）：陈学仁
1962.04	膳食生产科	科长（兼学校工会主席）：陈学仁
1966.06	膳食生产科	管理上先后经历工作组、宣传队、革委会三个阶段
1979.08	总务处	处长：刘法 副处长：江海清、梁文卿
1983.06	总务处 （原总务处、设备处合并）	总务长：胡天兴 副处长：吴秉礼、陈汉钧、江海清
1988.03	总务处	处长（兼机关第二党总支书记）：刘绍安 副处长（兼机关第二党总支副书记）：徐辉 副处长：杨浒
1990.01	总务处	1990年4月胡小宝任副处长 1993年2月杨浒任处长，高安陵任副处长

（续　表）

履职时间	名　称	主要负责人
1995.05	总务处	1997 年 3 月陈广忠任副处长
1998.02	总务处	杨浒任书记；胡小保任处长 1999 年 1 月张本固、王永明任副处长
2003.09	后勤党总支 总务处	后勤党总支书记：张本固 总务处处长：胡小保 2004 年 4 月储小祥任副处长 2006 年 2 月李凤山任后勤党总支书记 2007 年 4 月储小祥任总务处处长 2007 年 6 月唐建跃任副处长 2009 年 12 月张虞任副处长 2012 年 6 月顾善全任副处长 2012 年 8 月张敏任后勤党总支书记、总务处处长 2014 年 4 月王寅任基建办主任（副处级） 2016 年 12 月郁东任副处长 2018 年 10 月顾道任后勤党总支书记
2019.02	总务处	2019 年 2 月陶利任总务处处长

基本建设处是我校教学、校舍、训练场馆等建筑的重要管理部门，随着我校的发展也在不断地变化改革，为我校贡献应有的力量。1990 年 1 月学校成立总务处基建办公室，2016 年 9 月设立基本建设处，至 2019 年 4 月撤销基本建设处并入后勤处改为基建科。在此期间，基本建设处通过坚持不懈的努力，取得了众多高规格、高品质的成果。2019 年 4 月学校机构调整，其职能并入后勤处。

表 7-1-11　基本建设处历任领导一览表

起始时间	名　称	主要负责人
2016.07	基本建设处	处长、五棵松校区筹建工作办公室常务副主任：储小祥 副处长：王寅 五棵松校区筹建工作办公室副主任：顾善全
2019.03	基本建设处	处长、五棵松校区筹建工作办公室常务副主任：陶利

为适应新时代高等学校发展需要，学校机构设置重新调整，2019 年 4 月，原总务处、基本建设处、仙林校区管理办公室、五棵松校区筹建工作办公室合并组成后勤处。后勤处下设 9 个科室，分别为综合科、场馆及物业管理科、维修及能源管理科、运动员生活管理中心、大学生生活管理中心、卫生绿化科、基建科、仙林校区后勤中心、五棵松校区管理科，承担 3 个校区的后勤服务保障及管理工作。

表 7-1-12　后勤处现任领导一览表

起始时间	名　称	主要负责人
2019.04	后勤党总支	总支书记：顾道
	后勤处	处长：陶利 副处长：王寅、郁东、王彤

2. 主要工作与成效

第一，凝聚后勤智慧，取得骄人成绩。学校建校 60 多年来，后勤部门从最初的总务科发展到现今的后勤处，无论时间、人事如何交替更迭，后勤人始终将“严和朴实”的校训深植于内心，为学校的发展增光添彩，取得的成绩硕果累累。1998、2008 年，两名职工相继被国家体育总局授予“全国体育系统先进工作者”称号；2005 年，两名职工被评为“江苏省爱国卫生先进个人”；2008 年，一名职工被国家体育总局授予“北京奥运会突出贡献个人奖”；2011 年，职工论文荣获全国高校学生公寓管理工作优秀论文一等奖，运动员公寓被评为“江苏省高校优秀公寓”。近年来，在后勤部门的积极努力下，学校先后获得“江苏省卫生先进单位”“江苏省节水型高校”荣誉称号，还多次被南京市政府评为“卫生先进单位”和“绿化先进单位”。在历届全运会中，后勤部门多次被省体育局评为“先进集体”等荣誉称号。

第二，推进制度建设，提升管理水平。后勤处按照学校制度建设统一部署，结合后勤实际，对制度进行全面梳理，形成完整的后勤制度体系。同时后勤处加强制度执行力度，落实责任，加强监督，做到“有章可循、有规可依”，切实以制度管人、管事、管物，进一步推进后勤制度化、规范化和科学化建设。

后勤处以服务保障“6T”管理工作为主线，进一步优化和创新后勤服务保障体系，为广大师生员工提供一流的教学训练保障和优质的生活服务，努力实现服务保障工作的精细化、长效化、人性化管理，充分彰显后勤服务育人功能，全面提升保障水平和服务品质，打造安全、文明、和谐校园，为把我校早日建成“优势突出、特色鲜明、国内一流、国际知名的高水平体育大学”提供坚实的后勤保障基础。

（十二）离退休工作处

长期以来，学校对离退休工作，始终一贯地坚持统领离退休工作处等责任主体机构，积极贯彻党中央的决定，模范执行了国家颁行的系列规定。具体事务作为上，离退休工作处主要在医疗保障、养生保健、节日慰问、文化娱乐欣赏、体育锻炼及比赛等诸多生活保障服务方面，热情饱满、卓有成效地开展工作，受到了广大离退休干部及教职员工的普遍欢迎。

1. 部门历史沿革

1996 年 3 月，在学校机关第一党总支多年代行管理离退休工作的基础上，学校成立离退休办公室，由总支专职书记路家乡（副处级）兼任办公室主任。历经约 4 年，2000 年 2 月，学校对部分机构进行调整，撤销离退休办公室，原办公室职能由党委组织部与人事处分别承担，即革命离休老干部相关工作由组织部负责，普通退休老同志相关工作由人事处负责，同时成立退休人员党总支，人事处处长顾健兼任党总支书记。至 2002 年 5 月，范素萍任人事处副处长，兼任退休党总支副书记，主持工作；翌年末，范素萍升任人事处处长，续任退休党总支副书记。

2009 年 12 月，学校设立离退休工作办公室（正处级）和离退休党总支，蔡森任首届离退休党总支书记、离退休工作办公室副主任（正处级，主持工作），黄俊任办公室副主任。

此建制延续至 2015 年 12 月，学校保卫处原副处长尤维娜任离退休党总支副书记、离退休工作办公室副主任（主持工作）；翌年末，尤维娜升任总支书记、办公室主任，刘桂彩任办公室副主任。2019 年 4 月，离退休工作办公室更名为离退休工作处。2020 年 5 月，人事处原副处长朱小兰升任离退休党总支书记、离退休工作处处长。改“室”为“处”，虽一字之易，却表现出学校党委行政更加关注重视离退休工作。这既是对过去 10 年离退休工作办公室所有成绩的充分肯定，又是对离退休工作处的未来前景提出了新的更高要求。

2. 主要工作与成效

为了做好离退休工作，自 2009 年设置专一独立机构以来，学校党委行政进一步保障工作活动经费。基于充足的物质基础，加诸离退休工作部门自身的努力，无论是日常生活吃住行的照应安排，还是上层建筑的思想文化系列活动，离退休工作处都能持续有力地开展，并取得丰硕的成果，具体包括：

第一，加强党的建设，凝聚离休退休之魂。早在 2009 年离退休工作办公室设立之初，在学校党委行政的正确领导下，该室就统一了思想认识，明确提出离职离休不离党、人退职退思想不能退，党的建设是离退休工作的灵魂的宗旨。因此，所属 180 名中共党员，以继续发挥先锋骨干作用为使命，通过民主选举，及时产生了6个党支部的书记与委员，并且于2014、2018年两次成功改选。10多年来，结合离退休人员生活的特点，通常每两个月过一次组织生活，具体内容有学习文件、讨论时事、通报学校发展概况、交流健康养生心得等等。根据党与国家大政形势需要，组织生活在数量与质量上也会相应增多、加强。

第二，关爱备至，丰富离退休生活。围绕学校离退休人员的生活，离退休工作机构常年的规定性惯例关爱服务事宜就多达10余项。从农历岁末年初的春节团拜、慰问、联欢，到五六月间的劳动节、端午节，再到九十月间的教师节、重阳节、国庆节、中秋节，都是认真对待、不容懈怠。其间，春风和畅、秋色明媚之际，组织考察观光，见识城市乡村建设的新地标、新面貌、新气象。如，2018、2019年就分别组团前往常州花谷奇缘与金坛东方盐湖城探胜。南京市区及郊外的夫子庙、朝天宫、南京眼、燕子矶、江心洲、栖霞山、奥体中心、紫峰大厦、下关江边风光带、渡江胜利纪念馆等景点景观，离退休人员已几次身临远足。

第三，开展休闲体育，扬名省内高校。基于学校本身优势学科的性质，加诸休闲体育更适宜老年群体，离退休工作机构热情开展形式多样的休闲体育活动。这是学校离退休工作较为鲜明的特色。10多年来，在各种等级规模和众多组织形式的活动赛事中，学校离退休人员获得了诸多金银铜牌与优胜奖、优秀奖。其中，我校参加气排球、软式排球比赛的男女代表队最为引人注目，年年双双荣获冠军。

（十三）资产经营公司

学校校办产业的发展始兴于20世纪80年代，当时改革开放浪潮迭起，学校产业人随潮起舞、搏浪前行，组建了南京体育学院劳动服务公司，创办了南京体育学院体育器材厂、南京体育学院印刷厂、南京体育学院服装厂、南京体育学院科技服务部、南京体育学院广告部、南京体育学院生活服务部、南京体育学院场地建设工程处、江苏康荣体育发展有限公司等实体，其中体育休闲器材、服装和体育场地建设等曾经具有一定的规模和知名度。为贯彻落实《教育部关于积极发展、规范管理高校科技产业的指导意见》和江苏省《关于积极发展和规范管理江苏高校科技产业的实施意见》，南京体育学院资产管理有限责任公司应运而生，于2012年9月6日注册成立，学校全额出资，金松担任董事长，戈学宝担任总经理，学校产业管理办公室为其主管部门。2016年12月，学校撤销了产业办，任命金松为董事长，董经生为总经理，资产经营公司实行董事会领导下的总经理负责制，独立运行，自主经营，自负盈亏。2019 年 3 月，学校聘用戈学宝担任董事长。

资产经营公司成立前后，学校为规范企业经营管理行为，对校办企业进行了大规模的清理和整顿，关停、注销了一批，吊销了一批，将场地建设工程处及其子公司、生活服务部等纳入资产经营公司管理，并兼管学校场馆的对外经营。资产经营公司制定完善了各项规章制度，内部管理不断规范，各项业务稳步拓展，对所属企业实现了有效的监督、协调、管理和服务，协助产业办完成了原劳动服务公司部分企业的撤并安置，以及学校副食品基地拆迁谈判等工作，维护了学校的利益。

2017 年，资产经营公司为扩大业务，整合资源成立了南京体育学院体育培训服务有限公司、南京体育学院场馆管理有限公司，将原南京体育学院生活服务部更名为南京体育学院生活服务有限公司；学校对南京体育学院场地工程建设处及其子公司进行整顿，注销了经营艰难的江苏胜万工程配套设施有限公司等子公司。资产经营公司在体育场馆社会服务方面打造特色品牌，吸引了在宁多家高品质企事业单位和全民健身人群的关注，年服务健身人次达 10 万以上。生活服务公司在提供和保障教职员工生活品供给服务方面广开门路，服务项目逐年增多，为招商引资的持续发展创造了条件。体育培训服务公司与学校培训中心通力协作，为学校培训事业的发展助力。改革为公司经营带来新气象，当年实现上缴学校净利润 330 万，开启了为学校财力保障做贡献的新起点。

2017 年，资产经营公司承续原产业办，接管了附属幼儿园。在公司的服务与管理下，附属幼儿园管理和教学水平及办学社会影响力不断提升，2017 年成功举办了建园 60 周年教学成果汇报会，展示了我园的办学特点和风采；2018 年成功获批江苏省优质幼儿园，实现了幼儿园几代育苗人的梦想；2019 年创新实施了编外教师的绩效考核制度，为提高教师待遇、留住幼教人才创造了条件；2020 年成功创建江苏省快乐体操体育特色幼儿园，进一步彰显了我园的办学特色。附属幼儿园已然成为区域性富有特色的知名幼儿园。

资产经营公司在经营管理过程中重视现有体制与市场行为的冲突，不断调整运行机制，加强内控建设，提高抗风险能力，努力适应新形势、新要求。生活超市、高尔夫练习场等重要项目均实现社会公开招标，合作经营走上规范的轨道，学校利润年年增收。2019 年，依据国务院、教育部、江苏省教育和财政等主管部门的要求，在学校的统一领导下，公司稳步推进我校所属企业集中统一监管，推动我校所属企业清理规范、提质增效，提高服务学校事业、服务社会的能力。依据上级要求，资产经营公司采取果断、有力的措施，先后注销了与资产经营公司相关的 10 个企业，将南京钟山网球发展有限公司作为子公司纳入资产经营公司管理，形成了“1 园”（附属幼儿园）、“2 司”（资产经营公司、钟山网球公司）、“4 部”（综合部、生活服务部、场馆部、培训部）的新格局，在管理体制和运行机制上更加规范、合理，为学校产业的“二次创业”和健康发展奠定了基础。

（十四）仙林校区管理办公室

仙林校区是我校办学规模不断扩大的产物，也是我校高等教育办学不断改革发展的一个缩影。在校党委和校行政的正确领导下，经过数年的建设与发展，仙林校区初步建成了一个办学规模基本成形、教学设施较为完善、训练场馆满足需求、师生生活得以保障、管理机制有效运行、办学效益初具成效的独具特色的办学校区。

1. 部门历史沿革

新世纪以来，随着我国高等教育改革的不断深入与发展，我校高等教学单位和学科专业不断增设，学生招生人数不断增加，办学规模不断扩大，以致灵谷寺校区（主校区）已不能满足我校高等教育的教学、训练、科研和生活的基本需求，为适应我校教育发展的新形势、教学规模的新需求、学科专业的新格局，学校必须寻求新的办学空间，南京体育学院仙林校区由此而生。仙林校区的建设经历以下三个阶段：

第一，仙林教学点开创阶段。为进一步拓展我校的办学空间，缓解主校区的办学压力，着力争取学校又好又快的发展机遇，在省体育局领导的关心下，校党委决定在学校周边区域寻找新的教学空间。学校有关领导带领有关职能部门人员经多处考察与商榷，最后于 2009 年上半年经与省体育训练中心商议，并签署办学协议，将省体育局训练中心的部分教学、训练和生活等设施借租给南京体育学院，作为南京体育学院仙林教学点。经多方努力，当年 9 月体育教育、运动人体科学等本科专业 218 名大一新生入驻仙林校区。开创之初，其教学点负责人由体育系副主任顾道兼任。2010 年初，由校学工处副处长、学工部副部长张敏（正处级）兼任仙林教学点负责人，全面负责仙林教学点的服务保障工作。2011 年，我校与江苏华红集团合作办学，开设了民办三本性质的南京体育学院奥林匹克学院，其招生的首届学生 400 多人也被安排在仙林教学点，直至 2012 年 9 月搬迁至江宁滨江经济开发区的奥林匹克学院新校区。

第二，仙林校区强化有序管理阶段。2011 年，在省委省政府的关心下，在省体育局的支持下，南京体育学院迎来了新的发展契机，校党委研究决定成立南京体育学院仙林校区综合管理办公室（正处级建制，由分管后勤的校领导分管）和直属党支部，下设综合科、大学生生活中心，负责仙林校区师生的后勤保障工作。张敏时任仙林校区综合管理办公室主任，并兼任直属党支部书记。教学和学生等管理工作由校教务处、学工处等各职能部门延伸管理。从 2011 年 9 月始，新入学的 600 多名大一新生全部安排在仙林校区教学、训练和生活，第 2 学年统一迁回主校区。2012 年 8 月，总务处原处长储小祥接任仙林校区管理办公室主任，并兼任直属党支部书记。

为进一步理顺仙林校区管理体制和运行机制，便于教学管理和学生活动的有效开展，校党委研究决定，2012 年 9 月新学期开学时，将运动系和新成立的休闲体育系（与高职高专类的职业技术学院合并，实行一套班子两块牌子）全体教师和学生整建制搬入仙林校区，原属体育系的社会体育专业本科学生并入休闲体育系，也一并搬入仙林校区。2015 年，因主校区本科专业招生规模逐步扩大，学生宿舍安排面临难以解决的问题，经校党委研究，决定再次调整部分专业学生迁入仙林校区。2015 年 9 月，体育系的体育经济与管理专业本科新生和专业体育硕士研究生新生入驻仙林校区（第 2 学年再迁回主校区）。仙林校区的专业体育硕士研究生和各类本科学生人数达 1500 多人。

第三，仙林校区实施新的管理模式阶段。随着仙林校区高等教育专业类别的增多和学生人数的增加，仙林校区实行的“条块结合型”管理模式的结构性矛盾日益凸显，不同程度出现了教学管理与办事效率不高、学习氛围不够浓厚等问题，已不能适应我校建设高水平、有特色体育院校的目标。为进一步加强仙林校区的管理力度，增强其管理的规范性和有效性，努力营造仙林校区良好的教学环境与学习氛围，2016 年 7 月，校党委研究决定，将仙林校区管理办公室的职能进行调整强化，由分管教学的副院长史国生兼任主任，统管仙林校区的教学事务、后勤保障和安全保卫等工作。同时仙林校区设 1 名常务副主任陶利，并兼任直属党支部副书记，具体负责仙林校区的管理和协调工作。学校在管理办公室下调整设置了教学事务中心（负责教学、科研和学生工作）和后勤保障中心（负责后勤服务和安全保卫等）2 个科级部门，着力以调整管理职能内涵为抓手，进一步强化仙林校区的教学、科研、管理和生活的规范化管理；以构建教学管理和服务保障协调统一的新平台，进一步细化教学保障、学生课外活动、学生社团组织、学生生活服务的精细化管理。

表 7-1-13　仙林校区管理办公室历任领导一览表

起始时间	名　称	主要负责人
2009.10	仙林校区教学点	负责人：顾道（兼）
2010.02	仙林校区教学点	负责人：张敏（兼）
2011.02	仙林校区管理办公室	直属党支部书记、仙林校区管理办公室主任：张敏
2012.08	仙林校区管理办公室	直属党支部书记、仙林校区管理办公室主任：储小祥
2016.07	仙林校区管理办公室	仙林校区管理办公室主任：史国生（兼） 直属党支部副书记、仙林校区管理办公室副主任：陶利（兼）
2016.10	仙林校区管理办公室	直属党支部副书记、仙林校区管理办公室常务副主任（正处级）：陶利

2. 主要工作与成效

2009 年，设立仙林教学点标志着我校办学有了新的增长点和新的空间，因此校党委高度重视，把入驻仙林办教学点作为全校的一件大事来抓。从上半年与省体育局训练中心签订协议，到 9 月份学生入驻开学，时间紧、任务重，为确保仙林教学点如期开学，汤岩、王正伦、史国生等有关校领导曾多次召开协调会，不断推进教学点的有关工作；教务处、学工处、总务处等相关职能部门也都非常关心和支持教学点的建设工作。当时，在省体育局领导的关心下，省体育局训练中心借用给我校教学点的场地有 2 幢教学楼、1 幢学生宿舍、训练 B 馆二楼、田径场以及部分生活设施用房。在仙林教学点 9 月初正式运行之前，就顺利完成了教学点所需的教学用房、学生宿舍、办公场所的改造、维修等工作，并制定了仙林教学点一系列的管理规章制度。当时的教学用房有 6 间标准教室、1 间大教室、1 间语音室、2 间图书阅览室，教室和语音室配备了多媒体教学设备。学生就医、就餐等借助于省体育训练中心。因学生宿舍空间较为紧张，便充分利用教学楼北楼三至五层，将其改造成男生宿舍 34 间，基本能满足教学点教学与生活的功能需求。

在仙林教学点开办之初，在教学管理、学生管理、生活服务保障等方面，几乎没有专职干部，大多为兼职人员，有的班主任、辅导员为临时招聘人员。在条件较为艰苦的情况下，校有关部门和单位共同努力，经过管理人员的精心组织与实施，较好地确保了教学点工作的正常开展。

2011 年，随着学生人数的增加，为加强管理，学校成立了南京体育学院仙林校区综合管理办公室，并配备了部分专职管理人员以强化服务与管理。其间又向省体育局训练中心借用了 1 幢学生宿舍、大学生食堂、浴室等办学设施，同时投资新建了解剖生理实验室、运动医学、体能测试等教学实验室，从而确保了仙林校区正常的教学工作与生活设施。

2012 年，在省体育局领导的关心下，省体育局训练中心将新建的 8000 多平方米的综合馆和新扩建的教学楼以及一幢学生宿舍楼提供给我校用作教学单位，为我校仙林校区的发展增添了办学空间，从而使教学功能得以进一步完善，拥有了满足理论与实验教学需求的综合教学楼和用于技术教学与训练的田径、篮球、排球、足球、羽毛球、乒乓球、网球、壁球、体操、击剑、游泳、健美操、武术、柔道、跆拳道、体能训练等教学场所。之后，我校投资改造或新建了图书阅览室、多功能报告厅、攀岩场、聚仙楼学生宿舍等场所和体能训练实验室等数个教学实验室，从而使仙林校区走上了规范化的办学之路。学生宿舍管理采用“委托物管”模式。教务处、医院等部门常年安排值班人员，认真做好教学管理与医疗服务工作，为提升仙林校区办学水平奠定了基础。

为进一步加强仙林校区教学的建设与发展，2016 年，校党委对仙林校区管理办公室的工作职能进行重新定位，由分管教学的副院长兼任管理办公室主任，负责仙林校区的教学管理、服务教学事务和后勤保障工作，同时配合校机关职能部门做好在仙林校区工作职责的延伸，切实保障教学、训练和竞赛等活动的有序开展。仙林校区管理办公室和相关教学单位密切配合，积极探索仙林校区的管理措施与方法，不断拓展创新工作思路，实施合理的管理体制和运行机制，进一步规范管理制度，努力提高其办学水平和办学效益，着力营造良好的校园文化氛围，使“严和朴实”的校风在仙林校区得以传承与弘扬。

2019 年 4 月，学校机构调整，仙林校区管理办公室撤销，仙林校区的后勤保障职能并入后勤处。

第二节
基本基础设施建设

一、统筹计划土地、资金

巧妇难为无米之炊，资金是学校服务保障工作不可或缺的前提。长期以来，学校始终坚持发扬艰苦奋斗、勤俭办学的精神，周密计划，统筹安排，开源节流，使学校的财力与物力发挥出理想的效益。

早在 1958 年、1959 年两年中，为准备新中国第一届全运会，学校先后向省政府积极申请征用了民国中央体育场旧址周边的原跑马场土地 181.55 亩、原棒垒球场土地 17.19 亩，仅用千余元就修建了多块竞技训练、体育教学运动场地。与此同时，在党和国家“教育必须与生产劳动相结合”的教育方针指引下，全校师生、员工轮班换点、夜以继日地掀起了一场轰轰烈烈的勤俭办学建校活动。据不完全统计，除上述运动场地外，早期的田径房、体操房、图书文库等项目都是勤俭办学建校的产物，全体员工工作日累积高达 2672 个。学校正是从原中央体育场及这几块运动场地起步，靠勤俭办学建校起家，为国家培养出了初期的 44 名世界冠军和一大批优秀高级体育人才。

然而，第一届全运会后，20 世纪 60 年代初，国家处于十分困难的时期，江苏省也不得不相应压缩了一些体育课程与竞技运动项目。与此同时，学校响应政府号召，顾全大局，大力支援农业生产，将此前刚建成一两年的几块运动场地，经签订协议分 3 次借给附近公社生产队的农民耕种。广大教师、教练员、运动员、学生发扬自力更生的精神，开荒种地、养猪养牛，克服了种种困难，在难以想象的困难中奋力拼搏前进。

时至 1979 年，教育事业全面恢复发展，学校乘势依据国家大政方针政策，部署收回 20 世纪 60 年代出借的土地。结果，经省市政府有关部门干预协调，学校向孝陵卫镇（原紫金山乡）先期收回了 72.1 亩出借土地，并随即筹资建造了最初的自行车运动赛场，但尚有 126.64 亩土地归属权悬而未决，仍由农民耕种。

20 世纪 90 年代，在省委省政府的关心支持下，学校训练、教学、科研和生活设施虽然得到了很大的改善，但仍不能适应江苏体育事业发展的要求，其突出的问题主要有：民国体育建筑群应实施文物保护；诸多训练场馆亟待维修改造；

无独立图书馆与教学实验楼；大量教职员工仍居住在临时性过渡用房中；教工学生食堂零星分散、设备残缺。为此，学校亟须解决建设用地问题。从 1996 年到 2001 年，学校本着“尊重历史，实事求是，兼顾国家、集体、个人利益”的原则，经历 5 年的调查、请示、协调和不计其数的大小谈判会议，最终在省市政府同意解决 548 名原住村民城镇户口，并给予一定经济补偿后，艰难收回了全部出借土地。2001 年 3 月，学校迅速召开了校长办公会，经讨论研究，就跑马场、棒垒球场收回土地的规划建设设想，拟定了呈送江苏省体育局的报告。这为学校迈入新世纪的发展建设开了一个令人振奋的好头。

1981 年初，学校通过了《1981 年至 1990 年南京体育学院计划纲要（讨论稿）》。纲要对我校十年发展规划做了经费预算，“六五”投资总金额 300 万，“七五”投资总金额 350 万。其时，根据国家和省有关规定，地方体育事业经费每年可递增 13%—15%。

然而，学校并不等上级拨款，多年以来一直注重艰苦创业、开源创收。1981 年 6 月，学校就在 04 宿舍开设了一家招待所，共有 50 张床位，仅半年利润就达 1 万余元，于是购买了 5000 元国库券，还为招待所添置了设备。1982 年 6 月，学校又经核算调研，用每年约 40 万元的建筑设施管理维修服务外包经费，以在编工人为骨干，招收本校职工待业子女，自行创立“劳动服务站”，不但更高质量地进行管理维修服务，当年还创收 2 万余元，也对国家社会就业工作做出了贡献。1985 年 1 月，“劳动服务站”更名为“劳动服务公司”，至 10 月，公司总营业额达 4.9 万余元，利润达 2.5 万余元。此后，公司又增建了体育器材修配与运动制衣两家附属工厂。1986 年，公司的经营越发兴旺，仅门市部全年营业额就达 52 万余元，上缴国税达 3 万余元。

集腋成裘，聚沙成塔，积水成渊。统筹计划好财务资金，不仅要开源创收，还要在各类物资分配、采购、保管等环节上注意节流节用，贯彻强化勤俭建校的原则。1988 年 3 月起，学校首先对各单位的水电气费与汽车队管理实行定期定额承包制。经一年试行，各单位水电气费共节省 4 万余元；汽车队则在保证全校各种工作用车前提下，减少开支 5 万余元，并且通过积极对外提供租用服务，全年获利 3 万余元。2003 年，学校又先后出台了《能源管理办法》《浴室管理制度》《学生水电定额使用的规定》等。这些规章制度的颁布实施，则更加显著地减少了浪费，开辟了节支增收的新渠道。

为了进一步统筹好建设资金，随着学校各类训练场馆的增加，从 1994 年初起，依托学校区域、环境优势，开辟“以场馆养场馆”的渠道。根据江苏省体育运动委员会《关于省体委系统场地设备管理使用等有关问题的通知》精神，学校决定在不影响教学、训练、科研的前提下，对部分场馆实行对外有偿服务。2002年，学校正式出台《南京体育学院场馆有偿服务暂行办法》，通过进一步整合学校运动员公寓、网球学院、乒羽学院以及幼儿园等校内资源，拓展了创收赢利项目，形成了别具特色的体育文化与休闲服务综合体，并制定合理、详细的有偿服务收费标准，获得物价部门认同，确保增收的合法性、制度化，从而促进了学校资产效益良性转化。

二、训练场馆、教学、校舍建筑

关于教学、校舍、训练场馆建筑，学校经历了坚持不懈的努力奋斗，取得了众多高规格高品质的成果。而今，我校灵谷寺、仙林、五棵松和滨江 4 个校区，不但拥有设施完备的现代化教学楼、实验室、图书馆、宿舍楼等，而且各类竞技训练场馆、场地充裕齐备，尤其获国家特准命名的“中国网球学院”，场馆建造水平位居世界前列。

1975 年，国家曲折动乱尚未结束，羽毛球馆即已诞生。与篮球房、排球房、体操房、击剑馆、跳水馆一样，羽毛球馆是我校早期供竞技专项训练的建筑之一。羽毛球项目是我校传统的运动强项，其馆之建设，与此不无关联。现今羽毛球馆分南北两个馆，建筑面积共有 1608.9 平方米。南馆场地面积 1062 平方米，设置了 8 片标准场地，另有一大间安装了系列现代成套器材的体能与素质训练房。北馆场地面积 546.9 平方米，设置了 4 片标准场地。南北两馆冬季均配有水供暖系统，夏季均配有大型柜式空调。场地地面则按国际比赛要求全部铺装了新材料塑胶垫。

1980 年，南京体育学院复校之初，校竞技训练场馆建设迅速升温。经江苏省体委批复同意，学校先是对室外游泳池、跳水训练馆进行改建、扩建，接着又启动了综合馆的建设。建成后的综合馆，主体共 4 层，建筑面积 5823 平方米，先后用于技巧、艺术体操、篮排球、乒乓球等训练、教学。后加建五楼，配有多媒体教室，现今是学校继续教育培训基地之一。1981 年，根据国家“支持 1982 年北京亚运会筹办与 1984 年洛杉矶奥运会参赛工作”的精神，我校获国家体委拨款 20 万元，翻建了一幢举重训练房，使此前已连续 2 年荣获全国冠军的省举重队获得了赞助。

从 1983 年 9 月至 1985 年 9 月，经与南京市规划局、文物事业管理委员会、中山陵园管理局及栖霞区文教科等多部门多次申请协商并获批复同意，学校完成了附属体校新教学楼建设（后被评为全优工程）。同年，学校 04 生活区还有 2 幢职工宿舍楼也正式开工。1986 年，为支持和促进我校第六届全运会参赛备战工作，经省人民政府同意，由省财政拨专款 65 万元，用于扩建击剑训练馆。扩建后，击剑馆共 3 层，建筑面积 3031 平方米，安装了标准比赛剑道 28 条，配有电子裁判器材，满足了不同剑种的训练和培训需要。同年，还完成了共投资 53 万元、占地 3600 余平方米的田径房室内塑胶跑道翻修、游泳跳水馆观察窗改造及体操训练房扩建等工程。1988 年，学校主要新建项目有 01 生活区宿舍楼、运动员食堂大餐厅、铺设 8213.2 平方米水泥马路；修复加固千吨水池。此外，省计经委批准同意投资 98 万元，为附属体校学生兴建集体宿舍楼一幢，规定总面积控制在 3500 平方米以内，以解决 450 名学生住宿问题。

1990—1991 年间，是我校建校以来基本建设投资最多的一年。新建项目除 04 生活区 3502 平方米住宅楼工程、教学楼扩建工程、生物力学测试工程、游泳跳水馆陆上训练房外，排列最前的是经省体委特批，投资 70 万元、建筑面积 1200 平方米的附属体校的教学楼扩建工程。

1995 年 10 月，中华人民共和国第三届城市运动会在江苏举行。借此契机，由国家特批投资，经 2 年建设，我校现代化体育馆、田径场全面竣工。体育馆的设计，采用桁网架组合屋盖结构，建筑面积 8780 平方米，赛场面积 1976 平方米，场内净高 13 米，设 3 片篮球场地，周边两层看台可以容纳 3000 名观众。平时，体育馆是学校大型集会和文体活动场所。“三城会”以后，还承担过全国残运会、亚青会、青奥会等大型赛事任务。新建的田径场，在民国中央体育场原址内，场内面积 12000 平方米，铺设塑胶新材料跑道 8 条，田赛场地内的设施器材亦齐全完备。改建后的田径场，承担过全国田径锦标赛，是历年江苏省高考体育考试指定考场，也是学校对外开放的主要场馆之一。另外，当年学校的基础设施建设还有两件大事，一是因兴建体育馆占用了省网球队的训练场地，学校又向省体委申请于民国中央体育场旧址北侧复建网球训练场，获得总额 400 万元预算投资；一是现代化自行车赛场地按计划顺利落成，建筑面积 3552 平方米，有 250 米标准赛道，最小倾斜角 12 度，最大倾斜角 40 度，并配有出发、发令、计时等设备器材及环外场 450 米练习道。该现代化赛场承担过全国城市运动会自行车场地赛、全国自行车锦标赛场地赛、全国残运会自行车场地赛等赛事。

1998—2001年间，我校校舍场馆基础设施建设进入了一个接连立项、密集上马、快速落成时期，其重要工程多达6大项。一是图书馆大楼，建筑面积5314平方米，共四层，馆内用房62间，提供阅览座位245个。二是幼儿园，由于为新体操馆建设腾出用地，易址兴建于04宿舍区，建筑总面积约1090平方米，投资165万元。三是体操馆，含技巧、蹦床训练用房，由江苏省发展计划委员会批准建设，占地面积2265平方米，总建筑面积5448平方米，总高度约20米，主体两层，附有办公用房，核定工程投资1856.81万元。四是01、02两幢学生宿舍楼建成交付使用。五是运动员生活中心装修，科研楼加层，医疗中心拓宽门厅等相继竣工交付使用。六是网球馆，经省体委研究批准，并由专家会议讨论决定，选址西大门内左侧原民国室外篮球场，占地面积4350平方米，建筑面积3477平方米，主体一层，专项拨款933万元。新建成的网球馆，融民国风格与现代元素于一体，保留了民国风韵的入口门楼建筑，9座单开间牌坊点缀于场馆四周，为学校增添了又一个标志性精品建筑。

2003年，乘即将举办的2005年第十届全运会东道主之东风，在省政府、省体育局的关心支持下，学校成立了“十运会场馆建设领导小组”，其重点关注项目为新游泳馆的建设。新游泳馆选址原民国中央体育场附属室外游泳池，建筑总面积4931平方米，对国家级文物建筑实施保护修复，保留了庄严大气的主殿门楼与坚实精美的牌坊。在民国中央体育场附属室外游泳池的原址上，增设钢桁架结构顶盖，两侧配装有明净通透的大玻璃幕墙，周边浓密的法国梧桐绿荫环绕，古朴与时尚气息相得益彰。

2007年，根据运动训练专业的教学需要，为满足乒乓、技巧、艺术体操等运动队体能训练要求，学校改建了综合训练馆前的田径场。建成后占地面积14,550平方米，外圈为4道新材料塑胶跑道，绕场可进行跑步、放松、伸展等活动。场内种植天然草坪，11月江苏省首片橄榄球场正式启用，也可进行棒垒球、足球等竞技专项的训练和比赛。2009年初，为适应我校本科教育发展的新形势、教学规模的新需求、学科专业的新格局，经省体育局研究批准，学校与省仙林训练中心商定并签署办学协议，将中心的部分教学、训练和生活设施借租给我校，南京体育学院仙林校区由此成立。同年9月，学校即安排了体育教育、体育新闻等专业218名大一新生入驻仙林教学点。现今已初步建设成一个教学设施较为完善、训练场馆能够满足需求、管理机制有效运行、人员生活得以保障、办学成效显著的独具特色的校区。

2011 年，学校与江苏华红集团合作办学，开设了民办三本性质的南京体育学院奥林匹克学院。该学校名称经国际奥林匹克委员会同意，由中国奥林匹克委员会授权，是中国唯一使用“奥林匹克”作校名的高等院校。奥林匹克学院，依托南京体育学院的整体优势，注重人才培养新模式，着力打造“产学研创”一体化平台，走“校企合作”“产教融合”的特色发展之路。目前，学校占地面积约 550 亩，现已完成了教学楼、实验楼、体育馆、图书馆、实训基地、学生公寓、教师公寓、多媒体教室、计算机房、专业实验室等一期建设，建筑总面积 12 万平方米，还建立了校园信息化网络，图书馆馆藏各类图书近 10 万册。

2013—2014 年，学校承办亚洲青年运动会与奥林匹克青年运动会的羽毛球与网球两个比赛项目。羽毛球比赛当属有备无虞，可在承担过“三城会”比赛任务的校体育馆举行，但负有网球比赛任务的“中国网球学院”至 2012 年时仍在施工建设中，可谓任务繁重、时间紧迫。学校会同督促施工单位，科学配置资源，落实目标责任，在监理、审计等相关部门协同配合下，攻坚克难，加速推进，终于在 2013 年 9 月竣工并交付使用，得到了国际网联、“亚青会”组委、“青奥会”组委、各级政府部门及建筑界专家的一致好评。2014 年 8 月 10 日上午，国家体育总局和省市诸领导会聚我校，中国书法家协会副主席孙晓云女士手书“中国网球学院”字牌正式剪彩挂出。中国网球学院面对紫金山峦，毗邻灵谷景区，占地面积 90 亩，共有标准网球场 40 片，硬地、草地、红土三类俱全。美国网球设计集团设计师亚历克斯（Alex）受邀来校参与了方案设计。中国网球学院综合楼建筑面积 8300 平方米，配套有学术报告厅、授课教室、体能训练房、运动康复室等，集住宿、餐饮、专卖店系列配套设施于一身。

2014 年，根据《南京体育学院“十二五”发展规划》，利用江苏省优势学科接受中央支持地方建设专项资金的高校发展机遇，学校在教学科研方面，加强科研平台建设，瞄准国家级实验室建设标准，先后建成了江苏省体能与康复重点实验室、高水平竞技训练辅助支撑系统、公共基础教学实验平台、运动技能教学实训基地、大众健身康复实训基地等等。

2017 年 10 月，历史上曾隶属南京体育学院的原省射击训练中心五棵松地块，经过近 1 年的反复研究讨论，省体育局原则同意划归我校，并批准了五棵松校区建设设计方案。

附　录

附录 1
南京体育学院现任领导班子一览表

姓　名	职　务	任职时间
朱传耿	党委书记	2017.06
杨国庆	党委副书记、院长	2016.05
史国生	党委副书记、副院长	2008.11 （2018.09 兼任副书记）
兰亚明	党委副书记	2018.09
李　江	党委常委、副院长	2017.03 （2009.01—2017.03 曾任纪委书记）
金　松	党委常委、副院长	2012.06
肖爱华	党委常委、副院长	2012.06
潘林珍	党委常委、纪委书记、省监委派驻监察专员	2017.06
黄步龙	党委常委、总会计师	2016.02
陆玉林	党委常委、组织部部长	2018.12
许立俊	党委常委、宣传部部长、统战部部长	2018.12

附录 2
南京体育学院历任党委和行政领导一览表

（1）历任党委领导

党委书记		党委副书记	
姓　名	任职时间	姓　名	任职时间
陶　白	1958.08—1962	沈战堤	1958.10—1964.03
沈战堤	1964.03—1966.08	苏　凝	1960.08—1983.05
吴　镇	1979.03—1983.05	杜铿之	1962.02—1977
邢　达	1983.05—1985.06	殷宝林	1983.05—1989.01
杨静义	1985.06—1986.07	酆祥林	1989.01—1994.12
林祥国	1986.07—1988.06	华洪兴	1992.12—2003.06
孔庆鹏	1995.05—2003.06	汤　岩	2001.07—2018.09
华洪兴	2003.06—2008.11	余竞来	2003.02—2009.01
殷宝林	2008.11—2012.04	张　雄	2010.02—2015.06
陈国祥	2013.12—2017.06		

（2）历任行政校领导

校　长		副校长	
姓　名	任职时间	姓　名	任职时间
陶　白	1958.06—1962.08	徐　镳	1958.08—1962.08
徐　镳	1962.08—1968	杜铿之	1959.04—1977
吴　镇	1979.03—1983.05	姚　琮	1961.06—1975
张海涛	1983.05—1985.06	张凤扬	1962.02—1983
周维高	1985.06—1988.06	苏　凝	1979.03—1983.05
林祥国	1988.06—1989.01	秦　明	1979.03—1983.05
酆祥林	1989.01—1994.12	王云山	1979.03—1983.05
华洪兴	1995.05—2008.11	吴运福	1979.05—1983.05
张　雄	2008.11—2015.06	张海涛	1981.02—1983.05
陈国祥	2015.06—2016.05	张　然	1983.05—1986.07
		李宗汉	1985.06—2002.01
		胡有彪	1986.03—1998.08
		殷宝林	1989.01—1993.12
		钱文林	1993.05—2002.01
		蔡成华	1998.08—2008.03
		张　雄	1998.08—2008.11
		汤　岩	2001.07—2018.09
		王正伦	2001.07—2016.03
		陈　柏	2008.11—2015.09
		蒋宏伟	2009.08—2017.09

附录 3
南京体育学院获省级以上表彰一览表

单 位	奖励名称	批准时间	批准机关	备 注
南京体育学院	通报表扬	1993.09	江苏省人民政府	苏政发〔1993〕116 号
南京体育学院	江苏省人民政府记集体一等功	1997.10	江苏省人民政府	苏委〔1997〕238 号
南京体育学院	江苏省文明学校	1999.07	江苏省精神文明建设指导委员会	苏委教〔1999〕21 号
南京体育学院	1997—2000 年体操奥运突出贡献奖	2001.04	国家体操运动管理中心	体操字〔2001〕63 号
南京体育学院	1997—2000 年技巧贡献奖	2001.04	国家体操运动管理中心	体操字〔2001〕64 号
南京体育学院党委	江苏省高校先进基层党组织	2001.07	江苏省委教育工委	—
南京体育学院	江苏省文明单位	2001.12	江苏省精神文明办	—
南京体育学院	江苏省文明学校	2001.12	江苏省精神文明建设指导委员会	苏教社政〔2001〕44 号
南京体育学院	江苏省文明学校	2003.08	江苏省教育厅	苏教社政〔2003〕19 号
南京体育学院	江苏省文明单位	2003.12	江苏省精神文明建设指导委员会	苏文明委〔2003〕2 号
南京体育学院党委	江苏省高校先进基层党组织	2004.06	江苏省委教育工委	苏委教组〔2004〕42 号
南京体育学院	第十二届残奥会突出贡献单位	2004.09	中国残疾人联合会	残联发〔2004〕35 号
南京体育学院	江苏省文明学校	2005.08	江苏省教育厅	苏教社政〔2005〕12 号
南京体育学院	江苏省先进集体	2005.11	江苏省人民政府	苏委〔2005〕333 号
南京体育学院党委	江苏省高校先进基层党组织	2006.06	江苏省委教育工委	苏委教组〔2006〕37 号
南京体育学院	江苏省文明学校	2007.11	江苏省教育厅	苏教社政〔2007〕13 号
南京体育学院	江苏省先进集体	2008.09	江苏省人民政府	苏政发〔2008〕83 号
南京体育学院	群众性精神文明建设先进单位	2008.01	江苏省精神文明建设指导委员会	苏文明委〔2008〕2 号

（续 表）

单 位	奖励名称	批准时间	批准机关	备 注
南京体育学院	2008 年北京奥运会突出贡献集体	2008.10	国家体育总局	体人字〔2008〕486 号
南京体育学院	2006—2010 年全省教育系统法制宣传教育先进单位	2011.12	江苏省委宣传部、省司法厅、省教育厅	苏教法〔2011〕20 号
南京体育学院	2008—2011 年度全国体育院校竞赛工作先进单位贡献奖	2012.05	国家体育总局	体科字〔2012〕91 号
南京体育学院	江苏省先进集体	2012.08	江苏省人民政府	苏政发〔2012〕111 号
南京体育学院	伦敦第三十届夏季奥运会保障奖	2012.10	中国击剑协会	—
南京体育学院	伦敦第三十届夏季奥运会重大贡献奖	2012.10	中国击剑协会	—
南京体育学院	第九届全国大运会突出贡献单位	2012.10	江苏省教育厅、省体育局、共青团省委	苏教体艺〔2012〕26 号
南京体育学院	2012 年度健身教练国家职业资格认证优秀培训基地	2012.11	国家体育总局职能鉴定指导中心	体职鉴字〔2012〕43 号
南京体育学院	第十二届全运会特别贡献奖	2013.09	江苏省委省政府	苏委〔2013〕539 号
南京体育学院	第二届夏季亚洲青年运动会先进集体	2013.11	南京市委市政府	宁委发〔2013〕60 号
南京体育学院	第二届夏季青奥会（南京）特种设备安全保障先进单位	2014.10	南京市质量技术监督局	—
南京体育学院（场馆团队）	第二届夏季青奥会先进集体	2015.02	人社部、国家体育总局、解放军总政治部、江苏省委省政府	人社部发〔2015〕16 号
南京体育学院	江苏省高校档案工作先进集体	2015.12	江苏省档案局、省教育厅	苏档发〔2015〕50 号
南京体育学院	江苏省先进集体	2016.09	江苏省人民政府	苏政发〔2016〕123 号
南京体育学院（研究生招生考务）	2020 年度“优秀招生单位”	2020.11	江苏省教育考试院	—
南京体育学院	2020 年度全省共青团工作先进单位	2021.03	共青团江苏省委	团苏委发〔2021〕3 号

附录 4
南京体育学院获省级以上各类表彰人员一览表

（1）全国劳动模范（先进工作者）获得者

时 间	姓 名	文 号	文件题名	备 注
1995.04	林 莉	国发〔1995〕9 号	国务院关于表彰全国劳动模范和先进工作者的决定	
2000.04	葛 菲	国发〔2000〕7 号	国务院关于表彰全国劳动模范和先进工作者的决定	
2010.04	肖爱华	国发〔2010〕11 号	国务院关于表彰全国劳动模范和先进工作者的决定	
2008.09	仲 满、陈若琳、黄 旭、陆春龙、王国庆、胡星刚、雷丽娜、庄杏娣	中委〔2008〕332 号	中共中央、国务院关于表彰北京奥运会、残奥会先进集体和先进个人的决定	中共中央、国务院

（2）江苏省劳动模范（先进工作者）获得者

时 间	姓 名	备 注
1982.06	蔡振华、孙晋芳	江苏省人民政府关于授予一九八一年度劳动模范和先进集体称号的决定
1985.03	孙志安、胡星刚、栾菊杰、文国刚、徐 蓉、张洁云、周培顺、吴健秋	江苏省人民政府关于授予一九八四年度先进集体和劳动模范称号的决定
1988.04	惠 钧、杨 阳、赵剑华	苏政发〔1988〕50 号
1990.10	林 莉、张 雄、黄康林、王晓红、周玲美	苏政发〔1990〕115 号
1991.12	卜文田	—
1996.08	葛 菲、顾 俊	—
1996.11	张 雄、张惠琴	苏政发〔1996〕145 号
2000.10	葛 菲、顾 俊、黄 旭、李 菊、阎 森、张 军	苏政发〔2000〕114 号
2001.04	杨 影	苏政发〔2001〕63 号
2004.09	陈 玘、李顺柱、孙志安、杨川宁、张 军	苏政发〔2004〕69 号

（续　表）

时　间	姓　名	备　注
2005.11	蔡　赟、蒋宏伟、李梅芳、庞　进、秦旺平、任大新、沈巍巍、孙志安、谭红海、王伟新、王孝如、肖爱华、薛　峰、姚　勇、曾少昡、张　军	苏委〔2005〕333 号
2006.04	崔文华	苏政发〔2006〕56 号
2008.08	黄　旭、陈若琳、仲　满、陆春龙、王国庆、高　峰、张双喜、胡星刚、陈桂红	苏政发〔2008〕83 号
2008.09	雷丽娜	苏政发〔2008〕87 号
2009.11	肖爱华、曾少昡、张　择、蔡　赟、徐　晨、薛　飞、褚　伟、李　辉、孙志安、唐学华	苏委〔2009〕409 号
2012.08	陈若琳、蔡　赟、骆晓娟、许安琪、许学宁、张　军、孙志安、高　峰	苏政发〔2012〕11 号
2012.09	储石生	苏政发〔2012〕28 号
2013.09	陈若琳、骆晓娟、许安琪、许学宁	苏委〔2013〕39 号
2016.09	陈若琳、高　峰	苏政发〔2016〕123 号
2016.11	庄杏娣	江苏省政府 （第十五届残奥会贡献）
2018.01	仲　满、许安琪、朱　敏、张　择、公茂鑫、王适娴、汤金华、成　淑、孙晓黎、史婧琳、张雨霏、李青峰、许学宁、贾桂华、姜　惟、张洪宝	苏委〔2018〕26 号

（3）江苏省五一劳动奖章获得者

时　间	姓　名	备　注
1998.04	崔文华、黄　旭、刘　永、肖爱华、杨光炎	苏工发〔1998〕30 号
2001.11	崔文华、葛　菲、顾　莹、侯颖莉、金　蝉、金　娜、靳鲁芳、李梅芳、李顺柱、秦志戬、任大新、沈巍巍、苏懿萍、孙　俊、孙志安、谭红海、唐学华、王国新、王孝如、肖爱华、徐　洁、徐志谦、许　冕、杨川宁、杨　影、袁爱军	苏工发〔2001〕56 号
2004.09	陈　玘、王海滨、张　军	苏工发〔2004〕15 号

（续 表）

时 间	姓 名	备 注
2005.11	曹 丽、陈佳鸣、陈 金、陈 静、陈 珏、陈 玘、储石生、崔文华、单明杰、樊 静、高树君、公茂鑫、关英楠、胡 玮、胡星刚、胡跃进、黄 旭、江志英、金 蝉、李 辉、李顺柱、李 翔、李 煜、梁 琴、梁 懿、刘 琪、刘 强、刘 永、刘 媛、陆春龙、吕 博、骆晓娟、孟 洁、倪晓莉、钱云娟、秦志戬、邱彦博、孙君杰、孙 俊、谭群园、唐学华、王国新、王海滨、王静静、王 利、王亚春、徐 晨、徐 浩、许 临、许倩倩、许学宁、阎 森、杨川宁、杨 兰、袁爱军、张东明、张慧琴、张 磊、张 蕾、张 丽、张庆乐、张 勇、周广科、朱 峰、朱晓敏	苏工发〔2005〕25 号
2008.09	陈若琳、仲 满、高 峰、张双喜、黄海洋、包盈盈、蔡 赟、贾桂华、孙志安	苏工发〔2008〕15 号
2009.11	成 淑、丁 姣、刘 恋、卢 兰、孙晓黎、谭 雯、汤金华、王 荣、王适娴、朱李玥、郭 澄、陶嘉明、徐延诗、汤科蓉、任成远、朱 敏、赵媛媛、蒋科律、刘 鹏、陈滔滔、王伟新、薛 峰	苏工发〔2009〕9 号
2016.08	顾 笑、呙 俐、梁馨枰、尤 浩、史婧琳、王 芳、吴 翔、季志祥	苏工发〔2016〕22 号
2020.04	沈鹤军	苏工发〔2020〕5 号

（4）江苏省人民政府记功表彰

时 间	记功情况	姓 名	备 注
1987.12	通令嘉奖	孙晋芳、张洁云、孙志安、栾菊杰、杨 阳、赵建华、吴健秋、惠 钧、吕 伟、徐 蓉、朱幼南、胡星刚	苏政发〔1987〕175 号
1990.10	记大功一次	蔡建明、宫鲁鸣、贾桂华、金海泉、梁 军、梁 琴、毛武扬、沈昌杰、孙凤武、肖爱华、徐鸿林、杨 阳、张玉萍、赵剑华、赵友凤、庄杏娣、宗祥庆、许学宁	苏政发〔1990〕115 号
1992.08	通令嘉奖	林 莉、王晓红、张 雄	苏政发〔1992〕114 号
1994.11	通令嘉奖	任大新、肖爱华	苏政发〔1994〕111 号

（续 表）

时 间	记功情况	姓 名	备 注
1996.08	记一等功	林 莉、年 芸、孙 嫚、孙 玥、唐学华、肖爱华、尤广礼、张 雄	—
1998.12	记一等功	葛 菲、顾 俊、过 鹰、黄 旭、靳鲁芳、李 菊、乔晓卫、唐学华、王国庆、王海滨、张洪宝	苏政发〔1998〕17 号
2000.10	记一等功	卞授余、储石生、靳鲁芳、梁 琴、乔晓卫、孙志安、唐学华、王国庆、王国新、王海滨、杨 影、尤广礼	苏政发〔2000〕114 号
	记二等功	戴 韫、过 鹰、侯颖莉、黄益冲、金 蝉、金 娜、孟 洁、秦旺平、邱爱华、任大新、孙 俊、孙 玥、谭红海、王 芳、肖爱华、张东明、张洪宝、张 蕾	
2002.10	记一等功	过 鹰、黄 旭、王国庆、王海滨	苏政发〔2002〕136 号
2004.09	记一等功	储石生、过 鹰、唐学华、王国新、王海滨	苏政发〔2004〕69 号
	记二等功	蔡 赟、陈 锋、侯颖莉、胡 妮、黄 旭、金 蝉、李青峰（李义）、茅祎勋、乔晓卫、沈巍巍、王国庆、许学宁、姚 勇、袁爱军、张双喜	
2005.11	记一等功	曹 丽、陈桂红、陈佳鸣、陈 金、陈 静、陈 娟、陈 珏、陈 玘、程 博、储石生、崔文华、单明杰、樊 静、符 瑶、高树君、公茂鑫、关英楠、侯颖莉、胡 妮、胡 玮、胡星刚、胡跃进、华洪兴、黄 旭、江志英、金 蝉、金 松、李 辉、李顺柱、李 翔、李 杨、李 煜、梁 琴、梁 懿、刘 琪、刘 强、刘 永、刘 媛、陆春龙、吕 博、骆晓娟、马学忠、孟 洁、倪晓莉、彭思思、钱艾嘉、钱裕嘉、钱云娟、秦志戬、邱彦博、史 欣、孙君杰、孙 俊、谭群园、唐学华、王成钢、王国庆、王国新、王海滨、王静静、王 利、王婷婷、王亚春、魏 虹、肖一鸣、徐 晨、徐 浩、徐雪萍、徐子惠、许 临、许倩倩、许学宁、阎 森、杨川宁、杨 兰、俞静秋、袁爱军、湛 慧、张东明、张慧琴、张 磊、张 蕾、张 丽、张庆乐、张 雄、张 勇、赵迟梅、赵 越、周广科、朱 峰、朱华刚、朱晓敏、朱 政	苏委〔2005〕333 号
2008.08	记一等功	黄海洋、包盈盈、蔡 赟、陈 金、贾桂华、孙志安、唐学华、华洪兴、张 雄、张祖强、徐雪萍、张本固	苏政发〔2008〕83 号

（续 表）

时 间	记功情况	姓 名	备 注
2009.11	记一等功	成 淑、丁 姣、刘 恋、卢 兰、孙晓黎、谭 雯、汤金华、王 荣、王适娴、朱李玥、陈 金、郭 澄、李 昱、刘 永、邱彦博、孙君杰、陶嘉明、徐延诗、汤科蓉、任正远、陈若琳、刘 媛、孟 洁、张 蕾、朱 敏、包盈盈、黄海洋、赵媛媛、蒋科律、刘 鹏、陈滔滔、仲 满、王伟新、公茂鑫、薛 峰、凌 波、孙 俊、张 军、王孝如、周广科、余 俭、贾桂华、李青峰、庞 进、姜 惟、张 雄、徐雪萍、张 健、张祖强、罗福亭	苏委〔2009〕409 号
2012.08	记一等功	徐 晨、陆春龙、孙 俊、胡星刚、唐学华、张 雄、蒋宏伟、肖爱华、张祖强、沈 克、顾金凤、吕远远	苏政发〔2012〕111 号
2013.09	记一等功	朱 敏、仲 满、蒋科律、吴 杰、陈滔滔、吴海燕、陈云霞、曾少昡、薛 峰、张 择、公茂鑫、任成远、郑曲琳、陈 妮、曹境真、吴圣平、孙梦晨、陈 烨、屈 琳、史婧琳、贾桂华、李青峰、姚 勇、李 辉、周广科、孔庆玮、徐 洁、徐 浩、季志祥、张 雄、蒋宏伟、肖爱华、张祖强、沈 克、丁习明、储石生、顾金凤	苏委〔2013〕539 号
2016.09	记一等功	许安琪、顾 笑、冈 俐、梁馨枰、尤 浩、史婧琳、许学宁、金 蝉、王 芳、王国庆、吴 翔、季志祥、张 军、陈国祥、杨国庆、肖爱华、孔庆玮、盛 蕾、顾金凤、吕远远	苏政发〔2016〕123 号
2018.01	记一等功	沈 铎、翁 浩、张雪倩、钱佳睿、杨恒郁、华润豪、夏梓皓、梁 辰、惠夕蕊、何冰娇、高昉洁、夏玉婷、董又榕、周舜琪、顾 笑、冈 俐、金小琳、瞿璐璐、梁馨枰、徐千雪、张曦文、王赐月、赵瑀琦、金小琪、王国庆、周 晨、徐 欣、王 芳、刘 永、孙 俊、王家祥、秦学林、孟庆宇、戴剑松	苏委〔2018〕26 号
	记二等功	杨国庆、蒋宏伟、肖爱华、张 健、孔庆玮、孙世昆、鲍 勤、曾少昡、王伟新、罗福亭	
	通报表扬	丁玲玲	

（5）江苏省新长征突击手（标兵）

时　间	姓　名	备　注
1988.01	杨　阳、赵建华、杨千里、张晓平、田俊宁、陈中青、庞　进、姚　勇、宗祥庆、徐学宁、李林根、蔡建民、梁效忠	团苏委发〔1988〕1 号
1993.09	周天华、徐　阳、林　莉、陈　贤、李云南、崔文华、陆锦华、邬　娜、李　菊、许学宁、李　义、陈　军、王礼千、颜卫东、贾桂华、肖爱华、朱　瑜、王　钰、梁　军、陈　玮、朱美芳、梁　琴、巩秀红、韩佳萍、周　萍、陶　毅、吴　俊、孟爱国、冀方新、孙　嫚、潘　莉、顾　俊、葛　菲、刘桂梅、徐　莉、赵剑华	团苏委发〔1993〕31 号
1994.05	周玲美	全国新长征突击手
1994.11	崔文华、胡卫东、李青峰（李　义）、梁　军、林　莉、庞　进、许学宁、张恒运；任大新、肖爱华（2 人为新长征突击手标兵）	团苏委发〔1994〕24 号
1997.10	鲍晓艳、陈　玮、褚　伟、崔文华、杜韫洁、葛　菲、顾　俊、黄　旭、李　菊、梁　军、梁　琴、梁效忠、林　亮、刘亚东、刘　永、马　良、秦志戬、沈　龙、沈巍巍、孙　俊、孙　全、田　芳、王国庆、王海滨、邬　娜、肖爱华、颜卫东、杨　兰、杨　影、姚　勇、袁爱军、张　军、张双喜、张莹莹、赵剑华、朱　峰、朱美芳、李云南	团苏委发〔1997〕58 号
1998.12	戴　韫、梁　懿、卢卫中、浦云飞、邱爱华、孙　玥、王维肖、阎　森、张恒华、张恒运、张锦文、张　勇	团苏委发〔1998〕78 号
2000.10	梁　琴、王海滨、杨　影；葛　菲、顾　俊、黄　旭、李　菊、阎　森、张　军（6 人为新长征突击手标兵）	团苏委发〔2000〕24 号
2001.04	李　菊	团苏委发〔2001〕16 号
2001.04	黄　旭（省青年五四奖章）	—
2001.11	卞晓阳、蔡　赟、陈朝辉、陈　露、崔文华、杜韫洁、冯强强、葛　菲、顾　凌、顾　莹、韩　宁、侯颖莉、金　蝉、金　娜、李　莉、李梅芳、李园园、刘　伟、刘　永、卢卫中、陆　飞、陆金明、吕　俊、孟　洁、浦云飞、钱云娟、秦志戬、邵　瑗、沈　龙、施海荣、苏懿萍、孙　俊、孙　璇、汪黎明、汪鹏燕、王　利、王维肖、韦　波、吴乃常、吴　涛、肖爱华、谢　珉、徐　丹、徐　洁、许　冕、杨　影、殷　勇、袁爱军、张　军、张　蕾、张灵枫、张　伟、张晓东、赵　青、周　炜、朱　峰	团苏委发〔2001〕34 号
2002.10	包盈盈、戴　韫、黄海洋、黄　旭、李梅芳、倪晓莉、秦旺平、王海滨、徐　浩、阎　森、张　蕾、周　睿	团苏委发〔2002〕32 号

（续 表）

时 间	姓 名	备 注
2004.09	蔡 赟、陈 锋、侯颖莉、胡 妮、黄 旭、金 蝉、李青峰（李 义）、沈巍巍、王海滨、许学宁、袁爱军；陈 玘、张 军（2人为省新长征突击手标兵）	团苏委发〔2004〕27号
2005.11	包盈盈、卞 兰、卞晓阳、陈 丰、陈 锋、陈 妮、陈偌林、陈滔滔、陈 烨、成晶晶、仇素兵、戴 韫、邓 盈、丁建红、丁 娇、丁 杰、房 辉、房纹萱、冯强强、高 垚、顾 凌、韩 宁、韩 硕、侯雪花、胡俊雄、胡 瑞、胡卫东、胡文瑛、胡雪峰、黄海洋、黄 群、季志祥、蒋 旭、李家旺、李金生、李青峰、李润润、李珊珊、李陶然、刘鼎赫、刘锦宇、刘 景、刘南希、刘秋鸣、刘岩冰、刘 颖、卢博博、卢 兰、卢卫中、鲁 莺、陆 飞、陆 振、罗旭升、马千里、孟 达、孟 青、糜 珏、钱春华、钱 丹、钱 虹、钱木森、乔 炜、屈 琳、任成远、施海荣、时林忠、束旋莹、宋 源、苏懿萍、孙为一、孙晓黎、汤春珏、唐正东、童英杰、王海滨、王 荣、王小丽、王 英、王 影、王 哲、吴 芳、吴娇娇、吴 珺、吴 涛、吴 翔、项雪蕾、徐 生、许 冕、许 诺、颜卫东、杨 波、杨 力、姚 蒙、易 立、殷 勇、郁群莉、张 晨、张 成、张冬梅、张恒运、张 磊、张文婕、张晓东、赵裴洁、赵媛媛、郑 婳、仲 满、周汉亭、周 鸿、周 晶、周 睿、周 炜	团苏委发〔2005〕42号
	省新长征突击手标兵： 蔡 赟、曹 丽、陈佳鸣、陈 金、陈 静、陈 娟、陈 珏、陈 玘、陈艳青、程 博、崔文华、单明杰、樊 静、符 瑶、公茂鑫、关英楠、侯颖莉、胡 妮、胡 玮、黄 旭、江志英、李梅芳、李 翔、李 杨、李 煜、梁 琴、梁 懿、刘 琪、刘 强、刘 永、刘 媛、陆春龙、吕 博、骆晓娟、孟 洁、倪晓莉、彭思思、钱艾嘉、钱裕嘉、钱云娟、秦旺平、秦志戬、邱彦博、沈巍巍、史 欣、孙君杰、孙 俊、谭群园、王海滨、王静静、王 利、王婷婷、王伟新、魏 虹、肖爱华、肖一鸣、徐 浩、徐子惠、许 晨、许倩倩、薛 峰、阎 森、杨 兰、俞静秋、袁爱军、曾少昡、湛 慧、张 军、张 磊、张 蕾、张 丽、张庆乐、张 勇、赵迟梅、赵 越、朱 峰、朱晓敏、朱 政	
2006.04	唐存楼	团省委
2008.09	黄海洋、包盈盈、蔡 赟、陈 金、胡 玮、张 军、刘 永、卢 兰、任成远、张 蕾、周广科；陈若琳、仲 满、黄 旭、陆春龙（4人为省新长征突击手标兵）	团苏委发〔2008〕30号

（续 表）

时 间	姓 名	备 注
2009.11	肖爱华、曾少昡、张 择、蔡 赟、徐 晨、薛 飞、成 淑、丁 姣、刘 恋、卢 兰、孙晓黎、谭 雯、汤金华、王 荣、王适娴、朱李玥、陈 金、郭 澄、李 昱、刘 永、邱彦博、孙君杰、陶嘉明、徐延诗、汤科蓉、任成远、陈若琳、刘 媛、孟 洁、张 蕾、朱 敏、包盈盈、黄海洋、赵媛媛、蒋科律、刘 鹏、陈滔滔、仲 满、王伟新、公茂鑫、薛 峰、褚 伟、孙 俊、张 军、周 睿、李青峰、姜 惟、陈 烨、屈 琳、吴圣平、由天宇、刘 颖、吴海艳、陈云霞、许安琪、骆晓娟、黄 超、刘 琪、刘 强、胡亦江、李彦莹、马 劼、沈菲菲、史 欣、吴 芜、许 悦、湛 慧、张欣雅、朱 政、左晨晨、徐 婕、吕 博、童英杰、吕君海、陆春龙、成晶晶、周正荣、葛晓通	苏委发〔2009〕51 号
2021.08	张雨霏（中国青年五四奖章）	

（6）全国及江苏省三八红旗手（标兵）

时 间	姓 名	备 注
1987.12	林 莉、王晓红	苏妇〔1987〕85 号
1993.09	陈 玮、葛 菲、巩秀红、顾 俊、靳鲁芳、李 菊、刘桂梅、陆锦华、潘 莉、乔晓卫、孙 嫚、王 钰、魏佳萍、邬 娜、徐 莉、朱美芳、朱 瑜 江苏省女子花剑队、女子重剑队、女子羽毛球队获江苏省三八红旗集体荣誉称号	苏妇〔1993〕80 号
1993.11	周玲美、林 莉、赵友凤（全国三八红旗手）	—
1993.11	陈 玮、葛 菲、顾 俊、靳鲁芳、李 菊、梁 军、梁 琴、林 莉、刘桂梅、陆锦华、毛武扬、潘 莉、乔晓卫、孙 嫚、孙 玥、王晓红、王 钰、魏佳萍、邬 娜、肖爱华、徐 莉、张玉萍、赵友凤、周玲美、周 萍、周天华、朱美芳、朱 瑜、庄杏娣、林 莉、顾湘云	—
1994.11	张恒运、梁 军、庄杏娣、肖爱华（江苏省三八红旗手标兵）	苏妇〔1994〕71 号
1998.12	戴 韫、梁 懿、浦云飞、邱爱华、王维肖、许 临、张恒华、张锦文	苏妇〔1998〕94 号
2000.10	梁 琴、乔晓卫、杨 影；葛 菲、顾 俊、李 菊（3 人为江苏省三八红旗手标兵）	苏妇〔2000〕76 号

（续 表）

时 间	姓 名	备 注
2001.11	陈 露、杜韫洁、顾 莹、侯颖莉、金 蝉、金 娜、李 莉、李梅芳、李园园、孟 洁、钱云娟、邵 瑗、苏懿萍、孙 璇、汪黎明、汪鹏燕、王 利、徐 洁、许 冕、张 蕾、赵 青	苏妇〔2001〕74 号
2002.10	包盈盈、黄海洋、倪晓莉、秦旺平	苏妇〔2002〕65 号
2005.11	包盈盈、卞 兰、陈 妮、陈偌林、陈 烨、成晶晶、戴 韫、邓 盈、丁建红、丁 娇、房纹萱、高 垚、侯雪花、胡文瑛、黄海洋、黄 群、蒋 旭、李珊珊、李陶然、刘南希、刘秋鸣、刘 颖、卢博博、卢 兰、鲁 莺、马千里、孟 青、糜 珏、钱春华、钱 虹、屈 琳、任成远、束旋莹、苏懿萍、孙晓黎、汤春珏、王 荣、王瑞华、王小丽、王 英、王 影、吴 芳、吴娇娇、吴 珺、项雪蕾、熊 艳、徐 洁、许 冕、许 诺、杨 波、姚 蒙、郁群莉、袁紫娟、张冬梅、张恒运、张文婕、赵裴洁、赵媛媛、郑 婳、周汉亭、周 晶 江苏省三八红旗手标兵有： 曹 丽、陈 静、陈 娟、陈 珏、程 博、樊 静、符 瑶、关英楠、侯颖莉、胡 妮、江志英、金 蝉、李梅芳、李 杨、梁 琴、梁 懿、刘 媛、骆晓娟、孟 洁、倪晓莉、彭思思、钱艾嘉、钱裕嘉、钱云娟、秦旺平、沈巍巍、史 欣、王静静、王 利、王婷婷、魏 虹、肖爱华、肖一鸣、徐子惠、许 临、许倩倩、杨 兰、俞静秋、湛 慧、张慧琴、张 磊、张 蕾、张 丽、赵迟梅、赵 越、朱晓敏、朱 政	苏妇〔2005〕91 号
2000.02	葛 菲（第三届江苏十大女杰）	苏妇〔2000〕9 号
2008.09	陈若琳（全国三八红旗手）	苏妇〔2008〕32 号
2008.09	黄海洋、包盈盈、卢 兰、任成远、张 蕾； 陈若琳（江苏省三八红旗手标兵）	苏妇〔2008〕62 号
2009.12	肖爱华、成 淑、丁 姣、刘 恋、卢 兰、孙晓黎、谭 雯、汤金华、王 荣、王适娴、朱李玥、汤科蓉、任成远、陈若琳、刘 媛、孟 洁、张 蕾、朱 敏、包盈盈、黄海洋、赵媛媛、余 俭、陈 烨、金 蝉、屈 琳、吴圣平、刘 颖、吴海艳、陈云霞、许安琪、骆晓娟、胡亦江、李彦莹、马 劼、沈菲菲、史 欣、吴 芜、许 悦、湛 慧、张欣雅、朱 政、左晨晨、徐 婕、成晶晶、徐 洁	苏妇〔2009〕77 号
2016.08	顾 笑、呙 俐、梁馨枰、史婧琳	苏妇〔2016〕19 号

附录 5

南京体育学院获奥运会冠军一览表

序号	姓名	性别	出生年份	籍贯	届别	时间	地点	项目
1	栾菊杰	女	1958	南京	23	1984	美国洛杉矶	击剑女子花剑个人
2	林莉	女	1970	南通	25	1992	西班牙巴塞罗那	游泳女子200米混合泳
3	葛菲	女	1974	南通	26	1996	美国亚特兰大	羽毛球女子双打
					27	2000	澳大利亚悉尼	羽毛球女子双打
4	顾俊	女	1975	无锡	26	1996	美国亚特兰大	羽毛球女子双打
					27	2000	澳大利亚悉尼	羽毛球女子双打
5	张军	男	1977	苏州	27	2000	澳大利亚悉尼	羽毛球混合双打
					28	2004	希腊雅典	羽毛球混合双打
6	黄旭	男	1979	南通	27	2000	澳大利亚悉尼	体操男子团体
					29	2008	中国北京	体操男子团体
7	李菊	女	1976	南通	27	2000	澳大利亚悉尼	乒乓球女子双打
8	阎森	男	1975	徐州	27	2000	澳大利亚悉尼	乒乓球男子双打
9	陈玘	男	1984	南通	28	2004	希腊雅典	乒乓球男子双打
10	陆春龙	男	1989	常州	29	2008	中国北京	蹦床网上个人
11	仲满	男	1983	南通	29	2008	中国北京	击剑男子佩剑个人
12	陈若琳	女	1992	南通	29	2008	中国北京	十米台、双人台
					30	2012	英国伦敦	十米台、双人台
					31	2016	巴西里约热内卢	双人台
13	蔡赟	男	1980	苏州	30	2012	英国伦敦	羽毛球男子双打
14	骆晓娟	女	1984	盐城	30	2012	英国伦敦	击剑女子重剑团体
15	许安琪	女	1992	南京	30	2012	英国伦敦	击剑女子重剑团体
16	张雨霏	女	1998	徐州	32	2021	日本东京	女子200米蝶泳、女子4×200米自由泳接力

附录 6
南京体育学院获世界冠军统计表及冠军一览表

（1）分项目世界冠军统计表

项 目	人 数	世界冠军名单
羽毛球	20	孙志安、徐　蓉、吴健秋、杨　阳、赵剑华、葛　菲、顾　俊、孙　俊、刘　永、戴　韫、钱　虹、张　军、蔡　赟、陈　金、卢　兰、徐　晨、王适娴、成　淑、汤金华、石宇奇
乒乓球	9	蔡振华、惠　钧、秦志戬、杨　影、李　菊、邬　娜、张莹莹、阎　森、陈　玘
排　球	3	孙晋芳、张洁云、殷　勤
技　巧	36	胡星刚、周传彪、王立友、赵　杰、王　沛、杜　彪、周再军、苏　红、宋　娜、冀方新、孟爱国、陶　毅、吴　俊、王湘麒、周　丹、吉晓璐、王　菊、陈勇军、季　磊、沈国华、朱澎涛、胡　欣、严　松、刘　峰、刘会峰、唐　建、王　磊、巫叶秋胤、周　溢、赵玉超、方　盛、薛王鑫、张　腾、周家槐、芮留铭、李　铮
击　剑	4	栾菊杰、仲　满、骆晓娟、许安琪
举　重	2	周培顺、崔文华
跳　水	9	吕　伟、张玉萍、路海松、杨　兰、黄　强、石　磊、徐　浩、许　冕、陈若琳
航海模型	1	蒋建栋
游　泳	7	林　莉、王晓红、陈　艳、年　芸、史婧琳、沈　铎、张雨霏
体　操	4	黄　旭、吕　博、尤　浩、孙　炜
蹦　床	3	陆春龙、张凌峰、张　阔
花样游泳	3	顾　笑、呙　俐、梁馨枰
武术散打	1	倪春秋
合计：102 人		

注：截至 2021 年 8 月。

（2）分时间世界冠军一览表

姓　名	性　别	输送地	项　目	比赛名称	时　间	地　点	获金项目
孙志安	男	苏　州	羽毛球	第一届世界杯赛	1979.06	中　国	男子团体
							男子双打
徐　蓉	女	南　京	羽毛球	第一届世界杯赛	1979.06	中　国	女子团体
蔡振华	男	无　锡	乒乓球	第三十六届世锦赛	1981.04	南斯拉夫	男子团体
							男子双打
孙志安	男	苏　州	羽毛球	第一届世界运动会	1981.07	美　国	男子双打
孙晋芳	女	苏　州	排　球	第三届世界杯赛	1981.11	日　本	女子排球
张洁云	女	南　通					
孙志安	男	苏　州	羽毛球	第十二届汤姆斯杯	1982.05	英　国	男子团体
孙晋芳	女	苏　州	排　球	第九届世锦赛	1982.09	秘　鲁	女子排球
蔡振华	男	无　锡	乒乓球	第三十七届世锦赛	1983.04	日　本	男子团体
胡星刚	男	南　京	技　巧	第四届世界杯赛	1983.10	美　国	男子单跳全能
							男子单跳第二套
吴健秋	女	南　通	羽毛球	第十届尤伯杯赛	1984.04	马来西亚	女子团体
徐　蓉	女	南　京					
栾菊杰	女	南　京	击　剑	第二十三届奥运会	1984.08	美　国	女子花剑个人
周培顺	男	泰　州	举　重	第五十八届世锦赛	1984.08	美　国	52 公斤级抓举
蔡振华	男	无　锡	乒乓球	第三十八届世锦赛	1985.03	瑞　典	混合双打
王立友	男	徐　州	技　巧	第五届世界杯赛	1985.09	中　国	男子四人全能
王　沛	男	徐　州					
周传彪	男	徐　州					
赵　杰	男	扬　州					
殷　勤	女	南　通	排　球	第四届世界杯赛	1985.11	日　本	女子排球
吴健秋	女	南　通	羽毛球	第十一届尤伯杯赛	1986.04	印　尼	女子团体
杨　阳	男	南　京	羽毛球	第十二届汤姆斯杯	1986.04	印　尼	男子团体
殷　勤	女	南　通	排　球	第十届世锦赛	1986.09	捷　克	女子排球
惠　钧	男	无　锡	乒乓球	第三十九届世锦赛	1987.02	印　度	混合双打
吕　伟	女	扬　州	跳　水	第六届世界杯赛	1987.04	荷　兰	女子团体

（续 表）

姓 名	性 别	输送地	项 目	比赛名称	时 间	地 点	获金项目
杨 阳	男	南 京	羽毛球	第五届世锦赛	1987.05	中 国	男子单打
赵剑华	男	南 通	羽毛球	第七届世界杯赛	1987.10	马来西亚	男子单打
赵剑华	男	南 通	羽毛球	第十五届汤姆斯杯	1988.05	马来西亚	男子团体
杨 阳	男	南 京					
杨 阳	男	南 京	羽毛球	第八届世界杯赛	1988.10	泰 国	男子单打
杜 彪	男	徐 州	技 巧	第八届世锦赛	1988.12	比利时	男子四人全能
							男子四人第一套
赵 杰	男	扬 州	技 巧	第八届世锦赛	1988.12	比利时	男子四人全能
							男子四人第一套
周传彪	男	徐 州					男子四人全能
							男子四人第一套
周再军	男	常 州					男子四人全能
							男子四人第一套
蒋建栋	男	无 锡	航海模型	第六届世锦赛	1989.05	中 国	F1-E1 公斤
张玉萍	女	常 州	跳 水	第六届世界杯赛	1989.05	美 国	女子团体
							混合团体
杨 阳	男	南 京	羽毛球	第六届世锦赛	1989.06	印 尼	男子单打
杨 阳	男	南 京	羽毛球	第九届世界杯赛	1989.11	中 国	男子单打
杨 阳	男	南 京	羽毛球	第十六届汤姆斯杯	1990.05	日 本	男子团体
赵剑华	男	南 通					
苏 红	女	徐 州	技 巧	第九届世锦赛	1990.10	德 国	女子双人第一套
							女子双人第二套
宋 娜	女	徐 州					女子双人第一套
							女子双人第二套
林 莉	女	南 通	游 泳	第六届世锦赛	1991.01	澳大利亚	女子 200 米混合泳
							女子 400 米混合泳
赵剑华	男	南 通	羽毛球	第七届世锦赛	1991.05	丹 麦	男子单打
路海松	女	徐 州	跳 水	第七届世界杯赛	1991.05	加拿大	女子团体
							混合团体

（续 表）

姓 名	性 别	输送地	项 目	比赛名称	时 间	地 点	获金项目
林 莉	女	南 通	游 泳	第二十五届奥运会	1992.07	西班牙	女子200米混合泳
冀方新	男	徐 州	技 巧	第十届世界杯赛	1993.10	保加利亚	男子四人全能 男子四人第一套 男子四人第二套
孟爱国	男	徐 州	技 巧	第十届世界杯赛	1993.10	保加利亚	男子四人全能 男子四人第一套 男子四人第二套
吴 俊	男	苏 州	技 巧	第十届世界杯赛	1993.10	保加利亚	男子四人全能 男子四人第一套 男子四人第二套
陶 毅	男	常 州	技 巧	第十届世界杯赛	1993.10	保加利亚	男子四人全能 男子四人第一套 男子四人第二套
王湘麒	女	常 州	技 巧	第十届世界杯赛	1993.10	保加利亚	女子单跳第二套
林 莉	女	南 通	游 泳	第一届世界短池锦标赛	1993.12	西班牙	女子100米混合泳 女子200米混合泳 女子400米混合泳
王晓红	女	常 州	游 泳	第一届世界短池锦标赛	1993.12	西班牙	女子100米蝶泳 女子100米蝶泳
秦志戬	男	镇 江	乒乓球	第三届世界杯赛	1994.10	法 国	男子团体
吉晓璐	女	南 京	技 巧	第十一届世锦赛	1994.11	中 国	女子三人全能 女子三人第一套 女子三人第二套
周 丹	女	苏 州	技 巧	第十一届世锦赛	1994.11	中 国	女子三人全能 女子三人第一套 女子三人第二套
王 菊	女	苏 州	技 巧	第十一届世锦赛	1994.11	中 国	女子三人全能 女子三人第一套 女子三人第二套

（续 表）

姓 名	性 别	输送地	项 目	比赛名称	时 间	地 点	获金项目
葛 菲	女	南 通	羽毛球	第四届苏迪曼杯赛	1995.05	瑞 士	混合团体
顾 俊	女	无 锡					
孙 俊	男	南 京					
杨 影	女	徐 州	乒乓球	第四届世界杯赛	1995.08	美 国	女子团体
杨 兰	女	南 京	跳水	第九届世界杯赛	1995.09	美 国	女子团体
崔文华	男	淮 阴	举重	第六十七届世锦赛	1995.11	中 国	108公斤级抓举
吉晓璐	女	南 京	技巧	第十二届世锦赛	1995.11	波 兰	女子三人全能
周 丹	女	苏 州					
王 菊	女	苏 州					
葛 菲	女	南 通	羽毛球	第二十六届奥运会	1996.08	美 国	女子双打
顾 俊	女	无 锡					
吉晓璐	女	南 京	技 巧	第十三届世锦赛	1996.11	德 国	女子三人全能
							女子三人第一套
							女子三人第二套
周 丹	女	苏 州	技 巧				女子三人全能
							女子三人第一套
							女子三人第二套
王 菊	女	苏 州	技 巧				女子三人全能
							女子三人第一套
							女子三人第二套
葛 菲	女	南 通	羽毛球	第十六届世界杯赛	1996.12	印 尼	女子双打
顾 俊	女	无 锡					
陈 艳	女	南 京	游 泳	第三届世界短池锦标赛	1997.04	瑞 典	女子200米仰泳
							4×100米自由泳
年 芸	女	扬 州					4×200米自由泳
李 菊	女	南 通	乒乓球	第四十四届世锦赛	1997.04	英 国	女子团体
							混合双打
邬 娜	女	镇 江					女子团体
杨 影	女	徐 州	乒乓球	第四十四届世锦赛	1997.04	英 国	女子双打
葛 菲	女	南 通	羽毛球	第十届世锦赛	1997.05	英 国	女子双打
							混合双打

（续　表）

姓　名	性　别	输送地	项　目	比赛名称	时　间	地　点	获金项目
葛　菲	女	南　通	羽毛球	第五届苏迪曼杯赛	1997.05	英　国	混合团体
顾　俊	女	无　锡	羽毛球	第十届世锦赛	1997.05	英　国	女子双打
							混合团体
刘　永	男	南　京	羽毛球	第十届世锦赛	1997.05	英　国	混合双打
刘　永	男	南　京	羽毛球	第五届苏迪曼杯赛	1997.05	英　国	混合团体
孙　俊	男	南　京					
葛　菲	女	南　通	羽毛球	第十七届世界杯赛	1997.08	印　尼	混合双打
							女子双打
顾　俊	女	无　锡	羽毛球	第十七届世界杯赛	1997.08	印　尼	女子双打
刘　永	男	南　京					混合双打
孙　俊	男	南　京					男子单打
黄　旭	男	南　通	体　操	第三十三届世锦赛	1997.08	瑞　士	男子团体
黄　强	男	常　州	跳　水	第十届世界杯赛	1997.09	墨西哥	男子团体
							混合团体
							男子双人跳台
徐　浩	男	南　京	跳　水	第十届世界杯赛	1997.09	墨西哥	男子团体
							混合团体
							男子双人3米板
石　磊	女	无　锡					女子团体
							混合团体
							女子双人3米板
崔文华	男	淮　阴	举　重	第六十八届世锦赛	1997.12	泰　国	108公斤挺举
崔文华	男	淮　阴	举　重	第六十八届世锦赛	1997.12	泰　国	108公斤抓举
							108公斤总成绩
徐　浩	男	南　京	跳　水	第八届世锦赛	1998.01	澳大利亚	男子双人3米板
葛　菲	女	南　通	羽毛球	第十七届世界杯赛	1998.05	中国香港	女子团体
顾　俊	女	无　锡					
戴　韫	女	南　京					
钱　虹	女	南　京					
崔文华	男	淮　阴	举　重	第六十九届世锦赛	1998.11	芬　兰	105公斤抓举
杨　兰	女	南　京	跳　水	第十一届世界杯赛	1999.01	新西兰	混合团体
							女子双人3米板

（续　表）

姓　名	性　别	输送地	项　目	比赛名称	时　间	地　点	获金项目
葛　菲	女	南　通	羽毛球	第十一届世锦赛	1999.05	丹　麦	女子双打
葛　菲	女	南　通	羽毛球	第六届苏迪曼杯赛	1999.05	丹　麦	混合团体
顾　俊	女	无　锡	羽毛球	第十一届世锦赛	1999.05	丹　麦	女子双打
顾　俊	女	无　锡	羽毛球	第六届苏迪曼杯赛	1999.05	丹　麦	混合团体
孙　俊	男	南　京	羽毛球	第十一届世锦赛	1999.05	丹　麦	男子单打
戴　韫	女	南　京	羽毛球	第六届苏迪曼杯赛	1999.05	瑞　典	混合团体
刘　永	男	南　京	羽毛球	第六届苏迪曼杯赛	1999.05	瑞　典	混合团体
张　军	男	苏　州	羽毛球	第六届苏迪曼杯赛	1999.05	瑞　典	混合团体
李　菊	女	南　通	乒乓球	第四十五届世锦赛	1999.08	荷　兰	女子双打
张莹莹	女	南　京	乒乓球	第四十五届世锦赛	1999.08	荷　兰	混合双打
陈勇军	男	常　州	技　巧	第十六届世锦赛	1999.11	比利时	男子四人全能
陈勇军	男	常　州	技　巧	第十六届世锦赛	1999.11	比利时	男子四人第一套
陈勇军	男	常　州	技　巧	第十六届世锦赛	1999.11	比利时	男子四人第二套
朱澎涛	男	常　州	技　巧	第十六届世锦赛	1999.11	比利时	男子四人全能
朱澎涛	男	常　州	技　巧	第十六届世锦赛	1999.11	比利时	男子四人第一套
朱澎涛	男	常　州	技　巧	第十六届世锦赛	1999.11	比利时	男子四人第二套
季　磊	男	南　通	技　巧	第十六届世锦赛	1999.11	比利时	男子四人全能
季　磊	男	南　通	技　巧	第十六届世锦赛	1999.11	比利时	男子四人第一套
季　磊	男	南　通	技　巧	第十六届世锦赛	1999.11	比利时	男子四人第二套
沈国华	男	苏　州	技　巧	第十六届世锦赛	1999.11	比利时	男子四人全能
沈国华	男	苏　州	技　巧	第十六届世锦赛	1999.11	比利时	男子四人第一套
沈国华	男	苏　州	技　巧	第十六届世锦赛	1999.11	比利时	男子四人第二套
黄　旭	男	南　通	体　操	第三十四届世锦赛	1999.11	中　国	男子团体
葛　菲	女	南　通	羽毛球	第十八届世界杯赛	2000.05	马来西亚	尤伯杯团体
顾　俊	女	无　锡	羽毛球	第十八届世界杯赛	2000.05	马来西亚	尤伯杯团体
戴　韫	女	南　京	羽毛球	第十八届世界杯赛	2000.05	马来西亚	尤伯杯团体

（续　表）

姓　名	性　别	输送地	项　目	比赛名称	时　间	地　点	获金项目
葛　菲	女	南　通	羽毛球	第二十七届奥运会	2000.09	澳大利亚	女子双打
顾　俊	女	无　锡					
张　军	男	苏　州					混合双打（张军、高凌）
黄　旭	男	南　通	体　操	第二十七届奥运会	2000.09	澳大利亚	男子团体
李　菊	女	南　通	乒乓球				女子双打
阎　森	男	徐　州	乒乓球				混合双打
胡　欣	男	南　通	技　巧	第十七届世锦赛	2000.11	波　兰	男子四人全能
							男子四人第一套
							男子四人第二套
严　松	男	淮　阴					男子四人全能
							男子四人第一套
							男子四人第二套
刘　峰	男	徐　州					男子四人全能
							男子四人第一套
							男子四人第二套
刘会峰	男	徐　州					男子四人全能
							男子四人第一套
							男子四人第二套
黄　强	男	常　州	跳　水	第十一届世界杯赛	2000	澳大利亚	男子双人10米台
李　菊	女	南　通	乒乓球	第四十五届世锦赛	2000	马来西亚	女子团体
				第四届世界杯赛	2000	柬埔寨	女子单打
李　菊	女	南　通	乒乓球	第四十六届世锦赛	2001.04	日　本	女子团体
							女子双打
杨　影	女	徐　州	乒乓球	第四十六届世锦赛	2001.04	日　本	女子团体
							混合双打
秦志戬	男	镇　江					混合双打
阎　森	男	徐　州	乒乓球	第四十六届世锦赛	2001.04	日　本	男子双打
刘　永	男	南　京	羽毛球	第七届苏迪曼杯赛	2001.05	西班牙	混合团体
张　军	男	苏　州					
张　军	男	苏　州	羽毛球	第十二届世锦赛	2001.06	西班牙	混合双打

（续 表）

姓 名	性 别	输送地	项 目	比赛名称	时 间	地 点	获金项目
许 冕	女	扬 州	跳 水	第九届世锦赛	2001.07	日 本	单人 10 米台
戴 韫	女	南 京	羽毛球	第十九届世界杯赛	2002.05	中 国	尤伯杯团体
黄 强	男	常 州	跳 水	第十三届世界杯赛	2002.06	西班牙	男子团体
阎 森	男	徐 州	乒乓球	第四十七届世锦赛	2003.05	法 国	男子双打
黄 旭	男	南 通	体 操	第三十七届世锦赛	2003.08	美 国	男子团体
李 菊	女	南 通	乒乓球	第四十七届世锦赛	2004.03	卡塔尔	女子团体
蔡 赟	男	苏 州	羽毛球	第八届世界杯赛	2004.05	中 国	汤姆斯杯团体
陈 玘	男	南 通	乒乓球	第二十八届奥运会	2004.08	希 腊	男子双打
张 军	男	苏 州	羽毛球	第二十八届奥运会	2004.08	希 腊	混合双打
倪春秋	女	南体运动系	武术散打	第二届世界杯武术散打比赛	2004.11	中 国	女子 60 公斤级
蔡 赟	男	苏 州	羽毛球	第九届世界杯赛	2005.05	中 国	苏迪曼杯团体
张 军	男						
陈 金	男	南 京	羽毛球	第二十四届汤姆斯杯赛	2006.05	日 本	男子团体
卢 兰	女	常 州	羽毛球	第二十一届尤伯杯赛	2006.05	日 本	女子团体
陈若琳	女	南 通	跳 水	第十五届世界杯赛	2006.07	中 国	女子 10 米台双人
骆晓娟	女	盐 城	击 剑	世锦赛	2006.10	意大利	女子重剑团体
陈若琳	女	南 通	跳 水	第十二届世锦赛	2007.03	澳大利亚	双人台
陈 玘	男	南 通	乒乓球	第四十九届世锦赛	2007.05	克罗地亚	双 打
蔡 赟	男	苏 州	羽毛球	第十届苏迪曼杯	2007.06	英 国	混合团体
陈 金	男	南 京	羽毛球	第十届苏迪曼杯	2007.06	英 国	混合团体
黄 旭	男	南 通	体 操	第四十届世锦赛	2007.09	德 国	团 体
陈 玘	男	南 通	乒乓球	第五届世界杯	2007.10	德 国	团 体
陆春龙	男	常 州	蹦 床	第二十五世锦赛	2007.11	加拿大	团 体
陈若琳	女	南 通	跳 水	第十六届世界杯	2008.02	中 国	单人 10 米台
陈若琳	女	南 通	跳 水	第十六届世界杯	2008.02	中 国	双人 10 米台

（续　表）

姓　名	性　别	输送地	项　目	比赛名称	时　间	地　点	获金项目
陈　玘	男	南　通	乒乓球	第四十九届世锦赛	2008.02	中　国	团　体
陈　金	男	南　京	羽毛球	第二十五届汤姆斯杯	2008.05	印度尼西亚	团　体
蔡　赟	男	苏　州	羽毛球	第二十五届汤姆斯杯	2008.05	印度尼西亚	团　体
卢　兰	女	常　州	羽毛球	第二十二届尤伯杯	2008.05	印度尼西亚	团　体
陆春龙	男	常　州	蹦　床	第二十九届奥运会	2008.08	中　国	网上个人
仲　满	男	南　通	击　剑	第二十九届奥运会	2008.08	中　国	佩剑个人
黄　旭	男	南　通	体　操	第二十九届奥运会	2008.08	中　国	团　体
陈若琳	女	南　通	跳　水	第二十九届奥运会	2008.08	中　国	单人 10 米台
陈若琳	女	南　通	跳　水	第二十九届奥运会	2008.08	中　国	双人 10 米台
赵玉超	男	徐　州	技　巧	第八届世界运动会	2009.07	中国台湾	四人全能
方　盛	男	常　州					
薛王鑫	男	苏　州					
唐　建	男	徐　州					
陆春龙	男	常　州	蹦　床	第二十六届世锦赛	2009.07	俄罗斯	网上团体
陈若琳	女	南　通	跳　水	第十三届世锦赛	2009.07	意大利	双人 10 米台
陈　玘	男	南　通	乒乓球	第五十届世锦赛	2009.08	日　本	双　打
蔡　赟	男	苏　州	羽毛球	第十一届苏迪曼杯	2009.08	中　国	混合团体
蔡　赟	男	苏　州	羽毛球	第十七届世锦赛	2009.08	印　度	双　打
卢　兰	女	常　州	羽毛球	第十七届世锦赛	2009.08	印　度	单　打
张凌峰	男	苏　州	蹦　床	第二十六届世锦赛	2009.11	俄罗斯	单跳团体
徐　晨	男	南　京	羽毛球	第二十六届汤姆斯杯	2010.05	马来西亚	团　体
蔡　赟	男	苏　州	羽毛球	第二十六届汤姆斯杯	2010.05	马来西亚	团　体
陈　金	男	南　京	羽毛球	第二十六届汤姆斯杯	2010.05	马来西亚	团　体
陈若琳	女	南　通	跳　水	第十七届世界杯	2010.06	中　国	双人 10 米台
蔡　赟	男	苏　州	羽毛球	第十八届世锦赛	2010.08	法　国	双　打
陈　金	男	南　京	羽毛球	第十八届世锦赛	2010.08	法　国	单　打
吕　博	男	辽　宁	体　操	第十八届世锦赛	2010.10	荷　兰	团　体

（续 表）

姓 名	性 别	输送地	项 目	比赛名称	时 间	地 点	获金项目
蔡 赟	男	苏 州	羽毛球	第十二届苏迪曼杯	2011.05	中 国	团 体
徐 晨	男	南 京	羽毛球	第十二届苏迪曼杯	2011.05	中 国	团 体
王适娴	女	苏 州	羽毛球	第十二届苏迪曼杯	2011.05	中 国	团 体
陈若琳	女	南 通	跳 水	第十四届世锦赛	2011.07	中 国	单人 10 米台
陈若琳	女	南 通	跳 水	第十四届世锦赛	2011.07	中 国	双人 10 米台
蔡 赟	男	苏 州	羽毛球	第十九届世锦赛	2011.08	英 国	双 打
陆春龙	男	常 州	蹦 床	第二十八届世锦赛	2011.11	英 国	网上个人
张凌峰	男	苏 州	蹦 床	第二十八届世锦赛	2011.11	英 国	单跳团体
陈若琳	女	南 通	跳 水	第十八届世界杯	2012.02	英 国	十米台
陈若琳	女	南 通	跳 水	第十八届世界杯	2012.02	英 国	双人台
唐 建	男	徐 州	技 巧	第二十三届世锦赛	2012.04	美 国	四人全能
王 磊	男	徐 州	技 巧	第二十三届世锦赛	2012.04	美 国	四人全能
巫叶秋胤	男	南 京	技 巧	第二十三届世锦赛	2012.04	美 国	四人全能
周 溢	男	常 州	技 巧	第二十三届世锦赛	2012.04	美 国	四人全能
蔡 赟	男	苏 州	羽毛球	第二十七届汤姆斯杯	2012.05	中 国	团 体
徐 晨	男	南 京	羽毛球	第二十七届汤姆斯杯	2012.05	中 国	团 体
陈 金	男	南 京	羽毛球	第二十七届汤姆斯杯	2012.05	中 国	团 体
王适娴	女	苏 州	羽毛球	第二十四届尤伯杯	2012.05	中 国	团 体
成 淑	女	南 通	羽毛球	第二十四届尤伯杯	2012.05	中 国	团 体
蔡 赟	男	苏 州	羽毛球	第三十届奥运会	2012.07	英 国	双 打
陈若琳	女	南 通	跳 水	第三十届奥运会	2012.07	英 国	单人 10 米台
陈若琳	女	南 通	跳 水	第三十届奥运会	2012.07	英 国	双人 10 米台
骆晓娟	女	盐 城	击 剑	第三十届奥运会	2012.07	英 国	重剑团体
许安琪	女	南 京	击 剑	第三十届奥运会	2012.07	英 国	重剑团体
徐 晨	男	南 京	羽毛球	第十三届苏迪曼杯	2013.05	马来西亚	团 体
蔡 赟	男	苏 州	羽毛球	第十三届苏迪曼杯	2013.05	马来西亚	团 体
陈若琳	女	南 通	跳 水	第十五届世锦赛	2013.07	西班牙	双人 10 米台
王适娴	女	苏 州	羽毛球	第二十五届尤伯杯	2014.05	印 度	团 体
汤金华	女	南 京	羽毛球	第二十五届尤伯杯	2014.05	印 度	团 体
唐 建	男	徐 州	技 巧	第二十四届世锦赛	2014.07	法 国	四人全能
王 磊	男	徐 州	技 巧	第二十四届世锦赛	2014.07	法 国	四人全能

（续 表）

姓 名	性 别	输送地	项 目	比赛名称	时 间	地 点	获金项目
巫叶秋胤	男	南 京	技 巧	第二十四届世锦赛	2014.07	法 国	四人全能
周 溢	男	常 州	技 巧	第二十四届世锦赛	2014.07	法 国	四人全能
陈若琳	女	南 通	跳 水	第十九届世界杯	2014.07	中 国	双人 10 米台
尤 浩	男	徐 州	体 操	第四十五届世锦赛	2014.10	中 国	团 体
顾 笑	女	南 京	花样游泳	第十三届世界杯	2014.10	加拿大	集 体
呙 俐	女	南 京	花样游泳	第十三届世界杯	2014.10	加拿大	集 体
梁馨枰	女	淮 安	花样游泳	第十三届世界杯	2014.10	加拿大	集 体
顾 笑	女	南 京	花样游泳	第十三届世界杯	2014.10	加拿大	组 合
呙 俐	女	南 京	花样游泳	第十三届世界杯	2014.10	加拿大	组 合
梁馨枰	女	淮 安	花样游泳	第十三届世界杯	2014.10	加拿大	组 合
蔡 赟	男	苏 州	羽毛球	第十四届苏迪曼杯	2015.05	中 国	混合团体
徐 晨	男	南 京	羽毛球	第十四届苏迪曼杯	2015.05	中 国	混合团体
陈若琳	女	南 通	跳 水	第十六届世锦赛	2015.07	俄罗斯	双人 10 米台
沈 铎	女	常 州	游 泳	第十六届世锦赛	2015.07	俄罗斯	4×100 米混
史婧琳	女	常 州	游 泳	第十六届世锦赛	2015.07	俄罗斯	4×100 米混
许安琪	女	南 京	击 剑	第十六届世锦赛	2015.07	俄罗斯	重剑团体
尤 浩	男	徐 州	体 操	第四十六届世锦赛	2015.10	英 国	双 杠
陈若琳	女	南 通	跳 水	第二十届世界杯	2016.02	巴 西	双人 10 米台
张 腾	男	徐 州	技 巧	第二十五届世锦赛	2016.04	中 国	男子四人
周家槐	男	甘 肃	技 巧	第二十五届世锦赛	2016.04	中 国	男子四人
芮留铭	男	常 州	技 巧	第二十五届世锦赛	2016.04	中 国	男子四人
李 铮	男	常 州	技 巧	第二十五届世锦赛	2016.04	中 国	男子四人
王适娴	女	苏 州	羽毛球	第二十六届尤伯杯	2016.04	中 国	女子团体
陈若琳	女	南 通	跳 水	第三十一届奥运会	2016.08	巴 西	双人 10 米台
呙 俐	女	南 京	花样游泳	第十七届世锦赛	2017.07	匈牙利	集 体
梁馨枰	女	淮 安	花样游泳	第十七届世锦赛	2017.07	匈牙利	集 体

（续 表）

姓 名	性 别	输送地	项 目	比赛名称	时 间	地 点	获金项目
张 阔	男	徐 州	蹦 床	第三十二届世锦赛	2017.11	保加利亚	男子单跳
石宇奇	男	南 通	羽毛球	第三十届汤姆斯杯	2018.05	泰 国	团 体
孙 炜	男	南 通	体 操	第四十八届世锦赛	2018.10	卡塔尔	男子团体
张 阔	男	徐 州	蹦 床	第三十三届世锦赛	2018.11	俄罗斯	混合团体
石宇奇	男	南 通	羽毛球	第十六届苏迪曼杯	2019.05	中 国	混合团体
许安琪	女	南 京	击 剑	世界击剑锦标赛	2019.07	匈牙利	女子重剑团体
张雨霏	女	徐 州	游 泳	第三十二届奥运会	2021.07	日本	女子 200 米蝶泳、女子 4×200 米自由泳接力

注：截至 2021 年 8 月，共有 102 人获得世界冠军，其中奥运会冠军 16 人。

附录 7
南京体育学院打破世界纪录一览表

姓　名	项　目	时　间	比赛名称	具体情况
蒋建栋	航海模型	1989.05	第六届世锦赛	打破航海模型 F1-E1 公斤级世界纪录
周玲美	自行车	1990.09	第十一届亚运会	获得女子 1 公里计时赛金牌，同时打破该项目世界纪录
林　莉	游　泳	1992.07	第二十五届奥运会	获得女子 200 米混合泳金牌，同时打破该项目世界纪录
崔文华	举　重	1997.10	第八届全运会	以 200.5 公斤的成绩打破抓举世界纪录
张雨霏	游　泳	2015.07	第十六届世界游泳锦标赛	打破女子 200 米蝶泳世界青年纪录
		2020.10	2020 年全国游泳冠军赛	打破男女 4×100 米混合泳接力赛纪录
		2021.07	第三十二届奥运会	打破女子 200 米蝶泳奥运会纪录
		2021.07	第三十二届奥运会	打破女子 4×200 米自由泳接力世界纪录

附录 8
南京体育学院获历届全运会冠军表

（1）历届全运会冠军数量统计表

项目	第一届	第二届	第三届	第四届	第五届	第六届	第七届	第八届	第九届	第十届	第十一届	第十二届	第十三届	第十四届
排　球				1					2	+1	—	—	—	—
乒乓球					1		1	2	1+2	1+1	—	—	—	
羽毛球				2	1	2	2	4	2+3	2+2	3.5	+1	1	1
网　球										2	2	1	3	1
田　径	1	3	3	1		1	2	1	1.5	5	—	—	—	—
举　重				5	6		3	3	2	2+1	—	—	—	—
体　操	1		4	1				2		2+1	1+4	1	1	2
蹦　床									1	1	+2			1
艺术体操										1				1
武　术			1	2						1	—	—	—	—
技　巧				1			1							
击　剑	1	3	3	2	3	1	5	5	3	7	5+2	4+2	3	4
自行车					1	1	1	1	2	3	2	1		—
游　泳						2	1					2	7	4
跳　水								1	0.5	2	1+3	1+3		1
花样游泳									1	1			1	1
滑　板														1
合　计	3	6	11	15	12	7	16	19	16+5	30+6	14.5+11	10+6	16	17
总　计	220.5													

注：数字后“+”的数为奥运会带入金牌数；“—”为该运动项目已迁至省其他训练基地。

（2）历届全运会冠军一览表

届次	时间	地点	项目	获金项目	运动员姓名
第一届	1959	北京	田径	女子铅球	崇秀云
			体操	男子吊环	阮国良
			击剑	男子佩剑	容卓孚
第二届	1965	北京	田径	男子1000米	韩永年
				男子1500米	
				女子铅球	崇秀云
			击剑	男子花剑个人	文国刚
				男子重剑个人	郭毅能
				女子花剑个人	庄杏娣
第三届	1975	北京	田径	女子1500米	林正兰
				女子标枪	李　霞
				男子110米栏	胡跃进
			体操	男子团体	潘辰飞、赵嘉伟等
				男子双杠	潘辰飞
				男子单杠	
				女子跳马	丁鲁萍
			击剑	男子花剑团体	文国刚、颜虎清、郭毅能
				男子佩剑团体	沈昌杰、张培田、孔令森、刘国震
				女子花剑个人	庄杏娣
			武术	男子规定长拳	王金宝
第四届	1979	北京	田径	男子五项全能（少年）	房苏武
			体操	男子团体	潘辰飞、黄　龙、张祖强、张　晶、张　波、洪　旗、吴小荣
			技巧	男子单跳	胡星刚
			排球	男子团体	王建华、张苏闽、张友生、李连邦、薛永业、曹　平、邸安和、郦范琪、傅渔庭、吴春宝、王贵炎、秦毅斌、邹志华、赵善文
			羽毛球	男子单打	阎玉江
				男子双打	孙志安、赵新华

（续 表）

届 次	时 间	地 点	项 目	获金项目	运动员姓名
第四届	1979	北 京	举 重	男子67.5公斤级挺举	赵新民
				男子67.5公斤级抓举	
				男子67.5公斤级总成绩	
				男子75公斤级挺举	李顺柱
				男75公斤级总成绩	
			击 剑	女子花剑个人	栾菊杰
				男子花剑团体	储石生、任大新、张东民、黄宝华
			武 术	男子枪术	张跃宁
				男子剑术	张安继
第五届	1983	上 海	乒乓球	男子单打	惠 钧
			羽毛球	男子双打	孙志安、赵剑华
			击 剑	男子花剑个人	储石生
				男子佩剑个人	孔令森
				女子花剑团体	栾菊杰、孙鲁宁、周跃军、诸 诸、张海琳
			自行车	女子3000米团体追逐赛	李 英、周祚慧、张云芳、陈玉霞
			举 重	男子75公斤级挺举	李顺柱
				男子75公斤级抓举	
				男子75公斤级总成绩	
				男子82.5公斤级挺举	王国新
				男子82.5公斤级抓举	
				男子82.5公斤级总成绩	

（续　表）

届　次	时　间	地　点	项　目	获金项目	运动员姓名
第六届	1987	广　州	田　径	男子200米	蔡建明
			游　泳	女子200米蝶泳	王晓红
				女子200米混合泳	林　莉
			击　剑	男子重剑团体	庞　进、姚　勇、宗祥庆、许学宁、李林根
			羽毛球	男子团体	杨　阳、赵剑华、杨千里、张小平、田俊宁、陈中青、孙志安
				男子单打	杨　阳
			自行车	男子争先赛	梁效忠
第七届	1993	北　京	乒乓球	女子双打	邬　娜、李　菊
			田　径	女子铅球	周天华
				男子跳高	徐　扬
			举　重	男子70公斤级总成绩	陈　贤
				男子83公斤级总成绩	李云南
				男子108公斤级总成绩	崔文华
			击　剑	女子花剑团体	肖爱华、梁　军、朱　瑜、陈　玮、王　钰
				男子佩剑个人	李　义
				男子佩剑团体	李　义、颜卫东、贾桂华、陈　军、王礼千
				女子重剑团体	梁　琴、周　萍、巩秀红、朱美芳、魏佳萍
				男子重剑个人	许学宁
			自行车	女子争先赛	陆锦华
			游　泳	女子200米混合泳	林　莉
		成　都	羽毛球	男子单打	赵剑华
				女子团体	葛　菲、顾　俊、潘　莉、孙　嫚、戴　韫、高　倩、王　莉、徐　莉、刘桂梅
			技　巧	男子四人	冀方新、孟爱国、吴　俊、陶　毅

（续 表）

届 次	时 间	地 点	项 目	获金项目	运动员姓名
第八届	1997	上 海	乒乓球	女子团体	邬 娜、李 菊、杨 影、田 芳、张莹莹
				混合双打	秦志戬、杨 影
			体 操	鞍马	黄 旭
				双杠	黄 旭
			田 径	女子 4×100 米	张恒运、张恒华、吕希芳、崔丹凤、朱益红、彭 群
			自行车	男子 1 公里计时赛	刘亚东
			举 重	83 公斤级总成绩	李云南
				91 公斤级总成绩	袁爱军
				108 公斤级总成绩	崔文华
			羽毛球	男子团体	朱 峰、孙 俊、张 军、刘 永、赵剑华、沈 龙、孙 全、蒋 鑫
				女子双打	葛 菲、顾 俊
				混合双打	葛 菲、刘 永
				男子双打	刘 永、蒋 鑫
			击 剑	男子花剑团体	王海滨、林 亮、褚 伟、马 良
				男子佩剑个人	颜卫东
				女子花剑团体	肖爱华、梁 军、杜韫杰、陈 玮
				女子花剑个人	肖爱华
				女子重剑团体	梁 琴、沈巍巍、鲍晓燕、朱美芳
			跳 水	女子 1 米板	杨 兰
第九届	2001	广 州	乒乓球	混合双打	秦志戬、杨 影
			排 球	男 子	张晓东、卢卫中、陆 飞、殷 勇、张 伟、韩 宁、韦 波、周 炜、陈朝辉、刘 伟、施海荣、吴乃常
			击 剑	女子花剑个人	肖爱华
				女子花剑团体	肖爱华、孟 洁、杜韫杰、张 蕾
				女子重剑个人	沈巍巍
			举 重	85 公斤级总成绩	袁爱军
				105 公斤级总成绩	崔文华

（续 表）

届 次	时 间	地 点	项 目	获金项目	运动员姓名
第九届	2001	广 州	羽毛球	男子团体	朱 峰、孙 俊、张 军、刘 永、徐 丹、沈 龙、谢 琨、陆金明、蔡 赟
				混合双打	葛 菲、孙 俊
			蹦 床	男子团体	冯强强、顾 凌、吴 涛、吕 俊、卞晓阳、张灵枫
			自行车	女子公路个人计时赛	李梅芳
				女子公路团体	李梅芳、汪鹏燕、王 利、钱云娟、王 巧
			田 径	女子 100 米栏	苏懿萍
			花样游泳	女子双人	金 娜、侯颖莉
			体 操	男子团体（奥运会带入计1枚）	黄 旭
			羽毛球	女子双打（奥运会带入计2枚）	葛 菲、顾 俊
				混合双打（奥运会带入计1枚）	张 军
			乒乓球	女子双打（奥运会带入计1枚）	李 菊
				男子双打（奥运会带入计1枚）	阎 森
			田 径	女子跳远（与广东协议记分计 0.5 枚）	顾娟萍
			跳 水	女子团体（与广东协议记分计 0.5 枚）	许 冕
第十届	2005	南京	羽毛球	男子团体	蔡 赟、陈 金、李 煜、邱彦博、孙 俊、朱 峰、张 军、孙君杰、刘 永、徐 晨
				男子双打	张 军、蔡 赟
			乒乓球	男子团体	秦志戬、阎 森、张 勇、单明杰、陈 玘
			网 球	男子团体	曾少眩、薛 峰、李 翔、公茂鑫
				男子双打	曾少眩、薛 峰

（续 表）

届 次	时 间	地 点	项 目	获金项目	运动员姓名
第十届	2005	南 京	举 重	男子105公斤级	崔文华
				男子85公斤级	袁爱军
			蹦 床	男子网上个人	陆春龙
			武 术	女子三人对练	张 丽、曹 丽、樊 静
			田 径	男子马拉松	张庆乐
				女子100米	秦旺萍
				女子200米	秦旺萍
				女子4×100米	秦旺萍、江志英、倪晓莉、梁 懿、陈 珏、许倩倩
				女子跳远	关英楠
			击 剑	男子花剑个人	王海滨
				女子花剑个人	肖爱华
				女子花剑团体	肖爱华、孟 洁、张 蕾、刘 媛
				男子重剑个人	王伟新
				男子重剑团体	王伟新、刘 琪、刘 强、谭群园
				女子重剑个人	沈巍巍
				女子重剑团体	沈巍巍、梁 琴、骆晓娟、朱晓敏
			自行车	女子山地越野	王静静
				女子公路20公里个人计时赛	李梅芳
				女子公路团体	李梅芳、陈 静、王 利、钱云娟、
			花样游泳	集 体	侯颖莉、史 欣、钱艾嘉、王婷婷、陈 娟、魏 虹、湛 慧、朱 政、赵迟梅、胡 妮
			跳 水	男子双人跳板	徐 浩、陈佳鸣
			体 操	男子全能	吕 博
				吊 环	黄 旭
			艺术体操	团 体	赵 越、肖一鸣、李 杨、钱裕嘉、徐子惠、程 博、符 瑶、彭思思、俞静秋
			乒乓球	男子双打（奥运会带入计1枚）	陈 玘

（续　表）

届　次	时　间	地　点	项　目	获金项目	运动员姓名
第十届	2005	南　京	羽毛球	混合双打（奥运会带入计1枚）	张　军
				女子双打（解放军双记计1枚）	蒋燕皎
			排　球	女排（奥运会带入计1枚）	赵蕊蕊
			女子举重	女子举重（奥运会带入计1枚）	陈艳青（苏州、南京体院各计1枚）
			跳　水	女子团体（西部交流协议计0.5枚）	杨　兰、张　磊
				女子三米板（西部交流协议计0.5枚）	方　敏、侯媛媛
			体　操	男子鞍马（解放军双记计1枚）	肖　钦
第十一届	2009	济　南	网　球	男子双打	曾少昡、张　择
				团　体	曾少昡、公茂鑫、张　择、薛　峰
			羽毛球	男子双打	蔡　赟、徐　晨
				男子团体	陈　金、李　煜、郭　澄、邱彦博、刘　永、蔡　赟、徐　晨、陶嘉明、孙君杰、徐延诗
			羽毛球	女子团体	卢　兰、王　荣、丁　姣、王适娴、孙晓黎、汤金华、谭　雯、刘　恋、成　淑、朱李玥
			击　剑	男子重剑个人	王伟新
				女子花剑个人	肖爱华
				男子佩剑团体	仲　满、陈滔滔、蒋科律、刘　鹏
				女子花剑团体	肖爱华、张　蕾、孟　洁、刘　媛
				女子佩剑团体	朱　敏、包盈盈、黄海洋、赵媛媛
			自行车	记分赛	汤科蓉
				越野赛	任成远
			跳　水	10米台	陈若琳
			羽毛球	女子双打（解放军双记计0.5枚）	赵婷婷

（续　表）

届　次	时　间	地　点	项　目	获金项目	运动员姓名
第十一届	2009	济　南	击　剑	男子佩剑个人（奥运会带入计2枚）	仲　满
第十一届	2009	济　南	体　操	男子鞍马（解放军双记计1枚）	肖　钦
第十一届	2009	济　南	体　操	男子团体（奥运会带入计1枚）	黄　旭
第十一届	2009	济　南	体　操	男子鞍马、团体（奥运会带入计3枚）	肖　钦
第十一届	2009	济　南	蹦　床	男子网上个人（奥运会带入计2枚）	陆春龙
第十一届	2009	济　南	跳　水	女子10米台（奥运会带入计2枚）	陈若琳
第十一届	2009	济　南	跳　水	女子10米双人台（奥运会带入计1枚）	陈若琳
第十二届	2013	沈　阳	击　剑	女子重剑个人	骆晓娟
第十二届	2013	沈　阳	击　剑	女子佩剑个人	朱　敏
第十二届	2013	沈　阳	击　剑	男子佩剑团体	仲　满、陈滔滔、蒋科律、吴　杰
第十二届	2013	沈　阳	击　剑	女子重剑团体	骆晓娟、许安琪、吴海艳、陈云霞
第十二届	2013	沈　阳	跳　水	女子团体	曹境真、陈　妮、陈　烨、陈若琳、屈　琳、孙梦晨、吴圣平、郑曲琳
第十二届	2013	沈　阳	网　球	男子团体	曾少眩、薛　峰、公茂鑫、张　择
第十二届	2013	沈　阳	游　泳	200米蛙泳	史婧琳
第十二届	2013	沈　阳	自行车	山地越野	任成远
第十二届	2013	沈　阳	游　泳	男子马拉松（解放军双记计1枚）	祖立军
第十二届	2013	沈　阳	体　操	男子鞍马（解放军双记计1枚）	肖　钦
第十二届	2013	沈　阳	羽毛球	男子双打（奥运会带入计1枚）	蔡　赟
第十二届	2013	沈　阳	击　剑	女子重剑团体（奥运会带入计2枚）	许安琪、骆晓娟

（续 表）

届 次	时 间	地 点	项 目	获金项目	运动员姓名
第十二届	2013	沈 阳	跳 水	女子10米台(奥运会带入计2枚)	陈若琳
				女子10米双人台（奥运会带入计1枚）	陈若琳
第十三届	2017	天 津	羽毛球	女子团体	董又榕、孙晓黎、惠夕蕊、何冰娇、成 淑、王适娴、高昉洁、周舜琪、夏玉婷、汤金华
			网 球	男子双打	张 择、公茂鑫
				男子团体	张 择、公茂鑫、华润豪(上海引进)、夏梓皓（安徽引进）
				女子双打	梁 辰
			体 操	男子鞍马	翁 浩
			击 剑	男子佩剑个人	仲 满
				女子佩剑团体	朱 敏、张雪倩、钱佳睿、杨恒郁
				女子重剑个人	许安琪
			游 泳	女子100米蛙泳	史婧琳
				女子200米蝶泳	张雨霏
				女子200米蛙泳	史婧琳
				女子4×100米混合泳接力	史婧琳、张雨霏
				女子4×100米自由泳接力	张雨霏、沈 铎
				女子4×200米自由泳接力	沈 铎
			花样游泳	集 体	顾 笑、呙 俐、金小琳、瞿璐璐、梁馨枰、王赐月、徐千雪、张曦文、金小琪、赵瑀琦
			游 泳	男子马拉松（解放军双记计1枚）	祖立军
第十四届	2021	西 安	跳 水	青年组女子双人10米台	阮莉俪、吴心怡
			花样游泳	集 体	呙 俐、梁馨枰
			蹦 床	男子团体	孙逸辰、王啸吟、朱相禹、王梓赛、刘 弢、刘佳霖
			网 球	混 双	张 择、孙子玥

（续　表）

届　次	时　间	地　点	项　目	获金项目	运动员姓名
第十四届	2021	西　安	艺术体操	集体全能	郝　婷
			羽毛球	男子单打	石宇奇
			击　剑	女子佩剑团体	钱佳睿、杨恒郁
				女子花剑个人	石　玥
				男子重剑团体	石高峰
				女子重剑团体	许安琪
			游　泳	女子 100 米蝶泳	张雨霏
				女子 200 米蝶泳	张雨霏
				女子 4×200 米自由泳接力	张雨霏
				男女 4×100 米混合泳接力	张雨霏
			体　操	男子团体	孙　炜、尤　浩、翁　浩、马　跃、尹德行、侍　聪
				体操男子鞍马	翁　浩
			滑　板	女子碗池	张鑫（在校大学生）

附录 9
南京体育学院运动员获“全国十佳运动员”一览表

年　份	姓　名	性　别	运动项目	排　位
1979	栾菊杰	女	击　剑	7
1981	孙晋芳	女	排　球	1
1982	孙晋芳	女	排　球	4
1984	栾菊杰	女	击　剑	5
1987	杨　阳	男	羽毛球	5
1989	杨　阳	男	羽毛球	8
1990	周玲美	女	自行车	1
	林　莉	女	游　泳	5
1991	林　莉	女	游　泳	4
	赵剑华	男	羽毛球	6
	周玲美	女	自行车	9
1992	林　莉	女	游　泳	2
1997	葛　菲	女	羽毛球	5
	崔文华	男	举　重	8
1998	葛　菲	女	羽毛球	10
1999	孙　俊	男	羽毛球	6
2008	仲　满	男	击　剑	5

注：共有 10 人 17 人次被评为“全国十佳运动员”。

附录 10
南京体育学院获“建国五十年以来我国五十位体育明星”一览表

姓　名	性　别	项　目
栾菊杰	女	击　剑
杨　阳	男	羽毛球
葛　菲	女	羽毛球
顾　俊	女	羽毛球

附录 11
南京体育学院国际级运动健将一览表

项　目	性　别	人员姓名	合　计
乒乓球	男	蔡振华、惠　钧、阎　森、秦志戬	4
	女	李　菊、杨　影、张莹莹、邬　娜	4
羽毛球	男	张　军、赵剑华、杨　阳、孙　俊、刘　勇、陈　金、蔡　赟、李　昱、孙君杰	9
	女	葛　菲、顾　俊、吴健秋、戴　韫、钱　虹、卢　兰、汤金华	7
网　球	女	易景茜	1
篮　球	男	孙凤武、宫鲁鸣、胡卫东	3
	女	张月琴	1
排　球	男	卢卫中	1
	女	孙晋芳、殷　勤、邱爱华、孙　玥	4
田　径	男	周永生、吴佑佳	2
	女	邢爱兰、陈青梅、周天华、赵友凤、朱晓兰、钱春华、徐　佳、张恒运、苏懿萍、储春霞、秦旺萍、刘　静、梁　懿、彭　群、张榴红、崔丹凤、关英楠	17
举　重	男	崔文华、袁爱军、冯　明、陈　贤	4
体　操	男	黄　旭、刘锦宇、尤　浩	3
技　巧	男	王　沛、赵　杰、王立友、周传彪、周再军、杜　彪、陶　毅、冀方新、孟爱国、吴　俊、季　磊、朱澎涛、陈勇军、沈国华、胡　欣、严　松、刘会峰、刘　峰	18
	女	苏　红、宋　娜、王湘麒、吉晓璐、周　丹、王　菊	6
蹦　床	男	顾　凌	1
艺术体操	女	蔡颖颖、黄　莹、黄　婷、郑　霓、钟　莉、浦云飞、王维肖	7
击　剑	男	王海滨、许学宁、李　义、周　睿、包晓庆、陈　峰、陈滔滔、李　晨、孙　伟	9
	女	栾菊杰、肖爱华、朱　瑜、梁　琴、梁　军、沈巍巍、杜韫洁、孟　洁、包盈盈、刘　媛、黄海洋、骆晓娟、许安琪、朱　敏、李　菲、施　云、陈云霞	17
自行车	女	周玲美、李梅芳	2
	男	包赛飞	1
游　泳	男	陈　力、张　强、丁科欣、贝　利、朱　铁、沙　莎、徐祺恒	7
	女	林　莉、王晓红、陈　艳、年　芸、糜　彤、郭　薇、马维亚、张　晨、张雨霏	9

（续 表）

项 目	性 别	人员姓名	合 计
跳 水	男	徐 浩、黄 强	2
	女	吕 伟、张玉萍、路海松、杨 兰、石 磊、许 冕、陈 妮、吴圣平、屈 琳、陈 烨	10
花样游泳	女	金 娜、王 芳、胡 妮、侯颖莉、钱艾嘉	5
航海模型	男	蒋建栋	1
总 计			155

附录 12

南京体育学院获“新中国体育开拓者”荣誉证书者名单

丁小平	丁若周	卜文田	卜庆霞	万　觉	万有瑞	马兴洲	马金寿	王大鹏	王云山
王云龙	王庆香	王丽莉	王金宝	王椿庭	王锦和	支德宽	尤广礼	尤启骏	毛心芙
毛阿宝	文国刚	文国瑜	计尔煊	甘承根	石甫中	龙田宝	史光尧	白崇钧	冯光发
邢　达	权泰禧	成尔恒	成希春	吕立香	朱元昱	朱全金	任世忠	任美珠	任德龙
向荣华	庄志勤	庄杏娣	刘方针	刘国文	刘恩荣	刘菊昌	江莉娟	江海清	许　光
许泉瑞	孙兴民	孙孝秋	孙锦华	丞　民	苏　凝	李习友	李云清	李方膺	李玉瑛
李芸华	李春祥	李晋三	李振林	杨牛生	杨凤苍	杨文采	杨光炎	杨进元	杨松柏
杨秋荣	杨淑萍	杨景玲	吴秉礼	吴菊心	邱玉萍	邹仁海	邹伯寅	邹志华	汪怀清
沈丽芳	沈昌杰	沈素瑛	沈晓坤	沈鹏举	张　逸	张　然	张　媛	张小红	张元生
张月华	张凤扬	张汉清	张启明	张茂元	张国岚	张宗贵	张炳元	张海涛	张敬山
张晶莹	张瑞生	张德元	陈　陵	陈　斌	陈正绣	陈汉钧	陈学仁	陈泽甫	陈宝萱
陈重文	陈钟元	陈素珍	陈韵兰	邵　竝	武永霞	茅　鹏	茅云贵	林一匡	林万钧
林仲和	金建兰	周　前	周广英	周凤瑜	周志强	周祖珍	周淑德	郑民友	郑洪涛
孟广才	赵玉喜	赵怀富	胡天兴	胡有彪	胡宏甫	查仲兰	钮顺林	施达昌	施复平
祝汉文	费伯庸	姚阿二	姚秉翔	袁国青	秦　明	都庆廉	夏鸿发	顾洪星	顾德明
钱义宽	钱君琪	钱源泽	徐淦云	徐鸿林	殷敬芝	高业新	郭绍炎	郭昭平	郭毅能
唐尚智	凌群立	谈杏秀	谈胜初	陶连禄	黄文宣	黄伟鑫	黄益冲	龚宝华	崔荣林
彭　杰	彭礼琴	蒋连文	蒋桐森	葛宗刚	董道运	董宽恩	董新元	韩广智	傅　彬
傅其侠	储雄堡	谢志良	雷洪成	虞　祺	虞昌钰	蔡宗尧	潘俊卿	薛棣芷	戴玉生
戴维慧	徐　镳								

注：摘自《关于授予姚琮等二百二十七位同志新中国体育开拓者荣誉奖章和颁发荣誉证书的通知》（苏体干〔88〕61号）

附录 13
南京体育学院获“国家体育运动荣誉奖章”人员一览表

项 目	人员名单	小 计
乒乓球	杨光炎、蔡振华、惠 钧、秦志戬、李 菊、邬 娜、乔晓卫、杨 影、阎 森、张莹莹、陈 玘	11
羽毛球	尤广礼、赵剑华、吴健秋、黄益冲、徐 蓉、孙志安、杨 阳、卢 兰、阎玉江、葛 菲、顾 俊、孙 俊、刘 永、唐学华、张 军、徐 晨、戴 韫、钱 虹、张洪宝、潘 莉、陈钰萍、蔡 赟、陈 金、王适娴、汤金华、成 淑	26
排 球	袁伟民、孙晋芳、张 然、张洁云、殷 勤	5
举 重	张跃鑫、崔文华、李顺柱、曹新民	4
体 操	尹锡南、潘辰飞、黄 旭、王国庆、尤 浩、吕 博	6
技 巧	胡星刚、顾洪星、王 沛、赵 杰、周传彪、王立友、都庆廉、张 杰、宋 娜、苏 红、丁习明、马渝英、周再军、杜 彪、陶 毅、冀方新、孟爱国、吴 俊、程长江、王湘麒、吉晓璐、周 丹、王 菊、熊 放、季 磊、陈勇军、沈国华、朱澎涛、胡 欣、刘 峰、严 松、刘会峰、唐 建、王 磊、巫叶秋胤、周 溢	36
击 剑	栾菊杰、文国刚、仲 满、许学宁、许安琪、骆晓娟	6
自行车	周玲美、黄康林	2
游 泳	林 莉、王晓红、张 雄、年 芸、陈 艳、沈 铎、史婧琳、张雨霏	8
跳 水	吕 伟、张玉萍、路海松、刘恒林、杨 兰、黄 强、石 磊、徐 浩、杨祝良、金海泉、许 冕、陈若琳、胡 玮、高 峰	14
蹦 床	胡星刚、陆春龙、张凌峰	3
花样游泳	王 芳、呙 俐、梁馨枰	3
航 模	蒋建栋、尹承伯、卜文田	3
合 计		127

附录 14
南京体育学院国际级和国家级裁判名单

项　目	国际级裁判	国家级裁判
体　操	施达昌、李之亿、文国瑜、王国庆、吴晓红、黄　旭、丁　燕	张祖强、刘园园、邹小红、程　武、江　山
击　剑	张培田、陈　瑜、张东明、储石生、栾菊杰、张双喜、王海滨、李青峰、褚　伟、颜卫东、茅祎勋、黄海洋、张　蕾	周　睿、陈滔滔
跳　水	张敬山、余　俭、刘　战、陈若琳	唐志勇、唐建跃、张玉萍、徐　洁、周　晶、许国君、董　盛
艺术体操	明　洁、张宇燕	李　莉、浦云飞、邵　媛
技　巧	马渝英、周　丹	光秀川
排　球	王　宁	毛武扬
蹦　床	丁习明、冀方新	姚　蒙、张健驰
棒垒球	张　健、解　鑫	
轮　滑	徐廷军	
乒乓球	胡乐泳、孙国友	
田　径		谭燕秋、邹国忠、张　杰、李　强
自行车		蔡　森、陈玉霞、顾金凤、王剑虹、李　英、张纪芳、储开晴
篮　球		陈荣梅
健美操		程　武
花样游泳	金　蝉、黄馨纯	王瑞华、鲁　芬、陈　娟、胡　妮
游　泳		孔庆玮
武　术	于翠兰（散打）	陈　芳
足　球	马　宁	吴恒祥、孟　宁、刘红兵
橄榄球		张　杰
啦啦操	江　山	
体育舞蹈		吕园欣
舞龙舞狮	刘　靖	
羽毛球		朱建国
合　计	42	46

附录 15
南京体育学院享受国务院政府特殊津贴人员一览表

序　号	姓　名	出生年月	专业职务	批准时间	授予文号
1	杨光炎	1941.09	国家级教练	1993.04	体人字〔93〕338 号
2	黄益冲	1935.07	国家级教练	1993.04	体人字〔93〕338 号
3	杜桂荣	1957.02	国家级教练	1993.04	体人字〔93〕338 号
4	尤广礼	1940.11	国家级教练	1994.02	苏科干〔94〕6 号
5	都庆廉	1935.10	国家级教练	1994.02	苏科干〔94〕6 号
6	黄康林	1947.02	国家级教练	1994.02	苏科干〔94〕6 号
7	彭　杰	1930.08	教　授	1994.02	苏科干〔94〕6 号
8	陈　陵	1908.10	教　授	1994.02	苏科干〔94〕6 号
9	徐鸿林	1933.09	国家级教练	1994.02	苏科干〔94〕6 号
10	庄杏娣	1941.07	国家级教练	1994.02	苏科干〔94〕6 号
11	周志强	1935.09	国家级教练	1994.02	苏科干〔94〕6 号
12	计尔煊	1932.09	高级教练	1994.02	苏科干〔94〕6 号
13	李方鹰	1929.07	高级教练	1994.02	苏科干〔94〕6 号
14	陈重文	1934.10	国家级教练	1994.02	苏科干〔94〕6 号
15	戴玉生	1935.09	教　授	1994.02	苏科干〔94〕6 号
16	顾德明	1934.12	教　授	1994.02	苏科干〔94〕6 号
17	邹志华	1939.12	国家级教练	1995.04	苏科干〔95〕45 号
18	任德龙	1941.07	国家级教练	1995.04	苏科干〔95〕45 号
19	沈昌杰	1940.02	国家级教练	1996.05	苏人办〔1996〕92 号
20	任大新	1960.05	国家级教练	1996.05	苏人办〔1996〕92 号
21	庞　进	1960.08	国家级教练	1996.05	苏人办〔1996〕92 号
22	李顺柱	1958.03	国家级教练	1996.05	苏人办〔1996〕92 号
23	唐学华	1954.12	国家级教练	1997.04	苏人专〔1997〕7 号
24	陈正绣	1934.10	国家级教练	1997.04	苏人专〔1997〕7 号
25	孙志安	1956.08	国家级教练	1998.03	苏人通〔1998〕35 号
26	袁紫娟	1982.10	国家级教练	1998.03	体人字〔98〕135 号
27	乔晓卫	1960.10	国家级教练	1999.05	苏人通〔1999〕86 号
28	靳鲁芳	1960.03	国家级教练	2000.07	苏人通〔2000〕169 号
29	王国新	1959.08	国家级教练	2001.08	苏人通〔2001〕231 号

（续 表）

序 号	姓 名	出生年月	专业职务	批准时间	授予文号
30	王国庆	1962.10	国家级教练	2002.06	人发〔2002〕57 号
31	杨川宁	1959.03	国家级教练	2005.08	国人部发〔2005〕64 号
32	胡星刚	1964.03	国家级教练	2010.06	苏人社发〔2011〕176 号
33	周传标	1961.08	国家级教练	2013.02	苏人社函〔2013〕138 号
34	许学宁	1968.12	国家级教练	2016.03	人社部发〔2016〕136 号
35	张 军	1977.11	国家级教练	2019.03	人社部发〔2019〕11 号

附录 16
南京体育学院省级以上各类专家人员一览表

（1）江苏省有突出贡献中青年专家

序 号	姓 名	出生年月	专业职务	授予时间	授予文号
1	王正伦	1956.02	教 授	1999.03	苏政发〔1999〕27 号
2	王国庆	1962.10	国家级教练	1999.03	苏政发〔1999〕27 号
3	唐学华	1954.12	国家级教练	2001.12	苏政发〔2001〕172 号
4	过 鹰	1960.10	国家级教练	2005.05	苏政发〔2005〕54 号
5	许学宁	1971.01	国家级教练	2013.11	苏政发〔2013〕142 号
6	王 芳	1977.07	国家级教练	2020.07	苏政发〔2020〕62 号

（2）江苏省“333 高层次人才培养工程”培养对象

专业方向	期 次	批 次	层 次	名 单	批准时间	批准文号
运动训练	第一期	第二批	第二层次	张 雄	1998.07	苏委知〔1998〕12 号
体育人文	第一期	第二批	第三层次	王正伦	1998.09	苏委知〔1998〕14 号
运动人体	第一期	第三批	第三层次	钱竞光	1999.06	苏委知〔1999〕9 号
运动训练	第二期	第一批	第三层次	张世林	2002.03	苏委知〔2002〕2 号
运动训练	第二期	第一批	第三层次	王国庆	2002.03	苏委知〔2002〕2 号
运动训练	第二期	第二批	第二层次	张 雄	2002.12	苏委知〔2003〕2 号
体育人文	第二期	第二批	第三层次	史国生	2003.03	苏教人〔2003〕16 号
运动训练	第三期	第一批	第三层次	王国庆	2007.04	苏人才〔2007〕6 号
运动训练	第三期	第一批	第三层次	张惠红	2007.04	苏人才〔2007〕6 号
体育人文	第三期	第二批	第三层次	高力翔	2009.09	苏人才〔2009〕7 号
运动人体科学	第三期	第二批	第三层次	李 靖	2009.09	苏人才〔2009〕7 号
运动人体科学	第三期	第二批	第三层次	宋雅伟	2009.09	苏人才〔2009〕7 号
运动人体科学	第四期	第一批	第三层次	李 靖	2011.12	苏人才〔2011〕15 号
运动人体科学	第四期	第一批	第三层次	宋雅伟	2011.12	苏人才〔2011〕15 号
运动人体科学	第四期	第一批	第三层次	王 斌	2011.12	苏人才〔2011〕15 号
运动训练	第四期	第一批	第三层次	江 山	2011.12	苏人才〔2011〕15 号

（续　表）

专业方向	期　次	批　次	层　次	名　单	批准时间	批准文号
运动人体科学	第四期	第一批	第三层次	戴剑松	2011.12	苏人才〔2011〕15 号
体育人文	第四期	第一批	第三层次	王雪峰	2011.12	苏人才〔2011〕15 号
运动训练	第四期	第一批	第三层次	张　军	2011.12	苏人才〔2011〕15 号
体育人文	第四期	第二批	第三层次	田　标	2013.11	苏人才〔2013〕7 号
运动训练	第四期	第二批	第三层次	张　明	2013.11	苏人才〔2013〕7 号
运动训练	第四期	第二批	第三层次	刘　永	2013.11	苏人才〔2013〕7 号
运动训练	第四期	第二批	第三层次	徐　洁	2013.11	苏人才〔2013〕7 号
运动训练	第四期	第二批	第三层次	王　芳	2013.11	苏人才〔2013〕7 号
运动人体	第五期	第一批	第三层次	叶　强	2016.10	苏人才〔2016〕7 号
体育人文	第五期	第一批	第三层次	孙国友	2016.10	苏人才〔2016〕7 号
武　术	第五期	第一批	第三层次	支　川	2016.10	苏人才〔2016〕7 号
体育人文	第五期	第二批	第三层次	刘红建	2018.08	苏人才办〔2018〕26 号
体育人文	第五期	第二批	第三层次	王龙飞	2018.08	苏人才办〔2018〕26 号
体育人文	第五期	第二批	第三层次	王　凯	2018.08	苏人才办〔2018〕26 号
体育人文	第五期	第二批	第三层次	郑美艳	2018.08	苏人才办〔2018〕26 号
运动训练	第五期	第二批	第三层次	朱建国	2018.08	苏人才办〔2018〕26 号

（3）江苏省高校“青蓝工程”培养人选

序　号	学科名称	名　单	名　称	批准时间	批准文号
1	体育人文	陈勇军	江苏省高校“青蓝工程”优秀青年骨干教师培养人选	2002.12	苏教师〔2002〕60 号
2	运动训练	张惠红	江苏省高校“青蓝工程”中青年学术带头人培养人选	2005.06	苏教师〔2005〕12 号
3	运动人体	王　斌	江苏省高校“青蓝工程”优秀青年骨干教师培养人选	2005.06	苏教师〔2005〕12 号
4	体育人文	田　标			
5	运动训练	赵　琦			
6	体育人文	史国生	江苏省高校“青蓝工程”中青年学术带头人培养人选	2007.02	苏教师〔2007〕2 号

（续　表）

序　号	学科名称	名　单	名　称	批准时间	批准文号
7	体育人文	王　进	江苏省高校“青蓝工程”优秀青年骨干教师培养人选	2007.02	苏教师〔2007〕2 号
8	运动人体	戴剑松			
9	运动人体	徐　凯			
10	运动人体	李　靖			
11	体育人文	王雪峰			
12	体育人文	高力翔	江苏省高校“青蓝工程”中青年学术带头人培养人选	2008.12	苏教师〔2008〕30 号
13	运动训练	周晓军	江苏省高校“青蓝工程”优秀青年骨干教师培养人选	2008.12	苏教师〔2008〕30 号
14	体育新闻	李金宝			
15	运动人体	赵　彦			
16	运动训练	王志军			
17	运动人体	王　斌	江苏省高校“青蓝工程”中青年学术带头人培养人选	2010.12	苏教师〔2010〕27 号
18	体育教育	施学莲	江苏省高校“青蓝工程”优秀青年骨干教师培养人选	2010.12	苏教师〔2010〕27 号
19	运动训练	张　明			
20	运动训练	魏　亮			
21	运动人体	苏　杨			
22	运动人体	吕远远			
23	运动人体	李　靖	江苏省高校“青蓝工程”中青年学术带头人培养人选	2012.12	苏教师〔2012〕39 号
24	运动人体	宋雅伟			
25	体育人文	王雪峰			
26	运动训练	朱建国	江苏省高校“青蓝工程”优秀青年骨干教师培养人选	2012.12	苏教师〔2012〕39 号
27	运动人体	白宝丰			
28	运动人体	叶　强			
29	运动人体	唐　潇			
30	体育人文	郑美艳			
31	运动训练	徐诚堂			
32	体育人文	张建明			
33	运动人体	赵　彦	江苏省高校“青蓝工程”中青年学术带头人培养人选	2014.05	苏教师〔2014〕23 号

（续 表）

序　号	学科名称	名　单	名　称	批准时间	批准文号
34	体育人文	渠彦超	江苏省高校“青蓝工程”优秀青年骨干教师培养人选	2014.05	苏教师〔2014〕23 号
35	体育人文	刘　靖			
36	体育人文	侍崇艳			
37	体育人文	温　阳			
38	运动训练	董新风			
39	运动人体	宋雅伟	江苏省高校“青蓝工程”科技创新团队培养对象	2014.05	苏教师〔2014〕23 号
40	体育新闻	李金宝	江苏省高校“青蓝工程”中青年学术带头人培养人选	2016.05	苏教师〔2016〕15 号
41	运动人体	刘秀娟	江苏省高校“青蓝工程”优秀青年骨干教师培养人选	2016.05	苏教师〔2016〕15 号
42	外国语言文学	刘影倩			
43	体育新闻	蔡明明			
44	运动人体	叶　强	江苏省高校“青蓝工程”中青年学术带头人培养人选	2017.06	苏教师〔2017〕15 号
45	武　术	刘　靖			
46	外　语	潘　浪	江苏省高校“青蓝工程”优秀青年骨干教师培养人选		
47	运动人体	张　媛			
48	休闲体育	阮　威			
49	体育人文	彭国强	江苏省高校“青蓝工程”中青年学术带头人培养人选	2018.06	苏教师〔2018〕12 号
50	运动训练	李　强	江苏省高校“青蓝工程”优秀青年骨干教师培养人选		
51	体育人文	叶小瑜			
52	体育人文	谢正阳	江苏省高校“青蓝工程”中青年学术带头人培养人选	2019.04	苏教师〔2019〕3 号
53	体育人文	康晓磊	江苏省高校“青蓝工程”优秀青年骨干教师培养人选		
54	运动训练	吕园欣			
55	体育人文	王　凯	江苏省高校“青蓝工程”中青年学术带头人培养人选	2020.05	苏教师函〔2020〕10 号

（续 表）

序 号	学科名称	名 单	名 称	批准时间	批准文号
56	马克思主义理论	朱晓林	江苏高校“青蓝工程”优秀青年骨干教师培养对象	2021.05	苏教师函〔2021〕11 号
	体育人文	丁云霞			
	体育人文	刘叶郁			
	体育人文	周亚婷			
	体育教育训练学	李晓琨			
	运动训练	殷怀刚	江苏高校“青蓝工程”中青年学术带头人		
	运动人体科学	张 媛			
	体育新闻	李金宝	江苏高校“青蓝工程”优秀教学团队		

（4）国家体育总局“优秀中青年专业技术人才百人计划”培养对象

序 号	学科名称	名 单	名 称	批准时间	批准文号
1	运动人体	宋雅伟	首批培养对象	2012.06	体人字〔2012〕171 号
2	体育人文	王雪峰	第二批培养对象	2016.06	体人字〔2016〕240 号

（5）国家体育总局“精英教练员双百培养计划”培养对象

项 目	姓 名	出生年月	专业职务	批准时间	批准文号
蹦 床	胡星刚	1961.08	国家级教练	2012.11	体竞字〔2012〕160 号
羽毛球	张 军	1977.11	高级教练		
体 操	王国庆	1962.10	国家级教练		
跳 水	徐 洁	1968.03	国家级教练	2014.11	体竞字〔2014〕137 号
花样游泳	王 芳	1977.07	高级教练		
花样游泳	金 蝉	1969.07	国家级教练		
击 剑	茅祎勋	1968.01	国家级教练		
羽毛球	刘 永	1975.08	国家级教练	2018.05	体竞字〔2018〕20 号
网 球	姜 惟	1976.05	国家级教练		
体 操	黄 旭	1979.02	高级教练		
跳 水	胡 玮	1974.07	国家级教练		

（6）江苏省委宣传部“紫金文化人才培养工程”培养对象

序　号	学科名称	名　单	名　称	批准时间	批准文号
1	体育人文	高　亮	社科英才	2019.08	—
2	体育人文	彭国强	社科优青	2019.08	—
3	思想政治教育	蒋　艳	社科英才	2020.12	苏宣干〔2020〕96 号
4	体育人文	王　凯	社科优青	2020.12	苏宣干〔2020〕96 号
5	体育人文	叶小瑜	社科优青	2020.12	苏宣干〔2020〕96 号

（7）教职工现兼任社会各类组织职务情况一览表

姓　名	主要兼职
朱传耿	江苏省体育总会副主席、江苏省击剑协会会长
杨国庆	中国体育科学学会常务理事、中国体育科学学会青年工作委员会主任委员、教育部全国中小学体育教学指导委员会副主任委员、中国体育科学学会体质与健康研究会副主任委员、中国举重协会副主席、江苏省高校体育教学指导委员会主任委员、江苏省运动健身业协会会长
史国生	全国体育硕士专业学位教学指导委员会委员、中国大学生健美操艺术体操协会副主席、全国运动训练教学联盟副主席、全国运动训练竞赛联盟副主席、全国校园篮球联盟副主席、中国体育科学学会体育新闻传播分会常委、中国体育科学学会体育产业分会常委、江苏省大学生体育健康创新创业联盟理事长、江苏省高教学会常委、江苏省高教评估委员会副理事长、江苏省壁球运动协会会长、江苏省体育集邮协会副会长
兰亚明	全国体育院校艺术类专业建设协作会副会长、江苏省高等教育学会开放教育研究会副理事长、江苏省高等教育学会职业能力研究委员会副理事长
李　江	中国法学会体育法学学会常务理事、江苏省体育发展战略研究会副会长、江苏省学生体育协会副主席、江苏省广场健身舞运动协会副会长
金　松	江苏省网球运动协会副会长、江苏省博士后协会理事会副理事长、江苏省高等学校后勤协会理事
肖爱华	中国击剑协会秘书长、江苏省体育总会副主席
潘林珍	江苏省教育纪检监察学会常务理事
黄步龙	中国法学会会员、江苏省审计专业高级审计师第九届评审委员会副主任委员
蒋宏伟	中国网球协会副主席、江苏省网球运动协会会长
陆玉林	江苏省击剑协会副会长
许立俊	中国标准草书学社社员、江苏省直书法家协会常务理事、江苏省青年书法家协会理事、江苏省教育书法协会理事、江苏省硬笔书法家协会监事、江苏省书法家协会会员、江苏省体育摄影协会副会长、江苏省海外联谊会常务理事

（续 表）

姓 名	主要兼职
盛 蕾	中国体育科学学会理事、中国体育科学学会生理生化分会常委、中国体育科学学会青年工作委员会秘书长、江苏省体育科学学会常务副理事长、江苏省科协委员
郭修金	世界休闲组织运动休闲娱乐专业委员会理事、国际华人体育与健康协会理事、江苏省社科联理事会理事
谢正阳	江苏省体育科学学会体育人文专业委员会委员
陈海波	江苏省研究生教育指导委会委员、江苏省高教体育教学指导委员会秘书长
李 英	江苏省高校成人教育研究会理事会理事
王龙飞	江苏省社科联理事会理事
宋 燕	江苏省大学生体育健康创新创业联盟理事
沈鹤军	江苏省体育科学学会运动心理学委员会副主任委员、江苏省大学生体育健康创新创业联盟副理事长、江苏省体育文化与发展战略研究会理事、江苏省教师教育专业指导委员会体育教育专业指导分会委员
高 亮	江苏省健身气功协会副会长、江苏省体育文化与发展战略研究会理事
高力翔	全国体育期刊研究会副秘书长、江苏省体育科学学会管理学分会副主任委员
丁 锴	江苏省会计学会智慧会计专业委员会委员
杨 晖	江苏省壁球运动协会监事
邹德新	中国体育科学学会体育产业分会委员、江苏省冰雪运动协会副会长
秦学林	中国体育科学学会青年工作委员会委员、江苏省体育科学学会运动与健康专业委员会副主任委员
宋雅伟	中国运动解剖学会委员、江苏省体育科学学会理事、江苏省体育科学学会运动生物力学分会副主任委员
彭国强	中国体育科学学会青年工作委员会委员
葛见珠	江苏省图书馆学会理事会理事
李明华	江苏体育信息科学学会委员
魏 宁	江苏省高等学校教育技术研究会网络信息专业委员会理事
方丛蕙	江苏省高校图工委学术研究与继续教育专委会委员
邹国忠	江苏省田径协会理事、江苏省田径协会裁判委员会委员、江苏省高教评估委员会委员
王 凯	中国体育科学学会青年工作委员会委员、江苏省运动健身业协会副秘书长
李金宝	中国体育科学学会新闻传播分会委员、中国新闻史学会媒介法规与伦理委员会理事、中国新闻史学会新闻教育委员会委员、中国高校影视学会体育影视专业委员会理事、中国体育知识产权专业委员会委员
叶 强	江苏省体育科学学会运动生物力学分会委员、江苏省生物医学工程学会理事、江苏省欧美同学会理事、江苏高校生物医学工程学会理事

（续　表）

姓　名	主要兼职
李　波	江苏省残疾人体育协会特邀委员、江苏省体育科学学会体育管理专业委员会委员
刘红建	江苏省体育发展战略研究会理事
蔡明明	江苏省体育法学研究会理事
赵玉超	江苏省飞镖运动协会理事、江苏省体育竞赛协会理事
赵　琦	全国田径发展专业委员会副主任委员、江苏省拳击协会副主席
张　明	江苏省体育科学学会运动训练分会秘书、中国篮球协会教练员委员会委员
袁　野	全国青少年校园足球专家委员会委员、中国体育科学学会运动训练专业委员会委员、江苏省体育科学学会常务理事、江苏省体育科学学会运动训练专业委员会主任委员、江苏省足球运动协会执委、江苏省大学生体协南京分会副主任
马　宁	江苏省足球协会裁委会委员
孟　宁	江苏省足球协会裁委会委员
李　强	全国田径发展专业委员会常委、江苏省运动训练专业委员会委员
解　鑫	中国垒球协会裁判委员会副主任委员
范春华	江苏省冰雪协会副秘书长
周晓军	全国田径发展专业委员会常委
王　猛	江苏省体育健康产业创新创业联盟理事、江苏省飞镖运动协会理事
汤　强	中国体育科学学会运动生理生化分会常委、中国体育科学学会青年委员会副秘书长、江苏省体育科学学会副理事长兼秘书长
赵　彦	中国康复医学会运动康复教育学组副主任委员、中国老年医学学会骨与关节分会社区老年骨健康学术工作委员会江苏省学组副主任委员、江苏康复医学会教育专业委员会副主任委员
孙　飙	中国生理学会理事、运动生理学专委会副主委；中国体育科学学会体质与健康分会委员、运动生理生化分会委员；中国康复医学会康复教育委员会常务委员；中国老年学和老年医学学会运动健康科学分会常务委员；中华医学会健康管理学分会健康体检与评估专业组委员；江苏省康复医学会常务理事；江苏省体育科学学会理事、运动生理生化专委会副主委；江苏省生物医学工程学会理事、运动生物医学工程专委会副主委；江苏省生理科学学会理事、运动生理学专委会副主委；江苏省大众创业万众创新研究会医养融合专委会副主委；江苏省羽毛球运动协会常务理事；江苏省全民健身走协会副会长兼秘书长
戴剑松	中国康复医学会体育保健康复专委会体育保健学组常委
文　立	中国体育科学学会运动生理生化分会理事、中国兽医学会马分会理事
刘秀娟	江苏省体育科学学会运动生理生化专业委员会常委
王　斌	江苏省体育科学学会运动生理生化专业委员会秘书
李博文	中国康复医学会康复治疗专委会体医融合学组委员、江苏省运动医学学会运动促进健康学组委员

（续 表）

姓 名	主要兼职
徐 凯	江苏省生理科学学会理事兼科普工作委员会主任委员
殷怀刚	江苏省体育人文专家委员会委员、江苏省高尔夫球协会青少年委员会副主任委员
支 川	全国体育院校艺术类专业建设协作会副秘书长
陈荣梅	江苏省篮球运动协会竞赛裁判委员会副主任委员
杜家俊	江苏省体操运动协会理事
叶 瑛	全国体育院校艺术类专业建设协作会理事
江 山	全国体育院校艺术类专业建设协作会理事、江苏省健美操协会理事、江苏省体操协会裁判委员会委员
吕园欣	江苏省大体协体育舞蹈分会副秘书长
王 进	江苏省大学生体育健康创新创业联盟秘书长、江苏省现代休闲体育研究院体育旅游专业委员会主任委员
于翠兰	世界休闲体育协会教育与科学委员会常委、中国体育科学学会武术与民族传统体育分会委员、中国武术散打裁判委员会委员、江苏省石锁运动协会秘书长、江苏省壁球运动协会副会长、江苏省户外和登山运动协会副秘书长、江苏省马业协会常务理事
唐芒果	中国高等教育学会体育专业委员会休闲体育专业学组理事
张建明	江苏省体育产业专业委员会副秘书长、江苏省体育健康产业创新创业联盟理事
闫成栋	中国法学会体育法学研究会理事、天津市法学会商法学分会常务理事
曹全军	江苏省高尔夫球运动协会理事
朱 瑞	中国壁球协会裁判员委员会委员、江苏省壁球运动协会副秘书长
阮 威	中国登山协会攀岩专业委员会委员、江苏省户外和登山运动协会理事
李勇勤	江苏省高尔夫运动协会副秘书长、江苏省社会体育指导员协会理事
葛翠柏	中国体育院校思政协会理事
张 健	中国羽毛球协会理事、江苏省棒垒球协会副主席、江苏省网球运动协会副秘书长
周 丹	江苏省蹦床技巧协会常务副秘书长、亚洲体操联合会技巧技术委员会委员
张 军	中国羽毛球协会主席
孙 俊	中国羽毛球协会副主席
靳鲁芳	江苏省乒乓球运动协会副主席兼秘书长
丁习明	中国蹦床与技巧协会蹦床技术委员会副主任、技巧推广委员会主任；江苏省体操运动协会常务副会长；江苏省蹦床技巧运动协会监事
鲍 勤	江苏省网球运动协会常务副会长
梁 琴	江苏省羽毛球运动协会秘书长

（续 表）

姓 名	主要兼职
王国庆	江苏省体操运动协会副会长
黄 旭	江苏省体操运动协会副会长兼秘书长
周传标	江苏省蹦床技巧协会副会长
胡星刚	江苏省蹦床技巧协会副会长
陆春龙	江苏省蹦床技巧协会秘书长
张健驰	江苏省蹦床技巧协会副秘书长
沈朝阳	江苏省击剑运动协会副会长、江苏省体育科学学会运动训练专业委员会副主任委员
任大新	江苏省击剑运动协会副会长
许学宁	江苏省体育科学学会运动训练专业委员会副主任委员
李哲峰	江苏省击剑运动协会副会长
孔庆玮	江苏省击剑运动协会秘书长
仲 满	江苏省击剑运动协会理事
骆晓娟	江苏省击剑运动协会理事
许安琪	江苏省击剑运动协会理事
孙海平	江苏省击剑运动协会监事、江苏省游泳运动协会副秘书长
王伟新	江苏省游泳运动协会副会长
张纪芳	江苏省游泳运动协会秘书长
吴晓明	江苏省游泳运动协会副秘书长
孙世昆	江苏省游泳运动协会副秘书长
陈 志	江苏省游泳运动协会理事
季志祥	江苏省游泳运动协会理事
陆强毅	江苏省游泳运动协会理事
王 芳	江苏省游泳运动协会理事
金 蝉	江苏省游泳运动协会理事
徐 洁	江苏省游泳运动协会理事
成晶晶	江苏省游泳运动协会理事
叶雷雷	江苏省游泳运动协会监事

注：1. 时间截至2020年12月；2. 人员排序和兼职时间不分先后；3. 部分现任教职工的兼职情况是通过检索有关资料获得的。

附录 17
南京体育学院历年正高级职称人员名录

（1）竞技体育系列

序 号	姓 名	性 别	职 称	学科 / 项目	批准时间	备 注
1	庄杏娣	女	国家级教练	击 剑	1993.09	
2	杨光炎	男	国家级教练	乒乓球	1993.09	
3	张 雄	男	国家级教练	游 泳	1993.09	
4	任德龙	男	国家级教练	游 泳	1993.09	
5	杜桂荣	女	国家级教练	田 径	1993.09	
6	周圭圣	男	国家级教练	体 操	1993.09	
7	黄康林	男	国家级教练	自行车	1993.09	
8	陈正绣	女	国家级教练	田 径	1993.09	
9	周广英	男	国家级教练	体 操	1993.09	
10	陈重文	男	国家级教练	体 操	1993.09	
11	周志强	男	国家级教练	篮 球	1993.09	
12	都庆廉	男	国家级教练	技 巧	1993.09	
13	尤广礼	男	国家级教练	羽毛球	1993.09	
14	黄益冲	男	国家级教练	羽毛球	1993.09	
15	邹志华	男	国家级教练	排 球	1993.09	
16	唐学华	男	国家级教练	羽毛球	1996.12	
17	沈昌杰	男	国家级教练	击 剑	1996.12	
18	孙志安	男	国家级教练	羽毛球	1997.12	
19	蒋宏伟	男	国家级教练	网 球	1997.12	
20	胡跃进	男	国家级教练	田 径	1997.12	
21	李顺柱	男	国家级教练	举 重	1997.12	
22	任大新	男	国家级教练	击 剑	1997.12	
23	储石生	男	国家级教练	击 剑	1997.12	
24	靳鲁芳	女	国家级教练	乒乓球	1998.12	
25	王国新	男	国家级教练	举 重	1998.12	
26	陈钰萍	女	国家级教练	羽毛球	1998.12	
27	张惠琴	女	国家级教练	艺术体操	1999.12	
28	乔晓卫	女	国家级教练	乒乓球	2000.07	

（续 表）

序 号	姓 名	性 别	职 称	学科 / 项目	批准时间	备 注
29	付渔庭	男	国家级教练	排 球	2000.07	
30	许 临	女	国家级教练	艺术体操	2000.12	
31	王国庆	男	国家级教练	体 操	2001.12	
32	金海泉	男	国家级教练	跳 水	2001.12	
33	凌 波	男	国家级教练	羽毛球	2002.08	
34	袁紫娟	女	国家级教练	体 操	2002.08	
35	张东明	男	国家级教练	击 剑	2002.08	
36	姚 勇	男	国家级教练	击 剑	2002.08	
37	邸安和	男	国家级教练	排 球	2004.08	
38	薛永业	男	国家级教练	排 球	2004.08	
39	谭洪海	男	国家级教练	田 径	2004.08	
40	胡星刚	男	国家级教练	蹦 床	2004.08	
41	过 鹰	男	国家级教练	击 剑	2004.08	
42	张洪宝	男	国家级教练	羽毛球	2005.10	
43	赵善文	男	国家级教练	排 球	2005.10	
44	周传标	男	国家级教练	技 巧	2005.10	
45	杨川宁	男	国家级教练	乒乓球	2006.07	
46	王孝如	男	国家级教练	自行车	2006.07	
47	贾桂华	男	国家级教练	击 剑	2007.07	
48	熊 放	男	国家级教练	技 巧	2008.07	
49	许学宁	男	国家级教练	击 剑	2008.07	
50	徐 洁	女	国家级教练	跳 水	2008.07	
51	庞 进	男	国家级教练	击 剑	2008.12	
52	张双喜	男	国家级教练	击 剑	2008.12	
53	李 辉	男	国家级教练	网 球	2008.12	
54	金 蝉	女	国家级教练	花样游泳	2008.12	
55	汤志强	男	国家级教练	羽毛球	2010.12	
56	周广科	男	国家级教练	自行车	2010.12	
57	褚 伟	男	国家级教练	击 剑	2013.08	
58	张 军	男	国家级教授	羽毛球	2014.07	
59	张健驰	男	国家级教练	蹦 床	2015.09	

（续 表）

序 号	姓 名	性 别	职 称	学科 / 项目	批准时间	备 注
60	茅祎勋	男	国家级教练	击 剑	2015.09	
61	李青峰	男	国家级教练	击 剑	2015.09	
62	颜卫东	男	国家级教练	击 剑	2017.06	
63	孙 俊	男	国家级教练	羽毛球	2017.06	
64	刘 永	男	国家级教练	羽毛球	2017.06	
65	姜 惟	男	国家级教练	网 球	2017.06	
66	王 芳	女	国家级教练	花样游泳	2018.09	
67	胡 玮	男	国家级教练	跳 水	2018.09	
68	徐 欣	男	国家级教练	网 球	2019.09	
69	巩秀红	女	国家级教练	击 剑	2020.08	

（2）高等教育及其他系列

序 号	姓 名	性 别	职 称	学科 / 项目	批准时间	备 注
1	陈 陵	男	教 授	体育理论	1944.04	
2	彭 杰	男	教 授	体育理论	1986.11	
3	张 然	男	教 授	排 球	1987.12	
4	顾德明	男	教 授	运动解剖学	1992.04	
5	戴玉生	男	教 授	运动生物力学	1992.04	
6	祝汉文	男	教 授	体育心理学	1993.06	
7	钱竞光	男	教 授	运动生物力学	1994.07	
8	浦民欣	男	教 授	体育理论	1994.12	
9	冯天佑	男	教 授	田 径	1995.07	
10	李婉芳	女	教 授	体育管理学	1996.06	
11	吴恒祥	男	教 授	足 球	1997.07	
12	王正伦	男	教 授	体育理论	1999.08	
13	张蕴琨	女	教 授	运动生物化学	2000.08	
14	张克仁	男	教 授	排 球	2000.08	
15	华洪兴	男	研究员	教育管理	2000.09	
16	王惠生	男	教 授	大学语文	2001.08	
17	张世林	男	教 授	篮 球	2001.08	
18	陈海波	男	教 授	体育教育	2001.09	2013.09 引进

（续 表）

序 号	姓 名	性 别	职 称	学科 / 项目	批准时间	备 注
19	陈国祥	男	教 授	植物学	2002.08	2013.12 调入
20	袁 野	男	教 授	足 球	2002.10	
21	朱传耿	男	教 授	地理学	2003.06	2017.07 调入
22	李 江	女	教 授	思想政治教育	2003.09	2012.09 转评教师系列
23	张惠红	女	教 授	田 径	2003.09	
24	孙 飙	男	教 授	运动生理学	2004.09	
25	盛 蕾	女	研究员	运动人体科学	2004.11	2016.08 调入
26	王爱丰	男	教 授	体育理论	2005.09	
27	谭燕秋	女	教 授	田 径	2005.09	
28	唐永干	男	教 授	体育理论	2005.09	
29	史国生	男	教 授	体育史	2006.07	
30	于翠兰	女	教 授	武术与民族传统体育	2006.07	
31	高力翔	男	教 授	体育人文社会学	2008.09	
32	文 立	男	教 授	运动人体科学	2008.11	2020 年引进
33	方丛蕙	女	研究馆员	图书资料	2010.09	2017 年调入
34	邹德新	男	教 授	人口资源与环境经济学	2010.10	2018 年引进
35	宋雅伟	男	教 授	运动人体科学	2011.08	
36	金 松	男	研究员级高级政工师	思想政治工作	2011.09	
37	金亚虹	女	教 授	体育人文社会学	2011.11	2020 年引进
38	姜 翀	女	教 授	控制理论与控制工程	2012.12	2018 年引进
39	兰亚明	男	研究员	高等教育管理	2013.08	2018.10 调入
40	沈鹤军	女	教 授	体育人文社会学	2013.09	
41	田 标	男	教 授	马克思主义理论	2013.09	
42	高 亮	男	教 授	武术与民族传统体育	2014.07	2019 年引进
43	李勇勤	男	教 授	运动训练	2014.08	
44	李 靖	女	教 授	运动人体科学	2014.08	

（续　表）

序　号	姓　名	性　别	职　称	学科 / 项目	批准时间	备　注
45	汤　岩	男	研究员级高级政工师	思想政治工作	2014.12	
46	王雪峰	女	教　授	体育人文社会学	2015.08	
47	郭修金	男	教　授	体育人文社会学	2016.07	2019 年引进
48	汤　强	男	研究员	自然科学系列	2016.10	2019 年调入
49	王翠芳	女	研究馆员	档　案	2016.11	
50	成守仁	男	主任中医师	卫　生	2016.11	
51	王龙飞	男	教　授	体育人文社会学	2016.11	2018 年引进
52	支　川	男	教　授	武术与民族传统体育	2017.11	
53	蒋　艳	女	教　授	思想政治教育	2018.07	2019 年引进
54	李金宝	男	教　授	体育人文社会学	2018.11	
55	张　明	男	教　授	体育教育训练学	2018.11	
56	赵　琦	男	教　授	体育教育训练学	2018.11	
57	王智明	女	教　授	体育教育训练学	2018.12	2020 年引进
58	李　波	男	教　授	体育人文社会学	2019.03	
59	叶　强	男	教　授	计算机	2019.11	
60	唐芒果	男	教　授	武术与民族传统体育	2019.11	
61	闫成栋	男	教　授	体育人文社会学	2019.11	
62	谢正阳	男	教　授	体育人文社会学	2019.11	
63	杨国庆	男	研究员	自然科学研究	2019.12	
64	黄步龙	男	正高级会计师	会　计	2019.12	
65	邹国忠	男	教　授	体育教育训练学	2020.12	
66	江　山	女	教　授	体育教育训练学	2020.12	
67	朱建国	男	教　授	体育教育训练学	2020.12	
68	孙国友	男	研究员	教育管理	2020.12	
69	王家祥	男	主任中医师	卫　生	2021.01	

附录 18
南京体育学院硕士学位授权点一览表

类　别	全日制学术型					全日制专业型						非全日制专业型			
授权点	体育人文社会学	运动人体科学	体育教育训练学	民族传统体育学	运动康复学	体育教学	运动训练	社会体育指导	竞赛组织	学科教学（体育）	新闻与传播	体育教育	运动训练	社会体育指导	竞赛组织
授予学位	教育学硕士	教育学硕士、医学硕士、理学硕士	教育学硕士	教育学硕士	教育学硕士	体育硕士	体育硕士	体育硕士	体育硕士	教育硕士	文学硕士	体育硕士	体育硕士	体育硕士	体育硕士

附录 19
南京体育学院获批省级重点学科和重点实验室一览表

学科或实验室名称	批准名称	批准时间	批准文号
体育教育训练学科	江苏省高校“青蓝工程”优秀学科梯队	2002	苏教师〔2002〕60 号
运动人体科学实验室	江苏省高校重点建设实验室	2004	苏教科〔2004〕16 号
体育人文社会科学学科	江苏省高校“青蓝工程”优秀学科梯队	2005	苏教师〔2005〕12 号
运动人体科学实验室	江苏省高校基础课实验教学示范中心	2005	苏教办高〔2005〕19 号
体育人文社会学	“十一五”期间省级重点学科	2006	苏教研〔2006〕4 号
运动人体科学	“十一五”期间省级重点学科	2006	苏教研〔2006〕4 号
体育学	江苏高校优势学科建设工程	2011	苏政办发〔2011〕6 号
运动健身科学研究实践教育中心	江苏省实验教学与实践教育研究中心建设点	2012	苏财教〔2012〕147 号
体育学	江苏高校优势学科建设工程	2014	苏政办发〔2014〕37 号
运动训练与康复实验室	江苏省高等学校重点实验室	2014	苏教科〔2014〕10 号
体育学	江苏高校优势学科建设工程	2018	苏政办发〔2018〕87 号
江苏省运动戒毒重点实验室	运动戒毒重点实验室	2019	苏戒毒育〔2019〕16 号（江苏省戒毒管理局）

附录 20
南京体育学院获批省高校特色（品牌）专业（建设点）一览表

年份	专业名称	专业类别	备注
2003	运动人体科学	江苏省高等学校特色专业建设点	苏教高〔2003〕62 号
	运动训练	江苏省高等学校特色专业建设点	
2006	体育教育	江苏省高等学校品牌专业建设点	苏教高〔2006〕14 号
	民族传统体育	江苏省高等学校特色专业建设点	
2008	运动训练	江苏省高等学校品牌专业建设点	苏教高〔2008〕32 号
	社会体育指导与管理	江苏省高等学校特色专业建设点	
	运动训练	国家级特色专业建设点	教高函〔2008〕21 号
2009	体育教育	国家级特色专业建设点	教高函〔2009〕16 号
2010	运动人体科学	国家级特色专业建设点	教高函〔2010〕15 号
	运动人体科学	江苏省高等学校品牌专业建设点	苏教高〔2010〕26 号
2012	体育学类(运动训练、体育教育、运动科学)	江苏省“十二五”高等学校重点专业	苏教高〔2012〕23 号
	社会体育指导与管理	江苏省“十二五”高等学校重点专业	
2013	运动训练	教育部“十二五”专业综合改革试点项目	教高司函〔2013〕56 号
	社会体育指导与管理	教育部“十二五”专业综合改革试点项目（新增）	教育部
2015	体育教育	江苏高校品牌专业建设工程一期项目（A 类）	苏教高〔2015〕11 号
	运动人体科学	江苏高校品牌专业建设工程一期项目（C 类）	
2019	体育教育	国家一流专业	教高厅函〔2019〕46 号
	运动人体科学	国家一流专业	
2020	体育教育	江苏省一流专业（省品牌）	苏教高函〔2020〕9 号
	运动人体科学	江苏省一流专业（省品牌）	
	体育经济与管理	江苏省一流专业（省特色）	
	武术与民族传统体育	江苏省一流专业（省特色）	
	运动康复	江苏省一流专业（省特色）	
	运动训练	江苏省一流专业（省特色）	
2021	运动训练	国家一流本科专业建设点	教高厅函〔2021〕7 号

附录 21
南京体育学院获批省部级高校优秀（精品）课程一览表

年 份	课 程	等 级	负责人	备 注
1998	体 操	二类优秀课程	文国瑜	苏教高〔1998〕27 号
2000	田 径	二类优秀课程	冯天佑	苏教高〔2000〕69 号
2002	足 球	一类优秀课程	袁 野	苏教高〔2002〕53 号
	运动生理学	二类优秀课程	孙 飙	
	篮 球	二类优秀课程	张世林	
	运动生物化学	优秀研究生课程	张蕴琨	苏学位办〔2002〕30 号
2004	运动康复生物力学	二类优秀课程	钱竞光	苏教高〔2004〕19 号
	思想道德修养	二类优秀课程	华洪兴	
	球类课程群	优秀课程群	张世林	
2006	运动生物化学	二类精品课程	张蕴琨	苏教高〔2006〕13 号
	体育史料学	优秀研究生课程	唐永干	
2008	篮 球	江苏省精品课程	张世林	苏教高〔2008〕33 号
	学校体育学	江苏省精品课程	王正伦	
2009	人体运动动作技术分析与诊断	优秀研究生课程	钱竞光	苏教研〔2009〕10 号
	体育学概论	优秀研究生课程	王正伦	
2010	体育竞赛组织与管理	江苏省高等学校精品课程	史国生	苏教高〔2010〕19 号
	运动营养学	江苏省高等学校精品课程	张蕴琨	
	体育竞赛组织与管理	江苏省高校研究生优秀课程	史国生	苏教研〔2010〕6 号
2011	体育学导论	江苏省研究生双语教学改革试点课程	王正伦	—
2012	运动训练学	江苏省优秀研究生课程	袁 野	—
2014	体质研究与运用	江苏省优秀研究生课程	孙 飙	—
2018	奥林匹克运动	国家体育总局运动训练专业教材与在线课程	史国生	体科字〔2018〕79 号
	运动营养学	国家体育总局运动训练专业教材与在线课程	张蕴琨	

（续　表）

年　份	课　程	等　级	负责人	备　注
2019	大学生创新创业	江苏省在线开放课程立项建设	柏景岚	苏教高函〔2019〕23 号
	奥林匹克运动	江苏省在线开放课程立项建设	史国生	
	健身气功（八段锦）	江苏省在线开放课程立项建设	支　川	
	民族民间舞（藏族）	江苏省在线开放课程立项建设	叶　瑛	
	休闲击剑专项技能理论与实践	江苏省在线开放课程立项建设	张松年	
	高尔夫球专项技能与理论	江苏省在线开放课程立项建设	曹全军	

附录 22
南京体育学院获批省高校精品（重点）教材一览表

年 份	教 材	获奖名称	负责人	备 注
	《英语（运动员专用）》	成教优秀教材	王美坤	省教育厅评审
2005	《科学健身新概念》	江苏省精品教材	王正伦	苏教高〔2005〕26 号
	《运动生物化学》	江苏省立项建设精品教材	张蕴琨	
	《体适能评估与训练》	江苏省立项建设精品教材	孙 飙	
2007	《运动生物化学》	江苏省高等学校精品教材	张蕴琨	苏教高〔2007〕23 号
	《运动生理学实验指导》	江苏省高等学校精品教材	孙 飙	
	《足球产业概论》	江苏省高等学校精品教材	袁 野	
	《运动康复生物力学》	江苏省高等学校精品教材	钱竞光	
	《体育竞赛组织与管理》	江苏省高等学校精品教材	史国生 邹国忠	
2009	《体育竞赛组织与管理》	江苏省高等学校精品教材	史国生 邹国忠	苏教高〔2009〕29 号
	《运动康复生物力学》	江苏省高等学校精品教材	钱竞光	
	《新编教练员基础与案例》	江苏省高等学校精品教材	邹国忠	
	《运动营养学》	江苏省高等学校精品教材	张蕴琨	
	《体能训练实用教程》	江苏省高等学校精品教材	赵 琦	
2011	《常见病运动处方》	江苏省高等学校精品教材	钱竞光	苏教高〔2011〕27 号
2012	《运动生物化学》 《运动生物化学实验》 《运动生物化学题解》	“十二五”普通高等教育本科国家级规划教材	张蕴琨	教高函〔2012〕21 号
2013	《体育竞赛组织与管理》	江苏省高等学校重点教材立项（修订教材）	史国生 邹国忠	苏教高〔2013〕15 号

（续 表）

年 份	教 材	获奖名称	负责人	备 注
2013	《运动康复生物力学》	江苏省高等学校重点教材立项（修订教材）	钱竞光	苏教高〔2013〕15 号
2014	《肌骨表面解剖学》	江苏省高等学校重点教材立项	宋雅伟	苏教高〔2014〕11 号
2015	《休闲击剑》	江苏省高等学校重点教材立项（新编教材）	张松年	苏教高〔2015〕18 号
2016	《中华传统体育养生文化探骊及其当代转化》	江苏省高等学校重点教材立项（修订教材）	支 川	苏教高〔2016〕22 号
	《运动生物力学实验教程》	江苏省高等学校重点教材立项（新编教材）	宋雅伟	
2017	《羽毛球运动教学与训练教程》	江苏省高等学校重点教材立项（修订教材）	朱建国	苏教高〔2018〕3 号
2018	《运动营养学》	体育总局运动训练专业教材	张蕴琨	体科字〔2018〕79 号
	《奥林匹克运动》	体育总局运动训练专业教材	史国生	
	《人体运动动作技术分析与诊断》	江苏省高等学校重点教材立项（修订教材）	钱竞光	苏教高函〔2019〕10 号
	《体能训练实用教程》	江苏省高等学校重点教材立项（新编教材）	赵 琦	
2019	《慢性疾病运动康复学习指导和实践教程》	江苏省高等学校重点教材立项（新编教材）	赵 彦 吕远远	苏高教会〔2019〕35 号
	《体育赛事文化通论》	江苏省高等学校重点教材立项（新编教材）	王 凯 李冉冉	
	《大学生创新创业基础》	江苏省高等学校重点教材立项（新编教材）	柏景岚	

附录 23
南京体育学院获省部级以上教学成果奖一览表

年 度	名 称	获奖等级	完成人（负责人）	备 注
1987	中小学体育教材	三等奖	彭 杰	江苏省高校优秀教学质量奖
1990	中学体育教材	三等奖	彭 杰	江苏省高校优秀教学质量奖
1991	《世界足球明星个人突破在比赛中的应用》声像教材	二等奖	魏日昂、蔡林冲	全国第二届体育声像作品创作奖
1993	《拼搏之光》声像作品	一等奖	魏日昂、杨国平、周维华、周正权、蔡林冲、吴明朗	全国第三届体育声像作品创作奖
	《短跑训练》声像教材	二等奖	蔡林冲、祝玮东、魏日昂	
	《少儿体操舞蹈训练》声像教材	二等奖	蔡林冲、祝玮东、魏日昂	
	《巴维尔的训练》声像教材	二等奖	祝玮东、魏日昂	
1993	力量训练时骨骼肌损伤与适应性的生化研究	三等奖	张蕴琨	国家体育总局体育科学技术进步奖
2001	《体育语言》教材	二等奖	王惠生	苏教高〔2001〕24 号
2001	“双轨制”教育实习方案在运动训练专业教学实践中的应用	三等奖	张世林、张 健、邹国忠、王鲁宁、李 丹	国家体育总局教学成果奖
	普通高校体育教育专业田径课程改革的研究与实践	三等奖	张惠红等	国家体育总局教学成果奖
2001	《体育伦理学》教材	优秀成果奖	华洪兴、刘菊昌、李 江、史国生、严海平等	江苏省第五次高等教育科研优秀成果优秀奖
2002	足球战术教学	三等奖	袁 野、魏 亮、魏 宁、孟 宁、蔡林冲、王锡安、刘红兵	江苏省第一届多媒体课件竞赛；苏教高〔2002〕51 号
	篮球战术教学与训练	好课件奖	张世林、王鲁宁、陈荣梅、徐为人、徐诚堂、朱建国、张 明	
	运动康复生物力学	好课件奖	钱竞光	
	糖代谢与运动	好课件奖	张蕴琨、徐 凯、王 斌、岳学状、白宝丰、李 靖、龚 群、蔡林冲	

（续 表）

年 度	名 称	获奖等级	完成人（负责人）	备 注
2003	科学健身新概念	三等奖	王正伦、孙 飙	江苏省第三届优秀科普作品奖
2004	运动解剖学	二等奖	宋雅伟、叶 强、钱竞光、陆玉林、任 涛	江苏省第二届多媒体课件竞赛；苏教高〔2004〕29 号
	体操保护与帮助	好课件奖	吴晓红、祝玮东、鲁 芬、江 山、杜家俊、张 猛、程 武	
	简化太极拳教程	好课件奖	于翠兰、祝玮东、鲁 芬、蔡林冲	
2005	大学生野外生存生活训练的教学研究与实践	一等奖	张惠红、王正伦、张蕴琨、袁 野、赵 奇	苏 教 高〔2005〕5 号
	简化太极拳教学改革的研究与实践	一等奖	于翠兰、祝玮东、鲁 芬、蔡林冲	
	新形势下体育院校教学管理体系的改革与实施	二等奖	袁 野、张蕴琨、支 川、沈成凤、石红霞	
	拓展高校体育课程 促进学生身心发展——大学生野外生存生活训练的教学研究与实践	二等奖	张惠红（第 4 作者）	国家级教学成果奖
2007	“菜单引导式”综合性设计性实验教学模式——运动生物化学实验教学改革的探索与实践	一等奖	张蕴琨、王 斌、蒋晓玲、白宝丰、李 靖	江苏省优秀教学成果奖
	基于教育社会化的足球专业课程教学资源平台建设研究与实践	二等奖	袁 野、孟 宁、魏 亮、刘红兵、董新风	江苏省优秀教学成果奖
2009	国内首部《运动康复生物力学》教材的编撰及应用	一等奖	钱竞光、叶 强、宋雅伟、岳卫亚、唐 潇	江苏省教学成果奖
	构建“立体化”篮球专项课程教学模式的探索与实践	二等奖	张世林、陈荣梅、徐为人、郑言霞、张 明	江苏省教学成果奖
	“菜单引导式”综合性设计性实验教学模式——运动生物化学实验教学改革的探索与实践	二等奖	张蕴琨、王 斌、蒋晓玲、白宝丰、李 靖	国家级教学成果奖

（续 表）

年 度	名 称	获奖等级	完成人（负责人）	备 注
2009	运动人体科学专业人才培养与教学改革研究	二等奖	钱竞光、孙 飙、戴剑松、张蕴琨、唐 潇	国家体育总局教学成果奖
	运动生物化学研究性教学的探索与实践	二等奖	张蕴琨、王 斌、蒋晓玲、白宝丰、徐 凯	国家体育总局教学成果奖
	优秀运动员本科教学创新体系的研究与实践	二等奖	华洪兴、王正伦、李 江、史国生、张蕴琨、王鲁宁、苏新荣	国家体育总局教学成果奖
	能力本位教育理念下社会体育专业人才培养的探索与研究	三等奖	王爱丰、王 进、王正伦、沈鹤军、王雪峰	国家体育总局教学成果奖
	“全程多元导向”篮球专项课程教学模式构建与应用	三等奖	张世林、陈荣梅、张 明、徐为人、郑言霞	国家体育总局教学成果奖
	体育院校武术课程教学改革与实践研究	三等奖	于翠兰、孙永武、支 川、刘 靖、徐诚堂	国家体育总局教学成果奖
2011	运动人体科学专业核心课程群的教学改革与实践化探索	二等奖	钱竞光、孙 飙、戴剑松、张蕴琨、马 林、王 斌、宋雅伟、徐 凯、叶 强、唐 潇	江苏省高等教育教学成果奖
2013	以“有效教学”为核心构建体育专业学生综合实践能力培养体系	一等奖	王正伦、严海平、邹国忠、宋 燕、沈成凤、王爱丰、袁 野、孙 飙、吴晓红、于翠兰	江苏省高等教育教学成果奖
	课程、实践、技能——“三轮驱动”社会体育综合型人才培养的模式	二等奖	王 进、王爱丰、王正伦	江苏省高等教育教学成果奖
2015	八段锦的功法动作及健身机理	一等奖	支 川	江苏省高校微课教学比赛本科组
	跟随舞曲节奏的奥秘——节奏模态化	一等奖	谈晓雪	江苏省高校微课教学比赛本科组
2017	体育类大学生专业综合能力测试方法与评价标准的构建与实践	一等奖	史国生、严海平、邹国忠、宋 燕	江苏省高等教育教学成果奖

（续　表）

年　度	名　称	获奖等级	完成人（负责人）	备　注
2018	体育强国建设背景下体育类专业人才培养“南体模式”的创新与实践	二等奖	史国生、严海平、邹国忠、宋　燕、夏　菁、沈鹤军、袁　野、孙　飙、吴晓红、于翠兰	国家级教学成果奖
2019	脊柱侧弯的运动疗法	一等奖	赵　彦	微课比赛；苏教技研〔2019〕10 号
	灵动之舞《羽毛球后场步法》	二等奖	尤　铭、朱建国、邵嘉惠	
	五步拳技术及技击发教学	二等奖	张道鑫、支　川、孙永武	
	健身气功八段锦第一式至第四式	三等奖	刘　靖、葛见珠、吴少恒	
	石锁运动的基本技术——双人对抛	三等奖	邬代玉、于翠兰	
	高原上的踢踏（库玛拉）	三等奖	潘　悦、叶　瑛 吴文君	
2020	运动员血液	一等奖	罗　维	江苏省微课比赛
	校园足球裁判执法进阶——移动与选位	一等奖	马　宁、孟　宁	
	探骨寻肌——肩袖肌群触诊	二等奖	陆　娇、宋雅伟	
	支撑与力量——手倒立	二等奖	叶　瑛、赵　雷	
	运动营养学——情绪对饮食的影响	二等奖	张　欣	江苏省微课比赛
	蒹葭	三等奖	邹　欣	
	健身气功易筋经（第九式）动作及健身机理	三等奖	于翠兰、邬代玉	
	自由泳完整配合技术教学	三等奖	陆　青、范春华	
	大学生创新创业	三等奖	柏景岚、韩　默、王怀旭	江苏省微课比赛
	Chinese Traditional Culture —Chinese Martial Arts	三等奖	孟　娴、刘影倩、闫　蕾	江苏省微课（课程思政）比赛
2021	首届江苏省高校教师教学创新大赛	特等奖	吕国欣	

附录 24
南京体育学院获省级高等教育教改立项课题一览表

年 度	课题名称	项目级别	完成人（负责人）	批准文号
2005	创建江苏省体育教学与训练信息特色数据库	江苏高等教育教改立项课题	袁 野	
2011	以区域健身市场为导向的社会体育人才培养体系构想	江苏高等教育教改立项课题一般项目	王爱丰、王雪峰	苏教高〔2011〕29 号
	体育院校运动健身类课程教学探索与实践——以构建职业能力和培养创新精神为核心改革内容	江苏高等教育教改立项课题一般项目	戴剑松	
	建立校企结合的高尔夫球应用型人才培养实训基地研究	江苏高等教育教改立项课题一般项目	袁 野	
2013	体育学类专业综合能力评价标准与测试方法研究	江苏高等教育教改研究立项课题重点项目	严海平、宋 燕	苏教高〔2013〕16 号
	全媒体传播环境下体育新闻业务实践课程的教学改革研究	江苏高等教育教改研究立项课题重点项目	李金宝	
	“艺体融合”之体育艺术理论研究——“表演基础理论”课程教学改革实验与研究	江苏高等教育教改研究立项课题一般项目	吴晓红	
2015	体育院校“生物力学”课程群的改革与创新	江苏高等教育教改立项课题一般项目	唐 潇、钱竞光	苏教高〔2015〕13 号
	有效教学导向下基于 O2O 模式的互动式教学探索	江苏高等教育教改立项课题一般项目	杨丽丽、刘雅巍	
	适应与引领：学科融合性体育教师培养的理论和实践研究	江苏高等教育教改立项课题一般项目	沈鹤军、侍崇艳	
2017	体育教育品牌专业人才培养路径研究——基于专业、职业的匹配与顺应发展视角	江苏高等教育教改立项课题一般项目	王 进、朱 乔	苏教高函〔2017〕48 号
	中华优秀传统文化融入高校思政课教学研究	江苏高等教育教改立项课题一般项目	葛翠柏、渠彦超	

（续　表）

年　度	课题名称	项目级别	完成人（负责人）	批准文号
2017	案例情景模拟教学法结合临床实践在“慢性病运动康复”教学中的应用	江苏高等教育教改立项课题一般项目	赵　彦	苏教高函〔2017〕48 号
2019	多元融合视域下体育院校高质量应用型人才培养模式的探索与实践研究	江苏高等教育教改立项课题重点项目	杨国庆、李　江	苏高教会〔2019〕38 号
	体育类大学生创新创业教育改革与实践	江苏高等教育教改立项课题一般项目	陈荣梅	
	兴国强师背景下体育教育专业运动技能类课程教学改革研究	江苏高等教育教改立项课题一般项目	沈鹤军、王　凯	
	“三全育人”背景下运动人体科学专业本科导师制的实施与创新	江苏高等教育教改立项课题一般项目	汤　强、徐　瑞	

附录 25
南京体育学院科研成果获奖情况一览表

时 间	科研成果名称	作 者	获奖类别及等级
1987	乒乓球教学训练大纲	凌群立（参编）	国家体委科技进步一等奖
1987	体育之最	浦民欣（主编）	江苏省优秀青少年读物奖
1989	《男子体操训练大纲》声像教材	陈重文、赵山成、周维华、朱晓春、周正权、蔡林冲、魏日昂、吴明朗	国家体委科技进步一等奖
1989	《篮球（男女）教学大纲》声像教材	李方膺、杨国平、周维华、周正权、朱晓春、吴明朗、蔡林冲、魏日昂、王明暄	国家体委科技进步一等奖
1989	运动训练科学化探索	张然（编著）	国家体委科技进步一等奖
1991	弹性支座的人体动力学模拟和优化	钱竞光	国际青年科学家奖
1992	《钟山卧苍龙 南体育英才》声像作品	蔡林冲	江苏省“玉环杯”体育好新闻电视类三等奖
1994	力量练习对血清肌酸激酶、肌红蛋白和 3- 甲基组氨酸水平的影响	张蕴琨	第四届全国体育科学大会报告
1995	论优秀运动队爱国主义教育的意义、内容及方法	李 江	全国体育伦理学会一等奖
1996	关于背向滑步推铅球技术的教法初探	谭燕秋	第三届全国现代田径运动研讨会一等奖
1996	重新认识 100 米跑传统技术理论中的几个问题	张惠红	全国第六届高校田径论文报告会一等奖
1998	“南体模式”的探索与实践	华洪兴	“牡丹杯”江苏教育系统学习邓小平理论优秀论文二等奖
1998	游泳训练后小鼠骨骼肌、心肌组织氨基酸代谢变化的初探	张蕴琨	第五届全国体育科学大会交流
1998	社会主义市场经济条件下体育道德建设的研究	李 江	江苏省高校思想政治教育研究优秀论文二等奖
1999	江苏省志 · 体育志	史国生	江苏省人民政府哲学社会科学三等奖
1999	体育院校精神文明建设的实践与思考	李 江	江苏省体育伦理学论文报告会一等奖

（续　表）

时　间	科研成果名称	作　者	获奖类别及等级
1999	论体育道德与奥林匹克精神	史国生	江苏省体育伦理学论文报告会一等奖
2000	高等学校体育教育专业田径课程改革的研究与思考	张惠红	第六届大运会体科会二等奖
2000	正确认识体育院校学生特点，培养四有体育合格人才	李　江	江苏省教育系统领导干部优秀调研论文三等奖
2000	转变观念，提高素质，努力创新，强化服务	史国生	江苏省体育系统办公室主任研讨会一等奖
2000	单杠前摆前空翻越杠再握创新动作的研究	钱竞光	2000 年世界华人协会优秀论文奖
2000	江苏省苏南地区中学体育教学现状的调查和分析	张蕴琨	香港学校体育国际会议大会报告
2001	体操动作技术研究中的实验方法（运动生物力学科研方法系列论文之三）	钱竞光	2002 年世界华人协会优秀论文奖
2001	技能学习与心境变化研究	沈鹤军	第六届全国体育科学大会墙报交流
2001	普通高校体育教育专业田径课程改革的研究与实践	张惠红	国家体育总局教学成果三等奖
2002	世界高水平足球队进攻得分途径与手段分析	袁　野	第七届体育大会专题报告
2002	“三个代表”思想与干部道德建设	李　江	全国体育学院哲学研讨会二等奖
2002	马克思主义理论课教学中应树立创新意识和创新精神	田　标	全国体育院校哲学研究会 2002 年教改研讨会优秀论文一等奖
2003	科学健身新概念	王正伦（主编）	第三届江苏省优秀科普作品三等奖
2003	体育锻炼对南京市中老年人心理状态影响的研究	沈鹤军	江苏省高校第二十届体育科学论文报告会二等奖
2003	对我国高校民族传统体育专业本科课程结构体系的探讨	于翠兰	江苏省高校第二十届体育科学论文报告会二等奖
2003	力竭运动前后及恢复期大鼠脑皮质运动区中递质性氨基酸含量动态变化研究	白宝丰	江苏省高校第二十届体育科学论文报告会二等奖

（续　表）

时　间	科研成果名称	作　者	获奖类别及等级
2003	普通大学生直立位递增运动时左心室收缩期血流动力学的研究	孙　飙	江苏省高校第二十届体育科学论文报告会三等奖
2003	急性和长期补充谷氨酰胺对大鼠运动后血、脑单胺类物质含量的影响	王　斌	江苏省高校第二十届体育科学论文报告会三等奖
2003	体育彩民群像解析——南京市电脑体育彩票消费人群的结构与特点	王爱丰	江苏省高校第二十届体育科学论文报告会三等奖
2003	从 2002 年全国健美操锦标赛看我国竞技健美操项目的开展现状及技术发展方向	吴晓红	江苏省高校第二十届体育科学论文报告会三等奖
2003	现代运动训练周期性理论在新赛制中应用的特征与趋势	李　丹	江苏省高校第二十届体育科学论文报告会三等奖
2003	关于我国体育教育中教学评价现状及其发展趋势的研究	高力翔	江苏省高校第二十届体育科学论文报告会三等奖
2003	生物力学教学用测力台和影像解析系统研制	钱竞光	亚太国际教育研究会优秀论文奖
2004	国民党政府时期的体育社会化及其启示	唐永干	第七届大学生运动会论文报告会专题报告
2004	体育法学的学理思考	李　江	第七届大运会论文报告会墙报交流
2004	对我国优秀运动员文化教育现状的审度与思考	邹国忠	第七届大运会论文报告会墙报交流
2004	体质综合评价及营养、运动处方软件开发与应用	戴剑松	第七届大运会论文报告会墙报交流
2004	我国学生体质监测指标体系、评价方法综述与发展对策	孙　飙	第七届大运会论文报告会墙报交流
2004	野外生存生活训练提高大学生体育学习兴趣的实验研究	张惠红	第七届大运会体科会一等奖
2004	运动对大鼠纹状体、中脑和下丘脑内单胺类神经递质含量变化相互关系的影响	王　斌	第七届全国体育科学大会墙报交流
2005	超越“路径依赖”，谋求“全面发展”——“体教结合”的探索与思考	华洪兴	第十届全国运动会科学大会报告
2005	对优秀运动员文化教育实施学分制管理的思考	史国生	第十届全国运动会科学大会墙报交流
2005	我国部分少年女子铅球运动员基础训练阶段的现状研究	周晓军	第十届全国运动会科学大会墙报交流

（续　表）

时　间	科研成果名称	作　者	获奖类别及等级
2005	力竭运动前后及恢复期大鼠脑皮质运动区 GABA 含量及 GAD、GABA-T 活性的变化	张蕴琨	第十届全国运动会科学大会墙报交流
2005	跳水 5353B 动作技术运动生物力学分析	叶　强	第十届全国运动会科学大会墙报交流
2005	运动员不同角度倒牵状态下心脑血流变化的特征分析	孙　飙	第十届全国运动会科学大会墙报交流
2005	单杠直体后空翻二周越杠再握动作的研究	钱竞光	第十届全国运动会科学大会墙报交流
2005	增强髋关节力量对我国女子优秀短跑运动员秦旺萍成绩的影响	谭燕秋	第十届全国运动会科学大会专题报告
2005	江苏省大学生体质、体力活动相关研究	戴剑松	第十届全国运动会科学大会专题报告
2005	心理放松训练对于解决江苏男子花剑运动员赛前焦虑效果的研究	储石生	第十届全国运动会科学大会专题报告
2005	对江苏省部分中学实施新课标后体育教学现状的调查	陆玉林	全国第九届中学生运动会科学论文报告会二等奖
2005	南京市部分中学生膳食习惯与运动营养状况调查	戴剑松	全国第九届中运会科报会二等奖
2005	我国学生体质监测发展与对策研究	孙　飙	全国第九届中运会科报会三等奖
2005	大学生部分生活行为 / 体育态度和行为的分析	孙　飙	江苏省高校第二十一届体育科学论文报告会二等奖
2005	论体育运动竞赛名称之规律	史国生	江苏省高校第二十一届体育科学论文报告会二等奖
2005	佛教与健心——“中国传统健身理论与方法研究”报告	唐永干	江苏省高校第二十一届体育科学论文报告会二等奖
2005	体育与健康新课程标准实施后中学生体育取向层面的社会学分析	高力翔	江苏省高校第二十一届体育科学论文报告会二等奖
2005	目前农村学校体育改革的哲学审视	田　标	江苏省高校第二十一届体育科学论文报告会二等奖
2005	江苏省跳水运动员走板起跳动作的运动生物力学分析	宋雅伟	江苏省高校第二十一届体育科学论文报告会二等奖
2005	江苏男子花剑运动员的心理放松训练研究	蒋　丰	江苏省高校第二十一届体育科学论文报告会二等奖
2005	对 2005 年我国 U-18 女子足球运动员技能测试及成绩评定方法的研究	刘红兵	江苏省高校第二十一届体育科学论文报告会二等奖

（续 表）

时 间	科研成果名称	作 者	获奖类别及等级
2005	南京市部分中学生膳食习惯与运动营养状况调查	戴剑松	江苏省高校第二十一届体育科学论文报告会二等奖
2005	内外兼修，以利长远——南京市运动健身休闲产业发展的瓶颈问题解析	孙海燕	江苏省高校第二十一届体育科学论文报告会二等奖
2005	国内外体育主题公园的发展综述	李香君	江苏省高校第二十一届体育科学论文报告会二等奖
2005	社会转型期我国体育社团发展动力机制分析	孙国友	江苏省高校第二十一届体育科学论文报告会二等奖
2005	对我国大陆高尔夫三大市场的分析	陈恩玉	江苏省高校第二十一届体育科学论文报告会二等奖
2005	对南京部分中学生体育课田径内容教学现状调查与分析	李勇勤	江苏省高校第二十一届体育科学论文报告会三等奖
2005	论“体教结合”改革发展的新思路	徐为人	江苏省高校第二十一届体育科学论文报告会三等奖
2005	用推动训练方法对田径跳高项目的实验研究	肖秋平	江苏省高校第二十一届体育科学论文报告会三等奖
2005	南京高校定向运动现状及其发展对策	郁 东	江苏省高校第二十一届体育科学论文报告会三等奖
2005	放松音乐对有氧耐力性运动疲劳的康复疗效评估	李 靖	江苏省高校第二十一届体育科学论文报告会三等奖
2005	社会学视野下的高校体育改革	施学莲	江苏省高校第二十一届体育科学论文报告会三等奖
2005	对我校的游泳普修课进行复合式教学的实验研究	周晓军	江苏省高校第二十一届体育科学论文报告会三等奖
2005	我国男子定向运动员空间能力特征分析	李 俊	江苏省高校第二十一届体育科学论文报告会三等奖
2005	南京市健身娱乐市场现状及营销策略的研究	王 进	江苏省高校第二十一届体育科学论文报告会一等奖
2005	肥胖大鼠过氧化物酶体增殖物激活型受体 β 在耐力运动后心脏表达的意义	赵 彦	江苏省高校第二十一届体育科学论文报告会一等奖
2006	影响中国女排竞技水平发展的主要因素研究	苏玉凤	江苏省第十六届运动会科学大会二等奖
2006	不同运动负荷及环境应激对大鼠中脑酪氨酸羟化酶与纹状体多巴胺含量的影响	白宝丰	江苏省第十六届运动会科学大会二等奖

（续　表）

时　间	科研成果名称	作　者	获奖类别及等级
2006	体操单杠运动中的生物力学原理探讨	钱竞光	江苏省第十六届运动会科学大会二等奖
2006	中学体育教师基本权利的法律保护	李　江	江苏省第十六届运动会科学大会二等奖
2006	南京户外运动产业经营机制研究	李香君	江苏省第十六届运动会科学大会二等奖
2006	对十运会江苏夺取金牌项目分布状况的统计分析	陈恩玉	江苏省第十六届运动会科学大会三等奖
2006	对近二年我国青少年锦标赛部分少年女子铅球教练员的现状调查与分析	周晓军	江苏省第十六届运动会科学大会三等奖
2006	体育人文社会科学的社会科学基础片说	田　标	江苏省第十六届运动会科学大会三等奖
2006	体育文化学理浅说	唐永干	江苏省第十六届运动会科学大会三等奖
2006	竞技体育发展动力机制的社会学分析及其市场化运作研究	高力翔	江苏省第十六届运动会科学大会三等奖
2006	对江苏省女子篮球一队运动员体能训练的实践探索	蒋琴华	江苏省第十六届运动会科学大会三等奖
2006	南京市体育用品业的现状与对策研究	王　进	江苏省第十六届运动会科学大会三等奖
2006	江苏省电脑型体育彩票销售市场的调查与分析	王爱丰	江苏省第十六届运动会科学大会一等奖
2006	江苏省部分专业队运动员心理健康状况的调查分析	沈鹤军	江苏省第十六届运动会科学大会一等奖
2006	体育人文社会科学的人文科学基础简说	葛翠柏	江苏省第十六届运动会科学大会一等奖
2006	专项俱乐部制教学模式在高校定向运动教学中运用的理论思考	常　波	江苏省高校第二十二届体育科学论文报告会二等奖
2006	城市大型体育设施赛后运营的政策设计和经营管理模式选择	王　进	江苏省高校第二十二届体育科学论文报告会二等奖
2006	南京市不同阶层人群体育消费倾向的特点分析	高力翔	江苏省高校第二十二届体育科学论文报告会二等奖
2006	有氧运动和高脂饮食对大鼠血清脂代谢及 AS 形成的影响	胡江婷	江苏省高校第二十二届体育科学论文报告会二等奖
2006	对女子篮球运动员体能训练的实践探索	蒋琴华	江苏省高校第二十二届体育科学论文报告会二等奖

（续 表）

时 间	科研成果名称	作 者	获奖类别及等级
2006	大学生运动锻炼组与非运动锻炼组若干生活方式要素的比较与分析	张玉秀	江苏省高校第二十二届体育科学论文报告会二等奖
2006	对体操运动员朱天弋监管界专项肌肉电刺激力量训练的研究	叶 强	江苏省高校第二十二届体育科学论文报告会二等奖
2006	CBA 联赛南京主赛场观众特征的调查与分析	杨志军	江苏省高校第二十二届体育科学论文报告会三等奖
2006	论体育危机事件的表现形式与成因	王惠生	江苏省高校第二十二届体育科学论文报告会三等奖
2006	新闻媒体与民众知政权的构建——政府信息公开的意义及其在社会突发事件中的作用	李金宝	江苏省高校第二十二届体育科学论文报告会三等奖
2006	体育教学中潜课程的界定及其层次结构解析	高力翔	江苏省高校第二十二届体育科学论文报告会三等奖
2006	体育产业概念理解研究综述	赵玉玲	江苏省高校第二十二届体育科学论文报告会三等奖
2006	江苏中小型运动健身馆的 SWOT 分析	郑美艳	江苏省高校第二十二届体育科学论文报告会三等奖
2006	影响中国女排竞技水平发展的主要因素研究	苏玉凤	江苏省高校第二十二届体育科学论文报告会三等奖
2006	药物的异化：现代奥林匹克运动面临的严峻挑战	王 芳	江苏省高校第二十二届体育科学论文报告会三等奖
2006	中国学校体育早期现代化研究综述	黄 瑾	江苏省高校第二十二届体育科学论文报告会三等奖
2006	关于体育界名人界定的调研与思考	王翠芳	江苏省高校第二十二届体育科学论文报告会三等奖
2006	对提高高水平跳高运动员竞技能力的研究	赵 琦	江苏省高校第二十二届体育科学论文报告会三等奖
2006	关于体育仲裁特征的探讨	李 江	江苏省高校第二十二届体育科学论文报告会三等奖
2006	江苏运动员刘鼎赫单杠直体特卡切夫腾越的运动学分析	宋雅伟	江苏省高校第二十二届体育科学论文报告会三等奖
2006	补充 Gin 对耐力训练大鼠运动能力及血清胰岛素样生长因子 -1 的影响	徐 凯	江苏省高校第二十二届体育科学论文报告会三等奖
2006	对参加江苏省高校部第十六届运动会女子标枪运动员技术的分析	陆永军	江苏省高校第二十二届体育科学论文报告会三等奖

（续 表）

时 间	科研成果名称	作 者	获奖类别及等级
2006	健康消费者消费行为影响因素的研究	吴晓红	江苏省高校第二十二届体育科学论文报告会三等奖
2006	从大学生体育生活方式论高校田径教学改革	常 波	江苏省高校第二十二届体育科学论文报告会三等奖
2006	浅谈在体育院校体育系足球专修课中教师如何提高学生的教学能力	董新风	江苏省高校第二十二届体育科学论文报告会三等奖
2006	浅析我国学校开展健康管理的特点	赵 彦	江苏省高校第二十二届体育科学论文报告会一等奖
2006	我国现阶段男子篮球整体进攻联防战术体系研究——第十届全国运动会男子篮球整体进攻联防战术体系研究	胡竹青	江苏省高校第二十二届体育科学论文报告会一等奖
2006	放松音乐及音乐电针对有氧运动疲劳的恢复效果	李 靖	江苏省高校第二十二届体育科学论文报告会一等奖
2008	为五环争光——优秀运动员思想教育读本	华洪兴	2003—2007 江苏省高校思想政治教育优秀科研成果
2009	运动人体科学专业人才培养与教学改革研究	钱竞光	国家体育总局教学成果奖
2009	国内首部《运动康复生物力学》教材的编撰及应用	钱竞光	江苏省高等教育教学成果奖
2009	江苏体育产业改革开放三十年发展的历程与举措	史国生	“新中国体育 60 年”理论研讨会专题报告
2010	江苏省残疾人体育状况及发展研究	戴剑松	江苏省高校第七届哲学社会科学研究优秀成果奖
2010	人体运动三维动力学建模仿真应用研究	钱竞光	中国体育科学学会科学技术奖二等奖
2010	运动性心理疲劳的基本性质与综合评价	毕晓婷	2010 年中国体育科学学会科学技术奖三等奖
2011	大型公共体育设施建设项目与城市国民经济发展交互影响评价方法的研究	王正伦	“十一五”国家体育总局体育哲学社会科学优秀成果
2011	对体育报道中负面体育信息法律规制的研究	李 江	“十一五”国家体育总局体育哲学社会科学优秀成果
2011	普通高等学校运动人体科学专业课程建设的调查研究	张蕴琨	江苏省第三届教育科学优秀成果奖

（续 表）

时 间	科研成果名称	作 者	获奖类别及等级
2011	中国职业足球俱乐部运动员薪酬体系设计	袁 野	江苏省第十一届哲学社会科学优秀成果奖
2012	五环辉映下的金陵——2014 南京青奥会知识读本	史国生	第二届南京图书馆陶风图书奖提名图书、第二十五届华东地区科技出版社优秀科技图书二等奖
2012	五环辉映下的金陵	史国生	江苏省第十二届哲学社会科学优秀成果奖二等奖
2012	不同运动项目足底压力特征与运动鞋的生物力学研究	宋雅伟	中国体育科学学会科学技术奖二等奖
2012	中国女子网球训练学监控的科学化探索	蒋宏伟	中国体育科学学会科学技术奖二等奖
2012	新江苏精神语境下江苏体育率先基本现代化研究	史国生	江苏省哲学社会科学界第六届学术大会（教育学、哲学与社会学论坛）一等奖
2012	对旧中国第五届全运会开幕式之考评	史国生	海峡两岸体育史学术研讨会大会报告
2014	体育影像传播	李金宝	江苏高校第九届哲学社会科学研究优秀成果奖三等奖
2014	社会性别视阈中的近代中国女子体育	王 云	江苏省第十三届哲学社会科学优秀成果奖一等奖
2014	体育法学研究：法理、方法、应用	李 江	江苏省第十三届哲学社会科学优秀成果奖二等奖
2014	奥运会和全运会优势项目训练规律的多学科研究与应用	张 雄	江苏省科学技术奖三等奖
2014	溧阳市国家级体育产业（体育旅游）基地总体发展规划	王 进	江苏省体育科学学会科学技术奖二等奖
2014	运动生物力学在训练、康复领域的研究和应用	钱竞光	中国体育科学学会科学技术奖二等奖
2014	健身科普传播与推广的创新研究	孙 飙	中国体育科学学会科学技术奖三等奖
2014	南京青奥组委委托负责编写《南京青奥会通用知识读本》一书	史国生	最佳方案奖
2015	南京青奥会志愿者使用手册	史国生	第二十八届华东地区科技出版社优秀科技图书二等奖

（续 表）

时 间	科研成果名称	作 者	获奖类别及等级
2015	南京武术史话	史国生	第二十八届华东地区科技出版社优秀科技图书二等奖
2015	体育社会心态研究述要	张智、史国生	全国体育社会科学年会专题报告
2016	第二届国术国考研究	徐诚堂	2016 年第五届申江国际武术学术论坛二等奖
2016	论中华武术中的“意”	张道鑫	2016 年江苏省高等教育学校体育研究大会三等奖
2016	我国体育教育专业培养方案、课程设置现状及改革方向	赵 琦	2016 年江苏省高校第三十一届体育论文报告会二等奖
2016	武术产业发展的现状、问题与对策研究	孙永武	2016 年江苏省高校第三十一届体育论文报告会二等奖
2016	媒体融合背景下体育赛事新媒体版权价值开发与利用	李金宝	2016 年中国体育科学学会体育新闻传播分会第十二届学术年会一等奖
2016	我国田径运动国际大赛的成绩衍变与应对	赵 琦	第十届全国田径运动发展研讨会一等奖
2016	中国武术职业变迁研究	唐芒果	江苏省第十四届哲学社会科学优秀成果奖三等奖
2016	变化练习在教学改革中的实验研究	温 阳	江苏省高校第三十一届体育科学论文报告会二等奖
2016	体育新闻专业在手机媒体环境下的教学内容拓展研究	蔡明明	江苏省高校第三十一届体育科学论文报告会二等奖
2016	血流受限结合抗阻训练对心血管功能的影响	赵 彦	江苏省高校第三十一届体育科学论文报告会三等奖
2016	武术散打运动员肘关节的等速肌力研究	吴继魁	江苏省高校第三十一届体育科学论文报告会三等奖
2016	基于 WSR 的高校体育拓展训练互动与教学效能分析	李 强	江苏省高校第三十一届体育论文报告会二等奖
2016	2015 年全国艺术体操锦标赛集体项目五人带决赛成套动作的研究	杜家俊	江苏省高校第三十一届体育科学论文报告会二等奖
2016	青奥传播中的动员式城市认同建构策略	王 云	中国体育科学协会体育新闻传播分会第十二届学术年会二等奖

（续 表）

时 间	科研成果名称	作 者	获奖类别及等级
2016	中国名片·小青柠	史国生	第二十九届华东地区科技出版社优秀科技图书二等奖
2017	科学健身保卫你的健康（科普）	盛 蕾	江苏省科学技术奖三等奖
2017	大学生排球运动员在比赛中的负荷测试与分析	王志军	第十三届全国学生运动会科学论文报告会二等奖
2017	体育赛事网络直播的现状分析及发展对策研究	蔡明明	江苏省高校第三十一届体育科学论文报告会二等奖
2017	排球比赛中不同位置及各局负荷的测试与评估——基于实时条件下测得的弹跳次数和高度	王志军	第十三届全国学生运动会科学论文报告会二等奖
2018	体育治理视野下我国高端体育智库的建设研究	杨国庆	江苏省第十五届哲学社会科学优秀成果奖二等奖
2018	全日制体育硕士专业学位研究生培养问题研究：基于可雇佣性视角的分析	孙国友	江苏省第十五届哲学社会科学优秀成果奖三等奖
2018	运动康复生物力学的基础研究	宋雅伟	中国体育科学学会科学技术奖三等奖
2018	体育强国进程中转变竞技体育发展方式的探索与实践	杨国庆	中国体育科学学会科学技术奖三等奖
2018	迈向体育强国：世界大国体育成长的战略特征与启示	彭国强、尤传豹、高庆勇、浦义俊、吴凤彬、程喜杰、闫 杰	江苏省体育科学学会科学技术奖二等奖
2018	中小学生膳食营养、身体活动现状与科学化配餐的研究	徐 凯、张蕴琨、张念云、白宝丰	江苏省体育科学学会科学技术奖二等奖
2018	农村体育公共服务多元供给机制研究	王 凯、李金宝、叶雷雷、温 阳、叶小瑜、郑美艳	江苏省体育科学学会科学技术奖青年奖
2018	编纂南京青奥会科普系列图书	史国生、高力翔、田 标、王 凯	江苏省体育科学学会科学技术奖三等奖
2018	移动互联网科学跑步科普平台的建设与推广	戴剑松、顾忠科、顾晓明、郑家轩、杨旭晨、彭 勇	江苏省体育科学学会科学技术奖三等奖
2018	体育特殊教育	李 波	江苏省教育教学与研究成果奖（高校哲学社会科学研究类）二等奖

（续 表）

时 间	科研成果名称	作 者	获奖类别及等级
2018	公共与垄断：奥运传播中的知识产权研究	李金宝	江苏省教育教学与研究成果奖（高校哲学社会科学研究类）三等奖
2018	全球视野下体育自治研究	康晓磊	江苏省教育教学与研究成果奖（高校哲学社会科学研究类）三等奖
2018	全日制体育硕士专业学位研究生培养问题研究——基于可雇佣性视角的分析	孙国友	江苏省教育教学与研究成果奖（教育研究类）三等奖
2018	“新时代”背景下中国武术发展的时代审视	孙永武	2018 中华武术（国术）论坛三等奖
2018	“体育 +”背景下体育小镇发展历程及发展路径研究	孙艳芳	2018 年江苏省第五届体育科学大会三等奖
2018	为健康奠基：大龄未婚青年男女体育锻炼研究	侍崇艳	第六届全国啦啦操教育科学论文报告会一等奖
2018	基于 SWOT 分析的体育教育专业 SHM 品牌定位研究	侍崇艳	第六届全国啦啦操教育科学论文报告会一等奖
2018	体育特色小镇演变效应模式	王 进	第十一届全国体育产业学术会议一等奖
2018	日本综合型地域体育俱乐部的发展历史及残疾人参与现状对我国的启示	李 波	江苏高校第三十三届体育科学论文报告会三等奖
2018	基于大学社会贡献的体育特殊志愿者发展研究：日本发展实际的反观	李 波	江苏高校第三十三届体育科学论文报告会二等奖
2018	基于大学社会贡献的体育特殊志愿者发展研究：日本发展实际的反观	李 波	江苏省第五届体育科学大会三等奖
2018	休闲体育专业健身指导实训平台建设研究	唐芒果	江苏省高校教学管理研究会教学研究工作委员会 2018 年度学术年会三等奖
2018	新时代体育小镇背景下户外运动发展之我见	孙艳芳	世界休闲体育科学与产业厦门高峰论坛三等奖
2018	中央国术馆寻踪	史国生	海峡两岸武术（国术）论坛（交流大会）主题报告
2019	我国体育产业发展的问题与对策	彭国强	江苏省智库研究与决策咨询优秀成果奖二等奖

（续 表）

时 间	科研成果名称	作 者	获奖类别及等级
2019	啦啦操运动项目文化生成与嬗变	江 山	2019 年全国学校体育艺术类项目科学论文报告会一等奖
2019	“体医结合”视角下，探讨肌肉松解术与普拉提斯运动锻炼对中青年患者腰肌劳损的长期治疗效果	蒋 丰	2019 年全国运动增强体质与健康学术会议分会场报告
2019	从心理学角度谈体医融合的大健康模型的构建	蒋 丰	2019 年全国运动增强体质与健康学术会议分会场报告
2019	江苏省学龄前儿童步行量参考标准的研究	徐 凯	2019 年全国运动增强体质与健康学术会议分会场报告
2019	超低温冷疗对运动前后肌肉状态的影响研究	孙 强	2019 年全国运动增强体质与健康学术会议墙报交流
2019	共培养体系下小鼠巨噬细胞与骨骼肌细胞间的相互作用研究	罗 维	2019 年中国生理学会运动生理学专业委员会会议暨运动与慢性病防控研讨会一等奖
2019	舞蹈表达引导性想象实践	袁鲁荣	2019 年舞蹈科学论文报告会二等奖
2019	体育舞蹈的意与象	江 山	2019 年舞蹈科学学术研讨会二等奖
2019	The 2nd Internation Academic Forum on Sports Medicine and Health	张 媛	Alterations in ER stress and hepatic lipid accumulation in response to different exercise interventions in lean and obese rats 优秀论文奖
2019	践行社会主义核心价值观	朱晓林	第九届全国体育院校思政课教学研讨会三等奖
2019	新时代背景下“体育文化”新内涵及其媒介建构——基于习近平总书记关于体育文化建设重要论述的诠析和思考	陈甜甜	第十一届全国体育科学大会专题报告
2019	“缺席”与“在场”：新时代我国体育文学发展的内在逻辑建构	刘叶郁	第十一届全国体育科学大会专题报告
2019	新时代运动员转型就业保障制度的创新研究	邹德新	第十一届全国体育科学大会专题报告

（续 表）

时 间	科研成果名称	作 者	获奖类别及等级
2019	大型体育赛事新型知识产权的保护逻辑与体系	李金宝、陈镜如	第十一届全国体育科学大会专题报告
2019	我国运动员为国争光法义务推考	闫成栋	第十一届全国体育科学大会专题报告
2019	我国体育产业跨界融合现状及趋势分析——基于2002—2015年我国投入产出表的实证	董艳梅、朱传耿	第十一届全国体育科学大会专题报告
2019	我国体育及相关产业经济增长的动因分析——基于非竞争型投入产出模型的研究	董艳梅、朱传耿	第十一届全国体育科学大会专题报告
2019	美国体育产业的成长历程、动力特征与本土启示	高庆勇	第十一届全国体育科学大会专题报告
2019	从非合作博弈到合作共赢：体育赛事版权引进的机制创新	王 凯	第十一届全国体育科学大会专题报告
2019	体育强国背景下马拉松赛事报道的传播偏向	陈甜甜	第十一届全国体育科学大会专题报告
2019	试论中国体育赛事转播特色及发展趋势	李金宝、洪 钢、吴少恒	第十一届全国体育科学大会专题报告
2019	新媒体语境下体育传播话语的“同情表达”研究——基于情感社会学的视角	查 禹、苏蔚平	第十一届全国体育科学大会专题报告
2019	中央国术馆招生类型考察——兼与《中央国术馆史》《中国武术史》作者商榷	冷传奇、支 川	第十一届全国体育科学大会专题报告
2019	体育救国——1933年南京全运会政治文化遗产探骊	周亚婷	第十一届全国体育科学大会专题报告
2019	不同中医运动治未病锻炼对大学生综合体质的影响——基于多元线性回归方程模型分析	景 涛、沈鹤军、曹彦俊等	第十一届全国体育科学大会专题报告
2019	欧美运动训练问题研究的重要态势及启示	谢正阳、杨国庆、徐建华	第十一届全国体育科学大会专题报告
2019	再论“三要素”量化预测跳水参选奥运会运动员潜力的可行性	成尔恒、董德龙	第十一届全国体育科学大会专题报告
2019	2020年东京奥运会我国重点项目备战形势与策略分析	彭国强	第十一届全国体育科学大会专题报告
2019	慢性高糖对小鼠巨噬细胞极化的影响及可能机制	罗 维、周 越、李 显等	第十一届全国体育科学大会专题报告

（续　表）

时　间	科研成果名称	作　者	获奖类别及等级
2019	髌股关节痛跑步爱好者膝关节生物力学特征的研究	杨　辰、曲　峰、刘　卉等	第十一届全国体育科学大会专题报告
2019	女子举重运动员腰骶关节举重提铃动作模拟的有限元分析	宋雅伟、戎　科、邵雪荣	第十一届全国体育科学大会专题报告
2019	体育舞蹈裁判员专项认知眼动特点研究	吕园欣	第十一届全国体育科学大会专题报告
2019	血流阻断训练对于女子运动员身体形态及力量影响的研究——以江苏花样游泳队为例	顾忠科、戴剑松、王　芳	第十一届全国体育科学大会专题报告
2019	社会资本视角下我国校园足球发展困境与治理策略	高庆勇	第十一届全国体育科学大会专题报告
2019	南京市儿童青少年步行量分级参考标准的研究——基于决策树模型	徐　凯、戴剑松、顾忠科等	第十一届全国体育科学大会专题报告
2019	基于 SWOT 分析的体育教育专业“SHM”品牌定位研究——以南京体育学院体教专业为例	侍崇艳、沈鹤军、王正伦	第十一届全国体育科学大会专题报告
2019	美国健身指数评价体系的经验及启示	叶　强、陈玉婷	第十一届全国体育科学大会专题报告
2019	高强度间歇运动与中等强度持续运动能量代谢对比研究	陈钢锐、戴剑松	第十一届全国体育科学大会专题报告
2019	基于加速度传感器技术的青少年身体活动跟踪研究——以南通市部分学校为研究对象	戴剑松、孙　蕃、顾忠科等	第十一届全国体育科学大会专题报告
2019	不同运动干预形式对甲基苯丙胺依赖者 β－内啡肽的影响	孙　飙、郭　群、马小铭	第十一届全国体育科学大会专题报告
2019	运动疗法对毒品成瘾者戒毒与康复效果综述	盛　蕾	第十一届全国体育科学大会专题报告
2019	跑步文化现象解析及其发展动因探究	李　强、肖丽芳	第十一届全国体育科学大会 mini 专题报告
2019	强政府、强社会：北京冬奥备战“新举国体制”研究	王　凯	第十一届全国体育科学大会 mini 专题报告
2019	“互联网＋体育”时代传统体育产业“痛点”及解决之道	朱建国	第十一届全国体育科学大会 mini 专题报告
2019	“体旅融合”视域下传统体育养生文化资源开发研究	高　亮	第十一届全国体育科学大会 mini 专题报告
2019	奥运会射箭比赛运动员临场发挥稳定性研究	范凯斌	第十一届全国体育科学大会 mini 专题报告

（续　表）

时　间	科研成果名称	作　者	获奖类别及等级
2019	不同骨骼肌收缩类型下的双侧肌力对称性研究	叶家驰、程　瑞	第十一届全国体育科学大会 mini 专题报告
2019	运动干预的健康效应 meta 分析研究现状	盛　蕾	第十一届全国体育科学大会专题主报告
2019	我国体育强省建设的影响要素与空间格局研究	朱传耿	第十一届全国体育科学大会专题主报告
2019	运动康复生物力学与运动损伤、康复研究	钱竞光	第十一届全国体育科学大会专题主报告
2019	我国备战东京奥运会的形势研判与战略应对	杨国庆	第十一届全国体育科学大会专题主报告
2019	京东残奥会遗产传承和保护的内涵、亮点及启示	史国生	第十一届全国体育科学大会专题主报告
2019	近期我国儿童体力活动与体质健康水平关系研究评述	汤　强	第十一届全国体育科学大会专题主报告
2019	Absence of Bax and Bak: Implications for Mitochondrial Protein Quality Control	张　媛	第十一届全国体育科学大会专题主报告
2019	公众视野下的大型体育赛事影响力研究——基于南京市居民对大型体育赛事态度的问卷调查分析	方丛蕙、Sinyutin Mikhail、葛见珠等	第十一届全国体育科学大会墙报交流
2019	获得感提升视角下我国城市马拉松发展态势研究	姜　翀、林　松、邹德新	第十一届全国体育科学大会墙报交流
2019	冬季奥运会会徽发展以及趋势的研究	李　强、张守忠	第十一届全国体育科学大会墙报交流
2019	冰岛体育发展研究	董新风	第十一届全国体育科学大会墙报交流
2019	治理能力现代化背景下美国大学竞技体育制度治理的特征与启示	彭国强	第十一届全国体育科学大会墙报交流
2019	推动全民健身与全民健康深度融合的政策路径研究	沈晓莲	第十一届全国体育科学大会墙报交流
2019	江苏省体育产业引导资金发展历程研究	温　阳、谷天奕、孙海燕等	第十一届全国体育科学大会墙报交流
2019	对大型体育赛事志愿者参与动机的研究	康晓磊	第十一届全国体育科学大会墙报交流
2019	基于国家战略背景：长三角地区体育旅游一体化发展新思路探究	阮　威	第十一届全国体育科学大会墙报交流
2019	体育经济管理专业人才创业教育的研究	韩　默	第十一届全国体育科学大会墙报交流

（续 表）

时 间	科研成果名称	作 者	获奖类别及等级
2019	宗旨·理念·法则：曼德拉体育思想对奥林匹克体育精神的实践传承	刘叶郁	第十一届全国体育科学大会墙报交流
2019	民国足球运动发展历史研究	刘红兵	第十一届全国体育科学大会墙报交流
2019	我国参与冬奥会的历史回眸与契机思考	史国生、范妤婧、吕季东	第十一届全国体育科学大会墙报交流
2019	新时代背景下竞技武术身份价值的时代审视	张道鑫	第十一届全国体育科学大会墙报交流
2019	“新时代”背景下中国武术发展的时代审视	孙永武	第十一届全国体育科学大会墙报交流
2019	“即兴舞蹈”对于花样游泳训练的意义研究	赵 雷	第十一届全国体育科学大会墙报交流
2019	江苏省竞技体育后备人才多元化的培养机制研究	沈海玲、盛 蕾、孙国友等	第十一届全国体育科学大会墙报交流
2019	练习分配效应在动作技能学习中的实验研究——以足球脚内侧踢球为例	余方亮	第十一届全国体育科学大会墙报交流
2019	壁球正手直线长球击球技术与训练方法	朱 瑞	第十一届全国体育科学大会墙报交流
2019	技巧类和小球类项目优秀运动员静态平衡能力的分析和研究	孙 飙、徐金牌、王雁娇等	第十一届全国体育科学大会墙报交流
2019	“克里奥利惯性力”在跳水向后翻腾转体教学中的应用研究	成晶晶	第十一届全国体育科学大会墙报交流
2019	肌梭参与肌筋膜触发点发病机理的分子生物学研究	刘 琳、黄强民	第十一届全国体育科学大会墙报交流
2019	优秀单跳运动员 Lisfranc 骨折脱位术后康复个案报告	王 鸿、王 瑞	第十一届全国体育科学大会墙报交流
2019	江苏游泳队运动员高血压状况分析及病因探讨	王建琴	第十一届全国体育科学大会墙报交流
2019	小鼠骨骼肌细胞离体胰岛素抵抗模型的建立和验证	罗 维、周 越、李 显等	第十一届全国体育科学大会墙报交流
2019	戒毒康复操降低女性甲基苯丙胺戒断者对毒品的注意偏向	吕园欣、赵 琦、周成林	第十一届全国体育科学大会墙报交流

（续　表）

时　间	科研成果名称	作　者	获奖类别及等级
2019	不同运动方式对正常和肥胖大鼠肝脏脂代谢的影响及与 FGF21 的关系	张　媛、韦　娟、张念云等	第十一届全国体育科学大会墙报交流
2019	优秀运动员的心境状态与运动动机对心理疲劳的影响效应研究	张　忠	第十一届全国体育科学大会墙报交流
2019	江苏省体育产业引导资金绩效评估研究	温　阳、陈　叙、孙海燕	第十一届全国体育科学大会墙报交流
2019	舞蹈的越轨与体育的融合：大课间师生同跳曳步舞的文化解读	江　山	第十一届全国体育科学大会墙报交流
2019	高校休闲体育专业特色课程开发研究	张松年、孙艳芳	第十一届全国体育科学大会墙报交流
2019	体育教师价值取向研究——基于外文文献研究综述	朱　乔	第十一届全国体育科学大会墙报交流
2019	从日本体育“部活”的发展与实施反观我国学校体育教育	李　波、朱琳琳	第十一届全国体育科学大会墙报交流
2019	基于校园马拉松“热”背景下高校校园体育文化重塑探究	姚利松、邹国忠、成裕阳	第十一届全国体育科学大会墙报交流
2019	基于体育院校专项人才支撑的幼儿户外运动项目开展实践研究	孙艳芳	第十一届全国体育科学大会墙报交流
2019	新时代公民体育意识培养的意义与路径选择	谢正阳、汤际澜	第十一届全国体育科学大会墙报交流
2019	不同心肺耐力的糖尿病前期人群糖脂代谢的差异及运动干预的影响	李博文、贾　冕、周誉等	第十一届全国体育科学大会墙报交流
2019	百年奥运危机类型、成因及其主要治理模式研究——基于国际组织建构主义策略分析	史国生	第五届国际新闻传播会议大会报告
2019	缺失与重构：学校体育教育的“生命之思”	张道鑫	江苏省高校第二十三届体育科学报告会二等奖
2019	日本课外体育活动实施现状对我国学校体育的启示	李　波	江苏省高校第二十三届体育科学报告会二等奖
2019	高校适应性体育的再认识及其实施构想	李　波	江苏省高校第二十三届体育科学报告会一等奖
2019	体育舞蹈专项认知特点	吕园欣	江苏省高校第三十三届体育科学报告会二等奖

（续 表）

时 间	科研成果名称	作 者	获奖类别及等级
2019	新时代体育人口强省建设的综合评价及发展对策研究——以江苏省为例	车冰清、朱传耿	江苏省体育文化与发展战略研究会优秀论文奖
2019	大学生排球运动员在比赛中的负荷测试与分析——基于实时条件下测得的弹跳次数和高度	王志军、王小红	第十三届全国学生运动会科学论文报告会二等奖
2019	区县级马拉松赛事赞助特征分析及开发研究——以南京市三场区级马拉松赛为例	穆 彤、史国生	江苏省首届长三角体育学研究生学术创新论坛大会报告并获特等奖
2019	翻转课堂教学模式在大学英语教学中的应用探索	朱 荔	外教社 2019 年全国高校外语教师发展论坛三等奖
2020	体育治理视野下我国高端体育智库的建设研究	杨国庆	第八届高等学校科学研究优秀成果奖（人文社会科学）三等奖
2020	社会主义先进文化与社会主义核心价值观的共同属性论	蒋 艳	江苏省第十六届哲学社会科学优秀成果奖二等奖
2020	北京奥林匹克公园场馆资源开发研究	叶小瑜	江苏省第十六届哲学社会科学优秀成果奖二等奖
2020	美国运动健康促进服务体系及其对健康中国的启示	彭国强	江苏省第十六届哲学社会科学优秀成果奖二等奖
2020	新时代体育强省建设理论与实践	朱传耿	江苏省第十六届哲学社会科学优秀成果奖二等奖
2020	体育锻炼对老年人全面健康影响的理论与实践研究	高 亮	江苏省第十六届哲学社会科学优秀成果奖三等奖
2020	新时代中国竞技体育的战略使命与创新路径研究	杨国庆	江苏省第十六届哲学社会科学优秀成果奖一等奖
2020	产业链视角下马拉松赛事盈利能力提升路径的研究	穆 彤、史国生	上海市研究生学术论坛暨首届体育人文社会科学大会二等奖
2020	血流受限训练的理论与实践应用研究	赵 彦、戴剑松、孙 强、潘颖等	江苏省体育科学学会科学技术奖一等奖
2020	柔性力敏传感在人体运动检测分析中的应用研究	叶 强、任 涛等	江苏省体育科学学会科学技术奖二等奖
2020	运动损伤与康复的生物力学的研究	宋雅伟、陈荣梅、戎 科、王猛等	江苏省体育科学学会科学技术奖三等奖

（续　表）

时　间	科研成果名称	作　者	获奖类别及等级
2020	我国备战 2020 年东京奥运会的政策体系与创新路径的研究	彭国强、杨国庆、高庆勇、尤传豹等	江苏省体育科学学会科学技术奖三等奖
2020	大众体育政策过程的国外经验与本土路径研究	刘红建、谢正阳、尤传豹等	江苏省体育科学学会科学技术奖青年奖
2020	产业链视角下马拉松赛事盈利能力提升路径的研究	穆　彤、史国生	第二届长江经济带体育产业发展论坛专题报告
2021	全球疫情暴发下我国应对东京奥运会延期的方略	杨国庆、彭国强	2020 年“江苏发展研究奖”一等奖

附录 26
南京体育学院承担科研课题一览表

时 间	负责人	课题名称	批准单位
1994	魏日昂	第十五届世界杯射门及进球战例研究	中国足协科委
1995	汤 岩	《新视角——社会主义市场经济条件下的高校思想政治工作》“灵魂工程师的素质”	江苏省教科所“八五”重点课题
1996	孙 飙	中国国民体质监测系统的研究（江苏部分）	国家科技部
1998	华洪兴	体育执法中的问题及对策	江苏省教育厅
1998	王爱丰	江苏省城镇居民体育消费现状及其发展对策的研究	江苏省教育厅
1998	王正伦	经济发达地区体育市场开发的前景与对策	江苏省教育厅
1998	史国生	面向 21 世纪省普通高校体育教育专业教学内容和课程体系改革的研究	江苏省教育厅
1998	张 雄	人体最佳潜能研究	江苏省科委
1998	孙 飙	江苏省成年人体质现状及对策	江苏省科委
1998	魏日昂	第十六届世界杯射门及进球战例研究	中国足协科委
1998	张蕴琨	长时间运动后中枢氨基酸类、单胺类神经递质的研究	江苏省教育厅
1999	华洪兴	关于优秀运动员实施“长学制”文化教育的研究	国家体育总局
1999	唐永干	中国共产党体育思想研究	江苏省教育厅
1999	邹国忠	体育院校运动训练专业教学计划的重新构建与整体优化	江苏省教育厅
1999	陆玉林	江苏省中学体育师资队伍现状的研究	江苏省教育厅
1999	袁 野	对高校体育教育专业培养目标与中学体育教学适应性探讨	江苏省教育厅
1999	高力翔	省老年人体质状况的调查及老年人体质评价体系的研究	江苏省科委
1999	李 江	体育道德建设中的问题及对策	江苏省体育局
1999	张蕴琨	江苏羽毛球队运动训练负荷的生化监控	江苏省体育局
2000	赵 琦	对优化我省体育教育专业技术类课程教学过程的研究	江苏省教育厅
2000	沈鹤军	不同体育锻炼方式对心理健康作用的研究	江苏省体育局
2000	王爱丰	关于小城镇实施全民健身计划现状的研究	江苏省体育局
2000	张克仁	排球减压后技术特点	江苏省教育厅
2000	张世林	“双轨制”教育实习方案在运动实践中的应用	国家体育总局
2000	钱竞光	九运会运动员疲劳恢复服务	江苏省体育局

（续　表）

时　间	负责人	课题名称	批准单位
2000	崔永琴	江苏武术科技攻关综合研究	江苏省体育局
2000	戴玉生	江苏女子标枪科技服务与攻关	江苏省体育局
2000	王鲁宁	足球比赛临场技术统计、分析计算机辅助系统	江苏省体育局
2001	华洪兴	建立和完善社会主义市场经济体制下举国体制的研究	国家体育总局
2001	孙　飙	《2000 年国民体质研究报告》的研究（专题之一）	国家体育总局
2001	张蕴琨	谷氨酰胺、支链氨基酸对长时间运动能力和中枢机能影响的实验研究	国家体育总局
2001	沈鹤军	对体育专业和非体育专业大学生心理健康状况的比较研究	江苏省教育厅
2001	王爱丰	江苏省城市社区体育现状的调查与发展对策的研究	江苏省教育厅
2001	王正伦	江苏省体育产业现状调查及发展对策的研究	江苏省教育厅
2001	史国生	高等学校办学自主权研究（部分）	江苏省教育厅
2001	王　斌	力竭性活动后和恢复期大鼠不同脑区谷氨酸含量及受体研究	江苏省教育厅
2001	高力翔	我省体育传统学校传统项目养成教育在健康教育中的效应研究	江苏省教育厅
2001	陆玉林	学校体育多媒体课件	江苏省教育厅
2001	张蕴琨	运动生物化学课程多媒体课件的研制与开发	江苏省教育厅
2001	张蕴琨	新世纪体育教育专业大学生实践能力培养研究实践	江苏省教育厅
2001	王爱丰	关于南京市电脑体育彩票销售情况的调查与分析	江苏省体育局
2001	王爱丰	南京市电脑型体育彩票消费者市场的研究	江苏省体育局
2001	王正伦	我省城市不同社会阶层人群体育活动特点与变化趋势研究	江苏省体育局
2001	陈延宁	场地自行车训练、比赛用计时出发系统（立项）	江苏省体育局
2001	张蕴琨	中药红景天对力竭运动诱导的淋巴细胞凋亡及运动能力的影响	江苏省体育局
2002	孙　飙	中国体质研究理论与实践新体系的构架	国家体育总局
2002	史国生	高校毕业生就业中存在的问题及对策研究（部分）	江苏省教育厅
2002	张蕴琨	体育教育专业教学内容与课程体系改革现状调查与思考	全国教育科学“十五”规划教育部重点课题子课题

（续　表）

时　间	负责人	课题名称	批准单位
2002	张惠红	野外生存生活训练对提高大学生体育兴趣的研究	全国教育科学规划办公室
2002	李　江	体育伦理学中的几个理论问题的研究	江苏省教育厅
2002	王惠生	围棋文化	江苏省教育厅
2002	唐永干	江苏农村体育的组织与运作研究	江苏省教育厅
2002	张世林	篮球多媒体教学课件	江苏省教育厅
2002	钱竞光	跳水主要技术的生物力学研究	江苏省教育厅
2002	孙　飙	灵敏素质的测试方法、标准研究及其仪器的研制	江苏省教育厅
2002	谭燕秋	江苏省中老年健身路径活动方案的研究	江苏省体育局
2002	唐永干	中华传统健身理论与方法研究	江苏省体育局
2002	王正伦	江苏省体育教练员继续教育调查报告	江苏省体育局
2002	孙　飙	运动员一氧化氮与铁代谢关系的研究	江苏省体育局
2002	陆玉林	对江苏省市两级教练员现状的调查与分析	江苏省体育局
2002	储石生	花剑运动员心理训练和心理调控的研究	江苏省体育局
2002	张蕴琨	运动后恢复过程中大鼠脑中谷氨酸受体基因的表达	江苏省体育局
2003	史国生	江苏高校人才培养质量保障和监控体系研究（部分）	江苏省教育厅
2003	张蕴琨	运动对大鼠纹状体多巴胺代谢的影响与中枢疲劳的研究	江苏省教育厅
2003	史国生	江苏省体育文史资料库研究与建设	江苏省体育局
2003	钱竞光	十运会江苏体操项目多学科训、科、医一体化攻关研究	江苏省体育局
2003	王　斌	南京体院“十运”运动员食堂科学膳食教育与管理的研究	江苏省体育局
2003	高力翔	江苏省全民健身工程现状调查及其相关管理制度研究	江苏省体育局
2003	周圭圣	体操临赛前心理调控研究方案	江苏省体育局
2003	张蕴琨	运动对大鼠下丘脑多巴胺及羟色胺代谢的影响与中枢疲劳	江苏省体育局
2004	王正伦	大学生心理健康、生活方式、体力活动与体质相关研究	国家体育总局
2004	张惠红	以大课程观对体育课程资源的理性思考	江苏省教育厅
2004	李　江	构建我国体育仲裁制度的理论研究	江苏省体育局

（续 表）

时　间	负责人	课题名称	批准单位
2004	沈鹤军	对我省部分优秀运动员心理健康状况的调查与分析	江苏省体育局
2004	王爱丰	江苏省沿江地区体育发展的研究	江苏省体育局
2004	时金陵	江苏省体育场馆现状及产业发展对策研究	江苏省体育局
2004	钱竞光	十运会江苏优秀运动队疲劳恢复综合研究	江苏省体育局
2004	孙　飙	不同角度人体“倒牵状态”心肺脑循环功能和肌紧张的变化	江苏省体育局
2004	于翠兰	十运会我省男子散打夺金技战术分析与研究	江苏省体育局
2005	唐永干	体育法治化的三个维度	江苏省体育局
2005	吴晓红	江苏省商业健身俱乐部健身群体消费行为影响因素研究	江苏省体育局
2005	王正伦	“体育文化”悖论	江苏省体育局
2005	钱竞光	动态电刺激提高专项力量的研究	江苏省体育局
2005	陶　新	备战综合性运动会训科医一体化的组织与实施	江苏省体育局
2005	王海滨	击剑技战术研究——新裁判器下男子花剑技战术研究	江苏省体育局
2005	骆国明	《竞技体育比赛成绩汇总决策分析系统》研制	江苏省体育局
2005	张蕴琨	游泳运动对大鼠下丘脑 β-EP、AVP、垂体 ACTH 和血浆皮质醇的影响	江苏省体育局
2005	李　江	江苏省体育健身娱乐市场法规建设的研究	江苏省教育厅
2005	吴晓红	南京市商业健身俱乐部健身群体消费行为影响因素研究	江苏省教育厅
2005	王正伦	运动不足诱发疾病的相关因素分析	江苏省教育厅
2005	袁　野	创建江苏省体育教学与训练信息特色数据库	江苏省教育厅
2005	王正伦	城市大型体育设施政策设计与产业化运作	南京市社科院
2005	孙　飙	经常伏案（或办公室）工作人群的健身操的研制	国家体育总局
2006	华洪兴	优秀运动员文化教育新体系的构建	国家体育总局
2006	王爱丰	南京市体育产业发展研究	国家体育总局
2006	王正伦	江苏省体育协调发展研究	江苏省规划办
2006	高力翔	学校体育实施现代化的推进策略	江苏省社科院
2006	孙　飙	以身体运动为主的学生“健康管理”模式的研究	全国教育科学“十五”规划教育部重点课题子课题

（续 表）

时 间	负责人	课题名称	批准单位
2006	陆玉林	学校体育师资的现代化研究	全国教育科学“十五”规划教育部重点课题子课题
2006	沈鹤军	江苏省高中生体育活动态度的调查研究	江苏省教育厅
2006	王爱丰	长三角体育产业结构、特点及其发展对策研究	江苏省教育厅
2006	钱竞光	江苏体操难新动作的奥运攻关研究	江苏省教育厅
2006	王 斌	大鼠运动应激对海马 NMDA 受体及 HPA 轴激素分泌的研究	江苏省教育厅
2006	高力翔	体育社团对大学生运动、休闲及生活方式影响的社会学分析	江苏省教育厅
2006	华洪兴	江苏省队教练员培养机制研究	江苏省体育局
2006	华洪兴	省优秀运动队社会主义荣辱观教育系列教材	江苏省体育局
2006	李 江	江苏省健身娱乐市场健身指导从业人员资质的法规研究	江苏省体育局
2006	周晓军	江苏省退役运动员再就业问题的研究	江苏省体育局
2006	孙 飙	运动性心肌肥大和病理性心肌肥大 GSK-3beta、Cain 和 ET-1mRNAs 表达的变化	江苏省体育局
2006	王 斌	海马 NMDAR2A 与运动训练应激适应	江苏省体育局
2006	江 山	江苏省青少年健美操培训开展现状的调查研究	江苏省体育局
2007	王正伦	大型公共体育设施建设项目与城市国民经济发展交互影响评价方法的研究	国家体育总局
2007	李 江	对体育报道中负面体育信息法律规制的研究	国家体育总局
2008	钱竞光	江苏省体操运动员科技攻关的运动生物力学研究	江苏省科技厅
2008	孙 飙	运动传感器测量体力活动的关键技术研究	江苏省科技厅
2008	王雪峰	南京市体育观众研究	江苏省规划办
2008	史国生	《运动员职业指导工作》宣传片	国家体育总局人力资源中心
2009	华洪兴	“体教结合”培养竞技体育后备人才的路径与政策研究	国家体育总局
2009	张世林	马术运动项目制胜因素的研究	国家体育总局
2009	殷宝林	公共服务理论视野下政府体育工作绩效考核体系的研究——以江、浙、沪为例	全国哲学社会科学规划办公室
2009	钱竞光	潜优势项目专项选材与青少年基础训练的研究	国家科技部
2009	唐永干	人本体育的理论研究	江苏省哲学社会科学规划办公室

（续　表）

时　间	负责人	课题名称	批准单位
2009	史国生	苏南富裕乡镇群众体育消费结构调查研究	江苏省哲学社会科学规划办公室
2009	史国生	对运动员开设职业生涯规划课程教学大纲的研究	国家体育总局人力资源中心
2009	沈鹤军	对江苏省击剑队部分运动员心理干预的个案研究	江苏省体育局
2009	史国生	省运动队实施“训教科医管一体化”管理模式的理论研究	江苏省体育局
2010	李　江	大型赛事知识产权保护与“反垄断”关系的研究	国家体育总局
2010	王爱丰	后危机时期江苏省体育用品企业发展现状及应对策略分析	国家体育总局
2010	王爱丰	构建全民健身体系服务研究	江苏省哲学社会科学规划办公室
2011	史国生	基于建设体育强国背景下构建体育基本现代化理论与评价指标体系研究	国家体育总局
2011	张　雄	中国竞技体育“造星工厂”——南体范式的理论实证	国家体育总局
2011	王　进	我国体育行业职业技能鉴定的实施现状及发展策略研究	国家体育总局
2011	张　雄、袁　野	我国业余训练教练员现状研究及对策	国家体育总局
2011	戴剑松	基于间接热量测定法的典型传统体育项目能量代谢研究与标准研制	江苏省科技厅
2011	张蕴琨	补充左旋肉碱对不同人群血浆生化指标和运动能力的影响	江苏省科技厅
2011	袁　野	江苏体育赛事经济研究	江苏省哲学社会科学规划办公室
2011	史国生	优秀运动队训练基地服务与保障标准化研究	江苏省质监局、江苏省发改委
2012	钱竞光	科学健身专家指导系统和服务平台的关键技术研究	国家科技部
2012	钱竞光	基于网面有限元建模和人体动力学仿真的蹦床网上起跳动作研究	江苏省科技厅
2012	钱竞光	偏瘫步态的生物力学仿真与康复研究	国家自然科学基金委
2012	郑美艳	中小型体育场馆服务外包运营考核评价研究	江苏省哲学社会科学规划办公室
2012	丁永亮	徐镳体育思想研究	江苏省教育厅、江苏省体育局

（续 表）

时 间	负责人	课题名称	批准单位
2013	袁 野	中国职业足球联赛外籍教练与球员核心竞争力研究	全国哲社办公室
2013	张 雄	女子跳水运动员体重控制的关键策略研究	国家体育总局
2013	蒋宏伟	综合因素对优秀网球运动员发球技术突破的合成效应研究与应用	国家体育总局
2013	李金宝	南京青奥会与南京城市软实力的提升互动关系研究	江苏省规划办
2013	王 凯	江苏农村体育公共服务多元供给机制研究	江苏省规划办
2013	陈 磊	近代中国体育学科的发展——基于学科规训理论视野的考察	江苏省教育厅
2014	李金宝	中国体育传播法学理论体系研究	全国哲社办公室
2014	施书宇	基于语义知识库的幼儿话语名核结构语义研究	教育部
2014	郑美艳	大中型体育场馆服务外包综合质量评价与管理研究——以江浙沪地区为例	教育部
2014	温 阳	大型体育赛事场馆运行风险评估体系构建	国家体育总局
2014	尤传豹	奥林匹克价值观与青少年社会责任感教育的互动研究	江苏省规划办
2015	王 凯	商业性体育赛事承办权交易价格机制研究	国家体育总局
2015	孙 飙	健身步道科学指导和服务系统的研究与开发	国家体育总局
2015	叶 强	基于柔性压力测量的人体运动识别与交互研究	国家体育总局
2015	徐 凯	江苏省 3—6 岁儿童身体活动和膳食营养现状调研与评价体系研究	国家体育总局科教司
2015	孙国友	场间游离：青少年运动员文化惯习的形塑机制研究	江苏省规划办
2016	秦 娣	KSHV 编码的 vIRF1 诱导内皮细胞迁移、侵袭与血管生成：miRNAs 及其靶蛋白的作用与意义	国家自然科学基金委
2016	闫成栋	转型中国运动员权利实现研究	全国哲社办公室
2016	刘 靖	民国武术史研究	全国哲社办公室
2016	彭国强	体育产业大国成长的体育与社会基础研究	教育部
2016	吴平平	社会文化史视角下的南京近代戏曲传播（1927—1937）	江苏省规划办
2016	刘红建	地方政府全民健身政策执行力评估体系研究	江苏省规划办
2016	李金宝	江苏省体育文化产业发展特点及战略对策研究	江苏省教育厅
2017	侍崇艳	健康中国：我国中学生健康素养和体质健康的治理研究	全国哲社办公室
2017	王 凯	基于产业链理论的体育赛事媒体版权运行体系研究	全国哲社办公室

（续　表）

时　间	负责人	课题名称	批准单位
2017	杨国庆	关于东京奥运会备战措施、政策和保障条件的研究	国家体育总局
2017	盛　蕾	体育后备人才的多元化培养机制研究	国家体育总局
2017	杨国庆	青少年体育公共服务体系建设研究	国家体育总局
2017	殷怀刚	中国高尔夫球队技战术风格的特征及其训练体系的构建	国家体育总局
2017	戴剑松	科学跑步内容平台的建设与推广	国家体育总局
2017	孙　飙	智能户外健身器材科学指导和服务系统项目	国家体育总局
2017	唐芒果	我国休闲体育思想变迁研究	教育部
2017	李晓琨	我国高等院校体育事业发展绩效评价指标体系构建与实证研究	教育部
2017	宋雅伟	老年人易跌倒步态特征及其预警防护技术研究	江苏省科技厅
2017	杨国庆	高端体育智库建设路径研究	江苏省规划办
2017	王　进	江苏体育健康特色小镇优势产业选择及发展路径研究	江苏省规划办
2017	李　江	江苏省体育社团实体化运行的规范治理研究	江苏省规划办
2017	叶小瑜	江苏省体育健康特色小镇示范点建设研究	江苏省规划办
2018	杨国庆	中国竞技运动项目文化建设研究	全国哲社办公室
2018	李　江	全民健身和全民健康融合的法制保障研究	全国哲社办公室
2018	刘红建	推进全民健身与全民健康深度融合的政策体系研究	全国哲社办公室
2018	李　波	全面建成小康社会进程中残疾人体育参与无障碍环境建设问题研究	全国哲社办公室
2018	高　亮	太极拳健康思想及其对老年人健康效应研究	全国哲社办公室
2018	杨国庆	青少年运动员早期专项化与多项化生物学及社会学机制的研究	科技部
2018	盛　蕾	人体运动促进健康个性化精准指导方案关键技术研究	科技部子课题
2018	杨国庆	击剑特征技术的识别与分析	国家体育总局
2018	李　江	我国羽毛球体能训练模式和技术分析系统研究	国家体育总局
2018	路　鹏	国家网球队运动员营养管理与机能监测	国家体育总局
2018	殷怀刚	国家队信息服务	国家体育总局
2018	杨国庆	迈向体育强国之路——竞技体育改革与发展研究	国家体育总局
2018	王　凯	新时代体育治理体系和治理能力现代化研究	国家体育总局
2018	刘红建	新形势下国家队建设和管理规范研究	国家体育总局

（续　表）

时　间	负责人	课题名称	批准单位
2018	彭国强	2020 年奥运会我国重点项目备战策略研究	国家体育总局
2018	盛　蕾	成年人（22—60 岁）运动处方	中国体育科学学会
2018	叶小瑜	城市公共体育空间的理论构建与应用优化研究：国际经验与中国发展	教育部
2018	高　亮	民国武学文献整理与研究	江苏省规划办
2018	彭国强	人类命运共同体背景下中国体育的大国使命与战略定位研究	江苏省规划办
2018	叶　强	青少年健身行为的数据驱动策略研究	江苏省规划办
2018	殷怀刚	江苏青少年身体活动行为控制与路径选择研究	江苏省规划办
2018	史国生	“后审核评估”背景下高校内部质量保障体系建设有效性研究	江苏省高教学会
2018	王翠芳	江苏体育档案文献资源建设理论与实践研究	江苏省档案局
2019	刘秀娟	miRNAs 及其靶蛋白 myostatin 在脂肪干细胞治疗骨骼肌运动损伤中的作用机制研究	国家自然科学基金委
2019	支　川	中国武术科学话语体系构建及跨文化传播研究	全国哲社办公室
2019	温　阳	我国体育赛事监管体系研究	全国哲社办公室
2019	彭国强	竞技体育助力健康中国建设的时代价值与实现路径研究	全国哲社办公室
2019	叶小瑜	我国“体旅文商农”融合发展的模式构建与机制创新研究	全国哲社办公室
2019	谢正阳	乡村振兴战略下农村公共体育服务治理体系研究	全国哲社办公室
2019	沈鹤军	健康中国背景下青少年体育素养生成机理与治理体系研究	全国教育科学规划办公室
2019	叶　强	数据驱动视野下青少年健身行为干预体系研究	教育部
2019	路　鹏	国家网球队备战东京奥运会重点运动员营养管理与机能监测	国家体育总局
2019	殷怀刚	高尔夫球国家队重点队员体能与康复服务	国家体育总局
2019	蒋宏伟	在举国体制下培养职业网球运动员现存问题及对策研究	国家体育总局
2019	蒋宏伟	网球文化建设意见及中国网球名人堂创建方案	国家体育总局
2019	邹德新	运动员转型协会管理人员培训大纲	国家体育总局
2019	杨国庆	奥运冠军成长规律研究	国家体育总局
2019	彭国强	我国备战参赛 2022 年亚运会“杭州计划”研究	国家体育总局
2019	刘红建	国家队教练员聘用和激励机制改革研究	国家体育总局

（续 表）

时 间	负责人	课题名称	批准单位
2019	王 凯	体育产业与文旅产业融合发展研究	国家体育总局
2019	王龙飞	健康中国战略下体育产业与健康产业融合发展机制研究	国家体育总局
2019	张 媛	运动联合二甲双胍“错峰”干预对 db/db 小鼠肝脏糖脂代谢的分子机制研究	江苏省科技厅
2019	范凯斌	备战 2022 年冬残奥——我国残奥冰球项目选材标准研究	江苏省科技厅
2019	焦素花	健康中国背景下体育产业结构转型研究	江苏省规划办
2019	朱 珺	学训融合背景下江苏优秀运动员退役安置政策体系构建研究	江苏省规划办
2019	刘叶郁	奥运冠军精神的凝练与弘扬研究	江苏省规划办
2019	周亚婷	乡村振兴背景下江苏体育非物质文化遗产活态传承研究	江苏省规划办
2019	高 亮	积极老龄化目标下的江苏城市社区老年体育健身服务研究	江苏省规划办
2019	彭国强	健康中国视域下竞技体育的时代使命与战略路径研究	江苏省规划办
2019	陈 燕	阿多诺文化工业理论及其对我国文化自信的启示研究	全国哲社办
2020	刘 琳	肌梭在创伤性肌筋膜触发点发病中的作用及其交感神经介导机制	国家自然科学基金委
2020	张 媛	运动干预 NAFLD 的线粒体毒性兴奋效应：ROS 调节 UPRmt 的作用机制研究	国家自然科学基金委
2020	郭修金	乡村振兴战略下我国城乡体育融合发展研究	全国哲社办
2020	张春梅	英国医患关系变化的内外调适因素研究（1948—2010）	教育部
2020	杨国庆	“十四五”体育发展规划专题研究（竞技体育）	国家体育总局
2020	彭国强	我国优势项目奥运冠军的成长特征与现实启示研究	国家体育总局
2020	刘红建	国家与地方共建国家队模式研究	国家体育总局
2020	王 凯	新时代体育赛事产业高质量发展办赛标准化体系研究	国家体育总局
2020	王龙飞	世界主要体育发达国家体育健身俱乐部发展研究	国家体育总局
2020	郭修金	社会力量参与全民健身公共服务供给机制与路径研究	江苏省规划办

（续 表）

时 间	负责人	课题名称	批准单位
2020	蒋 艳	新时代大学生爱国主义教育模式建构及实现机制研究	江苏省规划办
2020	汤 强	二代健身路径集成管理与服务系统	科技部
2020	尤传豹	全媒体时代学术期刊与新型智库融合发展研究	江苏省规划办
2020	丁云霞	体育综合体转型与核心利益主体协调机制构建——基于对消费者的实证分析	江苏省规划办
2020	吕园欣	体育舞蹈力量训练基础理论研究	江苏省规划办
2021	高庆勇	人类命运共同体视阈下世界大国体育的时代责任与中国方案研究	教育部
2021	刘帅兵	民国时期社会参与武术教育治理的历史经验及新时代转化研究	教育部
2021	蒋 丰	青少年身心素质提升视域下的体育游戏评价模型研究	教育部
2021	刘雪薇	党史融入大学生日常思想政治教育对策研究	教育部

附录 27
南京体育学院现设党政管理机构及办学单位一览表

类　别	党委部门	行政部门		办学单位	
		管理机构	附属单位	教学单位	训练单位
下设部门或单位	党政办（党委办公室）	党政办（校长办公室）	信息化中心、图书馆	体育教育与人文学院	乒羽学院（江苏省乒羽运动管理中心）
	纪委、监察专员办公室	学生工作处	运动康复医院	运动训练学院（足球学院）	网球学院（江苏省网球运动管理中心、中国网球学院）
	组织部、党校、校综合考核办公室	保卫处	《体育学研究》编辑部	运动健康学院	体操学院（江苏省体操运动管理中心）
	宣传部、统战部	发展规划处、学科建设办公室	《南京体育学院学报》编辑部	武术与艺术学院	击剑学院（江苏省击剑运动管理中心）
	学生工作部	审计处	体育发展与规划研究院	体育产业与休闲学院	游泳学院（江苏省游泳运动管理中心）
	保卫部、人民武装部	人事处	竞技体育研究院	马克思主义学院	
	教师工作部	训练处	附属学校（省少体校）	研究生部	
		教务处	幼儿园	继续教育学院	
		科研处、科学实验中心		奥林匹克学院	
		计划财务处（招标办公室）			
		资产管理处			
		后勤处			
		工　会			
		团　委			
		离退休工作处			

注：有部分机关部门为合署办公，特此说明。

附录 28
南京体育学院现有研究机构和平台一览表

序 号	名 称	批准时间	批准单位	批准文号
1	江苏高校哲学社会科学重点研究基地培育点——体育人文社会科学研究中心	2009.11	江苏省教育厅	苏教社政〔2009〕22 号
2	江苏省运动与健康协同创新中心（培育）	2014.03	江苏省人民政府	苏政办发〔2014〕22 号
3	江苏省学生体质健康监测与干预行动研究中心	2015.07	江苏省教育厅	苏教体艺〔2015〕12 号
4	南京体育学院奥林匹克教育研究中心	2016.12	南京体育学院	校委组〔2018〕10 号
5	江苏省赛事研究中心	2017.05	江苏省体育局	苏体综〔2017〕34 号
6	江苏省校园足球研究中心	2017.06	江苏省教育厅	苏教体艺函〔2017〕10 号
7	运动与健康工程协同创新中心（培育）	2018.01	江苏省高水平大学建设小组办公室	苏协创办〔2018〕1 号
8	南京体育学院科学训练研究中心	2018.03	南京体育学院	校委组〔2018〕10 号
9	江苏高校哲学社会科学重点研究基地——江苏省赛事研究中心	2018.07	江苏省教育厅	苏教社政函〔2018〕19 号
10	南京体育学院中国近代武术研究中心	2018.09	南京体育学院	校发〔2018〕60 号
11	体育发展规划研究院	2019.04	南京体育学院	校委组〔2019〕5 号
12	竞技体育研究院	2019.04	南京体育学院	校委组〔2019〕5 号
12	中国体育非物质文化遗产研究中心	2019.09	南京体育学院	校发〔2019〕50 号
13	运动与健康工程协同创新中心（培育）	2021.01	江苏省高水平大学建设小组办公室	—
14	江苏省学校体育高质量发展研究中心	2021.03	江苏省教育厅	苏教体艺〔2021〕号
15	江苏省体能训练与运动康复技术研发军民融合创新平台	2021.08	江苏省委军民融合办	苏融办发〔2021〕63 号

附录 29
南京体育学院现设训练单位及运动队一览表

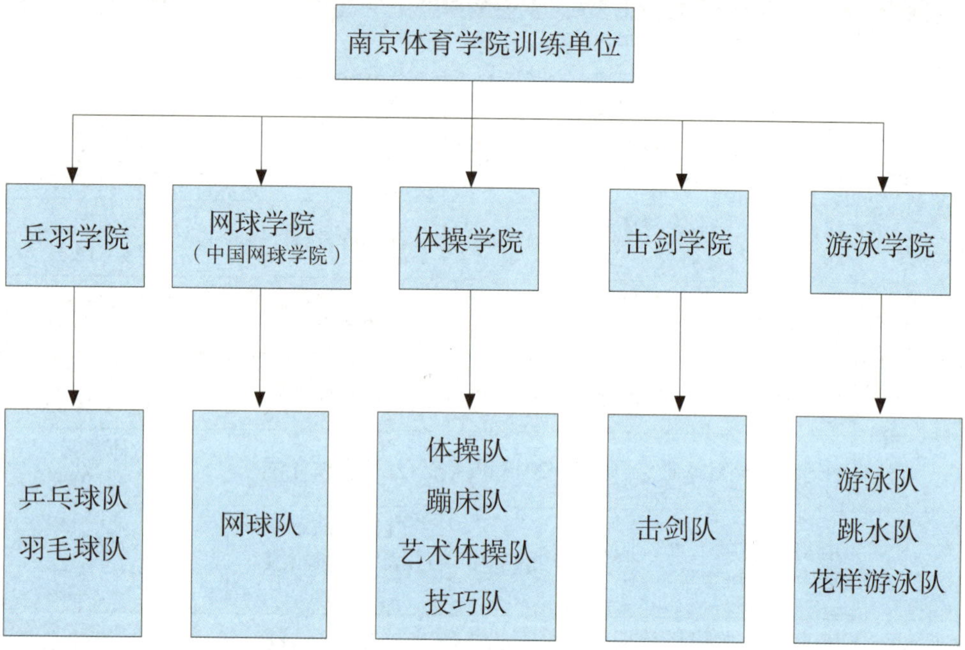

附录 30
南京体育学院现设教学单位及学科专业一览表

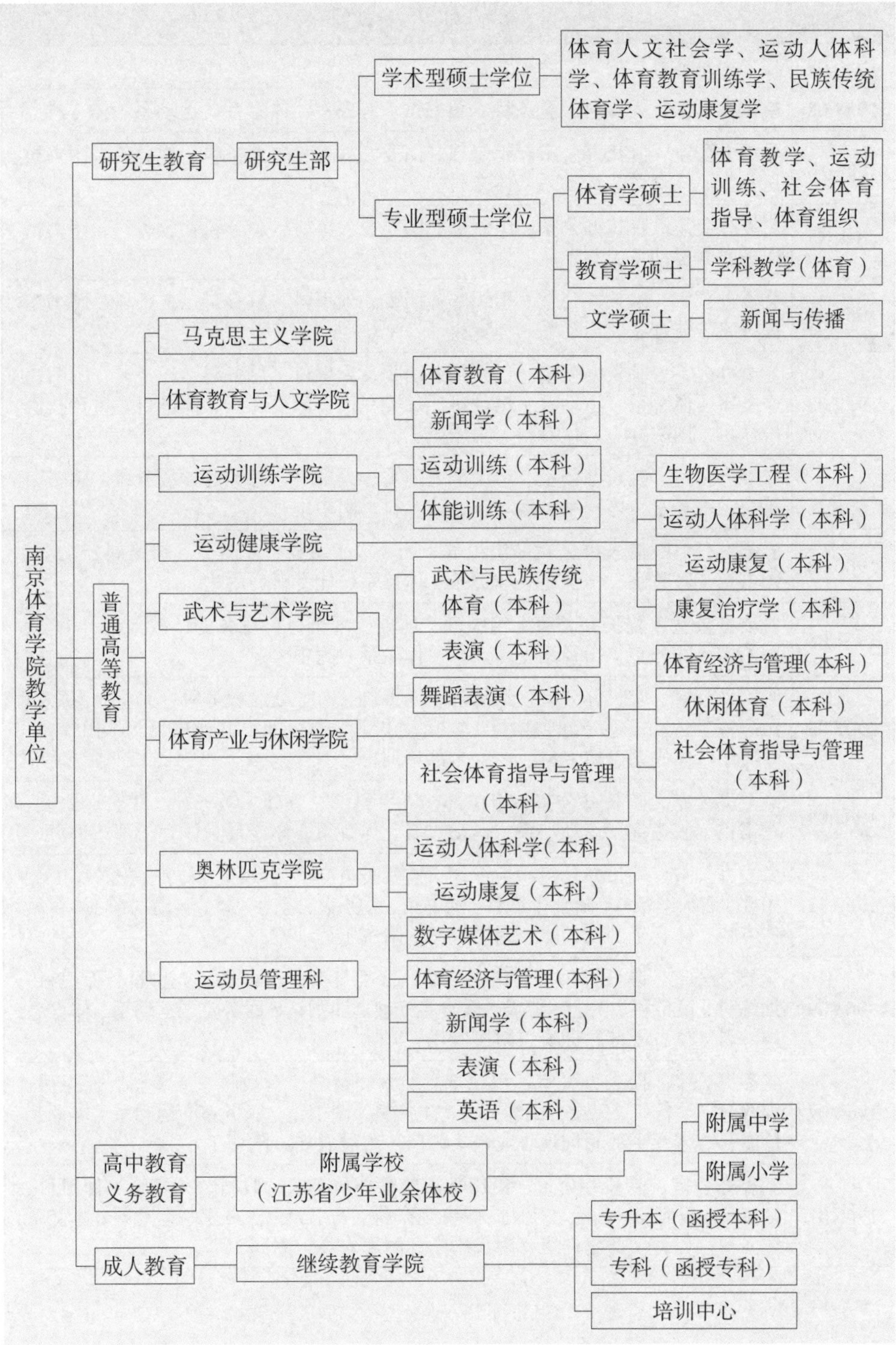

附录 31
南京体育学院历年机构设置变迁一览表

时　间	机构设置情况
1956.09	建立南京体育学校
1958.08	院长办公室、人事科、总务科、图书馆、医务室、体育系、运动系、体专科
1958.10	党委办公室、院长办公室、组织部、团委、人事科、总务科、教务科、图书馆、医务室、体育系、运动系、体专科
1958.12	党委办公室、院长办公室、组织部、团委、人事科、总务科、教务科、图书馆、医务室、运动系、集训队
1959.04	党委办公室、院长办公室、组织部、团委、人事科、总务科、教务科、图书馆、医务室、体育系、运动系、体专科
1959.08	党委办公室、院长办公室、组织部、团委、人事科、总务科、教务科、图书馆、医务室、体育系、运动系（田径班、球类一班、球类二班、体操班、重竞技班、游泳班、国防办）、体专科、附中
1959.12	党委办公室、院长办公室、组织部、团委、人事科、总务处、教务科、图书馆、工会、医务室、体育系、运动系、体专科、附中
1960.08	党委办公室、院长办公室、组织部、团委、人事科、总务处、教务科、工会、图书馆、医务室、田径系、球类系、体操系、体专科、附中
1961.08	党委办公室、院长办公室、组织部、团委、人事科、总务处、教务科、工会、图书馆、医务室、田径系、球类系、体操系、附中
1962.08	党委办公室、院长办公室、组织部、人事科、总务处、教务科、工会、图书馆、医务室、运动一系（球类项目）、运动二系（原运动系其他项目）、田径系、球类系、体操系、体专科、体育干部培训班
1962.09	党委办公室、院长办公室、组织部、人事科、总务处、教务科、工会、团委、图书馆、医务室、运动一系、运动二系、体育系、体专科、体育干部培训班
1962.12	党委办公室、院长办公室、组织部、监察委员会、行政科、人事保卫科、工会、团委、训练设备科、膳食生产科、图书馆、医务室、运动一系、运动二系、体育系、体专科、体育干部轮训班、附属农场、附属工厂
1963.09	党委办公室、院长办公室、组织部、监察委员会、行政科、人事科、保卫科、训练科、设备科、工会、团委、膳食生产科、图书馆、医务室、运动系、体育系、体专科、体育干部轮训班、附属农场、附属工厂
1964.07	党委办公室、院长办公室、组织部、监察委员会、行政科、人事科、保卫科、训练科、设备科、工会、团委、膳食生产科、图书馆、医务室、运动系、体育系、体专科、体育干部轮训班、业余集训队、附属农场、附属工厂
1965.07	党委办公室、院长办公室、组织部、监察委员会、行政科、人事科、保卫科、训练科、设备科、工会、团委、膳食生产科、图书馆、医务室、运动系、体育系、体专科、体育干部轮训班、附属中学、附属农场、附属工厂

（续 表）

时 间	机构设置情况
1968.12	党委办公室、院长办公室、组织部、监察委员会、行政科、人事科、保卫科、训练科、设备科、工会、团委、膳食生产科、图书馆、医务室、体育系、体专科、体育干部轮训班、附属中学、附属农场、附属工厂等（运动系和南京体院党政财文分开，下设政工组、办事组、体工组等，并于 1969 年 1 月改名为江苏省体育训练队，于 1971 年 4 月改名为江苏省体育工作队）
1975.06	体工队（撤销南京体育学院）
1976.03	体工队、江苏省青少年业余体校
1978.06	体工队、江苏省青少年业余体校（恢复南京体育学院）
1979.08	党委办公室、院长办公室、人事处、教务处、总务处、场地设备处、图书馆、体育系、体工队、江苏省青少年业余体校、南京体育运动学校（原江苏省青少年业余体校高中部）
1980	党委办公室、院长办公室、人事处、体工队、教务处、总务处、场地设备处、图书馆、体育系、运动专修科、江苏省青少年业余体校、南京体育运动学校、附属小学
1981.02	党委办公室、院长办公室、人事处、训练处（体工队撤销，运动队由体院领导）、教务处、总务处、场地设备处、图书馆、体育系、运动专修科、江苏省青少年业余体校、南京体育运动学校、附属小学
1981.10	党委办公室、院长办公室、组织部、人事处、训练处、教务处、总务处、场地设备处、工会、图书馆、体育系（增设体育专修科）、运动专修科、江苏省青少年业余体校、南京体育运动学校、附属小学
1982.07	党委办公室、院长办公室、组织部、宣传部、人事处、训练处、教务处、总务处、场地设备处、工会、图书馆、体育系、运动专修科、江苏省青少年业余体校、南京体育运动学校、附属小学
1983.06	党委办公室、院长办公室、组织部、宣传部（马列室）、人事处、训练处、教务处、总务处、财务科、保卫科、团委、工会、图书馆、医务科、体育系、南京体育运动学校、运动专修科、南京体院学院分部、附属小学
1986.08	党委办公室、院长办公室、纪律检查委员会、组织部、宣传部、人事处、训练处、教务处、总务处、财务科、保卫科、工会、团委、图书馆、医务科、体育系、江苏省体育运动学校、运动专修科、附属小学
1987.02	党委办公室、院长办公室、纪委、组织部、宣传部、人事处、训练处、教务处、科研处、总务处、保卫处、工会、团委、图书馆、财务科、医务科、体育系、江苏省体育运动学校、运动专修科、附属小学
1987.12	党委办公室、院长办公室、纪委、组织部、宣传部、人事处、训练处、教务处、科研处、总务处、保卫处、工会、团委、图书馆、财务科、医务科、体育系、运动专修科、江苏省体育运动学校、附属小学
1988.02	党委办公室、院长办公室、纪委、组织部、宣传部、人事处、运动训练部、教务处、科研处、总务处、保卫处、工会、团委、图书馆、财务科、医务科、体育系、运动专修科、江苏省体育运动学校、附属小学

（续 表）

时 间	机构设置情况
1990.01	党委办公室、院长办公室、纪委、组织部、宣传部、人事处、运动训练部、教务处、科研处、总务处（处办公室、行政管理科、基建办公室、膳食科、场馆科、车队、校产科、修缮科、运动员培训接待科、供应科）、保卫处、工会、团委、图书馆、财务科、医务科、体育系、运动专修科、江苏省体育运动学校、附属小学
1991	党委办公室、院长办公室、纪委、组织部、宣传部、统战部、人事处、运动训练部、教务处、科研处、总务处、保卫处、工会、团委、图书馆、财务科、医务科、体育系、运动专修科、江苏省体育运动学校、附属小学
1992.03	党委办公室、院长办公室、纪委、组织部、宣传部、统战部、人事处、监察处（与纪委合署办公）、运动训练部、教务处、科研处、总务处、保卫处、工会、团委、图书馆、财务科、医务科、体育系、运动专修科、江苏省体育运动学校、附属中学、附属小学
1993.04	党委办公室、院长办公室、纪委、组织部、宣传部、统战部、人事处、运动训练部、教务处、科研处、总务处、保卫处、工会、团委、图书馆、财务科、医务科、体育系、运动专修科、江苏省体育运动学校、附属中学、附属小学
1994.03	党委办公室、院长办公室、纪委、组织部、宣传部、统战部、人事处、训练处、教务处、科研处、总务处、保卫处、校办产业管理办公室、财务科、团委、工会、图书馆、医务科、竞技体育一系、竞技体育二系、竞技体育三系、体育系、运动专修科、江苏省体育运动学校、附属中学、附属小学
1994.07	党委办公室、院长办公室、纪委、组织部、宣传部、统战部、人事处、训练处、教务处、科研处、总务处、保卫处、产业办、财务科、团委、工会、图书馆、医院、竞技体育一系、竞技体育二系、竞技体育三系、体育系、运动专修科、江苏省体育运动学校、附属中学、附属小学
1994.09	党委办公室、院长办公室、纪委、组织部、宣传部、统战部、人事处、训练处、教务处、科研处、总务处、产业办、财务科、保卫处、团委、工会、图书馆、医院、竞技体育一系、竞技体育二系、竞技体育三系、体育系、运动系、江苏省体育运动学校、附属中学、附属小学
1996	党委办公室、院长办公室、纪委、组织部、宣传部、统战部、人事处、训练处、教务处、科研处、总务处、产业办、财务科、保卫处、团委、工会、图书馆、医院、竞技体育一系、竞技体育二系、竞技体育三系、体育系、运动系、基础课部、江苏省体育运动学校、附属中学、附属小学
2000.02	党委办公室、院长办公室、纪委、组织部、统战部、宣传部、人事处、训练处、教务处、科研处、总务处、产业办、财务处、保卫处、团委、工会、图书馆、医院、竞技体育一系、竞技体育二系、竞技体育三系、体育系、运动系、基础课部、研究生办、成教办、江苏省体育运动学校、附属中学、附属小学
2000.03	党委办公室、院长办公室、纪委、组织部、统战部、宣传部、人事处、训练处、教务处、科研处、总务处、产业办、财务处、保卫处、工会、团委、图书馆、医院、竞技体育二系、竞技体育三系、体育系、运动系、基础课部、研究生办、成教办、附校部（附属中学、附属小学）

（续 表）

时 间	机构设置情况
2000.04	党委办公室、院长办公室、纪委、组织部、统战部、宣传部、人事处、训练处、教务处、科研处、总务处、产业办、财务处、保卫处、工会、团委、图书馆、医院、竞技体育二系、竞技体育三系、体育系、运动系、基础课部、职业技术学院、研究生办、成教办、附校部（附属中学、附属小学）
2001.12	党委办公室、院长办公室、纪委、组织部、统战部、宣传部、人事处、训练处、教务处、科研处、总务处、产业办、财务处、保卫处、工会、团委、图书馆、医院、竞技体育一系（乒乓球队、羽毛球队、网球队）、竞技体育二系（篮球队、排球队、沙滩排球队）、竞技体育三系（田径队、举重队）、竞技体育四系（体操队、技巧队、蹦床队、艺术体操队、武术队）、竞技体育五系（击剑队、自行车队）、竞技体育六系（游泳队、跳水队、花样游泳队）、体育系、运动系、基础课部、职业技术学院、研究生办、成教办、附校部（附属中学、附属小学）
2002.07	党委办公室、院长办公室、纪委、组织部、统战部、宣传部、人事处、训练处、教务处、科研处、学工处（招生就业办、学生管理科）、总务处、产业办、财务处、保卫处、工会、团委、图书馆、医院、竞技体育一系、竞技体育二系、竞技体育三系、竞技体育四系、竞技体育五系、竞技体育六系、体育系、运动系、运动人体科学系、职业技术学院、研究生办、成教办、附校部（附属中学、附属小学）
2003.03	党委办公室、院长办公室、纪委、组织部、统战部、宣传部、人事处、训练处、教务处、科研处、学工处、总务处、产业办、财务处、保卫处、工会、团委、图书馆、医院、竞技体育一系、竞技体育二系、竞技体育三系、竞技体育四系、竞技体育五系、竞技体育六系、体育系（体专科停止招生）、运动系、运动人体科学系、职业技术学院、研究生办、成教办、附校部（附属中学、附属小学）
2006.02	党委办公室、院长办公室、纪委、组织部、统战部、宣传部、人事处、训练处、教务处、科研处、学工处、总务处、产业办、财务处、保卫处、工会、团委、图书馆、医院、竞技体育一系、竞技体育二系、竞技体育三系、竞技体育四系、竞技体育五系、竞技体育六系、体育系、运动系、运动人体科学系、职业技术学院、研究生办、继续教育部、附校部（附属中学、附属小学）
2006.11	党委办公室、院长办公室、纪委、组织部、统战部、宣传部、人事处、训练处、教务处、科研处、学工处、总务处、产业办、财务处、保卫处、工会、团委、图书馆、医院、乒羽网系、体操系、击剑自行车系、游泳系、体育系、运动系、运动人体科学系、职业技术学院、研究生办、继续教育部、附校部（附属中学、附属小学）
2007.07	党委办公室、院长办公室、纪委、组织部、统战部、宣传部、人事处、训练处、教务处、科研处、学工处、总务处、产业办、财务处、保卫处、工会、团委、医院、图书馆（图文信息中心）、乒羽网系、体操系、击剑自行车系、游泳系、体育系、运动系、运动人体科学系、职业技术学院、研究生办、继续教育部、附校部（附属中学、附属小学）
2009.01	党委办公室、院长办公室、纪委、组织部、统战部、宣传部、人事处、训练处、教务处、科研处、学工处、总务处、产业办、财务处、保卫处、工会、团委、医院、图书馆（图文信息中心）、乒乓球羽毛球系、网球系、体操系、击剑自行车系、游泳系、体育系、运动系、运动人体科学系、职业技术学院、研究生办、继续教育部、附校部（附属中学、附属小学）

（续 表）

时 间	机构设置情况
2009.11	党委办公室、院长办公室、纪委、组织部、统战部、宣传部、人事处、训练处、教务处、科研处、学工处、总务处、产业办、财务处、保卫处、工会、团委、医院、图书馆（图文信息中心）、羽毛球系、网球系、体操系、击剑自行车系、游泳系、体育系、运动系、运动人体科学系、职业技术学院、研究生办、继续教育部、附校部（附属中学、附属小学）
2009.12	党委办公室、院长办公室、纪委、组织部、统战部、宣传部（社会科学部）、人事处、训练处、教务处、资产管理处、科研处（研究生部）、学工处、总务处、产业办、财务处、保卫处、工会、离退休工作办公室、团委、医院、图文信息中心（图书馆）、羽毛球系、网球系、体操系、击剑自行车系、游泳系、体育系、运动系、民族体育与表演系、运动健康科学系、职业技术学院、继续教育部、附属学校（附属中学、附属小学）
2011.02	党委办公室、院长办公室、纪委、组织部、统战部、宣传部、社会科学部、人事处、训练处、教务处、资产管理处、科研处（研究生部）、学科建设办公室、学工处、总务处、产业办、财务处、保卫处、工会、离退休工作办公室、团委、医院、图文信息中心（图书馆）、羽毛球系、网球系、体操系、击剑自行车系、游泳系、体育系、运动系、民族体育与表演系、运动健康科学系、职业技术学院、继续教育部、仙林校区管理办公室、附属学校（附属中学、附属小学）
2011.03	党委办公室、院长办公室、纪委、组织部、统战部、宣传部、社会科学部、人事处、训练处、教务处、资产管理处、科研处（研究生部）、学科建设办公室、学工处、总务处、产业办、财务处、保卫处（人民武装部）、工会、离退休工作办公室、团委、医院、图文信息中心（图书馆）、羽毛球系、网球系、体操系、击剑自行车系、游泳系、体育系、运动系、民族体育与表演系、运动健康科学系、职业技术学院、继续教育部、仙林校区管理办公室、附属学校（附属中学、附属小学）
2012.06	党委办公室、院长办公室、纪委、组织部、统战部、宣传部、社会科学部、人事处、训练处、教务处、资产管理处、科研处（研究生部）、学科建设办公室、学工处、总务处、产业办、财务处、保卫处、工会、离退休工作办公室、团委、医院、图文信息中心（图书馆）、羽毛球系、网球系、体操系、击剑自行车系、游泳系、体育系、运动系、民族体育与表演系、运动健康科学系、休闲体育系（职业技术学院）、继续教育部、仙林校区管理办公室、附属学校（附属中学、附属小学）
2013.03	党委办公室、院长办公室、纪委、组织部、统战部、宣传部、社会科学部、人事处、训练处、教务处、资产管理处、科研处（学科建设办公室）、研究生部、学工处、总务处、产业办、财务处、保卫处、工会、离退休工作办公室、团委、医院、图文信息中心（图书馆）、羽毛球系、网球系、体操系、击剑自行车系、游泳系、体育系、运动系、民族体育与表演系、运动健康科学系、休闲体育系（职业技术学院）、继续教育部、仙林校区管理办公室、附属学校（附属中学、附属小学）

（续 表）

时 间	机构设置情况
2015.02	党委办公室、院长办公室、纪委、组织部、统战部、宣传部、社会科学部、人事处、训练处、教务处、资产管理处、科研处（学科建设办公室）、研究生部、学工处、总务处、产业办、财务处、保卫处、工会、离退休工作办公室、团委、医院、图文信息中心（图书馆）、羽毛球系、中国网球学院、体操系、击剑自行车系、游泳系、体育系、运动系、民族体育与表演系、运动健康科学系、休闲体育系（职业技术学院）、继续教育部、仙林校区管理办公室、附属学校（附属中学、附属小学）
2016.07	党委办公室、院长办公室、纪委、组织部、统战部、宣传部、社会科学部、人事处、训练处、教务处、资产管理处、科研处（学科建设办公室）、研究生部、学工处、总务处、基建处、五棵松校区筹建工作办公室、产业办、财务处、保卫处、工会、离退休工作办公室、团委、医院、图文信息中心（图书馆）、羽毛球系、中国网球学院、体操系、击剑自行车系、游泳系、体育系、运动系、民族体育与表演系、运动健康科学系、休闲体育系（职业技术学院）、继续教育部、仙林校区管理办公室、附属学校（附属中学、附属小学）
2016.09	党委办公室、院长办公室、纪委、组织部、统战部、宣传部、社会科学部、人事处、训练处、教务处、资产管理处、科研处、研究生部、学科建设办公室、学工处、总务处、基建处、五棵松校区筹建工作办公室、产业办、财务处、保卫处、工会、离退休工作办公室、团委、医院、图文信息中心（图书馆）、羽毛球系、中国网球学院、体操系、击剑自行车系、游泳系、体育系、运动系、民族体育与表演系、运动健康科学系、休闲体育系（职业技术学院）、继续教育部、仙林校区管理办公室、附属学校（附属中学、附属小学）
2016.12	党委办公室、院长办公室、纪委、组织部、统战部、宣传部、社会科学部、人事处、训练处、教务处、资产管理处、科研处、研究生部、学科建设办公室、学工处、总务处、基建处、五棵松校区筹建工作办公室、产业办、财务处、保卫处、审计处、工会、离退休工作办公室、团委、医院、图文信息中心（图书馆）、中国网球学院、体育系、运动系、民族体育与表演系、运动健康科学系、休闲体育系（职业技术学院）、继续教育部、仙林校区管理办公室、附属学校（附属中学、附属小学）
2017.09	党委办公室、院长办公室、纪委、组织部、统战部、宣传部、社会科学部、人事处、训练处、教务处、资产管理处、科研处、研究生部、学科建设办公室、学工处、总务处、基建处、五棵松校区筹建工作办公室、产业办、财务处、保卫处、审计处、工会、离退休工作办公室、团委、医院、图文信息中心（图书馆）、中国网球学院、足球学院、体育系、运动系、民族体育与表演系、运动健康科学系、休闲体育系（职业技术学院）、继续教育部、仙林校区管理办公室、附属学校（附属中学、附属小学）
2017.11	党委办公室、院长办公室、纪委、组织部、统战部、宣传部、社会科学部、人事处、训练处、教务处、资产管理处、科研处、研究生部、学科建设办公室、学工处、总务处、基建处、五棵松校区筹建工作办公室、产业办、财务处、保卫处、审计处、工会、离退休工作办公室、团委、医院、图文信息中心（图书馆）、中国网球学院、足球学院、马克思主义学院、体育系、运动系、民族体育与表演系、运动健康科学系、休闲体育系（职业技术学院）、继续教育部、仙林校区管理办公室、附属学校（附属中学、附属小学）

（续 表）

时 间	机构设置情况
2017.12	党委办公室、院长办公室、纪委、组织部、统战部、宣传部、社会科学部、人事处、训练处、教务处、资产管理处、科研处、研究生部、学科建设办公室、学工处、总务处、基建处、五棵松校区筹建工作办公室、产业办、财务处、保卫处、审计处、工会、离退休工作办公室、团委、医院、图文信息中心（图书馆）、中国网球学院、足球学院、马克思主义学院、体育系、运动系、民族体育与表演系、运动健康科学系、休闲体育系（职业技术学院）、继续教育部、仙林校区管理办公室、附属学校（附属中学、附属小学、江苏省少年业余体校）、竞技训练学院
2018.03	党委办公室、院长办公室、纪委、组织部、统战部、宣传部、社会科学部、人事处、训练处、教务处、资产管理处、科研处、科学训练研究中心、研究生部、学科建设办公室、学工处、总务处、基建处、五棵松校区筹建工作办公室、产业办、财务处、保卫处、审计处、工会、离退休工作办公室、团委、医院、图文信息中心（图书馆）、中国网球学院、足球学院、马克思主义学院、体育系、运动系、民族体育与表演系、运动健康科学系、休闲体育系（职业技术学院）、继续教育部、仙林校区管理办公室、附属学校、竞技训练学院
2019.04	党政办、纪委相关处室、监察处、党委组织部、党校、党委宣传部、党委统战部、党委学生工作部、学生工作处、党委保卫部、保卫处、人民武装部、审计处、工会、团委、人事处、训练处、教务处、计划财务处、资产管理处、科研处、科学实验中心、学科建设办公室、研究生部、信息化中心、图书馆、继续教育学院、培训中心、期刊社、体育发展与规划研究院、竞技体育研究院、后勤处、离退休工作处、体育教育与人文学院、运动训练学院、运动健康学院、体育产业与休闲学院、武术与艺术学院、马克思主义学院、乒羽学院、网球学院、中国网球学院、体操学院、击剑学院、游泳学院、附属学校、省体校、运动康复医院、奥林匹克学院
2019.07	党政办、纪委相关处室、监察处、党委组织部、党校、党委宣传部、党委统战部、党委学生工作部、学生工作处、党委保卫部、保卫处、人民武装部、审计处、工会、团委、人事处、训练处、教务处、计划财务处、资产管理处、科研处、科学实验中心、学科建设办公室、研究生部、信息化中心、图书馆、继续教育学院、培训中心、期刊社、体育发展与规划研究院、竞技体育研究院、后勤处、离退休工作处、体育教育与人文学院、运动训练学院、运动健康学院、体育产业与休闲学院、武术与艺术学院、马克思主义学院、乒羽学院（江苏省乒羽运动管理中心）、网球学院（中国网球学院、江苏省网球运动管理中心）、体操学院（江苏省体操运动管理中心）、击剑学院（江苏省击剑运动管理中心）、游泳学院（江苏省游泳运动管理中心）、附属学校、省体校、运动康复医院、奥林匹克学院
2019.09	党政办、纪委、监察专员办公室、党委组织部、党校、党委宣传部、党委统战部、党委学生工作部、学生工作处、党委保卫部、保卫处、人民武装部、审计处、工会、团委、发展规划处、人事处、训练处、教务处、计划财务处、资产管理处、科研处、科学实验中心、学科建设办公室、研究生部、信息化中心、图书馆、继续教育学院、培训中心、期刊社、体育发展与规划研究院、竞技体育研究院、后勤处、离退休工作处、体育教育与人文学院、运动训练学院、运动健康学院、体育产业与休闲学院、武术与艺术学院、马克思主义学院、乒羽学院（江苏省乒羽运动管理中心）、网球学院（中国网球学院、江苏省网球运动管理中心）、体操学院（江苏省体操运动管理中心）、击剑学院（江苏省击剑运动管理中心）、游泳学院（江苏省游泳运动管理中心）、附属学校、省体校、运动康复医院、奥林匹克学院

（续　表）

时　间	机构设置情况
2020.05	党政办、纪委、监察专员办公室、党委组织部、党校、校综合考核办公室、党委宣传部、党委统战部、党委学生工作部、学生工作处、党委保卫部、保卫处、人民武装部、审计处、工会、团委、发展规划处、人事处、训练处、教务处、计划财务处、资产管理处、科研处、科学实验中心、学科建设办公室、研究生部、信息化中心、图书馆、继续教育学院、培训中心、《体育学研究》编辑部、《南京体育学院学报》编辑部、体育发展与规划研究院、竞技体育研究院、后勤处、离退休工作处、体育教育与人文学院、运动训练学院、运动健康学院、体育产业与休闲学院、武术与艺术学院、马克思主义学院、乒羽学院（江苏省乒羽运动管理中心）、网球学院（中国网球学院、江苏省网球运动管理中心）、体操学院（江苏省体操运动管理中心）、击剑学院（江苏省击剑运动管理中心）、游泳学院（江苏省游泳运动管理中心）、附属学校（省体校）、运动康复医院、奥林匹克学院
2020.10	党政办、纪委、监察专员办公室、党委组织部、党校、校综合考核办公室、党委宣传部、党委统战部、发展规划处、学科建设办公室、党委学生工作部、学生工作处、党委保卫部、保卫处、人民武装部、审计处、工会、团委、人事处、党委教师工作部、训练处、教务处、计划财务处、资产管理处、科研处、科学实验中心、研究生部、信息化中心、图书馆、继续教育学院、培训中心、《体育学研究》编辑部、《南京体育学院学报》编辑部、体育发展与规划研究院、竞技体育研究院、后勤处、离退休工作处、体育教育与人文学院、运动训练学院、运动健康学院、体育产业与休闲学院、武术与艺术学院、马克思主义学院、乒羽学院（江苏省乒羽运动管理中心）、网球学院（中国网球学院、江苏省网球运动管理中心）、体操学院（江苏省体操运动管理中心）、击剑学院（江苏省击剑运动管理中心）、游泳学院（江苏省游泳运动管理中心）、附属学校（省体校）、运动康复医院、奥林匹克学院

附录 32
南京体育学院历年教职工及运动员人数统计表

年　度	教职工人数	运动员	总　计
1958	205（教师、教练员 112 人，职工 62 人，工勤人员 31 人）		205
1963	383（教师、教练员 181 人，行政人员 137 人，勤杂人员 65 人）		383
1980	587	469	1056
1981	594	540	1134
1982	970	481	1451
1983	526	552	1078
1984	616	516	1132
1985	776	480	1256
1986	745	422	1167
1987	819	439	1258
1988	747	627	1374
1989	738	550	1288
1990	744	570	1314
1991	781	591	1372
1992	764	646	1410
1993	637	674	1311
1994	736	690	1426
1995	883	654	1537
1996	769	624	1393
1997	794	651	1445
1998	831	703	1534
1999	808	752	1560
2000	783	766	1549
2001	781	726	1507
2002	792	836	1628
2003	797	815	1612
2004	793	732	1525
2005	789	755	1544

（续 表）

年 度	教职工人数	运动员	总 计
2006	681	699	1380
2007	668	528	1196
2008	658	500	1158
2009	658	508	1166
2010	630	412	1042
2011	635	411	1046
2012	648	396	1044
2013	653	367	1020
2014	657	371	1028
2015	670	368	1038
2016	666	356	1022
2017	688	381	1069
2018	716	391	1107
2019	716	406	1122
2020	738	435	1173

注：以每年年底统计数为准。

附录 33
南京体育学院现有各类在校生人数统计表

单位	学科专业	在校生人数						
		2015 级	2016 级	2017 级	2018 级	2019 级	2020 级	小计
研究生部	体育人文社会学				9	13	13	35
	运动人体科学				15	10	14	39
	体育教育训练学				17	12	23	52
	民族传统体育学						1	1
	运动康复学				6	5	5	16
	体育教学				65	125	150	340
	运动训练				22	39	41	102
体育教育与人文学院	体育教育			122	120	121	120	483
	新闻学			76	85	78	81	320
运动训练学院（足球学院）	运动训练			314	320	333	332	1299
运动健康学院	运动人体科学			22	27	33	43	125
	运动康复			26	33	42	35	136
	康复治疗学			59	59	66	67	251
武术与艺术学院	武术与民族传统体育			26	16	19	20	81
	舞蹈表演			17	23	61	49	150
	表演			98	82	43	53	276
体育产业与休闲学院	社会体育指导与管理			40	41	40	40	161
	体育经济与管理			81	75	74	80	310
	休闲体育			85	77	79	81	322
奥林匹克学院	社会体育指导与管理			184	175	203	113	675
	运动人体科学			45	54	58	33	190
	运动康复			73	73	76	59	281
	英语			38	34	40	42	154
	体育经济与管理			92	92	125	117	426
	表演			34	38	37	37	146

（续 表）

单 位	学科专业		在校生人数						
			2015 级	2016 级	2017 级	2018 级	2019 级	2020 级	小 计
奥林匹克学院	数字媒体艺术				143	147	184	201	675
	新闻学				86	81	122	125	414
继续教育学院	体育教育	本科					13	22	35
	运动训练	专科					399	292	691
		本科					84	189	273
附属学校（江苏省少年业余体校）	进队运动员	高中				37	36	40	113
		初中				27	12	11	50
		小学	2						2
	集试训运动员	高中				15	13	31	59
		初中				23	40	56	119
		小学	49	44	17	12	7		129
总 计			51	44	1678	1900	2642	2616	8931

注：截至 2020 年 10 月在校生数。

附录 34
南京体育学院历届毕业生人数统计表

届次	研究生数	本专科生数	备注	成教	备注	附属学校	备注	总计
1959	0	49	在江苏师范学院体专科学习 1 年，并入南京体院后续读 2 年制专科毕业	0		0		49
1960	0	0		0		0		0
1961	0	29	在江苏师范学院体专科学习 1 年，并入南京体院后转系	0		0		29
1962	0	122	专科 41 人 1958 年入学（4 年制大专），大部分学生于 1961 年转系，其中 41 名未转系者在学习 1 年后按大专分配	0		0		122
1963	0	106		0		0		106
1964	0	160	专科 38 人为体干班学生（1962 年入学），招生对象为本院退役运动员	0		0		160
1965	0	168		0		0		168
1966	0	18	1962 年未招生，这 18 人是因休学后复学等原因编成 1 个班学习	0		0		18
1967	0	53		0		0		53
1968	0	48		0		333	1969 届之前毕业的为原南京体育学校中专毕业生，此为 1968 年以前的总数	381
1969	0	54		0		42		96

（续 表）

届 次	研究生数	本专科生数	备 注	成 教	备 注	附属学校	备 注	总 计
1970	0	0		0		0		0
1971	0	0		0		0		0
1972	0	0		0		0		0
1973	0	0		0		0		0
1974	0	0		0		0		0
1975	0	0		0		0		0
1976	0	0		0		0		0
1977	0	0		0		0		0
1978	0	0		0		0		0
1979	0	0		0		0		0
1980	0	0		20	1980年11月由院自行命题考试，招收了63人。直到1983年1月院专科才正式获批，对于坚持学习的20人，承认其学籍，并于1984年12月毕业	0		20
1981	0	0		0		0		0
1982	0	0		0		0		0
1983	0	24		0		24	1983届为复校后的第一届中专毕业生	48
1984	0	99		121		22		242
1985	0	0	1981年未招收本科学生，故1985届无本科毕业生	40		20		60
1986	0	0	体教专1984年春招收29人，1984年秋季招收31人	27		29		56

（续　表）

届　次	研究生数	本专科生数	备　注	成　教	备　注	附属学校	备　注	总　计
1987	0	71		42		22		135
1988	0	111		43		19		173
1989	0	108		54		18		180
1990	0	127		42		25		194
1991	0	85		46		60		191
1992	0	95		55		52		202
1993	0	136		61		73		270
1994	0	143		57		60		260
1995	0	151		44		57		252
1996	0	132		54		76		262
1997	0	121		130		96		347
1998	0	194		144		99		437
1999	0	178		167		133		478
2000	0	218		285		132	2000年在省体校的基础上成立职业技术学院，同时省体校被撤销	635
2001	0	270		324		134		728
2002	2	328		218		114		662
2003	4	446		61		69		580
2004	6	448		0		0		454
2005	10	424		0		0		434
2006	15	488		262		138		903
2007	24	461		125		80		690
2008	66	398		0		71		535
2009	80	423		89		110		702
2010	84	498		94		87		763
2011	105	439		80		80		704
2012	134	436		118		100		788
2013	134	472		121		61		788
2014	136	559		113		41		849

（续 表）

届 次	研究生数	本专科生数	备 注	成 教	备 注	附属学校	备 注	总 计
2015	168	59		114		44		385
2016	159	1300		113		44		1616
2017	183	1509		103		42		1837
2018	145	1604		86		54		1889
2019	135	1708		106		44		1993
2020	125	1724		149		53		2051
合 计	1715	16,794		3708		2758		24,975

附录 35
南京体育学院校歌

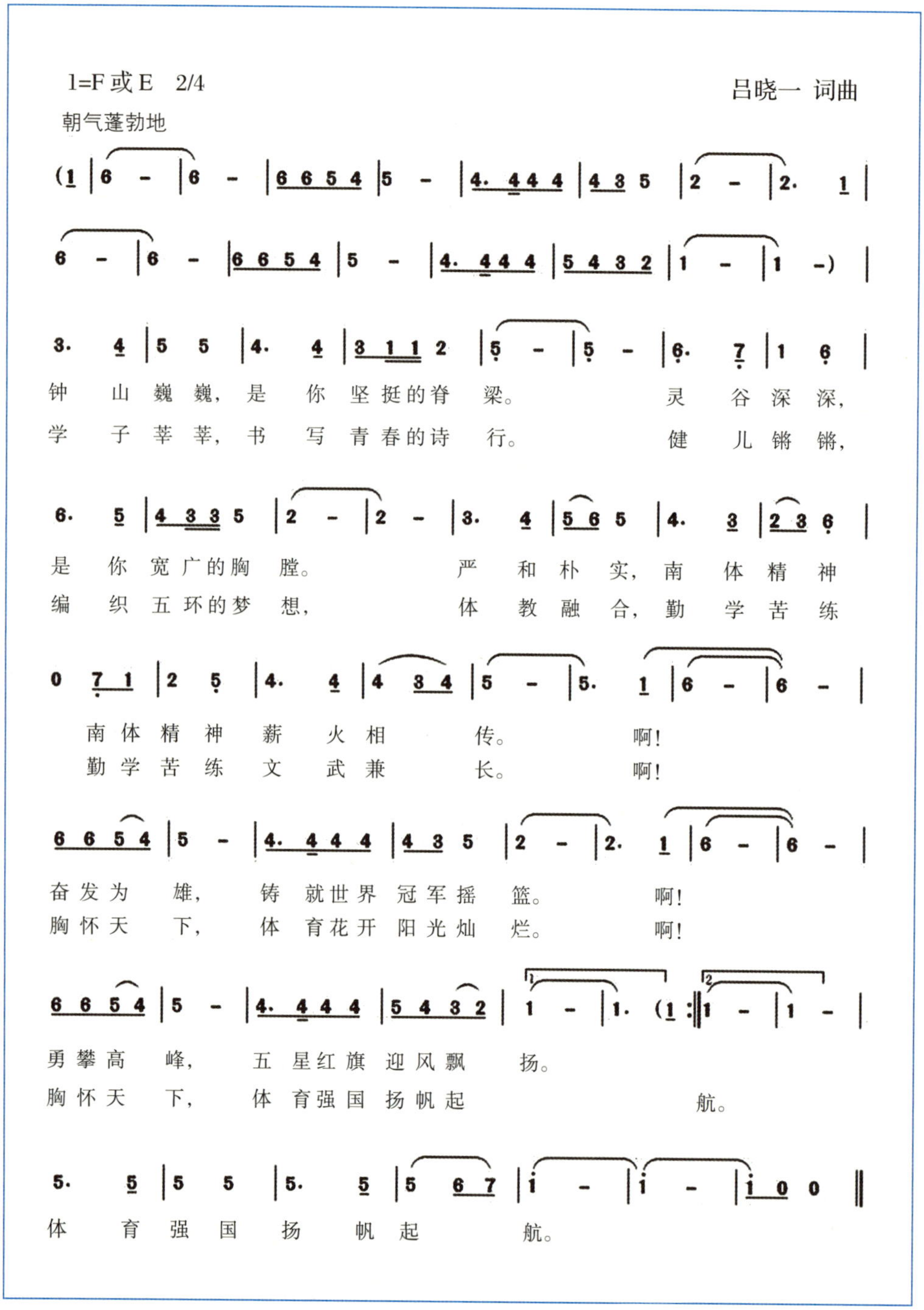
1=F 或 E 2/4
吕晓一 词曲
朝气蓬勃地
钟 山 巍 巍，是 你 坚 挺 的 脊 梁。灵 谷 深 深，
学 子 莘 莘，书 写 青 春 的 诗 行。健 儿 锵 锵，
是 你 宽 广 的 胸 膛。严 和 朴 实，南 体 精 神
编 织 五 环 的 梦 想，体 教 融 合，勤 学 苦 练
南 体 精 神 薪 火 相 传。啊！
勤 学 苦 练 文 武 兼 长。啊！
奋 发 为 雄，铸 就 世 界 冠 军 摇 篮。啊！
胸 怀 天 下，体 育 花 开 阳 光 灿 烂。啊！
勇 攀 高 峰，五 星 红 旗 迎 风 飘 扬。
胸 怀 天 下，体 育 强 国 扬 帆 起 航。
体 育 强 国 扬 帆 起 航。

后　记

为回顾历史、总结经验、保存文化、展示形象、凝聚人心、开创未来，2019年6月28日，校党委常委会专题研究，决定编纂一部《南京体育学院校史（1956—2021）》（以下简称《校史》），以此向建党100周年和建校65周年献礼！

《校史》编纂过程中，我们得到了校领导的悉心指导与关心鼓励，也得到了各二级单位的密切配合与大力支持。一年多来，校领导多次组织召开了办公会、协调会、编务会、审稿会，具体研究校史编写框架、编纂结构体例、人物小传撰写原则、撰写章节风格、审定文稿质量等；各二级单位及时按照编纂组要求提供丰富翔实的资料，并撰写了部门发展简史。

一年多来，编纂工作组人员克服重重困难，加班加点、四处联络、走访调研、学习交流，完成了原始档案查阅、知情人士采访、文献资料扫描、图片采集处理、部门简史勘误、书稿撰写编排等大量工作，于2021年2月底顺利完成并交付出版社。

《校史》分“上编”“下编”和“附录”三大部分。上编为学校的“沿革与发展”，分初创开辟时期、艰辛探索时期、改革开放时期、再创辉煌时期四个历史阶段，介绍了学校沿革历程、探索举措、改革成效、创新发展等概况；下编为学校的“成就与辉煌”，从竞技体育、教学科研和管理保障这三大板块介绍学校训练竞赛、办学特色、教育教学、科学研究、对外交流和服务管理等方面的重要成就与辉煌业绩；第三部分“附录”，主要呈现学校历任领导、荣誉称号、竞技业绩、学科专业、科研成果和机构概况等有价值的史料。

当我们整理完最后一篇文稿时，仍感到心潮难平。那一件件感人至深的南体往事，反映了艰苦创业与不断探索的历程；那一个个催人泪下的南体故事，反映了团结奋斗与拼搏奉献的旅程；那一则则富有内涵的南体盛事，反映了与时俱进、共创辉煌的征程。准确地说，编纂过程中，我们不是在做圈圈画画、修修改改的编辑工作，而是在接受一种心灵的洗礼、思想的教育与文化的熏陶，更是在致力于总结、提炼、传承、发扬南体文化与南体精神！

最后，我们由衷地对关心、支持、帮助《校史》编纂的每一位领导、教职工表示诚挚谢意，尤其要感谢退休老教师王惠生教授为《校史》的编纂倾注了大量的心血；感谢兄弟院校相关专家对我们的帮助与指导。由于我们的编辑能力和文字水平有限，加之时间仓促、人手不足、资料缺失，书稿中难免会存在一些不妥当甚至疏漏、错误之处，敬请各位领导、广大校友、全校师生员工和关心体育事业的读者朋友们给予理解并批评指正。

编纂工作组

2021 年 8 月 28 日

图书在版编目(CIP)数据

南京体育学院校史:1956—2021/南京体育学院校史编纂委员会编.—北京:商务印书馆,2021
ISBN 978-7-100-19995-7

Ⅰ.①南… Ⅱ.①南… Ⅲ.①南京体育学院-校史-1956-2021 Ⅳ.①G649.285.31

中国版本图书馆 CIP 数据核字(2021)第107571号

南京体育学院校史(1956—2021)
南京体育学院校史编纂委员会 编

商 务 印 书 馆 出 版
(北京王府井大街36号 邮政编码100710)
商 务 印 书 馆 发 行
南京新洲印刷有限公司印刷
ISBN 978-7-100-19995-7

2021年10月第1版 开本 787×1092 1/16
2021年10月第1次印刷 印张 35¼
定价:198.00元